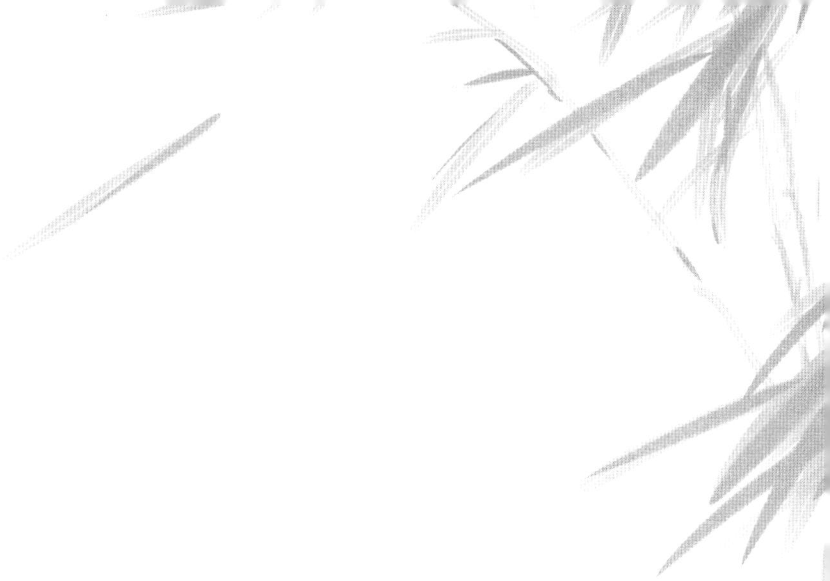

浙江文獻集成

李慈銘日記

第十二册

光緒十年十二月十九日起
光緒十四年四月三十日止

〔清〕李慈銘 著
盧敦基 主編
何勇强 副主編

浙江大學出版社
ZHEJIANG UNIVERSITY PRESS
·杭州

本册目録

光緒十年十二月十九日至光緒十四年四月三十日
（1885年2月3日—1888年6月9日）

荀學齋日記庚集上

光緒十年十二月十九日至光緒十一年六月十五日(1885年2月3日—1885年7月26日)

光緒十年甲申十二月十九日己丑　亥正二刻一分立春。乙酉正月節。晴和。先本生祖考蘊山府君生日,供饋肉肴六豆,菜肴四豆,菜羹一,饅頭一大盤,麵一盤,時果四盤,蓮子湯一巡,春餅一盤,酒三巡,飯再巡,茗飲再巡,傍晚畢事。同年蔡工部枚功來。沈子培來。殷蕚庭饋年物。夜寫春聯。大門云:『已去官猶題户部;更生人亦過新年。』客坐云:『佳客偶來還掃榻;好花開處亦臨窗。』内堂云:『柳絲花影留春塢;經卷鑪香逸老堂。』閲徐星伯氏《登科記考》。凡三十卷,第一卷起唐高祖武德元年,至二十四卷盡昭宣帝天祐四年,二十五、二十六兩卷爲五代,第二十七卷爲附考,二十八卷至三十卷爲别録。

二十日庚寅　晴和。閲兩書院諸生恭擬《皇太后五觔萬壽頌》。華生承勛、李生鳳池裝潢錦册,寫作俱佳。陳生澤霖序集《文選》,趙生士琛頌集十三經,經爲一章,皆追琢工巧。得同年季士周都轉書,并兩書院節禮十六金,明歲關書一通,聘幣十二金,犒其使錢八千。夜時加丑煮牲羽,具果醴,祀門、行、户、井、中霤之神及報賽歲神,爇沉檀香,放爆鞭,加寅畢事。是夕二更後有風,不寒,星月彌絜。

二十一日辛卯　晴。評改學海堂十月分諸生經古卷訖。『黄衣狐裘解』,『黜朱梁紀年論』,『寒鴉賦以斜陽數點流水孤村爲韵』，『擬賈耽進《皇華四達記》表』，『紅葉詩』。取陳澤霖第一，李鳳池第二，高振岡第三。陳生論甚佳，爲删改數百字，可稱名作矣。高生擬表極工，詩亦高秀。趙生士琛表極華贍，以餘藝不稱，置第八。經解以李生及華生承勛、張生大仕爲佳，華列第四，張列第七。書玉來，敦夫來，留之小飲。饋書玉歲物六事。閲户部通行開源節流二十四條，榷酤、算緡、畝捐、間架無所不有矣。補録十七日以來邸鈔。

上諭：鴻臚寺卿鄧承脩奏講官被議，罰重情輕，請將樊恭煦降調處分寬免一摺。所奏非是。近來言事諸臣，每多肆口譏評，並不平心論事。此次徐致祥獲咎，因其有意詆訐，前經降旨甚明。樊恭煦未能體會，輒行陳奏，是以僅予薄懲。該員前在陝西學政任内聲名尚好，朝廷早有所聞，將來是否録用，自有權衡，該京卿何得輒稱有乖衆論，請將處分寬免？使用人之權操之自下，尚復成何政體？摺内所稱祖宗因時垂訓，不僅以分别門户、標榜攻訐訓斥諸臣。試思門户標榜，最爲惡習。恭閲乾隆年間聖諭，屢以暗結夤緣、混淆國是爲戒。並恭引《聖祖仁皇帝實録》，内有言路不可不開，亦不可太雜之諭，嚴切申誡。本年三月間欽奉懿旨，亦以門户標榜、傾軋攻訐等弊，諄諄訓飭。方今時事多艱，廣開言路，中外臣工陳奏事件，如果切中事理，無不立見施行，即偶有語言文字之疵，亦不輕加責備。獨至妄逞胸臆，挾私揣測，不得不切實訓諭。徐致祥降調後，陳奏時事，如萬培因、汪鑑、汪正元、惲彦彬、黄自元等摺，或留備觀覽，或分别飭議，無非集思廣益，可爲言路無阻之明徵。何至臣下相率緘口，如該京卿所慮耶？鄧承脩於本年春間奏參徐延旭庸妄等情，已在該革員僨事之後，成敗論人，並無遠見。此類章奏，往往有之，從未稍加申飭，正是優容言官，不存苛責。該京卿自負敢言，竟以言出禍隨等語登諸奏牘，純臣忠愛之心，必不出此。是直故激朝廷之怒，以博直諫之名。此等伎倆，難逃洞鑒。著將原摺擲還，並交部議處。

上諭：卞寶第奏匪徒楊正義假冒提督，在湖南安福縣招募勇丁，乘機搶奪。著該督撫飭屬嚴拏，務獲懲辦。近來各省募勇漫無稽察，以致不法匪徒乘機假冒，爲害地方，實屬不成事體。嗣後各路統兵大臣派員募勇，著先行知照赴募省分督撫，轉飭地方州縣稽查彈壓。儻並無咨文，指稱募勇，即著扣留行查，嚴切究辦，毋稍寬貸。以上十七日。

上諭：吏部奏遵議處分一摺。大學士、直隸總督李鴻章，欽差大臣、大學士左宗棠，均照部議降二級留任。四川總督丁寶楨應得降三級調用處分，加恩改爲降三級留任。前湖廣總督涂宗瀛、兩廣總督張之洞均照部議降一級留任。前内閣學士陳寶琛照部議降五級調用。右春坊右中允朱琛升司經局洗馬。以上十八日。

以光禄寺卿沈源深爲大理寺卿。二十日。

二十二日壬辰　晴，下午微陰。得繆恒庵二十日津門書。饋介唐、蓴庭兩家年物。作書致朱桂卿，爲子縝求診。書玉饋年物。得桂卿復。作書致子縝，饋以食物。評定諸生《萬壽頌》，凡二十四人。第一華承勛，第二陳澤霖，第三李鳳池，第四趙士琛，皆奬給膏火銀各二兩；第五高振岡，第六韓蔭樾，第七孟繼壿，第八馬家彬，第九張大仕，第十姜秉善，各一兩；顧恩榮、孟繼坡、張偉、李家駒各六錢；孫履晉、劉嘉瑞以下各四錢。以束脩羊助之。夜大雪，四更始就卧。子縝走使叩門，告病危甚，乞爲請書玉、桂卿往診。寒夜雪深，無車可顧，兩君皆不能往，遂爲之徹旦不瞑。

邸鈔：詔：沈源深現已補授大理寺卿，著仍在軍機章京上行走。

二十三日癸巳　晨雪漸止，上午微見日景，午陰，下午漸晴。黄仲弢饋肴饌一品鍋、糕餅四盤，犒使六千。評點學海堂諸童課卷訖。皮祖功紅葉七律八首用回文體，于長茂七絶十首、五律六首集唐宋人句，皆極有心思，餘藝亦尚稱，取二人入内課。作復額玉如書，復季士周書，復繆恒庵書。作書致敦夫，饋以食物，得復。夜祀竈，吃湯圓子。命車欲往視子縝，聞其稍平，擬明日視之。

二十四日甲午　晴。上午子縝家人來告，以巳刻化去矣。不及握手一訣，哀哉！子縝今年四十，有七子，長者年十九矣，俱在南中，隨至北者惟一妾及所生三子兩女，皆孩提也。得書玉書。往哭子縝，晤敦夫、介唐、伯循、周介夫。下午歸。得陳晝卿是月朔日濟南書。作書致書玉。王可莊來，久談。夜復詣子縝家，諸君已散，外門虛掩，凄然而反。詣書玉，小坐歸。得子培書，還詩集。

二十五日乙未　晴。作書致光甫，饋以食物，得復。以肴饌一品鍋及餅餌四事，遣人奠子縝靈床。作書致敦夫。午往視子縝斂，悲不自勝，涕沾袍袖。下午詣鐵香，小坐。詣益吾，不值而歸。張姬往唁子縝之姬。朱桂卿來，以八金爲饋。益吾祭酒來。張姬取回子縝卒前三日所致詩札，閲之悽斷。

邸鈔：上諭：岑毓英奏官軍進攻宣光大獲勝仗一摺。本月十一日，主事唐景崧、總兵丁槐分攻宣光南門外敵寨，敵兵大隊出城援應。唐景崧督兵迎擊敵軍，槍礮三面環施，我軍進攻益力，丁槐率軍立奪敵寨，敵人乘舟逃遁，復被粵軍擊沉，溺斃無算。提督何秀林全軍助戰，斃敵甚多。劉永福帶同黄守忠沿河截擊敵援，奪其竹舟板船。十二日，粵軍復攻東門。十三日，滇粵兩軍會合猛攻，迄未休息，合營血戰三日，勇氣百倍。現在宣光城外樵汲已斷。即著岑毓英激厲將士，乘此聲威，規復北圻各城，同膺懋賞。工部郎中程鼎芬新建拔貢。選甘肅平慶涇鹽法兵備道。西寧道鄧承偉（四川監生）病故，陝督奏以平慶涇道方鼎録（儀徵舉人）調補西寧道。

二十六日丙申　晴，有風，下午微陰。書玉、敦夫、光甫、介唐四君以余明日生日，先期約送酒饌爲壽，固辭之不得。自惟永感餘生，何忍以吾降之辰累人酒食？諸君過愛，以余久病初起，孱欲相娱，家人遂更延請諸媛，別飭廚傳，今日買燈選技，遂紛然矣。剃頭。得翁叔平師書，饋歲銀十二兩。余此次入都，未嘗投師一刺，而拳拳不已，深可感也。作書復謝。梁星海來。得桂卿書，并見贈七律一章，《去冬大沽口守風寄懷》七古一首。作書致子培。作書復桂卿，并還所饋金。仙洲夫人饋年物。蕚庭饋生日禮物。夜有大風。家人爲設暖壽筵。得楊理庵是月朔日慈谿書。

二十七日丁酉　晴和。余生日。晨起叩拜神祇及先人。介唐饋生日禮物，受桃、麵、燭。對門鄭主事德霖饋禮物，受糕、麵。仙洲夫人饋禮物，受桃、麵、酒。蕚庭來。子縝姬人饋禮物，對之傷感。書玉饋禮物，受桃、麵、燭。書玉夫人送蓮子湯。介唐來，書玉來，光甫來，敦夫來，資泉來。夜設飲。霞芬及其弟子儷秋來叩壽，予霞芬銀八兩，儷秋二兩。内子諸姬觴介唐夫人、仙洲夫人、鄭夫人、書玉夫人，於中廳聽影戲，各至夜半而散。

邸鈔：命體仁閣大學士額勒和布充文淵閣領閣事。吏部尚書、協辦大學士恩承，禮部尚書畢道遠，吏部左侍郎松溎等充經筵講官。詔：吏部奏鴻臚寺卿鄧承脩應得降三級調用處分，加恩改爲革職留任。

二十八日戊戌　竟日陰，嚴寒。楊正甫饋生日禮物，受百合、雉膾。閲徐氏《登科記考》。正甫來。夜晴。作片致介唐，還公請敦夫酒食錢。

二十九日己亥　晴，風寒冽。閲《登科記考》。下午答謝書玉、介唐、敦夫、蕚庭、鄭德霖、正甫，答詣桂卿及閔同年荷生，夜歸。徐亞陶來。爽秋來。夜手録同治八年迄今年文武諸臣賜謚，以鮑康《謚法考續編》止於己巳春也，今屬光甫於内閣檔鈔得之。

邸鈔：上諭：前據都察院代遞翰林院編修潘炳年等奏張佩綸等僨事情形，給事中萬培因奏張佩綸等諱敗捏奏、濫保徇私各一摺，迭諭令左宗棠、楊昌濬查辦。兹據左宗棠等查明具奏，張佩綸尚無棄師潛逃情事，惟調度乖方，以致師船被燬。且該革員於七月初一日接奉電寄諭旨，令其備戰，初二日何璟告以所聞，謂明日法人將乘大潮力攻馬尾，該革員並不嚴行戒備。迨初三日敗退，往來彭田、馬尾之間，十五日始回駐船廠。其奏報失事情形摺内，輒謂豫飭各船管駕，有初三日法必妄動之語，掩飾取巧，厥咎尤重。張佩綸前因濫保徐延旭等降旨革職，左宗棠等所請交部議處，殊覺情重罰輕，著從重發往軍臺效力贖罪。何如璋被乘危盜帑，查無其事，惟以押運銀兩爲詞，竟行逃避赴省，所請革職免議之處，不足蔽辜，著從重發往軍臺效力贖罪。何璟、張兆棟辦理防務，未能切實布置，業經革職，免其再行置議。提督黄超群、道員方勳，前據張佩綸奏扼險堅持，出奇截殺法兵多名，是以降旨獎敘。兹據左宗棠等查明，該提督等兵勇有在船廠駐守未退者，有退至距廠數里地方者，並有搶掠情事。黄超群著徹去黄馬褂，方勳著徹銷勇號。已革游擊張成，身充輪船營務處，竟敢棄船潛逃。該革員有統率各船之責，玩敵怯戰，亟應從嚴懲辦。張成著定爲斬監候，秋后處決，解交刑部監禁。左宗棠、楊昌濬於奉旨交查要件，自應切實詳覆，乃所奏各情，語多含糊，於張佩綸等處分，意存袒護開脱。軍事是非功罪，關係極重，若失事之員懲辦輕縱，何以慰死事者之心？左宗棠久資倚畀，夙負人望，何以蹈此惡習？著與楊昌濬均傳旨申飭。嗣後大員查辦事件，務當確切查明，據實陳奏，用副朝廷實事求是至意，不得以或查無確證或事出有因等語，依違兩可，含混覆奏，致干咎戾。懍之！

詔：江南狼山鎮總兵楊明海之父楊國甲，河南歸德鎮總兵牛師韓之父牛斐然，江寧城守副將崔萬青之母王氏，均年逾八秩，禄養承歡，加恩各賞給御書扁額，紫檀三鑲玉如意一柄，小卷江紬袍褂料、八絲緞袍褂料各二件，用示錫類推恩至意。次年正月，兵部及湖廣督撫奏，又有湖南荆州竇慶協副將馬德中母周氏，署廣東陸路提督、潮州鎮總兵鄭紹忠母盧氏，浙江嘉興協副將侯定貴母段氏，均年逾八十，賞如前。旋復奏有福建建寧鎮總兵張得勝母曹氏，貴州咸寧鎮總兵鍾開蘭母謝氏，江南松北營副將綦高會母陳氏。　詔：襲科爾沁輔國公那蘇圖加恩賞戴花翎，挑在乾清門。

三十日庚子　晴。晨得季士周同年書，送來明年春季兩書院脩膳等銀二百四十一兩，即作復書，賞使者二金。得玉如都轉二十七日書，言定於正月六日歸蜀郡。敬懸三代神位圖。移蠟梅花三盆於臥室。霞芬來叩歲，予以二金，賞其使十千。作片致楊正甫，饋以冬笋、雙鶏，得復，以鹿肉、洋麵爲答。下午詣房師林編修，送年禮二金，門茶四千。答拜同年瞿子九學士、王可莊修撰、黄仲弢編修而歸。夜祀竈，祀故寓公，祀先，肉肴八豆，菜肴六豆，藕棗羹一鍘，年糕兩盤，年粽兩盤，糖一盤，時果四盤，銀杏紅棗湯一巡，酒三巡，飯再巡，祔以兩弟。一更後畢事，焚楮泉五挂。飲屠蘇酒，守歲。賦家人壓歲錢，内子十二金，席姬六金，僕媪等連叩生日共一百千。

甲申生日書玉敦夫介唐三編修光甫户部携酒見過夜張燈召樂與諸君飲即席賦呈

修幹無恒期，况復百憂集。侵尋迫崦嵫，生事無一立。幸有君子交，素業欣所習。偏念縣弧辰，跫然會車笠。玉缸樺燭明，玳筵蕙鑪襲。雙花行金尊，細樂綴笙什。平生苦鮮歡，視蔭每汲汲。吾降逼歲闌，人事尤屆戹。謀此頃刻娱，懼有鬼神逮。頗聞北户下，臘鼓催戰急。傳烽及甘泉，四海驚湁潗。戴面朝登壇，帖耳夕就馽。橐街虚郅支，葛亮盡帶汁。卅里明光甲，無由買酋級。詭道詐捷書，逾限斷履靸。終南末爲工，柱下此可執。諸君在承明，耐寒不肯翕。雅尚如塤鰥，湛冥共鄉邑。相勸一尊醉，毋效耳語咠。十笏茅堂寬，梅花沍烟濕。酒香燈四圍，風雪豈能及。翠袖手可温，青山夢先入。萬物翹春蘇，吾學蟄蟲蟄。

甲申除夕懷雲門宜川却寄

龍門西去控三秦，獨擁山城爆竹春。那有梅花通驛使，喜添柏葉頌閨人。縣朝法酒三正樂，官閣香奩百福巾。知爾今宵能念我，歲盤燈照髮如銀。

光緒十一年（一八八五）

光緒十一年太歲在旃蒙作鄂春正月在厲陬元日辛丑　晨陰，上午晴。余年五十七歲。早起叩歲神，放鞭爆。拜竈神。叩先像，供湯圓子。書春勝九枚。敦夫來。潘伯循來。楊正甫來。房師林贊虞編修來。凡賀客非請見者不記。記編修者，志先施也。

閱徐氏《登科記考》。其書以《文獻通考》所載樂史《登科記總目》爲主，每科先列進士幾人，次列諸科幾人，秀才、孝廉、明經、宏詞、拔萃、賢良方正及諸制科，統曰諸科。雜採舊新《唐書》、《唐會要》、《册府元龜》、《玉海》、《太平廣記》及諸説部文集有姓名可考者綴之，有佚事關於科名掌故者，小字注於其下。又據《玉海》載，樂史有《唐登科文選》五十卷，《文苑英華》載唐人賦策每引《登科記》，注其異同，是《登科記》載試文之證，亦據《英華》及各家文集，依年編入。策問之題有可考者，亦依唐人試策寫於前。每年以朝廷大事冠於首，體例秩然，考據精博，其序例尤佳。

初二日壬寅　晴有風，嚴寒。叩先像，供紗帽餡子及茗飲。光甫來。益吾祭酒來。子培來。傅子蓴來。光甫招觀財神館燈劇，是日軍機團拜也。夜飯後偕書玉、資泉、介唐、敦夫往觀，伎曲皆劣，二更後歸。作復額玉如書，送其行，勉以節哀報國，盡朋友之義。

初三日癸卯　晴，風，嚴寒。叩先像，供炒年糕三盤及酒。介唐來。鄧鐵香來。夜作致雲門書，告以子縝之喪。雲門比久無書，當已赴任宜川矣。相隔萬山，此書不知何日達也。

初四日甲辰　晴，寒洌尤甚。酉正二刻四分雨水，正月中。叩先像，供肉餃子、笋餃子及茗飲。余壽平來。霞芬來叩歲，予以二金。作復族妹薌南昌書。補作元日詩及去年生日詩、除夕詩。

乙酉元日走筆調同年翰林諸公

興慶千行蔟内家，九華燈映紫宸霞。頗聞鈞樂天街徹，已見東風御柳斜。立仗豈須西極馬，隨班不及上林鴉。要知奉敕村梅格，宫體何曾學杏花。

初五日乙巳　晴，寒意少減。介唐來。黄仲弢來。書玉來。剃頭。晡出門答賀客五十家，拜劉緘三師像，晤敦夫、書玉，晚歸。徐蔭軒師次子芸士喪，送奠分十千。夜祀先，肉肴三豆，菜肴三豆，火鍋一，蓮子百合湯一巡，酒一巡，飯再巡。閲朱述之《開有益齋讀書志》，其中多古義異聞，非收藏家賣骨董之比。

邸鈔：詔：以紀年開秩，援照乾隆以來十一年省刑故事，凡刑部及各省已經結案監禁人犯，除情罪重大及常赦所不原者外，著大學士會同刑部酌量案情輕重，分别請旨減等發落，其軍流徒杖以下人犯，一併分晰減等完結。

初六日丙午　晴，稍和。閲《開有益齋讀書志》。光甫來。内子、兩姬詣廠甸觀燈。作書致爽秋，得復。夜作書致益吾。寫生日詩致書玉。聞去臘之杪，南洋記名提督吴安康率兵輪五艘援臺灣，未至數百里間，以煤將竭，折回浙之鎮海，猝與法夷船遇，以霧，五艘遂相失，其三駛入鎮海海口，其二至石浦，爲夷船所扼。浙撫劉秉璋派陸兵兩營往石浦爲聲援，曾國荃電奏請飭秉璋多發兵以救之。近聞鎮海、吴淞口皆有夷船游弋，吴越諸將皆蒼黄求自保，不敢發一矢。聞夷船不過二十餘，其在閩浙洋面爲游兵偵覗者僅七艘，而自其國涉歷重洋數萬里，深入内洋，忽西忽東，恣肆自如。我海口林立，皆駐守兵，而一遇賊蹤，喪失魂魄，束手無措，將寙卒敝，深可恨也。聞鷄籠全境盡失，粤西兵在越南者亦敗，諒山復入於夷。弱撓四潰，無可爲矣！

初七日丁未　晴，下午微陰。先像前供饅頭及茗飲。得益吾書。作書致書玉。余壽平饋廣橙十八枚，橘皮一串，賓郎果一匣，作書復謝。作書致桂卿，并元日詩。

《説文》目部瞐、⿰目窅、睯三字，皆後出俗字，非許書本有者也。冃部『冒，冡而前也』。冡，冒者，必氐目視。《書·君奭》『昭武王惟冒，丕單稱德』，本與上文『乃惟時昭文王，迪見冒聞于上帝』文義一律，冒皆懋之借，亦即勖之省借字，故《釋文》引馬本作勖。而《説文》乃曰『瞐，氐目視也』，引《周書》『武王惟瞐』。此必淺人見《書》經文有作瞐者，遂竄入《説文》，王氏鳴盛、段氏玉裁遂以瞐爲孔壁真古文。王氏謂武王尊禮賢臣，不敢高視，則支離之，甚矣。『窅，深目貌，从穴中目』，而又有⿰目窅，曰『目突貌也，从目窅』。『𥄎，捾目也，从目叉』，此即窅字，惟窅目專用𥄎，从爪目會意；而又有睯，曰『短深目貌也，从目𥄎聲』：皆音烏括切。短突既近不辭，且已有窅訓深目，何取複沓如此。後儒以暮从兩日、憾有二心，謂《説文》無此俗字。然許書中有兩字同者不可枚指，即日部之暘，亦二日也，要無有在一部中而别出一字，即以此字爲聲義者。⿰目窅訓與窅無别，而曰从目，窅，睯又與𥄎同音，許書萬無此體例。且⿰目窅既音恤，而从窅爲義，使許果有此字，亦當如茻部因有薅从蓐而别立蓐部、廴部因有延从㢟而别立㢟部之例，更爲窅字立部矣。

殷蕚庭來。得桂卿復。

邸鈔：上諭：御史吴峋奏聖學日新，亟宜杜漸防微，上年鄧承脩疏内恭録聖訓，原摺不應擲還等語。所見似是而非。臣工陳奏事件，專以持論之是非爲斷。所言果是，朝廷無不虚衷采納。若識解紕繆，措詞失當，豈能因摺内有恭引聖訓數語，遂可寬其責備？鄧承脩前奏矯激沽名，挾私揣測，是以將原摺擲還，前降諭旨甚明。吴峋並不詳細尋繹，輒以擲還二字，勉强牽合，謬附糾繩，其居心殊不可問。自徐致詳降調，樊恭煦言之；樊恭煦被議，鄧承脩言之；今該御史又有此奏，託爲思深慮遠之詞，仍是門户黨援之習，立説雖巧，亦難逃洞鑒也。吴峋著傳旨嚴行申飭。

初八日戊申　竟日霒陰。爲子培之兄子承書怡邸箋四幅。作人日詩及題《唐登科記》詩。資泉來。夜得益吾祭酒書，即復。二更後風。

乙酉人日追感去年與荇老用杜少陵高常侍韵唱酬之作柬益吾祭酒

甲申人日草堂前，曾繼梅花唱和篇。猶有流風推老輩，豈知逝水隔今年。雪消緑到三湘澤，燈動紅飛九陌天。所幸胡盧傳漢史，琅嬛金管待新編。荇老著《漢書校補》，甫刻成而殁，祭酒近著《漢書補注》多采其説。

書徐星伯太守唐登科記考後五十韵

唐代重進士，風華冠諸科。崔氏姚康遞有述，洪适樂史重編摩。書佚見它説，文獻勤搜羅。《文獻通考》尚載《登科記》，大略始武德，終周顯德。每年先列進士幾人，次列諸科幾人，蓋即樂史本，徐氏據以爲目。時代若魚貫，雁塔劫不磨。綾紅雪作餡，袍緑花成窠。萬口熟辭賦，名箋誇婭娥。杏花一榜出，千門走驄驒。團司傳鯖單，期集占錦窩。百舫曲江列，十隊明珠馱。至尊御樓觀，公卿萃鳴珂。盛事滿史册，秉筆不敢苟。梁房玄齡萊杜如晦及甫白，此中皆誰何。高唐出章奏，鄴侯自澗邁。中晚三大儒，杜佑李吉甫鄭覃則那。那，猶然也，那然一聲之轉。《左傳》『棄甲則那』，謂牛、犀兕之皮可爲甲者尚多，雖棄無害，故棄甲則然也。其下役夫曰：『從其有皮，丹漆若何？』謂皮縱有之，如丹漆何也？其應答之情如繪。杜注：『那，何也。』是華元自謂棄甲則何矣，上下文語氣皆乖。昌黎《石鼓歌》：『繼周八代争戰罷，無人收拾理則那。方今太平日無事，柄任儒術崇丘軻。』謂自漢至隋，疲於争戰，無人收拾石鼓，理則然也。是昌黎之解不誤。通典郡縣志，絶業無能過。石經創今體，古澤追象獻。出身皆任子，未嘗炫隨和。趙公傳衛國，相業凌嵯峨。咸非隨計吏，起家持橐荷。豈屑争鋪席，叉手相吟哦。湜崔珣達奚闢劉璨柳輩，國賊聯金坡。宗閔詡玉笋，朋黨成痟痾。三魁張又新，八關帥群魔。狀元或覆落，曳白紛縷覼。璅璅等點鬼，録録付逝波。文字率回冗，十九傳謬訛。月露一二語，尊之比蚪蝌。二甲鬥關節，兩軍樹媒囮。所以贊皇公，輕薄苦詆訶。俗溺不易曉，肉食趨婞婀。天子假鄉貢，上下公欺詑。冬集衹温卷，夏課惟奔梭。恩地比夫婿，新妝競眉娥。但求捷足得，不顧騂顔酡。乾寧一詔黜，白徒天敢呵。蘇楷改廟謚，李振擁賊靴。山甫報晉國，竟剸全家戈。日落梟鏡集，鼎沉螭罔多。濫觴始團雪，流極沉陵阿。尚傳文皇智，賺此英雄皤。豪禿萬山兔，墨傾千斛螺。留與作佳話，聊比曳落河。主司冬烘客，郎君春夢婆。豈無名世英，繇此假斧柯。龍頷點魴鯉，鳳翼傳鴝鵝。明堂貢璆玉，朱篚升嘉禾。美哉唐桂林，遠媲周菁莪。非若晚近賤，浮名抵漁蓑。摩挲千佛經，歎艷霓裳歌。盛衰有倚伏，此理終不頗。

初九日己酉　晴，竟日大風，嚴寒。作書致益吾祭酒，得復。作片并所寫詩致子培。益吾祭酒來。

閲《説文句讀》。此書綜括謹嚴，而精微之論多本之段氏，其勇改專輒處則較段氏更甚。於篆體有增改者旁加□以識之，猶可也。於説解有增改者，篆旁亦加□，則非體矣。每卷首題曰『相國壽陽祁夫子鑒定』，尤近於坊市村學究書也。

益吾來夜談。比以爽秋來告，户部有一郎中缺，次須余補，勸余銷假，余不爲意，而爽秋復屬介唐來説。朋友相愛，不忍固違，因祭酒尤勤於余，去冬入京屢勸起官也，乃託其代詢之徐員外樹鈞。員外祭酒同鄉，在户部廣東首領司筦補缺事者也。今日徐君復言尚須俟五選缺，余遂決意投簪矣。祭酒今日冒朔風兩次往來徐及余家，其情可感。要諸君勤勤之意，不過望余得御史，奮發爲天子言事，裨助萬一。即不然，銜命主文，出所學爲國家翹材，必當有興起者。而天之將廢，吾道不行，老病侵尋，志意灰沮，此亦氣數爲之。然祭酒孜孜爲國之心，不可没也。自來部曹得第，特旨即補者統壓選班，故得缺最速。同治間有湖北人劉國光者，舉人貲郎，爲進士所壓，久不得補，憤甚，及爲御史，遂奏請改章，別立資深，先一班遂沉滯矣。

初十日庚戌　晴，風寒冽尤甚，下午微陰。作片致桂卿，致介唐。午後出門答客五十家，詣光甫、亞陶、張肖庵、金忠甫，俱不值。進正陽門，出宣武門，至晚歸。寒甚。書玉夫人來。子縝姬人饋食物，且請余數事，爲之酸楚。

邸鈔：以丁槐爲貴州古州鎮總兵。李用清奏古州鎮總兵、署安義鎮總兵何世華病故。詔：何世華轉戰廣東、廣西、甘肅、貴州等省有功，交部議恤。

十一日辛亥　晴。先妣生日，燃巨燭，供饋菜肴七豆，肉肴三豆，菜羹一鍘，紗帽餡子、豆沙饅頭等點心四盤，炒麵一大盤，蓮子湯一巡，時果四盤，酒四巡，飯再巡，茗飲再巡，祔以兩弟。傍晚畢事，焚楮泉。是日先以棗糕、饅頭、春卷、年粽等及茗飲供曾祖以下。楊正甫來。作片致書玉，致敦夫，致子培，俱約今日夜飲。得書玉書。敦夫來。晚月出甚佳。詣霞芬家，邀諸君飲。介唐、敦夫、書玉兄弟、桂卿先後至，霞芬小設肴饌，雜以餅餡粉團，燃燈四庭，璀粲錯綺，璧月春啓，映艷增輝。是夕和麗無風，銀鑪送暖，酒香四坐，清談極歡。三更後歸。付霞芬酒饌朱提六金，賞其僕二十千，諸僕叩歲銀一兩二錢，客車飯錢十二千。得子培書。

十二日壬子　晴和。欲游廠市，呼車不得。竟日閲《登科記考》。書玉生日，詒以桃、麵、糕、燭。傍晚風起，入夜狂甚，介唐等期飲福隆堂，不能往。聞粤西軍大敗，提督蘇元春、楊玉科皆死，潘鼎新負重創，退守龍州，法夷已陷鎮南關矣。劉永福諸軍之攻宣光者頗盡力，期必克，然粤兵已退，滇軍無犄角者，恐終不可恃也。作致趙桐孫書、致季士周書。夜二更後風横少減，月仍皎絜，四更後風止。聞除夕之日，法夷以魚雷擊沉我逃泊石浦之二艘，有夷犯鎮海之信。又聞諒山以正月初一日失守，鎮南關以初九日失守，蘇元春傷重不死。

十三日癸丑　晴。上午出，答客二十八家，下午遊廠市。自廠橋步至火神廟，書攤止兩家，無一佳籍，骨董百貨皆無可觀。有墨林齋字畫鋪，懸李世倬《茅堂高木》直幅，上寫晁説之詩，蒼秀可愛。又戴文節所畫扇，兩面爲一幅，其一作書堂三間，朱闌宛轉，旁有青翠雜樹數本，學文待詔者，爲鹿床變格，極難得，而索價至二十金，李畫亦索十六金，大約皆須十金外也。晤袁爽秋、王茀卿、龐絅堂、劬庵兄弟、郭子鈞、傅子尊。傍晚詣子縝家而歸。張姬往視子縝姬人，饋以食物。作片致介唐，言昨夕不赴飲之故。楊正甫約明日晚飲。夜叩先像，上燈燭，供龍眼湯，换牙盤食案。是日夕俱小有風，月甚皎。

十四日甲寅　晴，晨天氣甚佳，傍午風起，下午更甚，日微陰，傍晚風漸止。剃頭。得介唐書。作片致敦夫，致書玉，俱約今日游廠并商議子縝後事。得朱桂卿書，并見和元日詩韵。得敦夫復，以事辭。夜詣聚寶堂，赴楊正甫之飲，招霞芬。三更後歸，月皎於晝。付賃屋六金，車錢五千，酒保賞四千。書玉、光甫來，不值。叩先像，供茗飲。

十五日乙卯　晴，春氣驟暖。上午詣徐壽蘅宗丞賀年及遷官。詣書玉，小坐，復答拜數家。進城詣東單牌樓二巷翁叔平師、三巷麟芝庵師，俱賀年。詣梁星海，不值。出城至廊房胡衕買燈而歸。晡復游廠市，至火神廟，遇朱蓉生、王可莊、子蓴及秋蓤，傍晚歸。夜祀先，肉肴四豆，菜肴四豆，菜羹一，春餅一盤，湯圓子一巡，酒一巡，飯再巡。是夕望，月甚皎而有風，二更後風小止。買花爆放之。付燈錢三十八千，花爆錢三十八千，車錢十二千，翁、麟諸門茶十千。買藥瓶兩枚，一鷄雛芳草、一楊柳漁莊，錢七千。

十六日丙辰　晴，和煦如二月時。子培來。蔡松甫來。今日本擬再游廟市，以與客談，遂罷。近有内閣中書李春芳者，四川瀘州人，丁丑進士，家富於貲，素凶險無行。嘗娶一歌妓爲妾，寵之專房，遂虐其妻。去年七月，妻飲藥死。春芳習知其鄉人黄氏女美，寄居富順吏部主事黄開甲家，遂介華陽吴祖椿編修及侍衛某媒而娶之，時喪妻甫二十日也。既春芳父母在蜀，聞其喪耦，爲娉一富家女。而黄氏頗不諧於妾。黄之兄故賈客，未幾還蜀。春芳既知其家已擇娉，欺黄氏孤弱，欲猘抑爲妾。黄不肯，遂日笞撻之，冬閉一冷室中，時以水潑之，絶其食。十二月二十六日，偕其妾縊黄死，告之司坊官，以自縊聞。坊官往諗，實絞死。而通政使署府尹周家楣者，春芳丙子鄉試坐師也，飭坊官如所報申巡城，春芳遂瘞黄於浙之攟誼園。至正月六日，侍衛某控之刑部以春芳殺妻狀，黄吏部與黄氏爲族人，亦具控刑部，遂傳春芳及其妾與婢僕雜訊。春芳固不承，笞訊其僕，具言虐殺本末。今日刑部及五城御史會諗黄氏屍，以熱水灌其上體，有卌餘傷，弓足雲鬟尚儼然也。其死時年甫十七，見者無不傷之。

夜叩先像，供茗飲。是夕月出時，坐車至大栅闌觀燈，由前門大街回至廊房胡衕，仍出大栅闌。市樓七八家，然燈頗盛，游人蜂擁。出虎坊橋，由順治門大街至鐵門，過書玉家，小坐而歸，有《觀燈口號》四絶句。二更後復小放花爆。是日聞鎮海守兵以礮擊中夷艘一，其四艘悉退泊由山。滇兵之攻宣光者，聞粤兵敗，亦退。鎮江有民教相殺事。且有天津封海之信。

乙酉都門觀燈口號四首

昨趁元宵入鳳城，九衢惟有月華明。尚書六省都如水，偶見提燈老吏行。

負弩腰刀一字排，金吾憑堞點兵來。重闉闃寂無車馬，虛説銀橋放夜開。

市樓指點管絃升，間有銀花蔟采縆。知雜不來京尹睡，材官呵殿過雙燈。

扶路看燈遍市廛，車馳四照馬連錢。老人自怕情懷惡，强説風光勝去年。

十七日丁巳　晴暖，止可單裘。黄仲弢來，以姚梅伯所畫《龍女行水圖》乞題。已有盛伯羲、王可莊、王苐卿及陳與冏、周鑾詒諸少年題詩，盛、陳頗皆警秀，可莊亦一時之選也。敦夫來。潘伯循來。聞謝惺齋以十二月四日歿於廉州上，事甫三十餘日也。惺齋以貧士驟取科第，而一生困於悍妻惡子，抑鬱以終，可歎也。夜先像前供大饅頭及茗飲。補作十一夜詩。

試燈前夜招同書玉敦夫介唐桂卿四太史飲朱霞精舍燈月甚佳

璚枝璧月一番新，棐几湘簾自絶塵。隔坐梅花飛酒琖，上頭燈影試春人。不須詩寄玲瓏曲，且喜香園自在身。聞説流星馳急騎，交南烽火困張津。

十八日戊午　陰。祀曾祖考妣、祖考妣、本生祖考妣、先考妣，肉肴六豆，菜肴五豆，菜羹一豆，春餅一盤，饅頭一盤，時果四盤，蓮子湯一巡，酒再巡，飯再巡，茗飲一巡，於庭中演寓人戲以樂神。傍晚焚楮泉，夜畢事，收神位圖。作書并寫《觀燈口號》致益吾，得復。作書并昨詩致桂卿，得復。作片致介唐，得復。再作書致益吾。夜月出，有微風。

閱丘瓊山所撰《張輔平定交南録》。黎季犛父子殘虐於國，又簒據日淺，人心不附。輔等皆百戰之將，乘中華全力，故勢如破竹。今法夷堅忍善戰，挾火器之精，又厚以金帛募土人，死與我爭北寧、山西兩路。故滇帥攻圍宣光已兩月，劉永福、丁槐等兩面挖地道，各轟毁城數十丈，唐景崧率死士欲突缺處直入，而法夷壁立，死守不退，使以輔等當之，亦不知勝負若何也。况潘鼎新輩庸懦虚憍，蘇元春亦駑下，粤西人言其先兩次奏捷皆僞飾無實事，近日望風退衄，所報受傷皆巧捏爲委卸地。予嘗言淮軍無一可用，今觀劉、潘二帥，事可知矣。朝廷能以臺灣事專任孫開華，而以吴鴻源、劉璈等佐之，以廣西事專任王德榜，而以劉永福、唐景崧等佐之，急逮銘傳、鼎新，重治其罪，而徐延旭、唐炯首壞邊事，張佩綸、張成大喪師船，宜誅二張於福州而速梟徐、唐於都市，國威一振，壁壘更新，事尚可爲也。

十九日己未　晴，大風。酉初初刻驚蟄，二月節。晡後風益甚，微陰。得趙桐孫十六日津門書。饋子縝姬人食物。比日紅梅作華，艷如珊瑚，臘梅三盆，檀黄玉蕊，香溢一室，啓門下帷，非東華塵土人所夢見也。校《太平廣記》徵應、定數、感應三門。夜風稍止。

二十日庚申　晴，多風，甚寒。介唐來。

校閲范蘅洲先生《三家詩拾遺》。《四庫提要》本及吾越嘉慶庚午刻本俱以《文字考異》及《古逸詩》各一卷冠於首，卷三至卷十方依次以《毛詩》三百篇爲綱，而輯綴魯、齊、韓三家之説。《提要》以《古逸詩》與三家無涉，譏其開卷名實相乖。然蘅洲自序明言以此二卷附後，其《凡例》亦先言魯、齊、韓三家之次第得失，而後言文字異同及古逸之《詩》，則《四庫》所收本及家刻本皆鈔胥之誤。《凡例》第三條有云：『列之於首，以廣見聞。』『首』乃『後』字之誤。《嶺南遺書》所刻嘉應葉鈞重訂本，其序言嘉慶六年得范氏書鈔本於保定蓮花池之奎畫樓，亦以《文字考異》及《古逸詩》居首，因據其自序，爲迻附於後，蓋鈔本同出一本也。《提要》既不及細審序例，葉鈞不過略一迻易，而遽自稱重訂，其序幾欲據爲己有，伍氏遂收入《嶺南遺書》，亦可笑矣。至范氏此書，搜舂功深，具有心得，《提要》亦稱其詳贍有體，較王氏所録爲備，雖時有引據稍疏，於三家亦間有出入，而功在創通大義，使後人得以推求先秦漢初經師微恉，非僅以掇拾繁碎爲浩博也。近儒嘉興馮氏登府及閩陳氏壽祺父子推衍遞精，要皆原本范氏，沿襲爲多，而陳氏跋馮氏《三家詩異文疏證》，詆范氏爲自鄶以下，抑何言之過與！

劉仙洲夫人來。夜大風不絶聲。

二十一日辛酉　晴，大風，嚴寒，有冰。

《群芳譜》引梁元帝《纂要》曰：『二十四番花信，一月兩番，陰陽寒暖各隨其時，但先期一日有微寒即是。』又引《花木雜考》曰：『一月二氣六候，自小寒至穀雨凡二十四候，每候五日，一花之風信應。小寒一候梅花，二候山茶，三候水仙；大寒一候瑞香，二候蘭花，三候山礬；立春一候迎春，二候櫻桃，三候望春；雨水一候菜花，二候杏花，三候李花；驚蟄一候桃花，二候棠棣，三候薔薇；春分一候海棠，二候梨花，三候木蘭；清明一候桐花，二候麥花，三候柳花；穀雨一候牡丹，二候荼蘼，三候楝花，過此則立夏矣。』案：五日一信，仍本七十二候之法，以信爲候，立義雅馴。凡氣候之可驗者，莫如花木，故《夏小正》先以梅杏杝桃則華及拂桐芭即『葩』字古文。紀候，《月令》以下因之。而《素問》王砯注引七十二候，又有小桃華、芍藥榮、牡丹華、吴葵華之文，惟所載花多中原所無，即江浙氣候亦無如是之早，水仙又惟閩粵有之，蓋是主嶺南氣候而言。若《纂要》主一歲言，自是古説，尤可味也。

得桂卿書并和上燈前夜詩，即復。閲范左南先生《詩瀋》。其中説《詩》多有名言雋指，蓋出於鄉先輩季彭山先生《詩解頤》之派。其考據典禮亦多心得，而不甚信鄭君，吾越説經家法皆如是也。然援證確實，迥非傅會景響者比。作片致敦夫，爲劉宅請其廿五日上館。

二十二日壬戌　晴寒，大風。得敦夫書。終日擁爐閲《詩瀋》及《三家詩拾遺》。聞丁槐、唐景崧等克復宣光，法夷之踞鎮南關者亦去，又聞鷄籠夷艘悉退集於吾浙之普陀山，蓋將先肆毒於江浙矣。作片致書玉。晚風稍止。得光甫書，邀飲義勝居，夜一更赴之，三更歸。得爽秋書。

二十三日癸亥　晴寒。作片致介唐。得朱桂卿書，再和試燈夕新字韵詩。杭人吴文塏主事書來，爲其世父筠軒觀察名兆麟，壬辰舉人，由中書入直軍機，洊升户部郎中，授江西鹽法道，告歸，年八十。乞和重游泮宫詩。益吾祭酒來。介唐來。書玉、資泉來，敦夫來。下午偕諸君戲擲采選圖三周。夜敦夫邀飲聚寶堂，二更後歸。是夕有風，寒甚。閲嚴鐵橋《説文校議》。

二十四日甲子　晴。作復爽秋書，復桂卿書。作片致介唐，託裝褾《滄浪亭五百名賢像》石本。鐵香來。朱蓉生來。介唐來，書玉來，資泉來，敦夫來。夜偕諸君小飲疏飯，戲擲采選圖十周，鷄鳴始散。老年兒戲，亦覺此宵可惜。施均甫來，自喀什噶爾從張提督曜入都者。

邸鈔：上諭：三載考績，爲國家激揚大典。兹當京察届期，禮親王世鐸，大學士額勒和布，協辦大學士、户部尚書閻敬銘，刑部尚書張之萬，刑部右侍郎許庚身，工部左侍郎孫毓汶，翊贊樞廷，小心謹慎，辦理庶務悉臻妥協，均交該衙門議敘。大學士、直隸總督李鴻章經畫遠猷，克膺重任；大學士左宗棠老成碩望，勞勩不辭；兵部尚書彭玉麟督師嶺嶠，保障宣勞：均交部從優議敘。兩廣總督張之洞籌濟軍事，不分畛域；四川總督丁寶楨久膺疆寄，任事實心；甘肅新疆巡撫劉錦棠鎮撫邊陲，才猷卓著：

均交部議敘。兩江總督曾國荃夙著勳勤，辦事諳練，著開復革職留任處分。雲貴總督岑毓英果勇性成，不避艱險，著開復降二級留任處分。餘著照舊供職。

二十五日乙丑　晴，稍和。剃頭。閲《説文校議》。書玉夫人請内子、兩姬飲酒。介唐夫人來。得光甫書，約明日飲，即復。

是日邸鈔：御史張廷燎奏京師城外白雲觀每年正月間燒香賽會，男女雜沓，並有閹房屈曲，静坐暗室，託爲神仙，怪誕不經，請嚴行禁止。詔從其請。都中燕九之節，車馬闐集，百戲填闐，自明已然。近歲民貧，漸亦寖止。惟八旗婦女及商賈胥吏之家、倡優市井之伍，燒香聚飲，履舄錯雜，其風誠爲可惡。然居今之勢，尚以此等瑣屑捃摭入告，亦可謂不識輕重者矣。張廷燎，河南人，甲戌翰林。嘗分校鄉試，出闈語人曰：『我此次同考，絶不草官人命。』蓋不識『菅』字，讀爲『官』也。時又有一翰林，論及時事，慨然曰：『何苦荼毒生靈！』以『荼』爲『茶』也。都下以爲絶對。廷燎取名，亦古所未有。其同年翰林又有一陜西人白遇道，皆姓名之可異者，燕九會神仙之説，即可以白遇道爲隱語。此等皆可入《啓顔録》也。

二十六日丙寅　晴。得朱蓉生書，即復。作書致梁星海。余壽平來。下午詣三慶園，赴光甫之招，聽上海新至一旦色名想九霄者演劇。敦夫、介唐、書玉兄弟俱已至。晚飲聚寶堂，至夜二鼓後歸。伯循來。付車錢七千。

邸鈔：詔：此次京察，引見京堂五十八員，均照舊供職。寧夏將軍奕榕奏病難速痊，懇請開缺。許之。翰林院侍講張英麟轉侍讀，司經局洗馬朱琛升侍講。

二十七日丁卯　晨陰，午後雪大作。作書致益吾，致鐵香，致楊正甫，致子培，俱約今日晚飲。得益吾書，即復。閲《説文校議》。正甫來，晚同詣義勝居，鐵香、星海、子培、益吾諸君皆至。付客車飯錢十千，酒僕賞四千，車五千。夜二更散歸，雪漸止，已積四寸許矣。是日副都御史吴大澂、兩淮鹽運使續昌自朝鮮與日本議和約回京，聞明日即請訓赴天津，以日本有使臣至，欲更與合肥議也。近日雷正綰已至奉天，聞張曜將移駐山海關。一時干城，畢集碣海矣。聞宣光尚未收復，法夷援兵已至，馮子材與王德榜合兵駐鎮南關外之□□。先是，潘鼎新欲委罪德榜，嚴劾之，亦言子材之專輒，又言諸事掣肘，意頗指張之洞。有旨：馮子材等皆歸潘鼎新節制，如再有逗撓，即行軍前正法。之洞疏辨無掣肘事，亦爲馮、王辨，且微言鼎新不可信。白雲變幻，互相翻覆而已。

邸鈔：以錦州副都統、世襲一等□□侯維慶爲寧夏將軍。

二十八日戊辰　晴。袁爽秋來。下午答拜施均甫，不值，詣子縝家。子縝今日俗説五七之期，延僧禮懺，詒以燭、楮。作書致爽秋、致朱蓉生，俱約以中和節至陶然亭公飲均甫。作片致介唐，爲楊正甫言其戚史氏兩棺欲殯吾浙之誼園也。史氏故山陰人，久居於大興，道光中故雲南布政椒圃先生致蕃始奉其父故甘肅提督善載還葬山陰，遂居郡城錦鱗橋，錢氏儀吉《衎石齋記事續稿》有《史氏雙節大忠兩世合葬墓表》及《提督墓碑》。雙節者，提督之祖母沈及庶祖母王也。大忠者，提督之父，故臺灣鳳山縣典史，殉林爽文之難，名謙也。碑言史氏自明隆慶中由餘姚寄籍順天，遂爲宛平人，七世皆反葬其鄉，提督合葬祖父於謝墅官山墺，復自營壙於旁。今謝墅水步前尚樹史氏雙節大忠碑。時在癸卯、甲辰間。布政以常鎮兵備憂歸，余猶能記其吉凶儀衛。後布政歷官於滇，家人悉隨往，其宅遂空。宗滌甫先生與史有連，其居又相近，嘗集余等十餘人於史宅爲文課，門庭逼仄，聽事廣不十武，竊歎布政之清節。時布政子名悠□者，以舉人官中書在都。未幾布政引疾歸，中書以道員需次江蘇，署江安糧道。及余入都，而聞中書殉寇難，布政亦旋卒。及余己丑假歸，丙寅賃居黄花衕，其前即錦鱗橋，與史氏比鄰也。時惟中書之夫人在家，余嘗從之假肩輿。今正甫言夫人從其子，以鹽官需次直隸，寓京師，相繼歿，貧甚不能歸櫬。余以介唐近主擴誼、同誼兩園事，故屬其相度。烏虖！余四十年中而及見史氏四世之喪，浮生若夢，亦可悲矣。史氏世有忠節，其世世反葬，亦人所難能，爲略記之，俾它日考文獻者有徵焉。作片致伯循，爲子縝姬人欲發電信催其家人來奔喪也。得介唐復、朱蓉生復。閲《説文校議》。

二十九日己巳　晴。再得朱蓉生書，爲邀坐客事。因再作片致爽秋，作書致瞿子九學士，約初一日飲陶然亭。作書致楊正甫，言史氏殯事。徐亞陶來，久談。亞陶自言年六十八，鄉人謂其實七十七矣，然尚甚健，間兩日入直總理衙門，且治刑部事。其人忠厚長者，不可多得也。敦夫書來，言今日下榻館中。印結局送來去年十一月至正月公費銀八兩。近日户部百計求利，謂捐例既開而無來者，由印結之費太重，因議裁此費，凡户部上兑者概不須結。於是京官之恃此爲命者，皆當立槁墻壁矣。

三十日庚午　晨陰，上午晴，下午澹晴，傍晚微陰。得瞿子九書。作書致子培，得復。作片致朱蓉生，得復。得梁星海書，乞畫團扇，即復。得竹篔去年十一月廿二日柏林使館書，并惠銀三十兩。柏林者，德國之都城也。言以去年七月十六日自滬上泛海，九月五日始至。其國在北緯五十度，天氣較暖，地方數百里，平坦無山。其主年八十餘，政皆決於畢思馬，亦年七十餘矣。其俗較英、法稍樸。近又往意大利國，古之大秦國也。案：歐羅巴洲皆大秦地，此尚沿《海國圖志》之説，余别有考。其都城向爲教主所治，今其主遷駐，教權大絀。有博物院，聚石像、銅器及石刻文字，皆二三千年物也。又言法夷議院見已籌餉六千萬佛狼，約合白金千萬兩，爲今年春夏兵費。得袁爽秋書，并近詩九首，頗清逸可愛。其詩多爲别調，一意求新，佳處在此，病亦在此。

閱錢衎石《刻楮集》及《旅逸小稿》。《刻楮》詩法略本山谷，而多參南宋格調，寧拙毋巧，意不猶人，然斧鑿痕太多，未足成家也。其境詣於岳倦翁《玉楮集》爲近，自名《刻楮》，殆有意耳。集中《題寶真齋法書贊》五十絶句，小注附識多有可觀，亦可想其宗旨矣。

夜復爽秋書，并答以四絶句。得子培書。遣人詣錢子密吏部，取浙紹鄉祠印結捐款。自去年六月至今年正月，共得銀五十六兩。再得爽秋書。今日聞劉銘傳大喪師於基隆，死者二千餘人，臺北危甚。廷諭責其恇怯畏縮，有深堪痛恨之語。鎮海已爲夷礮毁礮臺一，乍浦、吴淞皆有夷船游奕。越南我圍宣光之師亦敗退，死者亦多。廣東瓊州、廉州、欽州皆告警，張之洞請急調馮子材助守。警報狎至，海氛甚惡矣。其實夷兵不過萬餘人，間顧安南、兩廣人充之。我沿海之師共十餘萬，處處設防，日需餉銀二十一萬兩；越南三路之師亦數萬，而首尾牽制，互相觀望，小有挫損，望風逃避，又互相委罪，此必不可爲者也。

邸鈔：上諭：禮部奏朝鮮國王遣使李應浚恭齎謝恩表文來京，代爲呈遞一摺。據該國王奏稱，上年十月十七日夜，逆臣金玉均、朴永孝、洪英植、徐光範、徐載弼等謀爲不軌，突入宫闈，連戮大官六人。十九日，政府因臣民齊憤，請防營提督吴兆有、同知袁世凱、總兵張光前率兵入護。不期亂臣施放槍礮，傷亡四十餘人，鏖戰良久，亂徒逃竄，社稷復存。嗣蒙欽派大臣吴大澂、續昌前往查辦，現已蕆事，俄忽之間轉危爲安，恩施再造，感戴不知所云等語。覽奏具見悃忱。該國列在藩封，世修職貢，前於光緒八年特派官軍前往戡平禍亂，當以該國大難甫平，人心未靖，睠念屬藩，義應保護，諭令留劄數營彈壓亂萌，俾餘黨不致復熾。詎期甫及兩年，又有此變。事起倉猝，提督吴兆有等就近援助，赴機迅速，亂黨洪英植等旋即伏誅，餘衆潰逃。藩邦復定，深慰朕懷。至陣亡官兵忠勇捐軀，殊堪嘉憫。

著照該國王所請，祔入原任廣東水師提督吳長慶祠，春秋派員致祭。其所稱傷亡兵丁，應由該國議恤；朝廷字小爲懷，體恤惟恐不至，所有陣亡及受傷各官兵，著李鴻章查明具奏，請旨優予恤賞，毋庸由該國議恤。其奉喪使臣，仍著頒給賞賚。該國王尚其懲前毖後，飭紀整綱，以維國本，講信修睦，以篤邦交，永固藩屏，長承恩眷，朕實有厚望焉。該部將此傳諭知之。詔：已故署廣東瓊州鎮總兵、前福建水師提督吳全美，照軍營立功後病故例從優議恤，並將事蹟宣付史館立傳。從張之洞等請也。

二月辛未朔　薄晴多陰。上午詣陶然亭，偕蓉生、爽秋期施均甫、瞿子九、王醉香、沈子培飲於此。諸君皆先余至，惟子九後來。是日輕陰，野色蕭澹，西山殘雪不可得見，然窗檻之外，四望静深，清談暢襟，昏暮始散，以詩紀之。付寺坐八千，茶行者三千，廚人賞十二千。

乙酉二月一日偕爽秋鼎甫飲施均甫及瞿子九學士王者香庶常沈子培刑部四同年於陶然亭時均甫新自喀什葛爾至

携酒郊原澣麴塵，寺樓鐘磬接城闉。曲江故事中和宴，絶塞新還汗漫人。雲罥遠山微有雪，野含宿草不能春。憑窗忽動烟波思，强擬風廊作釣綸。飲間有此語。

初二日壬申　竟日霃陰，甚寒。閲《揅經室文集》。書玉饋燖鼈，作書復謝。伯循來。是日聞左湘陰電奏至，言基隆無事，前日之耗由合肥據外國電報入告，非事實也。又聞鎮海礮臺被燬，雖見滬報，實亦未確。廣東沿海欽、廉諸州之警，聞是英國兵船赴俄國者，而南皮以爲法人至，遽張皇弛奏，請急調馮子材入援，有從井救人愚者不爲之語，以粤西爲非粤督分内事，人皆傳笑之。近日都下有一對云：『八表經營，也不過山西禁菸，廣東開賭；三邊會辦，請先看侯官降級，豐潤充軍。』八表經營者，南皮爲山西巡撫，上事謝恩疏有曰：『身爲疆吏，猶是依戀九重之心；職限方隅，敢忘經營八表之略。』中外至今以爲笑柄。廣東開賭者，以力主潘仕釗之説，請弛闈姓之禁也。侯官謂陳寶琛，寶琛實閩縣籍。豐潤謂張佩綸也。佩綸近日疏請建馬江死事諸人專祠，有云：『李長庚死事於閩洋，而其部將邱良功等卒平蔡牽；曾國藩初覆師於九江，而其後卒爲中興第一功臣。此固人事之平陂往復，亦天心之草昧艱貞。』其無耻可謂極矣！

邸鈔：以降調吏部尚書李鴻藻爲内閣學士，兼禮部侍郎銜。山西潞安府知府丁體常升河東兵備鹽法道。體常，川督寶楨子，年甫三十，入貲爲山西候補知府，張之洞違例爲補潞安，今復以奥援得之。

初三日癸酉　晴，大風，晡後稍止。閲《西河集》。書玉約晚飲。作書致伯循。敦夫來。光甫來，資泉來。夜詣義勝居，赴書玉兄弟之招。一更後敦夫復邀飲霞芬家，三更後歸。復有風。

初四日甲戌　酉正一刻二分春分，二月中。晴，風如昨。竟日多倦卧。爲黄仲弢題《龍女行雨圖》三絶句。

題姚某伯變龍女行雨圖四首道光庚子五月爲葉潤臣作，題曰『天龍自在珧臺女』。

平章風月老如何，某伯嘗有小印曰『平章風月重事』。鯷壑蛟宫變幻多。欲借弄珠神女力，略舒纖腕挽天河。

珍重微波屬柳郎，緑綈方寸淚沾裳。衹應薄倖人天恨，欲瀉銀河作斷潢。

爲恐金鉼誤衛公，不教夫婿御青驄。誰知十界花光雨，衹在雲鬟一笑中。

争説青天騎白龍，欲乾海水見封禺。須臾一擲蓮驍影，多少星辰避電鋒。

邸鈔：上諭：劉秉璋奏鎮海口岸獲勝情形一摺。正月十五至十九日，敵船屢撲浙江鎮海口岸，經提督歐陽利見督率水陸營勇及輪船管帶各員合力轟擊，將敵艦迭次擊壞敗退，尚屬奮勇可嘉。著劉秉璋仍飭在事各將領嚴密防守，毋稍鬆懈。

初五日乙亥　晨及上午微陰，傍午澹晴，下午陰寒。曾祖妣忌日，供饋肉肴六豆，菜肴四豆，菜羹一，饅頭一大盤，春餅一盤，時果四盤，龍眼湯一巡，酒四巡，飯再巡，茗飲再巡，晡後畢事。寫昨三絶句致書玉，并饋肴饌兩器。鐵香來。許仙坪自開封寄惠銀三十兩。得爽秋和中和節詩，塵字韵。是日微感寒，不快，夜加子即睡。子縝姬人饋柹霜十餅。

初六日丙子　晨及午陰，下午晴。閱《西河詩話》。梳頭。張朗齋提戎曜來，久談。言其太高祖官於潛教諭，始由上虞遷居杭州，至其祖父始占籍大興，皆以科名起家，先墓皆在杭也。吴清卿大澂來。作書致黄仲弢，還其圖。夜覺精神稍佳，閱《揅經室二集》。文達説經博辯名通，而敘事之文頗沓冗不知體例。自爲其祖墓志，稱曰太府君，此今日承重孫爲其祖訃狀之俗稱，而文達亦爲之，可怪也。夜月出甚佳，四更後雪大作。

邸鈔：翰林院侍講陸潤庠轉侍讀，左春坊左贊善歐德芳升侍講。

初七日丁丑　晨雪積至四寸許，竟日寒陰，時有微雪。閱戚鶴泉《文鈔續選》。子縝姬人來。編録《皇朝謚法考》，自光緒八年至今，手寫文臣訖。鮑子年本分三品以下别爲一卷，出入乖違，今并合之。

初八日戊寅　春社日。晨晴，上午多陰，午微霰，下午陰，傍晚晴。邀光甫、敦夫、書玉、資泉、介唐、伯循午後至慶樂園聽蕊笙和部，晚飲義勝居，夜一更後歸。付園坐錢十六千，客車飯六千，酒保四千，車錢七千。

初九日己卯　晴，竟日風，頗寒。輯録《謚法考》訖。竟日鉤稽，亦甚費心力，其中頗寓微恉，故出入處皆詳言之。席姬生日，予以銀二十四銖。夜風稍止，月甚佳。

邸鈔：上諭：廣西關外各軍上年十二月及本年正月間迭有挫失。巡撫潘鼎新身爲統帥，雖親臨前敵，並受槍傷，未能策勵諸軍力圖堵禦，實屬調度乖方，著即行革職。前福建布政使王德榜赴防最早，未立寸功，前在峰谷遇敵挫退，南關之役又未能迅速赴援，實屬恇怯無能，著即革職，聽候查辦。蘇元春屢著戰功，任事勇往，著督辦廣西軍務。廣西巡撫著李秉衡暫行護理。聞彭玉麟、張之洞有電奏劾鼎新。

初十日庚辰　晴，風，下午風益甚，陰霾微雪，旋復晴，寒甚如冬中。閱《續東華録・乾隆朝》。得王子獻正月二十日里中書。作書致季士周，并兩書院望課題。剃頭。是日聞初六日，英使巴亞哩死於夷邸中，朝野爲之相慶。倭國所遣全權大臣伊藤博文先至天津，欲論朝鮮事，朝命合肥爲全權大臣與之議，并遣吴大澂、續昌往。而倭使言奉其主命，須見皇太后面遞國書，不肯與合肥等議，遂入都，大澂、續昌亦隨至。政府言皇太后不可見，則求見上。政府令却回天津與合肥議，固不可。近聞巴酋死，遂回天津矣。

十一日辛巳　晴，下午有風。閱《續東華録・乾隆朝》。作書致趙桐孫。對門鄭主事夫人生日，賀以桃、酒，兩姬往飲。

十二日壬午　竟日陰寒有風。閱《東華續録・嘉慶朝》。午後答拜張朗齋、吴清卿，俱不值，即歸。介唐來。敦夫來。益吾祭酒來。夜介唐邀飲義勝居，偕過書玉兄弟同往，三更歸。付賃屋銀六兩。向爽秋、蓉生兩家取前日公飲醵錢，付廚人共百八千。

十三日癸未　上午晴，下午風，陰。閱《東華續録・嘉慶朝》。書玉來。光甫來。敦夫來。黄仲跛來。馬蔚林來。傅子尊夫人來。

邸鈔：上諭：潘鼎新奏各軍鏖戰，大獲勝仗。本月初七、初八兩日，敵兵在鎮南關外分路進攻，馮子材、王孝祺兩軍立即迎擊，蘇元春與蔣宗捷率師馳援。各軍合力堵剿，大獲勝仗，殺傷千餘名，奪獲象、馬並槍礮多件。當將敵兵擊退，將士奮勇可嘉，著蘇元春、李秉衡優給獎賞，以示鼓勵。　右春坊右贊善王文錦升左春坊左中允。御史黄自元授甘肅寧夏府知府。

十四日甲申　晴。閲《東華續録·嘉慶朝》。鈔補《衎石齋記事續稿》卷九、卷十缺葉，共四番。《衎石續稿》之文平漫冗弱，遠不如其初稿，蓋晚年筆力漸退，不能副其意也。然議論醇正，多有關於名教。作書致張朗齋，約飲期。夜月甚佳，加子後食既，是夕望。

邸鈔：詔：前廣西布政使康國器於咸豐年間帶勇剿賊，迭在江西、浙江、福建等省著有戰功。兹因傷發身故，照軍營積勞病故例議恤，並將該故員事迹宣付史館立傳。從左宗棠奏請也。

十五日乙酉　陰，午微見日。施均父來。繆筱珊來。余壽平來。得雲門去年祀竈日書，言已於仲冬下旬之宜川任，并寄十二月初二日一詩。梁星海來，以粤東學海堂新刻阮文達《石畫記》等六種爲贈，皆瑣雜不足觀。爲益吾題程定甫《秋夜讀書圖》，即作書致之。閲《東華續録·嘉慶朝》。作片致子培，還《衎石續稿》。

揚州人程漱泉壽齡爲儀徵程定甫按察贊清繪秋夜讀書圖中有洪北江法梧門吴穀人山尊諸公題詩逸梧祭酒購得之屬補題圖右

吾生無嗜好，所營惟讀書。尤喜秋夜永，清風肅庭除。二尺短檠燈，世界照有餘。千秋賢智心，見此光明珠。不知窗外月，行到中天衢。祭酒夙好古，焠掌同艱劬。頻年往還熟，相勖窮五車。一朝得此畫，形神與之俱。詞林有成例，香茗非所需。蓬萊十萬軸，悉爲群仙儲。二犬守不慎，遂屬金銀徒。程君起盛世，獨以勤學譽。駞街揚州邸，丹閣臨清渠。圖以嘉慶辛酉畫於菜市街揚州館之蒼屏樓，時按察尚未入翰林也。壬戌通籍後，洪、法諸君題詩。北江兩絶句，其二云：『半宵已有讀書聲，蓮漏參差出鳳城。帶得二分明月色，第三廳上數秋更。』詩不見集中。時聞篝火讀，絃歌出闤區。同時老尊宿，洪法偕二吳。一一留題字，銀鉤粲金壺。古歡紹孟晉，神契良非誣。終身官不恨，與此爲怡娛。我賃一椽屋，花樹長扶疏。開牖出花下，丹鉛映蟾蜍。惜無鐵華手，繪我秋聲圖。卷還致鄭重，勿爲寒具污。

前圖中有吾鄉茹古香尚書菜題詩用史望之尚書致儼韵七古一首茹公先曾祖同年友其詩文集無一字傳者誦之慨然再題二絶句

先德城南卷尚存，先曾祖有《柳蔭課讀圖》，尚書題《沁園春》一詞，今尚存。寒家猶有作詩孫。可憐下柴扶犁叟，指點荒祠説狀元。下柴，村名，去余家西郭一里許，爲尚書舊居，其先祠綽楔猶在。

風誼師門重竹香，尚書尊人三樵先生，經學大師，先曾祖曾受業。竹香齋，先生文集名。綈袍一贈淚淋浪。『記得年時長安風雪，惟子能憐范叔寒』，尚書所題詞中語。無人更識三樵學，零落茶間帶草堂。先生著《周易二間記》，假茶間、薑間爲主客之辭，皆自寓也。

邸鈔：詔：此次京察一等覆帶引見各員，内閣侍讀慶蕙、彭鑾等二十七人毋庸記名；宗人府理事官宗室壽蔭以四五品京堂補用；户部員外郎宗室松安仍以五品京堂補用；内閣侍讀鶴山、馬恩培、左春坊左中允裕祥、編修鄧蓉鏡等五十一人均記名以道府用。此次江蘇、浙江兩省無一人，江西惟御史譚承祖、户部郎中高梧兩人，而自滿洲外，直隸、河南人爲多。

十六日丙戌　竟日雰陰。得徐亞陶書，乞題曹嵐樵給諫所畫《環翠軒賞菊圖》。即書二絶句，作書還之。施均甫以詩集送閲。得益吾書。得張子中同年揚州書，并寄所著《説文發疑》三册。閲《東華續録·乾隆朝》。聞昨日電報，粤西馮子材、王孝祺諸軍收復諒山，殺法夷五百餘人。

十七日丁亥　晨及上午陰，午微晴，晡晴。得徐亞陶和昨日韵詩。午詣才盛館，庚午團拜，演四喜部，坐客甚雜。晤李玉舟、龐絅堂、劬庵、王可莊、旭莊、施均父、朱蓉生、濮梓泉、楊正甫、王醉香、傅子蓴、徐亞陶。看燈戲，至夜三更歸，倦甚。子縝之長郎詞光至京。得心雲、仲彝書。内子張姬答詣子蓴、介唐夫人及子縝姬人。聞英、俄以争愛烏罕事將構兵，俄人治船於土門江，備英之襲也。粤中高、廉一帶言有夷兵船，督撫大怖，以爲法人至，實英人之北備俄者。又聞江浙海運漕糧爲法夷所阻不得至，近日樞臣密爲和議，又有請開鐵路濟河運者。都中米價日踊，防海軍餉日須銀二十一萬。後事不知何如耳。付同年團拜費八千，車錢十千。

十八日戊子　微晴多陰。陸篤齋送其從兄所刻《靖康要録》來，即作片復謝，犒其使二千。下午詣益吾祭酒，久談。詣楊正甫，不值。詣朱蓉生小坐。詣鐵香，陳雲舫亦來，談至晚而歸。鐵香言今日署中有電報至，言澎湖失守。雲舫言户部坐糧廳監督、吏部郎中陳維周條陳河運事，欲乞都察院代奏，雲舫却還之。子培來。馬蔚林來。以明日清明，祀屋之故主。内子夜作觀音齋供。

閲《靖康要録》。共十六卷，無序跋，文瀾閣傳鈔本也，頗脱落，多誤字。《四庫提要》謂當是《靖康實録》之節本。今觀其按日繫事，載及宰執庶官遷罷，似近朝報，而紀事多有一曰、又曰云云，則又參以傳聞。其事多直敘不斷，詳略輕重亦頗有失當者。又是非混然，如以李忠定及先莊簡公謂皆蔡氏黨，紀真定死事不及知州李邈，皆顛倒失實。然其它記載多詳盡，有裨史學不淺也。

夜寒，有風。

十九日己丑　薄晴，晡後陰。亥正二刻十二分清明，三月節。祀曾祖考妣、祖考妣、本生祖考妣、先考妣，肉肴、菜肴各六豆，菜羹一器，饅頭兩大盤，時果四盤，龍眼湯一巡，酒三巡，飯再巡，茗飲一巡，燭四枝，祔以兩弟。晡後畢事，焚楮泉六挂。得梅卿正月二十三日書。以子縝昔年所詒揚州李氏丰野園所刻小學書數種，還其長郎。敦夫來，伯循來。閲《靖康要録》。益吾以和余題《秋夜讀書圖》詩韵寫寄，即復。始去鑪。

邸鈔：上諭：潘鼎新奏諒山失事、退守邊隘情形，自請交部治罪，並請將迭次陣亡官弁優恤一摺。上年十二月間，法兵進逼諒山，官軍奮力抵禦，鏖戰多日，旋因失利退劄，諒山不守。潘鼎新調度失宜，前已降旨革職。記名提督、前廣東高州鎮總兵楊玉科臨陣勇敢，奮不顧身，中礮捐軀，實堪憫惜，著交部從優議恤。陣亡之提督劉思河等十一人均從優議恤。前福建布政使王德榜上年在豐谷等處接仗挫敗陣亡，總兵黄喜光、記名總兵副將胡陽春、副將武鴻來、參將左廷秀等三十二人均從優議恤。已革參將甘肅巴里坤、游擊柳臣玖開復原官，一併從優議恤。

二十日庚寅　晨陰，上午後澹晴，晡後陰。竟日有風，甚寒。先祖考忌日。張節孝忌日。閲《靖康要録》訖。敦夫來。朱桂卿來。夜閲蔣生沐《東湖叢記》。

邸鈔：以左春坊左庶子梁耀樞爲翰林院侍講學士。

二十一日辛卯　晨陰，上午晴，下午復陰。蔡枚盦壽祺七十生日，送束并徵詩文啓。以其屢來，贈以七律一章、禮錢四千。均甫來。楊正甫來。晡詣敦夫談，晚歸。夜作致仲彝書、致心雲書。

邸鈔：上諭：廣西關外各軍自本月初七八日獲勝，後迭據張之洞、潘鼎新等奏，稱官軍合力進攻，先克文淵州，乘勝追剿，十三日克復諒山，斃敵甚多，奪獲礮械無算。各軍奮勇立功，殊堪嘉尚。前廣西提督馮子材老於兵事，夙著勳勤，此次與廣西右江鎮總兵王孝祺援剿迭勝。馮子材著先行賞給白玉翎管、搬指、白玉柄小刀、大荷包、小荷包。王孝祺賞給白玉翎管、白玉柄小刀、小荷包。其餘出力員弁，著蘇元春、李秉衡將各軍戰狀詳查具奏，候旨施恩。

二十二日壬辰　晨至午雨，午後微晴，下午晴陰相間，傍晚風。逸梧祭酒屬於《秋夜讀書圖》中再補書前日兩絶句，今日寫訖，作書致之，得復。作復王子獻書、復陳晝卿書。作致蘇松太道邵兵備友濂書，以近日鳩工修浙紹鄉祠，募其捐銀也。作書致敦夫，爲致書邵小村事，得復。是日庭柳始梯，山桃欲華。

二十三日癸巳　晴，風，甚寒。爲子獻母俞恭人撰墓志銘并書。剃頭。作復胡梅卿書。以朱提銀十二兩爲子縝奠儀。得桐孫《見懷詩》七律二首。夜作書致伯循，問子獻越中廣寧橋新居何址。書玉、資泉來。爽秋來夜談，至三更去。

二十四日甲午　晴，午前尚寒，午後驟暖。作片致敦夫，爲紹興公宴送席姓名宜別擇也，得復。吾郡人之宦於京師者，多儋糞賣脯子孫，或身爲牙郎、胥吏，不知種類，甚不屑齒之。發寄子獻書，并致梅卿、心雲書封入。作書致施均甫，屬今夕飲齋中，不必衣冠。閲張子中《説文發疑》。凡六卷，甚有心得。作復桐孫書。是日偕敦夫、介唐、伯循邀張朗齋中丞夜飲，均甫作陪。晡後主客畢集，設飲雙柳宧中，張燈暢談，至夜分散。家人製肴饌四器、糕餌兩盤，餉子縝之長郎詞光。

邸鈔：上諭：前因御史黄自元奏參署湖南巡撫龐際雲任用非人、徇私納賄等款，當經諭令卞寶第確查具奏。兹據該署督奏稱，被參徇私納賄各節查無其事，惟誤聽人言，委令已革道員李光燎管帶營勇，實屬疏忽等語，龐際雲著交部議處。

二十五日乙未　晨密雨，至傍晚稍止，晚風，甚寒。

閲莊氏《夏小正》諸書。其《夏時明堂陰陽經》一篇，近於大言自欺。《經傳考異》一篇，乃經師家法。《夏時説義》上下篇，義藴宏深，仍復文從字順，經學中卓然大文也。其《等例文句音義》則多臆説穿鑿，不可盡據。

下午詣子縝家吊，爲之點主，祝之曰：『生有令聞，没爲明神，以妥爾魂，長庇子孫。』敦夫、介唐相禮。晤朱蓉生、濮紫泉、周介甫、伯循諸君。禮畢即歸。是日腹中不快。夜作復張子中書。點主之事，起於南宋，今自天子以下皆行之。然此宜卑幼爲尊長行事，而越俗必請尊行其禮，先用朱點。顧亭林以爲上行下之禮，然又朝服向主行禮，則謬甚矣。

邸鈔：詔：署湖廣總督卞寶第回湖南巡撫本任，以安徽巡撫裕禄署湖廣總督，以漕運總督吴元炳爲安徽巡撫。　掌京畿道御史陳錦升吏科給事中。

二十六日丙申　上午晴陰埃𦗎，下午陰。頗苦潮溽，時時焚香辟之。櫬桃盛開。得均甫書，乞寫楹帖摺扇，即復。作片致敦夫，得復。作書致爽秋，屬轉寄張子中書。爲均甫閲詩集。其氣格較昔爲蒼老，而亦較率易，此事須由學也。陳六舟按察來。徐壽蘅宗丞柬請後日午飲。敦夫來。得爽秋書。子縝長郎以謝點主，送食物數事。收鹺脯一肩，犒使二千。近日通商署中與法夷爲和議，大略本去年津門之約，慶郡王奕劻、閻朝邑及許侍郎庚身、徐侍郎用儀主其事，日與英國税務司赫德密議之，前日已立草約，以三月初二日定議，而秘不令朝士知。國家不與賢士大夫爲密而與醜夷厮豎爲密，此古人之所不及料者矣。

邸鈔：以直隸布政使崧駿爲漕運總督。以雲南布政使剛毅爲山西巡撫。調河南巡撫鹿傳霖爲陝右中允。

西巡撫。以陝西巡撫邊寶泉爲河南巡撫。前太常寺卿張緒楷補原官。國子監司業潘衍桐升右春坊

二十七日丁酉　晨及上午陰，傍午微霽，晡晴，傍晚復陰。得朱桂卿書，并疊山谷《以雙井茶送子瞻》詩韵兩首見贈，一爲閩中林編修壬介紹相見，一柬小飲也，詩皆甚工。上午詣邑館春祭先賢。主祭者三人，鍾六英太僕及余也，相禮者傅子蓴、周介甫、章方軒桂慶等四人，直年者介唐。祭畢，偕敦夫諸君登晞賢閣祀魁星。午後飲胙，偕六英諸君暢談至晡散。詣館之東鄰，訪洪右臣給事，又詣繩匠胡衕訪譚研孫御史，賀其京察記名，俱久談。研孫已卸巡東城矣。傍晚詣揚州館答拜陳六舟，言明早即行。晚歸。益吾祭酒來。林二有編修壬來。夜復桂卿書，並和詩二首。作書致黄仲弢。是日買西府海棠一盆、碧桃兩盆，爲几席之娱。付花錢十二千，車錢六千五百。

桂卿同年疊山谷以雙井茶送子瞻詩韵連寄三章奉答二首

偶然秀水辭閑居，肘後戲繫青囊書。書來言近爲人醫，甚忙。作詩時復抉天髓，玉女擎獻雙寶珠。

齊年同軫琴不孤，瑶椾三錫錦不如。金風亭長世再見，夜夢花覆鴛央湖。

清漳夾宅中央居，一生不作絶交書。飲人清言勝醇酎，小摇頤頷皆璣珠。我愧逐驥鞭蹩驢，君獨嗜痂謂鰒如。却恐誤人東家某，笑指溝瀆當江湖。君時約閩中林二有編修過訪。

邸鈔：以山西布政使奎斌爲直隸布政使。以山西按察使高崇基爲山西布政使。以廣東按察使沈鎔經爲雲南布政使。上諭：本月二十二日吏部請簡滿洲給事中員缺，帶領引見各員内告假不到者至十一員之多，實屬不成事體。嗣後此項引見人員如有連次患病告假不到者，應如何予以處分，著吏部酌議章程，奏明辦理，以杜規避。

二十八日戊戌　晴，晨至午風，午後和煦，始見春光之麗。得仲弢復。作片致繆筱珊。再作書致仲弢，言國朝貢舉館《選爵》《謚孝》諸書宜續輯事。午詣陳雲舫，賀其升給事中及京察記名。即詣樂椿園赴徐壽老之招，坐有趙粹夫太常、錢子密員外及均甫、爽秋、蓉生，皆浙人也。飲間閱周荇老所藏書畫，有黄荃瓜卉長卷、趙仲穆《袁安卧雪圖》長卷、吴仲圭墨竹長卷，黄、趙皆贋作，吴卷亦不能定真僞。《右軍换鵝圖》墨畫長卷，衣冠疏落，寥寥數筆，皆有古法。文待詔一長跋行草書，末題『時年八十有五』。釋澹歸《製茅筆詩》長卷，凡五絶句，末題『爲少文長者作』，下署『癸卯三月丹霞今釋』，字作行草，以茅筆書之，極飛舞之觀。晡後飲散，詣書玉小坐。晚偕蓉生、爽秋詣子培談，夜歸。得朱亮生汾州書，并惠炭銀十二金。陳六舟饋别敬十金。蔡枚盦和予詩韵見寄。付車錢九千。

邸鈔：以江西督糧道嵩崑爲山西按察使。以湖北荆宜施道于蔭霖爲廣東按察使。詔：中法現議修好，允准津約，各路軍營著即定期停戰，滇、粵各軍並著照約定期徹回邊境。聞此是二十一日所下旨也。比日岑毓英滇軍、馮子材等粵西軍連奏大捷，粵軍垂克北寧，滇軍大破其援宣光之兵，殺逆夷千余人，岑疏稱爲中外交兵第一大捷。法人頗懼，許和，而脅中朝先徹滇粵之師，粵兵限三月十一日至二十日、滇兵限二十一日至三十日皆徹盡，而其占基隆、踞澎湖者如故，言須俟詳細條款議定後再徹。夫彼據我疆土，扼我肘掖，而連營水陸不肯退尺寸。越南本我屬國，於彼何與？乃以彼争其地，先拒我師，而我奉令唯謹，朝詔夕退，急於星火。滇、黔兩路之師，方懲於潘鼎新、王德榜逮問之嚴旨，喋血進戰，冀效死力。賞既不行，又詔班師，將見將帥喪氣，士卒解體，人心一涣，不可復收，此後誰復爲朝廷用者？謀國之謬，任事之奸，其罪可勝誅哉！

二十九日己亥小盡　晴和。得繆筱珊書。洗足。光甫來。子縝之姬人蒯來辭行。閱李鄦齋《炳燭編》。此書校刻粗疏，今日復正其謬誤數事。子縝之長郎詞光來辭行。晚過敦夫齋中談。

三月庚子朔　竟日春陰，午前後微見日。閱李恢垣《漢西域圖考》。是日甚倦，午睡甚久。陳雲舫來。印結局送來公費十九兩三錢。

邸鈔：湖南長沙府知府高萬鵬升安徽鳳潁六泗兵備道。甘肅西寧府知府定祥升江西督糧道。廣東廣州府知府蕭韶升湖北荆宜施兵備道。内閣侍讀鶴山授廣東廉州府知府。編修鄧蓉鏡升左贊善。檢討陳秉和升右贊善。

初二日辛丑　晨陰，上午密雨，傍午霽，午後晴陰相間，有風，晡後小雨，仍見日景。閱《漢西域圖考》。剃頭。作書致書玉，爲明日介唐生日合送禮物事，得復。作書致敦夫，爲子縝之柩明日南歸，欲租送之也。張姬詣子縝姬人送行，饋食物四合。洪右臣來。得敦夫書。

初三日壬寅　澹晴多陰，午晴。早起將往送子縝，方登車，敦夫遣人來，言已行矣。素旐晨驅，思之慘黯。上午詣介唐，拜其五十之壽。即訪朱桂卿於嘉興館，小談而歸。内子、張姬詣介唐家拜壽。答拜馬易氈冠，始收貂獺諸冠，自曬而臧之。晡後詣張朗齋，不值，詣桑叔雅晤談，皆爲修鄉祠事也。答拜馬蔚林，不值。晚詣介唐家，偕敦夫、爽秋諸家夜飲，二鼓歸。

初四日癸卯　晴暖。得桐孫津門書。作書致張朗齋軍門，爲鄉祠工費甚鉅，勸其助千金。施均甫來。譚硯孫來。得薛慰農訃。是日得詩四首。

書憤四首

鑿空方乘貫月槎，無端海國幻蟲沙。未聞節制誅荀彘，虚報烽烟獲吕嘉。受拍已無金翅艦，解嘲猶託碧雲騢。可憐一片三山月，終古潮聲咽暮笳。

九朝屬國列朱吾，北户聲靈戴斗樞。誰遣戍兵收蔡襲，頻傳捷奏出鮮于。黄龍清酒前盟在，文象金人兩地輸。喋血瘴鄉争尺寸，班師連夜下銅符。

桓桓劉尚舊專征，推轂中朝恃重名。上幣犒師傾少府，巖疆唾手失邊城。蛟門秋老波濤惡，獅社風腥草木横。請劍不行翻拜爵，漢家功罪總難明。

司農仰屋算經畡，布被清名出草萊。苦欲助軍尊卜式，先將失道罪王恢。東吴粳稻雲帆斷，北海茭薪澤雁哀。莫道誤人劉晏傳，須知程李亦奇才。程李謂程異、李巽。

初五日甲辰　晨及上午晴陰相間，午後澹晴，晡陰，略有微雨，傍晚霑陰。是日驟暖，晚風起，稍寒。迎春、紫丁香俱華。桑叔雅來。介唐來。作復桐孫書，并寄以詩三首。得均甫書，言朗帥許助修祠費千金，此公真可人也，即復。晡詣敦夫談，即偕詣書玉兄弟，傍晚歸。得逸梧書，約飲期。夜雨，二更稍止，有大風。

再疊山谷以雙井茶送子瞻詩韵柬桐孫二首

詔鑾入犯罷都護，平凉尋盟視載書。君房一言棄三郡，不須神弩尤媚珠。藏舟於壑負以趨，南溟北勃縱所如。波濤幸息鄉里福，我亦欲乞周官湖。

齊年趙岐長我歲，官貧聽鼓㛹著書。每有佳獲輒示我，遂令寠人解衣珠。楊柳青青遍津沽，河豚大上玉不如。招我東下相怡娱，飲水一勺知江湖。

桐孫所寓地名雙井五疊前韵寄之

徑山呼龍治深汲，管涔有人開素書。君居井水所到處，想見潑茗浮乳珠。東坡調水不用符，張陸醴泉焉得如。相從練帶懸薇壺，不復歸决回踊湖。

邸鈔：詔：湖南布政使龐際雲應得降三級調用處分，加恩改爲降五級留任。以通政司副使鄭藻如爲光禄寺卿。

初六日乙巳　卯正一刻五分穀雨，三月中。晨陰，上午晴，有風。作書致敦夫，以今日於漢爲上巳，約出看花。敦夫已出，遂止。得桐孫初三日津門書。比日中庭有淺緋山桃一株，作華甚盛，苦迫人事，不得作移時之賞，午後已風吹漸落矣。作書致益吾祭酒辭飲，得復。閱益吾《漢書司馬相如傳補注》，引證繁密，於訓詁名物搜括殆盡。爲補其葴持若蓀一條、黄礫一條。

初七日丙午　晴暖。杏花開，又外院紅杏一株，今年枯不華。得爽秋書，言今日偕郎中成某從錫尚書、鄧鴻臚赴天津，佐合肥議法人詳細條約，即復書送行。得叔雅書，并修鄉祠前後殿工程單。作片致介唐，得復。得敦夫書，約午飲及聽曲。作書復叔雅。午詣聚寶堂赴敦夫之招，介唐亦已至，招霞芬。下午詣慶樂園，觀向綃演齣及《金山寺水門》，皆近來佳劇也。傍晚歸寓，小憩，看庭中晚花。得逸梧書，并近作《送王爾玉侍講左官出都》詩。作片致施均甫、王醉香，致楊正甫，作書致朱桂卿、致書玉，俱約夜飯霞芬家。比日於東偏小院藤花樹治檐易笮，小設坐檻，更築南北墉於西壁，開門以通中庭。計費京錢一百八十千，以今日畢工。晚詣霞芬家，敦夫、介唐、均甫、醉香、正甫俱已至。上燈設飲，肴饌頗精，密坐清談，夜分始散。付酒饌銀六兩，僕賞二十千，客車飯九千，霞芬車飯四千，車錢十千。得書玉書。有嘉興人何敬中來求見，不值，均甫言嘗共居喀什噶爾幕中者。再得叔雅書并工程細帳。

初八日丁未　上午晴暖，下午微陰，有風。是日倦甚，多卧。庚辰同年財盛館演劇團拜，不能往，作書致黄仲弢，以所助公費銀十兩屬轉交。作書致楊正甫。作書并寫近日書憒四律致逸梧。正甫書來，言諸同年待余夜飲，桂卿復來趣迓，皆辭不往。復叔雅書，并銀二十六兩爲修理資。

初九日戊申　澹晴多陰，有風。杏花、紫丁香俱盛開，迎春尤爛漫，海棠、頻婆俱含萼，欒枝兩樹，紅氣通林。得叔雅書，還銀八兩。子培來。敦夫來。周荇老《漢書注校補》六十四卷刻成，其孫衍齡送來，睹之愴然。夜得子培書，乞寫和山谷詩，即復。均甫送前夕宴集詩來。

初十日己酉　晨及上午陰，午後薄晴。張朗齋中丞來，先交鄉祠捐款六百金，久談而去。閲荇老《漢書注校補》。其書用力甚深，較《後漢書》《三國志》爲精。陸篤齋來，不見。是日李始試華。庭中種此一株，今年枯其半矣，晡後自剪除枯枝，頗覺勞勩。得介唐書，爲代裝褾《滄浪亭五百名賢像》，并惠菸絲十包，即復謝。

邸鈔：户部郎中李希蓮授江西廣饒九南兵備道。希蓮，山西平定州人，庚申進士。先得京察，丁憂；比甫服闋，到部奏留，摺上而即有此授，異數也。子光宇，庚辰進士，工部主事。

十一日庚戌　晨陰，上午小雨，下午漸密，晚止。閲《廣雅疏證》。剃頭。得益吾書。戲作詩四首。晚赴益吾廣和居之招，夜二更歸，復得詩一首。

沈子培以怡邸凸花小箋索書疊山谷韵詩精絶可愛爲更作一詩六疊前韵

桃花細甃玉璽紙，薑牙斜錯銀鉤書。文房持此慰飢渴，十賚可比一斛珠。押角艷奪紅珊瑚，澄心秘造恐不如。我吟小詩出新意，濯之錦川花滿湖。

前日庚辰同年公宴孫駕部爲團司余屬其招樂部紫雲不至余亦以小疾不往子培以爲恨七疊前韵調子培並戲孫駕部

軒后創傳素女圖，宣聖亦有房中書。近來坐部尚秦伎，漢皋空佩雙卵珠。都下近演齣，以秦晉來名西部者爲貴，黄州腔出漢陽者漸寥落矣。君家兄弟知好姝，當筵紫雲誰得如。玉蓮却避孫進士，妙常亦拒張于湖。

雜詠二首八九疊前韵

禮經徒被狗曲誚，春秋亦爲城旦書。王陽既乏點金術，牛衣致富由賣珠。讀破萬卷成專愚，翦張酒趙百不如。試握養魚經一册，長擁如花游五湖。

島夷索虜鄙夷等，賊操盗備翻覆書。上京降册拜臣構，蒜山詭報擒烏珠。自來出入紛主奴，大一統説久棄如。捩鷄竊位祖石碏，勃海名家首高湖。

坐中客言故明袁督師崇煥墓在右安門外草橋粤人旅葬處也粤士夫歲以三月祭之感而賦此

百戰危疆捍九邊，長城自壞速亡年。信讒終歎思陵愎，易代重蒙聖主憐。千古奇冤埋獨柳，一抔旅邸託荒阡。同功同謚熊襄愍，寒食何人吊墓田。

邸鈔：左中允王文錦升司經局洗馬。

十二日辛亥　晴暖。李花開，欒枝試華，杏落大半。

作書致益吾，言《漢書·賈山傳》一事：『赦罪人句，憐其亡髮，賜之巾句；憐其衣赭，書其背，父子兄弟相見也，而賜之衣句。』『赦罪人』三字總挈下二句，衣赭爲一事，書背爲一事，皆罪人之制。既赦之，則歸與父子兄弟相見，故賜之衣。此與『憐其亡髮，賜之巾』文義一例。亡髮者，被髡鉗也，赦其罪則賜之巾矣。『憐其衣赭』至『而賜之衣』十八字爲一句，『憐其衣赭，書其背』七字略讀。亡髮者輕罪也，衣赭書背者重罪也，兩『憐其』、兩『賜之』文相對。沈小宛氏《漢書補注》誤以『憐其衣赭，書其背』爲與上句對文，於是以『書其背』爲赦罪之事，而説不可通矣。

得叔雅書言修墻事，即復。作書并詩三首致均甫。新選山西蒲縣知縣施儒齡、新選河南扶溝縣知縣沈祖煌各來見。施字與九，本會稽人，沈不知何處人也。朱桂卿來。得益吾書，言所説甚精。夜月甚佳，今春第一夜也。

酬施均甫酬予招飲之作三首十二疊前韵

鯡也傳易受絶學，丐也説詩廢故書。獨守西山一家集，飛仙自有光明珠。唐元和中，施肩吾隱豫章西山，以爲十二真仙羽化之所，著詩名《西山集》。肩吾字希聖，本睦州人，後遷武康。天山南北窮康居，詩人游迹誰能如。探源真得星宿海，笑予局瘯誇鏡湖。

上馬殺賊下露布，何似仰屋窮著書。昆侖絶頂看日出，何似明堂賦火珠。幕府相依張大夫，杜陵嚴武遠不如。往還再涉蒲昌海，歸來濯足昆明湖。

冰山葱嶺入詩橐，朝雲花葉遲錦書。金門風月故無恙，坐中忽墮雙明珠。何戡米嘉今已無，文園病免愁相如。何時酒船櫂從子，道場山滿碧浪湖。

邸鈔：禮部左侍郎慶麟卒。以刑部右侍郎文暉調禮部左侍郎，以前刑部左侍郎貴恒爲刑部右侍郎。調廣東布政使龔易圖爲湖南布政使，湖南布政使龐際雲調廣東。詔：湖南按察使孫翹澤、四川按察使如山均來京，另候簡用。詔：湖南衡永郴桂道蔣啓勛、廣東韶州府知府奇克慎、甘肅慶陽府知府高士龍均開缺送部引見。詔：登州鎮總兵蔡國祥開缺送部引見。以記名提督統帶甘軍。馮南斌爲甘肅寧夏鎮總兵。曾署寧夏鎮總兵。

十三日壬子　晴，暖甚，晡後微陰。比日寓廬花事正酣，紫丁香三株，暖風送馥，時時游行花下，多理吟詠。點閲范石湖詩及王元之《小畜集》。得書玉書，借綿袍褂。施與久東請十六日飲，辭之。是日以京錢二十千買朱沙一笏，爲校書之用。此内中貢御物也，故價甚貴。然余自壬戌春得一挺，長四寸，闊一寸，高半寸許，至今二十四年，用之尚不能盡。此笏長五寸餘，闊一寸半，高倍於昔，計此生不能畢矣。子不磨墨墨磨子，慨然久之。是晚暖，不能著棉，恐有風雨至。久坐鸞枝花下。夜陰，月出霧然，四更後大風。

邸鈔：以兩淮鹽運使續昌爲湖南按察使。以直隸永定河道游智開爲四川按察使。理藩院郎中吉慶授湖南衡永郴桂道。此亦京察所得也，尚未及召見而擢矣。以□□□章高元爲山東登州鎮總兵。

十四日癸丑　晴，大風。欒枝花盛開，白丁香試花。評改周生學海課藝。偶檢舊箋篋，得前年花時與人箋三行未成者，又有半紙，上書『無數花飛』四字，蓋昔年詞稿尾句。晡後游行花下，意甚欣然，因於三行箋下寫五絶一首致書玉，『無數花飛』下足成五律一首致敦夫。録之於此，亦它日尊前故事也。

偶檢舊箋有字三行是數年前記寓廬花事約同人出游諸寺者因系以二十字柬書玉

不知人已老，未解惜花開。辜負閑官裏，年年春色來。

舊存半箋有無數花飛四字蓋昔年詞稿尾句也今日東風甚驟杏花落盡桃李柳欒亦有零落日晚裴回欒枝紫丁香花下足成四十字致敦夫西鄰館中

無數花飛處，巡檐弄扇行。墻低桃欲出，風軟柳能争。夕照句留住，朱闌次第成。鄰家詩思好，應爲晚霞生。時於東偏一院新添朱闌。末韵并調敦夫，寓人名也。

得敦夫復。夜月皎甚，風不止。是日付二十四日廚饌錢四十五千，付賃屋銀六兩，付裝褾《滄浪亭五百名賢像》共八册錢二十五千。

邸鈔：江安十府糧儲道張富年升兩淮鹽儲道。户部郎中塔奇魁授直隸永定河道。

十五日甲寅　晴暖，下午有風。海棠花開。自課澆花樹。作書致均甫、致益吾，俱約爲西山之游。作書致嚴六谿，問揚州館花事。作書致書玉、敦夫。得益吾復、均甫復。敦夫來。得均甫書，邀今夕飲雲龢。書玉、資泉來，日晚偕諸君坐庭下，看欒枝花艷絶餘映。晚詣霞芬家，赴均甫之約，坐有敦夫、桂卿、王醉香。夜四更歸，月皎於晝，滿院聞花香。是夕望。傅子蓴來，交到去年春夏季鄉祠外官捐款銀五十兩。

邸鈔：内閣侍讀馬恩培授江安督糧道。

十六日乙卯　晴，晡大風，晚止。頻婆果花開。作片致子蓴。嚴六谿來。書玉夫人來寧。陸篤齋送其從兄澄齋所刻《乙巳占》來。是日得詩四首。爲梁星海、王旭莊書團扇。得益吾書，送荇老《漢書補注》等三種來。是日傍晚忽胸中作惡，晚嘔吐，遂卧。

寓廬西院藤花小樹新添碧檻東偏小圃設紅闌一曲紀之以詩

君已休官去，牽船幾日留。朱闌妨草長，翠檻當花稠。小駐斜陽艷，能添曲徑幽。殷勤補顔色，聊與度今秋。時已假滿一年。

庭中手植紅杏緋桃各一樹皆佳種也今春枯矣以詩惜之

絳杏無新萼，緋桃剩宿枝。穠華原易脆，吾意本無私。抱甕辛勤久，編籬宛轉持。白頭娱幾日，忍爾去芳時。

三月十五夜均甫招飲朱霞精舍

幾度逢三五，長安况寂寥。故人還絶塞，春月足今宵。酒爲當歌美，花憐近燭嬌。暫時烽火息，老病惜芳韶。

三詩皆傷老之詞，看似平易，其感深矣。

即事

路人指高柳，謂是子雲居。客少猶賒酒，童忙爲送書。雨晴驗憂樂，閑病自乘除。別有春風在，花藏一畝廬。

此則自寬之辭，幾於達矣。四詩章法一氣，後人須合而觀之。

邸鈔：上諭：楊岳斌奏請將已革游擊吕文經留於臺灣效力等語。前因吕文經於輪船中礮，輒即先退，降旨革職，發往軍臺。嗣據左宗棠等奏留差遣，當以該員獲咎較重，未經允行。該前督豈竟無聞知，乃復奏請留營，殊屬冒昧。楊岳斌著交部議處，並著將吕文經即行起解，不准逗留。嗣後獲罪人員，各該督撫及各路統兵大臣不准率請留營，擅行差委，以肅綱紀而杜夤緣。

十七日丙辰　晴。令童僕收春燈藏之。於東偏小圃栽櫻桃樹一、棗樹一，又買荼蘼花俗呼木香。一對，付花錢二十千，種樹人一千。寫詩致均甫。寫《即事》詩致書玉。校《小畜集》、《徐騎省集》、蘇子美《滄浪集》，皆宋詩鈔本。傍晚有風。

十八日丁巳　晨微晴，竟日春陰甚佳，下午間有𩆜雨，晚小雨，即止。嚴鹿谿來。晨起，至賈家胡衕送周荇丈靈輀南反，晤益吾、子玖諸君。素旐既行，三揖而反。至漳州館答拜林二有，晤談。又答詣沈祖煌、施與九。至伏魔寺訪鹿谿，不值而歸。均甫來。得桂卿書，約廿二日極樂寺賞海棠，并十疊山谷書字韵詩。作書致鹿谿，致均甫。作片致仲弢，還旭莊團扇。鹿谿復來，下午同詣揚州館看花，海棠正盛，梨花一樹，妍絶臨風。復同游慈仁寺，屋老僧貧，花事稀寂，惟有丁香十餘樹耳。出白紙坊，至崇效寺，藏經閣下花樹娟然，柰果欒枝尤爲繁艷，春陰薄照，院静無僧，瀹茗清談，句留久坐。

晡後游聖安寺，亦無一僧，殿前瑞像亭左右海棠四株，樹高於屋，旁映丁香，紫白相間，流光駘麗，移几坐花下，啜茗而反，已薄暮矣。伯循來。敦夫來。是日得詩五首。得均甫書并和前日飲朱霞精舍五律。

送荇老靈輀還湘并追悼子縝二首

竟送先生返，凄凉薤露歌。白頭成寂寞，初服悔蹉跎。官爵銘旌在，鶯花淚眼多。平生尊酒約，回首隔山河。

交舊今餘幾，相銜出國門。泉塗折楊柳，祖帳奠芳蓀。楚些頻招鵩，湘絃欲斷猿。最憐陶淡少，先慟素車奔。子縝以湖南學使奉諱歸，甫服闋入都即卒，其柩以前十日歸故鄉。

偕嚴六谿坐揚州館花下懷儀徵阮太傅作

五畝看花館，甘棠比謝公。看花館、小竹西、蒼屏樓皆文達所題，又有楹聯云：『甘棠勿拜；嘉樹長譽。』大儒誰繼起，遺愛滿春風。曲檻堆梨雪，低廊出柰紅。嚴維有佳句，清賞暫相同。

春晚由慈仁寺入崇效寺久坐藏經閣下薄暮至聖安寺坐瑞像亭看花二首

白紙坊南路，春深釋子家。碧天陰不雨，丹閣晝常霞。倚石頻移樹，翻經數落花。上堂鐘未動，静看篆烟斜。

晚入東湖寺，空庭不見人。水枯猶卧石，樹老尚能春。玉御歸何處，金容换劫塵。結亭留瑞像，花雨照紛綸。寺舊有金源帝后像，明代所賜如來、文殊、普賢佛諸天尊，皆七寶莊嚴，及三世佛、旃檀銅佛。今惟存石碑二，刻旃檀佛、達摩、觀音諸像，以亭覆之。

邸鈔：編修慕榮幹升國子監司業。

十九日戊午　春陰如昨，上午微風，午及薄暮澹晴。得桂卿書，并和余調子培兄弟疊山谷書字韵詩。作書復均甫，復桂卿。作書致濮紫泉。比日以杭人約吾越爲團拜演戲，欲吾越出百金。是錢唐許侍郎庚身屬仁和方郎中恭釗以告余，郎中屬紫泉，紫泉因敦夫、伯循言於余。余以浙人久不舉此事，百金非所惜，惟須合十一郡行之，選客點舞，皆宜精慎，爲承平華美之觀，恐非倉猝能辦也。得紫泉復。敦夫、伯循來。午出右安門，至花之寺看海棠。殿前兩株，高枝半枯，餘作花尚繁。西院緑扇子廳前數株艷絶，柰花一樹，香雪臨風。寺於去年新修，廊檻周回，朱碧相映。東院亦有海棠三四，皆盛作華。寺僧它出，啜茶賞詠，移時而出，至對門花圃，看花傭移末麗千餘盆出暖窨。入城復游崇效寺，内子、兩姬皆往。登藏經閣禮佛，憑闌看花，尤覺韶麗。仍遍行僧院，登西來閣，寺僧指閣西有兩小寺南北相向，一曇花，一聖壽也。余壬午春日詩有『曇花聖壽皆塵劫』之語，尚未及細訪耳。晡後復久坐閣下，斜陽微映，花光益妍，玉白霞紅，艷媚殆絶。薄暮而歸。得子培書，并見贈和山谷書字韵詩四首。傍晚過敦夫齋中小坐。是日得詩一章。付崇效寺僧香水果、茗等錢十二千，寺傭四千，花之寺僧、茶傭等錢六千，車錢二十千。

邸鈔：盛京兵部侍郎鍾濂奏請因病開缺回旗。許之。

二十日己未　晴，午後大風，歊熱。荼蘼盛開，移兩盆於齋中及卧裹，香滿一室。和子培韵三章。是日共得詩五首。浙江許布政應鑅來拜。得季士周書。寫詩致益吾。作書并詩致子培。作片致伯循。益吾來。敦夫、伯循來。剃頭。

二十一日庚申　酉初初刻一分立夏，四月節。晴暖。紫藤花開。霞芬來，與之遍行花下，啜茗久坐。作書致伯循，致書玉。敦夫來。介唐來。書玉來。伯循來。夜得伯循書，即復。始買榆錢，作糕食之。是日得詩一首。嚴鹿谿來，以《亭林年譜》見贈。

二十二日辛酉　晴，暖甚。得伯循書，言杭人以演劇費多，不與會矣。彼郡人士儇薄譸張，一事數翻覆，不足怪也。蔡枚盦柬請午飲，辭之。作書致鹿谿，贈以子縝《淮南許注異同詁》三册。上午進宣武門，出阜成門，沿濠至西直門，過高梁橋，入極樂寺。三年不到此矣。海棠以攀折之故，老幹多枯，遠非曩觀，近又過花時，紅香已變，惟丁香尚盛耳。東國花堂今日爲湘人上畏吾村李文正墓者所占，殿前梨花一樹，零落殆盡。坐西國花堂，飲畢已晡後矣。偕均甫、桂卿諸君裴回花下而出，日落始歸。入門聞滿院花香，紫藤已盛開，蓋兩日驟暖所致也。林二有來。是日得詩一首。付車錢十一千。

邸鈔：上諭：前據給事中洪良品奏閩省監司各員同誤軍事，又據都察院代遞編修潘炳年等奏潮勇擾民、道員司徒緒等貪劣等情，先後諭令左宗棠、楊昌濬確查。兹據查明覆奏：福建布政使沈保靖被參堅不撥餉，貽誤軍事，剛愎自用，援引私人及私挪公款漁利等情，均查無其事；惟聞警之際移眷出署，人言藉藉，雖據聲稱係其弟挈眷回家，該藩司未能阻止，實屬不合。沈保靖著交部議處。道員朱明亮所帶勇丁缺額，營務廢弛，且年力就衰，所請原品休致，尚覺輕縱，著勒令休致。道員陳經漢所帶防兵恃强擾民，衆怨沸騰，該員昧於事體，幾至激變。道員盛世豐辦理通商局務各差，操守平常，輿論不協。陳經漢、盛世豐著一併革職。道員方勳前駐馬尾船廠，雖克保全，惟所部分防礮勇聞警先逃，平日紀律不嚴，已可概見。方勳業經徹銷勇號，仍著交部議處。參將楊廷輝新募勇丁聞警即潰，著交部議處。

二十三日壬戌　晴。早起遍行花樹，課僕輩澆水，去枯枝槁竹。閱《老學庵筆記》諸書。得益吾書，以近作用余書唐《登科記考》詩韵哀荇丈詩見示。其用韵甚精，與前日子培所寄用山谷韵四詩，皆一時之佳構。作書致子培，屬其轉約徐亞陶來看藤花柳絮。傍晚訪張朗齋、桑叔雅、余壽平，俱不值，以赴伯循福隆堂之飲，順涂出虎坊橋便過之也。至飲所，伯循、敦夫、介唐、光甫、書玉俱已集，偕敦夫招霞芬，夜二更歸。比日暖甚，時有熱風。付東院瓦木圬工等錢七十千，酒錢七千，車錢五千。

二十四日癸亥　晴，有風。鄉祠修後墻成，付銀三十兩，又擇於四月二日修造廳事，先付銀二十兩，俱交叔雅，作書致之，得復。作書致季弟，寄去大妹今年四月五十壽儀銀八兩，寄三妹食物銀四兩，寄楚材弟爲子娶婦賀銀四兩，又以張朗帥致史寶卿家十金屬季弟轉寄。作書致梅卿，以朗帥致賈琴巖尊人銀三十兩，託其轉寄。得季士周書，送來夏季束脩等銀二百九十六兩。即復，寄去是月學海堂經古課題，犒其使銀二兩、錢十千。作書致益吾。介唐來。敦夫來。夜閱《經典釋文》，天明始睡。

邸鈔：以內閣學士鳳秀爲盛京兵部侍郎。右春坊右庶子龍湛霖轉左春坊左庶子，翰林院侍讀徐會澧升右庶子。

二十五日甲子　晴，有風。竟日坐藤花下，閱《明詩綜》及《曝書亭集》。柳花始飛。作書致益吾。午卧甚久。

邸鈔：御史譚承祖選廣東韶州府知府。山西河東鹽掣同知張元鼎選甘肅慶陽府知府。

二十六日乙丑　晨及上午輕陰澹晴，午後晴，晡後有風。早起，坐藤花下閱《明詩綜》。上午詣鄉祠祀神，以將改造廳事，須移神像也。下午歸，仍坐花下閱書。得桐孫書并和書字韵詩三首。得益吾書。是日得詩一首。付祀神牲醴酒果等錢三十四千（內果餕九千，賞長班一千，麵牲十件及香燭、紙繦、爆鞭俱在內），車錢四千。

二十七日丙寅　晴。藤花甚盛，柳絮亂飛。午卧甚久。崇效寺僧報牡丹華。下午坐藤花下，點閲《明詩綜》。課人挑水澆花。作書致嚴鹿谿，致均甫，致子培，皆約看花也。庚辰同年户部宋秉謙主事卒，賻以十二千。是日上午後風，晡後止。

二十八日丁卯　晨薄晴，上午晴，午後陰，時有溦雨。得均甫書、子培書。作書并寫詩致均甫、致徐亞陶。作書致鹿谿。庚辰同年柏編修錦林丁母憂，賻以六千。竟日坐藤花下，閲《曝書亭集》。采藤花斗許，作糕食之，甚佳。鹿谿來。族弟慧叔來。是日得絶句八首。

二十九日戊辰小盡　晨氣清和，上午晴暖，午後霒靆，熱甚。得亞陶書并和詩三首。作書約敦夫今日爲送春之游，得復。剃頭。上午答拜許星臺布政，賀譚硯孫選知府，詣繆筱珊，小談而歸。敦夫來。得陳晝卿是月十三日濟南書，并所著《詩韵釋音》一册。山東餉官施鑑來，不見。午後偕敦夫詣吴興館，同均甫、醉香游崇效寺。楸樹五株，作花甚繁，其英六出，紅白相間，似梔子華。其樹大數圍，高出尋丈，皆數百年物，寺僧言非古樹不能著花也。花下補種牡丹數十本，作花正穠，有緑色者兩叢，尚止半開，頗稱佳種。登藏經閣，書《青松紅杏卷》尾而出，薄暮歸。作書致翁叔平師，以《青松紅杏卷》中師昔年題識有『楸花滿地』之語，（此處塗抹）故約爲蒲園盡日之語，以續宿緣。得梁星海謝書團扇書。近日寓庭藤花甚盛，今日自崇效歸，特至花下裵回頃許。憶香山《三月三十日慈恩寺》詩云『惆悵春歸留不得，紫藤花下漸黄昏』，爲之吟諷不置。晚赴均甫便宜坊之飲，招霞芬，夜二更後歸。

次日出右安門至花之寺看花入城再游崇效寺登藏經樓晚復登西來閣望曇花聖壽寺

昨自僧寺歸，清興不能已。朝來枕上聞鳥聲，夢醒已先百花起。花時難得連日陰，暖風薄照開平林。一騎南穿鳳城出，麴塵緑上春人襟。林轉山扉開窅窱，碧檻紅闌四圍照。山僧種花爛似霞，滿屋春風向人笑。周巡野圃還入城，重向白紙坊南行。花樹見人亦相習，登樓更看花頭晴。百歲春光本過客，況我頹齡早頭白。去年不死留看花，來向城南補游屐。閣老一去無停杯，儋事蜀化鵑聲哀。陳陶盡作酒家土，昔年曾與周荇農、朱肯夫、陳汝翼諸君飲於此。去年冬，子縝亦有今春修禊之約。令我花下千裴回。鐘聲又報夕陽落，山色西來近城郭。君不見，曇花聖壽皆名藍，古殿無風響空鐸。

偕內子兩姬登崇效寺藏經閣閱經

丹閣前朝構，金函貝葉文。欄迴三乘日，花擁十方雲。繡佛全家願，披籤下界聞。尚宮寫經字，猶惹玉鑪熏。中有明嘉靖時宫人苗氏所書《華嚴經》一卷。

三月十九日自花之崇效寺歸得子培見贈用山谷書字韵詩四章十三十四疊前韵酬之二首

琴中山響遲蠟屐，風前花發催簡書。貧營一游甚不易，減却數日炊釜珠。城南地僻多精廬，禪林色界世不如。今日花之昨崇效，朝夕行遍東柳湖。

筆底隨花出新句，案頭積薪堆素書。應知百鳥不敢哢，紅窗檀撥歌流珠。銀床水轉玉鹿盧，飛觴擊鉢恣所如。會當題襟續唱和，莫教小集成江湖。

酬子培兄弟答予見調之作十五疊前韵

延年美意出彝鼎，破老格言傳逸書。長安櫻桃有傳舍，想見瓊枝垂絳珠。夜半之泣移前魚，文人游戲真幻如。君不見，説齋召妓厄鹿洞，陸樓作記惱鵝湖。

答子培索書近詩十六疊前韵

蜂腰鶴膝豈高格，丁頭蠆尾稱拙書。古言雙絶今兩醜，無櫝可買逞言珠。我非好佞君善譽，野鶩未必家鷄如。學步婢慚李北海，登壇將避張南湖。楊誠齋贈張功父、姜堯章詩：『新拜南湖爲上將，近推白石作先鋒。』

春晚游極樂寺

無恙高粱水，三年見我來。僧貧先樹老，酒薄過花開。密葉將成幄，荒池尚繞臺。鄰園富荷芰，待試碧筒杯。寺西三貝子花園，近年荷花甚盛。

晚自極樂寺歸見寓庭藤花開有作

日落城西還，時有好風至。入門香滿庭，游蜂已先醉。仰見朱藤花，一架已懸穗。遠霞低映紅，暮烟薄烘翠。吾廬良亦佳，何必遠尋寺。徙倚庭柯間，幽禽知予意。

乙酉春晚即事絶句二十首

短檠六尺隱方宧，常見秦山雪滿池。自是春風留不去，水仙花换白酴醿。

手斸閑庭種緑楊，十年漸見舞絲長。客來大有江湖思，爲弄微波似水鄉。

莫怪經旬斷酒尊，久疏朝謁罷香熏。佳茶一串吾生了，開過藤花始出門。

睡起斜陽上碧紗，角巾頭上任攲斜。老夫忘却新携杖，戲趁貍奴撲柳花。

碧檻紅闌一畝餘，緑陰妝點似山居。路人不識花深處，只隔疏籬讀道書。

柴門鎮日閉蒼苔，剥啄從無吏謁來。莫道閑人少公事，寺僧帖報牡丹開。

蟹糖鱔脯議徒勞，竹笋初生嫩似蒿。別有山家清供在，榆錢餅配紫藤糕。

遍傳雲葉簡同人，約向城南共餞春。三月三游崇效寺，楸花紅到幾由旬。

石門徐叟愛詩畫，兩日上官一日閑。邀君花下一斟酌，聊當午夢歸故山。

君年七十始通籍，榜題與我稱兩翁。道光朝士幾人在，卌年彈指杏花紅。此二首贈同年徐亞陶員外寶謙。

虞山尚書小我歲，憂國事煩先白頭。期公補結青松案，苦道官程不自由。翁叔平師喜游崇效寺，重裝《青松紅杏卷》付寺僧，近日約師補題卷尾，未暇也。

故人施宿返龍沙，看遍天山南北花。同歲登科君亦老，相逢爛醉在京華。謂施均甫。

僧舍年年花復開，周潘諸老盡成灰。千秋交誼曹公最，誰向花前腹痛來。悼荇農閣學、紱庭光禄。

朱陶才調一時賢，折翼青雲委逝川。惆悵慈仁花亦盡，夕陽彈淚古松前。悼肯夫詹事、子縝編修。壬申、癸酉之春，屢與肯夫游慈仁寺，花下或至竟日。己卯之春，又與子縝、汝翼諸君久坐花下。今寺中花樹亦衰殘矣。

咸陽西上帶黄河，尺鯉無書下錦波。爲問雲巖賢令尹，種花山縣近如何。懷雲門作令宜陽。張横渠爲雲巖令，即宜陽西北地。

拂菻花近晾鷹臺，滄海猶遲使節迴。章敬會盟應未定，天津橋上聽鵑來。懷鄧鐵香鴻臚，時使津門。

捷徑終南未易尋，蒼生一出竟何心。分花擘柳俱無著，欲袖風烟返故林。

千尋髩髻出雲間，黄帊年年輟内班。翠磴不知青蓋貴，都人争賽妙峰山。髩髻、妙峰皆西山別出，其上皆有碧霞元君廟。朝廷歲以四月初命内庭王公一人進香髩髻，而都畿士女皆賽妙峰，其山高峻倍於髩髻，所至成市。

月下休誇白玉盤，幾叢深緑出雕欄。今年一事猶惆悵，未及豐臺勘牡丹。崇效寺有緑牡丹數叢，聞豐臺志貝勒花園有數十本，恨未一往觀。

津沽楊柳遍青青，畫舸裝書下潞行。爲報講堂諸弟子，緑陰如幄待先生。

夏四月己巳朔　晴，下午微陰，暖甚，晚陰，少凉。比日早起，坐藤花下讀書，頗忻然有塵外之賞。亞陶來，留之小食。子培來，言其婦病甚，乞醫，爲作書致書玉。書玉來。得均甫書。叔雅來。再采藤花製糕。得翁叔平師復書，言比日張子騰侍郎乞假，毓慶宮朝夕入講，苦不得閑，期以異日，即復。得書玉書，即復。傍晚作小簡，約均甫、敦夫、書玉兄弟小飲，夜偕至霞芬家，三更歸。付霞芬銀四兩五錢，賞其僕十千。

初二日庚午　竟日暖晴埃𣆀，傍晚陰，有雨意。柳花飛盡。作書致均甫，致子培，問其婦病，得復。得亞陶書并絶句三首。作書致書玉。得均甫書。光甫來。是日浙紹鄉祠修改祠屋，去眼藥庵之三教堂，移老子像、真武像及祠右龕之三官像於保安寺街之玉皇廟，施廟僧悟道錢四百千。余本欲盡去祠中之神，改奉先賢栗主，後偕同人相度，祠屋宜於中堂北墉啓門，於後堂祀先賢。而中堂正龕舊奉史皇、古越王兩室，文昌、關帝兩壖像及室，左龕奉金龍四大王、張相公名夏，相傳爲宋景祐時都官郎中、兩浙轉運副使，治海堤有功。（《宋史·河渠志》作工部郎中，不言轉運副使。）吾越山、會兩縣人盛祠祀之，建廟甚多，皆出商賈。都中鄉祠本曰稽山會館，不知何時爲恓客公所，遂雜壖神像，稱浙紹鄉祠。而祠旁有眼藥庵，亦屬焉，中有銅觀音像。昔年羅嘉福掌祠，召一惡僧居之，遂設三教堂矣。閻王廟街亦有張相公廟，蕭山人所建，康熙時邑人少詹事周之麟有碑記，而紀文達誤以爲祀唐節度使張仲武。及財神像，右龕上奉道家天、地、水三官像，下奉馬、湯、彭、戴四太守及郡邑、城隍神室，雜厠不倫，嬻神已甚。今移文昌、關帝於左龕，而移張、謝二神於眼藥庵，庶乎各安厥所矣。玉皇廟在余寓宅之北，明崇禎時所建，前奉關帝，後奉玉皇。去年有僧悟道募修之，僅營前殿；今助之修後殿，而奉諸神於玉皇之左。先付以百六十千，張姬所施也；其四十千，席姬所施：二百千當出祠之公費。印結局送來三月分公費銀二十七兩。晚赴光甫便宜坊之飲，招霞芬，夜二更歸。付三月三日公送介唐兄壽禮錢二十二千，寺僧迎奉神像香燭等錢二十千。

初三日辛未　晨雨，上午陰，午微晴，下午晴，晡陰，傍晚晴，有風。藤花落盡。楊正甫來，言叔平師屬致意不得同游崇效之故。得均甫書。許布政應鑅送別敬銀八兩。是日復得絶句八章。夜風。

邸鈔：户部郎中奎順授甘肅甘涼道。

初四日壬申　晴，竟日大風。

初五日癸酉　晴，上午至晡大風。作書致均甫。作片致子培，得復。晡後詣敦夫齋中談。比日頗不快，精神甚劣。爲梁星海書怡府藍花箋十番，頗有佳者，亦聊以遣日也。得叔雅書，即復。

初六日甲戌　晴。得均甫書。内子、兩姬詣天仙庵觀劇。庵在西草廠胡同，有尼居之，近忽演劇三日，内外城闉襜翟佩無不往者。相傳乾隆中，有公主焚修於此，至今其尼得出入戚里，且通禁中，故茀幰時臨，威儀頗肅。付玉皇廟僧錢一百三十五千，付天仙庵錢二十六千。

邸鈔：以太常寺少卿趙佑宸爲通政司副使。

初七日乙亥　晴，午後多陰，傍晚晴。修理房宇，塵坋污人，坐廳事點閲《梅村詩》。剃頭。許星臺布政送來浙紹鄉祠團拜費四十金。董理今年所作詩，已得七十七首，自去年生日詩起，并補作七月間感事三首計之。稍加點改，一字推敲，頗費日力。付賃屋銀六兩。

邸鈔：詔：十一日親詣大高殿祈雨，分遣諸王、貝勒等禱時應諸宫廟。

初八日丙子　卯正一刻十分小滿，四月中。晴，下午微陰，歊熱。作片致介唐、致敦夫。得敦夫復，言比患瘧。是日煩躁殊甚。付買長凳一、方凳二錢十九千。

初九日丁丑　陰。得邵小村觀察三月十三日滬上書，并寄來修理鄉祠銀四百兩，又見惠十六金。桑主事寶來，叔雅之子也。子培來，久談。晡後詣叔雅，付修理鄉祠後堂等銀一百兩，便至鄉祠閲工。詣介唐、伯循，晤伯循。詣益吾，不值。晚歸。小雨。作片問敦夫疾，得復。作書致書玉。付玉皇廟僧錢一百廿五千。

邸鈔：詔：記名提督、甘肅寧夏鎮總兵譚拔萃，照提督軍營立功後在營病故例從優議恤，並將生平戰績宣付國史館立傳。從劉錦棠請也。　右春坊右中允潘衍桐轉左春坊左中允，左贊善鄧蓉鏡升右中允。

初十日戊寅　晴，午前微風清和。早詣敦夫齋頭小坐。資泉來。作復陳畫卿書。益吾來。作書致桐孫、致季士周，告以十二日詣天津。遣人至通州定船。作書致書玉借庖人不得，更以厚直顧之。余每日兩餐不過一合，而性好絜，惡肥醲，尤不能近腥羶，且齒盡落，故三韭之饌，極須經營也。爲均甫書摺扇，即作書致之。夜得益吾書，贈所刻《續古文辭類纂》及《魏書校勘記》各兩部，即復謝。得叔雅書，即復。

十一日己卯　晴，傍午後風，下午風甚，晡後微陰。早起甚清霽，料檢行李。作片致介唐，得復，并贈行軍散四刀圭。爲余生誠格改制藝二首，即作書致之。均甫來。作書致翁叔平師。作書致梁星海及爲書怡府箋十六紙，以報其屢貺新籍之意。余壽平來。書玉來，介唐來。子蕁來。得王氏妹正月十七日書，言妹夫王寅生於去年九月間病歿。書玉兄弟、介唐邀夜飲宜勝居，二更後歸。付朱林、蔡升隨往天津治裝錢各二十千，庖人栗二銀二兩，頭踏燈一對錢二十六千。是日付鄉祠修理銀一百四十兩，託介唐轉交叔雅。

十二日庚辰　晨晴，上午後陰晴相間，下午多陰。得翁叔平師書送行。剃頭。伯循來。子蓴來。午飯後登車，出東便門，晡至雙橋鋪，晚抵通州，下船。是日得詩三首。付大鞍車一兩錢十七千，小鞍車一兩錢十二千，敞車一兩錢十二千，酒飯錢六千，湖廣如意船銀七兩五錢。

出都抵通州絶句三首

老來漸覺别家難，檢點行裝穩卧餐。垂柳似牽人小住，曉風猶爲一憑闌。

便門東去鬧濺濺，夢醒江湖思渺然。一片樹陰坡底緑，雪鳧隨意傍紅船。

雙橋村居小句留，下澤車輕碾緑疇。紅到夕陽知市近，月銜一塔出通州。

十三日辛巳　昧爽大風，晴，竟日東南風緊。早起頗凉，遣谷升還家。作書致施均甫。上午開船，行百二十里，夜二更泊香河縣之橋上鎮。爲桐孫書團扇。爲周生學海改制藝及試律。

十四日壬午　晴。昧爽開船，午過河西務，夜二更泊楊村。爲周生學熙、學銘改制藝、試律、經解、賦論。書團扇贈桐孫。比夕月甚佳。

邸鈔十二日：慈禧端佑康頤昭豫莊誠皇太后懿旨：醇親王之第六子命名載洵。

十五日癸未　晴，南風横甚。昧爽開船，下午抵天津丁字沽，風逆水駛，小泊。晡至東門外，桐孫以肩輿來迎，遂入城，住書院。季士周來，久談，饋肴饌一席，酒一罎。錢藩卿來。桐孫來。爽秋來。夜留二君共飲，清談至二更後去。

邸鈔十三日：詔：記名提督前任甘肅凉州鎮總兵周盛波、湖南提督周盛傳之母栗氏，年逾九旬，親見七代五世同堂，洵爲熙朝人瑞，加恩賞給御書扁額一方。從李鴻章請也。詔：永定河南岸同知陳遐心於上年屬汛搶險，將已革汛員李重華報銷用款代爲造辦，冒銷銀五百餘兩，並未轉發，旋因李重華被參始行繳出，猶敢飾詞狡賴，實屬監守自盜，膽大妄爲，著革職發往軍臺效力贖罪，以示懲儆。從李鴻章請也。

十六日甲申　晨陰，有風，巳后晴陰埃⿱皆日。作書致桐孫，詒以團扇及桃杏脯一匣，杏人一匣，雲箋二百番；又金繡袖一雙，鬢花一篋，張姬詒其令愛。以果脯兩匣、花箋二百番贈藩卿。午飯後出詣季士周、合肥相國，俱久談。詣周玉山，不值。詣桐孫，久談，小食。詣天津守汪子常，晤。傍晚歸。兩學教官來。書局汪啓臣錫智、運同王寶善來。是日望，無月。藩卿來。付轎錢二千六百文。

十七日乙酉　晨晴，上午靉靆，下午陰，傍晚頗涼，有雨意。汪子常來，不見。合肥相國來，玉山觀察來，俱久談。周生學熙來，字敬之，玉山第四子也。朱伯華來，不見。鐵香來，久談。士周來。鄭氏妹寄來枇杷露一瓶，冰糖一簍。王氏妹寄來燕窩六兩，榧果一簍。隱修庵尼以冬笋一簍、資福庵尼以牙茶一簍寄内人。

十八日丙戌　晨至晡晴，晡後陰，有風。胡雲楣來，時署天津道。桐孫來，久談。藩卿來。有常州人吕懋蕃來，少年卑秩，無事詣人，語言輕率，可厭之甚。天津令陳以培來，不見。陳君新擢知遵化州矣。雲楣柬明日夜飲。

邸鈔十六日：上諭：本年因紀年開秩，特頒恩旨，命將軍流以下人犯分晰減等。兹據兵部查明請旨，自應酌量辦理，除軍務獲罪之張佩綸，奉旨後發遣之李春芳，未經查明下落之蘇錦堂，未經咨報起解之許如龍、周星詒、謝洲、田福志、蔣大彰、賈文貴、李石秀、吕文經、何如璋，並在途、在營、在籍、在配脱逃之汪殿元等三十五人。均毋庸查辦，及龍繼棟、潘英章、李郁華均不准寬減外，其沈仕元、常春、王輔清、黄得貴、董家祥、龍世清、永平、葆亨、王定安、閻文選、王桂蔭、鍾樹賢、孟傳金、富景、德禄、廖得勝、文裕、謝翼清均著加恩釋回，以示朕法外施恩至意。　以降調兵部尚書景廉爲内閣學士，兼禮部侍郎銜。

十九日丁亥　晨至晡晴，晡後陰曀。作書致桐孫。桐孫柬邀明日午飲，且以張生大仕經古卷中『北播爲九河同爲逆河解』相商。此合肥相國課題也，屬桐孫校閲者。張生及孟生繼壎皆言『逆河即九河之尾。同者，皆也，非更開一河』，桐孫深疑其與舊説不合，故以見詢。即復，且辭飲。午后答拜胡雲楣及天津陳令，即出北門，詣鐵香，久談。所寓爲江蘇糧道海運局，屋宇華好，闌檻玲瓏，旁有小樓，可以眺望。晡歸，小憩。新任天津道萬蓮初給諫培因來。晚赴雲楣之飲，坐有士周及周玉山、萬蓮初、張樵野蔭桓三觀察。夜二更歸，雷雹，三更大風，四更雨即止，五更有小雨。付轎錢二千八百文。剃頭。沈子封來。

邸鈔十七日：詔：昨日得雨，尚未優渥，十九日仍親詣大高殿拈香，並分命諸王、貝勒禱時應諸宫廟。

二十日戊子　晨及午晴陰相間，午后陰，小雨，有風甚凉，晡晴。早起先詣北河三取書院，偕士周率諸生舍菜，命題畢，回至問津書院釋奠，遂扃門試士。寫《書唐登科記考後五十韵》詩示諸生。撰額玉如尊翁慎齋都尉墓志銘。張觀察蔭桓來。萬觀察送肴饌一席，辭之。天津汪守柬請後明日午飲，辭之。

閲常熟黄廷鑑《第六絃溪文鈔》。廷鑑字琴六，以諸生終，昭文張月霄金吾之師也，精於校讎，有其鄉馮己蒼、陸敕先之風。《文鈔》四卷，多所考證，文筆亦潔，所爲《張若雲海鵬行狀》、《張月霄傳》，可以見照曠閣、愛日精廬一時文獻之盛。其《古文尚書論》持議甚平；《檀弓孔子少孤不知其墓論》申釋孔疏，最爲有本。其《考床》一篇、《五穀辨》三篇、《亡無字辨》一篇，尤説經解頤，精細可傳。黄氏謂古人以床供老寢者，坐寢之具，大約如今之榻而小，及凳之闊者相類，故可執可移，若平時之坐則以席，寢則以衽，皆于地不于床。案：其説甚是。《南史》謝瀹『移吾床遠客』，是齊梁時床制猶然也。其解粱爲米之美者共名，駁程易疇以粱爲小米之誤，與余舊説合。其以今之高粱爲稷，小米爲黍，駁邵南江《爾雅正義》以高粱爲黍之誤，未確。是書刻於常熟鮑廷爵《後知不足齋叢書》中。

邸鈔十八日：上諭：都察院奏已革河南汝寧府知府周冠遣抱以被參冤抑等詞赴該衙門呈訴，據稱鹿傳霖札調赴省會審汝陽縣教匪一案，係於十年正月到省，並非抗不遵調，乃因稟詞拂意，逞忿誣參，實屬冤抑等語。前據鹿傳霖奏參，周冠於教匪要案，原訊未能得實，且有剛愎任性、聽信劣幕等情，當經降旨革職，並非僅因抗不遵調一節，何得藉詞瀆訴，妄生希冀？所呈著毋庸再議。詔：前山西河東道黄照臨往廣東差遣。從張之洞等請也。

二十一日己丑　晴。

閲張月霄《兩漢五經博士考》。凡三卷。卷一雜采兩《漢書》、《史記》、兩《漢紀》及《通典》《玉海》諸書所載博士之制。卷二依諸經之次，載諸儒名家立學之始。三卷載諸博士姓名，采摭甚備，系以考證。其前冠以《覆陳子準撰論五經博士書》，凡十二條，附録原書八條，皆反覆辨難，實事求是。其謂文帝時止有傳記博士，無五經博士，似當更考。張氏謂《後漢書·翟酺傳》孝文始置五經博士，據家藏北宋重刊景祐本及南宋嘉定戊辰蔡琪刊本，皆作一經。引王伯厚説，孝文時五經列於學官者，惟《詩》而已，遂改『五經』作『一經』。陳子準謂何義門校宋本亦作『五』。玩章懷注，似『五』字爲長，『一』字乃傳寫之誤，伯厚從而爲之辭。張氏謂文帝置五經博士，別無明文可證，章懷注云『不知何據』，蓋亦闕疑之意。劉歆《移太常博士書》謂孝文皇帝，『天下衆書，往往頗出，皆諸子傳説，猶廣立於學官，爲置博士』。是孝文時止有傳記博士之證，其時止名博士也。慈銘案：翟酺言五經博士，亦順文言之。歆之所云，是文章加倍寫法，亦包經在内，深寧之言，自爲可據。而宋本《翟酺傳》「一」字，據章懷注，爲傳寫之誤無疑。有李兆洛、黄廷鑑、孫原湘三序。今在《後知不足齋叢書》中。此書去年甲申冬始出，凡四函，蓋集馬氏玲瓏山館、秦氏汗筠齋、阮氏文選樓諸叢書零版，稍爲補刻成之。中有沈氏經學六種，常熟沈淑和甫著，凡陸氏《經典異文輯》六卷、《經典異文補》六卷、《十三經注疏瑣語》四卷、《春秋左傳分國土地名》二卷、《左傳列國職官》十卷、《左傳器物宫室》一卷，皆不過鈔最之學，亦多挂漏，然頗便於初學。前有雍正己酉六月沈氏自作小引。

作致額玉如成都書。朱伯華饋肴饌一品鍋，蒸餅兩盤。下午詣季士周，以致額玉如書及墓志託轉致。答拜萬蓮初，不值，晡歸。

閲常熟鮑振方芳谷《金石訂例》，凡四卷，亦在《後知不足齋叢書》中。取潘、黄兩家之書，摘舉其要，亦及王止仲書，間有訂補，識議頗隘，吐屬亦未雅馴。前有道光丁未其邑人王振聲序。

邸鈔：上諭：湖南在籍紳士徐棻四品卿銜候補員外郎，前起居注主事。自咸豐年間回籍養親，歷年主講書院，講求實踐，成就後學，加恩賞給三品卿銜，以昭激勸。從署湖南巡撫龐際雲請也。

二十二日庚寅　晴，風甚熱。聞法夷和議已成，於二十七日畫約，皆中旨裁定，實閻朝邑及許、徐兩侍郎從臾，醇邸及慶郡王悉聽赫德爲之也。越南界分、封貢兩事，皆以含糊了之；商務條例紛雜，亦不清晰。惟言畫約之日，彼夷即停海船搜查之令，我之糧運可以即到，官民相慶，便如更生。至臺灣徹兵，須俟一月以後，其中變故，不敢問矣。作復邵筱村觀察書。作書致敦夫、介唐、書玉及家書。是日稍閑，始閲諸生第一次課卷。

邸鈔：户部郎中恩良授福建興泉永遺缺道。

二十三日辛卯　晴，熱甚。亥初三刻十三分芒種，五月節。評改諸生課卷。京寓寄來醋魚、新筍。得敦夫書。晡後答拜張觀察蔭桓，不值，即赴玉山之飲，坐有士周、爽秋、高仲瀛觀察，夜二更歸。比年津門繁盛，地不容趾，自紫竹林至北門外，洋樓夾道，城之内外，東洋小車二千餘輛，燈火徹夜不絶，較之去年又改觀矣。

二十四日壬辰　晴，微風，甚熱。沈子封來，久談，留共早飯去。沈恒農來。合肥相國饋肴饌大小各四十器，燒猪等兩盤，酒一罎，受酒及肴饌，作書復謝。天津令陳序東饋肴饌兩僧，燒猪兩盤，不受。朱伯華饋鰣魚、蒸藕。作書致敦夫。高仲瀛來。錢藩卿來。聞上以十九日幸西苑御豐澤園崇雅殿閱侍衛馬步射，至二十七日止，軍機諸司移直苑中。

邸鈔：上諭：本日據刑部奏審明曹永詳闖入禁門一案，將該犯擬以絞決，已有旨依議行矣。迭經降旨，嚴申門禁，該前鋒統領、護軍統領宜如何實力奉行，乃竟有匪犯闖入情事，玩泄成風，殊堪痛恨。值班之護軍統領恩全著交部嚴加議處，是日東華門直班章京並著查取職名，交部嚴加議處，以示懲儆。嗣後該統領等及直班弁兵儻敢仍前疏懈，定當從嚴懲辦，決不寬貸。上諭：南北海爲禁苑重地，乃昨見墻垣多有拆毁，坐落處所亦有往來行迹，其爲平日閑雜人等潛行出入，已可概見。該管各官漫不經心，實屬不成事體。景壽、德銘、崇光均著交部議處，郎中立山著摘去頂戴，以示懲儆。嗣後務當隨時認真稽察，不得仍前疏忽，致干重咎。

二十五日癸巳　晴，風。胡荄甫之子鹽大使家駒來見。朱伯華來。玉山饋鰣魚。士周來。

五月己亥朔　晨陰，旋晴，終日鬱悶，時有靉靆。是日復覺不快。定潞河船，擬明日還都。季士周來，久談。作致季弟書、致三妹書。作書致周玉山。作書致胡雲楣。得沈子封書，即復。傍晚詣書局閱書，并答汪啓臣。得雲楣書，饋點石齋新刻《史記》一部，龍須草席兩床，⿱⿲⿳⿰⿱⿲⿳⿰脯兩肩，笋尖一簍。得玉山書，饋節敬銀四十兩，⿱⿲⿳⿰⿱⿲⿳⿰脯兩肩，龍眼、離支各兩匣，茶葉兩瓶，惟受茶葉，餘悉反之。朱伯華饋茶葉兩瓶，龍眼一合，⿱⿲⿳⿰⿱⿲⿳⿰脯一肩，笋尖一簍，受茶葉、龍眼。再得子封書。夜覺胸鬲不舒，蓋積受暍濕也，早卧。

初二日庚子　晴，熱甚，下午微有風，仍鬱悶。周生學銘來，玉山第二子也。剃頭。桐孫饋鼻菸兩瓶，洋糖兩瓶，笋尖一簍，⿱⿲⿳⿰⿱⿲⿳⿰脯一肩，受鼻菸、洋糖，作書致之。作書致雲楣。季士周來送行，玉山來送行，雲楣來送行，皆久談去。張生大仕來見。王楚臣來送行。下午詣雲楣、士周、玉山、藩卿話别，惟玉山不見。晡後至三岔河口下船。合肥相國饋食物、燕窩等四扛，惟受枇杷一合，鮹魚兩尾。藩卿至船相送，即以一魚饋藩卿。士周送舟楫資十二金。作書致合肥相國，即開船出浮橋。晚風漸凉，烟水可樂，便覺神思清醒。夜泊丁字沽。

初三日辛丑　晴，上午後酷熱。早開船行，辰刻過北倉，未刻過楊村，小泊，晚泊大榆莊。竟日閱《宋史》。

初四日壬寅　晨晴，上午東南風狂甚，雷鳴，有雨，旋止，午後日出，竟日有風，甚凉。侵晨開船，順風張帆，行甚駛。上午風甚，泊野岸一時許，午後過河西務，夜二更泊香河。

閱青浦湯虞樽運泰《金源紀事詩》。凡八卷二百二十七首，皆仿西涯新樂府，每首以三字爲題，其子顯業等爲之注。所采取不出《宋》《金》《遼史》《大金國志》《續通鑑》《南宋書》，詩亦僅規模尤西堂，間落庸弱，題目如《蹴陰歎》等，尤不雅馴。然大致清峭，亦可傳也。詩既專以金源爲主，而其《巡邊詞》《割地使》《六甲兵》《青城行》《青衣歎》《神馬渡》《虔州歎》《章安鎮》《五馬山》《假官家》等乃詠宋事，《賀正使》《問天詞》《瞋目睡》《芟石壅》《柱礎血》《豆汁飲》《頰箭穴》《慶陽圍》《王樞密》《魏海州》等皆詠宋死事諸臣事，《老鸛河》《仙人關》《同州曲》《守城録》《順昌城》《朱仙鎮》《黄牛堡》《陳家島》《采石磯》《棗陽城》等皆詠宋人勝金之事，喧客奪主，殊爲非體。老鸛河等捷，多宋人夸大之辭，按之《金史》，事頗失實，尤疏於別擇矣。

初五日癸卯　晴，微陰，復熱。早過新開河，午過漷縣馬頭，夜一更許泊劉家莊，去通州馬頭猶十五六里也。是日端午，涂中不見一節物，舟倉褦襶，席版看書，觸熱畏人，對案不食。平生此節，最爲寥落矣。

初六日甲辰　竟日微晴多陰。早開船行，日加巳抵通州東門外泊舟，顧車四輛即發，午後至雙橋餔食。晡後過二閘，即舍車循堤行，新荷滿渠，高樹夾路，水碧如曭，紅船往來，遥映鳳城，宛然天上。傍晚到家。得雲門三月初七日宜川書并寄銀二十兩。得仲彝四月八日揚州書。得僧慧四月九日書，知沈瘦生於二月中病歿，並寄其去年九月二十日手書，爲之慘然。然鄭氏妹之姑亦歿於二月，張氏妹之女於四月適詩舫弟第二子阿嘉。得族弟竹樓書，爲援新例捐足訓導。敦夫來。得玉山書并節敬銀四十兩。

邸鈔：命編修朱善祥秀水，丙子。爲雲南正考官，龐壐代州，甲戌。爲副考官。李桂林臨榆，丙子。爲貴州正考官，修撰王仁堪閩縣，丁丑。爲副考官。初一日。以内閣侍讀學士馮光勛爲太常寺少卿。初五日。詔：遴選光明殿道衆及僧衆於十一日在大高殿及覺生寺開壇祈雨，是日親詣大高殿及時應宮拈香，分命豫親王本格禱覺生寺，惇親王、惠郡王奕祥、貝勒載瀅禱昭顯、宣仁、凝和三廟，肅親王隆懃禱黑龍潭。編修譚宗浚授雲南糧儲道。

初七日乙巳　晴陰埃𩞄。整比書籍。以食物問書玉夫人、劉仙洲夫人。作書致介唐。作書致光甫。書玉來。子培來。得介唐復。以銀二百兩交桑叔雅，爲更造鄉祠中後兩屋之費。黄仲弢來。林二有來。洗足。

初八日丙午　晴，微陰，甚熱。作書致子培。買書架一，以庋新買之書。付錢廿千。王醉香來。光甫來，資泉來，敦夫來，介唐來。晚詣聚寶堂，赴光甫之飲，招霞芬，夜二更歸。得桐孫書并《津門即事見贈》絶句十章。得王子獻四月三日鄞縣書，言浙江提督歐陽利見忠勇好士，自去夏海警，即親駐金鷄山，晝夜督巡，至今未嘗回署，是難能也。得子培復。伯循來。

初九日丁未　未正三刻十一分夏至，五月中。微晴多陰，午晴。早起剃頭。敬懸三代神位圖，祀曾祖考妣、祖考妣、本生祖考妣、先考妣，晡後畢事。得均甫書。作書致均甫。作書致族弟慧叔。作書致敦夫，饋祭餘瓠絲餅、冰雪糕、梅醬等物，得復。祀屋之故主。閲《唐文粹》，揚州近刻，頗多誤字。聞近日中旨修三海，御史趙爾巽有疏。

初十日戊申　晴，酷熱，晡後微陰。閲《宋史》，爲之題籤。子培來。買藤床一，置之中室雙柳㡛下，爲讀書偃息之用。其長六尺，闊二尺，左爲琴形，可枕首，乃古之所謂床也。付錢五十千。又買革箱一，付錢廿二千。

邸鈔：詔：前刑部尚書潘祖蔭仍在南書房行走，署理兵部尚書。

十一日己酉　晴陰靉靆，酷暑不堪。閲《宋史》并題籤訖。均甫來。夜不食，早卧。

十二日庚戌　晨陰，巳後密雨，午後稍霽。閲《宋史》。均甫來。林二有來。作書致書玉，還去春所假革箱。傍晚坐庭下，凉可重袷。得書玉書，以陸漁笙致子縝奠銀四十兩屬轉寄。潘伯寅來。

邸鈔：命内閣學士錢桂森泰州，庚戌。爲廣東正考官，編修周鑾詒湖南，丁丑。爲副考官。翰林院侍讀學士陳學棻安陸，壬戌。爲福建正考官，編修張鼎華番禺，丁丑。爲副考官。檀璣望江，甲戌。爲廣西正考官，御史丁振鐸河南，辛未。爲副考官。

十三日辛亥　晴。讀《唐文粹》。朱桂卿來。敦夫來。金忠甫來。有天津人郭恩第來求見，言與余有年誼，不知其審也，辭之。夜月出甚佳，四更後陰，五更後雨，有雷電。

邸鈔：上諭：岑毓英奏已革雲南巡撫唐炯前官四川，辦事認真，操守廉潔，此次身罹重辟，可否貸其一死等語。唐炯失誤軍機，罪由自取，刑賞大權，操之自上，豈臣下所得瀆請？岑毓英代爲乞恩，實屬冒昧，著交部嚴加議處。上諭：朝廷圖治維殷，無日不以民生爲念。京畿入春以來，雨澤稀少，迭次虔誠祈禱，冀迓甘霖。近閲丁寶楨奏，川東一帶歉收，平糶接濟。又聞江蘇多雨，是否有妨農事，深宫廑念，宵旰不忘。各該省如有水旱成灾之處，自應迅速奏聞，一面妥籌撫輯，固不得任聽猾吏刁紳揑報灾歉。若地方官諱灾不報，亦當據實嚴參，不准稍涉徇隱，用副愛育黎元至意。詔：湖南提督周盛傳聞訃丁憂，改爲署理，賞假百日，回籍治喪。從李鴻章請也。

十四日壬子　昧爽大雨震雷，日加辰漸止，已後晴。買紫薇兩樹，紅蕉四株，紅蓼四本，蜀葵十本，雁來紅四本，鳳仙四本，蒔之圃中。雨後風前，粲然如錦矣。閲《續資治通鑑長編》，近年浙中翻刻愛日精廬活字本也。此書遂有刻本，是天壤間快事。惜局中校刊諸人無通史學者，故誤字甚多。夜月甚佳。付花樹錢石榴十千，紫薇六千，紅蕉八千，餘雜花十三千。付賃屋錢六兩。

邸鈔：左春坊左贊善陳秉和升右春坊右中允。

十五日癸丑　晨至午晴，下午多陰。得均甫書，爲朗齋軍門約明日午飲，即復。作書致書玉，爲張姬乞改藥方。作書致光夫，得復。作書致敦夫，得復。作書致伯寅尚書。作書致益吾祭酒。作書致黄仲弢，屬其向王可莊詢山西保德州折窩村宋大中祥符三年折太君碑得有拓本否。得伯寅書，贈新刻《功順堂叢書》一帙，吴箋二匣，紗扇一柄，茶葉兩簍，兟脯一肩。作書復謝，犒使四千，反兟脯。再得均甫書，即復。得益吾復，言瞿子九今日簡授浙江學政，亦可喜也。得書玉復。檢羊辛楣昔年所寄其從母妹趙采芸香十二歲所繪便面二事。其一《沅江秋匑》，爲題一絶句云：『滿意瀟湘采白蘋，秋風一起阻修鱗。微波無限紅蘭思，却背歸鴻唤榜人。』此詩寄託遥深，它人不能索解。其一《秋夜讀書》，爲寫近詩四律，以贈介唐。即作書并吴箋兩匣致之，得復。作片致伯循，贈以榧果一合，得復。閱烏程張秋水鑑《冬青館古宫詞》，凡三百首，自爲之注，亦伯寅尚書所刻也。詩雜詠自春秋迄明代，不能甚工。夜陰，四更後大風，五更小雨，是夕望。洗足。

邸鈔：上諭：據岑毓英、蘇元春、李秉衡奏保關外出力官軍，業經降旨，將該督撫等分别加恩。因念直隸總督李鴻章、兩江總督曾國荃籌濟各路軍營餉需、軍火，尚能不分畛域，均著交部從優議敘。上諭：前廣東高州鎮總兵楊玉科上年帶兵出關，勇敢奮發，臨陣捐軀，深堪嘉憫。著再賜祭一壇，加恩予謚，並將事跡宣付史館立傳。旋賜謚武愍。命翰林院侍講學士瞿鴻禨爲浙江學政，迅速赴任。祭酒劉廷枚年七十餘矣，病甚，不肯歸，按試未畢兩郡而歿。以鴻臚寺少卿楊澤山爲光禄寺少卿。前吉林分巡道顧肇熙以道員選用。

十六日甲寅　晨及午薄陰，午後澹晴，晡後晴。早起作片致敦夫，以今日清凉，約夜爲月下之飲，得復。剃頭。上午詣譚硯孫，不值，即詣均甫於吴興館，張朗齋設飲於此也。均甫爲余更設果茗素饌，坐有桂卿、醉香及山陰人孫吉生。午後飲至晡畢，談至暮歸，覺倦甚。王可莊來。鄧鐵香來。夜不食，早卧。光甫來，不能見。夜半遂病發，腹痛。

十七日乙卯　晴。早起欲出拜客，腹痛更劇，遂止。瞿子玖學使來。桑叔雅來。皆强出見之，久談，遂歐吐。作書致王可莊，送其明日赴黔典試，得復。謝惺齋今日開吊，送奠銀二兩。作片致桂卿請診。午後身熱如火，腹痛匈塞，牽引脚氣，危甚。桂卿來。書玉來。介唐來。服書玉藥。夜病甚。益吾祭酒來。得爽秋書。

十八日丙辰　晴，有風。比曉身熱稍退，腹暴下成赤白利，一晝夜至四十下。書玉來。桂卿來。先服書玉藥，再服桂卿藥。胃氣上逆，時時惡心。以陳黄米汁和荷葉湯飲之，不能受。子培來問疾。得士周書。

十九日丁巳　晨及午晴，下午䨴𩂯，熱悶。利下稍稀，而腹下牽痛，胸悶，歐逆，復喀血。作書致書玉。作書致王祭酒。强起出至雙柳宧，支床而坐。閲吾鄉王南陔中丞《周人説經》及《王氏經説》，皆《功順堂叢書》所刻也。桂卿來診。得朗齋書，屬寫屏箑。王醉香來。作書致鐵香。書玉來。鐵香來。均甫贈湖州羊豪六管。敦夫來。介唐來。夜能小食。

邸鈔：詔：二十三日再親詣大高殿及時應宫祈雨，分命諸王、貝勒禱昭顯等三廟及覺生寺、黑龍譚。

二十日戊午　晨陰，旋雨，加巳漸密，午後稍止，晡後雨轉密，傍晚益密，入夜不止。稍愈，能飯，猶數腹痛，屢欲下，强制之，猶五六奏厠。得益吾書。均甫來。下午强坐，閲王南陔《經説》。作書致書玉。作書復益吾。夜凉甚，須綿。三更雨益甚，四更滂沱有聲，舊疾動。

二十一日己未　晨陰，上午稍霽，甚涼，旋有小雨，下午晴間陰，涼亦漸減。腹痛止，猶下利。爲學海堂諸生出策目兩紙，一問《易》學，一問《説文》小學，如乾隆以前鄉會策題之制，猶漢唐相傳舊法也。朱桂卿來。子培來。介唐來。馬蔚林來。作復周玉山書。復季士周書，并是月問津三取課題兩紙、學海課題三紙。

閲潘力田檉章《國史考異》六卷，惟太祖、惠帝、成祖三朝事多以諸書證《實録》之誤，極爲精審，修《明史》者不可無此書也。力田，吴江人，次耕檢討之兄，後以湖州莊廷鑨私史之獄牽連死，此書遂亦湮晦，今刻入《功順堂叢書》中。

二十二日庚申　晴間微陰。

閲劉繼莊獻廷《廣陽雜記》。共五卷，多記殘明佚事及國初官制，糅雜無序。偶一考古，大率淺謬，宜其心折于金人瑞也。惟有一條云：『唐王諱聿鍵，終於福建；其弟聿鐭，終於粵東；桂王諱由榔，終於夜郎；魯王諱以海，終於海外：名皆若爲之讖。』則自來論者所未及。又閲明人昆山周玄暐《涇林》一卷，皆記隆、萬間鄉曲瑣事，其極詆張江陵，謂有窺伺神器之心，尤委巷妄言。二書皆刻入《功順堂叢書》中。

得子培書問疾，即復。作書致均甫，致醉香，得復。朱蓉生來。夜得均甫書，惠湖州笋衣一包，以瀹菽乳，甚佳也，作書復謝。

邸鈔：命大理寺卿沈源深祥符，庚申。爲四川正考官，編修黄紹箕瑞安，庚辰。爲副考官。鴻臚寺卿文治滿州，乙丑。爲甘肅正考官，御史唐椿森廣西，丙子。爲副考官。編修陳琇瑩侯官，丙子。爲湖南正考官，謝雋杭福山，庚辰。爲副考官。

二十三日辛酉　晨日出如血而無光，竟日紅色澹然。比日辨色起，午後多卧。閲沈左都初《西清筆記》，功順堂所刻。得朱蓉生書，即復。得瞿子玖學使書。作書致伯寅尚書。作復子玖書，勸其以嚴爲治，以實學爲教。得伯寅書，再贈功順堂所刻沈西雝《論語孔注辯僞》二卷、沈文起《左傳補注》十二卷、《左傳地名補注》十二卷，滂喜齋所刻沈西雝《説文古本考》十三卷，蘇州局刻張秋水《西夏紀事本末》三十六卷，即復謝。得繆恒庵是月十六日遵化州書。得子玖復書。伯循來。於東圃編籬種豆花。剃頭。得均甫書，示《感事》七律三章，即復。

邸鈔：詔：吏部議奏雲貴總督岑毓英應得革職留任處分，加恩改爲降二級留任。左春坊左中允潘衍桐升司經局洗馬。

二十四日壬戌　晴熱，晡後陰。

閲沈西雝《論語正僞·自序》，言其僞有五證，説皆甚確。惟云何氏故作僞以難鄭，是其罪浮桀紂之一端，則勞入人罪矣，平叔特不能别白耳。又閲沈文起《左傳補注》自序，極言左氏深於《禮經》，親承夫子微言大義，而力詆公羊諸家之妄，又備列左氏四厄，其論甚快。惟所言不無過激，指斥何劭公、杜元凱、孔沖遠及唐宋以後諸儒，醜惡之辭，非儒者氣象也。其末云：『今險忮刻薄之人，有竊鑽何休之餘竅，以詿誤梧子，何不仁之甚也，蓋聖世之賊民而已矣。』其言殆爲同時劉申甫、龔定盦、宋于廷諸人發，亦似過當。若近日之戴望、趙之謙等輩，乃所謂險忮刻薄者也。趙一無所知，又非戴比，真聖世之賊民耳。

光甫來，言近以修南北海事，盛伯希又有疏。庭樹始有蟬，端午後一日過通州，東西柳港已聞之。

二十五日癸亥　辰正二刻四分小暑，六月節。晴，熱甚。

閲李素伯文藻《南澗文集》。凡兩卷，皆考跋序記爲多，其文散漫無紀，考據亦無甚關係。惟有《琉璃廠書肆記》一首，頗足見當日文物之盛，亦將來考都門掌故者所當知也。又錢唐韓泰華《無事爲福齋隨筆》兩卷，韓爲今時人，亦有零星聞見。二書皆功順堂所刻。

以團扇分贈瞿子玖、黄仲弢，各以一詩詒之。得子玖復書。仲弢來，言以初四日行。張朗齋中丞來。子培來。以團扇詒均甫，并題一詩，得復。得介唐書，屬考定邑館先賢栗主。朗齋饋龕脯四肩，龍井茶四瓶，作書復謝，反兩肩，犒使六千。是日得詩七首，其四首是補作，俱見後。

邸鈔：上諭：岑毓英奏查明宣光、臨洮獲勝出力人員請奬一摺。上年十一月暨本年二月間，岑毓英督飭官軍，先後在宣光、臨洮等處大獲勝仗，主事唐景崧、提督劉永福、總兵何秀林、丁槐、覃修綱等督隊集剿，甚爲得手。岑毓英調度有方，懋著勞勣，著加賞一雲騎尉世職，並交部從優議敘。何秀林照一等軍功從優議敘。丁槐交軍機處記名，遇有提督缺出，請旨簡放，並賞换哈希巴巴圖魯名號。劉永福賞給依博德恩巴圖魯名號，並三代一品封典。唐景崧賞戴花翎，並交軍機處存記，候旨簡用。餘升賞有差，凡數百人。皇太后懿旨：賞給内帑銀一萬兩，由岑毓英分别發給雲南官軍，及唐景崧、劉永福等所部尤爲出力兵勇，以示鼓厲。

二十六日甲子　晴，極熱悶，下午微陰，傍晚陰。利下復作，數奏厠，以芥末瀹水引麪下之。

考定山、會兩邑先賢祠主。舊爲宗滌老所定，正龕爲總主三：一曰先賢言子，而祔以自漢至明諸儒十人；一曰先儒陽明王子，而祔以王門弟子十人；一曰先儒蕺山劉子，而祔以劉門弟子十人。言子既非越所當祀，所祔十人尤錯雜不倫。漢之澹臺敬伯、顧奉皆吴人，《後漢書·儒林》附見《薛漢程曾傳》，稱會稽者，時在順帝前，未分立吴郡也。南宋之周模、陳祖永，明之胡謐、沈東。周、陳一無表見，周模字伯範，鄞人，篤志於學，從濟南劉壽夫游，見《攻媿集》。陳祖永，字慶長，會稽人，見《朱子文集·北山紀行》詩注中，在門人之列，餘無表見。《宋元學案》引《黄勉齋集》，有周謨字舜弼，建陽人，爲朱子門人，於山、會無涉，其人亦一無事實可取。其姓名并不見於《宋元學案》。胡爲景泰間進士，官廣東參政，府志有傳，僅著其官河南副使時建大梁書院一事。沈東無考，『東』蓋『束』字之誤，即通政宗安先生也。而漢儒如韓叔儒說、趙長君曄、闞德潤澤，晉儒如賀彦先循，梁儒如賀德槤瑒，宋儒如陸農師佃、先莊簡公，皆著述滿家，至今沾丐，清風亮節，終始粹然。明代如沈忠愍、倪文貞、周文忠皆一代偉人。沈工詩文，倪邃經學。既以立言爲重，何以俎豆見遺？如以先莊簡、倪文貞爲上虞人，則兩公皆久居郡城。莊簡宅在新河，見於舊志。文貞之父雨田太守已居東雙橋。且陽明、南雷皆籍餘姚，南雷未嘗徙郡，尤不應取彼舍此也。東側龕祔祀國朝八人，徐聖木宏仁上虞人，勞麟書史餘姚人，皆不應入，且有章實齋、杜尺莊而無馬德淳駉、范左南家相、沈清玉冰壺諸先生，則著書之傳否，亦無一定。至有高星岳，名金成，元名璡者，不知何許人矣。

爲張朗齋書團扇，贈以七律一章。得醉香書。余曾語醉香，屬其同邑姚凱元署正之妻陽湖左錫慧於團扇上繪《霞川花隱填詞圖》，自作圖稿與之，兼取司空表聖《詩品》『采采流水』六語，及晏小山詞『落花人獨立』二語，又於紗扇上繪放翁簑笠小像。今女史辭以不能繪填詞圖，祇畫放翁扇上，即復，以畫資京錢八千屬轉致。題紗扇上放翁像兩絶句。慧叔來告，其從子湘入大興學第八名，小圃之次子也。余兄弟子行南北補諸生者四人矣。賞報喜人二千。夜有小雨。

邸鈔：上諭：蘇元春、李秉衡奏官軍迭次克城破壘，請將出力陣亡員弁分别奬恤一摺。廣西關外各軍，本年正、二月間，經蘇元春、馮子材等督飭力戰，屢獲大勝，實屬調度有方，深堪嘉尚。蘇元春著加恩由騎都尉世職改爲三等輕車都尉世職，並再賞給額爾德蒙額巴圖魯名號。馮子材賞給太子少保銜，並由騎都尉世職改爲二等輕車都尉世職。南關一役，總兵王孝祺、已革布政使王德榜戰功卓著。王孝祺賞給雲騎尉世職，並交部從優議敘。王德榜開復原官、原銜、翎枝、勇號，並賞給白玉般指、翎管、大小荷包。總兵陳嘉，提督蔣宗漢、方有陞、張春發，均能奮不顧身，踴躍用命。陳嘉賞給頭品頂帶、雲騎尉世職，並賞給白玉般指、翎管、大小荷包。蔣宗漢賞給頭品頂帶，方有陸賞給雲騎尉世職，均並賞給白玉般指、翎管、大小荷包。張春發賞給三代正一品封典，並交部從優議敘。兩廣總督張之洞撥軍籌餉，用奏膚功；護理廣西巡撫、按察使李秉衡轉運後路糧械，俾無缺乏：允宜一體加恩。張之洞賞戴花翎，李秉衡交部從優議敘。餘升賞有差，凡百餘人。已革提督王洪順、已革副將李定勝，隨同大軍打仗，奮勇争先，尚知愧勉，均著開復原官，並賞還頂帶、翎枝、勇號。皇太后懿旨：蘇元春所部各軍尤爲出力兵勇，共賞給内帑銀五千兩，以示鼓厲。陣亡總兵孫得勝等均照所請，分别從優議恤。

二十七日乙丑　晨及上午薄陰，傍午晴。作書致介唐，爲先賢位次事。作書致敦夫，得復。更考《宋史》《明史》《嘉泰會稽志》《乾隆府志》及蕺山、南雷、謝山諸先生集。敦夫來。桂卿來。有湖州人朱文炳來，不見。均甫爲之先容，言其年少有才，然余老矣，不願見後生也。得介唐復。

邸鈔：候補四品京堂林維源授内閣侍讀學士。詹事府右贊善臧濟臣轉左贊善，編修陳卿雲升右贊善。

二十八日丙寅　靉靆蒸鬱，晡後雲合，傍晚震雷，大雨。改學海堂諸生課卷。敦夫、介唐、伯循來。

二十九日丁(丑)〔卯〕小盡　晴陰不定。腹又數痛，利下。得雲門四月十六日宜川書并近作詩詞數首。評閱問津諸生課卷。作書致書玉，以近與光甫、敦夫、介唐諸君豫簡六七月觀荷醵飲之期，并爲乘查夢局也，得復。作書致敦夫。向印結局錢吏部取春夏兩季捐生鄉祠公費銀六十八兩。

邸鈔：以廣東陸路提督張曜爲廣西巡撫，未到任以前，仍以按察使李秉衡護理。以前署廣西提督、直隸通永鎮總兵鹿仁廉爲廣東陸路提督，未到任以前，仍以總兵鄭紹忠署理。詔：蘇元春實授廣西提督。上諭：前因御史方汝紹奏城濠歲久失修，亟宜疏濬，令工部妥議具奏。兹據該部奏稱，查得内外城護城河，共長一萬四千餘丈，節節淤墊，橋梁閘埧，亦多傾圮，酌擬次第辦法，請旨遵行等語。京師内外護城河自道光十三年興修以後，迄今五十餘年，未經挑挖，河身日淤，河面日窄，每逢大雨，水無所歸，自應及時修濬，以資宣泄。現在近畿勇營尚多，令其挑挖此項工程，較之雇募民夫，易於集事。著派張曜督率所部步隊十營及馮南斌二營、蔣東才四營，查照該部所擬辦法，將積淤挑除浄盡，俾河道一律深通。其有未盡事宜及臨時必須變通之處，統由該營隨時隨地相度情形，咨商該部辦理。所有派出勇丁，即著張曜督飭各營官嚴加約束，並著步軍統領衙門一體稽查彈壓，毋任滋生事端。

六月戊辰朔　晨陰，有微雨，上午多陰，午微晴，下午薄晴間陰。作書致書玉，以藥方相商，得復。作書致袁爽秋。作書致均甫，得復。

閲《宋元學案》。共一百卷。稿創於梨洲，而全謝山續成之，梨洲元孫稚圭璋父子復校補之，尚無刊本。道光間鄞人諸生王雘軒梓材始得其稿，爲之校訂，而慈谿馮氏刻之。其端實發之道州何文安凌漢、新城陳碩士用光兩學使，故咸豐初文安之子紹基復刻於京師。其書綜覈微密，多足補《宋史》所未逮，學者不可不讀也。雖意非左袒朱學，而於象山亦謂其自信過高，每多語病；其於朱學宗派，搜輯靡遺，即不肖如其子塾、在，其孫鑑等，皆列於家學中。又於甬上一隅如袁韶及史氏兄弟皆列入，而仍以詔爲史氏私人；即於慈湖之學，亦不回護，雖列趙與簒於弟子，而譏其聚斂：亦不失是非之公。其過求該博，亦有不必立學派，或本分而强合，或本合而强分者，有本不講學而强相綴附者。然謝山於此事實爲專門之學，搜遺補闕，苦心分明，寧詳無略，自爲考宋學者之淵藪。惟於先莊簡公學案，不一引其《易説》，而引劉元城《道護録》，謂惜其爲蔡攸所引。考莊簡與蔡氏絶不相涉，此出於靖康、建炎間小人誣善之辭，器之不察而言之，乃著之《學案》，以妄巇先賢，則近於無識矣。其附《荆公新學略》《眉山學略》於末卷，亦非公論。

夜雨，三更漸密，四更後瀧瀧達旦。

初二日己巳　晨密雨淋浪，辰、巳間大雨，傍午稍霽，午有日景，下午霡陰。兩日服紫朴黄芩湯。

閲《宋元學案》。謝山於此書致力甚深，其節録諸家語録文集，皆能擇其精要，所附録者，翦裁尤具苦心，或參互以見其人，或節取以存其概，使純疵不掩，本末咸晐，真奇書也。梨洲原本不過十之三四，其子耒史百家所續亦屬寥寥，然起例發凡，大綱已具；謝山以顓門之學，極力成之，故較《明儒學案》倍爲可觀。蓋宋儒實皆有深造自得之學，遠過明人，即或意見稍偏，亦自有不可磨滅處，故精語粹言，觸目即是。明儒自敬齋、康齋、白沙、陽明、蕺山、石齋數公外，鮮足自立，故雖以梨洲之善擇，而空言枝義，大半浮游，不足以發人神智也。謝山所撰序録八十九首，犀分燭照，要言不煩，宋儒升降原流，大略皆具，學者尤不可以不讀。《學案》可議者亦有數事：一、采取未備。凡諸儒經解，世不多見，如《永樂大典》中有可輯者及藏書家僅有存者，皆宜最擷精華，存其大略。一、世系未詳。凡諸儒家世，宜各爲一表，或弁之於前，或總綴於後。《宋史》無宰相世系表，即此可補其缺。一、文句未純。宋儒語録皆方言俗語，實爲可厭，程朱尤甚，蓋多出其門人傳録之過。聖門言出，辭氣當遠鄙倍，今滿紙里俗助辭，轉益支離，意謂竊取禪宗，實亦下同市井。宜取其精語，悉刊釀辭，剪裁以歸簡文，潤色以存雅詁，示來者之正則，尤先覺之功臣。

劉器之《元城語録》云：絳縣老人云：四百有四十五甲子矣，其季於今三之一也。史趙曰：亥有二首六身，下二如身，是其日數。士文伯曰：然則二萬六千六百有六旬也。亥字二畫在上，其下六畫，如算子三個六數也。如者，往也。移亥上二畫往亥字身仄，當左竪二畫，則二萬也。其右三個六數，則六千六百六旬也。吾郡王南陔中丞嘗有此説，以爲創解，不知元城已先言之。宋人讀書，實多獨到處，近儒不看宋人書，其病不小。

劉安世謚忠定，見趙希弁《讀書附志》；蘇頌謚正簡，見杜大珪《名臣碑傳》；蘇洵謚文，見《宋景濂集》；《宋史》皆不載，其闕失多矣。至老泉得謚一字之文，《學案》李文肅臯傳云：『後溪劉文節公爲老泉請謚，雁湖助之，故得一字之典曰文。』後溪者，劉光祖也。雁湖者，文肅之兄文懿壁也，其稱文安者，以官文安縣主簿也。今有謂老泉謚文安者，則大誤。

《宋史》先莊簡傳云：除太常博士，遷司封，據《嘉泰志》及《寶慶續志》，是司封員外郎事在宣和五年。論士大夫諛佞成風，杜塞言路，怨嗟之氣，結爲妖沴。王黼惡之，貶桂州陽朔縣。李綱亦以論水灾去國，居義興。光伺于水驛，自出呼曰：『非越州李司封船乎？』留數日，定交而别。此事兩志皆不載。案『光伺』二字誤倒，當作『伺光』。據《李綱傳》，綱由御史改比部員外郎，遷起居郎。宣和元年，京師大水，綱上疏言陰氣太盛。朝廷惡其言，謫監南劍州沙縣税，是忠定未嘗爲司封。且忠定邵武人，安得稱越州？忠定早謫外，何得莊簡反候之於水驛？是爲忠定出候莊簡無疑。余記舊藏南監本並不誤，北監本誤耳。《學案》亦同《史》誤。又吕成公爲夷簡六世孫，夷簡生公著，公著生希哲，希哲生好問，好問生弸中，弸中生大器，大器生祖謙，而《宋史·忠義·吕祖泰傳》云夷簡五世孫，《學案》亦仍其誤。又吕氏本萊州東萊人；蒙正之仲父龜祥知壽州，遂爲壽州人；龜祥孫夷簡居京師，始爲河南人。《宋史》於蒙正傳云河南人，而夷簡傳始云先世萊州人，已爲謬誤；《學案》乃於祖謙傳云本河東人，則尤非矣。

《宋史》莊簡傳中，惟云仲子孟堅，後附其幼子孟傳，而相隔三十餘卷，複别出一《孟傳傳》，其疏繆前人已言之。《寶慶續志》則備載其四子：孟博，字文約；孟堅，字文通；孟珍，字文潛；孟傳，字文授。《學案》皆列入。而謝山節録莊簡語四條，云：『汝輩居家，惟是盡一孝字；居官，惟是盡一廉字；他日立朝事君，惟是盡一忠字。但守得此一字，一生受用不盡。』又云：『凡後生所至處，且須從賢士大夫游。』又云：『元城曰：某之學初無多言，舊所學於老先生者，只云由誠入，某平生所受用處，但是不欺耳。今便有千百人來問，某只此一句。』又云：『尹和靖之學，真所謂絜静精微。』謂皆莊簡子孟珍所述，不知本於何書？孟珍嘗擢守江陰及沿海制置司參議官，皆不赴，未聞其有著述。磐溪先生即孟傳别號。所著等身，今皆不傳。至莊簡《讀易老人詳説》十卷，文淵閣尚有《永樂大典》中輯本；又《家訓》一篇，餘姚姜山有刻石：謝山蓋皆未見。

又《續資治通鑑》云：紹興二十五年四月，台州闕守。州人詣御史臺，舉右朝請大夫通判州事管鎬。鎬，龍泉人，大觀間執政師仁兄孫也。侍御史董德元奏李光之子孟津，其繼母乃鎬之妹，故鼓率士民舉鎬爲知州，鎬縱而不禁，請將鎬放罷，并議孟津鼓煽之罪。辛巳詔鎬放罷，孟津紹興府羈管。光之得罪也，其弟寬亦被羅織，除名勒停；長子孟博、中子孟醇皆侍行，死貶所；仲子孟堅以私史對獄，除名編管；孟津其季也。田園居第悉籍没，一家殘破矣。此本之李氏《建炎以來繫年要録》。《寶慶續志·潘時傳》云：時字德鄘，金華人。父良佐，苦學篤行，躬授諸弟以經。公早孤，與兄甸養於叔父待制良貴家。待制與莊簡李公爲忘年道義交，故莊簡以第五女歸公，因家於紹興上虞之五夫，歷官左司郎中、直顯謨閣。初爲婿時，李公投嶺海，家道零散，親家陸升之告訐以興獄，子婿沈程擺蹤而脱身，公獨毅然與令人李氏朝夕岳母管夫人之旁，案：稱外姑爲岳母，僅見於此。雲谷此文，可謂不辭。然可知此等俗稱起於南宋。相其家事，終始如一。子二人：友端，淳熙甲辰登進士，官太學博士，從學於南軒張公；友恭，爲江淮宣撫司幹官，與友端皆受學於朱子；女一，適丞相史魯公。案：即彌遠。史彌遠初封魏國公，降封奉化郡公，進魯國公，解政，進會稽郡王，卒，追封魏王。其從子嵩之封永國公，卒後進魯國公。《續志》成於寶慶以後，正彌遠當國之時，又其元文稱曰今丞相，則爲彌遠無疑。友恭子履端，通判江陵府。案：《朱子大全集》潘公墓志所載家世出處大略皆同，而墓志有云：公少從叔父學，長婿李氏，又得莊簡爲依歸。皆詳於《續志》。案：莊簡之婿，一爲曹粹中，字純老，號放齋，定海人，宣和六年進士，釋褐黄州教授，終秦檜之世，未嘗求仕。張魏公晚入相，薦之，起通判建寧，旋乞歸。卒，贈侍講。著有《詩説》，王深寧首推之。一爲沈程。而陸升之者，亦山陰人，放翁之從兄，嘗告孟堅私史者。莊簡與放翁之父宰交契，放翁最服膺忠簡，而升之乃興此獄，真鬼彪之不若，亦可見吾越鄉誼之惡矣。

譚硯孫來辭行。傍晚復大雨，入夜稍止。得袁爽秋書。

初三日庚午　初伏。晨小雨，上午大雨，午稍止，有風，下午密雨數作，晡後大雨滂沱，歷雨時許，有雷電，入夜稍止。得均甫書，惠烏梁海柳花三十朵，以點茶甚佳。其色光澹碧，大於梅萼，實柳蕊也。凡柳皆先有黄蕊，後結黑子，子老後始有白絮飛出耳。作書復謝。以試之茶甌中，清絶有微香。作書致譚硯孫，約小飲，得復。

閲《宋元學案》。尹和靖在從班時，朝士迎天竺觀音於郊外，先生與往。有問何以迎觀音也，先生曰：『衆人皆迎，某安敢違衆？』又問曰：『然則拜乎？』曰：『然。』問者曰：『不得已而拜之與？抑誠拜也？』曰：『彼亦賢者也，見賢斯誠，敬而拜之也。』又朱子曰：和靖日看《光明經》一部，有問之，曰：『母命不敢違。』如此便是平日闕却『諭父母於道』一節，便致得如此。案和靖之言，涉世之恕也；朱子之言，克己之忠也：皆不外一誠也。學者皆當終身誦之。金壇劉文清宰《漫塘文集》志其夫人墓曰：『予繼室梁氏，家故奉佛，其來猶私以像設自隨，時若有所諷誦。予既與論釋老之害道，及鬼神之實理，恍若有悟，自是遂絶。』此可與朱子之言相發明。蓋觀法閨門，必有一誠無間者，始能感化，而格親又非刑妻可比，此事當於聖賢中求之。

永嘉周浮沚行己傳云：先生未達時，從母有女，爲其太孺人所屬意，嘗有成言，而未納采。至是其女雙瞽，而京師貴人欲以女女之。先生謝曰：『吾母所許，吾養志可也。』竟娶之，愛過常人。伊川常語人曰：『某未三十時，亦不能如此。然其進鋭者其退速，當慎之。』其後先生嘗屬意一妓，密告人曰：『此似不害義。』伊川聞之，曰：『此安得不害義？父母之體，而以偶倡賤乎？』案：伊川此兩言皆法語，而極近人情者也。過高不情之事，聖人不勥人以難能；然易人所難者，每視爲太易，而一縱即不可制，此進鋭退速之説也。凡苟且縱欲之事，雖不肖者必有一説以自處；而賢智之士，當情之所屬不能自克時，亦若視爲無傷，非猛下危語以警醒之，則不能灑然而悟。此安得不害義之説也，兩義皆極精。

《朱子語録》云：秦檜嘗爲密教，翟公巽知密州，薦試宏詞。游定夫過密，與之同飯於翟，奇之。後康侯問才於定夫，首以秦爲對，云其人類荀文若，又云無事不會。京城破，金欲立張邦昌，執政而下，無敢有異議，惟秦抗論，以爲不可。康侯益義之，力言於張德遠諸公之前。後秦自北歸，與聞國政，康侯屬望尤切，嘗有書疏往還，講論國政。康侯有詞掖講筵之召，秦薦之也。然其雅意堅不欲就，是時已窺見其隱微一二，有難處，故以老病辭。至後來秦做出大疏脱，則康侯不及見矣。黄耒史云：金議立邦昌時，馬時中伸抗言於稠人曰：『吾曹職爲争臣，豈可緘默坐視？當共入議狀，乞存趙氏。』秦檜不答。時中即自屬稿，就呼臺吏連名書之。檜既爲臺長，則當列於首。以呈檜，檜猶豫，時中帥同僚合辭力請，檜不得已書名。是檜迫於馬時中，以臺長列名，何嘗抗論？乃知當時無論賢愚，盡爲檜欺矣。慈銘案：《宋史·忠義·馬伸傳》言：金人立張邦昌，集百官，環以兵，脅之，衆唯唯，伸獨奮曰：『吾職諫争，忍坐視乎？』乃與御史吴給約秦檜共爲議狀，乞存趙氏。《奸臣·秦檜傳》言：紹興二十四年二月，何兑訟其師馬伸發端上金人書，乞存趙氏，爲分檜功，兑編管英州。然其敘立張邦昌時，雖言監察御史馬伸先號於衆，而云時檜爲臺長，聞伸言以爲然，即進狀曰云云。而《寶慶會稽雜志》卷七《雜紀》云：姚宏，字令聲。秦會之當國，屢求官，不報，托張如瑩叩之。秦曰：『廷暉令聲父舜明字。與某靖康末俱位柏臺，上書粘罕，乞存趙氏，拉其連銜，持牘去，經夕復見歸，竟不僉名。此老純直，非狡猾者，聞皆宏之謀也，繇是薄其爲人。』如瑩以告令聲。令聲曰：『不然，先人當日固書名矣。今世所傳秦所上書與當日來者大不同，更易其語，以掠美名，用此誣人。以僕嘗見之，所以見忌。』已而言達於秦，秦大怒，思有以害之，竟以知江山縣時禱雨事，謂以妖術惑衆，追赴大理，死獄中。事見王明清《揮麈後録》。是則檜傳所載之狀，亦不足信也。

夜二更晴。

邸鈔：詔：本年秋審情實，各犯停其句决。

初四日辛未　晴熱鬱溽。

閱《宋元學案》。尹惇謚肅，游酢謚文肅，胡寅謚文忠，胡憲謚簡肅，李侗謚文靖，一作文正。朱松謚獻靖，劉勉之謚簡肅，汪應辰謚文定，林光朝謚文節，朱震謚文定，饒魯謚文元，陳淳謚文安，張洽謚文憲，趙汝談謚文懿，薛季宣謚文憲，柴中行謚獻肅，劉宰謚文清，游九言謚文清，游九功謚莊簡，劉欽謚忠簡，牟子才謚清忠，李𡌴謚文肅，皆《宋史》所不載。胡憲爲安國之子，與劉勉之皆朱子之師，李𡌴爲燾之子，而史皆無傳。二游皆以儒學著，九功官至樞密副都承旨，劉欽至同知樞密院，亦皆無傳。既不以史彌遠入《奸臣傳》，謂其反韓侂胄所爲，頗優容道學也。然彌遠之弟彌堅官至資政殿學士，爲楊慈湖高第弟子，以清退著，卒謚忠宣，自宜附見其父浩傳。史嵩之奸險不亞於彌遠，以其爲帥守有功，亦不入《奸臣傳》，且稱其爲將才。而其祖漸爲浩之弟，亦賢者；其父彌忠官至福建提舉常平，尤以儒學清節稱，早歲歸田，以嵩之貴，加官至資政殿學士，卒贈少師，謚文靖：自宜著之嵩之傳，乃略不一及，其疏甚矣。

南宋之儒，吾必以吕成公、魏文靖爲巨擘焉，其學經而切用，其人和而近聖。葉水心自負經制，掊擊前人，以鄭康成爲未知經理，以漢文帝爲多欲，以劉向爲始壞《洪範》，以董仲舒爲不知王道，以李德裕爲不知相業，而其所深許者，以諸葛亮、龐統之取劉璋爲識時務之俊傑，以司馬徽之采桑樹上爲樂而忘憂，以皇甫謐爲能道自己分界語，則皆不出學究之見。而議論悍鷙，駁詰《中庸》章首『天命之謂性』三語，謂不如《湯誥》，而不知《湯誥》之爲僞書；菲薄《孟子》而尊《周官》。然其所痛切言之者，欲圖恢復在寬民力，欲寬民力在省養兵之費，省養兵之費在買官田，則其法窒而難行，其事瑣而難久，而其弊無極，害且甚大。《黄氏日鈔》辭而闢之霏如矣。其後賈似道行之，遂以亡國。此其學流於雜，非可以望伯恭、華父焉。吕、魏之後，吾推黄文潔焉。《東發日鈔》一書，囊括衆家，折衷切實，内聖外王之學備矣。此真能守朱子之適傳，而救其弊者也。次則陸子美九韶、唐與政仲友焉。讀子美之《梭山日記》，其《居家正本》及《居家制用》二篇，言言醇實，何其親切而有味也。讀説齋之《愚書》，字字切要，堅實如鐵鑄。

梭山以疑『無極』二字，謂《通書》所不道，似非周子之言，朱子遂與之争。梭山往復兩書，後謂朱子求勝不求益，遂置不語。象山與朱子力辨，遂紛争不已。其實周子此語不過順文增益，猶是魏晉以後談玄餘習。朱子乃以爲非常之道妙，古人所不能及，然歸其要曰無極而太極，猶云無爲之治，則亦至平淺矣。象山學自不敢望朱子，文章亦遠不及，而其辨《太極圖説》往復各二書，皆縷析詳言，累幅不盡。然象山之語，理切而明；朱子之語，義雜而費：蓋一則氣直，一則辭枝也。朱子之答梭山云：『不言無極，則太極同於一物，而不足爲萬化根本；不言太極，則無極淪於空寂，而不能爲萬化根本。』其後累書，皆反覆推明此義。然《易大傳》本明言：『易有太極，是生兩儀。』則明明非一物，亦非空寂矣，又何必加『無極』二字，孱生葛藤，庸人自擾邪？朱子之學，遠過濂谿，此自是通儒之蔽、賢知之過，不必爲之曲護也。説齋之事，其曲亦自在朱子，王淮秀才争閒氣之對，出於平情，何得謂之袒唐媚家？《學案》於説齋傳論之極平允，又辨世謂朱子之惡説齋，以東萊之言、同甫之譖。東萊最和平，無忮忌，且是時卒已一年；同甫有書詒説齋，自辨甚力，亦何至有此事？蓋朱、唐之構皆出於台州倅高文虎云云。《學案》爲謝山晚年之作，此傳最爲定論；其《鮚埼亭集》中《唐説齋文鈔序》乃官京師時所作，故猶以爲説齋不能檢束子弟，朱子所糾未必盡枉。王臒軒乃采此序附之《學案》，致一人之言，自相矛盾，非也。梨洲本以陸子美爲《金谿學案》之一，子壽爲《金谿學案》之二，謝山并出之，爲《梭山復齋學案》，以其宗指與象山不同也。《説齋學案》爲謝山所特立，有指哉。《象山年譜》：兄弟六人，長九思，次九敘，次九皋號庸齋，次九韶，次九齡，次九淵。《宋史》以九韶爲九齡弟，誤。

淳熙二年，東萊邀朱子及二陸會於鵝湖講學，此南宋道學離合之會，亦千古學術分合之機。乃相見之時，惟各以賦詩相示，此其氣象，謂非近於禪學機鋒，吾不信也。且復齋誦所作七律，前四句云：『孩提知愛長知欽，古聖相傳只此心。大抵有基方築室，未聞無址忽成岑。』此亦脚蹋實地之言，與晦翁宗恉亦無大背。而紫陽顧東萊曰：『子壽早已上子静船。』豈以詩中有『心』字，遂以爲心學乎？夫『人心惟危，道心惟微』，出於《荀子》，而僞《書》襲取之，宋儒方奉爲千古傳心之秘。孔子曰：『從心不逾矩。』孟子曰：『四十不動心。』心非聖賢所不言也。復齋詩又云：『留情傳注翻榛塞，著意精微轉陸沉。』象山和云：『易簡工夫終久大，支離事業竟浮沉。』考亭以爲譏己，大不懌。然考亭和韵云：『德義風流夙所欽，别離三載更關心。偶扶藜杖出寒谷，又枉籃輿度遠岑。舊學商量加邃密，新知培養轉深沉。却愁説到無言處，不信人間有古今。』則情韵斐然，語氣和婉，自較二陸工拙縣殊。惟以『無言』『不信』『古今』爲鍼砭二陸，兩家門下士遂指爲口實，造作言語，互相詆毁，日成仇隙。此白安黄忠端公所謂蒼頭僕子歷階升堂，助主人捽客而毆之者也。

邸鈔：上諭：楊岳斌、劉銘傳、孫開華奏臺北解嚴，請將歷次戰守尤爲出力將弁、官紳及籌運出力人員獎勵各摺片。劉銘傳駐守臺北，未能相機決策，攻復基隆，本屬無功足録。而各營將弁、官紳固守要隘，歷時甚久，迭次接仗，亦能竭力抵禦，自不能因督師之不力，並没行間效命之勞。惟所請獎敘，未免過優，應量行覈減，酌予恩施。提督蘇得勝等升賞有差。王詩正、應奎均係已革司道大員，左宗棠並未先行奏明，輒令赴營，本不應給予獎敘。姑念該革員等業經渡臺，不無微勞足録，王詩正著賞給五品頂帶，沈應奎著賞給四品頂帶。陣亡之總兵曾昭禮等均交部照陣亡例從優議恤。

初五日壬申　晴。閱《宋元學案》，兼考《宋史》。張朗齋中丞來。作書致光甫，致書玉，致均甫，致譚硯孫，致桂卿，致敦夫，俱約明日飲六六福。得硯孫復、桂卿復。剃頭。是日午後酷暑。買末利花拱把者四樹，紫薇一樹，西洋紅繡毬花兩本，以爲盆玩。付末利錢二十千，紫薇五千，繡球二千。印結局送來五月公費銀三十九兩四錢。

初六日癸酉　晴，下午陰，酷暑。作書致介唐，并更定邑館自漢迄明先賢栗主一紙。族姪湘來謁。霞芬來。均甫來。浴。評改問津諸生文。光甫來。晚詣霞芬家，爲譚硯孫餞行，并邀書玉、光甫、敦夫、介唐、伯循、均甫、醉香、桂卿飲。以今日天貺節，道家亦謂之清暑齋，冀以薄醉追凉，清談蠲忿。果求冰脆，瓜選瓤香，多飣蔬筍之盤，務減禯鯹之味，然猶不免魚烹尺雪，鼂炙兼金，取備腒鱻，佐充尊俎，止殺之戒，自守良難。夜過二更，頗覺倦甚，三更後歸。付肴饌銀十兩，賞其僕二十千，廚人十千，客車飯二十千，車錢八千。

初七日甲戌　晨輕陰，甚佳，巳後薄晴，午後晴，微凉。作書致叔雅，交去修鄉祠銀百兩，得復。作片致介唐，以寄從姪孝玟書并銀二兩，託轉寄保定，得復。得王醉香書，贈厚朴花一匣，即復謝，犒使二千。厚朴者，榛木皮也。《廣雅》：『重皮，厚朴也。』今以榛爲梓栗及荆榛字，而不知是厚朴矣。厚朴本以出安南者爲良，《名醫別録》云：『生交阯、冤句。』然冤句今曹州，而無有以爲貴者，越南近亦不佳。以四川出者爲上，河南次之，以厚而色紫皮卷者爲上品。其花瓣長而厚如皮，亦紫色；以煎茶，氣清而和，藥中鮮用之者。然蘇頌《圖經》云：『厚朴紅花而青實。』李時珍《綱目》云：『五六月開細花。』則今之所謂花，恐仍是皮之近花者耳。評改問津課卷。晡后賀張朗齋得桂撫，答詣潘伯寅尚書，均不晤。送譚硯孫赴韶州守任，談至晚歸。内子、張姬詣介唐夫人家。殷蕚庭姬人來。

邸鈔：以太僕寺卿胡瑞瀾爲太常寺卿。

初八日乙亥　晨微陰，巳後晴，炎熱而氣爽。以西瓜、甜瓜薦先。饋書玉西瓜十枚，甜瓜一籃。閲《鮚埼亭集》。得錢藩卿津門書，并饋芡實一合，藕粉四苞，刺參一合，洋糖四瓶。蔡枚盦來，梁星海來，俱不見。評改問津課卷。始食瓜。夜月頗佳，露坐内凉。

初九日丙子　晨陰，巳後微晴，午後陰晴相間，晡晴，晡後陰，傍晚微雷，風雨驟至，晚雨甚密，入夜有聲，凉意如秋。紅薇盛開，籬豆亦花。改問津諸生卷訖，取李鳳池第一。改諸童卷。生卷百餘本，題爲『子曰善人』『教民七年』兩章。夜一更後雨漸止，凉甚，須綿衾。

邸鈔：上諭：劉秉璋奏遵保鎮海接仗尤爲出力人員一摺。浙江鎮海礮臺上年十二月及本年正月迭被敵船攻撲，均經在事各員弁奮勇擊退，尚屬著有微勞。浙江提督歐陽利見親駐前敵，督率有方，著賞給頭品頂帶。道員薛福成賞加布政使銜。餘升賞有差。

初十日丁丑　晴霧間陰。圃中補裁鳳仙。閲《宋史》。評改學海堂經古卷。夜月出，色紅而無光。

十一日戊寅　晴陰霒䨴。閲學海堂經古卷。作書致敦夫。比日紫薇盛開，紅照一圃，時坐檻外觀之。子培來。書玉來。

邸鈔：郡王銜貝勒載澂卒。詔：載澂秉性明敏，辦事勤能，歷蒙賞戴三眼花翎，由輔國公晉封貝勒，在内廷行走。朕御極後，復加倚任，補授内大臣、正紅旗蒙古都統，均能恪恭將事，克稱厥職。上年十二月間，因病請假。方冀調理就痊，長承恩眷。兹聞溘逝，軫悼殊深。著賞給陀羅經被，派輔國公載濂帶領侍衛十員，代朕往奠。並派總管内務府大臣巴克坦布辦理喪事，一切事宜俱由官爲經理，加恩照郡王例賜恤。旋賜謚果敏。上諭：鴻臚寺卿鄧承脩奏福建布政使沈保靖被參聞警移眷出署一款，疆臣部臣未能據實定議等語。左宗棠等查辦此案，語涉疑似；吏部議覆處分，亦屬從輕：均有不合。左宗棠、楊昌濬均交部議處。吏部承辦此案堂司各官，著查取職名，交該衙門議處。並著吏部將該藩司應得處分，另外核議具奏。沈保靖即開缺來京，聽候部議。以廣西布政使張夢元調補福建布政使，以廣西按察使李秉衡爲布政使，以分守桂平梧鬱道慶愛爲按察使。

十二日己卯　丑正初刻大暑，六月中。晴，微陰。聞朱蓉生得典試湖北，作書賀之，并薦僕人朱林。評改問津書院諸童卷。爽秋來。殷蕚庭來。董金門來。醉香來，約公餞朱蓉生。都門習氣，凡知交中有得差或外擢者，必薦童僕，邀祖餞，受者甚以爲怨苦，往往十九見拒，或因以傷交道，余所深厭而亦時不能免，可笑也。沈子封來。

邸鈔：命都察院左副都御史白桓順天通州，癸亥。爲浙江正考官，司經局洗馬潘衍桐南海，戊辰。爲副考官。内閣學士廖壽恒嘉定，癸亥。爲江西正考官，御史王賡榮朔州，丙子榜眼。爲副考官。詹事府少詹事承翰滿洲，辛未。爲湖北正考官，編修朱一新義烏，丙子。爲副考官。麟書補正紅旗蒙古都統。惠郡王奕詳補内大臣。

十三日庚辰　中伏，薄陰，下午微晴，甚佳。評閲問津諸童卷訖，閲三取書院諸生卷。作書致醉香，言已定於十六日飲陶然亭，得復。得逸梧祭酒書，并近詩二章，即復。均甫饋四川老山紫厚朴一小合，即復謝。

邸鈔：詔：貴州布政使李用清、河南按察使唐咸仰均開缺來京，另候簡用。李用清，山西平定州人，乙丑翰林，文字拙陋，一無才能。惟耐苦，惡衣食，捷足善走，蓋生長僻縣，世爲農甿，本不知有人世甘美享用也。而都中人如李鴻藻、崇綺、張之洞等皆力延譽之，以爲聖人復出。其實尺八骽、捷足鬼之流，在《宣和遺事》中亦爲劣駟，本非聖門所尚也。張樹聲素附名士爲捷徑，及任桂撫，遂奏請差委。用清實熱中，日望得朝官清要，不樂赴廣西。即奉旨發往，過天津，乞合肥爲疏留，合肥不許，乃赴桂。而樹聲已移撫廣東，旋督兩廣，皆携之幕府。薦剡日至，遂擢惠州知府。不二年，驟至貴州布政使，署巡撫。所至惟禁酒食宴會，以敝衣率僚友，而力禁種罌粟，操之過急，吏緣爲奸。今年□□□□□民變，用清聞之大懼，急徹知縣任，召還委員，且告諭民仍種罌粟。時先已下檄，將往閱兵，不敢復出，將改期。署布政使曾紀澤强之，不得已而往，復出示，言此行惟閱伍，非查辦民變事。黔人大嘩。御史汪鑑列款糾之，且言其清操不足取，猶之馬不食脂，生性然也。都下以爲笑柄。唐咸仰者，廣西宣化舉人，御史椿森之父。亦以儉嗇聞。由候補知府爲涂宗瀛所舉，不二年，至今官。其人衰老，甚至不能拜跪。與巡撫鹿傳霖不相能。傳霖近交卸入都，布政使孫鳳祥奉命署巡撫，以咸仰耄，不欲令署布政。咸仰必欲得之，乃循例遞署。昨傳霖陛見，蓋面陳其事云。　以前江西巡撫潘霨署理貴州巡撫。詔：刑部尚書錫珍馳驛往江蘇，會同衛榮光查辦事件。　以貴州按察使曾紀鳳爲布政使，以前雲南按察使李元度爲貴州按察使。以分巡河北道許振禕爲河南按察使。上諭：翰林院侍讀學士梁耀樞奏廣東水灾甚重，請飭籌撫恤一摺。據稱本年五月間西、北兩江同時斗漲，沿江之英德、清遠、從化、花縣等處，並自廣西之賀縣、懷集，及肇慶府屬之廣寧、四會、高要、高明，暨南海、順德、新會、三水等縣，或城垣倒塌，或堤埝漫決，冲没民居，淹斃人口甚多。覽奏被灾情形，深堪憫惻。著該督撫迅飭所屬，認真查勘。

十四日辛巳　晨陰，上午薄晴，下午晴，微陰，復熱。得均甫書。剃頭。作書致敦夫，約看荷花、聽湘曲，得復。同邑李提督福雲來見，張朗帥部將也，安昌鎮人，年四十餘，甚誠樸。得桑叔雅書，言鄉祠修造將竣。作書致朱蓉生，約十六日午飲陶然亭，得復。作書致桂卿。評閱三取生童課卷訖。閱學海堂經古卷。蓉生來。夜月頗佳。

十五日壬午　晨陰，巳後小雨，午後復晴陰埃[illegible]，極熱。閱學海堂生童經古卷訖。生員取張大仕第一，陳澤霖第二，李鳳池第三。試『先生長者考』，『蜀先主謂鄭康成未嘗言赦論』，『瓊林苑賜新進士宴賦以上苑看花詞林故事爲韵」，「擬顔貞上其父芝所藏《孝經》表」，「擬唐人《春色滿皇州詩》」。作書致季士周，寄去兩書院及學海堂課卷，并是月望課題。敦夫來。得叔雅書。得介唐書。郭子鈞太夫人七十壽，送祝儀十千。叔雅來，以修祠足銀五百兩交之。於床前桯几積紙下檢得去年三月張子中揚州所寄書，余時在津門，家人不以告，至今未啓封也。中有《説文發疑》稿本，是乞余作序者，又見贈七律一章，及致徐壽老書。作書致爽秋，得復。作書致徐壽蘅宗丞。下午詣下斜街，偕叔雅游畿輔先哲祠，劉臧三師故宅也，中栽花樹甚盛。小坐緑勝盦。出詣鐵香、逸梧、蓉生，皆不值。晡後偕叔雅詣鄉祠，勘工度地，晚歸。詣敦夫齋頭小坐。

邸鈔：光禄寺卿鄭藻如奏患劇疾，懇請開缺。許之。國子監祭酒王先謙補原官。前江西督糧道裕昆授河南分巡河北道。

荀學齋日記庚集下

光緒十一年六月十六日至光緒十二年正月十七日(1885年7月27日—1886年2月20日)

光緒十一年乙酉六月十六日癸未　晨陰，巳後晴，酷暑。節孝張太恭人生日，供素饌、瓜果、茗飲。逸梧祭酒來。午詣陶然亭，偕均甫、醉香、子培餞朱蓉生也。桂卿、子封爲陪客，設飲北廳。萬塍葦光，緑潤如海。亭外有椿樹，作花絳色如火，目所未見。詢之寺僧，言椿老至數十年者，其花殷紅。然余見絶大至十圍者，花仍淡黄而細，此蓋異種也。晚酒罷後，偕諸子步出寺，循徑行，時聞蒿艾香，里許至火祖閣下，始坐車歸。得桐孫十三日津門書，言天津府學拔貢爲姜秉善、陳文炳，縣學爲朱墉。得爽秋書。朱文炳來。是日望。夜熱甚，三更後有風，復凉，五更風有秋聲。付寺坐八千，茶庯四十，賞疱人十二千，車八千。

邸鈔：詔：工部左侍郎孫毓汶、順天府府尹沈秉成，均在總理各國事務衙門行走。詔：湖南按察使續昌開缺，以三品京堂候補在總理各國事務衙門行走。

十七日甲申　晨陰，巳後微晴，午後晴，下午靉靆，極熱，傍晚大雨，入夜淋漓。得敦夫書，邀今日觀劇，即復。作片致書玉。得族弟鼎銘四月十一日南康書、族子文富五月廿二日里中書。得壽蘅宗丞書。得林二有編修書，并所著詞一册。

下午詣廣和樓觀劇，演諸葛武侯金雁橋擒張任事。余素惡《三國志演義》，以其事多近似而亂真也，然此事則茫然。檢陳《志》，惟《先主傳》建安十八年，先主據涪城，劉璋遣劉璝、冷苞、張任、鄧賢等拒先主於涪，皆破敗，退保綿竹。僅一見姓名耳。裴注兩引《益部耆舊雜記》曰：『張任，蜀郡人，家世寒門，少有膽勇，有志節，仕州爲從事。』又曰：『劉璋遣張任、劉璝率精兵拒捍先主於涪，爲先主所敗。退與璋子循守雒城，任勒兵出於雁橋，戰復敗。禽任。先主聞任之忠勇，令軍降之。任厲聲曰：「老臣終不復事二主矣。」乃殺之。先主歎息焉。』《華陽國志・劉二牧志》與陳《志》同。《通鑑》：建安十八年，『劉璝、張任與璋子循退守雒城，備進軍圍之。任勒兵出戰於雁橋，軍敗，任死』。胡注：『雁江，在雒縣南，曾有金雁，故名爲雁橋。』是金雁橋實爲有本。深愧史學之疏，乃知村書市劇，亦有益也。考雒爲今四川成都府之漢州，去成都僅九十里，無山川之險。而當日先主親自攻圍，至一年有餘，龐統死焉，知循等之守必有以過人者。陳《志》簡略，故事多湮没，使無裴注，則任之志節不傳矣。

夜敦夫邀同介唐、書玉飲福興居，二更後歸。夜雨蕭蕭達旦。是日付賃屋銀六兩。買秋海棠十盆，付直九千。付車錢十一千。

邸鈔：詔：前福建布政使沈保靖照吏部議降三級調用，大學士左宗棠、閩浙總督楊昌濬照部議降一級留任，均不准抵銷。

十八日乙酉　晨雨，已稍止，上午陰，午後間晴，溽暑。竟日倦甚。以銀六兩，購明萬曆秣陵王氏刻本《藝文類聚》。余未二十時，於里中得此本，僅錢一千，及今四十年，直十倍矣。夜時有小雨，三更後密雨，徹旦有聲。

邸鈔：上諭：本日張之洞等奏報，南海等縣被水情形，與梁耀樞前奏大略相同，業經該督撫籌撥銀米，分別散放。即著督飭所屬，妥爲辦理。又據李秉衡奏，廣西省城及梧州府等處，五月初旬雨水過多，河流驟漲，倒塌房屋，淹斃人口。上下游靈川、興安、全州、陽朔、平樂等州縣均被水灾，現已撥款開倉，辦理撫恤。著分飭各屬，確切查勘，認真振撫。以四川鹽茶道崧蕃爲湖南按察使。禮部郎中英文授四川鹽茶道。

十九日丙戌　晨密雨，已稍霽，午晴，溽暑酷熱。閱《藝文類聚》。作書致均甫，約二十一日作歐陽文忠生日賞荷花。得章碩卿黔中書，言近在省志局纂志事。得均甫書，饋龍井壽眉茶葉一瓶，即復謝。種薜荔六本於圃中，付直八千。傍晚浴。

二十日丁亥　晨霧，旋晴，酷暑。

閱《太平御覽·工藝部》。明萬曆間常熟周氏活字版本也，錯誤尤多。前有《國朝會要》一則，是宋人所引，故首加『謹案』二字。又慶元五年七月，朝請大夫、成都府路轉運判官兼提學事蒲叔獻序，言向惟建寧有刻本，兹重刻於蜀中。又有迪功郎、前閬中縣尉雙流李廷允跋，及常熟周堂序，言其祖勉思爲天官大夫時，得故本，後遂散逸，從閩賈購其半，又得其半於無錫顧、秦兩家，相國養翁嚴公復畀史館繕本訂正之，得活版百餘部，與顧、秦二氏分有之。則此本亦甚難得也。嚴公即文定公訥，常熟人。天官大夫，吏部郎中也。

作書致均甫，以酷熱改觀荷之期。今年聞積水潭無荷花；十剎海旁酒樓爲八旗士女所占，六月中無坐處；南花泡子多積潦；南西門外有書吏，即舊家荒圃，鑿池結亭，周回種蓮，名小有餘芳，而其地不能宴客。性素畏熱，又憚道濘，故營一游甚難。是日以銀六兩二錢買翠玉朝珠佛頭一副。余自入訾爲郎，三十年止有椰子珠一串，以象牙紅色者爲記念，在胸左右者小珠三串，各十粒，二懸之左，一懸之右。外間謂之三台，取美名也，其實即念佛數珠之記數者。以雁緑松石爲佛頭，在珠之上下及兩旁中間嵌之。外間謂之分鑲。其在背下垂者，謂之背雲。冬夏以之，近已去官。以此固我朝盡飾之制，法古之佩玉也，既有著位，不可無以章身。十年前文昌潘孺初詒奇楠根子珠一串，胡梅卿詒雲南碧玉記念三挂，今以此配之。此等翠玉近年出兩粤間，其質稍肥，直較雲南老山僅十之二耳。夜熱甚，竟夕露臂揮扇。

邸鈔：上諭：曾國荃奏江南、安徽、江西三省被水籌辦情形一摺。據稱本年南中雨水過多，遂致江河漫溢。江南之上元等州縣、安徽之六安等州縣、江西之清江等州縣，低區、圩田、堤埂俱有被淹衝決，業經分别疏銷撫恤等語。前聞江蘇多雨，曾經降旨垂詢，兹覽所奏各情，朝廷倍深廑系。即著該督撫飭屬確查，務將振撫事宜妥速籌辦。

二十一日戊子　晨陰，上午後晴陰靉靆，酷暑，溽膩。剃頭。閲《太平〔廣記〕〔御覽〕》舟部、車部、器用部、雜物部。補正《説文》『匋』字注一條，盧召弓《風俗通佚文》輯本一條，《嘉泰會稽志》一條。熱甚，以冰滌西瓜，時時飲之。圃中種鷄冠花、鴨脚葵等三十本，付直六千。晡後浴。得林二有書，饋武夷茶兩瓶，廣州畫扇一柄。楊正甫約二十三日飲，辭之。伯循來，訂小有餘園賞荷花之期。傍晚坐圃中，紫薇兩樹，交花紅照，衆緑映之，如緋羅天矣。

邸鈔：右春坊右中允陳秉和轉左春坊左中允，國子監司業慕榮幹升右中允。

二十二日己丑　晨陰，上午微見日景，午晴，下午間陰，傍晚雨。以《老學庵筆記》校《嘉泰會稽志》。爲林二有點閲所作詞，其長調頗工麗綿密，漳泉人所僅見也。間有俗累處，爲略改之。作書致桂卿。作書致繆筱山，還筆記，得復。入夜雨益甚，二更後密雨數作。

邸鈔：命太僕寺少卿馮壐昌安丘，癸亥。爲江南正考官，編修戴彬元寧河，庚辰。爲副考官。黄群杰太州，丙子。爲陜西正考官，工部鉛子庫主事趙亮熙宜賓，庚申。爲副考官。

二十三日庚寅　晨小雨，竟日霒陰鬱溽，傍晚小雨。閲《嘉泰會稽志》及《乾隆紹興府志》。朱蓉生來辭行。得叔雅書，言鄉祠製栗主事，即復。伯循約二十八日醵飲觀蓮，即復。夜雨。付絲串朝珠及换垂珠石等錢十一千。付擴誼、同誼等園中元楮鏹錢六千。

二十四日辛卯　晨密雨，上午陰，下午晴。改訂《紹興府志·方技傳》。楊家騵優貢來，理庵次子也。得孫彦清五月廿四日慈谿書，并所著《寄庵文存》兩部。呈文獻技，競灾梨棗，江湖惡習也。作片致敦夫，致書玉。敦夫來，偕坐圃中，看晚景花光。得伯循書，即復。夜半後頗凉。

邸鈔：上諭：上年四月間，特准李鴻章與法國總兵福禄諾議定越南通商事宜，無非戢兵安民之意。迨後諒山一役，不得已而用兵。越南地極炎荒，士卒每多瘴，故且相持半載，各損師徒，藩屬人民亦罹鋒鏑。朕甚憫焉。自十二月間總税務司英人赫德以兩國本無嫌隙，力請仍照津約往返通詞，棄怨修好。朕惟仰上天好生之德，並敬念列祖命將出師，於天時地利，進止撥度，不存成見。恭繹乾隆五十四年安南徹兵，迭次諭旨，權宜所值，先後同符。特照所請，命李鴻章等與法使巴特納重訂新約十條，於越南北圻邊界定地通商，言歸於好。現在法國撤退基隆、澎湖之兵，我亦將滇、粤各軍撤歸關内，彼此擒獲人衆，均已按數交還，從此荒服免遭兵燹，海宇共慶乂安。朝廷於此事權衡終始，審察機宜，本無窮兵黷武之心，允協字小睦鄰之義。今當和局既定，特通諭中外，俾咸知朕意焉。詔：楊昌濬兼署福建巡撫，張兆棟即行交卸。詔：錫珍現在出差，延煦兼署刑部尚書。吏科給事中陳錦轉鴻臚寺少卿。

二十五日壬辰　晨陰，有風，甚凉，巳後晴，晡後復陰，晚霞紅映。得伯循書。閲《嘉泰志》。作片致介唐，饋洋糖一瓶，并還所饋越中菸絲。作片致鐵香，作書致均甫，各饋以榧果一合。作書致朱蓉生，得復。飲廣和居，招霞芬，二更歸。均甫來。

邸鈔：上諭：國家廣開言路，原期各抒忠讜，有補於國計民生。上年用兵以來，章奏不爲不多，其中言之得宜，或立見施行，或量爲節取，無不虛衷采納，並一一默識其人，以備隨時器使。至措詞失當，從不苛求。即陳奏迂繆，語涉鄙俚者，亦未加以斥責。若挾私妄奏，信口譏彈，既失恭敬之義，兼開攻訐之風，於人心政治大有關係。如上年御史吴峋參劾閻敬銘，目爲漢奸；編修梁鼎芬參劾李鴻章，摭拾多款，深文周内，竟至指爲可殺。誣謗大臣，至於此極，不能不示以懲儆。吴峋、梁鼎芬均著交部嚴加議處。部議各降五級調用，吴應得部司務，梁應得待詔。

二十六日癸巳　晨及上午陰，午後晴。皇上萬壽賀節。馬蔚林禮部來。兩得季士周書，并秋季脩膳銀二百四十一兩，即復，犒使二金。寫單約敦夫、書玉、介唐、伯循、均甫、醉香、光甫、桂卿，以後日出南西門，至小有餘坊看荷花，午飲花之寺，醵資選勝，盡日爲期。作片致介唐、均甫、書玉，得介唐復。

二十七日甲午　酉正一刻六分立秋，七月節。晴熱。得朱蓉生書，以其邑先輩陳西橋熙晉《春秋述義拾遺》八卷送閲。輯隋儒劉光伯之説也，末附《河間劉氏書目考》一卷，前有道光二十八年人日自序。西橋所著尚有《規過考信》□卷。即復。閲金華張丹村作楠《梅簃隨筆》四卷。皆其官處州教授時劄記之語也，頗有考證。其第三卷所載《倉田通法敘例》及《王制東田畝數算例》，皆已刻入《翠薇山房算學》。梅簃者，海鹽吴蘭陔懋政教授處州時所築也。周鏡芙吏部蓉第來。得林二有謝評改近詞書。介唐來。敦夫來。光甫來。鐵香來。光甫邀夜飲便宜坊，一更後歸。得叔雅書，言將築先賢龕坐，問興工之期，并告以祠中破壞木床、桌椅等，售得京錢五百五十千。夜感凉，發熱。

邸鈔：詔：孫毓汶在軍機大臣上行走。

二十八日乙未　上生日。晴，有和風習習，下午熱甚。晨起傷風，不快。剃頭。上午出南西門，至花之寺，復南行里許，至小有餘坊看荷花，諸君早已至矣。地近草橋，向有祖氏園、年氏園，今皆迷其處。坊爲賣酒食之所。近有户部書吏唐姓，築室數楹，濬池種蓮，又闢圃藝花卉鬻之。室宇狹窄，位置皆俗。荷花已過，間有紅白錯峙，田田中掩抑憔悴。池尾有小亭，略憩而出，仍詣寺飲。病甚，不能舉杯勺。晚歸。（此處塗抹）介唐來。

二十九日丙申小盡　輕陰薄晴。病甚。寫諭帖兩紙付鄉祠，一整祠規，一逐無賴。作書致書玉、敦夫、光甫、介唐、伯循。光甫來。叔雅來。書玉來。敦夫來。得爽秋書，問昨游事，即復。

邸鈔：以通政司副使趙佑宸爲太僕寺少卿。

秋七月丁酉朔　終日輕陰，晚晴乍凉，紅霞滿天。復病歐血。寫學海諸生經策題三紙，策兩道，一《爾雅》，一《漢書·地理志》，皆問其條理及疑義，不屑屑刺舉隱僻。再書諭帖兩紙付鄉祠，一逐馬生，一諭工匠。介唐來。伯循來。得子培書。夜凉甚，三更後密雨，達旦有聲。咳嗽劇，不能寐。印結局送來前月公費銀二十一兩五錢。

初二日戊戌　雨，至巳後稍止，下午微見日景，傍晚霽。叔雅來。是日病甚，多卧。作片致敦夫。晚卧南窗下，緑陰迴合，蟬聲四聞，吾亦自有山林，何苦孱與人事耶？得敦夫書。

初三日己亥　晨霡陰，巳後雨，至晚不絶。作書致叔雅，并工程細册及工價摺各一件。作復桐孫書、復錢藩卿書，又致書士周并題目寄去。得叔雅書。兩作片致敦夫，得復。作書致族姪文富等，諭以善守先業，勿事争訟，理之曲直，静待評斷，毋得聽信外人，負氣求勝。又作書致族兄越薌，以兄年已七十，爲文富等一房之長，而訟牒亦列其名，勸其別白是非，調停息訟。

閲《宋史・藝文志》。自來此志之謬，無如《宋史》者，足徵歐陽文公等實非知學者也。錢竹汀氏《廿二史考異》卷七十三條舉其複誤，《養新録》卷七復補其脱漏，然有摘之不勝其摘者。即如集類，先載『《李白集》三十卷，《嚴從中黄子》三卷，《毛欽一集》三十卷，李白撰』，已極舛謬；隔葉以後又載『《毛欽一文》二卷』。案：《新唐書・藝文志》：《毛欽一集》三[十]卷。欽一字傑，荆州長林人。《直齋書録解題》有《毛欽一集》二卷，云：唐荆州長林毛欽一撰。長林，荆州軍屬縣。欽一上諸公，自稱毛欽一，字傑，或時又以傑爲名。開元中人。則此志前所載『《毛欽一（傳）〔集〕》三十卷，李白撰』十字皆衍文，或是傳寫之誤，史家不至此也。

夜雨益密，達旦瀧瀧。比夕苦嗽多，不能寐。

邸鈔：上諭：劉秉璋奏本年五月間，浙江台州府屬有外來哥老會匪勾結仙居土匪，謀爲不軌。經劉秉璋督飭地方文武，並調派防營前往剿辦，該匪膽敢拒敵，各軍奮力攻擊，先後擒獲首要各匪，當將全股撲滅，辦理尚爲迅速，所有在事出力員弁，准其擇尤酌保，毋許冒濫。此初一日旨。上諭：張之洞等奏報廣東、廣西被水詳細情形各一摺。覽奏灾民困苦流離，極深憫惻。業經該督撫等籌款集捐，分投振濟，稍慰廑系。欽奉皇太后懿旨：發給廣東、廣西銀各三萬兩，即由户部撥放。張之洞等務當仰體聖慈，核實散給，毋任稍有弊混。詔：湖北荆宜施道蕭韶、廣東惠潮嘉道張聯桂對調。

初四日庚子　末伏。晨密雨滂沱，已後漸疏，午後稍止，傍晚有霽色。比日溽淫，無異南中，時熏香辟之。作書致族弟竹樓，并寄以《續古文辭類纂》。

閲陳熙晉《春秋述義拾遺》。其首一卷辨杜氏《集解序》注疏之説，自卷一至卷八，依傳文之次，共一百四十三條。末一卷爲《河間劉氏書目考》，又綴以《隋書·儒林傳》。其每事先標舉經文，附以杜注，然後頂格録劉氏述義語，皆采自《正義》，又低一格列《正義》説及古今諸家説，後加『案曰』，以折衷之。亦間有駁劉説者，論頗平允，而考證未博，頗有空言文義，近於批抹家者。其『爲魯夫人』一條，不知傳文本無『曰』字，『爲』即『曰』也。每條下多附監利龔紹仁評語，尤爲非體。

初五日辛丑　晴陰相間，蒸溽特甚。爽秋來。作書致均甫，致子培。服茯苓、半夏、蒼朮、枸杞、陳皮、木通湯。

邸鈔：上諭：前據左宗棠奏因病籲請開缺回籍，當經賞假一月。兹據奏稱病難速痊，懇請交卸差使，展假回籍等語。覽奏病情，殊深廑念，自應俯如所請。左宗棠著准其交卸差使，不必拘定假期，回籍安心調理。該大學士夙著勳勤，於吏治戎機，久深閲歷，如有所見，仍著隨時奏聞，用備采擇，一俟病體稍痊，即行來京供職。鴻臚寺卿鄧承修奏懇恩給假兩月，回籍省親。許之。

初六日壬寅　陰晴埃䨴，酷暑，溽蒸，下午益甚，傍晚小雨。剃頭。得均甫書。作書致桂卿，致書玉。得敦夫書，即復。比日録録，皆爲鄉祠事。余既被横逆，必不復與此矣。張朗齋中丞來。再得敦夫書。評閲《續古文詞類纂》。桂卿來，爲診脉定方。敦夫來，以陸漁笙寄奠子縝銀四十兩屬其轉託南貨客鍾姓附交子縝家。仍服昨湯。

初七日癸卯　晨陰，巳晴，酷暑如焚，晡後陰，傍晚大雨，入夜稍止，復雨。先君子生日，供饋特㲁一，肉肴四豆，菜肴五豆，菜羹一，冰雪梅糕一盤，時果四盤，西瓜兩牉，饅頭一盤，麵一盤，新蓮子湯一巡，酒三巡，飯再巡，茗飲一巡，晡畢事。崇效寺僧饋頻婆果一合，犒以錢八千。逸梧祭酒來。叔雅來。林二有以祖母喪來赴，送奠儀八千。作書致均甫，饋以荷葉裹膾、絲瓜蒸鷄及冰梅糕，得復。服桂卿蘇子、金石斛、杏人、苡米、北沙參、竹茹、半夏方。夜密雨，至二更後稍止。

初八日甲辰　晨陰，旋晴，酷暑蒸溽。沈子封來。林二有來，言已被簡主考山西。午疾發身熱，下午肝疝交動，痛甚，不能轉側。請書玉來診脉撰方。作書致子培，得復。夜病甚，服藥歐吐。

邸鈔：命都察院左副都御史英煦滿洲，辛未。爲山東正考官，編修白遇道陝西，甲戌。爲副考官。林壬詔安，丁丑。爲山西正考官，刑部員外郎胡泰福江夏，戊辰。爲副考官。編修周齡震澤，丁丑。爲河南正考官，掌河南道御史曾培祺漢軍，辛未。爲副考官。上諭：李鴻章奏統兵大員奔喪回籍，傷發病故，請旨優恤一摺。署理湖南提督周盛傳歷隨李鴻章各軍剿辦髮捻各匪，轉戰數省，卓著戰功。嗣駐軍天津，約束軍士，講求操防，克勤厥職。前因丁憂，賞假百日，遽因傷發病故，實深惋惜。周盛傳著照提督軍營病故例從優議恤，平日戰績，宣付國史館立傳，並加恩予謚，在安徽原籍及立功地方建立專祠。旋賜謚武壯。以記名提督、前甘肅凉州鎮總兵周盛波署理湖南提督。

初九日乙巳　晴，酷暑。病甚。桂卿來，爲診脉定方。强起坐閲《陶集》自遣。均甫來。

初十日丙午　晨陰，旋晴，竟日晴陰不定，晡後小雨，酷暑如故。强出至書室，坐閲雜書。作致三妹書并銀十兩，又致大妹十兩，致二妹八兩，致僧慧四兩，致詩舫四兩，致沈瘦生奠銀四兩。作書致敦夫，以家書託之轉寄。作書致子培。服桂卿方。鐵香來。子培來。是日身熱已退，肝氣漸降，而咳嗽益劇，牽掣甚痛。夜甥飯一器。四更有雨。竟夕嗽劇，不瞑。

邸鈔：以大理寺少卿邵曰濂爲光禄寺卿。

十一日丁未　晴陰埃翳，溽暑酷蒸。病尫羸甚，仍苦淡滯，兩日兼服吕仙方。作書致書玉。閲

《石湖集》。文穆詩頗兼率易槎枒之病，然其晚年寫老疾之態，多如人意所欲言，於我今日，尤體狀曲肖也。書玉、光甫來，久談。今午飯頗能進，以對客稍久，晚遂不快，罷食。夜再服桂卿方。得季士周書。

十二日戊申　晴，微陰，蒸溽酷暑。病嗽如故，忽患牙漏，上唇浮腫。得敦夫書，言家信已寄去。作書致士周，并是月兩書院童生望課題目。作書致鐵香，致益吾。介唐饋越中白絲菸兩苞，即復謝。作片致敦夫，問貨客鍾姓回南之期，將託附寧波紫菜、淡脆、海鹹。淡脆者，小蛤。海鹹者，小魚也。得復。得益吾復。得子培書。陽湖屠秀才庚自江西學幕回，來見。

閱《宋史·度宗紀》《瀛國公紀》。《宋史》於理宗後本紀搜輯極繁，雖病荆蕪，非本紀之體，然當時以無實録，又丁喪亂，内外文籍散失，故務求詳備，如《長編》之例，以待芟擇。亦猶《舊唐書》以自武宗後實録不備，遂於諸帝紀大小悉書，而昭宗、昭宣身當亡國，僭奪紛紜，所載尤繁。此《宋史》亦於度宗以下較理宗尤詳也。

夜再得子培書。桂卿來。

十三日己酉　晨霒陰，上午小雨，有雷，午後埃䨴竟日，溽暑鬱蒸。李提督福雲騎馬到門，委所贈藏香一匣，平番鍋麵兩苞，兩苞武威五毒膏而去。作書致桂卿，致子培。閱《續資治通鑑長編·哲宗紀》。夜半後大雨。付鄉祠眼藥庵表粘頂槅承塵、窗紙等錢七十一千。

十四日庚戌　辰正三刻七分處暑，七月中。晴，微陰，溽暑。剃頭。作書致鐵香，饋榧果一盤，并乞乾蘆菔。作書致均甫，得復。作書致醉香，饋以小武夷茶一瓶，得復。醉香來。以明日中元節，祀故寓公。

竟日閲《續資治通鑑長編・哲宗紀》。伊川之在經筵，東坡之在翰林，皆古今第一得人之舉，而當日盈廷互攻，峻言醜詆，不容一日得安其位，又皆出於一時之所謂君子，後世之推爲名臣。反覆是非，陰陽消長，雖有聖人，不能定也。攻東坡者，無論矣。攻伊川者，如孔文仲、吕陶，猶以爲東坡之黨也，胡宗愈亦以爲親於東坡也。吾鄉顧子敦侍郎，風節卓絶，亦於東坡無與矣。至王覿，則攻東坡者也，而其元祐二年九月上疏帖黄有曰：『頤、軾自擢用以來，皆累有臺諫官論列，若使二人言行全無玷闕，亦安得致人言如此之多？』是亦不信伊川者。然猶以爲諸公非講道學者也。元城劉安世，則温公之高弟、儒林之魁傑也，而元祐三年五月一爲右正言，即疏言考功員外郎歐陽棐『造請權門，不憚寒暑，與程頤、畢仲游、孫朴、楊國寶輩交結執政子弟，參預密論，號爲死黨，搢紳之所共疾，清論之所不齒』。十餘日後再疏言棐『與程頤、畢仲游、楊國寶、孫朴交結執政吕公著、范純仁子弟，薦紳之間，號爲「五鬼」』。其年八月又疏言：『方今士大夫無不出入權勢之門，何嘗盡得鬼名？惟其陰邪潛伏，進不以道，故程順熙、畢仲游、楊國寶、歐陽棐、孫朴五人者，獨被惡聲。孔子曰：「吾之於人也，誰毁誰譽？如有所譽者，其有所試矣。」蓋人之毁譽，必皆以事考之。今衆議指此五人可謂毁矣，然推考其迹，則人言有不誣者。』此疏獨作程順熙，或疑『順』是『頤』之誤，『熙』亦『頤』之壞字，蓋一字而誤分偏旁爲兩字也。又此處楊國寶，『寶』誤作『賢』；孫朴作『孫樸』。然其下又云『程順熙先以罪去』，殊不可解。其醜詆一至於此。伊川不待言，即歐陽叔弼爲文忠之子，文行素著，東坡薦其史才，請以自代，乃以考功員外郎改著作郎、實録院檢討官，非越分也。而元城力攻之，乃改集賢校理，權判登聞鼓院，又以爲不當用爲館職，乃復改職方員外郎，則較其考功原官班次在下，而又謂『除目既傳，中外駭愕』。嗚呼，此何説也？忠定於温公門下爲第一人，當時所號爲殿上虎者，而所攻擊者如是。人之多言，亦可畏哉！

十五日辛亥　晴暑。先君子忌日。以中元節，祀曾祖考妣、祖考妣、本生祖考妣、先考妣，素肴十二豆，菜羹一，饅頭一盤，時果四盤，西瓜兩盤，芡實湯一巡，酒一巡，飯再巡，祔以兩弟，多焚褚泉。子培來。桂卿來，再爲診脉定方。夜陰。

十六日壬子　陰晴相間，暑熱轉盛，午後有風。再饋食先君子肉肴四豆，菜肴三豆，新蓮子湯，饅頭一盤，時果四盤，酒三巡，飯再巡，茗飲一巡。書玉夫人生日，詒以緑縐裙一腰，食物六合。李生家駒來。閲《長編·哲宗紀》。服桂卿方。夜密雨數作，有雷。

邸鈔：以太常寺少卿馮光勛爲通政司副使。

十七日癸丑　竟日秋陰，微見日景，仍苦溽熱。閲《長編·哲宗紀》。宗滌甫師次子能徵來。付賃屋銀六兩。夜二更後密雨，蕭蕭達旦，小窗蕉竹，始有秋聲。

十八日甲寅　晨雨稍止，霡陰，上午有小雨，午晴，下午陰晴相間。

閲《宋史》，間考雜書，頗隨筆校之。張彦遠《法書要録》引何延之《蘭亭記》言太宗使蕭翼取《蘭亭》事，委曲甚詳。延之言開元初至會稽，親得其事於辯才弟子玄素。玄素時居雲門寺，年已九十餘，似所傳當不謬。而《嘉泰會稽志》載汝陰王性之銍《考古》引劉餗《傳記》云：《蘭亭敘》梁亂出在外，陳天嘉中爲僧智永所得，至太建中獻之宣帝。隋平陳，或以獻晉王，即煬帝也。帝不之寶。後僧果從帝借搨，及登極，竟不從索。果師死，弟子辯才得焉。文皇爲秦王日，見搨本，驚喜，及知在辯才處，使歐陽詢求得之，以武德二年入秦王王府。性之謂劉餗父子世爲史官，以討論爲己任，於是正文字尤審。則辯才之師智果，非智永；求《蘭亭敘》者歐陽詢，非蕭翼也。此事鄙妄，僅同兒戲。太宗始定天下，威震萬國，尪殘老僧，敢靳一紙書耶？儻欲圖之，必不狹陋若此。况在秦邸，豈能遣臺臣？放翁謂餗所云殊有理，然辯才所住永欣寺，即古之雲門，今號淳化寺，有蕭翼《宿雲門東客院留題》二詩。吴傅朋記閻立本畫，其跋猶存。立本太宗時人，蓋亦親見當時事者，恐不可盡棄。

慈銘案：寺觀題詩，或出後人傅會。至吴説跋閻立本畫，謂蕭翼詒辯才，既見《蘭亭》真蹟，即出太宗詔札，以字軸置懷袖，則情事又與延之所記不同。太宗即有此事，何至當時便形圖畫？然觫謂事在武德二年，則是時太宗方與劉武周、宋金剛等苦戰河東，會稽爲李子通、沈法興等所隔。雖《嘉泰志》引《唐太守題名》謂龐玉以武德元二年授越州都督，則是時太宗方與劉武周、宋金剛等苦戰河東，會稽爲李子通、沈濾興等所隔，雖《嘉泰志》引《唐太守題名》謂龐玉以武德元二年授越州都督，然考玉時方討梁州山獠，未必能遽至。太宗倥偬戎馬，何暇辨此？延之記謂取《蘭亭》時越州都督爲齊善行，善行爲都督在貞觀十七年，則理當然也。至延之記稱蕭翼爲監察御史，所携御府二王雜帖數通，不云有《心經》。翼得《蘭亭》後擢員外郎，加五品服，並無西臺御史、觀察使等稱。趙彦衛《雲麓漫鈔》辨此事云：開元二十二年初置采訪使，至德三年改爲觀察使，太宗時焉得有觀察使？龍朔二年改門下省爲東臺，中書省爲西臺，太宗時焉得有西臺御史？《三藏記》貞觀十九年翻譯經文，《心經》預焉，右軍時焉得有《心經》？《四庫提要》稱其考核有根據，不知此等皆宋人所增飾，唐人絶無此言。有唐一代，無所謂西臺御史者。惟宋以洛陽爲西京，宋初有御史分司者，稱西臺御史，故不知官制者以加之唐。唐稱洛陽爲東都，有留臺，亦有分司御史。如吴説之跋稱閻立本爲右丞相，不知唐高宗及玄宗時止有左相、右相，無右丞相之稱，説亦以南宋之官稱唐人耳。

要之，陳、隋以前《蘭亭敘》不甚重，唐初虞、褚諸人始盛推之。太宗雅好二王筆法，自後代加誇飾，遂以此爲書家極軌，流俗影撰，丹青日滋，如玉匣殉昭陵等事，皆不足深信。晁補之等至以此爲太宗累，何異癡人説夢。蕭翼計賺辯才事，或由太宗篤好，不欲以萬乘之威，强劫緇流，故於幾暇怡神，作此游戲，存之以爲佳話，點綴名山，歆艷藝苑，未始不可，不必深辨有無也。

張生大仕饋食物四包，受其蝦米一苞。

十九日乙卯　晴陰相間。

閲《長編·哲宗紀》及《宋史》。《宋史》是非多不公。如元絳、許將皆賢者，吾鄉陸農師經學大師，進退粹然，而以其嘗從荆公游，遂與吴居厚、温益等同傳。且言陸與曾布比，不知布固非賢者，其在紹聖後則力與章惇、蔡卞等抗，農師深疾惇、卞，則不得不與曾合。《宋史》以布入《奸臣傳》，本亦不公。至荆公爲人自有本末，其學更不容輕詆也。當時所謂直臣若朱光庭、梁燾、王巖叟輩，褊私忿激，昧於大體，皆不足深取。即劉器之亦全是血氣之偏，其以詩語請誅竄蔡確，以吴處厚爲忠憤，尤不知國體也。劉摯、王巖叟之力以援立英宗功歸韓忠獻，以文潞公與王堯臣之子爲冒功，請改正國史；器之與吴安持等力言宣仁授神器於適孫，非由蔡確定策，請書之國史，昭示天下：皆非所宜言。後來惇、卞等誣宣仁有廢立意，實此輩有以啓之。

比日倦甚，多卧，以夜間苦嗽也。

邸鈔：編修丁立幹升國子監司業。御史劉恩溥升吏科給事中。

二十日丙辰　晴。劉鑴山師之嗣孫娶婦，送賀銀四兩。内子、張姬詣劉宅，閲妝匳。批改問津諸生課卷。

二十一日丁巳　晴，午後酷熱。醉香來。張生大仕來。沈子敦柬訂文昌館樂宴。内子、兩姬詣劉宅賀喜，送覿儀銀二兩。是日不快，多卧。閲《長編·哲宗紀》。剃頭。

邸鈔：詔：遣内閣學士周德潤馳驛往雲南，會同岑毓英、張凱嵩辦理中越勘界事宜，五品卿銜吏部主事唐景崧、江蘇試用道葉廷眷隨同辦理。鴻臚寺卿鄧承脩馳驛前往廣西，會同張之洞、倪文蔚、李秉衡辦理中越勘界事宜，廣東督糧道王之春、直隸候補道李興鋭隨同辦理，俱與隨帶司員一併馳驛前往。上諭：前因黑龍江將軍文緒、副都統成慶，因邊民偷挖金沙一案，互相參奏，當派寶林前往查辦。兹據覆奏，此案文緒雖查無奏報蒙蔽、移禍、捏參等情，惟於奏參摺内，未將該副都統查出金廠及商辦各節詳晰聲叙，咎實難辭。成慶具摺剖辨，於失察屬員、縱釋金匪各情概置不論，亦屬非是。文緒、成慶均著交部議處。左中允裕祥授廣西右江兵備道。編修陳才芳授甘肅涼州府知府。本任右江道啓莊故。本任涼州府倭仆額調西寧府。

二十二日戊午　晨陰，上午後晴陰相間，傍晚雨。作書致敦夫，致書玉，俱得復。批改問津諸生卷。得子縝長郎詞光書。閱《長編・神宗紀》。夜初更大風雨，有雷，二更後稍止，甚涼。

二十三日己未　晨霒陰，加巳大雨，滂沱竟日。批改問津諸生卷訖，凡九十餘人，試『其未得之也』四句題文，取姜秉善第一，李鳳池第二。

二十四日庚申　晨晴，上午後晴陰相間。批閱學海堂經古卷。卧室墻壞，中梁遽折。夜閱《長編・神宗紀》。

二十五日辛酉　晴陰相間，復熱。批改學海堂經古卷。李提戎福雲來。敦夫來。介唐來。修理卧室。

邸鈔：命額駙公景壽充崇文門正監督，侍郎宗室松溎充副監督。

二十六日壬戌　陰間晴，鬱熱轉甚。鐵香來。批改學海堂生員課卷訖。『先甲後甲先庚後庚解』，『喪服尊尊説』，『練祭禫祭時日考』，『唐取維州宋取洮河論』，『緑樹陰濃夏日長賦以題爲韵』，『書《漢書・匈奴傳贊》後』，『題徐星伯太守《登科記考》五古五十韵，限歌韵』。取陳澤霖第一，李鳳池第二，張大仕第三。兩得季士周書。作書致書玉。作片致桂卿、子培，得子培復。夜熱甚。閲《長編・哲宗紀》及《宋史》。《宋史》不爲王贍、王愍立傳，其實二人皆良將也，當附於王韶子厚傳後。其《外國傳》敘青唐事亦甚略，當取《長編》所引李遠《青唐録》補之。

邸鈔：詔：福州將軍穆圖善來京陛見，以杭州將軍古尼音布署理福州將軍。　以太僕寺少卿馮爾昌爲大理寺少卿。

二十七日癸亥　晨陰，旋晴。比日室中泥水淩雜，匡篋顛倒，堊木紙潢之工營作紛囂，幾無坐卧之處。今日始畢，焚蘅芷、朮艾之屬熏之。批改三取書院諸生課卷。作書致書玉，得復。作片致敦夫。是日下午覺精神小佳，夜亦能飯。

邸鈔：上諭：陳士杰奏秋汛大漲，上游堤埝漫決一摺。本年六七月間，山東黄河因雨盛漲，長清縣之趙王河大堤、大馬頭民埝刷開口門，約寬十餘丈、數十丈不等。其玉符河民埝，亦因山水冲決，並有淹斃人口情事。覽奏殊堪軫念，即著陳士杰委員馳往查勘，趕緊籌款，將被灾户口分別振撫，一面將未經搶築各口迅速堵合，毋稍延玩。本年下游決口尚未堵合，兹上游又多開決，陳士杰督辦無方，實難辭咎，著交部議處。　命杭州副都統恭壽署理將軍。

二十八日甲子　晴，酷熱。批閲三取書院生員卷訖，凡五十餘人。令圬人除屋上草、木工製藤蘿架。劉仙洲夫人携其子婦來見，周文勤公孫女，文龠女也，予以覿儀二金。

邸鈔：御史汪鑑授四川成都府遺缺知府。十二月總督丁寶楨奏請以夔州府知府黄毓恩調補成都府，以汪鑑補夔州府。

二十九日乙丑　戌正三刻十分白露，八月節。晨陰，旋晴，午後有西風，漸覺涼爽。剃頭。得敦夫書，即復。作片致書玉，致桂卿。得季弟是月十八日書，族兄越薌等十五日書，爲與葆亭之子文富訟祠田也。吾家衰替，子弟不律，文富等生長市井，不識詩書，至勾結幕友，狎比胥役，私以祠田賣人，劫脅族中，誠爲可恨。而族人處之不善，遽爲寇讎。家法凌夷，深可歎也。季弟寄來《越中有明三不朽圖贊》，此是廿年前故物，已久失去，對之憮然。得書玉書，即復。子培來。鐵香來，言以初一日請訓，初五日行。作片致子培，致桂卿。季士周寄來嚴良勛、林樂知、美國人。李鳳苞所譯《四裔編年表》，首冠以中國紀年，起少昊四十年壬子，迄同治元年，備載東西諸國興滅大事，奇書也。又《西國近事彙編》二十八册，起同治癸酉，迄光緒己卯。

三十日丙寅　晴，晨有風，甚涼。得桂卿書。評閲學海堂諸童經古卷訖。作書致士周，并諸課卷寄去。作書致張朗齋中丞，致益吾祭酒，致施均甫，俱約初三日夜飲，得益吾復、均甫復。作片致書玉、敦夫，俱約今日清談，得敦夫復。課童僕除鸞枝樹上緑蟻。得朗齋復。閲《西國近事彙編》。

八月丁卯朔　晴，有爽氣。作書約鐵香初三日夜飲。閲《西國近事彙編》。子培來。桂卿來。爽秋來。聞左湘陰以七月二十七日卒於福州，年七十四。

邸鈔：詔：本年值更换學政之期，浙江學政瞿鴻機甫經到任，江西學政梁仲衡、貴州學政楊文瑩，毋庸更换。吏部左侍郎許應騤番禺，庚戌。爲順天學政。國子監祭酒王先謙長沙，乙丑。爲江蘇學政。刑部右侍郎貴恒滿洲，辛未。爲安徽學政。翰林院侍讀學士陳學棻安陸，壬戌。爲福建學政。編修張仁黼固始，丙子。爲湖北學政，陸寶忠太倉，丙子。爲湖南學政，華金壽天津，甲戌。爲河南學政。翰林院侍讀陸潤庠元和，甲戌。爲山東學政。編修高爕曾孝感，甲戌。爲山西學政，林啓侯官，丙子。爲陝西學政，秦澍春遵化，甲戌。爲甘肅學政，盛炳緯鎮海，庚辰。爲四川學政。太常寺卿胡瑞瀾江夏，乙巳。爲廣東學政。編修李殿林大同，辛未。爲廣西學政，戴鴻慈南海，丙子。爲雲南學政。順天府府丞楊頤茂名，乙丑。調奉天府府丞兼學政。奉天府府丞朱以增調補順天府府丞。

初二日戊辰　晴，傍晚陰。作片致桂卿、書玉，俱約明日晚飲。均甫來。姜生秉善來謁。下午答客六七家，晤敦夫、子蓴，傍晚歸。閲《西國近事彙編》。夜復苦嗽。

初三日己巳　晴陰相間，下午多陰，甚熱。是日復不快，多卧。逸梧祭酒來，均甫來，書玉來，桂卿來，朗齋中丞來，鐵香來，暢談至夜，設飲，二更後散，頗覺倦甚。天津府學拔貢陳生文炳來謁，三取書院肄業生也，贄二金，却之。

邸鈔：上諭：譚鍾麟奏署總兵因公被溺，懇恩優恤一摺。甘肅署西寧鎮總兵鄧榮佳前在各路軍營，歷著戰績，隨入關隴，迭克堅城，委署各鎮，整飭操防，克稱厥職。此次在西寧地方，帶領兵勇搶護河堤，適值山水陡發，被溺身故。殊堪憫惻，著照總兵軍營立功後身故例從優議恤。詔：户部左侍郎孫詒經仍在南書房行走。詔：許應騤現出學差，以内閣學士李鴻藻署理吏部左侍郎。

初四日庚午　晨及上午晴，甚熱，下午微陰，晡後雨，晚霽，有西風，頓凉。批改問津書院諸生卷。作書致桑叔雅，致族弟慧叔，俱以事約過談。族姪文富復上書言訟祠田事，此子殊狡詐反覆，市兒比匪，可歎也。慧叔來，以族譜示之。夜凉甚，須絮衾矣。五更時舊疾復動。

邸鈔：詔：伊犁將軍金順來京陛見，以塔爾巴哈臺參贊大臣錫綸署理伊犁將軍。以直隸、天津、河間及順天之文安等縣雨水爲灾，截留江蘇漕糧十萬石振之。

初五日辛未　晴，晨及上午有風，甚凉。作書致敦夫，得復。得王子裳同年二月廿二日德國柏林使館書，并寄金表一枚。叔雅來。敦夫來。下午偕敦夫詣書玉。夜敦夫邀飲廣和居，二更歸。仍評改問津諸生卷。

初六日壬申　晴。竟日疲倦，多卧。閲《西國近事彙編》。張生大仕來。殷蕚庭來。

邸鈔：命署兵部尚書潘祖蔭爲順天正考官，工部尚書翁同龢、左都御史奎潤、正藍，癸亥。禮部右侍郎童華鄞縣，戊辰。爲副考官。編修李岷琛（四川，辛未）等，户部掌印給事中洪良品（湖南，戊辰）、内閣中書趙培因（山西，甲戌）爲同考官。浙江得三人：黄巖楊辰（丁丑）、鄞縣張嘉禄（丁丑）、仁和徐琪（庚辰）。庚辰科得三人：徐琪及甘肅安維峻、湖南汪槪也。檢討翁斌孫（丁丑）爲翁尚書諸孫，居尚書宅中，亦得同考官，足爲佳話。

初七日癸酉　晴熱。作片致敦夫、書玉。下午約敦夫、介唐詣慶樂園聽湘玖曲，晚邀兩君寓齋，翦燭小飲。

初八日甲戌　晴熱。得嘉興張玉珊五月二日豫章書，并新刻所著《寒松閣詞》兩册。得伯循書。介唐邀同敦夫、書玉再詣慶樂園聽湘玖曲，晚飲福興居，招霞芬，夜二更歸。

初九日乙亥　晴熱，下午陰。是日評改問津諸生課卷訖。凡一百十餘人，試『止子路宿至隱者也』題文，取楊鳳藻第一。第二陳驤，第三劉葆善，第四喬瑞淇，第五李家駒，第六李智榮，文皆佳。子培來，談至晚去。崇效寺僧饋時果兩合，報以錢米。

邸鈔：前任刑部尚書鄭敦謹卒於家。詔：鄭敦謹清廉勤慎，品學俱優，由庶吉士改授部曹，簡任道府，迭荷先朝特達之知，洊膺疆寄，擢授正卿，屢掌文衡，均能恪恭盡職。嗣因患病，准其開缺回籍調理。茲聞溘逝，悼惜殊深，加恩照尚書例賜恤。旋賜謚恪慎。

初十日丙子　晨陰，上午微晴，下午復陰。得敦夫片，即復，并以七月初託匯致南中市平銀四十兩，及春間鄉祠公送張中丞、許布政肴席錢一百八十千還之。下午詣叔雅，同詣鄉祠，遍行前後門墻，院宇百有餘間，丹碧奂然，臺榭照耀，下及庖湢，井井一新，頗顧而樂之。余固不敢自以爲功，然百餘年無此規模矣，後人當見思也。又至眼藥庵，安置諸神像，設名宦栗主。中龕爲倉帝、越王、文昌、關帝，左龕爲金龍四大王、張静安公、郡邑城隍神，馬、戴、湯三太守，皆仍祠龕之舊，有其舉之，莫敢廢也。右龕仍祀眼藥神，存都門故迹也。以工價銀二百三十九兩付瓦木工人。共費銀一千五百十九兩矣。以後更設鄉賢栗主，龕坐几案及扁額、楹聯、客坐床几、桌椅之屬，尚須四五百金，當再竭力籌之。傍晚詣均甫談。詣子培，不值，晚歸。是日知順天鄉試題：『寔能容之』三句，『子華使於齊』一章，『孔子嘗爲委吏矣』一節；詩題『盡放冰輪萬丈光得光字』。周必大詩。眉批：《益公省齋稿·和仲寧中秋赴飲莊宅》詩『疾驅雲陣千重翳』云云。夜復苦嗽。

邸鈔：正藍旗蒙古副都統富陞奏請因病開缺。許之。

十一日丁丑　晴陰相間，下午多陰。早起，上午倦甚，閲陳蘭浦《聲律通考》，時時睡去。得子培書，借功順堂叢書，即復。遣人至鄉祠量度扁聯。徐亞陶來。作書致子培，得復。得叔雅書，言鄉祠客次床几等事。夜初微雨，二更後小雨。

邸鈔：上諭：陳士杰奏稱伏汛盛漲，山東歷城、章丘等處灾區甚廣，查明被灾人口有三十餘萬之多。覽奏實深憫惻。欽奉皇太后懿旨：將北海工程暫行停修，即由此項工銀内發給山東銀五萬兩，俾資接濟。　以降調内閣學士徐致祥爲太常寺少卿。

十二日戊寅　晨陰，已小雨，旋霽，有風，竟日薄晴。閲《聲律通考》。作片致光甫、介唐、敦夫、均甫、醉香、子培，以今日秋社日，約小飲。浙江知縣朱鑑章來。光甫來，書玉來。得介唐、敦夫、均甫、子培復。夜月甚佳，詣霞芬家，邀光甫、書玉、子培清談淺飲，小設肴饌，二更後歸。付賃屋銀六兩，修理墻屋錢八十七千，廚人司馬士榮酒席銀六兩四錢，霞芬肴饌銀六兩，賞其僕十六千，客車飯錢七千，車錢五千。

邸鈔：上諭：前因朝鮮兵變，幾危宗社。李昰應於亂軍索餉不能禁止，後復置不問，以致輿論紛紛，咎爲禍首。朝廷軫念藩服，特命安置近畿，優其廩餼，並准該國王歲時派員省問，以慰其思慕之情。迄今時閲三年，李昰應以年老多疾，瀝陳懇艾私衷，具呈申懇。特命李鴻章傳至天津，驗視屬實。兹復據禮部奏，該國王遣使臣閔種默等恭賫表文，籲求恩釋，情詞迫切，至於再三。朝廷孝治爲先，於藩屬彌深矜恤，念省愆之日久，憫逮養之情殷，宜沛殊施，俾申孺慕。李昰應著加恩准其開釋，即著李鴻章派委要員，護送回國。並著禮部傳知該國王，此係朕法外施仁，在李昰應固應永戴洪慈，慎持晚節；該國王尤當痛懲前車之失，去讒遠佞，親仁善鄰，刻刻以勵精圖治爲心，庶幾内釁悉除，外侮不作，以無負朝廷覆庇矜全、有加無已之至意。

十三日己卯　晴，晨風，上午後漸止。閲《西國近事彙編》。其中多可得中國制夷之要。譯者美國人金楷理，述者歷城蔡錫齡，可謂有心人也。作書致李士周，并是月望課題。

喀什噶爾自庚午、辛未間回酋耶霍璧自立爲王，英吉利及俄人遂擁立之，稱之爲客王，列於萬國公法，爲通商之國。乙亥秋，敖罕國敖罕亦作霍罕，亦作浩罕，今俄羅斯人呼爲卡肯特，皆一聲之轉，特則餘聲也。民亂，逐其王，俄人討平之，立前王之子。敖罕雖回部，自王其國，已爲俄之屬部。俄人謂其亂實耶霍璧啓之，遂絶其使。英人亦鄙之。丙子十一月，我師之西征者，既克烏魯木齊，進規天山南路。耶霍璧率衆欲迎敵，出喀城二千餘里，潰而歸。耶霍壁懼，遣人齎金寶迎降。回目白彦虎怒，中途刼所齎，并殺其使。耶霍壁懼而自殺。耶霍壁亦作阿古柏，回人稱爲阿米亞，亦作阿彌亞者。回部君長之稱，猶曰汗也。回民遂亂，耶霍壁長子古里柏亦作胡里伯克。與其族人阿里陪喀什噶爾故酋之裔，一名阿林坎替合拉，亦作霍景堪都拉。爭立。阿里陪敗，逃入巴達克山。亦作拔達克山，亦作白達山。丁丑春至冬，我師以次收復喀喇沙爾、庫車、阿克蘇各城，屯重兵於阿克蘇，分兵復烏什，徑趨喀什噶爾，一鼓而克。古里柏先已逃至葉爾羌，旋入和闐，復聚衆，欲抗拒，而和闐酋目迎降，乃逃入俄境之科拉科爾。其妻及部人二千逃入俄之土其斯登恩界。俄國遂下令削古里柏僞號。戊寅歲，西洋人皆言古里柏已爲我師所誅，云英吉利人謂阿古柏人才似元太祖，當時與立約通商，情誼敦篤，如得伊黎及天山南路大權，足爲印度北面藩籬。俄人謂耶古伯即阿古柏。有雄略，能爲我招致諸回，遂與立約通商，果能使阿霸科爾、即布哈爾。基法即機霆。諸部罔不服從，商旅載途，肩背相望。英人布爾額所著《新書》一卷，有《喀什噶爾酋長耶古伯全傳》。

十四日庚辰　晴。閲《西國近事彙編》。沈恒農來。還各鋪節債，賦家人節錢。米鋪銀十八兩，石炭鋪六兩五錢，乾果鋪銀十兩，紬布鋪十兩，賣珠花吴媪銀十一兩，燈油銀五兩，猪鵝銀三兩弍錢，庖人銀六兩四錢，松竹齋紙錢六十千，聚寶堂二十千；内子節銀十二兩，席姬六兩五錢，族人王節婦二兩，僕媪等五十千，各長班等二十千。剃頭。以紙易冷布窗。

十五日辛巳　卯正初刻二分秋分，八月中。晴，晡陰。霞芬來，付以二金，賞其僕十千。夜初微陰，旋月出，小作月筵。均甫來。得益吾祭酒書，贈所刻《郡齋讀書志》一部，其從弟先泰所刻，《天禄琳琅書目》十卷，《續編》二十卷，作書復謝，犒使四千。

邸鈔：烏魯木齊提督金運昌乞開缺回籍養疾。許之。

十六日壬午　晨陰，上午大雷雨，下午日見，仍時有小雨。閲《西國近事彙編》，自癸酉至己卯訖。

得士周書，并書院節敬銀十六兩。聞浙江鄉試首題『夫子何爲至使乎使乎』。得恒農書。叔雅來。夜月甚皎，頗寒，而有雷。是夕望。蔡松甫邀飲，辭之。

十七日癸未　晨及上午晴，午後陰，有微雨，即止，下午多陰。先妣忌日，供饋菜肴十豆，肉肴三豆，爲先君設也，饅頭一大盤，菜羹一，栗子湯一巡，酒三巡，飯再巡，茗飲再巡。張生大仕來。傍晚作片致書玉、子培兄弟及屠秀才庾，俱約明夕便飯。作片致桂卿問疾。爽秋來夜談。夜月佳甚。

邸鈔：河南開歸陳許道潘仕釗開缺送部引見。

十八日甲申　晴，下午微陰，稍熱。得周玉山觀察書，并寄九華山寺碑潤筆六十金，言其戚劉觀察罷官，貧甚，不能如例致饋也。姜生秉善來。作片致敦夫，約晚飲。晡後書玉、子培兄弟、敦夫、屠京山、張書林來，點燈設飲，至夜二更後散，有風。

邸鈔：河南開封府知府鞠捷昌升開歸陳許道。户部郎中文悌授開封府遺缺知府。十二月，護理巡撫孫鳳翔奏請以歸德府知府李廷簫補開封府，以文悌補歸德府。

十九日乙酉　晴，有風。撰次越中先賢祠位目。李奇峰來。《嘉泰志》引《會稽先賢録》之陳業，與《三國志·虞翻傳》注引《會稽典録》及《水經·漸水》[水]篇注之陳業，並是一人。《府志》於『孝行』引《先賢傳》之陳業，於『隱逸』引《典録》之陳業，以爲兩人，誤矣。兹理而董之，并爲一傳，入之鄉賢。夜凉甚，五更風緊。

陳業傳

漢陳業，字文理，《御覽·人事部》引《先賢傳》。上虞人。《典録》。潔身清行，志懷霜雪，貞亮之信，同操柳下。《典録》。郡守蕭府君卒，業與書佐魯雙送喪。雙道溺於水，業因掘泥揚波出尸。《御覽·人事部》引《先賢傳》。兄渡海傾命，時同依止者五六十人，骨肉消爛，不可辨别。業仰皇天，誓后土曰：『聞親戚者，必有異焉。』因割臂流血，以灑骨上，應時飲血，餘皆流去。同上引《先賢傳》。初爲會稽太守，遭漢中微，委官棄禄，遁蹟黟、歙，以求其志。高邈妙蹤，天下所聞。《典録》。沛國恒儼避地會稽，聞業履行高潔，往候，不見。儼後浮海入交州，臨去遺書與業，不因行李，繫白樓亭柱而去。《水經注》。案此注上云：重山，大夫文種之所葬也，山上有白樓亭。重山即種山，今之卧龍山，俗稱府山。其書比之三高云。《三國志》注云：『故桓文遺之尺牘之書，比竟三高。』官本《考證》云：『三高』疑指上所引越王翳、鄞大里黄公、餘姚嚴遵而言。陳氏景雲《三國志辯誤》云：『桓文』疑當作『桓王』，謂長沙桓王也。慈銘案：『桓文』下脱一『林』字。桓儼字文林，見《後漢書·桓榮傳》注。陳氏説非是。

邸鈔：上諭：大學士左宗棠學問優長，經濟閎遠，秉性廉正，莅事忠誠，由舉人、兵部郎中帶兵剿賊，迭著戰功。蒙文宗顯皇帝特達之知，擢升卿寺。同治年間剿平髮逆及回、捻各匪，懋建勛勞。穆宗毅皇帝深資倚任，畀以疆寄，洊陟兼圻，授爲欽差大臣，督辦陝甘軍務，運籌决勝，克奏膚功，簡任綸扉，優加異數。朕御極後，特命出關，肅清邊圉，底定回疆，厥功尤偉，由一等伯晉爲二等侯。宣召來京，管理兵部，在軍機大臣並總理各國事務衙門行走，竭誠贊畫，悉協機宜。旋任兩江總督，盡心民事，裨益地方。揚歷中外，恪矢公忠，始終如一。上年命往福建督辦軍務，勞瘁不辭。前因患病，准其交卸回籍，安心調理。詎意未及就道，遽爾溘逝。披覽遺疏，震悼良深。著追贈太傅，照大學士例賜恤。賞銀三千兩治喪，由福建藩庫給發。賜祭一壇，派將軍古尼音布前往致祭。加恩予謚文襄，入祀京師昭忠祠、賢良祠，並於湖南原籍及立功省分建立專祠，生平政蹟、事實宣付史館。靈柩回籍時，沿途地方官妥爲照料。伊子主事孝寬賞給郎中，附貢生孝勳賞給主事，均俟服闋後分部學習行走；廪貢生孝同賞給舉人，一體會試。其二等侯爵應以何人承襲，著楊昌濬迅速查明具奏。十一月，楊昌濬奏請以宗棠適長子（已故）同治壬戌舉人孝威長子正一品蔭生念謙襲二等侯爵，其别賞一等輕車都尉世職，請准分襲。

二十日丙戌　晨及上午多陰，下午晴。撰次先賢祠位。桂卿來。是日曉卧中聞落葉蕭颯，以爲雨，至傍晚立外院，看中庭高柳，出於屋頂，夕陽映之，其色金碧，皆閑中佳趣也。《尚書》：『宅西曰昧谷。』鄭注本作『柳谷』。《周禮・天官・縫人》注云：『柳之言聚，諸色之所聚。《書》曰：「分命和仲，度西曰柳穀。」』賈公彦疏云：『柳者諸色所聚，日將没，其色赤，兼有餘色，故云柳穀。』頃以柳上之色并日落之色觀之，光艷殆不可狀，深歎古人立言之妙。夜凉甚，中庭之室不能久坐，觀寒暑表，已退至寒露下矣。

二十一日丁亥　晴。桂始花。撰次先賢祠位訖。自漢安遠穆侯鄭吉至國朝湖南按察使傅重庵鼐訖，凡二百人。得均甫書，訂游西山之期，即復。閲《毛西河集》。付鄉祠長班表糊錢壹百千。二十九日又付五十千。

邸鈔：工科給事中馬相如轉兵科掌印給事中。

二十二日戊子　晨陰，上午密雨，午後漸霽，晡晴。撰先賢祠位凡例，將勒成一書，亦可訂定郡縣鄉賢祠之繆濫。下午以風，始去竹簾，易風門。作書致叔雅。

閲《西河合集》。西河文筆警秀，而時墮小説家言，其碑志、記事之文，往往景飾，不足盡信。晚年家居，與會稽姜氏交摯，爲其先世作碑志，如言禮部郎中姜鏡之首請神宗建儲，以及子羔之清節，一洪之忠義，希轍之政事，皆未可盡據。然其爲逢元傳，言天啓時逢元兄弟自言非黨人，故撰《三朝要典》時得爲纂修。其論云：漢季皇甫規自言爲黨人。今乃自言非黨人，可以觀世變。則自爲直筆矣。

二十三日己丑　晴。

人主以生日立節名，始於唐明皇，其改千秋節爲天長節，載於《舊唐書》本紀及《王虔休傳》，而世罕知者。《嘉泰會稽志》卷七『天長觀』下云天寶七載改千秋節爲天長地久節，則它書所未見也。《志》又云：『寺本官置之名。後漢浮屠初至洛陽，館於鴻臚寺，及建精舍，因冒寺名曰白馬寺。隋更其名曰道場。』又云：『初釋氏自達摩至慧能以來，傳禪宗，然禪院皆寓律寺；至百丈山懷海始創爲禪居，乃不復寓律寺。』又云：『凡寺院冠以「大中」二字，皆廢於武宗而復於宣宗者，此指府東北三里之大中祥符寺，本唐之中和水陸院，宋大中祥符元年改。惟祥符非是。』此三則皆梵宇故事，世人亦鮮知也。

叔雅來。得張子中是月十一日揚州書。作書致均甫，得復。作片致子培。作片致敦夫、介唐、伯循，俱約二十七日聽湘玖曲。剃頭。夜閲《隋書經籍志考證》，二更後風。

二十四日庚寅　晴。閲《隋書經籍志考證》。得書玉書，即復，借以舊日記三册。得叔雅書，即復。作書致介唐，爲屬諸君分書祠主也，得復。撰祠中扁額、楹聯。作致季弟書、致霍太守書、致族弟嘯巖書，以祠田訟事屬其公議斷結，勿傷族誼也。

邸鈔：以記名提督鄧增爲伊犁鎮總兵。本任總兵劉宏發病故。以内閣侍讀學士延茂爲太僕寺少卿。

二十五日辛卯　晴和。書鄉祠聯額。大門額曰『越中先賢祠』，二門分書曰『紹興會館』，聽事曰『典録堂』，祠屋曰『瞻仰景行』，用《三國志·虞翻傳》注引《會稽典録》朱育對問語。眼藥庵堂曰『靈汜分祠』，《嘉泰志》載：靈汜橋在會稽縣東二里，石橋、土桐去各十步。《輿地志》：山陰城東有橋名靈汜。《吴越春秋》：句踐領功於靈汜。《漢書》：山陰有靈文園，此園之橋也，前代已有之。《尚書故實》：辯才靈汜橋嚴遷家赴齋，蕭翼遂取《蘭亭》。慈銘案：《吴越春秋》：越王祭陵山於會稽，祀水澤於江州。此吾越祀水神之始也。汜者，《説文》曰『窮澤也』。窮澤者，水之所盡處也。古亦通作『橋圯』之『圯』。今庵中祔祀越王及張静安公、金龍四大王，馬、戴、湯三太守，皆以治水稱，故曰靈汜分祠。至《嘉泰志》所言，靈汜橋蓋即今昌安門外之文應、武應二橋，南北相去各不過十武，皆石橋也。靈文園或云在蕺山，或云在山陰境；上謂靈祀橋因此而名，疑出附會。文昌龕額曰『光騰越紐』，張、謝諸水神龕額曰『遠績禹功』，聽事楹帖曰『一曲僊明湖便是六朝修禊飲；九歌賡白石不須重聽叩舷人』，祠屋楹帖曰『溯君子六千人，自教演富中，醪水脂舟，魁奇代育，有謝氏傳，賀氏讚，虞公典録，鍾离後賢，暨孫問王賦以來，接迹至熙朝，東箭南璆，三管豪端長五色；表鎮山一十道，更瑞圖王會，簣金盉玉，鍾毓尤靈，况漸名江，鏡名湖，宛委洞天，桐柏仙室，應婺宿斗維而起，翘英遍京國，殊科合轍，一堂輦下共千秋』，文昌龕聯曰『奎壁祥光接珠斗；蓬萊佳氣護金書』，水神及三太守、郡邑城隍龕聯曰『位業同歸天上坐；謳歌長在鏡中人』，又書對門玉皇殿額曰『玉霄紫府』。以祠中老君諸像移奉殿之左廡也。作書致慧叔。午詣對門玉皇廟，觀順治十六年大學士成克鞏重修碑銘。其首曰：『余居京師，所居之右有玉皇廟焉。廟之祀玉皇也，自崇禎己巳始也。玉皇果何自，則吾不知也。嘗聞之本行經矣。玉皇上帝初爲光嚴妙樂國净德王太子，捨位修道八百劫，捨位復行忍辱三千二百劫，始證金仙，爲清净自然覺王如來，又經億劫，始登玉帝位。是誠仙釋之總持，非報本反始者比也。報本反始之上帝，或壇而不屋，或屋而不壇，非民間所得問也。』其文頗佳，其下結銜曰『少傅兼太子太傅、户部尚書、保和殿内國史院大學士成克鞏撰』。考順治十八年七月復改三殿大學士爲内三院，成公以保和殿改國史院，此碑立於十八年四月，而以保和殿、内國史院連書，書者光禄寺署正昆明虞世璎，非成公自署也。觀此知青壇相國居宅亦在此街。得慧叔書。

邸鈔：内閣學士前户部尚書景廉卒。字儉卿，號秋坪，顔札氏，正黄旗滿洲人。由道光乙酉拔貢副榜，咸豐辛亥壬子聯捷進士，入翰林，不四年至内閣學士，充丙辰殿試讀卷官，戊午主順天鄉試。由刑部侍郎改伊犁參贊大臣，■喀什噶爾，以病請開缺，未得旨，已還至哈密，詔革職留營效力。賞頭等侍衛，爲哈密幫辦大臣。在此域十八年，始由烏魯木齊都統内調京旗都統，遂至大用。其人恭謹長立。卒年六十三，恤典不及，士論惜之。

二十六日壬辰　晴暖。發家書。敦夫來。楊正甫來。午詣邑館祭先賢，禮畢即歸。下午偕叔雅詣鄉祠，量度扁額、柱聯之材。晡後答拜朱君鑑章。甲戌、進士。詣益吾、子縝，俱不值，晚歸。正甫復來夜談。

二十七日癸巳　晨陰，上午後晴，暖甚。閲陶退庵貞一《虞邑先民傳略》。其文謹嚴，雖書美而不書惡，如《錢朝鼎傳》不言其構牧齋家門之禍，《翁叔元傳》不言其迎合明珠劾湯潛庵，然簡絜有法，異於誣妄增飾者矣。下午詣三慶園，偕介唐及李奇峰聽湘玖歌。晚至義勝居，約介唐、奇峰、伯循、殷蕚庭、宗文宿飲。文宿，滌樓師次子也。夜二更偕介唐詣書玉，久談而歸。付園坐錢十六千，賞酒保四千，客車飯六千，車八千，飯二千。

邸鈔：詔：三品卿銜直隸大順廣道張蔭桓開缺，以四品京堂候補。

二十八日甲午　晨陰，上午微晴，下午晴陰相間。均甫來。午詣繆筱珊家，赴筱珊及蔡松甫之招。坐有益吾、均甫、子培及張之洞之子弟數人，晚始設飲。痔發甚劇，委頓而歸。合肥以二十三日至京，今日軍機、總理衙門會議三事，一設海部尚書，一開鐵路，一設大銀行，皆西洋各國法也。以寫小楷、製墨合之俗，而忽學建民主、奉教王之政，謂師此三術，便可自强，吾不信也。

邸鈔：詔：軍機章京、吏部員外郎錢應溥加恩開缺，注銷記名御史，以五品京堂候補。兵部郎中王鴻年授直隸大順廣道。

二十九日乙未小盡　晨陰，上午後晴陰相間，下午晴，有風，頗爽。閲《隋書經籍志考證》。得敦夫書，即復。作片致介唐，得復。呼龍文齋刻字鋪人刻鄉祠扁聯，諧價十三金，先付四兩五錢。

邸鈔：右中允海鯤甲戌。轉左中允。户部主事文焕庚辰。調右中允。掌京畿道御史何桂芳升工科給事中。上諭：張之洞等奏甄别貪劣不職各員一摺。廣東試用知府鄒覲皋、試用知縣黄湘林、試用通判陶家馥、試用縣丞張正容、香山縣丞倪文寶，均著即行革職。試用通判劉鼎，鑽營招摇，膽大妄爲，聲名最劣，著革職，永不敘用。試用知縣宗樹蘭，年力衰頹，難期振作，著勒令休致。候補同知李玉棻、際安試用通判潤惠、英德縣知縣秦侍堯無錫、監生。電白縣知縣鄭履瑞雲南、進士。均著以府經歷、縣丞降補。候補知縣陳維，不修行檢，著以巡檢降補。試用通判范鼎委辦土火藥局，開報工料多有不實，著暫行革職，責令賠繳，俟查辦完結，再行奏明請旨。上諭：張之洞奏特參文武不職各員一摺。廣東候補運同江懋勳、儘先參將鄧韞輝，均即行革職。陽江縣丞薛瑶光，當差貪鄙，心術悖謬，著即革職，驅逐回籍，交地方官嚴加管束。署佛山鎮都司謝其中，比匪縱盜，貪黷卑鄙，著革職，永不敘用。候補運同鄧清鳳，著以鹽知事降補。候補副將柏慶，以都司降補；莫善喜著即革職，仍留省城防營效力。

九月丙申朔　晴。午初三刻十二分寒露，九月節。是日暖如暮春。作書致書玉，以丙辰春夏日記借之，取還今春日記。批改學海堂經古卷。作書問桂卿疾，得復。

邸鈔：上諭：張之洞等奏統軍大員傷病身故，臚陳戰蹟，懇恩優恤一摺。記名提督、貴州安義鎮總兵陳嘉前於同治年間隨同蘇元春剿辦黔苗，迭克各城，戰績卓著。上年隨往廣西剿辦土匪，隨赴關外督軍鏖戰，忠勇奮發，屢奏奇功，遍體重傷，而竭誠報國之忱始終弗替。兹因傷發病故，軫惜殊深。

著照提督陣亡例賜恤，其生平戰績宣付史館立傳，並加恩予謚，以彰忠藎。　以蔣宗漢爲貴州安義鎮總兵。

初二日丁酉　晴，暖甚，不能衣綿。　叔雅來。　下午詣三慶園，書玉邀聽采珠曲。　偕敦夫、介唐、光甫晚飲義勝居，夜二更歸。

邸鈔：上諭：祥麟奏遵旨保薦人才一摺。　甘肅蘭州府知府恩霖、禮部員外郎桂斌，著陝甘總督、禮部堂官出具切實考語，交吏部帶領引見。保薦之事自温紹棠、王正璽得罪後，其風稍止。今此復見，蓋嘗試也。故記之。桂斌者，由刑部郎中授湖州知府，署杭州，以酷聞，[redacted]將劾之，乃告病歸，改就禮部員外郎。

初三日戊戌　晴暖。　比日寒暑表上至七十三分，交白露節氣。　半月以前已退至五十八分，在霜降限内。　都中寒燠不時如此。　批改學海堂諸生卷訖，凡經文三首，『彖者，材也；爻者，效天下之動者也』，『簫韶九成，鳳皇來儀』，『四月秀葽，五月鳴蜩』。　一問《周易》源流節目、古今異文、漢宋大指，一問《説文》義例條目。　策兩道。　取張大仕第一，李鳳池第二，李家駒第三。　洗足。　夜復苦嗽，不快。

邸鈔：上諭：前因鴻臚寺卿鄧承脩奏參湖南布政使龔易圖在廣東藩司任内有勒索巡丁、收受賭銀等項情事，河南開歸陳許道潘仕釗猥鄙刻薄，鄉裏不齒等情，當經諭令彭玉麟確查具奏。　茲據查明覆陳，龔易圖被參勒索巡丁各節或事無左證，或傳聞失實，惟以現任藩司納部民之女爲妾，復任聽游擊梁肇駿頂冒官職，得有管帶輪船差使。　商人石應麟往來藩署，購買軍裝，浮開價值，又爲其子石和鈞蒙保把總，復與蔡壽嵩串買朽壞輪船，朋分鉅款。　通判劉鼎總辦佛山火藥局務，並不到局，倚勢舞弊，遇事招摇。　縣丞薛瑶光奔競得差，藉事訛詐，購買軍火把持侵蝕。　該藩司任用匪人，種種循庇，實屬營私不職。　龔易圖著即行革職。　廣東候補通判劉鼎、蔡壽（松）〔嵩〕、陽江縣丞薛瑶光鑽營取巧，朋比藏私。除劉鼎業經革職，永不敘用外；薛瑶光業經革職，著永不敘用，仍驅逐回籍，交地方官嚴加管束；蔡壽嵩著與行爲卑鄙之游擊梁肇騤、把總石和鈞一并革職，永不敘用。石應麟、石和鈞、蔡壽嵩浮開軍火槍械價值，著張之洞、倪文蔚清查明確，勒令賠繳，不准稍有含混。潘仕釗在籍爲潘增榮扛訟把持，品行不端，實屬貪利無耻。該員業經開缺，著即行革職。上諭：曾國荃奏總兵積勞成疾懇請開缺一摺。江西南贛鎮總兵王得勝准其開缺。

初四日己亥　晴，風。買菊花六十四盆。沈子培、子封來。批改學海堂諸童卷訖。身熱不快。是日聞鐵路、銀行之議俱罷。鐵路以東朝親諭醇邸此事不可輕試。銀行則交户部議，而尚書崇公力争之，謂官可罷，此議不可行。閻朝邑無如之何，遂奏駁矣。東朝固聖人，崇公亦賢大臣也。夜有小雨，即止。

邸鈔：上諭：曾國荃奏特參庸劣不職各員一摺。江蘇江陰縣知縣陳康祺鄞縣，進士。操守平常，嗜好甚重，巧於趨避，物議沸騰；金匱縣知縣倪咸生安徽，廩生。疲倦昏庸，事多假手於人，致滋流弊；補用縣知縣周嗣源居心狡猾，才亦平庸；安徽定遠縣知縣平鈞順天，監生。聽斷謬妄，不洽輿情；江西宜春縣知縣孫禄增歸安，進士。心地貪吝，聲名平常；廣豐縣知縣姚克諧四川，拔貢。辦事罷軟，兼有積習：均著即行革職。江蘇候補知縣許達善、阮曜輕世肆志，矢口駡詈，有玷官箴，均著以原品休致，勒令回籍。江浦縣知縣梁得山河南，監生。才具短絀，遇事張皇；候補知縣敖春仁性情卑鄙；黎光旦才識平庸：均著以府經歷降補。宿遷縣知縣盧思城福建，監生。於命盗各案，未能虚心審當，著開缺另補。以直隸按察使松椿爲湖南布政使。以□□□□姚廣武爲江西南贛鎮總兵。

初五日庚子　晨及上午晴，下午陰，時有小雨，多風。批改問津諸童卷訖，題爲『至則行矣』。付鄉祠長班表糊錢一百千。買青雲絇茶色緞履一雙，付銀六兩。

初六日辛丑　晨及上午霒陰，下午密雨，傍晚西風甚勁，漸霽。批改三取書院生童卷訖。生員題爲『子路從而後至子見夫子乎』，取于式珍第一，張誥第二，李雲章第三。童題爲『而芸』。夜風頗寒甚，掩帷蕭然，聞落葉聲，不勝哀暮之感。雜閱架上書自遣，檢料紛紜，一燈四照，便似兒時光景矣。

邸鈔：慈禧端佑康頤昭豫莊誠皇太后懿旨：前因海防善後事宜，關係重大，諭令南北洋大臣等籌議具奏，嗣據該大臣等各抒所見，陸續陳奏，復經諭令軍機大臣、總理各國事務衙門王大臣，會同李鴻章妥議具奏，並令醇親王奕譞一并與議。茲據奏稱統籌全局，擬請先從北洋精練水師一支以爲之倡，此外分年次第興辦等語。所籌深合機宜。著派醇親王奕譞總理海軍事務，所有沿海水師悉歸節制調遣。並派慶郡王奕劻、大學士直隸總督李鴻章會同辦理，正紅旗漢軍都統善慶、兵部侍郎曾紀澤幫同辦理。現當北洋練軍伊始，即責李鴻章專司其事。其應行創設籌議各事，宜統由該王大臣等詳慎規畫，擬立章程，次第興辦。至奏稱臺灣要區，宜有大員駐劄等語，臺灣爲南洋門户，關係緊要，自應因時變通，以資控制。著將福建巡撫改爲臺灣巡撫，常川駐劄；福建巡撫事即著閩浙總督兼管。所有一切改設事宜，該督撫詳細籌議，奏明辦理。上諭：彭玉麟奏病難速痊，懇請開缺，並開各項差使，回籍調理一摺。該尚書公忠體國，夙著勳勞，覽奏殊深廑系，著賞假三月，回籍安心調理，並毋庸開巡閱長江水師差使。以甘肅蘭州道陶模爲直隸按察使。甘州府知府饒應祺升蘭州道。翻書房郎中慶熙授甘州府知府。

初七日壬寅　晴，西風甚寒。作致季士周書，并是月學海堂經解、論説、詩賦題兩紙，凡十一題。望課文詩題一紙；又致胡雲楣書，屬其催鄉祠捐款；又復周玉山書：俱託士周轉致。王醉香來，朱達夫鑑章來。朱君無錫人，庚午、辛未連捷進士，嘗宰浙之蘭谿縣，今以丁憂起復赴浙。其人頗留心掌故，故介醉香來求見。得王仁東孝廉書，爲其兄可莊乞書團扇。得王弢夫八月二十四日江陰書。剃頭。爽秋來。益吾來夜談。是日寒暑表已退至四十九度，入小雪限矣。屠敬山來，不見。

邸鈔：太子少保、武英殿大學士、管理吏部事務、翰林院掌院學士、教習庶吉士宗室靈桂卒。靈桂，字薌生，正藍旗人，道光戊戌二甲一名進士。年七十一，無子。詔：靈桂老成端恪，學問優長，由翰林洊陟正卿，迭司文炳，擢晉綸扉，宣力有年，克勤厥職。遽聞溘逝，悼惜殊深。著賞給陀羅經被，派輔國公載濂帶領侍衛十員，即日往奠，晉贈太保，照大學士例賜恤，入祀賢良祠。伊子孚會俟服闋後以六部員外郎即補。旋賜謚文勤。

初八日癸卯　晴。作書致爽秋，致子培，俱約明日崇效寺作重九，餞益吾學使。作書致徐壽蘅宗丞，致繆筱珊，俱邀飲。得爽秋復、子培復。下午詣叔雅談，即至鄉祠看鎸刻扁聯。答詣朱達夫、馬蔚林，賀張朗齋加尚書銜，詣書玉兄弟，俱不值，傍晚歸。作書致益吾。得壽蘅宗丞書，言明日内閣批本，不能到。夜作片致爽秋、子培。介唐來。

邸鈔：命候補尚書宗室麟書充翰林院掌院學士，兵部尚書烏拉喜崇阿教習庶吉士，故事：滿洲大員非翰林不得爲掌院及大教習，雖曾爲庶吉士及由外班對品改翰林者亦不與。麟、烏兩尚書皆起家部曹，故軍機處進單皆不列，而特旨用之，此異數也。協辦大學士恩承稽察欽奉上諭事件處，户部尚書崇綺充武英殿總裁，禮部尚書宗室延煦充國史館副總裁，前廣州將軍長善補正藍旗蒙古都統。皆靈桂缺。詔：已故記名提督、福建建寧鎮總兵張德勝樸直性成，勇敢出衆，前在湖南、河南、江南、直隸、山東等省剿辦髮捻，卓著勛勞，屢膺懋賞。上年扼守福建長門，尤爲奮勇。前經降旨優恤，著將生平戰功宣付史館立傳，並加恩予謚，於福建省城建立專祠。從福州將軍穆圖善等請也。以前浙江海門鎮總兵貝錦泉爲定海鎮總兵。自去年五月本任總兵郭定猷以病不能治軍徹任，以貝錦泉署；今定猷病卒，錦泉遂實授。錦泉，鄞人。

初九日甲辰　晴，稍暖。作書致均甫、醉香，邀飲崇效寺。得均甫復，言以公事不得往。得爽秋書。午祀先，肉肴、菜肴各六豆，重陽花糕一大盤，起麵饅頭兩盤，時果四盤，蓮子湯一巡，酒再巡，飯再巡。爽秋、子培來，下午同詣崇效寺。有祭酒盛昱伯羲等三十人餞梁星海於此，已占静觀堂，狂叫喧呶，旗漢雜沓。余等賓主四人，坐西偏禪室，嘿然勸醻而已。傍晚一登西來閣，回車出寺，已昏黑矣。亞陶來。夜邀飲敦夫、介唐於雙柳宧，點燈小飲，招霞芬，二晚後始散。初更有風，月頗清寒。得桂卿書，言病未愈，以海鹽新刻《王龍谿先生集》見惠。龍谿後人有居鹽官者也。作書復謝。付寺僧茶院錢十二千，霞芬車錢八千，車錢五千。

初十日乙巳　晴，下午微陰。再詮次越中先賢祠主，補入汪龍莊先生，國朝凡十二人。作書致書玉。得益吾書，并助崇效寺裝修《青松紅杏圖卷》銀四兩，即復。書玉來。子蓴來。作書致繆筱珊，還《登科記考》。

十一日丙午　晨及上午薄晴，下午多陰。得均甫書并九日詩。上午詣敦夫、均甫談。詣益吾、正甫，俱不值。午後歸家。飯畢復出，詣桂卿問疾。即至瑠璃廠問紅録消息，久坐寶森堂閲書。傍晚至廠東門吕祖閣看紅録。沈子桐、余誠格、屠庚、李家駒、姜秉善、于式珍及廣東人梁于渭、四川人楊鋭皆得隽。晤均甫、醉香、敦夫、介唐、周介甫、王芾卿、筱珊、光甫、吴鑑堂諸君。傍晚歸。夜月甚皎。閲題名録，第二爲江陰人張謇。所記皆一時知名士也，亦皆有才氣，然屠、梁、楊三人皆輕肆，非國器。梁尤非端士。昔年屢來執摯門下，余以雲門言力辭之。楊爲張之洞所賞拔，久居其幕下，聞爽秋言其險譎不可信。前日繆筱珊坐上遇之，益吾盛稱其才，余終席冰襟，不交一言。

十二日丁未　晴暖。補撰鄉祠中廳楹聯曰：『舉望計望孝而來，正相逢燕市槐黄、風河柳緑；合談經談元之侶，亦略有東山絲奏、西寺鐘聲。』上午書，付長班刻之。作片致介唐。作書致叔雅。作書問桂卿疾。作書致子培，賀子封得雋。作書致書玉，得復。作片致敦夫，屬分寫祠主，得復。子培來。夜閲桂未谷《札樸》，此三十年前閲之屢矣，今日對之，惟序跋版樣如見故人，餘則似未相識者，年老憂患，多病健忘，可歎也。萬孝廉本敷娶婦，送賀分六千，藕舲尚書次子也。

十三日戊申　晴。蔡松甫來，以朱拓石鼓文爲贈。得介唐書，言先賢祠主刻字已説定工價錢二百五十二千。得叔雅書。宗文宿能徵來，以湖北人王柏心所撰滁樓師墓志銘見示。王本無所知，而好爲大言，附會理學。此志文甚劣，不能成句讀。有曰：『遇名儒忠節遺蹟力爲表章，恐後有四鄉人士海内交游故人子弟有緩急，傾身營贍，力不足亦大聲助呼將伯。』有曰：『恒閔人心日漓，志節頹靡，馴至亂萌踵起，妖妄横行，推原其故，皆由學術歧雜實釀之。』此等三家村秀才執筆，亦不至此，而尚云百餘年來漢學大興，真儒益少，以此欲依附閩學，恐新安五尺之童唾而逐之矣。作書致叔雅，并付製祠主扁聯等銀四十兩。

十四日己酉　微明，多陰，風葉蕭然。

閲巴陵毛彦翔貴銘《西垣詩鈔》二卷、《黔苗竹枝詞》一卷。彦翔，道光庚子順天舉人，本名文翰。其詩五古頗蒼秀有逸氣，七古有健語而未純，五七律亦爽朗可取。如《薊門秋感》云：『凉雨過關去，城西落早秋。空庭下黄葉，獨客在高樓。感喟辭長劍，凋零惜敝裘。百年拚浪擲，知己更誰投。』《北岡小眺歸途遇雨》云：『暮鴉將雨色，一併落平蕪。歸近還餘興，寒生只半途。山隨雲起斷，天共樹低無。

今夜齋頭卧，蕭蕭聽轉孤。』《還鄉河》自注：『宋徽宗過此，有還鄉之歎，故名。在今豐潤城外。云：『汴水河頭王氣窮，還鄉遺恨亦成空。千年花石留殘魄，一笛牛羊歸晚風。纔解望天悲薊北，可能揮涕憶陳東。家山念盡南冠客，五國城中斷塞鴻。』斷句如『雪浮高浪外，天汨大梁中』《薊門秋感》。『亂雲原上落，孤月雁邊生』同上。『寺鐘敲冷月，戍鼓落流星』《開平出郭夜歸》。『馬蹏敲石火，人影亂山雲』《峭陵》。『驛路將通蜀，人烟尚帶秦』《滴水鋪》。『天邊懸草樹，井底出人家』《自草凉驛至鳳縣》。『陰崖垂黑樹，危蹬礙青天』『雲脚遠吞遼海日，石頭横走太行山』《薊州早發》。『萬家黄葉沔陽樹，一劍青天黨峪山』《黨峪投宿》。『遠村日落銜紅樹，峭壁風寒坐黑鷹』『亂草帶花迷古寨，斷雲拖雨下空壕』《自澠池至硤石驛》。『寒磬一聲興善寺，暮鴉千點少陵原』《自韋曲望樊川》。『古松當路陰如屋，修竹連村緑到城』，皆可誦也。

夜晴，月甚佳。益吾來話別。屠敬山來，不見。

十五日庚戌　晴和如春。是日約郡人行鄉祠秋祭。上午先詣對門玉皇廟拈香，以祠中老君、真武諸像移供此也。旋詣祠之典録堂，設坐具，鍾六英太僕及敦夫、介唐、叔雅、光甫、書玉、子蓴、莫主事峻、何主事汝翰、張主事端本、伯循、馬介眉、婁秉衡等先後至者十八人。午至靈祀分祠行禮，典録堂飲胙餔。散後詣霞芬家看菊花，晡後歸。復詣子封賀喜。送益吾行。夜歸。月出如晝。敦夫邀飲聚寶堂，二晚後邀飲霞芬家，四更歸。是日以祠中方飯時偶噎，大嗽傷絡，夜復咯血。沈子封來，同邑人劉振之兆霽來，殷蕚庭來，俱不值。付鄉祠長班辦祭錢六十千，車錢十四千，福慶堂酒肴三席錢一百三十三千五百，付龍文齋刻扁額、楹聯銀八兩。

十六日辛亥　未正二刻九分霜降，九月中。晴暖。補作九日崇效寺餞益吾二律，即作書致之。作書致敦夫。胡梅梁來，梅卿之弟也，以捐納兩淮鹽大使入都。得梅卿書，并見惠燕窩一匣，龍井茶四瓶。

閲劉孟瞻《青谿舊屋文集》。其中如《寶應喬循吉德謙傳》《戴静齋清傳》《方端齋申傳》《劉迪九履恂墓志銘》《甘泉薛子韵傳均墓志銘》《江都梅藴生植之墓志銘》，所紀皆一時樸學，而畢生坎廩。循吉、静齋皆以諸生老；端齋五十二歲始補諸生，兩年而殁；迪九四十九歲始得鄉舉，未十年卒；子韵十赴省試不中，歲科試亦屢被抑，甫就福建學政陳侍郎用光幕府，未一年遽客死；藴生年四十六舉於鄉，越四年而卒。孟瞻亦終於優貢。其道光辛卯秋作《别號舍詩》，言前後省試已十一次，此後不復入場。然次年壬辰恩科以父病不就試，其後甲午、乙未、丁酉仍皆就試。己亥始復作詩疊前韵，誓不復往。其辛卯同作詩約不應舉者劉楚楨寶楠，與孟瞻同以嘉慶己卯貢太學，其後至道光庚子始舉於北闈。蓋皆不能守約，終身場屋。區區科名，世上小兒如拾地芥，而經師宿儒窮老盡氣不能一遇。然則近日之所號爲名士者，塗抹撏撦數行浮濫之文、險怪之字，自矜華藻，以嚇聾瞽，聲譽翕然，目無古人。入試則牛腰捆書，聯席共坐；出闈則遍投行卷，互相標署。一旦得雋，狂叫亂舞。噉名之主司，避席加禮；逐臭之貴勢，相賀得人。豈知有髮白燈青，霜濃夜永，丹黄鉛槧，槁餓自怡者乎？然不實之華、無源之水，轉眴萎落，卒歸無有，而諸君著述，長留天地，固狐狢所不能噉者也。

胡梅梁饋燕窩一大匣，龍井茶八瓶，羊豪紫豪筆十枝，彘脯兩肩，箋紙十匣，藕粉四匣，笋乾一簍，芥乾一苞，固辭之不得，犒使十六千。作書致均甫，約游西山，得復。夜再致書均甫。付同年公送景秋坪師素幛、祭筵、金銀山等明器及路祭銀一兩。又賻同年郭刑部翊銀一兩。

乙酉重九日偕袁沈繆三子宴集崇效寺登西來閣餞益吾祭酒視學江左二首

勝侶相邀指鳳城，郊南雲物啓秋晴。老來僧寺行蹤習，病後青山分外明。幾度天涯逢爛醉，廿年籬下負平生。登臨况惜高軒别，落日留連晚磬聲。

司成十載領英髦，特詔東方擁畫軺。南國黄花迎驛路，中臺彩筆壓江潮。江蘇學政署在江陰，古暨陽也，其城瀕大江。文章經術吴中貴，鼓角秋風海上驕。正是儒臣開濟日，好搜奇杰答明朝。祭酒曾典試江西、浙江，故有第二語。

十七日壬子　陰，有風，下午漸霽。評改問津諸生卷。得敦夫書及錢藩卿津門書。胡梅梁來。殷蕚庭來。朱秀才文炳來。夜閲龍翰臣《古韵通説》。

十八日癸丑　晴。内子生日，書玉、介唐、蕚庭家俱送食物。介唐夫人、蕚庭姬人來。下午答拜朱文炳，便詣鄉祠看碑材。答詣胡梅梁、劉兆霽、宗文宿、王祖彝。詣敦夫，不值。詣伯循、爽秋賀新居。詣書玉兄弟談。視桂卿疾。傍晚歸。得詩三首。

暮秋晚興

掩卷知窗暝，支頤杖策斜。門無殘客刺，人道故侯家。餘映聚高柳，秋聲隨暮鴉。偶聞車馬過，始覺住京華。

秋晚屢約均甫游西山不果

終歲苦人事，因秋思入山。爲馳素書去，難得故人還。紅樹幾時盡，碧雲無與間。一程行不得，何况返江關。

十九日甲寅　晴。姜生秉善來。作書致敦夫，致介唐。下午入宣武門，至新街口吊景秋坪師，唁世兄舜臣司業治麟而出。進地安門，沿景山北池子出東安門，欲詣翁叔平師，已日落矣，不能復修謁候。遂詣光甫小坐。出正陽門，已晚，逮夜歸。批閲問津諸生卷。得叔雅書。

二十日乙卯　晴和。菊花漸開。介唐來，同午飯，久談去。敦夫來，傍晚同小飲。楊定旉來。瓊州人黄庭芝來。王祖彝來辭行。宗文宿、劉振之邀夜飲廣和居，辭之。得爽秋書，并移居老墻根七律六首。夜會計兩年中經理鄉祠出入，記之於簿。

二十一日丙辰　晨及上午陰，午微晴，下午間晴。作書復爽秋。作片致介唐、敦夫，俱約後明日集飲。補寫近日日記。作片致宗文宿約飲。是日得詩一首。

秋暮過十刹海入地安門望景山作二首

［三座］銀錠橋邊馬［幾］暫停，［故家園館漸凋零。］朱門寂寞少人經。盡收宿葑歸天鏡，尚借垂楊作畫屏。遠水翠涵瓊島樹，斜陽紅帶景山亭。平泉偃月皆旋轂，只有年年酒旆青。

已挂朝冠神武門，驅車慚過鳳城闉。衹聞捷徑開种放，那見徵書到賀純。誓墓自憐無舊業，談玄誰與誤斯人。上林輸却鴉多少，早晚隨朝識紫宸。

二十二日丁巳　晨晴陰不定，上午晴，下午多陰，有風。豐臺花傭來收藏芭蕉、末利、紫薇、石榴諸樹，付車錢四千。均甫來。楊正甫來。朱文炳書來，約後日夜飲，辭之。

邸鈔：工科給事中何桂芳升内閣侍讀學士。

二十三日戊午　晴。得王廉生書并新刻唐王郎中《麟角集》《黄御史滔集》，作書復謝，犒使二千。作書致楊正甫，并改定景秋坪師行略。桑叔雅來。剃頭。下午詣中和園，邀敦夫、介唐、光甫、書玉兄弟、胡梅梁聽湘玖曲，晚歸。更邀諸君及宗文宿、劉振生飲義勝居，夜二更歸。張朗齋尚書來。余生誠格來。楊優貢家騏來，呈其尊人理庵檢討書，并新刻翁州老民《海東逸史》十八卷。付園坐錢二十四千，點心錢二千，酒保賞五千，客車飯九千。

二十四日己未　晨及上午薄晴，午後陰。

閲《海東逸史》。卷一、卷二曰《監國紀》，卷三《家人傳》，卷四至卷十三《列傳》，卷十四至十七《忠義》，卷十八《逸民》。《列傳》首余煌而終以張煌言；《忠義》首董志寧、華夏諸人，其意蓋以死節而它無所表見者入之《忠義》也；《遺民》則爲于穎至章正宸等。所載無甚異聞。其叙魯王元妃會稽張氏作蕭山人；又云叛將張國柱擄妃去，不知所終，則乖謬之甚。

得敦夫書。李生春澤來，問津肄業生也，新舉京兆試。今年天津一郡中式者二十一人，副榜四人，書院肄業者得正榜十六人，副榜一人。姜生秉善來。子培來。余生誠格來。伯循來。作復楊理庵書。夜霽，三更後有雷電，五更大風起。得族弟嘯巖十三日書。是日聞浙闈以十五日揭榜。解元陳陔，山陰人。第二俞陛雲，歸安人，蔭甫編修之孫，年僅十八。第三茅立仁，山陰人。紹府得二十二人，副榜八人，姓名無一識者。

二十五日庚申　晴寒，大風，至晚稍止。閲唐《黄御史集》。凡分兩帙，上帙賦、詩、雜文，下帙書啓、祭文、碑銘。以影鈔宋慶元刻殘本爲主，而補以明崇禎刻本。文江律賦頗有佳句，洪景盧《容齋四筆》已言之，餘文亦頗不率爾。姜生秉善來。是日評閲問津諸生卷訖，試其『實皆什一也，徹者徹也，助者籍也』題文，凡九十餘人，第一張大仕，次華學瀾、李鳳池、李家駒、孟繼坡、劉嘉琛、姜秉善、李春澤。作片致敦夫。付賃屋銀六兩。

二十六日辛酉　晴。得宗文宿書，乞書楹帖。楊正甫來。介唐來。得敦夫書，邀詣三慶園觀劇。下午赴之，更偕伯循詣廣聽樓聽采珠部。夜敦夫邀飲福興居，二更歸。作書致桂卿。作書致醉香，得復。李生春澤來。桂卿來。得朗齋書，并捐助先賢祠銀四百兩，即復。改閲三取諸生卷。付樓坐錢八千，車錢八千。

二十七日壬戌　晨及上午微晴，午陰，西風甚勁，晡益横，傍晚稍止，晚狂甚，徹夜震盪，寒甚。作片致桂卿。蕭山人何文瀾來。桂卿來。得均甫和詩二章。下午偕桂卿詣伯循新居，旋同入城至新街口，再奠景秋坪師，送奠銀六兩，傍晚歸。付車錢六千，菊花錢九千。

二十八日癸亥　晴，寒甚，有冰，始裘，下午有風。何孝廉文瀾來，交到直隸保安州知州胡立齋名振書，山陰人。捐修先賢祠銀五十兩。作片致均甫，致桂卿。三得均甫書，爲覽菊花一醉處，亦三復之。是日評改三取諸生卷訖，凡五十餘人，試『設爲庠序學校以教之。庠者養也，校者教也，序者射也』題文，取劉檈壽第一，陳文炳第二。爽秋來。

邸鈔：以太常寺卿文興爲内閣學士，兼禮部侍郎銜。

二十九日甲子　晴。作書致均甫，約今日詣土地廟及天寧寺訪菊花，得復。作片致敦甫，并爲宗文宿撰左文襄輓聯。得鍾愼齋書，并惠雁蕩雨前茶一瓶，蕭山人朱琮送來。下午詣叔雅，交先賢祠龕銀五十兩。其客次東箱菊花十餘盆，皆佳種也。斜陽在窗，香滿一室，几席整潔，坐無纖塵，頗顧而樂之。詣鄉祠料檢一周，即詣霞芬家觀菊花。堂中列几高下以次，凡有百餘盆，頗多佳種。晡後詣均甫談，其庭下亦有二十餘盆，爛漫大放。均甫邀同桂卿、子培詣霞芬家夜飯，一更設飲，三更後歸。是日得詩二首。

乙酉再展重陽日出門訪菊花欲約均甫游城西諸寺不果均甫邀同桂卿子培夜飲赤城精舍賞菊作詩紀事二首

山約無與偕，東籬檢花事。久客驚流光，寒序媵芳思。朝來霜氣清，庭柯尚含翠。南榮陳瓦盆，晴旭若相媚。百勞供一娛，晌艷償積瘁。重九雖已過，漉巾亦堪醉。欣然邀素心，茲賞將焉寄。不須問酒家，且訪城西寺。

西寺亦姑待，聯騎城東行。沿門求看花，冠蓋稀將迎。曲巷有精舍，軒啓朱霞明。列卉以百計，綺幌堆金英。粲爛備五色，佳種頗可名。開尊具芳俎，清談識華纓。碧雲暮方合，銀燭已在檠。花光與酒氣，衰顔交丹赬。去年發疏勒，周歷萬里程。龍沙絶寸草，玉關促邊聲。豈知長安花，今日復合并。明當風雪至，惜此遥夜情。

三十日乙丑　晨陰，旋雨雪雜作，午雪，復霰，下午激雨，晡後稍止，寒甚。閲《海國圖志》。是日復得詩三首。

京邸風雪書感柬諸同志

朔雪邊愁動九垠，窮冬勃海息風塵。不須分水争還宋，但祝輪龍莫犯秦。新婦臼炊都罷問，侏儒穹蓋且休論。清談我輩宜高閣，桑孔經營大有人。

夜坐讀海國圖志疊前韵

鄒衍談天絶堮垠，九州瀛海一微塵。祇知吐火誇身毒，空識飛橋渡大秦。六柱斷鼇誰復定，千秋鑄錯更何論。郭京楊適劉無忌，盡是中興傳裹人。

再疊人字韵贈均甫

白髮蕭然未仕身，遍從知己歷風塵。天山雪落千尋石，瀚海花空萬古春。無母爲誰歡奉檄，閉門慚我息勞薪。羊頭羊胃俱休問，一片猪肝足了人。

冬十月丙寅朔　未正一刻三分立冬。晴。作片致敦夫，約過談，得復。寫昨四詩致均甫。敦夫來，胡梅梁來。伯循來。評閱問津諸童卷。是日稍和，夜疾動。

初二日丁卯　晨及上午陰，傍午微晴，午陰，下午薄晴，復陰。祖妣倪太恭人忌日，又以初六日余太恭人忌日，今日合饋於堂，肉肴六豆，菜肴七豆，菜羹一，饅頭一盤，時果四盤，栗子湯一巡，酒三巡，飯再巡，晡後畢事。崇效寺僧來打月米，付以益吾所施銀四兩。客次墻壞，今日堊飾之。姜生秉善來。子培來。桂卿來。作書致張朗齋，爲朗齋欲與子縝家締姻事。以朱橘二十枚、燖鷄一器問書玉夫人。得朗齋復。即作片致伯循，得復。夜初更小雨，旋止，二更後大風，徹旦震撼。得均甫和人字韵兩律，有曰：『憂國方將荷作柱，還山應有桂留人。』佳句也。

邸鈔：户部郎中高梧授雲南昭通府知府。皇太后懿旨：正藍旗蒙右都統長善捐備購辦機器銀四千兩，洵屬急公，著賞戴花翎。

初三日戊辰　大風，寒陰，微晴。始用火鑪。得季士周書，送來冬季脩膳煤炭等銀二百六十五兩，及明歲關聘銀十八兩。得周玉山書，并陳梅緣蔚《九華紀勝》一部。復士周書。爲姜生秉善改鄉試闈藝三首及詩。張朗齋來夜談。沈子敦家本爲其弟舉人家彬開吊，送奠分四千。付天津走役賞銀二兩，又寄卷箱酒錢四千。

初四日己巳　晴，風，下午益甚。作書致敦夫，致伯循。敦夫來。作片致叔雅。作片致介唐，爲催刻祠主事，得復。

閱石湖、誠齋兩家詩。石湖律詩雖亦苦槎枒拗澀，墮南宋習氣，然尚有雅音，五七古亦多率爾，而大體老到，不失正軌。誠齋則粗梗油滑，滿紙村氣，似擊壤而乏理語，似江湖而乏秀語。其五言如『寒從平野有，雨傍遠山多』『雨蒲拳病葉，風篠禿危梢』『萬山江外盡，一塔嶺尖明』『葉聲和雨細，山色上樓多』『竹能知雨至，窗不隔江清』『遠山銜岸出，釣艇背人行』『烟昏山易遠，岸闊樹難高』『山烟春自起，野燒暮方明』，皆上可幾『大曆十子』，下可揖『永嘉四靈』。而數聯以外，絶少佳者。七絶間有清雋之作，亦不過齒牙伶俐而已。如《閑居初夏午睡起》二絶云：『梅子留酸軟齒牙，芭蕉分緑與窗紗。日長睡起無情思，閑看兒童捉柳花。』『松陰一架半弓苔，偶欲觀書又懶開。戲掬清泉灑蕉葉，兒童誤認雨聲來。』亦是尋常閑適語，不出江湖側調，然已膾炙古今。其餘蓋鮮足觀者。《退休集》尤晚年之作，老筆頽唐，其甚率俗者，幾可噴飯。惟《至後入城道中雜興》云：『大熟仍教得大晴，今年又是一昇平。昇平不在簫韶裏，只在村村打稻聲。』『畦蔬甘似卧沙羊，正爲新經幾夜霜。蘆菔過拳菘過膝，北風一路菜羹香。』兩絶句最佳，非以前諸集所及。然二公高懷清節，皆以止足自期，樂志田園，不爲物累，其詩亦以人重，故世樂道之耳。誦其石湖養閑諸什，東園歸老諸詩，雜綴園亭，經營草木，鄉居瑣事，吴俗歲華，亦足以陶寫塵襟，流傳佳話，雅人深致，故自不凡。

是日嚴寒，寒暑表退至三十一度，已入大寒限。二更後，復大風。

邸鈔：詔：工部尚書福錕，都察院左都御史祁世長，刑部左侍郎桂全，軍機大臣、工部左侍郎孫毓汶，均加恩在紫禁城騎馬。詔：翰林院編修李培元、戊辰，河南祥符。高賡恩丙子，順天寧河。均在上書房行走。吴樹梅丙子，山東應城。在南書房行走。掌四川道御史章耀廷升工科給事中。

初五日庚午　晴，風。作片致介唐，以先賢祠主刻字工直銀十五銀屬轉付，得復。作片致敦夫。敦夫來。晡後詣叔雅，交先賢祠神龕工作銀一百兩。傍晚詣書玉，小坐歸。胡梅梁來告今日聞訃丁内艱，爲作書致金忠甫，問報捐事。得族姪文富等書。夜風稍止。

初六日辛未　晴，稍和。晨至客次南窗，負暄閲《海國圖志》。剃頭。金忠甫來。蕭山人朱琮來。得桂卿書，即復。得叔雅書。午後詣胡梅梁唁，即歸。佘生誠格來。介唐來。得書玉書。

邸鈔：詔：江西布政使劉瑞芬開缺，以三品京堂候補，並賞給二品頂帶。將出使英俄，代曾紀澤還也。以安徽按察使張端卿爲江西布政使，以山西歸綏道阿克達春爲安徽按察使。吏科給事中秦鍾簡授山東兖沂曹濟兵備道。光禄寺卿邵曰濂署太常寺卿。

初七日壬申　晴，稍和。作書致叔雅，以先賢祠落成，本擬於十八日設祭、演劇，予創捐二十金而應者寥寥，通計笙樂酒食之費需五百金，無可設法，遂擬罷樂，惟吉涓祀事而已。得介唐書。桂卿來，蔡傭臣來。馬蔚林來。佘壽平來。得叔雅書，言祠中慎獨堂向懸鄉人得賜謚者之額，今將爲其尊人文恪公補之，來商懸額之地。即復，告以新舊諸額俱改懸嘉會堂兩旁。作書致書玉。始食牛乳。

邸鈔：詔：江蘇金匱縣訓導殷如珠送部引見。江蘇舉人汪士鐸、監生高延第篤志潛修，績學不倦。士鐸給國子監助教銜，延第給翰林院待詔銜。從學政黄體芳請也。

初八日癸酉　晴和。閲《海國圖志》。曬菊花。朱圭儒琮送食物四種，受其乾菜、笋尖。敦夫來，婁秉衡來。龐絅堂來。夜點勘《宋詩鈔》中《石湖集》。

初九日甲戌　晴和。寫十八日祀先賢約同人助祭單。作片致敦夫。均甫來。作書致光甫。光甫來。詣大吉庵視胡梅梁，即歸。得胡雲楣初六日書，寄來鄉祠團拜費百金，又東光令周植瀛捐款五十金。敦夫來，伯循來。夜詣叔雅談，以雲楣既助團拜資，不得不復議演劇，以樂先賢而洽鄉誼也。因以發皇鐘鼓，振興譽髦，區區之心不能自已，可謂好勞而任難者矣。二更復詣書玉、光甫談，三更歸。庚辰同年陳吏部應禧母喪，送奠分六千。陳，大興籍山陰人。

初十日乙亥　晴和。慈禧端佑康頤昭豫莊誠皇太后壽節。書玉移寓韓家潭上虞館，送以糕桃。作片致敦夫。更寫先賢祠知會同鄉單。以藍尼金字輓障一軸及磨菌一匣、蜜棗桃杏脯一匣、餅餌兩匣致胡梅梁。晡後詣龐絅堂，不值。詣叔雅商演劇事。傍晚賀書玉移居。夜詣福隆堂絅堂兄弟之招，均甫、桂卿、楊正甫、李玉舟、繆筱珊俱已至，偕均甫招霞芬，夜二更後歸。四更風起。麟芝龕師之弟婦喪來赴，偕桂卿等六人送素尼輓障一軸，付分錢五千五百。

十一日丙子　晴，風。肝氣忽發，晡少止。作片致敦夫、光甫、介唐，爲十八日安祔先賢神主，先集同志十人行禮；并發柬請張朗帥及叔雅，一酬其捐資，一酬其監工之勞。

閲《海國圖志》。六十卷本，道光丁未魏氏古微堂揚州所刻。卷一《籌海》四篇。卷二圖二十三，後附元《經世大典地里圖》，得之《永樂大典》者，亦頗荒略不詳，魏氏稍增改之。卷二十八《攻船水雷圖説》，據道光癸卯廣東候選道潘仕成所進，曾命於大沽演之。咸豐庚申之役，未聞有用此者，蓋已不知此事也。

十二日丁丑　晴。

閲《戰國策》，偶得三事記之。《楚策一》：『是以嬖女不敝席，寵臣不避軒。』姚氏《續注》謂『避』是『敝』字無疑，引《真誥》曰：『女寵不弊席，男愛不盡輪。』案：姚説是也。寵臣者，貴寵之臣，非專指色；不敝軒，謂所乘之軒未敝，而恩已奪也。曹共公乘軒者三百人，衛懿公鶴有乘軒者，人臣以軒爲重也。又，『野火之起也若雲蜺，兕虎嘷之聲若雷霆』。案：『兕』字衍，涉下文『狂兕』而誤也。《説苑·權謀》作『虎狼之嘷若雷霆』。《中山策》：『樂羊食子以自信，明害父不求法。』案『信』下脱一『信』字。信明，即楚人申鳴也，事見《韓詩外傳》卷十。

作書致季士周，并題目三紙。作復胡雲楣書。作致桐孫書。叔雅來。胡梅梁來。夜肝氣又發，四更止。得書玉書，即復。

邸鈔：上諭：前據御史馮應壽奏庫倫辦事大臣桂祥辦事乖謬、藉端勒捐等情，當派紹祺馳往確查。兹據查明具奏，此案桂祥被參上年令甲首捐銀七八千兩，查無其事。其所提商户罰款係爲發放各員口分薪水等項之用，尚無蒙敝。惟派令差官書都那瑪等赴後地勸捐磚茶，因商民欠交捐款，責打押追。該大臣信用劣員，任令刑逼勒捐，豪無覺察，且捐款已有成數，並未具奏，種種辦理不善，殊難辭咎。桂祥著交部嚴加議處。卓索圖盟四等塔布囊書都那瑪即武忠額既無職任，又非調赴庫倫差委人員，膽敢擅作威福，任意妄爲，荒謬已極，著從重發往黑龍江充當苦差。蒙古辦事大臣那遜綽克圖隨同書稿協領音得泰，稿面書押均有不合，一併交部察議。至此項磚茶，本非奏明捐辦之項，豈得任意苛派？所有現存之茶九百十五箱五塊，著交那遜卓克圖賞還原捐各商民。儻再有侵蝕情事，即惟該大臣是問。

十三日戊寅　午後大風，一時許止。剃頭。子培、子封來。同年蔣子相來。下午詣萬福居，子培兄弟邀飲，偕均甫、醉香招霞芬，夜歸。光甫、介唐招夜飲福興居，復偕敦夫招霞芬，二更後歸。月皎於書。得鄭妹夫書，寄來枇杷露一瓶，乾菜一簍。得三妹書、僧慧書。得叔雅書。

邸鈔：詔：左都御史祁世長爲武鄉試正考官，户部左侍郎孫詒經爲副考官。詔：青州副都統托雲布傷病增劇，准其開缺回旗，並賞食全俸。從伊犁將軍金順請也。以鑲紅旗蒙古副都統德克吉訥爲青州副都統。

十四日己卯　晴和。竟日料檢書籍及米鹽，移置菊花。夜月如晝。

十五日庚辰　陰，午微見日景。醉香來。夜邀叔雅飲萬福居南院，招四喜班頭時琴香，定明月四日先賢祠落成演劇事。詣價至京錢四千千，尚未成議也。余招霞芬左飲，二更後歸。胡梅梁來，言後明日南歸，以四十金爲别，固辭之不得，犒其樸八千。付酒保錢四千，客車飯四千，霞車二千。

十六日辛巳　晴，風，不寒。午初一刻五分小雪，十月中。下午詣胡梅梁，不值。詣周鏡芙吏部，唁其丁父憂。詣子培、子封兄弟，久談。詣桂卿，不值。詣敦夫談，晚歸。胡梅梁來。夜作書唁梅卿。付賃屋錢六兩。是夕望。

邸鈔：上諭：額勒和布等奏特參司員並自行檢舉一摺。户部郎中福誠近染嗜好，辦公弊混，著即革職，永不敘用，以示懲儆。該員本年京察保列一等，所有原保之户部堂官，著吏部查取職名議處。詔：二品頂帶、三品卿銜、記名海關道李鳳苞，品行卑污，巧於鑽營，屢次被人參劾，著革職，永不敘用。詔：貝勒載瀓之夫人加恩賞給貝勒半俸，以資養贍。

十七日壬午　晴，上午有風。曾祖考忌日，供饋肉肴六豆，菜肴四豆，肉羹火鍋一，饅頭兩盤，時果四盤，蓮子湯一巡，酒四巡，飯再巡，茗飲再巡。上午送梅梁行。詣介唐談。詣張朗齋，答拜蔣子相，俱不值。詣族弟慧叔談。傍晚詣先賢祠，偕介唐奉主，以次安置訖，夜歸。書玉來。以燒甖饋書玉，以㷟羊、菽乳寓鷄饋介唐。夜月皎甚，比夕皆有佳月。撰先賢祠釋奠祝版文，别存稿。

十八日癸未　晴和，無風。晨起小食，即詣先賢祠視祭品，張朗齋尚書、叔雅、介唐、伯循、鍾六英、敦夫、書玉、光甫、婁秉衡、朱少蘭、子蕁、章桂慶、馬錫祺、周介甫、莫堅卿峻，至者十六人。午設祭，以兩少牢、十四豆、十四籩、加籩五、二尊、三鉶、九爵。主祭三人，初獻六英，亞獻朗齋，終獻慈銘。贊禮者子蕁等四人。晡畢事，飲於典録堂，分胙於諸家，傍晚歸。爽秋來。

夜讀《吕氏春秋》。《戰國・楚策一》江乙所説之安陵君，即《楚策四》莊辛所言之鄢陵君也。『焉』『安』古通用，故『鄢』亦作『安』。鄢陵，楚地；安陵，魏地。鮑彪、吴師道之説皆誤，蓋由於徐廣注《史記》以楚之召陵釋魏之安陵，李奇注《漢書》謂鄢陵六國時爲安陵，遂令楚、魏安陵爲一地。《魏策四》：安陵君曰：『吾先君成侯受詔襄王，以守此地。』《通鑑》注：『安陵本魏地，魏襄王以封其弟。』又《魏策四》言秦王欲以五百里之地易安陵，安陵君使唐且入秦止之。魏、韓滅亡，而安陵以五十里之地存。是魏自有安陵。《史記・魏世家》：公子無忌言：王之使者惡安陵氏於秦，秦欲誅之久矣。秦葉陽、昆陽與舞陽鄰，聽使者之惡之，隨安陵氏而亡之，繞舞陽之北，以東臨許，南國必危。蓋安陵本春秋時鄭之鄢邑，戰國時屬魏，與韓鄰，在今河南開封府鄢陵縣西北十五里。楚之鄢陵即召陵，在今河南許州郾城縣東四十五里。《太平御覽》卷四百三十七引《新序》，載秦王以五百里易地事，作鄢陵君，知『安』『鄢』二字固通用也。

邸鈔：以五品卿銜吏部主事唐景崧爲分巡福建臺灣道，兼按察使銜。

十九日甲申　晴，下午微陰。閲《吕氏春秋》。郭子鈞來。邑人劉振軒以分發甘肅同知來辭行。徐花農來。得王醉香書。敦夫來。向印結局取鄉祠六月至九月外官捐銀五十兩。付長班買猪羊銀十五兩，零鐵鑪銀一兩八錢，香燭雜物錢十九千，般備祭器錢十四千，廚賞十六千，車飯雜賞十五千。

邸鈔：上諭：前據劉銘傳奏，臺灣道劉璈貪污狡詐，劣迹多端，當將該員革職拏問，並將任所原籍資産一併查抄。特派錫珍衡、榮光馳往查辦。兹據查明覆奏，此案劉璈被參鹽務、礦務營私舞弊各節，雖多辦理不善，尚無侵吞虧短、通同作弊情事，惟於所部各營空額經已革提督高登玉繳入道署銀一萬一千六百餘兩，又將夫價銀兩扣存賬房四千五百餘兩，據供留作賞需，查無詳報案據。又其子劉濟南招募船價浮冒銀一萬兩零。該革員以監司大員總理營務，輒敢虛支鉅款，任意浮銷，律以監守自盜，罪無可辭，著照所擬斬監候，即由該督撫派員解交刑部監禁。其應繳之款，除鈔産備抵外，餘著勒限追完，照例辦理。至摺内所奏薛樹華供稱送給洋銀一萬元，張新是否轉給劉璈，伊不知曉，及王青雲所供洋藥釐金，每年交給道署規費銀二萬五千元九十兩，年輾轉撥給語，聲敘殊未明晰，豈得以事無左證，竟置勿論？著刑部於全案供招解到時，再將以上兩款詳核具奏。已革提督高登玉朋比爲奸，著發往軍臺效力贖罪。已革同知胡培滋，管理支應，知情徇隱，業經革職，永不敘用，仍驅逐回籍，不准逗留。副將張福勝在臺年久，聲名平常，著即行革職。知府劉濟南素行不檢，物議滋多，著一併革職。上諭：前任兩江總督李宗羲由知縣洊擢封圻，勤勞夙著，前經降旨賜恤。兹據彭玉麟奏稱，李宗羲内行純篤，節概昭然，並臚陳生平事迹，請宣付史館。著照所請，將李宗羲歷官政迹事實付國史館立傳，以彰藎績。上諭：太常寺少卿徐致祥奏山東河患日深請亟籌興修一摺。據稱東省河工頻歲潰決，亟宜併力疏導，集款濟用，並請移河道總督於山東，周歷審度，以專責成。著該部妥議具奏。所請飭保通曉河務人員以期集思廣益，不爲無見，著京外各大員據實保奏，用備器使。

二十日乙酉　微晴，風，陰。介唐來。爲余生誠格改作順天鄉試首藝及次藝。傍晚赴徐花農之飲。花農與桂卿同寓益吾所居，故齊尚書宅，頗小有樹石，院宇高爽。坐客爲均甫、龐劬庵、蔣子相、朱文炳，肴饌甚精。閲程序伯山水小册數十幅，超秀可喜。夜二更歸。

二十一日丙戌　晴，上午有微風。得介唐書，即復。閲俞蔭甫《論語鄭義續》《論語駢枝》《論語古注擇從》《孟子古注擇從》，皆在《俞樓雜纂》中，各祇一卷，而精確不磨。傍晚詣章給事耀廷，託其以十一月四日先賢祠演樂告知北城、中城兩御史派役街彈也。夜詣霞芬家，赴醉香之飲，坐有均甫、桂卿、子培、子封、筱珊、花農，菊花甚佳，香色溢坐，三更後歸。介唐來。書玉來。

邸鈔：詔：山東廪貢生張昭潛賞給國子監學正銜，監生丁艮善賞給翰林院待詔銜。從學政汪鳴鑾請也。

二十二日丁亥　晴和。作書致余壽平。李奇峰來。得叔雅書，言初四日夜演西班燈仗兩齣，需纏頭二千串，即作復屬以罷議。午詣中和園，奇峰邀同書玉、介唐、敦夫諸君觀湘玖舞。傍晚詣叔雅，商改演三慶班事。夜奇峰邀飲福興居，招霞芬。二鼓後余邀諸君飲霞芬家，再賞菊花，點燈觀之，色態尤絶。四鼓後歸。付霞芬酒果錢四十千，賞其僕十千，客車五千，車錢十一千，付司廚鄉祠酒席銀十兩七錢。

邸鈔：詔：授福州將軍穆圖善爲欽差大臣，會同東三省將軍辦理練兵事宜，各城副都統以下均歸節制。

二十三日戊子　晴和。是日倦甚，多卧。張子翼工部來，朗齋之子也。作書致叔雅，賀其次郎娶婦，以酒兩壜、燭十斤，得復。作書致敦夫，致書玉。以果餌問書玉夫人。夜陰。飲酒醉甚，書玉饋冰鱻二十枚。

閲俞蔭甫《四書辨疑辨》。《四書》自朱子注出，南宋至明中葉，無一人敢異議者。陳天祥生元代，乃獨著《辨疑》一書，以疑朱注而辨之也。然根柢淺薄，讀書甚寡，其學豈足望朱子之百一？俞氏舉陳氏之誤而條辨之，亦不回護紫陽。其辨『世臣親臣』一條，不如陳氏説爲確；『可謂曰知』一條，讀『可』字爲『句』，尤病穿鑿。

邸鈔：湖北巡撫彭祖賢卒。祖賢字□□，長洲人，大學士藴章子，咸豐乙卯舉人。詔：彭祖賢由部屬洊擢京卿，外任封圻，宣力有年，克勤厥職，兹聞溘逝，軫惜殊深，加恩照巡撫例賜恤。

二十四日己丑　晨晴，上午陰，傍午澹晴，午後晴。得叔雅書。剃頭。坐客次南窗校《藝文類聚》。鮑定甫來，敦夫之從兄也，以龍井茗兩瓶、彘脯一肩爲饋。作書復叔雅，以初四日夜演改定西班源順和也，得復。周鏡芙吏部之尊人開吊，送奠儀十千。夜鈔補《戰國策》。

邸鈔：以江蘇布政使譚鈞培爲湖北巡撫，以江西按察使王嵩齡爲江蘇布政使。

二十五日庚寅　晨陰，上午後晴。本生祖妣顧恭人忌日，供饋肉肴六豆，菜餚四豆，羹一器，饅頭一盤，春餅一盤，時果四盤，酒四巡，飯再巡，茗飲一巡，晡畢事。余壽平來。晡後詣叔雅賀喜。傍晚詣邑館答拜鮑定夫，晤敦夫、介唐、秉衡。晚詣均甫談，晤朗齋，夜一更後歸。作致王氏妹書，寄回十金，又致張氏妹八金，仲弟之婦八金，僧慧四金，俱附宗文宿南歸之便，託交敦夫家轉寄。

閲鎮江柳興恩《穀梁大義述》。僅一册，前有序例七則，言第七爲長編，言取載籍之涉《穀梁》者，以經、史、子、集依次摘録，附以論斷，今所刻止《尚書》《史記》寥寥數條；其第二述《禮》，止賵賻、三從、庶母祭、錫命四條；第五師説，止及何休《廢疾》、鄭君《釋廢疾》四條；第三異文，衹及隱、桓；第四古訓，並無一字，蓋僅刻其略。柳氏畢生治此，其全書當有可觀。然其序有云：《春秋》託始於隱者，惟《穀梁》得其旨。傳曰：『先君之欲與桓，非正也，邪也。』『探先君之邪志以與桓，是則成父之惡也。』如傳意，則隱於惠公爲賊子。傳曰：『爲子受之父，爲諸侯受之君，廢天倫、忘君父。』如傳意，則隱於周室爲亂臣。《孟子》曰：『孔子成《春秋》而亂臣賊子懼。』託始於隱者，所以誅亂臣賊子。則誣妄悖誕，愚儒舞文，悍恣如此，傷教害義，亦《春秋》家學之亂臣賊子矣。

湖州人主事陳兆甲嫁女，送禮錢六千。夜二更後大風狂甚。

二十六日辛卯　晴，竟日大風橫甚，晚稍止。得書玉書，言昨晨又舉一子，饋酒一罍、豚肩、鴨卵及麵，作書復謝，犒使四千。爲均甫、敦夫、宗文宿書楹帖三聯。張姬寄其母銀十一兩，爲作書致其姊金閏娘，亦託敦夫轉寄。夜作書致敦夫，作片致婁秉衡，爲公送左文襄輓幛事。作書致叔雅，爲張朗帥欲於初四日在先賢祠廳後附席勞其部將，以都城濬池役竣也。同年金壽松御史爲子娶婦，送賀錢四千。付鄉祠紙潢東院褾糊錢一百二十千。付寶森堂書賈銀八兩，爲禮書及《海國圖志》之直。

邸鈔：詔：譚鈞培未到任以前，湖北巡撫著裕祿兼署。以廣東鹽運使瑞璋爲江西按察使，江蘇督糧道王毓藻升廣東鹽運使。

二十七日壬辰　晴。以食物果卵六合問書玉夫人。作書致徐壽蘅宗丞，以善化勞文毅崇光本山陰之勞家阪人，文毅官京師時，郡邑兩館皆有例捐之銀，今於先賢祠爲補懸文毅謚額。宗丞爲文毅之婿，故書告之，屬轉告其子孫。作片致子培，贈以子縝《淮南許注異同詁》，并以姚薑隖《援鶉堂筆記》送閲。得子培復，以其曾叔祖雙湖吏部叔珽《頤綵堂集》爲贈。付司廚初四日先賢祠定酒席、燈、褥等銀三十八兩。

邸鈔：以遼陽城守尉宗室奕霱爲興京副都統。工部節慎庫郎中成桂授江蘇督糧道。奉天府府尹裕長疏辭襲三等承恩公爵。許之。疏言自嘉慶十年，其曾叔祖孟住蒙恩賞特襲三等承恩公，一綫單傳，已襲三世，至裕輝因去年貽誤軍政考驗，兵部議以勒令休致。裕輝無子，由正白旗滿洲都統揀應襲爵之人，以裕長擬正，劄令赴京帶領引見。經盛京將軍慶裕以襲爵例須年終，奏留暫緩入部。查世爵勒令休致者，恩准其子承襲。裕輝所犯並非贓私，今已於六月間身故，應准繼嗣襲爵。臣與裕輝爲同高祖兄弟，亦無子嗣。從堂兄裕寬有子一人，胞弟裕禄有子八人，裕德有子二人，堂弟裕順有子二人，請飭下都統，由族長爲裕輝擇嗣，恩准承襲。（案：孟住，喜塔臘氏，孝淑睿皇后之弟也。）

二十八日癸巳　竟日寒陰。更撰先賢祠序例。書玉來。夜晴，二更風。

二十九日甲午小盡　晴，風嚴寒，下午稍止。撰先賢祠序例。得叔雅書，爲初四日料檢茶酒燈燭事，即復。光甫來。子培來。夜閲《藝文類聚》。今梨園演《變羊記》，附會東坡調陳季常柳夫人事，全本於《類聚》卷三十五《人部》引《妒婦記》載京邑士人婦事，曲折悉合。

邸鈔：皇太后懿旨：著户部於本年節應進宫内銀款撥五萬兩發交山東巡撫陳士杰，散放沿河被水灾民。是月二十一日人定時，東南有星交流，以萬數，人皆見之。御史趙爾巽以疏聞。有旨詢司天者，臺官疏言：『據占書，爲衆散民流之象。』故降此詔云。詔：申飭領侍衛内大臣統轄三旗侍衛，有稽查之責。嗣後該大臣等於值班之期不得無故藉詞不到，以致侍衛曠班，無從稽察，務當認真慎重，門禁有曠誤者，即行嚴參。詔：莊親王載勛自本年正月以來，迭次請假，爲日過多，殊屬不合，著交宗人府議處。

十一月乙未朔　晴。閲《藝文類聚》。得叔雅書，即復。作片致介唐，爲初四日借用邑館祭器事，得復。午詣先賢祠拈香。晡詣介唐，談頃許。詣邑館，晤敦夫、秉衡、介甫、子蓴，晚歸。得壽蘅宗丞書。章黼卿來。醉香來。子蓴來。夜撰先賢祠序例訖，增定例爲二十四條，即付手民刻之。偕秉衡等五人以素呢障公輓左文襄，文曰『功參微管』。人率錢六千。

初二日丙申　卯正一刻二分大雪，十一月節。晴。得朗齋尚書書，言捐助先賢祠桌二十，倚四十，即復。作書致敦夫，以祠目屬其寫完，并屬秉衡之子仿汪氏《述學》行款寫序例樣本。作書致爽秋，約後日觀燈劇。敦夫來。朱蓉生來，以湖北典試歸者。勞凱臣比部啓捷來，文毅公之孫也。朱舍人有基來，文端公之孫也。得介唐書，饋菸絲兩包，即復謝。晡後詣先賢祠，偕叔雅料檢用物，晚歸。

初三日丁酉　晴。作書致書玉。剃頭。李奇峰來，求與余家連宗，言世居山陰之安昌鎮，聚族數百家，以農爲業，欲附科名世族以爲光寵。武夫性直，笑而應之。下午詣先賢祠料檢坐席位次，傍晚歸。

《三國志·虞翻傳》注引《會稽典録》朱育問對云：『其女則松楊柳朱、永寧瞿素，案『松楊』當作『松陽』，今處州松陽縣，後漢建安四年置。永寧即今温州永嘉縣，東漢永和中置。或一醮守節，喪身不顧；或遭寇劫賊，死不虧行。』官本《考證》曰：『瞿，一作翟』。慈銘案：《藝文類聚·人部二》引《列女傳》案：此處自漢中趙高妻以後，據本書《人部》十九及《太平御覽·人事部》所引，蓋皆皇甫謐《列女後傳》之文。曰：『會稽翟素者，翟氏之女也。受聘，未及配，適遭亂。賊欲犯之，臨之以《人部》十九此下有『白』字。刃曰：「不從者，今即死矣。」素曰：「我可得而殺，不可得而辱。」賊遂殺素。』又《人部》十九引皇甫謐《列女後傳》曰：自『不可得而辱』句上文皆同。『素婢名青，乞代素，賊遂殺素，復欲犯青。青曰：「向欲代素者，恐被耻獲害耳；今素已死，我何以生爲？」賊復殺之。』《初學記·人部》引皇甫謐《列女傳》《太平御覽·人事部》引《列女後傳》亦皆作『翟素』，蓋作『翟』者是也。

初四日戊戌　陰，上午有澂雪。午前詣先賢祠拈香行禮，合樂團拜。徐壽蘅宗丞饋少牢、香燭來奠。勞文毅之孫啓捷、雲貴總督岑宫保毓英之子户部郎中春榮，皆以先本越人，各助十金。與祭光禄卿邵子長兄弟出五十金，余出二十金，叔雅、子蓴、六英各出十金，介唐、光甫、敦夫各出八金，秉衡及朱有基各出六金，書玉、資泉、伯循、莫堅卿、葛賨華、胡元鏞各出四金，御史謝祖源等三十七人各出二金。晝演四喜部、三慶部，多昆曲。夜演四喜及西班瑞勝、元和兩部，《孟蘭盆》《洛陽橋》兩燈劇，皆新出者也。是日張朗齋附席，饗其營官於後院。同鄉眷屬設宴樓上。内子、諸姬請劉仙洲夫人及其新婦暨殷蕚庭姬人於東樓。三更後始畢，四更歸。付車錢十四千。

邸鈔：上諭：張曜奏修濬内外城護城河工程一律完竣，並繪圖呈覽。此工程經張曜督飭各營弁勇奮勉興修，並能嚴明約束，剋日竣工，辦理甚爲妥速。廣西巡撫張曜著交部從優議敘。張曜之子工部主事張端本加恩賞給郎中，歸本部候補。寧夏鎮總兵馮南斌，記名提督蔣東才、孫金彪、王連三、劉錫俊，均交部議敘，並各賞給大緞二匹，以獎勞勩。欽奉皇太后懿旨：此次出力勇丁加恩賞銀一萬兩，由神機營發給。戶部掌印給事中安祥授山西歸綏道。刑部郎中雷榜榮授福建福州府遺缺知府。本任福州府光圻尚署延平，未抵任，病故。

初五日己亥　晴，有風。得趙桐孫初一津門書。作書致均甫。得敦夫書，即復。桂卿來。庚辰坐師許應騤侍郎之夫人李喪，付公奠銀七錢。

邸鈔：詔：初八日親詣大高殿祈雪，命惇親王等分禱時應諸宮廟。

初六日庚子　晴，風。均甫來。周介甫來。岑泰階春榮來。閲《隋書經籍志考證》。聞近日戶部以劾福誠侵吞八旗婦女糧事，將興大獄，胥吏已逃。蓋自嘉慶以後未嘗稽覈，故寡婦、貞女有年籍至百餘歲者，官吏每歲侵蝕以數十萬計，可憤絶也。堂官初不欲深治，止以福誠一人塞責，又含糊其詞，一日東朝詰之，始議窮究矣。

初七日辛丑　晴。叔雅來。午詣福興居赴奇峰之招。晡後答拜勞凱臣，賀張朗齋父子恩命，俱不值。傍晚詣壽蘅中丞，談至一更歸。徐花農來。朱虎臣來。作片致敦夫、介唐。許侍郎李夫人開吊，送奠銀二兩。付元和班爨演票錢一千二百緡，又折飯錢四十八千。

初八日壬寅　晴。外祖妣孫恭人忌日，初四日爲外祖忌日，以先賢祠事不克供饋，内疚實深，今日合薦於堂，祔以三舅、四舅，晡後畢事，焚楮泉四挂，奠爵四行。得敦夫書。奇峰送來先賢祠團拜銀一百兩。余壽平來。傍晚朱虎臣邀飲花農家，坐惟均甫、桂卿，余屬邀其比鄰楊正甫。肴饌甚精，夜二更後歸。作書致壽蘅宗丞，饋以肴饌一席，報其先賢祠中牢之饋也。夜再校改先賢祠目序例。付先賢祠長班買辦物料等錢一百六十千，顧工庸保等錢五十千，賞長班二十千，馮升助工銀二兩，桑宅家人銀二兩。

初九日癸卯　晨晴，午後薄晴，夜大風。作書致敦夫。子培、子封來。壽平來。庚辰同年聶户部濟時來。得介唐書。夜評定七月中問津、三取諸童卷。問津題爲『挾太山以超北海，語人曰我不能』，取馬家仲第一。三取題爲『爲長者折枝，語人曰我不能』，取宋文濱第一。付司廚銀三十四兩。

邸鈔：初一日，内閣、六部、九卿會議去年陳寶琛疏請黄宗羲、顧炎武從祀文廟事，俱至禮部，議駁。惟管國子監事尚書翁心存、祭酒盛昱、署祭酒龍湛霖、尚書潘祖蔭不署名，前日偕徐樹銘合疏争之，不報。上諭：户部奏南城吏目縱役搶掠，南城御史愛興阿等奏户部俸餉處書吏畏罪紛逃，逞刁妄控，中城御史本貴等奏户部書吏夤夜逃跑，請飭拏辦各摺片，案關書吏畏罪潛逃，坊役藉端搶掠，虚實均應徹底根究，著刑部傳集人證，秉公研訊，據實具奏。

初十日甲辰　晴。作書致季士周，寄去課卷并是月望課題兩紙。作書致介唐。朱蓉生饋銀十二兩，作書復謝，犒使八千。得叔雅書。夜閲學海堂經古卷。朱林隨蓉生使湖北回，以銅水菸筒兩具、夏布一匹來上，固却之不得，今日乞假歸阜城，予以四金。是夕嚴寒，二更後又大風。聞有飭張朗齋勘山東河工海防。

邸鈔：以□□□姚文廣爲陝西陝安鎮總兵官。

十一日乙巳　晴，大風，嚴寒。評改學海堂經古卷。爲鍾愼齋書摺扇。爲人團扇上作《寒林老屋圖》，且寫王無功《在京見鄉人問故園》詩。叔雅來。夜偶校《魏書》及《北史·帝紀》。兩書於三公三師多書拜而略罷，如孝文時太傅新興公丕之貶黜，皆不見於《紀》，然本傳雖言還爲平城百姓，而於其卒仍書薨，且有謚，蓋止罷官而不黜其爵也。

邸鈔：烏里雅蘇臺參贊大臣恒明奏假期屆滿祖母病尚未痊，請開缺留京當差。許之。以前哈密幫辦大臣祥麟爲烏里雅蘇臺參贊大臣。詔：江西布政使張端卿、安徽布政使盧士杰對調。以張端卿有兄居江西，且其父墓在也。

十二日丙午　晴，嚴寒。蕭山人朱琮來辭行，以寄鍾慎齋杏仁一匣并扇屬附去。畜狗死，裹以葦苞埋之南下窪。得敦夫書，即復。繆小山來。王醉香來。

閱吾鄉邵無恙《夢餘詩鈔》。其《述懷》五古三首、《憶花樹》五古三首，皆至性藹然，詩亦清老。《風篁嶺》一首、《龍井》一首，秀錬似岑嘉州。近體尤多明秀之作。最愛其《出白門》一絶云：『杏花如雪柳絲輕，渡口濛濛細雨生。惆悵行人過江去，十三樓畔正清明。』淡遠自然，可入《唐賢三昧》。邵氏世居龍尾山之[illegible]俗作『贏』。石湖，巖壑清疏，故其詩善言越中風景。如《憶村居》四首云：『白鷺斜飛破水痕，雨餘山緑滿晴村。北鄰漁父頻相過，老屋臨湖不閉門。』『輕舠徐泛向南陂，黄葉聲疏欲暮時。水蒀絲絲秋岸净，一灣涼月放蝦籬。』『雁聲飛上蔚藍天，遠岸收痕净碧烟。水葉半欹湖淥動，夕紅斜上采菱船。』『淡雲脱木净寒墟，漁網高懸蟹簖虚。最愛雪晴風信暖，緑梅花放唱銀魚。』一何清綺！足令久旅增感，羈目暫娱。吾鄉乾嘉間如平中書遠、字蘊山，亦字三山，户部侍郎恕之弟，乾隆庚子進士。柴中書模字絜亭，乾隆庚子進士，庶吉士，改官直軍機處，早卒。皆能詩，與無恙交好，今其集皆無存者。是集中載平君斷句有云：『玉缸影過催行酒，銅碗聲來唤賣冰。』爲當時傳誦。

印結局送來前月公費銀四十一兩。付司廚銀五十兩，付龍文齋刻祠目銀六兩。夜二更後大風。

邸鈔：詔：山西前大同縣知縣許貞元、降補五臺縣章貴誠等、已故五臺縣知縣孫汝明等俱革職，與已革陽城縣知縣裕厚等共三十二員，一併監追查鈔家産。以署山西巡撫奎斌覆參其未結交代，虧短甚鉅也。

十三日丁未　晴，風，午後稍止。

閱《紹興府志》文苑、隱逸及經籍諸門，其舛謬殆不可理董。明諸生王蜕嚴埜所輯《越中詩選》，余於咸豐間嘗在味經堂書坊見其寫本，凡數十册，首尾完善。今《隱逸傳》中止言所輯有《紹興名勝題詠》，《經籍》中并不列其名。國朝沈清玉冰壺著述甚多，精於史事，商氏《越風》采其詠史樂府數十首，皆戛戛獨造，名論解頤，在《西涯樂府》之上。己巳里居時，於中表張存齋處見鈔本《明季國初名人傳論》一册，不著姓名，所載逸事甚多，文亦嶄絶。余據其所言時代、人地及稱家下賢，決爲清玉所作。後於甲戌在都中晤蕭山人魯瑶仙燮元，偶言及之，魯家多藏書，言道光末於郡城購得沈氏文集凡數十册，寫本精好，其中考辨文獻掌故甚多，亂後失之。今《文苑傳》中止言所著有《古調自彈集》《抗言在昔集》，《經籍》中僅列《抗言在昔集》，但據《四庫存目》謂其中皆詠史絶句，且詆其苛繩古人，以第一人自居。不知《四庫書目》出於衆手，近代集部多從屏略，不特未經睿覽，亦爲總校紀、陸諸公所未寓目；此不過據浙江採集遺書目言之。其實即《越風》所選以觀，議論甚平，可爲讀史之法。乃歎劫火以後，文獻衰絶，昔賢仰屋著書，無力梓行，竟爲狐狸貓貉噉盡，深可痛也。此《志》成於乾隆季年，典籍具存，物力正盛，故家大族，接架連城，而秉筆諸君，荒率任情，不一搜討。時郡守所任總其事者金匱徐嵩，江湖小夫，潦倒幕客，不足深責。吾鄉平寬夫侍郎時以少詹事憂居，首居纂述，而陋略至此，心術學問，概可知矣。

作書致敦夫。比日感寒，夜苦咳嗽。得倪壥署正書，補送初四日公費銀二兩。

十四日戊申　晴，稍和。作書致叔雅。評閱學海堂課卷訖，『陰厭陽厭解』，『大夫士及婦人廟主考』,『墓祭有尸説』,『楊少師韭花帖賦以一葉鳴秋韭花知味爲韵』,『秋山紅樹賦以霜葉紅於二月花爲韵』,『元魏遷都洛陽論』,『宋金南遷論』,『擬魏文帝與鍾繇饋菊書』,『擬朱登饋張敞蟹啓』,『説糕』,『擬吴叔庠説餅』,『津沽秋興』七律四首,取陳澤霖第一。買水仙花五本。是日身熱嗽劇。夜召四喜部頭時琴香來,付以銀一百五十八兩又錢三十四千,爲初四日合樂之資。都計此次爨演共費京錢四千二百五十千。近日銀一兩,易票紙錢十四千五百,松江銀減二百,若易錢則十六千五百,以錢肆不肯出票也,此皆票錢。付賃屋銀六兩。聞胡光墉、劉景宸俱拏問監追虧款。

十五日己酉　晴,頗和,煦如春初。剃頭。坐客次南窗閲《海國圖志》,菊花繞几,時時送香,鑪火通紅,春滿一室,頗覺病體稍可。下午復覺頭痛身熱。以明日冬至,祀屋之故主。

十六日庚戌　夜子初三刻六分冬至,十一月中。晴和。祀曾祖考妣、祖考妣、本生祖考妣、先考妣,祔以兩弟。早起敬懸三代神位圖,午饋肉肴六豆,菜肴六豆,菜羹一,饅頭一大盤,餛飩四盤,粟子湯一巡,酒三巡,飯再巡,晡畢事,焚楮泉五挂。晡後詣先賢祠拈香,便過邑館訪敦夫,不值。答拜朱蓉生而歸。比夕皆有佳月,今夜尤皎。

十七日辛亥　晨及上午陰,傍午後雪,入夜積寸許,一更後止。祖妣倪太恭人生日,供饋,多用素饌,傍晚畢事。對門張温和之子茂貴爲其母壽,送禮錢八千。夜肝氣大發,嗽益劇,增注祠目中『殉節諸賢』一條數百言。

十八日壬子　晴陰靉靆,地氣温潤。閲《思遠齋集》。朱桂卿來。徐花農來。夜詣福隆堂赴繆筱珊之飲,坐有龐絅堂、劬庵、沈子培、子封兄弟,偕均甫、醉香招霞芬,二更後歸。是日病甚,嗽劇,畏寒,甥出相酬,清淡間發,轉覺神王,此亦户樞流水意也。歸時月皎甚,相與益清。

邸鈔：吏部右侍郎張家驤卒。家驤字子騰，鄞縣人，同治壬戌進士。詔：張家驤品端學粹，謹慎安祥，由翰林洊躋卿貳，迭掌文衡，在南書房行走。自入直毓慶宫以來，朝夕納誨，深資啓沃。前因患病，懇請開缺，賞假調理。遽聞溘逝，悼惜殊深，著賞給陀羅經被，派貝勒載漪帶領侍衛十員，即日往奠，加恩賞銀二千兩經理喪事，由廣儲司給發，照侍郎例賜恤。伊子有培，賞給舉人。有埰、有埏、有垣，均俟及歲時由吏部帶領引見，以示恩眷。詔：廣東水師提督曹克忠准其開缺，加恩賞食全俸，以李鴻章奏其傷疾發也。以廣東南韶連鎮總兵方耀爲廣東水師提督。

十九日癸丑　晴和如春。閲《開有益齋筆記》。沈子封來。作書致均甫，得復。傍晚詣書玉小坐。夜詣萬福居赴子封之飲，一更後復邀飲秋蓤家，余偕均甫、醉香招霞芬，不至。三更歸。月甚皎。付初四日先賢祠演樂燈采、桌椅、鋪席等銀十五兩二錢。

邸鈔：以内閣學士李鴻藻爲吏部右侍郎，以通政使周家楣署吏部左侍郎。許應騤學差缺，本李鴻藻署。以□□□方友升爲廣東南韶連鎮總兵。

二十日甲寅　晴。李奇峰來。朱蓉生來。朱子涵來。得家書，知仲弟婦陳於九月十五日病殁，貧甚，無以爲斂，所遺止一女，悲哉。得敦夫書。

二十一日乙卯　晴。作片致周介甫，致吴介堂，俱辭今日之飲。午詣李學士文田，不值。詣介唐，晤敦夫、介唐、書玉諸君。是夜飯於福興居，一更後歸。是日買蠟梅花兩盆、紅梅四盆，付值三十六千。庚午同年李玉舟嫁女，送禮錢八千。

邸鈔：上諭：前據太常寺少卿徐致祥、翰林院侍講學士惲彦彬先後陳奏，山東河務均經諭令該部議奏，兹據工部、户部會議覆奏，請派大臣周歷履勘各摺片。黄河自銅瓦廂決口後，迄今三十餘年，河身淤墊日高，奪溜旁趨，年年漫决，朝廷不惜帑項，規畫宣防，迭經臣工條奏、疆吏籌議，衆説紛紜，迄無定論。前經諭令張曜查勘山東河道，即著馳驛前往，應行隨帶人員詳慎遴選，准其一併馳驛。該撫務當親歷上下游，逐加察看究竟黄河入海之路，因勢利導，應由何道爲宜，其修築疏導各節，並著詳加籌畫，如何變通辦理，並約估錢糧數目，先行奏聞，候旨遵行。上諭：前因陳寶琛奏請將黄宗羲、顧炎武從祀文廟，當令禮部議奏。本日據該部會同大學士、九卿具奏，請毋庸從祀。又據潘祖蔭等另奏請旨准行，著大學士、六部、九卿、翰詹科道再行詳議具奏。詔：前翰林院侍讀學士李文田仍在南書房行走。以陝西按察使張煦爲廣東布政使。沈鎔經故。詔：二十四日仍親詣大高殿祈雪。

二十二日丙辰　晴，風，嚴寒。作書致均甫。竟日評改學海堂諸生卷。得朱蓉生書，即復。

邸鈔：詔：庫倫辦事大臣桂祥照兵部議即行革職，不准留營。以駐藏辦事大臣色楞額調補庫倫掌印辦事大臣。内閣學士文碩賞副都統銜，爲駐藏辦事大臣。以浙江温處道温忠翰爲陝西按察使。

二十三日丁巳　晴，有風，甚寒。設仲弟婦位，饋素饌。得均甫書。敦夫來。醉香來。姚子湘凱元來，歸安人，布政使覲元之弟也。均甫來。是日閲學海堂諸生卷訖，經文三首，『夏公追戎于濟西』『虞庠在國之西郊』『羹齊視夏時二句』。策二道，『《爾雅》疑義』『《漢書·地理志》綱領及疑義』。取陳澤霖第一。夜得朱蓉生書，即復，皆爲請若農師事也。剃頭。

二十四日戊午　晴。書玉夫人生男彌月，今日詒以束髮冠、環珥、衣履之屬，及糕、桃、魚、肉、鷄。醉香來。朱蓉生來。是日評閲學海諸童經策訖。夜閲《鮚埼亭集》。

邸鈔：浙江温處道員缺以吏部郎中苑棻池補授。

二十五日己未　晴。李若農師來。作書致醉香，致蓉生，俱得復。是日評閱學海諸童賦論卷訖。付天全木廠銀五十六兩，凡修祠土木髹漆之費銀皆訖。付秋冬間修墻及窗户等銀六兩。

二十六日庚申　晴。撰研銘、銅墨合銘各二，付松竹齋刻之。得書玉書，約明日晚飲，即復。得張生大仕書，言於九月中丁父憂。是日評閲問津諸童八月課卷訖，題爲『子産使校人畜之池』。付司廚銀二十兩。

二十七日辛酉　晴。弢夫來，以銀十四兩爲贈，固辭之不得。弢夫從江陰來，偕黄漱蘭侍郎入都者。得書玉書，即復。作書致均甫，致桂卿。得均甫書，即復。是日評改三取諸童八月課卷訖，題爲『百里奚自鬻於秦養牲者』。夜赴書玉之飲，見其第四男，送湯餅二金，坐有敦夫、介唐、光甫、周介甫、朱少萊、方勉甫，二更後歸。得桂卿書。爽秋來。

邸鈔：皇太后懿旨：前於咸豐年間因辦理軍備需饟甚鉅，將王公官員及兵丁等俸饟減成放給，原屬一時權宜之計。現在軍備敉平，朝廷體恤臣僕，廑念時艱，加恩著將王公及在京官員俸銀，京師旗、緑各營兵丁饟銀，並太監錢糧，自光緒十二年正月起一律仍照舊制，全數放給。至陵寢、盛京及各省官員、兵丁減成俸饟，著俟庫款稍裕，由户部奏明請旨。

二十八日壬戌　晴，晨有風，上午止。作書致季士周，并閱定諸課卷及十一月學海經古題。午詣松筠庵，偕均甫、醉香、朱蓉生、金忠甫、繆筱珊同請李學士也，主客皆已至，下午設飲，傍晚散歸。麟芝庵師來。夜又風。作書致弢夫，約明日飲。得敦夫書，約明日飲，辭之。

邸鈔：御史張人駿升户科給事中。

二十九日癸亥　晴。得均甫書。作書致張朗齋，致均甫，作片致蔣子相，致朱蓉生、王醉香，俱約初一日飲寓齋。爽秋、子培約初一日飲樂椿園，作片致爽秋，屬其改期。下午詣慶樂園，邀弢夫、介唐、周介甫、鮑均甫、婁秉衡、李奇峰觀笙和部演劇。夜飲宜勝居，二更後歸。得均甫復、醉香復、蓉生復、爽秋復。

邸鈔：以協辦大學士、户部尚書閻敬銘爲大學士，管理户部事務。以工部尚書翁同龢爲户部尚書。以前刑部尚書潘祖蔭爲工部尚書。以刑部尚書張之萬協辦大學士。以協辦大學士、吏部尚書恩承爲大學士，管理理藩院事務。以户部尚書崇綺爲吏部尚書。以工部尚書福錕爲户部尚書、協辦大學士。以麟書爲工部尚書。命大學士額勒和布管理兵部事務。

三十日甲子　晴。作書致桂卿、花農，約明日夜飲。下午詣慶樂園觀笙和部所演瑶池宴燈戲，晡後歸。均甫來。汪柳門詹事來。得桂卿復。是日評閲問津九月諸童課卷訖，題爲『今有人日攘其鄰之鷄者』。

十二月乙丑朔　申正三刻四分小寒，十二月節。晴。李奇峰來。桑叔雅來。徐壽蘅宗丞來。弢夫來。余壽平來。朱蓉生來。夜偕蓉生設飲，餞張朗齋尚書及均甫、蔣子相赴山東也。邀醉香、花農、桂卿同飲，清談甚歡，凡再易燭，至三更後散。

邸鈔：詔：恩承班次在額勒和布之次，閻敬銘在恩承之次。　以刑部右侍郎許庚身署理兵部尚書。

初二日丙寅　晴。作書致爽秋，辭飲。黄仲弢來，致其尊人漱蘭侍郎所饋三十金。奇峰饋銀二十兩爲别，固辭之不得，即作復書，犒使十千。

邸鈔：内閣侍讀學士何桂芳升順天府府丞。朱以增丁憂。上諭：穆圖善奏籌備銀五萬兩，解交海軍衙門應用，洵屬急公，著賞還巴圖魯名號，並交部議敘。

初三日丁卯　晴。均甫來辭行。得花農書，約明日晚飲。剃頭。余壽平來。子培來，談至夜去。閲《鮚埼亭集外編》。其《水經漸江篇跋》云：『此篇錯簡狎出，故不可讀。』『漸江固至錢唐而止，然其江浦則由靈隱而阼湖，而臨平，而禦兒，而柴辟，而及於東岸之固陵，而查瀆；其自西陵湖而下始系之曰湖水，上通浦陽江，下注浙江，而後由永興以入越，由是而山陰，而會稽，則了然矣。』又云：『漸江西入之道得柳浦而曉然，若無水，何以有浦？又何以有埭？又何以有橋？既有之，則知其與臨平湖水合，由臨平而達禦兒之柴辟，江水亦合谷水而下，至於柴辟，渾濤東注，以趨固陵，是江水至禦兒已與浙江合。』案：《水經注》此篇敘浙江又東合臨平湖，又逕會稽山陰縣，又東北逕重山西下。重山即種山，今之卧龍山。復云浙江又東逕禦兒鄉，又東逕柴辟南，又逕固陵城北，又東逕柤塘，又逕永興縣北，縣在會稽東北百二十里，故餘暨縣也。禦兒者，今石門縣也；柴辟者，今海鹽縣地也；固陵，今西興；永興，今蕭山縣也。江水既至今紹興府治之卧龍山，而復至石門、嘉興，且云東逕，其爲錯簡無疑。戴東原氏據歸熙甫本，移『浙江又逕固陵』『柤塘』二段於『東合臨平湖』之下、『又逕會稽山陰縣』之上。然下云逕重山西下，又東逕禦兒、柴辟，又逕永興，則仍東西顛倒；且將固陵、永興離析，尤爲非是。謝山仍依原本誤文爲説，而欲移『又逕會稽山陰縣』至『東北逕重山西』一大段於『逕永興縣』以下；其『湖水上通浦陽江，下注浙江』二語，本屬之『臨平湖』下者乃移之『西陵湖』下。而西陵湖者，酈氏云：『湖水上承妖皋溪，而下注浙江。』亦謂之西城湖，蓋即今之臨浦，六朝所謂漁浦也。柤塘即查瀆，亦曰查浦，蓋即今之龕山。以《三國志·孫静傳》、《宋書》孔覬等傳證之，可知毛大可《杭志三詰三誤辨》謂『查浦，蕭山地，在峽旁者』，是也。毛氏又謂浙江兩岸東西相對，有三渡：上折從富春江來，一入錢唐界，而西岸有定山爲錢唐地，東岸有漁浦爲蕭山地，夾江而峙；其在中渡，則錢唐西岸名柳浦，蕭山東岸名西陵，亦夾江而峙；其下折則在錢唐海寧之界，東南岸蕭山有回浦，西北岸海寧有鹽官渡，亦夾江而峙。皆據《宋書》孔覬、顧琛、吴喜諸傳，《齊書·沈文季傳》爲説，自尚可通。惟以回浦爲即《漢志》東部都尉治之回浦，則大謬矣。宋齊時之回浦乃江口小渡，地名偶同耳。謝山意以柳浦當今之聞家堰，謂漸江由富陽經今六和塔下，由靈隱會武林水，逕臨平會臨平湖水，逕石門合浙江，然後由海鹽澉浦逕海寧以東，注蕭山之西興。然酈注此篇錯亂甚多，終不能諟正也。今人汪士鐸撰《南北史補志》以禦兒、柴辟盡入之山陰縣下，蓋爲酈注錯簡所誤。

初四日戊辰　晨及上午薄陰，午後晴。閲《鮚埼亭集外編》。爲余壽平改行卷詩文。晚詣福隆堂，赴花農之飲，招霞芬，夜二鼓花農復邀飲探梅室，四鼓後歸。

邸鈔：詔：初八日再詣大高殿祈雪。前任鑲藍旗蒙古都統穆隆阿卒，照都統例賜恤。

初五日己巳　晴，上午微有風。閲《水道提綱》。徐壽蘅宗丞來，久談。張子騰侍郎及渾源張觀鈞兵備今日受吊，皆送奠分四千。晚詣福隆堂，赴桂卿、楊莘伯之飲，夜一更後歸。印結局送來前月公分銀二十七兩。二更後風起，四更益甚。

初六日庚午　晴，風竟日。子培來，談甚久，於西北邊事考古證今多有心得，尚論宋明學術，亦具有微言，此事知者鮮矣。子培兄弟年少好學，一時儔類罕見其匹，略爲發之，亦能起予。閲《西河合集》。其考古雖多疏，而雋辯不窮，才氣横出，實能發人神智。至其津津自喜，刺刺駡人，多墮入小説家言，亦實令人生厭。夜風益横，二更時狂甚。

初七日辛未　晴，嚴寒。繆筱珊來。午后答拜汪柳門，送均甫行，俱不值。詣樂椿花園，赴壽蘅師之飲，晚歸。朱虎臣邀夜飲，辭之。閲毛西河《蕭山縣志刊誤》。付先賢祠玉皇廟錢十六千，煮臘八粥。

初八日壬申　上午陰，午後晴，嚴寒。煮臘八粥供先人。作書致弢夫，致醉香，致桂卿、花農，俱約今日晚飲。得金忠甫書，即復。午後詣先賢祠拈香，答拜郭子鈞、朱虎臣、余壽平。傍晚詣叔雅，詣霞芬家，邀繆筱珊、均甫、醉香、子培、子封、弢夫、桂卿、花農飲臘八粥，肴饌精絜，清談甚暢。夜二更後歸。付霞芬肴饌銀十二兩，賞其僕四十千，客車飯及左觥車飯二十八千，車錢九千。叔雅來。吴清卿副都來。沈子封來投行卷。介唐來。得季士周書，送來歲金及明春束脩共二百五十七兩。殷蕚庭生日，饋禮物四事。

初九日癸酉　竟日霒陰，下午雪作，旋止，晚風。黄漱蘭侍郎來。王可莊修撰來。均甫以今日行，贈烏梁海柳花十二朶。作書送均甫行。作復士周書。得介唐書。敦夫來。新授温處道苑觀察棻池來。夜風益甚，達旦有聲。

初十日甲戌　晴，大風，嚴寒。得朗齋尚書書，饋百金爲别，又還前月四日先賢祠饗士酒饌銀百兩，作書復謝，犒使二金。評改問津諸生課卷訖，文題『鷄鳴狗吠相聞，至齊有其民矣』。詩題『砧聲近報漢宫秋得聲字』。取陳澤霖第一。夜爲奇峰書楹聯，并撰句贈之云：『柯條仙李分花蕚，德性嘉禾種子孫。』又爲書横幀一，即作片託介唐致之。弢夫來。

邸鈔：詔：户部左侍郎孫詒經在毓慶宫行走。詔：湖北按察使黄彭年、陝西按察使温忠翰對調。以黄彭年與巡撫譚鈞培僚婿也。詔：崇綺奏病仍未痊，懇請續假，派員署缺一摺。崇綺著賞假一月，吏部尚書著烏勒喜崇阿兼署。前□□□知府恩興授江蘇松江府知府。本任博潤丁憂。上諭：都察院奏，工部主事江孝詒以伊父已故署廣西提督江忠義墳墓被掘，案閣冤沉等詞呈訴，著李秉衡親提全案人證研訊確供，按律懲辦。

十一日乙亥　晴，有風。得徐花農書，以崑山郎芝田際昌，字廷贊。山水畫册十二幅送閲，即復。得弢夫書，即復。得楊莘伯書，即復。爲均甫、奇峰各畫團扇一柄贈之，一作野橋高柳，一作溪亭梧竹。并於均甫扇題三絶句，奇峰扇題一律。莘伯饋肺露九斤，犒使三千。庚辰同年陸善格工部丁憂，奠分三千。

均甫從張尚書赴山左視河瀕行以烏梁海柳花爲贈答以詩三首

故人萬里返龍沙，臨别殷勤贈柳花。偏是長安無折處，相看淪落尚天涯。

戛奚斯接定邊關，歲歲春風挂柳間。多少種人垂淚望，漢家封域盡天山。

黄河日夜走東瀛，賓從高牙按部行。千里金堤栽卧柳，明年來看緑陰成。

邸鈔：以詹事府詹事汪鳴鑾爲内閣學士，兼禮部侍郎銜。吏部郎中李端遇升内閣侍讀學士。編修朱一新授陝西道監察御史。

十二日丙子　晴。作書致介唐，屬轉寄奇峰、均甫扇，以同駐長興店也。松江人阮汝昌來求見，拒之，强以入。此人於甲戌歲持余少時舉業師嚴菊泉先生書入都來謁，自稱庚午優貢，後覺其儇佻，漸不禮之。而聞其挾詐干人，日月滋甚。忽自署其門曰揚州阮，冒爲儀徵太傅之孫。又冒稱舉人。前日張朗齋言通政使周家楣力薦之從行，稱其官爲直隸知府。今日自言實奉賢人，由稟貢託人代考，取八旗教習，與揚州阮氏本一族，文達爲其曾伯祖行。都中此輩攔門走捷，乞市撞風，寔繁有徒，王茂宏所謂不如此不成爲京師也。聊復記之，以資嗢噱。書玉來，敦夫來，久談，留共夜飯後去。得朱蓉生書，送來請客酒食錢，即復。夜又大風。付賃屋銀六兩。

邸鈔：詔：已革副都統景瑞賞給副都統銜，交海軍衙門差遣委用。編修吴錫璋授廣東廉州府知府。本任鶴山，留省未抵任，丁憂。

十三日丁丑　晴，風，嚴寒。奇峰來辭行。作片致介唐，爲敦夫生日醵飲之約，得復。楊莘伯來。評改三取書院諸生卷訖，文題『五母鷄至，足以無失肉矣』，詩題『月中清露點朝衣得衣字』。取劉嘉瑞第一。爲張朗齋作柯山圖於團扇上，并賦七律二首送行。庚午同年胡廷幹刑部嫁女，送賀錢四千。

送張朗齋尚書巡視黄河時尚書治都城濠新竣二首

帝城遠帶玉泉高，特假三軍畚臿勞。雙鳳朝暉呈翠箭，五雲春影泛紅桃。不須犀助佽飛騎，浚濠之役，有詔與神機營併力。想見鷹揚大食刀。爲道行營蒲類海，祁連山下遍投醪。

暫息烽烟百粤城，宣房未塞詔親行。河堤使者兼持節，自晉訖南北朝，方鎮分使持節、持節、假節三等。桂管尚書守本兵。『桂管尚書』四字屢見中晚唐人文字。賈讓儘談三策異，王尊自藉一身成。他年麟閣酬功了，相約稽山就耦耕。

邑人李奇峰福雲從軍出塞積功至提戎自疏勒從張中丞入都固請與余聯族今復從中丞出治河贈之以詩

少年釋耒事弓刀，萬里歸來鬢未凋。絶塞直逾班定遠，元戎猶逐霍嫖姚。深慚族望聯西祖，尚冀宣防答聖朝。他日功成尋舊隱，鏡湖相伴老漁樵。

十四日戊寅　陰，晡後雪作，入夜益密。寫單約同人明日夜飲。寫簡約徐壽翁、黄漱蘭侍郎及仲弢喬梓、朱蓉生、袁爽秋、王弢夫十七日宴先賢祠。作書致徐花農。光甫來。子培來。晚詣福興居，以敦夫明日生日，偕書玉、介唐、光甫爲之壽也。招霞芬，夜二鼓後邀飲霞芬家，藏鉤賭酒數周而罷。

三更後歸，雪益大，積五寸許。是日付司廚肴饌銀四十七兩四錢。付霞芬酒果錢四十千，賞其僕十千，客車錢九千，車錢九千。得朱蓉生書。剃頭。

邸鈔：詔：額勒和布改授武英殿大學士，恩承授體仁閣大學士，閻敬銘授東閣大學士。詔：徐樹銘署理都察院左副都御史。吴大澂缺，本大理寺卿沈源深署，今丁父憂。御史趙爾巽授貴州貴陽府遺缺知府。本任貴陽府蔡同春告病。

十五日己卯　雪，至晚止。得徐花農書，以俞曲園新著《茶香室叢鈔》及蔣氏《别下齋帖》二種送閲，即復。作書致徐壽老，致仲弢，致弢夫，俱改約先賢祠飲期。得敦夫書，即復。作片致桂卿，致正甫，致敦夫、介唐，俱改約十七日夜飲，以雪作不止，今日不敢出也。是日閲三取童卷訖。得均甫涿州書，即復。

閲俞蔭甫《茶香室叢鈔》。共二十三卷，其自序以年老不復能著書，取閲書所得罕見罕聞之事隨録成帙，然多有心得，可資談助。

十六日庚辰　巳正初刻四分大寒，十二月中。晴，大風，嚴寒。閲《茶香室叢鈔》畢。家人作過年角黍。介唐夫人明日生日，饋禮物八事。朱虎臣來。是夕望，月皎甚，風止。付天津寄課卷酒錢六千。

十七日辛巳　晴，嚴寒，冰壯。得介唐書。爲楊莘伯畫山水團扇。子培來。内子、兩姬俱詣介唐家壽筵。李奇峰來。晚詣宜勝居，邀郭子鈞、龐絅堂、劬庵、楊莘伯、朱虎臣、桂卿、敦夫、子培，飲酒半，奇峰亦來，并招霞芬，夜二更歸。付客車飯十四千，酒保賞四千，車錢九千，霞車四千。

邸鈔：皇太后懿旨：侍郎黄體芳奏大臣會辦海軍恐多貽誤，請電諭使臣遄歸練師一摺。本年創立海軍，事關重大，特派醇親王奕譞總理一切事宜；李鴻章卓著戰功，閲歷已深，諭令會同辦理；又恐操練巡閲諸事，李鴻章一人未能兼顧，遴派曾紀澤幫辦。所有一切機宜，均由海軍衙門隨時奏聞，請旨辦理。朝廷於此事審思熟慮，業經全局通籌。况黜陟大權，操之自上，豈臣下所能意爲進退？海軍開辦伊始，該侍郎輒請開去李鴻章會辦差使，並諭飭曾紀澤遄歸練師，妄議更張，迹近亂政。黄體芳著交部議處。

十八日壬午　晴，上午有風。桂卿、花農、子培、仲弢、弢夫、筱珊、虎臣諸君以明日東坡生日，治筵爲余壽，固辭之不得。今日先饋燭、桃、糕、麵，其燭上金書曰：『東坡生日，南極老人。』諸君美意延年，深可感也。作書復謝，犒使十千。得敦夫書，取先賢祠所購木器銀十五兩，本胡壽臨家具，以託敦夫易銀爲領誥軸費。即舉付之，并還余昔年敦夫所轉借銀三十八兩。得季士周書，并十月望三書院課卷。爲楊莘伯團扇寫詩一首，并洋糖一瓶，作書致之。作書致繆筱珊，借以《樊川集》二十卷本。再得敦夫書。

閲陳蔚《九華紀勝》。共二十三卷。蔚號梅緣，青陽人，道光初孝廉方正。其書卷一爲圖十二，卷二原山，卷三爲周必大《九華山録》及明以來諸游記，卷四、卷五爲唐以來詩詞，卷六賦，卷七至卷十八爲山西至山西北諸勝，卷十九物産，卷二十藝文，卷二十一雜記，卷二十二、卷二十三爲補遺詩文。采取頗博，而不免村氣。

邸鈔：詔：江蘇布政使王嵩齡、四川布政使易佩紳對調。　以太常寺卿續昌爲内閣學士，兼禮部侍郎銜。

十九日癸未　晴，上午微陰，是日少和。得弢夫書，饋段褂裁，蜀紬袍裁，臺席一床，酒十斤，燭一對。受酒、燭，作書復謝，犒使四千。奇峰來。介唐來謝。先本生祖考蘊山府君生日，供饋肉肴六豆，菜肴三豆，菜羹一，時果四盤，饅頭一盤，麵一盤，蓮子湯一巡，酒三巡，飯再巡，茗飲一巡。弢夫饋上海餅餌一匣，即轉贈奇峰。仲弢來，弢夫來，花農來，桂卿來，子培來，朱虎臣來，繆筱珊來，沈子承來，俱枉盛服爲壽。午後設飲，招霞芬及蘇雲、秦雲、梅雲、華雲左觥，并以饌具詒內子等。得益吾學使十一月十八日江陰書，并答余重九日崇效寺餞飲五古一首。余壽平來。是日席間復分曹爲藏鉤之戲，至夜一更後散。付徐家疱人賞二十千，僕賞十二千，霞芬車飯八千，蘇雲等車飯十六千。

邸鈔：上諭：詹事府少詹事李瑞棻、御史熊景釗奏貴州地瘠民貧，餉糈不足，擬請改隸川督兼轄，並請將雲貴總督改爲雲南總督，裁徹巡撫一摺。國家設立行省，均係因地制宜，豈可輕議更張？至所稱貴州歲餉由四川撥給，實以丁寶楨籍隸貴州，故能竭力圖維一節，黔餉係户部奏明指撥，丁寶楨遵旨辦理，並非專顧桑梓私情。該少詹事等遽謂丁寶楨遷調他省餉需，必致延宕，識見殊屬淺陋，所奏著毋庸議。上諭：劉秉璋奏考核吏才，據實保薦一摺。杭州府知府吴世榮、署台州府知府陳璚、候補知府傳斯懌、試用知府時慶萊、補用知府杜冠英、候補知縣伍桂生，均著交軍機處存記。

二十日甲申　晨及午陰，午後雪，至晡益密，入晚積三四寸。敦夫來。介唐來。弢夫來。作片致桑叔雅，付其僕演戲賞錢門茶十二千，得復。是日封印。

昨見發鈔：甘肅新疆巡撫劉錦棠請裁各城回官疏略言：光緒八年七月奏請裁阿奇木伯克，仍准戴用頂翎。嗣於委署新設南路道、廳、州、縣各官摺內，擬將伯克分撥爲吏、户、禮、兵、刑、工各書吏，具經理藩院議，令酌度情形，悉心妥議。今規模漸具，户口日增，不乘此時量爲變通，則過此以往，又必有積重難反之勢。上年通飭南路各廳、州、縣傳集各該城關阿奇木等伯克，諭以在所必裁之故，准其各留原品頂戴。分設鄉約，專司稽查，即選裁缺之回目承充；並視品級之崇卑，分送道、廳、州、縣衙門充當書吏。鄉約酌給租糧，書吏酌給口食。不願者聽之。見據各廳禀報，自試裁城關伯克後，經年以來，甚覺相安，豪無觖望，回民去其壅蔽，意亦漸與官親，若更需以時日，語言相通，則疾苦可以自陳，而弊竇可其永絕。詔從所請。自此回疆南八城漸染華風，誠得循良經術之吏，優游饗嫗，使其自化，花門萬族可以盡爲秀良矣。朝廷假我以疏勒一道，得以展布所學，不特安西門户高枕無憂也。

夜初更雪止，二更月出，三更復陰。

二十一日乙酉　晨微陰，上午薄晴，午後晴，晡後澹陰。得爽秋書，言今日有曹事，不克赴飲。作書致徐壽蘅師。作書致桂卿。傍午詣先賢祠行禮，燃巨燭二，以金書之曰：『古曰在昔，傳之其人。』時弢夫已至，徐壽蘅師，黄漱蘭侍郎、仲弢喬梓，朱蓉生，徐花農相繼來，惟汪柳門最後至。晡時設飲，昏暮始散。得桂卿書。付賞廚人十二千，客車飯九千，車錢十千，賞長班三千，茶爐煤炭錢三千。

二十二日丙戌　晴。得爽秋書，饋酒一瓮，即復謝，犒使三千。移蠟梅花兩盆於客次，更植一盆室中。

閲《宋史·選舉志》《職官志》《輿服志》《禮志》。《宋史》每詳所不當詳，其職官本改變紛紜，有寄禄，有檢校，有階，有職，有差，有勳，有爵，有功臣、武臣，有横行，有東班、西班，文武有換授。其敘遷有有出身、無出身之分，有常遷、特遷之分，有兩轉、一轉之分。《志》壹意求詳，至十二卷，既不依時代爲次，敘述繁釀，出入迷互。而元豐所改，政和所變易，及南渡以後增置分合，皆散厠不恒，莫究終始，以致官品之高下，命婦之階級，轉茫然不辨。使我爲此志，但一卷敘官司職掌，一卷敘品秩改移，便可瞭如指掌也。

二十三日丁亥　晨澹晴，上午後晴。閲《宋史·職官志》，其封贈之制，所敘尤不明晰。剃頭。午後入宣武門，答拜漱蘭侍郎喬梓，不值。答詣岑伯豫郎中春榮，彦卿宫保之子也，居處儉約，恂恂自守，貴游中僅見者，久談而出。詣爽秋，答拜王可莊，俱不值。由下斜街過土地廟，是日市集，百貨咽闐，車騎蔟擁，花妍出窖，鷄肥在筊，都下日中，兹集最盛，蓋一歲之終，六鄉咸至也。經法源寺、蓮花寺前。詣朱蓉生，不值。答謝花農、桂卿、子培、子承、筱珊、虎臣，答拜吴清卿，傍晚歸。得伯循書，饋磚鹽三方，犒使二千。夜祀竈，送以竹馬、秸車、爆鞭、酒飴。介唐饋年物。饋殷蕚庭年物。

邸鈔：上諭：户部奏正供錢糧缺額過多，釐剔官吏，經徵積弊，又核對民欠，請頒徵信册，並擬章程册式呈覽，及立蠲緩徵信册各摺片。錢糧爲國家正供，户部綜理度支，通權出入，自以清釐正賦爲國用之大經。現據查明，正雜各項賦税，每年短徵在一千一百萬兩以外，各省短徵之數，以安徽及江蘇之江寧爲最多，蘇州、江西次之，河南又次之，其餘除四川全完外，均虧缺一二分。該部指出致弊之由，縷陳除弊之法，著各該督撫查照所籌辦法，嚴飭所屬，逐一整頓，實心實力，期在必行。其捏造民欠一節，蚩蚩愚氓，莫可告訴，允宜定一簡便之法，俾民間共知。該部所擬民欠及蠲緩徵信各册，著各省督撫飭令該管道、府、州分散鄉間，勿令稍有隔閡，仍不時下鄉，按册抽查，總期與民相親，專杜貪吏侵欺之弊，豪不擾累閭閻。儻有不肖州縣，巧立名目，藉端苛斂，著執法嚴懲，以挽澆風而裕正課。

二十四日戊子　晴。得敦夫書，言明日書玉、介唐、光甫及其從兄定甫置酒霞芬家爲余壽，即復謝。仲弢詒蜀中碑拓九通，龍井茗兩瓶，戧金漆合一枚，蜀錦纈襌一張，燕窩兩合，蜀段一匹，作書復謝，反燕窩、蜀錦，犒使六千。書春聯，大門云：『帝里尚容方外吏；我生再見歲朝春。』明年元旦立春，自道光己丑，余生之歲後今再見也。客次云：『偶問客年驚我老；常聞僧寺報花開。』集宋人（周益公）〔范石湖〕、王元之句。中廳云：『一室經綸在花竹；四時憂樂驗陰晴。』先賢祠春聯，書陳卧子句云：『禹陵風雨思王會；越國山川出霸才。』夜洗足。二更後大風。

二十五日己丑　晴，大風，嚴寒。得敦夫書，饋酒兩罎，香菌、桃仁各一匣，受酒一罎及桃仁，作書復謝，犒使四千，僕人年茶六千。饋書玉年物。饋介唐年物。葶庭饋年物。仙洲夫人饋年物。涓吉明日時加丑報賽群祀，敬書神位三，曰九宮歲神，曰門户中霤之神，曰井行之神。傍晚答謝弢夫，不值。答拜姚子湘。晚詣霞芬家，敦夫、光甫、書玉兄弟、定夫、介唐以次至，初更設飲，藏鉤數周，至三更散歸。付雲龢廚僕賞四十千，客車飯二十千，車錢九千。同鄉沈叔美廷尉之父故，直隸靈壽令笏堂開吊，送奠分四千。四更具牲醴祀神，加寅禮畢，放爆鞭。

邸鈔：上諭：前據翰林院侍講學士梁耀樞、御史黄煦、鴻臚寺卿鄧承脩先後奏參廣東惠州府科試幕友串通舞弊、學政葉大焯貪利無厭等情，迭諭彭玉麟、張之洞確查具奏。兹會同覆奏，此案貢生戴羅俊、薩庭蔭經葉大焯延訂校閲試卷，明知匪徒投買闈姓，輒敢骫法營私，乘學政患病之時，蒙混取卷，圖得謝禮。雖贓未入手，僅予杖徒，不足蔽辜。戴羅俊、薩庭蔭著革去貢生，杖一百，流三千里。葉大焯身任學政，宜如何嚴密關防，因偶爾患病，竟將閲卷委之幕友，任令句串匪人，已屬咎無可辭，且於題覆文童之時，意存苛求，缺額不補，以冀回護前非，實屬有辜職守。翰林院侍讀學士葉大焯著即行革職。上諭：吏部奏遵議處分一摺。前因黄體芳陳奏事件，妄議更張，迹近亂政，欽奉懿旨，交部議處。兹據奏稱，照妄行條奏議以降一級調用，係公罪，例准抵銷等語，所議過輕，殊未允當。兵部左侍郎黄體芳著降二級調用。吏部堂官傳旨嚴行申飭。上諭：都察院代奏貴州貴陽府遺缺知府趙爾巽敬獻愚忱一摺，内抬寫錯誤，殊屬疏忽，趙爾巽著交部議處。　以□□□□□蔣東才爲甘肅凉州鎮總兵。刑部郎中普津授湖南鹽法長寶道。本任郭從矩病故。

二十六日庚寅　晴。翁叔平師饋銀十二兩，作書復謝，犒使八千。得周玉山書，饋歲銀三十兩。

作書致敦夫，饋以歲物，得復。饋仙洲夫人年物。楊莘伯來，醉香來，皆以予明日生日枉祝。蕚庭饋生日禮物。朱蓉生來。夜兩姬治筵暖壽。

二十七日辛卯　晴。余生日。介唐、書玉各饋生日禮物。對門張主事茂貴、鄭主事德霖皆饋生日禮物。仙洲夫人饋生日禮物。弢夫來。敦夫來。蕚庭來。得姚子湘書，以其夫人左浣香所繢仕女四幅爲贈，并所著《説文解字注家目録》一册，作書復謝，犒使五千。得李學士書，饋銀十六兩，作書辭之，犒使二千。得徐花農、朱桂卿兩君書，并十九日宴集詩，皆用余甲戌東坡生日詩韵。花農書極偉麗，詩亦工妙。桂卿詩尤蒼秀，皆一時之寶也。光甫來。劉生曾枚來。書玉、資泉來。介唐來。夜邀敦夫、定夫、子培、子承、介唐、弢夫、書玉、資泉、虎臣飲，召霞芬，藏鉤數周，燃燈四照，三更始散。介唐夫人、蕚庭姬人、仙洲姬人、鄭主事夫人來，内子等觴之於室。是日酒食、燈樂、犒賞之費共用銀三十餘兩。付司廚肴饌錢二百千，廚賞二十六千，霞芬叩壽銀二兩、左酒銀六兩，賞其僕十千，車飯六千。

邸鈔：以兵部右侍郎曾紀澤轉左侍郎，未到任以前，仍以工部右侍郎徐用儀署理。以内部學士廖壽恒爲兵部右侍郎。皇太后懿旨：神機營王大臣奏前步軍統領榮禄曾經同管營務，創練槍隊，最爲著意，現據報捐槍價銀兩，懇請賞收獎敘等語。頭品頂帶降二級調用步軍統領榮禄情殷報效，洵屬急公，著開復降二級調用處分。

二十八日壬辰　晴。爽秋來。付龍文齋刻祠目序例銀四十兩。

二十九日癸巳　晴。午出門詣李若農師、翁叔平師、麟芝盦師、林房師賀歲，麟、林兩家各送歲敬四金。答謝敦夫、介唐、書玉、光甫及本街鄭、張、劉三家。答詣醉香、莘伯、蕚庭，傍晚歸。鄭主事饋歲物，即答謝之。作片致朱蓉生。蔡松甫來。徐亞陶來。付米鋪銀二十八兩，石炭銀十八兩，乾果兩鋪吉慶長、廣慎厚。銀三十兩，隆興厚紬布銀十兩，松竹齋紙鋪銀十兩，寶森書鋪銀十二兩《十六國春秋》、阮刻《尚書正義》、《公羊正義》、《札樸》。索價四兩，止付二金。又錢十一千五百，天全木廠銀十二兩，司廚肴饌銀二十八兩，內二金是先賢祠合樂餘錢。宜勝居酒食錢二百四千，萬福居二十七千，源茂酒肆錢三十三千，乾宜坊肉錢一百五十千，聚福齋餅肆錢六十四千，賣珠翠媪錢三百千，油鋪銀七兩四錢，梅花錢十二千，香燭、爆杖等錢九十千，錫燭臺錢三十五千，蜜供錢二十五千。

邸鈔：詔：貝勒載漪之第二子命名溥儁。　户部郎中李耀奎授福建泉州府遺缺知府。

三十日甲午　晴，午後微陰。弢夫來。叔雅來。于禮部民新來。霞芬來辭歲，付以二金，賞其僕十千。剃頭。晡詣先賢祠拈香行禮，又詣靈汜分祠銅觀音殿行禮。答拜弢夫而歸。祀竈。祀屋之故主。夜祀先。潘伯寅尚書饋歲物四事，内有冰蝦蟆一合，奉天所産，温泉蛙也，北人以爲珍味。余不食蛙，即還之，并報以果物三。朱虎臣饋歲物四事，受其二，犒使二千。得桂卿、花農書，饋年物四事，受其㲋脯、粽、棗糕，作書復謝，犒使四千。得季士周書，并十一月學海堂課卷。飲分歲酒，賦家人壓歲錢。

乙酉仲冬四日都門新建越中先賢祠落成釋奠合樂賦詩紀事二首

玉笥金書走百靈，南璆東箭炳圖經。千秋京雒開文獻，八邑衣冠見典刑。禹會自瞻昭代盛，越醪長發帝鄉馨。從今星斗光芒聚，常有風雲護翠扃。

舍菜彬麟劍佩行，金絲隱約出虛堂。旌旗西極來都護，祠主二百二十四位，以漢西域都護安遼侯鄭公吉爲始。此舉張朗齋尚書首助千金，尚書適以平定西域還京。禮樂中朝屬太常。吾越禮學開於東漢賀氏，其後晉時賀穆公循及梁時步兵校尉賀公瑒、尚書左丞賀公琛，世以此名家，皆嘗爲太常禮儀之官。宋時陸左丞又以禮象之學冠於一代。明代季彭山、國朝盧抱經兩先生，皆以禮名家。今吾郡京官以邵君曰濂爲首，適以光禄卿攝太常。海唱歌成神鬼集，雷門鼓引鳳鸞翔。越吟莊舄何須問，盡入承平雅頌章。

乙酉臘八日招同人集朱霞精舍餞均甫之山左

淺約琴尊集歲寒，梅花清影護朱闌。曲中臘粥含脂馥，勝裹春人映燭看。三九光陰消爛醉，一時裙屐萃長安。明朝風雪燕郊去，回首銀屏頃刻歡。

光緒十二年（一八八六）

光緒十有二年太歲在柔兆閹茂春正月在室陬元日乙未　寅正一刻五分立春，正月節。晨澹晴，巳後陰。余年五十八歲。早起拜竈神，叩先像，供湯圓子。放爆鞭。書宜春帖子。午出門詣先賢祠拈香行禮，并詣靈氾分祠越王，馬、龐、戴、湯四太守，唐代銅觀音像前行禮。回車詣邑館，登晞賢閣，先賢位前行禮。晤敦夫、婁秉衡，順道賀徐壽蘅宗丞，拜劉鎸山師像，謁客二十餘家，晡後歸。敦夫來，弢夫來，桂卿來，花農來，房師林贊虞編修來，其餘來通謁者三十餘家。朱編修善祥來，送典試雲南闈墨。付越祠長班叩歲三千，徐宗丞僕二千，劉僕二千，鮑僕二千，館僕一千，車錢十千，司廚叩歲四千。夜一更後雪。

初二日丙申　晨雪，積五六分，上午霽，有風，傍午後澹晴，晡後間陰，風益甚。叩先像，供肉餡紗帽、笋餡紗帽宋人曰稍麥，不知何義，亦曰燒麥，蓋非今制也。及茗飲。潘伯循來。子培來。岑伯豫來。余壽平來，投行卷十本。李學士來。餘來通謁者十七家。夜大風徹旦。是日不見一客，竟晝至夜分，静坐閲近代諸通人經説，往往解頤，實獲我心。雖素閲之書，常有新得。深歎名理雋永，探索不盡也。近人丁儉卿之書謹嚴，宋于庭之書奧衍，陳蘭浦之書切實，俞蔭甫之書通辯，皆有功先哲，深益後人。

初三日丁酉　晴，大風，下午微陰。叩先像，供年粽、茗飲。霞芬來叩歲，予以二金，賞其僕十千。介唐來。是日來通謁者十四家。是日寒甚。夜點閱《宋詩鈔》中王元之、徐鼎臣、韓稚圭三家。復苦嗽達旦。

初四日戊戌　晴，下午有風。叩先像，供炒年糕及酒。是日市中復禁小錢不行，銀價易票錢每兩十二千有奇，易見錢至十七千有奇。自昔年孔憲瑴、張佩綸等條陳錢法後，各錢鋪遂不肯出票，諸肆之有力者皆效之，惟鹽、米、油、燭小肆行票錢，於是市中易銀票錢與見錢遂有二價，錢日益濫惡，交易者以票錢爲奇貨。蓋不知裕銅來之源，講鑄錢之法，嚴私銷私鑄之禁，平物價銀價之程，妄意更張，出入無主，徒爲駔儈之利，而市物益貴，錢法益亂，民亦益病矣。蓋不學之人，無一而可也。光甫來。爽秋來。朱蓉生來。鄉人陶榮來，去年北闈舉人也。其餘來通謁者二十一家。

初五日己亥　晴。午進宣武門答客七家，仍出城答謁五十家，傍晚歸。書玉來。弢夫來。是日來通謁者十八家。夜祀先。閱《東塾讀書記》訖。陳氏取材不多，不爲新異之論，而實事求是，切理饜心，多示人以涵泳經文、尋繹義理之法，甚有功於世道。其文句於考據家中自辟町畦，初學尤宜玩味也。付車錢六千。舊騶人路四隨黃編修使蜀回來，獻青氈六尺，蜀椒帳鉤三事，今日來叩歲，賞以票錢六千。付舊僕李升錢二千。

邸鈔：詔：二月十七日恭奉皇太后啓鑾，三月初二日祗謁東陵。是日節届清明，恭謁普祥峪定東陵行敷土禮，隆恩殿行大饗禮，並恭謁惠陵。禮成後於初十日還宮。

初六日庚午　晴。弢夫來。作書致花農，致子培，俱得復。是日來通謁者十二家。

閲黃氏式三《儆居集》中《釋一二》篇，何氏秋濤《一燈精舍稿》中《釋三》《釋祘》及《明數》篇，皆小學家，微言大義，足以益人神智。何氏《釋祘》篇末辨亥有二首六身，以杜注及梅定九引諸家解『亥』字三六爲身，如算之六爲非，則思有所蔽也。夜一更後風。

邸鈔：詔：惇親王年近六旬，一切行禮差使允宜特加體恤，嗣後致祭壇廟及壽皇殿元旦大祭，應派恭代，均著毋庸開列，奉先殿大祭並毋庸輪班行禮，其各處陪祀差使一併加恩免其到班，以示優禮懿親至意。

初七日辛丑　晴，風，下午稍止。補作去冬詩三首。以今日人日，叩先像，供饅頭。子培來。是日來通謁者八家。夜閲沈匏廬《説文古本考》，潘氏滂喜齋刻也。夜風益甚。

初八日壬寅　晴，竟日大風。午詣桂卿，拜其太夫人八十壽。偕絅堂、劬庵、子承、子培兄弟、筱山、花農、莘伯、仲弢、徐亞陶、陳雲裳其璋同飲。餔後順道答拜數客而歸。資泉來。其餘來通謁者六家。補作去冬生日詩三首。

乙酉東坡生日同年徐花農編修琪**邀同朱桂卿繆筱珊黄仲弢三翰林王弢夫沈子培兩部曹及朱虎臣秀才**文炳**携行廚過寓齋爲余壽招五雲郎捧觴花農桂卿皆有詩因次東坡除夕寄段屯田詩韵爲謝**

坡老生峨眉，朱霞照天半。我生無充閭，何嘗遇元歎。文章殊鷗鸞，鞶帨不足玩。徒有百衲琴，彈之未成散。齊年盡英妙，施嫫强相伴。鳴鶴在九皋，欲以警歇旦。嘉招撰茲辰，芳俎溢几案。雪避樺燭明，香交蜜梅亂。銀鉤隔坐送，翠袖暗香盥。杯深涴脂易，户小點籌緩。良宵抵金續，清談若珠貫。科名關道義，鄉里起衰懦。慰藉在歲寒，冰谷熾温炭。奚必洛蜀争，彈章交三館。新詩如美酒，讀之不衣暖。回首水仙開，玉齒朝雲粲。

後六日敦夫書玉昆季介唐光甫復置酒朱霞精舍爲壽再次粲字韵

天下熟蘇文，秀才已得半。生命宜食羊，何發菜羹歎。士生貴志節，豈供毛羽玩。冬心峙後凋，春華萎早散。盍簪共州里，出處得佳伴。躍冶互干莫，捧心匹施旦。朝隱相過從，醖藉到杯案。爲喜歲晚閑，漸覺臘鼓亂。清尊就綺户，玉梅共花盥。香濃酒巡促，燭灺漏催緩。我年如積薪，諸君雁序貫。敦夫五十二，其從兄定夫五十六，介唐五十，書玉四十七，光甫四十三。味道貧益腴，扶義老非懦。毋以君子腸，喜懼戰冰炭。朔雪蜀犬吠，楚穀晉師館。委心任運移，四時總春暖。不見捷足兒，今年輸白粲。

乙酉生日越縵堂點燈宴客即事有作

高歌濁酒集比鄰，小綴華燈照坐茵。九老豫爲真率會，是日到者九人。四朝及見太平人。隔簾寒覺銀笙澀，捧斝香沾翠袖新。尚有桃符題吉語，我生再遇歲朝春。自道光乙丑予生之歲元旦立春，至明年丙戌復然。

邸鈔：上諭：陳士杰奏滏溝決口合龍日期一摺。上年山東河工趙莊決口已於十二月初八日合龍。兹復據奏，滏溝決口亦於二十二日合龍，二十七日將後戧一律填築穩固，覽奏稍慰廑系。陳士杰著加恩開復降三級留任處分，仍著該撫將各工防守事宜認真趕辦，務期悉臻妥協，以衛民生。以副都統銜春滿爲額魯特領隊大臣。以□□□蘇元瑞爲貴州威遠鎮總兵。

初九日癸卯　晴。得弢夫書，以風止期游廠市，即復。午出答客數家。詣福興居，赴周介甫之飲，晡散。過廠市，火神廟已將收攤矣。匆匆閱書而出，順道答客數家而歸。顧緝庭兵備來。傅懋元來。其餘來通謁者五家。是日聞文錫以元旦謁太和殿捧爵，忽撲地死。先是去秋以修三海，中旨命文錫助銀十六萬兩。文錫進十七萬，而報家産盡絶。有旨賞還內務府堂郎中。至是入直筵宴，未至，聞駕出，急趨班，氣厥遂絶。詔開復內務府大臣，且賜恤矣。乾隆中武進相國劉文恪於養心殿奏對時仆而卒，傅文忠以爲得死所。其後諸城劉文正入朝，輿至殿廬而薨。今以僉壬下流，於元正朝會，污我清禁，非佳事也。此前日王可莊所説。後詢之內直者，元旦死者內務府郎中文桂，而非文錫也。文錫於去臘死，開復矣。先像前供炒麵及酒。

初十日甲辰　晴。作片致敦夫，爲十二日書玉生日商醵飲也。午詣安徽館，赴馬蔚林之飲，坐爲黄漱蘭、王可莊、朱蓉生、桂卿諸君。晡後詣弢夫齋中小坐而歸。饋書玉生日糕、桃、燭、麵、酒、果。姚子湘來。是日來通謁者三家。得敦夫書。

閲張丹村《梅簃隨筆》。其書雖專言處州事，而中及算法，如舉程氏《算法統宗》中綾絹一例，推求四率之理及三代田制算例，黄鐘周徑、面羃、體積算例，投壺算例，《王制》東田畝數算例，補鑄編鐘算例，皆已見《翠微山房算學》。又校注葉静庵子奇《草木子》十五條，其十一條皆言算法，固其專門之學。其《古今同姓名》一條、《處州先賢著述》一條，亦多可采擇。惟喜攻朱子，語多冷雋，又間載所作詩文，皆非著述之體。

其《辨羅漢》一條云：十六羅漢見《納納達答喇此四字張氏用《同文韵統》例，凡呼聲應長之字，其字下另帶別音者，於本字下將別音字細書合爲一字。傳》及《法住記》，而十八之名不見梵典。蓋佛薄伽梵般涅槃時，以無上法付屬十六阿羅漢，故張僧繇、盧楞伽所畫羅漢相亦皆止十六也。惟東坡《十八羅漢贊》備書梵號，前十六與《法住記》合，後二人一曰慶友，一曰賓頭盧。然賓頭盧即賓度盧跋羅墮闍，名乃複見。恭讀高宗純皇帝御製《唐貫休十八羅漢贊》，始知西域十六應真外，別有降龍、伏虎二尊者，一爲嘎鵶巴尊者，一爲納納達密答喇尊者，以具大神通法力，故亦得阿羅漢名。東坡《十八羅漢贊》於羅怙羅尊者則曰：『龍象之姿，魚鳥所驚。』似指降龍。於伐那婆斯尊者則曰：『逐獸於原，得箭忘弓。』似指伏虎。惟羅怙羅即喇乎拉尊者，御製位在第十。伐那婆斯即拔那拔西尊者。御製位在第三。由此土僧伽未能深通貝筴，展轉傳訛，致舛複耳。

其《辨道家南北二宗》云：《三餘贅筆》稱南宗自東華少陽君得老聃之道，以授漢鍾離權；權授唐進士呂巖；巖授遼進士劉操，即劉海蟾也，遼時燕山人；唐施肩吾《西山群仙會真詩》已引海蟾子語，以唐人引遼事，足徵其僞託。操授宋張伯端；伯端授石泰；泰授薛道光；道光授葛長庚，即白玉蟾也，宋閩清人，武夷道士，嘉定中徵赴闕下，封紫清真人，所撰《道德寶章》，今《四庫全書》收之，《元關秘要》，彭在份《讀丹録》載之，《指元篇》，朱載瑋《諸真元奥集成》載之，稱其嘗受訣於陳楠，與《三餘贅筆》所敍淵源又異。案：其語皆鈔撮《四庫提要·道家類》中語，而不著所出。《三餘贅筆》爲明都維明卬所著，吴縣人，太常卿穆之父也。其書備載道家北宗北宗謂呂巖授金王嘉，嘉名其教爲全真，授七弟子曰丘處機、譚處端、劉處玄、王處一、郝大通、馬鈺及鈺妻孫不二，所謂一花七葉也。及呂洞賓始末。丹村失載北宗，又不知《三餘贅筆》爲都氏所著，其引劉後村謂白玉蟾夭死，陳直齋謂白玉蟾嘗得罪亡命，蓋奸妄之流，亦皆出於《提要》，而俱諱所出。

眉批：案《武夷山志》謂葛長庚字如晦，繼雷州白氏子，名玉蟾。十歲應童子科。後居武夷山爲道士。一日，不知所往。蓋實夭死而道流飾言之也。

又言孫雨人同元謂《爾雅》『閍謂之門』是『門謂之閍』之誤。案：《郊特牲》『索祭祝於祊』，注云：『廟門曰祊。』《正義》以爲《釋宫》文，《禮器正義》亦引《釋宫》廟門謂之祊。是孫氏當曰『廟門謂之閍』，丹村誤落『廟』字耳。郝氏《義疏》已言之。

先像前供茗飲。内子等出賀年。張姬以四金贈傳節婦，子蓴之兄子婦。

邸鈔：吏部尚書崇綺奏病難速痊，懇請開缺。詔賞假一月，毋庸開缺。

十一日乙巳　晴，風，午後益甚。先妣生日，供菜素肴七豆，肉肴三豆。爲先君也，菜羹一，點心四盤，饅頭一盤，時果四盤，酒四巡，飯再巡，茗飲再巡，祔以二弟，晡後畢事。是日來通謁者五家。傍晚覺腰痛，夜牽掣小腹，肝疝復發，四更始漸平。是晨弢夫來，不晤，晚作書致之，并寫去生日詩，得復。

邸鈔：親王銜惠郡王奕詳薨。詔：奕祥秉性恭和，持躬瑞謹，歷蒙恩眷，管理武英殿事務，簡任鑲紅旗漢軍、鑲白旗滿洲都統，補授内大臣，均能恪共盡職。兹聞溘逝，軫惜實深，著賞給陀羅經被，派貝勒載瀅帶領侍衛十員，即日往奠，派總管内務府大臣巴克坦布辦理喪事，所有一切事宜俱由官爲經理，加恩照郡王例賜恤。伊子載潤即著承襲貝勒，載濟著封爲三等鎮國將軍。載潤、載濟年均幼稚，著派貝子奕謨管理官中一切事務。以克勤郡王晉祺補授内大臣，錫珍調補鑲白旗滿洲都統，奎潤補鑲黄旗漢軍都統。

十二日丙午　晴，風。得桂卿書，并和予粲字韵詩三首，一東坡生日釀飲，一二十五日飲朱霞精舍，一先賢祠落成。皆極精警，又次去歲新春霞字韵七律一章，即復。得弢夫書、敦夫書，俱復。桂卿來。作書致書玉，并詩稿四紙。寫詩四章致桂卿，并書寫詩四紙分致花農、光甫。夜詣福興居，偕敦夫、介唐、光甫同觴書玉也，二更歸。是日來通謁者二人而已。

十三日丁未　晴，有風。剃頭。弢夫來。得花農書、桂卿書。比日嚴寒，甚於中冬，坐客次南窗映日讀書。内子詣廠甸。劉仙洲夫人來。作書復花農。是日來通謁者四家。夜試燈，叩先像，供饅頭、燕肉、素炒及茗飲。以饅頭二百五十枚、圓餈二百枚供先賢祠，别以饅頭、粉團供靈祀分祠。是夕小放花爆。付錢十九千。

十四日戊申　晴，風小止。花農來。兩姬詣廠甸觀燈景，即歸。作片致介唐。晡後詣廠市，於廟攤買得照曠閣張氏刻《綏寇紀略》十五卷足本，有虞淵沈上下篇及附經一卷。活字本李寒支《初》《二集》，杜文瀾《詞律校勘記》，付銀四兩。遇沈子培、傅子蓴，偕至九隆花爆鋪，買烟火合子，晚歸。夜叩先像，供龍眼湯。付車錢十二千。

十五日己酉　晨至午晴，下午陰，比日寒冽殊甚，日加巳後輒風起，今日更有雪意。午出門答客數家。進正陽門，詣光甫小坐。謁翁叔平師，久談。復答客四五家，出崇文門，順道答客三四家。詣先賢祠及靈氾分祠銅觀音殿行禮，夜歸。祀先畢。樹棚放烟火合子、八角花爆，招鄰裏戚友男婦數人共觀，老年客中，點綴佳節而已。傅子蓴第三郎之婦來。是日來謁賀者五家。先像前供浮圓子、肉肴、菜肴各五豆，酒再巡，飯再巡，及茗飲。付烟火兩合兩八角錢六十二千（票錢無，銀一兩易十二千），擔酒錢四千，車錢十二千。是夕無月，丑初望。

十六日庚戌　子正一刻八分雨水，正月中。晨及上午薄晴，午後陰。閲《四庫》子部提要。得子培書，以周稚圭中丞之琦《金梁夢月詞》及《懷夢詞》一帙爲贈。得敦夫書。書玉夫人來。花農第二女來。鄭德霖主事之婦吴來。夜叩先像，供茗飲，復小放花爆。詒書玉第四男銀四兩，果餌兩合。夜二更後有微月。付花爆錢十千二百，陳宅禮犒錢十千。仙洲夫人生日，饋以桃、麵、酒、燭。

十七日辛亥　晨微晴，竟日霒陰。

《郊特牲》：『郊之祭也，迎長日之至也』，鄭注：『《易説》曰：「三王之郊，一用夏正。夏正，建寅之月也。」此言迎長日者，建卯而晝夜分，分而日長也。』下文『郊之用辛也，周之始郊，日以至』，鄭注：『言日以周郊天之月而至，陽氣新用事，順之而用辛日。此説非也。郊天之月而日至，魯禮也。三王之郊，一用夏正，魯以無冬至祭於圜丘之事，是以建子之月郊天，示先有事也。』慈銘案：鄭君之意，以冬至可云日至，不得云長日至，惟春分後日漸長，始爲長日之至。建子之月祭天曰圜丘，建寅之月祭天曰郊，圜丘以配夏至之方澤，皆因地之自然，郊乃築壇爲之，分别畫然，不容稍混。其謂『周之始郊，日以至』者，乃記禮者誤據魯禮以爲周禮，故曰此説非也，明斥記文之誤，其於《易説》『三王之郊，一用夏正』之語，一簡之中凡兩引之，此自有堅據，古書卓然不疑，必非僅以《乾鑿度》單文孤證而輕駁禮文也。自王肅妄以爲郊即圜丘，僞造《家語》以實之，於是郊、丘始亂，千載以來説如聚訟。孔作《正義》，雖例不破注，而實左袒王説。自宋以後，攻鄭者益多，馬昭申鄭云：『日者陽氣之主，日長而陽氣盛，故祭以迎之。若冬至祭天，陰氣始盛，祭陰迎陽，豈爲理乎？』數語簡盡，足以息喙矣。

夜晴，月出。

荀學齋日記辛集上

光緒十二年正月十八日至八月二十八日(1886年2月21日—1886年9月25日)

光緒十二年丙戌正月十八日壬子　風,晴,下午陰,晡後薄晴。祀先,肉肴、菜肴各六豆,菜羹一,時果四盤,饅頭一大盤,栗子湯一巡,酒再巡,飯再巡,晡畢事,焚楮泉,敬收三代神位圖。先賢祠亦是日徹俎,以供果分詒介唐、書玉、伯循三家。同年盛伯希祭酒來。作片致同年朱蓉生侍御,還所借陳析木《劉氏春秋述義拾遺》。張姬詣殷主事姬人家飲春酒。夜和粲字韵詩兩首。作書并詩致桂卿,寫詩致花農。

桂卿三疊粲字韵見贈復次韵酬之

平生慚讀書,未及袁豹半。何云孔顔間,乃發庶幾歎。晚近科目雜,先輩恣狎玩。毁譽漚起滅,浮華雪團散。自矜鳳池貴,不許野鶴伴。文章軋劉幾,名教斥師旦。之子秉粹精,嗜古窮雪案。白圭絶外磨,朱弦理曲亂。餘事盛文藻,熏香每三盥。宫體嗤杏花,吴音辨稻緩。尤善鬥競病,强韵若魚貫。三鼓力愈勁,再登志不懦。鑪錘出自然,吹鞴熾群炭。偉長相應和,君時寓徐花農同年家。歌呼動高館。拂拂瓶中花,春風已知暖。爲比姑射仙,冰雪塵外粲。

花農令其愛女出拜四疊粲字韵簡花農

諺云生女耳,佳語祇得半。仲舉善諧戲,乃發止盜歎。古來門楣計,先取紡專玩。比之仕宦涂，踐歷到黄散。吉讖兆宜弟，婉約從女伴。笑編周姥詩，關雎妒公旦。同年有孝穆，專壹媲鴻案。彈琴看鬢影，未許絮風亂。懷中墮明月，荀香三日盥。爲育徐淑才，暫使石麐緩。宛宛簾前出，珩璜佩牙貫。愧我無左芬，三索力已懦。頻年姬人孕殰三次。寂寞過歲朝，自撥商陸炭。雙鬢如桃李，來照我池館。暫時見青紅，鄰光乞餘暖。家人占喜氣，昨夜燭花粲。

十九日癸丑　晴，午後風，晚風益甚，嚴寒。得花農書。弢夫來，留共午飯，久談去。桂卿來。朱蓉生送來義烏道光間所刻《駱賓王集》。籤題《駱文忠公集》，其首載陳析木熙晉所作補傳，言明末福王時東陽張國維爲之請謚，得謚文忠，此與元文宗之謚杜甫曰文貞，正堪作對，亦異聞也。

二十日甲寅　晴，自昨午後，始有春意。剃頭。坐客次南窗閲書，晴日滿檐，茶鑪紅沸，盆梅半放。

點勘《綏寇紀略》，丹黄掩映，時覺拂拂有古香。孫忠靖傳庭出關之舉，《綏寇紀略》及諸書皆言其敗於南陽。案：忠靖由陝州靈寶至澠池，經新安，駐洛之龍門，進次汝州，克寶豐、郟縣，逼襄城，以是時李自成盡發荆襄之衆會河南，其精鋭屯襄城也。忠靖之師皆由西而東，别以偏師擣唐縣，盡殺賊家口。既以久雨糧匱，駐郟不得進，後軍譟於汝州，賊衆復大至，不得已還軍迎糧。忠靖先奉駐軍雒陽之旨，又嘗在龍門催孟縣之糧，當必退屯鞏、洛，何有南走南陽之事？蓋南陽或是伊陽之誤。伊陽者，伊水之陽，爲汝州屬邑，西北接雒陽界，與郟相去百餘里。故既敗，一日夜追奔四百里，遂至孟津也。若在南陽，何由北至孟津乎？諸書多稱爲郟縣之敗，是爲近之。或南陽是郟、汝間村鎮小名，必非鄧之南陽也。近人徐鼒舟《小腆紀年》敘此敗闕而不地，夏嗛父《明通鑑》書爲潰於襄城，皆深得闕疑之意。然忠靖此舉，關系明室存亡，而其地不能指實，其後之殉節，或云在潼關，或云在渭南，或云在西安，并有言其未死者。陸沉將及，妖訛愈滋，明之不綱，此可見矣。忠靖既敗，既由孟津渡河，北由濟源入山西之垣曲，復渡河斜趨閿鄉，入潼關，以時雒陽、陝州等皆陷於賊，道不復通也。諸書所敘亦多未明晰。

徐花農新舉一子，饋以蓐房食物，花農作書來謝。付賃屋銀六兩。同年惲學士彥彬、楊庶常福臻來通謁。爽秋來上庸。

二十一日乙卯　晴，稍和，晡後微陰。得花農書，饋洗兒果卵，作書復賀。桂卿來。午後入城，拜麟尚書太夫人壽，送銀二兩。答拜傅懋元，不值，傍晚歸。朱蓉生來。潘尚書來。得花農書。晚詣萬福居，邀同年龐絅堂、劬庵兄弟、郭子鈞、楊莘伯、沈子承、子培兄弟、桂卿飲，招五雲郎藏鉤送杯，談諧極暢，夜三更歸。付車錢十三千，客車飯十二千，酒保賞七千。大風復起達旦。是日聞吴縣馮郎中芳緝以十九日總理衙門團拜演戲於財神館，馮爲團司，夜方合樂甚盛，飲酒正酣，忽歐血暴卒。馮爲林一太史之子，戊辰進士，年方五十餘。沈子培言前一日晤之，極言張之洞專横偏謬誤國之罪，言之憤憤，神采甚王，而次日遽卒，可駭咢也。

二十二日丙辰　薄晴，大風徹晝夜。竟日校勘《綏寇紀略》。得桂卿書，并再和粲字韵詩見贈。邸鈔：詔：宗佑、德壽、承蔭、良沐均加恩賞給委散秩大臣。

二十三日丁巳　晴，午後復有風。爽秋來，比日丁夜後始就寢，故起甚遲，尚卧，不晤。同年竇昌閣學來。下午答客十餘家，晡後歸。晚詣宜勝居，邀鬱林蘇器之户部及同鄉姚子湘、王醉香、傅子蓴、周介甫、鮑定甫、敦夫飲，夜二更後歸。付客車錢八千，酒保賞五千，車錢六千。閱《鮚埼亭外集》簡帖、雜著。謝山兩集取資不盡。然此兩卷中其言巡撫不得稱中丞，五品不得概用碑，皆非也。

二十四日戊午　晴，稍和。作書唁朱虎臣。作書致族弟慧叔，爲其從姪文宏欲往開封依小圃。書玉來。

二十五日己未　晴和。許仙坪按察來，新自河南入都者。客次南窗向日盆梅盡開，就花讀書，作鼻功德。得慧叔書。閲《困學紀聞》，翁注。王氏此書晐綜甚博，一生讀之，尚未貫徹，余辛酉日記中頗病其細碎，爾時識力未能堅定如是。始去鑪。

邸鈔：命：工部左侍郎烏拉布、兵部右侍郎廖壽恒充丙戌科會試知貢舉。二月二日以廖壽恒隨扈東陵，改派吏部右侍郎李鴻藻。

二十六日庚申　晨及午後陰，晡薄晴。先賢祠目刻成，遣館人分送同郡京官五十本。得朱虎臣書。下午答拜許仙坪，順涂詣朱蓉生、朱桂卿、徐花農，俱不值，即歸。花農來。傍晚詣萬福居赴沈子承、子培之飲，坐有龐絅堂、劬庵、繆筱珊、桂卿、花農，招霞芬，復分曹藏鉤賭酒，夜二更後歸。

二十七日辛酉　晴和，春光甚麗。得姚子湘書，以令兄彦侍布政所刻《咫進齋叢書》三集爲贈，作書復謝，犒使六千。坐客次南窗，閲姚氏所刻書。鄞人鄭梅卿震來見。庚午副榜乙亥舉人，援例兩准運判。夜閲《寒枝集》中詩。

邸鈔：以太常寺卿胡瑞瀾爲大理寺卿。

二十八日壬戌　陰，上午晡後微見日景。閲金氏《求古録・禮説》。以祠目分贈絅堂、劬庵、醉香、筱珊、蓉生、爽秋、子培、花農、桂卿、虎臣。作書致敦夫，贈以庚午行卷三本。花農來。

邸鈔：鑲紅旗滿洲副都統富勒渾泰卒。詔：富勒渾泰於道光年間出師打仗，嗣在江蘇、安徽等省迭著戰功，由護軍洊升今職。兹聞溘逝，軫惜殊深，加恩照副都統例賜恤。

二十九日癸亥　晴。坐客次南窗讀書。叔雅來。繆筱珊來。得花農書，并和粲字韵詩兩首見贈，皆新穎可愛。得爽秋書，即復。夜詣福隆堂赴絅堂兄弟之飲，坐有莘伯、筱珊、桂卿、花農、子承、子培，招霞芬，二鼓後歸。比日牙車浮腫，又苦痔發，今日尤劇。剃頭。

邸鈔：户部主事崇文補國子監司業。

三十日甲子　晴和。亥正三刻三分驚蟄，二月節。得楊莘伯書，即復。敦夫來。陳雲舫鴻臚來。醉香來。朱蓉生來。殷蕚庭來。得姚子湘書。作書致伯寅尚書，致壽蘅侍郎，各贈以祠目一册，并寫去歲生日詩與之。

邸鈔：上諭：朕恭奉皇太后祇謁東陵，於三月初七日還宫。所有本年會試考官，改於初八日聽宣入闈，應試士子於初十日點名入場。

二月乙丑朔　晴。得伯寅尚書書。弢夫來。作復姚子湘書。作書致若農學士，略告以平生治心之要及重名之不可恃，得復。晚詣福隆堂赴楊莘伯之飲，坐有醉香、桂卿、花農、絅堂、劬庵，偕醉香招霞芬，夜二更後歸。作書致蕚庭，借《太平御覽》及《鮚埼亭詩集》，得復。

邸鈔：以光禄寺卿奕年爲太常寺卿。

初二日丙寅　晴，晡後有風。曬衣裘。午入城赴黄漱蘭侍郎之飲。是日齒脣浮腫，痛楚殊劇，力疾入座，頗不可耐。晚歸。作書致仙坪約飲期。夜三更後雨。

邸鈔：以少詹事李瑞棻爲詹事。

初三日丁卯　晨小雨，雜微雪，巳後風晴，午後風横甚。作書致陳雲舫約飲期。作書致姚子湘，辭明日之飲。爽秋來。得叔雅書，即復。作書致桂卿，辭初五日松筠庵之飲。

初四日戊辰　晴，風。作書致翁尚書師，借先莊簡公集，送去祠目序例兩册。作書致桂卿，以齒疾腫及唇鼻乞醫。

初五日己巳　晴。曾祖妣忌日，供饋。弢夫來。得翁叔平師書，以先莊簡集見借，即復。桂卿來。姚子湘來。

初六日庚午　晴。齒疾小愈，坐客次南窗閲書。得花農書，即復。得爽秋書，即復。鮑定夫來。剃頭。

邸鈔：皇太后懿旨：本日召見醇親王奕譞，據稱奉諭抽練旗兵，現在調取各營，惟鑲黃旗蒙古、鑲紅旗蒙古、正藍旗漢軍三旗弁兵最爲整齊，其鑲黃旗滿洲等旗間有未到者，至正白旗蒙古則全隊未到等語。現當練兵伊始，似此任意疏懈，實屬不成事體，若不予以懲儆，營伍何由整頓？所有正白旗蒙古都統烏拉喜崇阿、副都統明魁特爾慶阿均著交部議處；其承辦之參佐等官，並著查取職名，交部嚴加議處。

初七日辛未　晴和。是日復落一齒，自此左牙盡矣。《説文》：『牙，牡齒也。』當依金壇段氏説作『壯齒』。坐客次南窗評閲學海堂諸生課卷訖。『九夏考』，『豳雅豳頌解』，『何鄧夏侯皆曹氏忠臣論』，『或舂或揄或簸或蹂賦以金肥堯母珠飽雞孫爲韵』，『擬王無功在京見鄉人思故園問詩』，『擬朱子代鄉人答王無功詩』。取陳澤霖第一，李鳳池第二。介唐來。仙坪以摺扇、紈扇乞書。得爽秋書，即復。得叔雅書，即復。庚午同年朱毓廣來。有河間女來彈詞，賞以錢八千。

邸鈔：翰林院侍讀學士李文田補原官。

初八日壬申　晴暖。梅花盛放，群蠭亂飛。作書致徐壽蘅宗丞。午於寓齋設飲，邀壽翁及黄漱蘭侍郎、許仙坪按察、陳雲舫鴻臚、繆筱珊、袁爽秋，清談竟日，至夜始散。阮汝昌者，忽柬邀今夕飲便宜坊，小人不可與作緣，辭之。付客車飯錢十七千，廚賞錢十四千。

初九日癸酉　晴暖，微陰。午詣龍泉寺，吊朱虎臣母喪。晤花農、桂卿、筱珊、絅堂、醉香。答拜朱昂生，不值。詣文昌館，庚午同年團拜，演三慶部，觀劇至夜四更歸。付團拜公費錢十五千，車錢十五千。

初十日甲戌　陰寒。邑子沈鏡蓉、陳沛鍠、朱戴清、孫模來，皆去年新舉於鄉者。得鍾慎齋十二月書。徐花農來。晡詣同司余石生員外九穀，吊其母喪，送奠分四千。詣子培，問其母夫人疾，詣莘伯，俱不值。詣花農、桂卿，暢談至晚歸。餘姚人趙孝廉鼒來，亦去年新得舉者。得潘伯循書，爲鄉人盧某乞助錢，予以二金。盧某者，以監生依其子游幕直隸，壬午赴京兆試，以年逾八十，恩賜副榜，今其子死，謀南歸也。是日聞湖州人陳主事兆甲以昨日仰藥死。陳年五十矣，以舉人入貲，官户部，屢上封事，有風漢之目。其婦故廣東布政使沈鎔經妹也，無子。陳新納一妾，屢撻其妻。昨忽與其妾同仰藥。妾救灌得生，而陳竟死矣。

邸鈔：吏部尚書崇綺奏假期已滿，疾未稍痊，再懇開缺。許之。

十一日乙亥　晨及午陰，晡微晴，有風，甚寒。姚子湘邀午飲便宜坊，下午歸。同邑陳孝蘭解元陔來。胡梅卿之從子煒來，不值，復送十六金爲贄，却還之。沈孝廉鏡蓉饋仙居朮及茶，還其朮。比日閱《太平御覽·人事部》。夜月甚佳。是日付賃屋銀六兩，付鄉祠禊糊銀八兩。西房十間，以居公車。

邸鈔：以刑部尚書錫珍爲吏部尚書，以工部尚書麟書爲刑部尚書，以理藩院尚書崑岡爲工部尚書，以察哈爾都統紹祺爲理藩院尚書。

十二日丙子　晴。胡孝廉煒來，復固致昨還之銀，不得已受之。楊莘伯來。晡後答拜同鄉新到公車。詣敦夫兄弟小坐。問子培疾。答詣叔雅，不值，傍晚歸。作書致花農、桂卿。得子培書。敦夫兄弟邀晚飲便宜坊，夜飯後邀敦夫、定夫、介唐、書玉飲霞芬家。是日花朝，夕月皎甚，臧彄賭飲，四更始歸。付霞芬酒果銀四兩，賞其僕十千，客車錢七千。

邸鈔：以鑲白旗滿洲副都統右翼前鋒統領託倫布爲察哈爾都統。

十三日丁丑　薄晴，大風，甚寒。作書致子培、桂卿。作書致爽秋。桂卿來，以青果一瓶、閩中酸棗糕一匣爲贈。得花農書。是日評改十二月學海堂諸生課卷訖。『蜡臘之祭異同解』，『大裘考』，『雲臺圖畫中興功臣賦以三十二人並畫南宮爲韵』，『擬唐北門學士臘日謝賜口脂面脂表』，『擬宋雍熙侍從和玉華殿喜雪應制詩』。取張大仕第一，陳澤霖第二。夜陰有雨。

邸鈔：詔：禮部左侍郎徐郙仍在南書房行走。以順天府尹沈秉成爲内閣學士，兼禮部侍郎銜。詔：二月二十七日啓鑾後，派惇親王、大學士恩承、協辦大學士尚書福鯤、尚書翁同龢、都察院左都御史祁世長留京辦事。詔：山西布政使高崇基、廣東布政使張煦對調。

十四日戊寅　春社日。晴寒。得爽秋書，爲十九日江亭公宴之約也，即復。醉香饋湖州茶葉及酥糖。花農來，忽執贄稱弟子，固辭之，非分之施，交際所宜慎也。醉香來。夜陰。是日評改十二月學海諸童卷訖。夜閱問津諸生制義。二更有風。

邸鈔：詔：山東按察使林述訓開缺來京，另候簡用。

十五日己卯　陰寒。得爽秋書，并寫示近詩數首。得弢夫書，即復。天津門生李天閑家駒、劉幼樵嘉琛二孝廉來見。鄉人王少村培庚來。是日評改問津諸生卷訖，凡九十人，試『父母愛之』四句題文，取李鳳池第一。剃頭。是夕望，無月。

邸鈔：上諭：前因禮部會奏，議駁陳寶琛奏請以黄宗羲、顧炎武從祀文廟，與尚書潘祖蔭等另摺請准從祀，意見兩歧，當令大學士、六部、九卿、翰詹科道詳議具奏。兹據額勒和布等仰稽列聖垂謨，參考廷臣議論，請照禮臣原奏議駁等語，黄宗羲、顧炎武即著毋庸從祀文廟，仍准其入祀鄉賢，以重明禋，而昭矜式。以直隸通永道薛福辰爲順天府府尹。以浙江鹽運使成允爲山東按察使。

十六日庚辰　子正初刻五分春分，二月中。晴。得桂卿書，即復。得奇峰鄆城書，并惠阿膠兩匣。作書致季士周，并寄三書院課卷去。作書致周玉山，并還《九華山志》。天津門生胡濬、于式珍來。上虞黄采風來，去年新得舉者。得醉香書，約十九日夜飲。作片致敦夫，得復。

邸鈔：理藩院左侍郎阿昌阿奏請因病開缺。許之。四川川東道彭名湜升浙江鹽運使。山東兖州府知府伊勒通阿升四川川東道。刑部郎中穆特亨額授山東兖州府知府。御史吴協中授甘肅甘州府知府。

十七日辛巳　晴，稍和。坐客次南窗，閲《唐文粹》，花香滿室，與書卷相映發，而爲俗事所擾，時時罷去。書玉來。弢夫來。夜詣福隆堂赴桂卿之飲，與弢夫共設全筵也，坐有筱珊、絅堂、劬庵、莘伯、子承、花農，招霞芬，三鼓始歸，月色皎甚。四更風起，復寒。弢夫惠天台方竹烟筒一枝，作書復謝。

邸鈔：以通政司通政使崇禮爲理藩院左侍郎。詔：禮親王世鐸、慶郡王奕劻、奉恩輔國公載澤均在内廷行走。

十八日壬午　上午晴，大風，下午黄霾，風益甚。得弢夫書，惠羪脯二肩，受其一，作書復謝。叔雅來。諸暨人孫廷翰來，去年新得舉者。晡後詣婁秉衡、吴介唐，俱不值。西風寒甚。東行詣書玉、叔雅，亦不值。答拜趙子新雍而歸。晚詣梅雲家，赴花農之飲，肴饌精美，絲竹間作。坐有筱珊、桂卿、醉香、子承、子封，招霞芬諸郎。燭綺香濃，花團錦粲，送鉤鬥采，不知户外狂飈卷天，凍人徹骨也。一席之費至四十金，亦豪舉矣。夜四更歸。花農之子明日彌月，詒以金蟬束髮冠一頂，銀環人物九事，粉麵人物桃山一坐，狀元糕一盤，引麵一盤，燭一對，金書曰：『瑞承宫杏，秀發階蘭。』作書賀之。夜風達旦。

邸鈔：詔：内閣侍讀學士林維源著赴臺灣幫同劉銘傳辦理臺北開墾撫番事務。

十九日癸未　晴，風甚寒。天津門生李孝廉春澤來，李家駒來。得花農書，謝昨日之詒，其文甚麗，即復。沈子封來。傍晚風少止，詣潘伯循，答拜陳孝蘭，即歸。晚詣霞芬家赴醉香之飲，坐有筱珊、莘伯、桂卿、花農，肴饌亦精，余招素雲左觴，秋菱弟子也，夜四鼓歸。

二十日甲申　晴，風不止。先大父敬齋府君忌日，午供饋肉肴六，菜肴六，是日又張節孝忌日，別供素肴六合，供饅頭兩盤，時果四盤，蓮子茶一巡，酒三巡，飯再巡，茗飲兩巡，晡後畢事。敦夫來。朱苗生來。岑伯豫來。夜詣花農家赴湯餅之筵。余本不欲入坐，花農固留，別爲設專席齋中，邀桂卿、醉香、朱虎臣作陪，四更始歸。作書致爽秋，得復。再得爽秋書。作書致仙坪，皆爲江亭醵飲，以比日風甚，曠野多寒，不宜宴集也。得弢夫書，即復。沈子封詒新刻《復古編》《續古文苑》，作復還之。仙坪饋別敬三十金。犒使八千。

邸鈔：以通政司副使奕杕爲光禄寺卿。

二十一日乙酉　晴，風。弢夫來。醉香來。邑人王少村乞題楊西亭晉《仿青谿老人長江無盡圖》

第一幅長卷，以于文襄《奉敕書進高廟御製硯銘》兩册及貢墨一匣爲贄。朱蓉生來。朱虎臣來，執贄稱弟子，以番銀十六圓代脩脯，固辭之不得。朱續基來，肯夫之次子也，去年已得優貢矣，來投行卷。故人有子，爲之色喜。邑人魏龍常來，去年新得舉者。

聞吏部議鄧鐵香處分以今日上。先是鐵香受命與法夷之使普里錫會勘越南界事，朝旨由廣東欽州緣邊至廣西龍州關外定約。及鐵香出關，以越南邊民皆乞内屬，且團結我之敗兵散勇，保隘拒夷，鐵香因請以鎮南關外三十里之奇江爲界。夷目固不肯，鐵香移檄罷議，朝旨責其專擅。而隨同勘界之道員李興鋭馳電上書合肥，言鄧星使始則不肯遵旨辦理，繼則拘泥失機，以致僨事，且云動則負氣，辱罵百端，萬不能與之共事，故先還龍州。合肥以之入告，而言興鋭老成樸實，其言可信。有旨令粤督察實。張之洞素不喜鐵香，又恐觸夷怒，粤且受禍，已與粤東撫臣倪文蔚皆稱病求去，遂復疏言鄧承脩違詔挑釁是實。鐵香適以病乞入關就醫，亦疏陳關外情形，有惟聖主哀憐，少加明察語，遂被嚴旨責其負氣規卸，不許入關，如再抗延，有咸豐間耆英成例在，并交部嚴加議處，有實屬大負委任之論。鐵香本以争徐致祥、樊恭煦左降事革職留任，今又被嚴議，且聞其病益甚，深爲憂之。

十五日各省新舉人覆試，尚書徐桐，侍郎嵩申、廖壽恒，通副馮光勛閲卷。詩題『方暉竟户入』，本沈休文《雜詠》中《詠月詩》也，下句『圓影隙中來』。而主試者誤倒作『方暉竟入户』，有江西士子誤以方暉爲人名，亦可入《啓顔録》矣。

二十二日丙戌　晴暖。婁秉衡來。剃頭。得馬蔚林書，爲越祠送八縣會試卷費，余託蔚林在禮部料檢也，即復。得秉衡書，爲越祠後垣番廠地擬禁居民開曬糞場，余屬秉衡撰呈巡城及街道兩衙門詞也，即復，并贈其次郎花箋四篋。午詣才盛館庚辰同年團拜，演三慶部，人率銀二兩，請坐主翁、麟兩尚書。余與桂卿、莘伯、劬盦、仲弢諸君更出錢五百千，夜召雙順和部演新爨福瑞山燈劇，頗極荼火曼衍之觀，四更歸。夜有風，稍寒。張姬得家書，其母廖於去年十一月故，年六十六。付團拜銀二兩，燈戲錢五十千，車錢十一千。

二十三日丁亥　晴。周介甫來。許仙坪來辭行。錢藩卿來。邑子王福厚、秦德埏來。得敦夫書，即復。得任秋田去年十月望日貴陽書。得婁秉衡書，即復。作片致介甫，贈以會試卷、祠目各一册。朱苗生饋毚脯一肩。虎臣來。

邸鈔：右春坊右中允慕榮翰轉補左春坊左中允，左贊善臧濟臣升右中允。刑部郎中承厚授四川成潼龍綿茂道。本任道王祖源病故，廉生同年之父也。

二十四日戊子　晴暖。爲仙坪畫團扇一，摺扇一。作書致子培，致子封，辭今日才盛館樂飲。曾君表來。光甫來。錢藩卿來。邑人言賫書來，朱秉成來，皆公車也。晡詣醉香、虎臣，送仙坪行，俱不值。詣才盛館子封兄弟之飲，不坐而出。答詣朱蓉生、苗生、錢藩卿、王少村，俱不值。詣邑館，觀晞賢閣下新移設鄉人神坐。晞賢閣本止奉先賢言子、先儒陽明王子、念臺劉子三主，而祔以漢至明先哲十人，王門、劉門弟子各十人，亦頗錯雜無次。咸豐末，於東楹增祔徐聖木至杜尺莊八人。近年益以宗滌甫師，猶未濫也。甲申之春，有公車數人欲益其塾師王孝廉贊元，來詢之余，余固以爲不可，而諸人意不可回，於是增祔杜侍郎聯、朱御史潮（舊任成都府知知府）、嚴數授師（嘉榮）及王君共四人。至乙酉春祭，盡奉其主，合食於仰蕺堂。余謂以此例之兩邑人才，即以國朝論，應增祀者五六百人，恐堂廡不能容尊俎也。四君皆與余有交誼，朱、王投分尤摯，侍御清操直節，不愧鄉賢，然以享春秋少牢三獻之奠，恐未安也。嚴、王皆鄉里稱善人，其意豈敢望俎豆？非分之報，轉負故人。於是屬介唐諸君別設龕閣下，以奉四君，與閣上東楹所奉十君春秋皆別祀之，不合饗於堂，自乙酉秋祭始。又閣之右舊有小龕祀邑人之卒於館者，亦古人祭屬之意，不失爲厚，然祔之先賢，尤非宜也，於是移之閣下對宇之西小室，余爲題額曰『猶應戀此』，以志實也。昨安設訖，故往視之。詣秉衡，不值。傍晚歸。作書致醉香，問其疾，得復。遣人問肯夫之郎仲立，詒以祠目。黄仲弢得子，送洗兒果。得子培書。得敦夫書。

邸鈔：上諭：太僕寺少卿延茂奏已革湖北候補道員楊宗濂獲譴較重，不宜調委要差等語。向來參革人員情節較重者不准留營效力。楊宗濂前因聲名平常，經管税務，致招物議，被參革職，自不應調辦要差，致開倖進之路，所有總理武備學堂差使即著撤去，由李鴻章另派妥員接管。光禄寺少卿楊澤山奏請因病開缺。許之。

二十五日己丑　晴暖。花農來。吕定子來。朱仲立來，年二十五矣，形神絶似其父，極馴謹，知學問，肯夫爲不死矣。李生家騊來，余爲改字曰伯閑。邑子酈昌祁來，余姑薛孺人之外孫也，字景宋，年二十八，去年得鄉舉。今日詢其母，卒已五年，至不能舉其外祖之名，可歎也。以仙居朮、魚乾、茶葉爲饋，固却之不得。胡生濬、于生式珍來。姜生秉善來，以鰣魚乾、龍井茗兩銙、鮝脯兩肩、桂花頭油四瓶爲饋，反其鮝脯。新昌陳懋齋謨、藹卿謌孝廉兄弟來。懋齋乙丑、庚午兩中副榜，以文學名。今觀其文既不佳，而其履歷云字福謙，一字懋齋，又字竹川，則字號尚不能分；又云江州遷剡始祖諱聖，宋咸淳進士，任處州僉判，國朝崇祀忠臣，特建生祠，春秋祭享；又云遷新始祖諱孟誠，萬石長：即其所學可知矣。徐亞陶來。曾君表饋鮝脯一肩，羊豪四管，花牋、茶葉，還其筆，犒使三千。叔雅之從子續娶婦，賀以紅燭六千，鞭爆二千。

邸鈔：吏部郎中德克精額授直隸熱河兵備道。兵部郎中賈孝珍選江西袁州府知府。前甘肅慶陽府知府高士龍以通判用。劉錦棠奏請以二品頂帶鹽運使銜浙江儘先題奏道袁垚齡補授新疆阿克蘇兵備道。

二十六日庚寅　晴暖。姜生秉善來。邑子何楙、陳庚、陶聯琇來。慈谿楊孝廉家騋、拔貢家騊、孝廉家驥來，皆理庵檢討之子也。新昌孝廉楊廷燮來。翁叔平師來。弢夫來，以黄竹夾團扇一柄爲贈。朱虎臣來。錢藩卿來。陳資泉來。胡伯榮煒來。午後答拜吕庭芷，不值。赴繆筱珊之飲，庭芷在焉，坐有醉香、爽秋、仲弢、花農、王芾卿，傍晚散。詣邑館，屠子疇、陶心雲皆適至，談至人定歸。得何竟山書。

二十七日辛卯　竟日春陰，午微見日。山桃始花。得弢夫書，即復。朱仲立饋龍井茗、笋尖、蓋片、年糕，還茗、笋。潘伯循來。醉香來，復饋湖州茶葉一瓶。心雲來。繆筱珊來。桂卿來。敦夫來。李生家駒來。下午詣桑叔雅賀喜。訪俞蔭甫，不值。詣馬蔚林，問禮部卷價。詣書玉談。答詣曾君表、沈子桐，夜歸。得蔚林書。是日加卯上奉皇太后啓鑾謁東陵。

二十八日壬辰　上午薄晴，下午多陰。作書致蔚林，送去卷費銀三十二兩二錢。作書致筱珊，送去雲南繆素筠女史嘉惠繪團扇潤筆銀二兩。女史適人八月而寡，守節二十餘年，隨其弟計偕至京師，賣畫爲活，筱珊其族弟也。余屬其繪霞川老人桃花聖解盦填詞圖。以銀三兩二錢買緋桃、紅杏、櫻桃、李各一樹，栽之東圃。田杏村來。弢夫來。桂卿來。屠子疇來。邑人徐樹蘭、周來賓、葛獻青來。得心雲書，饋銀一函，燒脯兩肩，牙茶四瓶，龍眼一簍，笋尖一簍，香腸一封，醬乳四瓶，酥餅兩瓶，印泥一合，作書復謝，反銀及笋尖、龍眼，犒使六千。得仲彝書，子縝長郎詞光書。作片致介唐，得復。遣人視先賢祠，明日春祭，牲及饅頭二百八十枚，先設五大盤。夜書祝版文。

二十九日癸巳小盡　竟日春陰。上午詣先賢祠春祭，到者鍾太僕佩賢、岑郎中春榮、張郎中端本、朱學正寯瀛、駱國博騰衢及叔雅、書玉、敦夫、介唐、子蓴、介甫、秉衡，共十五人。余與六英、叔雅主祭，秉衡、子蓴、敦夫、介甫相禮。余與介唐又詣靈氾分祠遍禮諸神。午飲胙餔歸。楊惺吾來。得鄧獻之二月三日黄州河東書院書，并惠銀十二兩。獻之今年七十餘，作字秀健如少年，且以脩脯所入分及於余，可感也。朱虎臣來。得族姪恩圭廣州信，寄來燕窩、魚翅等物。晡後詣邑館，答拜同鄉，晤子疇、心雲、杏村。晚歸，小雨。張姬爲其母廖修百日齋於玉皇廟，付以十金爲延僧誦經諸功德之資。夜小雨時作。

邸鈔：上諭：惇親王之嫡福晉薨逝，著派總管内務府大臣耀年前往照料一切喪儀，照親王福晉之例，官爲辦理。上諭：昨據儲秀宫首領太監趙福來奏稱，四執事太監梁祥榮、邢有瑞在燕郊途中有勒索草料、毆打差役之事，當經欽奉懿旨，重加板責，發往打牲烏拉，以示懲儆。我朝約束内侍，執法最嚴，偶有滋事，無不從重懲辦。此次首領太監據實陳奏，立即嚴懲，各隨從太監自應知儆知懼。仍著總管内務府大臣及各總管太監沿途實力嚴查，儻再有藉差滋擾情事，即著立時奏聞，定行嚴辦，不得徇隱干咎。

三月甲午朔　晨微雨，上午輕陰，下午微晴。迎春花開，楊柳舒稊。邑人徐月波慶安、馬聲甫錫康兩孝廉來。遣長班以胙肉及饅頭分致昨與祭者十五家。濮紫泉送來貴州楊學使文瑩所寄八金，即復。剃頭，洗足。

邸鈔：詔：軍機大臣額勒和布、閻敬銘、張之萬、許庚身、孫毓汶均賞穿黄馬褂。

初二日乙未　寅正二刻一分清明，三月節。晴晏，微陰。晨起敬懸神位圖，祀曾祖考妣、祖考妣、本生祖考妣、先考妣，肉肴六豆，菜肴六豆，菜羹一，饅頭兩大盤，栗子湯一巡，酒再巡，飯再巡，時果四盤，晡後畢事，焚楮泉。祀屋之故主。王蓮生尊人蓮塘觀察今日開吊，來請陪客，以家祭不能往，送奠分十千，作書唁蓮生。王子獻自越來，饋青魚乾一尾，龍眼一合，龍井茗兩瓶，筍尖兩，犒使六千。諸暨陳梅坡孝廉瀚饋鯗脯一肩，龍井茗兩瓶，受茗。弢夫來。江敬所來。張叔平來。邑人姚孝廉炳勳、陸孝廉壽臣來。徐仲凡來，饋所刻王士雄《四科簡效方》兩册，杭州雲藍箋四匣，鯗脯一苞，龍井茗二瓶。作書致弢夫。作書致書玉，分饋祭餘，得復。召瓦木之工砌中庭之專去花塢，又於圃東築短圍闌水及竹邊築隖。付先賢祠褾糊西房七間銀九兩。

初三日丙申　晴暖，下午有風。以今日上巳，邀同人小禊赤城精舍，作書致弢夫，致心雲，致介唐，致敦夫。介唐生日，饋以桃、豚、燭、麵。折柬招曾君表、楊莘伯、桂卿、花農、沈子封今夕禊飲。以銀二兩買梨一樹，植之圃中。中唐甓成，更於雙柳宧東墉開牖，設波黎，以内圃景，此亦叔孫一日必葺墻屋之意。得心雲書，即復。得君表書，辭飲。陳梅坡來，再以鯗脯見詒，受之。管惠農來。朱中書有基來。李生家駒來。胡伯榮來。朱虎臣來。屠子疇來。晚詣霞芬家，莘伯、子封、書玉、敦夫、介唐、心雲繼至，花農後來。借花下之尊，儗蘭上之集，送彄隔坐，映燭分曹，勺藥羹香，小桃人並，亦客中之暫樂，節序之勝游矣。夜四更始歸。付霞芬銀十一兩，賞其僕四十千，客車飯二十七千，車錢六千。

初四日丁酉　晴。弢夫來。得醉香書。山桃花落，緋桃盛開，紫丁香、紅杏俱試花，柳絲垂垂矣。同郡吕錫時、梁國元兩孝廉來。作書致醉香，饋以越茗兩瓶，上虞年糕一苞，洋糖一瓶，得復。晡詣先賢祠，視新褾諸房。答詣王子獻、陳梅坡、趙子新。出詣天津試館，答姜、李諸生。傍晚答拜江敬所，年七十七矣，尚自餘干來會試，可稱健者。又答拜陳竹川謨兄弟而歸。

初五日戊戌　晴暖。早起出門，答拜徐仲凡。復詣邑館，答拜徐、馬諸孝廉。詣心雲，談至午而歸。得花農書，并上巳禊飲用余去年生日人字韵詩。楊惺吾來。爽秋來。繆筱珊來。印結局送來前月公費銀三十三兩一錢。同郡吴潁炎、斯之榮、樓藜然三孝廉來。作書致戚比部人銑，爲結局代收越祠捐費事。作片致江敬所，贈以洋銀三餅，爲入場之資。晚詣宜勝居，邀徐仲凡、屠子疇、王子獻、錢藩卿、陳梅坡、沈蒲洲、酈祝卿、胡伯榮飲，藩卿以事不至，夜二更後歸。張子頤邀飲聚寶堂，辭之。付客車錢十七千，賞酒保六千，車錢五千。

初六日己亥　午前晴暖，下午微陰，傍晚溦雨。得花農書，贈建窑舊杯一對，如皋帖絨五老圖帳額一幢，蕘脯一肩，杭笋一合，作書復謝，受帳額及笋，犒使四千。得三妹正月晦日書，寄來蘆菔、芥菜乾各一簍，又同鄉賈客鍾榮購來紫菜六斤，淡蚶子五斤，海針魚十斤，付使力四千。吕庭芷來。江孝廉士才來，敬所之子也。桂卿來。陳竹川來。張子虞來，饋海寧黄菊花兩小筥，龍井茗二瓶。得戚潤如書，即復。是日緋桃花落，杏花盛開，櫻桃試華。杭人許益齋以所刻《姜白石詩詞》《張玉田詞》見詒。錢藩卿來。桂卿邀夜飲春馥堂，數年不至此矣，綺櫳對開，明窗四映，晃以銀燭，遂成麗區。三更酒闌，風雨忽至，四鼓始歸。達旦雨數作。付花庸收藏石榴花錢四千，欒枝五千，先賢祠街通禁示錢四千，車錢五千。

初七日庚子　晨小雨，巳後止，午後微晴，下午有風，頗寒。中庭舊植李樹一，比年爲高柳所蔽，漸就枯萎，前日移之馬廄前，今日已見花矣。草木尚貴自立，何况人乎。李生家駒來。朱虎臣來。得桂卿書，贈海鹽羅漢盤香兩合，淡蚶脯兩瓶，受香及蚶，作書復謝。

初八日辛丑　晴陰相間。得子獻書，并其母夫人志銘，余所書也，刻字甚精，即作復。作書致弢夫，作書致心雲，作片致子疇，作書致藩卿，皆饋入闈食物。書玉、資泉來，光甫來。得弢夫書。晚詣宜勝居，赴書玉之飲，夜二更歸。三更後大風，有急雨，即止。

邸鈔：命吏部尚書錫珍蒙古，戊辰。爲會試正考官，左都御史祁世長、壽陽，庚申。户部左侍郎嵩申、滿洲，戊辰。工部左侍郎孫毓汶爲副考官，翰林院侍講學士梁耀樞、廣東，辛未。修撰黄思永江蘇，庚辰。等十八人爲同考官。編修唐景崇（廣西，辛未）等九人，户部給事中張人駿（直隸，戊辰）、刑科給事中胡隆洵（江蘇，癸亥）、御史黄煦（江西，乙丑）、張炳琳（湖北，丙子）、禮部員外郎高蔚光（雲南，戊辰）、兵部員外郎曾樹椿（四川，癸未）、宗人府主事張祖謨（河南，辛未）。浙人無一與者。相識中惟楊莘伯耳。

初九日壬寅　晴暖。櫻桃盛開，鸞枝試花。東圃倚欄更種紫荆一株，千葉桃一樹。得王氏妹正月二十四日書，寄來綿裏小襖絝一襲，燕窩、魚翅、冰糖、桂花糖、冬笋、淡蚶子等食物兩簍，枇杷露一瓶。妹貧寡孤苦，瑣息屏營，思之黯然。書中言季弟咯血，病狀可危，爲之憂甚，亭餐不食。族叔允升寄來乾菜一簍，茶葉兩瓶。得敦夫書，言令郎已到京。作片致族弟慧叔，爲送允升所寄物去，得復。作書致子獻，作書片致陳梅坡，俱饋入闈食物。得子獻書、心雲書。徐花農來，與坐花下看暝色。夜花農邀飲梅雲家，余尚未食，花農意以寬慰余懷，不得已而出，先過霞芬家小食，再赴飲，坐有繆筱珊、沈子承諸君，三更歸。付霞芬廚僕等錢二十千，買花錢十千。

初十日癸卯　晴。丁香盛開，杏花就苓。鮑士稱拔貢增彦來見，敦夫之子也，恂恂有家風。庭芷來，久談。朱蓉生來。晡詣繆筱珊家，拜其尊人觀察生日。答拜張子虞，送君表行，俱不值，詣敦夫兄弟，談至夜歸。得敦夫書，饋燕窩、刺參、魚鬆、醩青魚、龍井茗，作書復謝，犒使六千。黄庶常福楙來。得均甫二月十三日張秋鎮書。得季士周津門書。得馬蔚林書。夜月皎如晝，人定時有風。君表來辭行，以回避楊莘伯，不入試也。

十一日甲辰　晴。黄仲弢來。醉香來。楊定旉來。爲君表書便面一，又爲其邑人趙次侯書八言楹帖一聯，即作書致之。遣人詣印結局取自去年十一月至今年二月外官捐銀八十四兩。剃頭。夜詣萬福居，邀庭芷、筱珊、桂卿、花農、君表、沈子承、張子虞飲，招霞芬及素雲。三更歸，月皎如晝。付客車飯錢十三千，酒保賞五千，霞、素車四千，車五千五百。

邸鈔：上諭：劉秉衡奏查明庸劣各員，請分别懲處一摺。浙江試用知縣錢福年輕浮躁妄，著即行革職。候補同知龎慶麟聲名平常，即用知縣成沐蔭才具軟弱，另補知縣林乃樫性情顢頇，均以教職歸部銓選。候補知縣吴保燮辦事草率，著以縣丞降補。西安縣知縣郭泰昇才欠開展，著開缺留省，以無字簡缺，酌量補用。

十二日乙巳　晴。鸞枝、丁香俱盛開。爲王芝仙書楹帖。寫眼藥庵觀音堂額曰：『唐代銅觀音蘭若。』徐花農來。朱虎臣來。書典録堂中職官科名之扁。作書致馬蔚林，送去紹屬公車卷費銀一百六兩。此次禮部投卷者一百四十二人，共費銀一百三十九兩八錢八分。託蔚林轉付書吏。每卷票錢十三千。每銀一兩作錢十三千二百，其價爲最廉。作書致季士周，并二月、三月兩次齋課題。是日聞會試首題『子張問行一章』，次題『中庸不可能也』，三題『取諸人以爲善三句』，詩題『報雨早霞生得生字』。午後暖甚，微有風。夜閲太宗朝《東華録》。五更腹下作痛，疝氣復發。

十三日丙午　晴，午後有風。沈子培來。馬蔚林來。光甫來。資泉來。朱虎臣來。得俞蔭甫書，并近詩六首，即復。作書致叔雅。得弢夫書，言闈藝頗得意。李生家駒呈所作闈藝。得花農書。傍晚詣書玉家，視其夫人及第四郎。即詣先賢祠看新禚諸房。歸設几欒枝花下，流連暝色，一䶊而已。夜月出如晝，風益横。飯後詣梅雲家，赴花農之飲，偕醉香招霞芬。酒未闌，光甫邀飲熙春堂，復赴之。秋蓤出侍，燈月雙綺，復偕敦夫招霞芬，四更後歸。得叔雅書。付車錢九千，付家人傀儡戲錢二十千。夜分後微雲。

十四日丁未　晴暖。作書致花農，得復。作書致光甫。作書致虎臣，饋以海刺一合，芥菜乾一簍，紫菜、海蚶子一盤。周生澄之學海來，以拔貢來赴朝考。虎臣來。子培來，偕坐欒枝花下，談至月出而歸。比日中庭鸞枝、紫白丁香交柯互花，香色如海。鸞枝兩樹，光艷尤絶，廊宇四映，如緋霞天。墻角金雀一枝，照景深黄，亦成麗矚。今夕月皎，尤倍前宵，時時巡檐觀之，異香清絶，尚恨賞之不足也。夜半後風起。

十五日戊申　晨大風狂甚，上午後密雨，午止，下午晴，頗寒。得陳晝卿二月十二日濟南書。作書致仲弢，以其得男，明日作湯餅，賀以束髮冠、銀環珥、紅緑紵絲及糕桃。仲弢反紵絲、環珥。是日知闈中《禮記》題『侍射則約矢，侍投則擁矢，勝則洗而以請，客亦如之，不角，不擢馬』。客亦如之者，謂耦勝者，亦自洗爵以請飲。不擢馬者，謂不置一馬、二馬之數也。注疏訓擢爲去，謂不以它人之馬益己之馬，猶似未盡。是夕望，月皎甚。

邸鈔：以候補三品京堂劉瑞芬爲太常寺卿。

十六日己酉　晴，尚微寒。汛掃中層書室，移兩書架於新開窗側，更置裙書。陶子方自甘肅擢直隸臬使，來久談。得潘鳳洲書，借《十七史商榷》，即復，辭以無有。書典録堂大學士、尚書、都御史、狀元、榜眼之扁訖。朱蓉生來。虎臣來。付先賢祠褾糊兩偏北屋三間銀二兩六錢。

十七日庚戌　午正初刻九分穀雨，三月中。晴。爲李生家駒改去秋行卷詩。寫單約邑子及門下士分日赴飲。午後答拜陶子方，不值。答詣陳竹川，小坐。晡赴爽秋及王芾卿之飲。爽秋所寓，昔年鍾雨人學士居之，庭中頗有花枝，海棠已盛開矣。晚酒畢，庭芷及李文田先去，偕筱珊、蓉生、子培談至夜歸。是日始食黄花魚。

十八日辛亥　薄晴，多陰，有風。得王子獻書。爽秋來。李生家駒來，言明日行。介唐來。朱虎臣之夫人來。虎臣以素團扇乞畫，爲儗文待詔風木圖。夜有風雨。是日買几二、椅二、杌子四，付銀四兩三錢。每事票錢七千。

十九日壬子　霒陰，時有小雨。碧桃花開，春陰照之，小窗多媚。作書致心雲，致弢夫。作書致定子，約明日飲，得復。叔雅來。分致同郡陸學正葆霖、駱國博騰衢會試卷費各票錢十三千，以兩君早納卷錢於禮部，故補還之，并各予以祠目一册。以祠目六册分致邑館，以心雲等屢索之也。作書致虎臣，詒以食物兩匣。夜雨。

二十日癸丑　晨密雨，上午稍疏，午後漸霽，晡後晴。弢夫來，姜生仲雲、朱仲立、鮑士稱、楊繩孫、肯夫、敦夫、理庵之子。周生澄之來，朱虎臣來，午後留之小飲，晡後散。理庵贈寧波新刻《宋元四明六志》及食物四種。醉香來。

邸鈔：皇太后懿旨：醇親王及福晉均賞坐杏黄轎。以太常寺卿奕年爲通政使司通政使。

二十一日甲寅　晴，寒，竟日大風，狂甚。江世講士才饋江西水菸二苞。得心雲書。寫典録堂督撫題名及二甲一名進士題名。屠子疇來。

二十二日乙卯　晴。以酒兩壜、燭八斤賀朱蓉生爲子娶婦。作書致子獻，送所書楹帖。作書致楊繩孫，贈其尊人祠目兩册。以祠目一册、庚辰行卷二册贈陶子方，前日子方索之也。同鄉壽孝廉慶慈、同年台州范孝廉許珍、湖州徐孝廉澄泰來。徐仲凡來。朱虎臣來辭行。書玉來。得子獻復。得蓉生書，送團拜費二十金來，然余不能爲此役，當仍還蓉生。同鄉陳解元陔、沈運同永泉俱柬請廿五日宴會，皆辭之。以食物問書玉夫人。是日仍有風。下午不快，身微熱。夜腹痛，肝疝復發。

邸鈔：皇太后懿旨：醇親王懇請收回成命一摺，情詞懇切，出於至誠，實堪嘉許。我朝親親之誼，禮極優隆，親王服色一切均有定例，惟從優加恩，如皇子分府後賞穿金黄蟒袍，賞戴紅絨結頂，及公主賞坐杏黄轎，均出自特旨，非尋常賞賚可比。醇親王向來忠勤誠敬，醇親王福晉温恭淑慎，均足爲懿親矜式，爲天下所共知。自皇帝入承大統以來，醇親王及福晉翼翼小心，愈加謙謹，稽諸史牒，實爲從來所未有。皇帝念典，勤學養志，承顔宫闈，豫順之歡，尤非語言可罄。昨降旨賞坐杏黄轎，實因醇親王及福晉德性福澤，足以承受，是以特沛殊施。王其謹受恩命，毋庸固辭。以翰林院侍讀學士陳學棻爲詹事府少詹事。候補京堂錢應溥補光禄寺少卿。右贊善陳卿雲轉左贊善，編修韓文鈞升右贊善。詔：廣東南澳鎮總兵李楊陞開缺送部引見，以記名提督劉永福爲南澳鎮總兵。詔：署塔爾巴哈臺參贊大臣明春奏病難速痊，准開署缺，回旗調理。塔爾巴哈臺參贊大臣員缺著劉錦棠、錫綸就近揀員奏署。

二十三日丙辰　明，下午微陰。病甚，兼畏寒。是日約同郡計偕諸君中和園聽瑞笙和部，晚飲宜勝居，不能往，作片致敦夫、秉衡，屬代作主人。秉衡來。潘伯循來。敦夫來。潘鳳洲來。同邑沈孝廉鏡蓉、朱孝廉戴清、陳孝廉沛鍠、孫孝廉模來。同年黄硯芳、陳模來。朱笏卿來。沈子封來。作書致桂卿，致花農。服瓜蔞、知母、澤瀉、茯神、廣皮、鬱金、甘草、蘆菔湯。桂卿來診，撰方。得曾君表津門書。得子培書。夜雷電。

二十四日丁巳　晴。肝氣少平，仍痛不能食，勞起剃頭。翁叔平師來，不能見，蓋催余銷假也。余之衰病，復何所求？然其意可感。桂卿復來診，言疾稍平，用蘇子、萊菔子、瓜蔞、回香、杏人、雲茯神、白蒺藜、金石斛、犀珀、白芍湯，且贈鹽煮青果一合。作致季弟書、致三妹書，并銀十二兩，作書致虎臣託寄附。朱昂生來。同鄉張孝廉鳳岡來。醉香來。心雲來。花農來。

夜卧閲《乾道四明圖經》，乾道五年直祕閣知明州張津等撰，咸豐四年鄞徐同叔時棟所校刻，近年新印行者。此書《四庫》未收，據徐氏校勘記言，卷八至卷十二爲篇什、碑記，完好無恙；卷七以前皆叢殘之書，並目亦亡。然今刻首列縉雲縣主簿三山黄鼎序，次列十二卷目録，不知何本。據校勘記所言，似本於李處士孝謙《四明文獻録》。徐氏既無序跋，不可得而詳也。宋世圖經廑有存者，固爲可貴；然觀其總敘一篇，其中舛誤已多。如云：漢興，封劉賈爲荆王；又嘗封閩越王之子爲東甌王，元鼎五年，東甌國除。不知東甌地於明州無涉也。又云：唐肅宗乾元元年，復爲明州，仍兼浙東觀察使。不知唐代明州刺史未嘗兼浙東觀察使也。又云：錢元瓘自號爲吴越王，據有兩浙十三州之地。不知吴越王之封，武肅受之朱温，非由文穆自號也。

二十五日戊午　晨及上午凉陰，小雨，午後漸霽。病小愈，能食。得花農書，饋新製海棠花糕，作書復謝。下午小行圃中，課僕種胡蝶花。忽得家書，言季弟病狀甚亟，五中摧慟，驚憂交集，病遂復作。敦夫來。心雲來。作書致朱蓉生，還所交團拜費。作書致醉香，致子培，俱爲團拜事，以子培言禾中接場，擬與庚午合樂宴會，余以轉屬醉香也。

二十六日己未　晴。作家書。得敦夫書，言近得家書，云鄰里親友皆亡恙。其書以十五日發，我家書以十三日發，當無它慮也。屠子疇來。徐月波來。同邑柳孝廉元俊來。同郡何孝廉文瀾來。酈祝卿來。介唐來。朱蓉生來。得陶少篔二月中廣州書。

邸鈔：上諭：岑毓英奏特參庸劣不職各員一摺。雲南麗江府知府朱鴻年玉山拔貢。年力就衰，著勒令休致。麗江縣知縣席葆真武涉拔貢。嗜好太深；河陽縣知縣馬恩榮文安舉人貪污不職，怨聲載道：

均著即行革職。

二十七日庚午　晴暖。藤花盛開，柳有飛絮。上午詣蓉生賀并晤苗生，令新人出拜。詣全浙館答拜同年模，已赴涿洲矣。午詣邑館春祭，事畢即歸。王子獻來。同邑許拔貢福楨來。姜生仲雲來。陳拔貢鋭湖南人，字伯弢。來。付先賢祠褾糊慎獨堂隔扇銀一兩二錢。

二十八日辛酉　晴暖。上午詣子培、敦夫、田杏村、屠子疇、徐月波、心雲、祝卿，俱晤談，午後歸家飯。醉香來。同邑沈孝廉百墉來。下午入城詣翁叔平師，不值。詣光甫、笏卿談。傍晚出城，答拜客數家而歸。付車錢十三千。

邸鈔：上諭：陳士杰奏桃汛盛漲，民埝大堤漫決，分別籌辦情形一摺。本年三月初間，山東黄河盛漲，章丘、濟南、惠民等縣民埝大堤先後漫溢決口多處，雖將吴家寨、安家廟兩處搶堵，而王家園、姚家口等處口門甚寬，被淹甚廣。該省頻年迭遭水患，前曾降旨截留山東新漕粟米六萬石，此時恐又不敷散放，著再截留新漕四萬石，并隨漕輕齎銀兩，以資振濟。陳士杰疏於防範，咎無可辭，著革職留任。

二十九日壬戌　春陰，多風。作書復族姪恩圭，并寄以磨菌、杏仁各一匣，又復陶少篔書，俱託鄉人趙姓附去。作書致翁尚書師。作書致郭子鈞。胡伯榮來。錢藩卿來。陳竹川來。朱蓉生來。爲姜生仲雲評改闈作詩文。得翁叔平師復書。晡後風益甚，頗寒。夜晴。

邸鈔：上諭：張曜奏查勘山東黄河情形及黄河舊道酌擬辦法開單呈覽各摺片，著工部妥議具奏。署吏部左侍郎、通政使周家楣奏請因病開缺。詔再賞假一月，毋庸開缺。刑部郎中趙舒翹授安徽鳳陽府知府。

三十日癸亥　晨及上午小雨，午後漸晴。兩日柳花作團，庭院如雪，朱藤滿架，清晝常霞。瑞安孫仲容詒讓來。沈步騶來。弢夫來。蓉生來。得俞蔭甫書。得馬蔚林書，即復，犒其使銀四錢，爲酬辦理卷費之勞。作片致郭子鈞，告以明日暫緩銷假。作書致桂卿、花農，致子培、子封，俱約明日爲送春之飲。

夏四月甲子朔　晴，風。晨起咯血，復覺小極。得花農書。得弢夫書。翁叔平師來。下午詣先賢祠及靈氾分祠銅觀音堂，拈香行禮。晤子獻、藩卿、陳竹川、陳梅坡、趙子新、吴孝廉頴炎、斯孝廉之榮、樓孝廉藜然。吴君出所藏文休承《赤壁圖卷》，錢舜舉《捕魚圖》，文衡山《閑居漫興詩畫册》，張度、錢貢、曹義、沈昭、陸士仁等八人山水畫册，李空同與仲亮論文書，顧華玉與魏後渠論文書，王文成與王天宇名應鵬，號定齋，鄞人。論學書，孫退谷家書真跡，皆可觀。傍晚答拜叔雅、潘鳳洲而歸。夜邀醉香、花農、子培、子承、子封兄弟、陳孝蘭、管惠農飲宜勝居，作餞春之宴，招霞芬、蘇雲諸郎，藏鉤賭醉，三更始歸。付車錢十一千，客車飯十千，酒保賞六千。印結局送來前月公費銀三十兩七錢。

初二日乙丑　晴。亥正三刻四分立夏，四月節。得朱蓉生書，即復。陳孝蘭來。酈祝卿來。藩卿來。下午詣繆筱珊，不值。答拜客數家。詣醉香、伯循、徐仲凡，俱不值。詣文華書坊，答拜楊惺吾。晤心雲，遂同詣寶森坊閱書，傍晚歸。

坐藤花下，設几閱《紀文達集》。文達敏捷兼人，辨才無礙，其文長於館閣應制之作，它非所經意，多不自收拾。是集共十六卷，其孫刑部郎中樹馨等所綴輯，凡賦一卷，律賦一卷，雅頌一卷，謝恩摺二卷，擬表詔疏等一卷，論記一卷，序二卷，跋一卷，書後一卷，策問及書一卷，器物銘一卷，碑表行狀等一卷，傳一卷，墓志銘及祭文一卷；前有阮文達、白小山、陳稽亭、劉文恪四序。惟第一卷、第三卷颺頌之文最工，餘多率爾。傳志紀事之作，多信手而書，略無翦裁，蓋敏而不能深思，易而不免入俗。人之才力，各有所限，固不可强也。朱蓉生來。夜閱《文達集》，其謝摺、器銘多不足存，子孫不學之過耳。

二更陰，有風，小雨，即止。剃頭。

初三日丙寅　晴。得蓉生書，即復。花農柬訂初五日宴文昌館，作書辭之。張叔平約初五日夜飲福隆堂，辭之。蓉生來。叔雅來。陳梅坡來。蔡枚盦來。俞蔭甫來。周莪君來。讀陽明先生與王天宇之書，皆辨致知誠之指，直截了當，絶無葛藤，其它支離之説，皆門人附益之耳。作書致伯寅尚書，得復。醉香來。潘伯循夫人來。晡後坐藤花下，讀文待詔諸公畫册。沈子承書邀明日飲。洗足。

初四日丁卯　晴，暖甚，午後風。藩卿來。弢夫來。子獻來。作書致季士周，并學海堂經古題，又作致張生大仕書。下午答詣俞蔭甫，詣朱蓉生，俱不值，遂歸。

閱《紀文達集》。其《議奏山東巡撫疏請設左丘明世襲五經博士摺子》兩通，駁山東丘姓不得爲丘明後，及其志譜之謬，皆確，惟謂左丘是複姓，則非。丘明自是左氏，段金壇之説不可易也。其《景城紀氏家譜序例》，援引詳明，可爲作譜之法。

弢夫邀飲霞芬家，傍晚赴之。夜一更後復赴沈子承紫雲家之飲，偕子培、子封、繆筱珊，談甚暢，偕醉香招霞芬，四更始歸。

邸鈔：編修章洪鈞授直隸河間府知府。本任鄞人鄭賢坊告病。

初五日戊辰　晴，傍午後風，下午陰曀，風益横。俞蔭甫來，二十年不相見，已皤傻老翁矣。近歲海内如陳蘭浦、張嘯山等皆已零落，經學殆絶，師承益稀。始歎吾道之衰，彌動後凋之懼。蔭甫所著雖或病其多，然實有突過古人處。世人貴遠忽近，不可以理説也。今日言昨見余所刻《先賢祠目》中東漢之謝夷吾似宜入祀，據第五倫薦賢一疏推崇備至，不可以范史入方伎傳而略之，其言極有理致。余本擬兩漢人物皆入祀，以限於地不得，然謝公之爲經儒循吏，序例中已言之矣。郭子鈞來。

閱《李忠定公集》。明崇禎間桐城左羅生光先爲邵武建寧縣知縣時所選，忠定後人刻之。凡奏議十五卷，詩文集二十二卷，附《靖康傳信録》三卷，《建炎進退志》四卷。忠定《梁谿集》今所傳者一百八十卷，近日閩中有新刻本，此不及三之一，甚至賦僅存二首，制詔全删去，亦云妄矣。然宋人文集每患太多，近所刻者版樣濫惡，此本稍清楚，取其簡便可耳。

夜爲子獻撰方圓兩銅墨合銘并書之。

初六日己巳　晨及上午薄晴，午小雨，下午多陰，時有零雨。早起輕陰可喜，欲詣法源、崇效兩寺看牡丹，呼車出，便過介唐、敦夫談，一時許，覺腹飢思食，又雨作無侶，遂歸。作書致子獻，致光甫，贈以祠目三册，又以兩册致趙子新，以一册致章黼卿給事，皆諸君索之也。醉香來。朱仲立續基來。得子獻復。聞前日部曹送御史者三十一人，試『濰淄既道』，論制國用策。歸安陳其璋吏部第一；余弟慧叔居末，以題目誤書一字也。蓉生來夜談。二更後雨，甚涼。花農邀飲梅雲家，作書辭之。三更後雨漸密，有聲。

初七日庚午　竟日密雨，有風，甚涼，入晚稍止。閱《李忠定公集》。點閱鄉人闌藝之來質者。爲子獻作髮冢圖，點綴山水，頗得墨法，圖成覺有疵，毁棄之。夜閲《陶山集》。得光甫書，言試御史名在第七。

邸鈔：以太常寺少卿宗室豐烈爲通政司副使。

初八日辛未　晴。先賢祠右唐銅觀世音蘭若今日上牓，家人小作齋供，修浴佛故事。作書致花農，以其夫人今年得男，去冬曾禱於觀音，常欲追思慈氏、更修福果，故告以今日偕家人灌佛，同賽靈祈。沈子封來。得花農復書。弢夫來。作書致蓉生，得復。花農夫人來，偕内子、兩姬同詣祠盦，拈香修供，又詣崇效寺看楸花。爲子獻更作髮冢圖。胡生伯榮來，周生澄之來。子疇來，留之小食。夜詣霞芬家，本與弢夫期酬其前夕觴也，弢夫已去，更邀子承、子封、花農、資泉，飲至四更始歸。券甋不可耐，酒邊之趣，從此絶矣。付霞芬銀四兩，賞其僕十二千，車錢二十千。

初九日壬申　晨及上午多陰，午後晴。讀先莊簡公集。《四庫》據《永樂大典》搜輯成之，余家譜中有莊簡所爲祖父贊，餘姚姜山有宋刻《家訓》，《宋元學案》所采論學語五條，皆未收入，陸放翁《老學庵筆記》所載《千山亭》一詩亦無之。族姪恩圭復自廣州寄書來聒，今日復一紙，并批其書還之，且詒書郵趙姓越茗兩瓶。作書致翁尚書師，得復。叔雅來。姜生仲雲來。趙子新來。作書致陳梅坡，還錢舜舉、文休承等圖卷。作書致王子獻，得復，極歎余六法之妙，可謂過情矣。

邸鈔：上諭：户部奏查明八旗重支庫銀著落分賠並釐定章程開單呈覽一摺。此案各旗浮領庫銀，數有一萬二千五百餘兩之多，著照所擬分成賠繳，勒限半年繳清。户部俸餉處司員稽核册檔，是其專責，何以於各旗營餉册舛錯，漫無覺察？該部堂官未能查出，亦有失察之咎。除員外郎鍾英首先查出，准予免議外，所有户部堂官及俸餉承辦各司員，均著查取職名，交部議處。俸餉處書吏蒙混舞弊，大干法紀，亟應嚴行懲辦，所有各股經承，該部擬以杖六十、徒一年，不足蔽辜，著改爲杖一百、徒三年，以示懲儆。八旗支領庫銀積弊甚深，不可不認真釐剔。此次户部所定章程十條，尚屬周密。嗣後該部及各該旗務當詳慎稽核，實力奉行，不准再有絲毫弊混。詔：雲南開化、臨元兩鎮總兵，每年於秋冬二季出駐馬白關及蒙自縣，以開化中營游擊常駐馬白關，添設臨元鎮標前營游擊一員，常駐蒙自縣，添設開化鎮後營游擊一員，駐開化府城，以開化左營都司分防交阯城，右營都司分防古林、箐原，駐蒙自之右營都司改爲分防窑頭、水田，原設曲江埧之臨元鎮左營都司改爲分防個舊廠，改開化之石榴紅汛都司爲守備，改雙水塘同知於個舊廠，俱下禮部添鑄關防頒發。

初十日癸酉　晴熱，下午微凉。讀莊簡公集。其中奏議書牘，言言剴切，肝膽照人。在昌化時與胡忠簡往復諸書，意氣安舒，皆見道之言；而偶及於權奸當軸，勁直無所避。其家書及與故鄉戚友書，皆處置如平時。詩尤閑適和平，若未嘗在憂患。瓊州、昌化兩謝表絶無怨懟乞憐語，而貶斥賊檜，不少屈節，較東坡《儋州謝上表》尤爲警絶。放翁嘗記公青鞋布韈，聞命即行，及譏趙忠簡效兒女子之語，蓋學問冲邃，自信有素也。《四庫提要》謂散佚之餘，所存皆鴻寶，信哉！剃頭。桂卿來。潘鳳洲來。

十一日甲戌　晴，午後有風。是日庚午浙榜同年文昌館團拜，演四喜部，京官率資四金，會試者二金，本余與醉香、蓉生主之者，上午以痔發不能往，作片致醉香，付以銀四兩。弢夫來。作書致桂卿、花農，以昨與桂卿約後日醵飲安徽館之山亭，賞緑陰，聽春勝消息，屬花農携行厨往也。得心雲書，饋衛生參茸丸一匣，紫羊豪筆二十枝，嘉定水竹數珠合一枚，自書篆隸屏幅四紙，以近作詩一册相質，還藥丸及筆，作書復謝，犒使六千。閲《李忠定公集》。其《荀彧論》申杜牧之之説，而以唐末之裴樞相儗，國朝魏叔子之論實本於此，蓋未之見也。得季士周書，送來夏季束脩、飯食、凉棚等銀共二百九十六兩，并兩次課卷。再得心雲書，復送所還筆，受之。晡後答客一二家，遂至邑館，偕子疇、心雲談。答詣沈步驧，不值。晚詣文昌館，晤醉香、蓉生、鳳洲、竹山諸君，到者二十二人，半已去矣。與繆筱珊略談，燈上而歸。

十二日乙亥　晨及午陰，午後晴，旋陰，晡後霒陰，有雨意。上午詣廠市文華書坊。訪楊惺吾，并晤海寧查翼甫孝廉，去年新得舉者，年四十餘，亦博學人也。午後偕敦夫、田杏村詣安徽邸之碧瓏玲館，介唐、心雲、筱珊、子承、子培、子封、花農、醉香、桂卿以次至，旋報子封得雋矣。晡時設飲，肴饌甚精。傍晚坐子山亭，緑陰四合，如入林壑，逮暮而歸。吾越中六人，會稽沈維善、山陰陸壽臣。爽秋來。子培來。楊惺吾以《文館詞林》五册見贈，共十四卷，出於《讀畫齋叢書》所刻四卷之外，惺吾訪得之日本人，而黎蒓齋刻之者。作書復季士周，并寄去是月望課題。爲子疇書便面。

邸鈔：翰林院侍講學士梁耀樞轉補侍讀學士，以左春坊左庶子龍湛霖爲侍講學士。詔：安徽徽寧池太廣道梁欽長、湖南糧儲道夏獻雲、浙江湖州府知府郅馨、衢州府知府劉國光、福建福寧府知府蔣鳳藻、山東武定府知府奎瑞、雲南廣南府知府庭中杰、貴州大定府知府余撰，均開缺送部引見。禮部郎中雙福授安徽徽寧池太廣道，丁憂四川重慶府知府、前御史丁鶴年授浙江湖州府知府，兵部郎中榮埅授衢州府知府。

十三日丙子　晨及午陰晴相間，下午陰。早起閲題名録，會元劉培，直隸人。作書致子培；致筱珊，賀其從弟祐孫得雋；致楊莘伯。王子獻來。得筱珊復、子培復。作片致敦夫，致心雲。敦夫來。心雲來。子疇來。偕子獻坐紅藥闌邊，久談。作書致藩卿，慰其喪耦且落第。陳資泉來辭行。夜偕諸君齋中小飲。作書致資泉，饋以磨菌、杏仁各一匣。

十四日丁丑　晨及午陰，有濈雨，即止，下午晴。是日不快，時時昏睡。下午爲鄧獻之、楊惺吾各於團扇上畫山水一柄贈之，夜又各贈以七律一首，并作書復獻之，致惺吾。作書致江敬所，慰其父子落第，贐以二金。敬所與獻之今年皆七十餘矣。表甥酈祝卿來，告後明日行。内子等俱詣盧溝橋神祠禱疾，至晚歸。付車錢二十千。夜五更患腹痛，肝气又作。

十五日戊寅　晴陰相間。病甚，困卧，寒熱，歐吐，腹中牽痛，蓋肝气兼感寒也。午後勥起，作書請桂卿來診，並作書致花農，屬畫子疇便面。胡伯榮、茅孝廉立仁俱來辭行。子培、子封來。邵筱村觀察來。潘伯循來。得朱亮生太守汾州書，惠炭金十二兩。陶子方送來别敬十二兩。傍晚復自力起，爲酈甥之父少山、姜生仲雲之伯父及醉薌各書楹帖一聯。又爲胡生畫團扇一柄贈之，并與酈甥各贈以磨菌一匣，杏仁一匣。以祠目兩册屬胡生歸致其世父梅卿。（此處塗抹）心雲來。得翁叔平師書，屬代撰江寧將軍魁玉公神道碑，即復。夜病益不可支，桂卿來診，用蘇梗、藿梗、竹茹、半夏、枳殼、石斛、鬱金、桑葉等藥。是夕望，無月。

十六日己卯　雨，至晡稍止。病稍閒，能起，尚不思食。服桂卿方藥。得何竟山福州書，寄來《湖塘林館駢體文》十册，是甲申歲竟山從孫子宜得傳鈔本，爲刻之閩中者，文止二卷，中有已删去及未改定之作，且多誤字，然其意可感。得子培書問疾。作書致伯寅尚書，爲子獻乞《功順堂叢書》，爲心雲介執摯請見，且贈以駢文一册。作書致子培，亦贈以駢文。作書致心雲。夜勥飯，腹猶時作痛。得心雲書。

十七日庚辰　晴。遣人持片送邵筱村行，再詒以祠目三册。得子獻書，以篆書自撰八言楹帖爲贈，且饋醉魚、紫菜、白小，作書復謝，還紫菜、醉魚，犒使四千。得伯循尚書書，并《功順堂叢書》一部，即以轉贈子獻。再作書致尚書，爲子獻求售貴州紅崖石刻。吴瀓甫孝廉熲炎以所作《張德遠論》一首求正。徐仲凡來。錢藩卿來。陳梅坡來。再得伯寅尚書書，復作書致子獻。夜自校駢文。

邸鈔：升山東督糧道福潤爲山東鹽運使。兵部郎中誠勳授山東督糧道。

十八日辛巳　午正初刻十三分小滿，四月中。晴。子疇來告明日行。作書致桂卿，致花農。閲張石舟《殷齋集》。晡後詣子承、子培談。詣子疇，言已改行期，贈以二金，又以二金附致夢巖姑父之孫。詣花農、桂卿，不值。詣醉香，小坐，已日暮矣，遂歸。敦夫來。得子獻書。閲今日點用御史名單，自第一名至十六名止，光甫及金忠甫皆得記名。徐亞陶名在十八，與十七之户部廖員外鏡明、二十之户部吴員外澍霖皆不得用，三君皆年七十餘矣。剃頭。

邸鈔：以光禄寺卿奕杕爲太常寺卿。

十九日壬午　晨陰，上午小雨，即止，午後大風驟雨，晡雨益密，入夜止，甚凉。作片致敦夫，得復。同邑沈優貢祖憲來見，故辰州知府元泰之子也。作書致翁尚書師，并駢體文一册，得復。得族弟品芳書，知季弟於是月六日未時病殁，以初八日丑時大斂。哀哉，哀哉，自此骨肉盡矣！我生何罪，天之酷罰，鍾於一身。弟臨終時，我所發二十六日手書適到，請從弟詩舫誦之，甫及半而溘然逝去矣。哀哉！自春聞弟病日劇，未有以一字問之，而今至於此，尚何言哉！弟生於道光乙巳三月十七日未時，得年四十有二。有兩子一女，長男僧壽今年十六，三月二十八日以弟病甚，已娶婦矣。得花農書。

二十日癸未　晴。爲季弟位，午設奠，率家人哭之，爲赴告諸戚友。作書致三妹，致詩舫弟，致品芳弟，致楚材弟，致穎唐弟，致大妹夫鄭子霞。殷蓴庭來。心雲來。敦夫來。介唐來。光甫來。子獻來。藩卿來。

邸鈔：命：協辦大學士福錕、張之萬，户部尚書翁同龢，工部尚書潘祖蔭，户部侍郎景善，禮部侍郎徐郙，兵部侍郎廖壽恒，内閣學士沈秉成，爲丙戌科殿試讀卷官。

二十一日甲申　晴，上午後西北風甚勁。上季弟食。徐仲凡來。子培來。繆筱珊來。屠子疇來。心雲來。鮑定夫來。陳竹川來。周生澄之來。得花農書。得心雲書，贈叫鐘一具，即復謝。邵筱村饋别敬十六兩。得弢夫書，言近日亦病。

二十二日乙酉　晴。上季弟食。敦夫來。田杏村來。潘伯循來。蓴庭來。江敬所來，言明日行。作書致子獻，以明日往西山，恐歸時子獻已行，故以道意。作書致心雲，約明日廣寧門城闉相待，且致意子疇不及送行。點檢行篋。夜心雲書來，言可緩一日行，復以不必改。

二十三日丙戌　晴。上午徐仲凡來，遂同行至北半截巷口待筱珊、心雲，同出西便門。午至三貝子花園，憩車小食，坐水廊下，泉樹静深，籬落如畫。晡至澄懷園河外，市俗所謂海淀也，入一酒家，院宇頗潔，小飲而飯。晡後至萬壽山，即清漪園也，不得入。循南垣逾山麓，坐昆明湖畔，望園中樓島，不啻蓬瀛，碧燈層開，紅闌四繞，下映湖水，麗極人寰。湖邊長堤互虹，北接七洞橋，橋旁數步有金牛勒純皇帝御製銘。對岸即玉泉山，白塔矗峙，嵐翠欲飛。湖中鏡澄，荇藻可數，暮烟漸起，蒼深莫窮。晚抵青龍橋，宿旅店中，樹色滿墻，宛似越中山市。

二十四日丁亥　昧爽雨，晨止，上午微陰，午晴。早起，飯後發青龍橋，至玉泉山下，停車詣静明園，不得入，坐園門屏山前品玉泉試新茗。沿徑水聲溅溅，清逼須眉，溝渠自成，稻田繡錯。上午至普覺寺，所謂卧佛寺也，門前檜栝夾道高峙，寺有石坊，環麗殊絶，乾隆朝所敕建也。谿流環裹，今僅涓涓入寺，水聲引人漸勝。庭有娑羅一樹，高而若偃，作花正繁，香雪欲墜。後殿有卧佛，長丈餘，金相端好，旁列敬花天女十二人，皆殊麗，其唐時旃檀卧像已無從問矣。登藏經樓，有佛像前作一沙彌負老僧狀，堘設飛動，旁列羅漢，亦俱奇古。

二十七日庚寅　晨及上午陰，午後晴熱。晨起靈光寺，粥後别寺僧，肩輿至長安寺本寺也，門猶未啓。叩之入，止有龔芝麓一碑，嚴藕魚所書，餘無可駐足者。即下山，十里過北新安村，市里頗盛。數里過石景山，渡渾河浮橋。十里抵奉福寺，潭柘下院也。寺僧蠢劣，狀甚無賴，怱怱一飯。余游興已盡，又日景甚烈，不敢登羅喉嶺，遂偕筱珊别仲凡、心雲，怊悵回車，仍渡渾河，凡車行四十餘里，晡後入西便門還家。付車錢一百千，坐者一，行李一。黄仲弢來。朱桂卿來。近日李若農師、朱蓉生、族弟慧叔俱來唁。得僧壽姪等告哀書。得爽秋唁書。夜得筱珊書。閲邸鈔。二十四日傳臚狀元趙以炯，貴州貴陽人。榜眼鄔福保，江蘇吴縣人。探花馮煦，金壇人。二甲一名彭述，湖南清泉人。聞常熟本定彭述第一，嗣得馮煦卷，煦不能書，而策頗工。常熟與吴縣皆欲置第一，而南皮難之。趙以炯本第四，南皮所定者。常熟以彭述策有累語，乃與趙互易。雲、貴兩省自來無登鼎甲者。馮煦年已五十矣，策爲駢儷，亦不過勝餘子而已。常熟、吴縣愛才之摯，數十科中所未見也。

二十八日辛卯　晴。上季弟食。作書致筱珊，致伯循。弢夫來。書玉來。得伯循書，索祠目兩册。作書致子培。

二十九日壬辰小盡　晴，下午微陰，晡後陰。本生王父忌日，供饋，白布袍上加青紬褂。弢夫來。子獻來，以所篆《心經》一卷資亡弟冥福，拜受之。錢藩卿來。子培來。敦夫來。

邸鈔：詔：廣東巡撫倪文蔚來京陛見，張之洞兼署廣東巡撫。上諭：前據内閣學士周德潤、御史唐椿森各奏廣西梧州關税弊竇太多，亟應查禁各節，當經諭令張之洞等確查具奏。兹據覆奏，所擬免抽梧關經費，裁禁浮收，嚴禁書吏，整頓釐務，均著照所請行。丁憂梧州府知府梁俊未能禁止書巡多取病商，迭經飭查，復不據實稟明，咎無可辭，著照所請，以同知降補。該員選授梧州府缺，於召見時諭以認真辦事，當據面奏，曾任言官，糾人過失，斷不至自蹈愆尤，予人指摘。乃履任後，竟於關稅弊竇，豪無整頓，被參得實，殊與前言自相矛盾。用特明白宣示，以爲妄自矜詡，言行相背者戒。以上二十七日。

詔：協辦大學士、刑部尚書張之萬，工部尚書麟書，教習庶吉士。詔：此次散館一甲庶吉士邵松年、張筠等三十九人俱授編修。三甲庶吉士蒯光典等五人俱授檢討。李蔭鑾等十六人俱以部屬用。寧本瑜等十五人俱以知縣即用。浙江庶吉士七人，張頊次居五而待留，有奥援也。蔡世佐用知縣，朝邑之子閻迺竹用部屬。

司經局洗馬潘衍桐升翰林院侍講。以上二十八日。

詔：旌表癸未科貢士國裕妻烈婦翁氏。國裕，蒙古人，京口駐防也，内閣侍讀學士國炳之弟。炳去年瘵卒，裕亦以此疾亡，年皆未三十。翁氏，常熟師之從孫女，修撰曾源女也。前湖南布政使傅慶貽選湖南督糧道。

五月癸巳朔　晴，下午多陰，晚有急雨，旋止。上季弟食。饋仙洲夫人節禮銀八兩。錢藩卿來。心雲來。花農來。

邸鈔：詔：山東巡撫陳士杰來京另候簡用。以廣西巡撫張曜調補山東巡撫，即赴新任，毋庸來京請訓。廣西巡撫仍以布政使李秉衡護理。詔：廣東巡撫倪文蔚奏病勢增劇，懇准開缺一摺。倪文蔚准其開缺，俟病痊後仍遵前旨來京陛見。以湖北巡撫譚鈞培調補廣東巡撫，即赴新任，毋庸來京請訓。皇太后懿旨：醇親王奏巡閱北洋水陸操演情形一摺。此次醇親王親赴天津，會同李鴻章、善慶，周歷旅順等處，將南北洋輪船調集合操，並將水陸各營一律校閱，技藝均尚純熟，陣法亦極整齊。四川提督宋慶，署湖南提督周盛波，廣東陸路提督、署通永鎮總兵唐仁廉，天津鎮總兵丁汝昌，皖南鎮總兵史宏祖等，津海關道周馥，直隸候補道劉含芳、袁保齡，均交部從優議敘。候補道潘駿德、盛宣懷均交部議敘。已革總兵吴安康留營效力，統帶南洋輪船，尚稱得力，加恩賞給四品頂帶。至洋員教練兵艦，著有成效，亦應一體獎勵。除分别給予寶星外，琅威里教演水師尤爲出力，再加恩賞給提督銜，納根監造礮臺堅固如式，再加恩典賞給三品頂帶，以示鼓勵。海防關係緊要，據奏練兵先須選將，陸軍人才以武備學堂爲根本，水師人才以駕駛管輪學堂爲根本，洵屬扼要之論。並據王面奏，各學堂肄業於講求戰備外，兼習經史，尤屬合宜。又據奏已革道員楊宗濂，前辦天津武備學堂規制，頗能整肅，可否棄瑕録用等語。楊宗濂准其留於直隸，交李鴻章差遣委用。經此次巡閲後，醇親王務當會同李鴻章等物色將才，實力整理，應如何籌集巨款，續添船礮，並隨時會商奏辦。

初二日甲午　晨及午晴，下午有雲，雷雨作，旋霽，晡後急雨兩至。爽秋來。子封來。仲凡來。仲弢來。作書致翁叔平師，致李若農師，俱得復。作書致弢夫，得復。叔雅來。

邸鈔：以直隸布政使奎斌爲湖北巡撫。以湖南布政使松椿調補直隸布政使。以甘肅按察使陳彝爲湖南布政使。奎斌甫抵直隸任，即有此擢。松椿甫卸署直隸布政，未至湖南也。詔：禮部左侍郎徐郙兼署吏部左侍郎。許應騤差缺，本通政使周家楣署，家楣於四月二十九日疏請開缺，是日即病故。

初三日乙未　晴熱歊乾，下午陰，有濈雨，晚風起。作書致桂卿，致心雲，得復。餽遺節物，竟日往還。心雲來。介唐來。弢夫來。朱蓉生來。内子節銀十兩又錢四十千，席姬節銀七兩。

邸鈔：以山東登萊青道方汝翼爲甘肅按察使。雲南迤西道熊昭鏡升浙江鹽運使。先授運使彭名湜未抵任，病故。熊昭鏡，湖北天門人，監生貲郎，蚩蚩之氓耳，不知何以致此。方汝翼，直隸清苑籍，乙卯舉人，本山陰人。

初四日丙申　晴。張姬生日，介唐、書玉、仙洲夫人、蕚庭姬人各送禮物。花農來。劉生曾枚來。

子獻來。付先賢祠木工瓦工製扁額、床具、修墻屋等銀二十二兩，自修寓室銀八兩，協泰米鋪銀十六兩七錢，隆興紬鋪銀三十兩，吉慶長乾果鋪銀十六兩，廣慎厚乾果鋪銀十兩八錢，同興石炭鋪銀十二兩，寶森書鋪銀十兩，松竹齋紙鋪錢一百千，龍雲齋刻字鋪銀五兩四錢，宜勝居酒食錢二百二十千，京兆榮記南物銀七兩七錢又錢二千，廚人司馬士榮銀十二兩內五兩七錢先付。又錢十八千，萬福居酒食銀五兩七錢，聚福齋糕餅銀七兩，燈油銀五兩三錢，便宜坊熟食錢五十千。

初五日丁酉　寅初三刻芒種，五月節。晴，甚熱。得弢夫書。周生澄之來。錢藩卿來。霞芬來叩節，予以四金，賞其僕八千。賦僕媪等叩節錢七十四千，各家送禮及各鋪開發門錢八十千。是日始剃頭。定制：兄弟期喪一月薙髮，從兄弟既殯七日薙髮。余老矣，季弟出嗣别房，降爲功服，俯從權制十五日薙髮，彌以泫然。評改問津諸生課卷。爲子獻作山水便面，并題一絶句送其歸里。

邸鈔：山東候補道龔照瑗補登萊青兵備道，雲南候補道陳席珍補迤西兵備道。龔照瑗，合肥人。

初六日戊戌　晴，熱甚。昨今寒暑表已至八十三分，入小暑度矣。敦夫來。爽秋來吊，并送燭楮。

閲吴穀人《游泰山記》《游焦山記》《游西山記》。皆敘次雅馴，間附考證，亦頗確覈。《泰山記》尤峭絜，《焦山》《西山》亦皆有佳語。蓋穀人才弱而體俊，思凡而語工，故作游記短篇，按日爲書，能自修飾。其日記兩卷，亦同此致。又生當極盛，聯轡題襟，務萃勝游，故耳目濡染，學有原本，凡所考訂，雖亦多按籍而稽，要能識其是非，有所甄别。世之爲游記者，務據地志，羅列縷縷，喧客奪主，欲以自炫其博，不知適形其陋也。至沿襲里俗，動輒訛謬，益無論矣。

作書致爽秋，得復。夜易凉席。

初七日己亥　晴，酷熱，寒暑表進至八十七分，晡後微陰。　弢夫來。　心雲來。　醉香來。　諸暨吴澂甫孝廉來，執摯稱弟子，以陽明先生與王定齋論學手書爲束修。　孝廉名頴炎，丙子舉人，年已四十二矣，醇謹好學，留心史事。　作復益吾祭酒書。

邸鈔：太子少保四川總督丁寶楨卒。寶楨字□□，一字稚璜，貴州平遠州人。癸丑進士，以庶吉士回籍辦團練，特免散館，授編修，其後劉秉璋、吴元炳皆援此例也。　詔：丁寶楨秉性忠誠，清勤練達，由翰林帶兵剿賊，歷受先朝恩遇，外任知府，洊擢封圻。　前在山東巡撫任内，籌辦軍務，悉臻機宜。　朕御極後，擢任四川總督，於地方利弊認真整頓，實心任事，勞怨不辭。　前因舊疾增劇，籲請開缺，迭經賞假調理，嗣已力疾銷假。　方冀醫治獲痊，長承倚畀，遽聞溘逝，悼惜殊深。　加恩追贈太子太保，入祀賢良祠，照總督例賜恤。　靈柩回籍時，沿途地方官妥爲照料。　伊子體晉賞給郎中，伊孫道臣、道源、道津、道敏均俟及歲時由吏部帶領引見。旋賜謚文誠。　以浙江巡撫劉秉璋爲四川總督，即赴新任，毋庸來京請訓。　未到任時，以按察使游智開暫行護理。　駐藏幫辦大臣崇綱奏請因病開缺。　許之。

初八日庚子　晨及午陰晴相間，下午陰，鬱溽，尤熱，傍晚有雷，密雨。　作書送子獻，并致王祭酒書附去。　作書致桂卿，得復。　得子獻書，言明日行。　田杏村來，言明日行。　得心雲書。　夜雨數作，頓凉。

邸鈔：以江蘇巡撫衛榮光調補浙江巡撫。　以漕運總督崧駿爲江蘇巡撫。　以江西布政使盧士杰爲漕運總督。　以江蘇按察使李嘉樂爲江西布政使。　以内閣學士尚賢賞副都統銜，爲駐藏幫辦大臣。　工部郎中邁拉遜授山西河東兵備鹽法道。本任道員丁體常丁憂。　上諭：劉銘傳奏各路生番歸化，請將開山剿撫尤爲出力官紳懇恩給奬一摺。　上年冬聞臺灣生番滋事，經劉銘傳督飭官軍分路剿辦，並派員赴各社反覆開導，該番等懾於兵威，率衆就撫。現在招撫四百餘社，歸化七萬餘人。辦理尚爲妥速。劉銘傳調度有方，深堪嘉尚；劉朝祜、章高元隨同辦理剿撫事宜，頗資得力：均交部從優議敘。其餘出力員弁、官紳、道員林朝楝等升賞有差。另片奏前藩司沈應奎贊助籌畫，異常出力，請逾格恩施等語，沈應奎著賞還原銜花翎。

初九日辛丑　晨及上午清陰，甚涼，午晴，傍晚大雨雷震。徐亞陶來吊。庚辰同年李經世編修訃告其尊人和甫觀察之喪。觀察年五十八，幼瞽而善居積，故最富，合肥之季弟也。得心雲書，以錢松壺所畫醉鍾馗屬題，上幅有松壺自題詩，且記自五代不恪、宋馬和之以下繪鍾進士者，其圖皆意有所託。余嘗欲繪鍾馗謁座主圖，爲賀季真倚墻頭作大醉狀，鍾進士緑袍槐笏，捧金叵羅，傴僂獻之，見者當無不大笑也。晉人《傳咸集》言畫臧文仲於卞和之旁，使赭其面，以示竊位之赧色，是古有此例。夜涼甚，復去席。

邸鈔：詔：衛榮光未到浙江巡撫任以前，許應鑅暫行護理。以兩淮鹽運使張富年爲江蘇按察使。

初十日壬寅　晴陰相間，下午多陰，晡後小雨，即止，晚晴，甚涼。楊定旉來吊。光甫來。藩卿來。是日評閱問津諸生卷訖，題爲『暮春者』七句，凡百十人，取陳驤第一，張大仕第二。

邸鈔：詔：新科進士一甲趙以炯、鄒福保、馮煦三名業經授職外，二甲彭述等八十七人俱改爲翰林院庶吉士，吴品珩等八十九人俱分部學習，王明德等九人俱以内閣中書用，楊琮典等一百五人俱以知縣即用，刑部即補郎中謝元麒等七人俱各以原班用，餘著歸班銓選。浙江得庶吉士十一人，紹興四人：山陰陸壽臣、會稽沈維善、餘姚韓培森、諸暨陳遹聲。其餘上虞朱士黻歸班，新昌梁葆辰未揭曉已歸，嘉興沈曾桐、山東人柯紹忞、王守訓皆得庶常。湖南李子榮、李子茂，福建宋滋蘭、宋滋蓍，貴州趙以炯、趙以煃，蓋兄弟也。李皆入翰林，滋蘭入翰林，滋蓍用部屬，以煃用中書。滿洲端洵，前西安將軍恭鏜子，朝考第一；湖南陳兆葵，前山東巡撫士杰子：皆入翰林。江西李翊煌，故大理卿聯琇子；江陰繆祐孫、寶應劉嶽雲，皆用部屬。上諭：兵部奏遵議廣東裁併改設總兵各缺一摺。廣東陽江鎮水師總兵著即裁撤，改設北海鎮水陸總兵，以資控制。其高州鎮陸路總兵著改爲水陸總兵。河南南汝光兵備道賈致恩升兩淮鹽運使。

十一日癸卯　晴，稍熱。夜作書致季士周，并是月課題、四月學海經古卷。

十二日甲辰　晴，復熱。彁夫來。徐仲凡之子錫康來見。得花農書，即復。

十三日乙巳　晴熱，微陰。剃頭。作書致胡雲楣，以錢藩卿欲至津門求道地也。傅子尃來。是日評閱問津諸童課卷訖，題爲『浴乎沂』三句，凡七十餘人。比夕俱有佳月。

邸鈔：通政司副使豐烈升光禄寺卿。内閣侍讀學士鳳山升太常寺少卿。

十四日丙午　晨陰，上午微晴，午後陰，有小雨，晡後雴陰。心雲來。子培來。華庶常學瀾來，問津肄業生也。諸暨陳庶常遹聲來。同邑沈伯祥庶常維善來，山陰陸庶常壽臣來。陸居山南村，沈居東浦，亦山陰人也。

邸鈔：黑龍江將軍文緒奏請因病開缺。許之。以前西安將軍恭鏜署理黑龍江將軍。盛京刑部侍郎寶森奏請因病開缺。許之。詔：署金州副都統文格改爲實授。

十五日丁未　晨及上午晴，微陰，下午晴。閱三取書院二月望課生童卷訖。生題爲『浴乎沂』五句，凡五十餘人，取張寯藻第一，陳文炳第二。童題『童子』二字，凡三十三人。周生學銘、學熙兄弟自津門來，并致其尊人玉山觀察饋冰銀三十兩。是夕望。

邸鈔：以盛京禮部侍郎松森調補盛京刑部侍郎，以禮部左侍郎文暉爲盛京禮部侍郎。

十六日戊申　晴，酷熱，寒暑表至九十分。敦夫來。叔雅來。陳梅坡來。吴澂甫來。

邸鈔：以禮部右侍郎敬信轉補左侍郎，以左副都御史英煦爲禮部右侍郎。以内閣學士續昌署理刑部右侍郎。貴恒學差缺，本文暉署。右春坊右庶子徐會澧轉補左春坊左庶子，翰林院侍讀張英麟升右庶子。

十七日己酉　晴，風，酷熱。沈子封來。是日評閲改三取書院三月望課生童課卷訖。生題『孟子曰君仁莫不仁』兩章，凡四十餘人，取陳文炳第一。童題『如才也』三字，凡三十人。

十八日庚戌　晴，酷熱，有風，下午微陰，傍晚稍有涼意。得弢夫書，即復。叔雅送季弟青呢輓障并西藏香一根，犒使六千。敦夫、定夫兄弟，書玉、介唐、仲凡、伯循、光甫、秉衡、心雲、藩卿合送季弟藍呢輓障兩軸，犒使十千。霞芬來。心雲、弢夫來夜談。

十九日辛亥　竟日涼陰，雨數作。劉鐫三師十周年忌日，送香燭楮錢。醉香送季弟香燭、錫薄紙。蔡枚龕來。吴澂甫來。陳雲衢庶常遹聲來，稱弟子，以蘇州印本《古逸叢書》一部共八函爲摯，固辭之不得。閲鈔本《湛然居士集》及明浙江參議何湛之刻《韋蘇州集》，即汲古閣刻祖本也。傍晚晴霽，夕陽嫩開，照高樹顛，金碧如畫。坐庭下閲張芑堂《金石契》初印本，覺古艷映發，暫時佳景，足遣窮愁，晚霞亘天，紅極麗矚。

二十日壬子　戌正二刻十三分夏至，五月中。晴，復熱。敬懸三代神位圖，祀曾祖考妣、祖考妣、本生祖考妣、先考妣，晡畢事。祀屋之故主。朱笏卿進士士黻來。是日評閲問津三月望課生童卷訖。生題『孟子曰人之易其言也』兩章，凡八十人，取陳澤霖第一，李鳳池第二，費登泰第三。童題『子來幾日矣』，凡四十四人。比日酷熱，兼以手足之痛，忽忽若失，而疲於此事，多加改削，文字大半謬惡，頭目爲昏。平生不吝誨人，凡作一事，無不竭盡心力，此其一端也。敦夫送來沈曉湖春分日書，言楊雲程去秋病歿。

邸鈔：前福建督糧道葉永元授廣西左江兵備道。本任彭世昌故。

二十一日癸丑 晴，暑復熾，晚陰，夜雲合有電，小雨數作，一更後風。作書致季士周，寄去兩月課卷。得士周書，并前月課卷及學海堂課卷、端午節敬十六金。周介甫來。

閲《韋蘇州集》。前有宋嘉祐元年太原王欽臣記，凡十卷，分類十四，曰古賦、雜擬、燕集、寄贈、送別、酬答、逢遇、懷思、行旅、感歎、登眺、游覽、雜興、歌行。王記作十五，字誤。古賦祇《冰賦》一首；詩五百七十首，寄贈最多，分上下卷；歌行亦分兩卷。末附拾遺詩八首，亦宋人所校補也。

邸鈔：命内閣學士汪鳴鑾爲廣東學政。本任學政胡瑞瀾故。

二十二日甲寅 晴，酷暑。郭子鈞來吊。於實森書肆購高郵茆雲水明經泮林所輯《梅瑞軒古逸書十種》《世本》《楚漢春秋》《古孝子傳》《伏侯古今注》《淮南畢萬術》《計然萬物録》《三輔决録》《司馬彪莊子注》《晉元中記》《唐月令注》。初印本，杭堇浦《詞科掌録》十七卷，《詞科餘話》七卷，直銀十兩，即付之。爲弢夫繪翠微山寺圖團扇。是日修理西院訖，將以延僧誦經也。剃頭。

邸鈔：安徽巡撫吴元炳卒。元炳字子堅，固始人，庚申進士，以庶吉士在籍辦團練，免散館，授編修。詔：吴元炳由翰林效力戎行，洊擢藩司，晉膺疆寄，在江蘇巡撫任内迭署兩江總督，旋補漕運總督，嗣任安徽巡撫，於地方吏治營伍，均能認真籌辦，克稱厥職。兹聞溘逝，悼惜殊深。加恩照巡撫例賜恤，伊子試用道吴春淦服闋後以江蘇道員補用。以新授湖南布政使陳彝爲安徽巡撫，未到任時，布政使張端卿暫行護理。

二十三日乙卯　晴，微陰。爲吴瀔甫繪村橋落照團扇，爲心雲繪翠微山寺游集圖摺扇。得翁叔平師書，惠燕窩兩匣，作書復謝，犒使八千。得陳雲衢書。夜微凉，可翦燭讀畫。得花農書，即復。

邸鈔：以浙江按察使孫翼謀爲湖南布政使，以福建督糧道劉瑞祺爲浙江按察使。山東兖州鎮總兵金祖凱以傷疾開缺，□□□□文瑞補兖州鎮總兵。

二十四日丙辰　晴陰埃皆，復熱甚。上季弟食。自前月二十一日後，每晨如此。爲陳庶常作書致伯寅尚書求一見，得復，即作書致雲衢。得子蓴書，送季弟藍呢輓障，即復謝，犒使四千。周介甫送季弟燭楮。霞芬來上季弟肴饌一筵，并燭楮，賞其使十二千，車僕飯八千，儈者二千。華庶常瑞安學瀾來見。夜邀定夫、敦夫、介唐、弢夫、心雲飯，二更散去。是日褾糊西院并整理窗户訖。

二十五日丁巳　晨及午晴，有風，下午微陰，極鬱悶，晡後密雨，旋止，傍晚大雨，入夜淋漓。季弟終七之期，延僧九人誦經。族弟慧叔送肴饌九豆、餅餌兩事來祭。繆筱珊，龐絅堂、劬庵兄弟，楊莘伯合送素饌一筵三十二豆來祭。郭子鈞、朱蓉生，沈子承、子培、子封兄弟合送藍尼輓障一軸。花農、桂卿，弢夫、吴瀔夫、陳雲衢合送輓障一軸。馬蔚林、鮑定夫、敦夫、周介甫、王弢夫、沈子承、子封、子培、桑叔雅、繆筱珊、朱蓉生、黄仲弢、龐絅堂、劬庵、楊莘伯、徐花農、王醉香、胡光甫、傅子蓴、徐仲凡、潘伯循，吴介唐、陶心雲、族弟慧叔俱來吊。仲弢偕尊人漱蘭侍郎送藍呢輓障一軸。書玉夫人來唁奠，送奠儀兩番金。朱笏卿進士及對門鄭主事德霖俱送燭楮。慧叔復送燭楮。子蓴、仲凡、敦夫、介唐、伯循、心雲、慧叔皆留至晚，送靈車、樓庫人馬始散，可感也。送書玉第四郎果餌、四番金。族弟代余禮佛，贈以銀二兩。玉皇廟僧悟道來行禮，且送楮鏹，贈以錢十千。夜僧俗盡散，廚人尚餘香積一筵，偕族弟兩人於靈床側共食。雨聲凄苦，燈燭爲昏，展念孔懷，今日遂畢。對床聽雨，在此空堂，觴豆言歡，虛期魂夢，幽明永隔，涕淚何窮！

二十六日戊午　陰，濕，黴溽，下午微晴，庵靄竟日。疲劣不食，多卧。

閲鈔本《明季實録》。共四卷。首題顧炎武寧人輯，蓋僞也。其中叢雜無條理。第一卷爲《南都諸臣諭勸官商助饟疏》，末具南京兵部尚書史可法、户部尚書高弘圖、工部尚書程註、右都御史張慎言、兵部侍郎誤作尚書。吕大器等十八人銜名，及《福王監國詔書》《發哀詔書》《登極詔書》五月初四日監國，諸書皆作庚寅，是初三日。《南中近報》《弘光七月廿七日勸諸臣和衷諭旨》《大清檄明臣民文正訛復仇説》《新進士南歸口述》《賊臣改六部爲政府考》《迎降擁戴賊臣記》《梁谿華蘭芬述燕邸實抄》；第二卷爲《從闖賊破京城僞官考》《泣鼎傳真録》《閩中吴鴻磐染血書》《勳戚文武諸臣死節記》《應正祀文臣二十四人，正祀婦女九人，附祀文臣七人，正祀武臣七人，附祀武臣十五人，正祀内臣一人，附祀内臣六人紀》《六等擬定罪從賊諸臣紀》《存疑擬另議翁元益魯栗等二十六人，已奉旨録用張縉彦等八人紀》；第三卷爲《從逆諸臣、倖免諸臣、誅戮諸臣、刑辱諸臣、削髮受刑諸臣、潛身諸臣考》所載有重複參差者。《叛逆奸臣及賊授僞官考》此又與上諸臣考多不同，蓋别出一書。如周奎前見《幸免諸臣考》之首，且辨其外傳奎獻太子以求免，實無此事。此於叛逆奸臣首列周奎名，云獻太子，是非出一人。其末云察得《大明會典》，凡從逆諸臣父母流三千里，妻子没入功臣家爲奴，田産屋宅皆入官。立振乾綱，大加天討，是在新天子矣。知出南都初立時人。《大學士馬士英請申大逆上諭》《諸臣題奏殉難死節事上諭》《陝西監軍御史霍達題奏延安榆林各鎮官紳殉難請旌表疏》；第四卷爲《鹿城募建報國道場追薦忠魂水陸大會疏》《邊大受虎口餘生記》《御史題奏秦中死難各官並榆林失地情形疏》《陝西殉節各官籍貫》《酉陽隨筆》，其中已盡采入《南北略》《南疆繹史》諸書，惟所載當時奏諭公文，則本之案牘。其遇明事皆抬格寫，是福王立國時人所爲者也。華馨之蘭芬《燕邸實鈔》載殉節遁逃從賊姓名甚詳，其於吾鄉周文節下注云：『廿二日王德化激之而死。』《從逆諸臣考》於吾鄉王自超下注云：『以年少不更事，不用。自超行賄選司，仍許補。』蓋皆出仇嫉之口，不足憑信。爾時元黄水火，旦夕百變，問道傳聞，愛憎任意。不特方岳貢之死，雲間士夫何剛等公揭訟之；魏學濂之死，禾中士夫訟之；項煜之受太常寺丞，周鍾之草僞詔，吴梅村《綏寇紀略補遺》及亡名氏《花村看行侍者談往》皆力申雪之也。岳貢之被拷，獻下江南策；學濂之官户部司務，爲賊草場視芻，揚揚得意，且獻由海道平浙及趲漕策；煜之馳驛進香泰山；鍾之勸進草詔：皆馬、阮輩誣之。

爲心雲更繪翠微山古龍泉寺圖團扇。弢夫來。

二十七日己未　晴。朱筠卿邀飲法源寺，以余不赴宴會，故假席名藍，設廚香積，意甚可感。力疾赴之，上午入寺，坐西院，甚爽塏。筠卿及敦夫、光甫、朱仲立已至，介唐、心雲後來。蟬聲遠聞，花樹相映。午後飯於客坐，清談良久。晡後遍行諸院，至方丈看竹，晤主僧静涵。傍晚裴回藏經閣下，摩挲唐代斷幢。晚歸。一日之閑，三生可證，未能出世，聊與消愁。得季士周書。得陶孝廉聯琇書，送來何竟山雙鉤本漢碑篆額。新分刑部主事曾進士福謙來請見，不值。夜不快，歐吐，大嗽。

二十八日庚申　晨晴，午雨，下午微陰，埃䵝。病甚，不食。令圃人種芭蕉及紅蕉。吴進士品珩來請見。吴字佩蔥，東陽人，新分刑部主事。弢夫來。再爲心雲團扇添畫樹石人物，頗細密，有遠神。付芭蕉、末麗等錢十二千。

邸鈔：以前盛京禮部侍郎綿宜爲内閣學士，兼禮部侍郎銜。

二十九日辛酉　晴熱，微陰。病不愈，晚始孱食。得心雲書。作書致伯寅尚書，得復。爲心雲畫團扇，并前所畫摺扇，作書致之。陳生文炳來，以病不見，還其摯金。

邸鈔：左春坊左中允慕榮幹升司經局洗馬。福建福州府知府張國正升福建督糧道。前丁憂湖北襄陽府知府胡勝授福州府遺缺知府。詔：已故四川總督丁寶楨於山東省城建立專祠。從陳士杰請也。

三十日壬戌　晴。繆右臣來，新分户部主事。得花農書，約明日晚飲，作書復辭，以過六月方與宴飲。得吴澂夫書，言先世葬事，勸余亟歸營窀穸，其意甚誠，可感。别紙言先賢祠位中宜增王復齋、楊廉夫、王元章、吴一飛四人，凡千餘言。即復書，備告以故，且爲書所畫團扇還之，并購錢滄洲貢、沈秋嶽昭等山水畫册，先付三十金。得陳畫卿是月二十日書。賦諸僕媪叩季弟靈床及門錢等共四十千。

六月癸亥朔　晴，酷暑，下午陰，有小雨，即止，傍晚晴。寶應劉進士嶽雲來請見。劉字佛卿，新分户部主事。辭以疾。得書玉書，饋上海醃鮒一尾，即復謝。得弢夫書，爲仲弢送團扇乞畫。作片致澂夫，以香燭屬代詣先賢祠行禮，得復。爲弢夫及其妹夫朱專五孝廉謙畫團扇，即作書致之。新栽夜合花一樹於圃東小院。

邸鈔：以降調兵部左侍郎黄體芳爲通政使司通政使。

初二日甲子　晴，下午微陰，旋大風，傍晚雨，逾頃止，晚凉。前日入法源寺，始聞蟬聲，今日已來庭樹間矣。弢夫來，言今日工部試保送軍機司員，題爲『唐宋樞密使同不同論』，弢夫列第一，伯寅尚書所取也。

閲金氏《求古録禮説》。其《天子四廟辨》《星辰説》《屋漏解》《樓考》《冬祀行辨》《夏禮尚文辨》，皆實能發古人之隱。以星爲五星，辰爲二十八宿，日月所會之十二次，申明《周禮・大宗伯》鄭注之義，極爲精確。《屋漏解》言《喪大記》所云『甸人取所徹廟之西北厞薪，用爨之』，謂廟後之西北厞人所罕至，檐下可以積薪，供祭祀爨饎，不得褻用，喪禮取以炊浴，所以神之也。舊説或以厞爲門扉，或以厞爲屋檐，皆謂抽取屋材。劉熙謂撤毁室之西北隅，以示不復用；孔沖遠以廟爲正寢，謂主人已死，此堂無復用：皆悖於理。慈銘案：以新死而遽徹毁屋材以爨，理所必無。金氏以厞爲隱處，以徹爲取，即取所積之薪，尤前人所未發。惟以屋漏爲即《詩·豳風》之向，《禮·明堂位》之達鄉，似猶無堅據。眉批：案：云取所徹者，以廟厞所積之薪，本甸人所供，主人新死後，甸人已先發廟薪以待，至此取而爨之，故曰取所徹也。

夜雨數作。

邸鈔：□□□耆安授四川鹽茶道。

初三日乙丑　晴陰餖飣。汪柳門閣學來，以將之廣東學政任也。同邑陶秀充孝廉琇瑩來，蓮生太守澐之孫也，於子縝、心雲爲族孫行，以詩來請執摯。吴澂夫來。得心雲書，即復。閲《求古録》。比日嗽甚，吐淡次甚多。今日疲劣，多卧，晡後閲東坡詩以自遣。《儋州新居》詩云：『朝陽入北林，竹樹散疏影。短籬尋丈間，寄我無窮境。』此四語清妙微遠，寄語無窮，余夙愛誦之。時坡老方以僦官屋被逐，同子過泥水雜作，葺茅僅芘，而胸次悠然，隨處自足，此聖賢之樂也。

初四日丙寅　晴，微陰。爲翁叔平師代撰《成都將軍魁果肅公魁玉神道碑銘》。魁玉，字時若，姓富察氏，荆州駐防，滿洲人。有子七人，次子札克丹，前任常州河間知府，已卒。三子邁拉遜，丁卯舉人，今以工部郎中授山西河東道；餘亦有登科者。晡時文成，即作書致叔平師。爲周生澄之改試律。晚有風，稍凉。夜服茯苓、柴胡、陳皮、杏仁、桃仁湯，覺小安，嗽漸止。

初五日丁卯　晴，酷熱。得叔平師復書。得心雲書。作書致周生澄之，還其詩。

初六日戊辰　未正一刻七分小暑，六月節。晨陰，上午小雨，午微霽，下午密雨數作，傍晚大雨。爲黄仲弢團扇作設色『浩歌一櫂歸何處、家在江南黄葉村』圖。作書致敦夫，致心雲。陳雲衢、沈伯翔兩庶常柬訂初八日飲陶然亭，作書辭之。心雲來，夜飯後去。是日製元青芝麻紗褂子一領，付直銀五兩又九錢，縫工六千。余舊衹一元色實地紗褂，是先君子所遺，兩世服之，五十餘年。色雖黯淡，質尚堅韌，可見道光之世物力昌厚，工無惰窳。每一服時，摩挲鄭重，不啻法物。今以季弟之喪，始製此衣，孤露一身，骨肉已盡，西崦殘景，後顧藐然，感念先型，不勝悲泫。

邸鈔：通政司參議溥顧升内閣侍讀學士。

初七日己巳　晴熱鬱暑，下午微陰，傍晚小雨，即止。昨夕嗽復劇，今日又疲瘶多睡。爲仲弢書扇。得心雲書。閱查初白《蘇詩補注》本。初白於此書用力甚勤，蓋平生瓣香，孜孜不倦；其中小有疵誤，馮星實補注及《四庫提要》亦加駁正。然馮注徵引太繁，往往喧奪，不如此本簡覈謹嚴，用爲家塾讀本，爲最宜也。是日考試各省拔貢，協辦大學士福錕，尚書麟書、潘祖蔭，侍郎薛允升、宗丞徐樹銘爲閱卷大臣。

初八日庚午　晨及午晴陰埃蜚，下午多陰，鬱悶不堪。病不愈，復苦牙齦腫痛。得桐孫五月廿五日津門書，并寄來《汾州府志》兩帙，乾隆中戴東原所修，余去年託桐孫索之朱亮生，汾守者也。作書致仲弢，送所畫扇去，仲弢以舍弟之喪，三次衽吊，故以報之。作書致子培，得復。得仲弢書。子培來。敦夫來。是日買梔子花一株，河西柳花兩株，以盆置之窗下，付直二十二千。柳花結穗，作淡紅色，蓋即《爾雅》所謂檉河柳也。夜四更復密雨，達旦淋漓。

邸鈔：詔：兵部等部會奏遵議處分一摺。前黑龍江將文緒降三級調用。四品官扎拉豐阿著即革職。布特哈總管諸們德勒和爾、掌户司關防主事春山俱降三級調用。副管博多羅、佐領訥恩登額、騎都尉景來懷疑誤控，私自赴京，擅離職守，均即行革職。閻敬銘奏久病未愈，懇請開缺。詔再賞假一月。

初九日辛未　上午晴陰相間，下午多陰，傍晚復霽，鬱溽彌甚。陳雲衢來。弢夫來。作書致吴澂夫，并畫册銀十兩。新分浙江知縣左進士宜之來，以疾辭不見。今日病甚，齒齦及唇浮腫，兩足亦腫痛，且患腹疾。剃頭。晚有虹見東方。

初十日壬申　霎䨴多陰。病唇腫，不能食。閩人曾福謙再來，固求見，不得已而出，自稱庚午同年，向工楷書，而今年不能得翰林，蓋妄人也。服木瓜、防己、茯神、杏仁、海棠、麥冬、白芍、赤芍湯。爲朱桂卿撰其太夫人八䄵壽序，爲徐花農撰其尊人若洲先生鴻謨《蒼蔔花室詩詞集序》，即作書致兩君，并以郎芝田山水畫册還花農。

閲《汾州府志》。其前列修纂姓名爲知府孫和相等，而無東原名，惟朱石君、徐飛山浩、曹孝如學閔三序及孫序皆言之。石君時爲山西布政；飛山吾邑人，時爲冀寧道；孝如則汾人也。其《人物》《義行》等頗氾濫。然又立《仕實》一門，以史有疵議及無事蹟者入之，如唐之宋之問、薛能，五代之相里金、侯益，宋之王嗣宗皆與焉，似亦甄覈甚嚴。而所載元有陳政官定遠大將軍，王珪官都督大元帥，王仲文官中書省門下右丞相。元代未聞有大將軍之官，中書省不加門下二字，漢人亦未有官大元帥、右丞相者，蓋亦存疑而及之。其《藝文》一門，采及並時人詩文，則以修志之難，不能與流俗人争也。東原意專在地理，考辨致精，餘蓋非所措意矣。

夜初有電，二更大雨，以後時亦有聲。

邸鈔：慈禧端佑康頤昭豫莊誠皇太后懿旨：皇帝近來披閱章奏，論斷古今，剖決是非，權衡得當。念垂簾之舉，本屬一時權宜，皇帝仰承穆宗毅皇帝付託之重，當此典學有成，自應欽遵同治十三年十二月初七日懿旨，即行親政，以慰深宫期望之意。即於本年冬至大祀圜丘，爲始躬親致祭，並著欽天監於明年正月内選擇吉期，舉行親政典禮。將此通諭中外知之。

十一日癸酉　晨日出，旋陰，有小雨，巳後晴。得花農書、吴澂夫書。爲澂夫評改所作贅言數十則，及古今體詩，即作書還之。爲心雲評詩，并爲題錢松壺醉鍾馗圖七絶一首，即作書還之。鮑士稱來。梔子花開，水紅柳亦有華者。得心雲書。夜凉，二更後密雨，大風雷震，四更雨聲淒苦如秋。

十二日甲戌　晴，下午陰，晡後雲合，旋小雨，晚晴，甚凉。

閲《宋史·職官志》。自來官制之遷改不常，升轉回互，糾紛錯雜，莫過於《宋史》。志之繁釀凌亂，或直鈔吏牘，或偏據一時，首尾不明，詳略失當，亦莫過於宋。即以命婦一事言之，絶不言其官品之差、階級之等；甚至徽宗政和改制，如恭人、宜人、安人等號古所絶無而行之至今者，竟無一字之及，致南宋人文集有所謂碩人、令人者，莫知其爲何品，可太息也。

心雲來。

邸鈔：翰林院侍講王文錦轉侍讀，洗馬慕榮幹升侍講。

十三日乙亥　晨及上午晴，微陰，頗凉，下午霒䨴，鬱悶。得汪柳門書，贈武梁祠畫象拓本一匣，桂未谷《説文統系圖》拓本一幅，聊城楊氏刻《蔡中郎集》、畢恬谿亨《九水山房文存》《助字辨略》《惜抱尺牘》，作書復謝，犒使四千。朱蓉生來。王醉香來。再得柳門書。夜小雨。

十四日丙子　陰霒鬱溽，晡後密雨，晚晴，虹見。整比架書，頗疲手力。遣人詢弢夫、子培昨試軍機消息，又拔貢朝考今日揭曉，問敦夫令郎等第。得敦夫書，言令嗣在浙江一等第五。作書致書玉，饋西瓜一儋，香瓜二十枚。汪柳門來。介唐夫人來。花農來。

閲《惜抱尺牘》。新城陳石士所輯者，共八卷，咸豐乙卯秀水高伯平手書，楊致堂所刻。其論文章，謂望谿不能見《史記》深處，遠不如震川；又謂宋潛谿全是外道；謂《論衡》淺處極陋，深處極誕，其文全不足學：皆極有識。謂李安谿雖非真理學，其言義理，亦有可取，惟好論文章，則甚可笑，亦是平情之論。至惜抱經學甚淺，爲同時漢學諸儒所輕，因遁而尊宋儒，貶斥惠定宇、戴東原、朱石君諸君子；至自誇其筆記中所論史學，謂足與錢辛楣相匹；且以與袁簡齋素好，謂浙中可與竹垞、西河抗衡：則不識輕重之言矣。又謂《凌仲子文集》一無足取，此涂軌迥别，其是非又不足論也。

作書致季士周。得弢夫書。夜涼甚。

十五日丁丑　晨及上巳小雨，霢霂如秋，午後晴，酷暑蒸淫，傍晚埃䨓，極悶不堪。得書玉書。爲柳門畫團扇，作高松飛瀑、重山蒼翠，下隱小亭，間以雜花，此境非近日畫家所知也。得張朗齋尚書是月七日濟南書，及施均甫書。吴澂夫來。桂卿來，以江蘇人顧澐水墨山水一幅爲贈。弢夫來。爲柳門作送行七律一章，并書之扇。夜初更大雨，風雷交作，雨竟夕不絶聲，頓涼。

邸鈔：皇太后懿旨：醇親王奏籲請體念時艱，俯允訓政，禮親王世鐸等奏合詞籲懇訓政數年，伯彦訥謨祜等奏籲請從緩歸政，以懋聖學各一摺。覽奏均悉。垂簾之舉，出於萬不得已。十餘年來皇帝典學有成，特命於明年正月内舉行親政典禮，審慎宣綸，權衡至當，不容再有游移。所請均毋庸議。至醇親王摺内所稱宫廷政治内外並重，歸政後當永照現在規制，凡宫内一切事宜，先請懿旨，再於皇帝前奏聞，俾皇帝專心大政等語，念皇帝冲齡嗣統，撫育教誨十餘年如一日，即親政後亦必隨時調護，遇事提撕，此責不容卸，此念亦不容釋，即著照所請行。本日欽天監奏遵旨選擇吉期一摺。皇帝親政典禮於明年正月十五日舉行。

十六日戊寅　晴陰相間，鬱溽蒸潤。薦瓜於先。是日節孝張太太生日，供素饌。作書并扇致柳門，得復。得陳雲衢書。爲吴澂夫改文字兩首，即作片還之。弢夫來，言軍機試列第十四名。十一日試内閣、吏部，『内平外成論』。十二日試户部、兵部，『智圓行方論』。十三日試刑、工部，『奉職循理論』。浙人潘鳳洲、連文冲、濮子潼及弢夫共取四人，子培、蔚林皆不與。敦夫來，介唐來，心雲來，澂夫來，留共夜飯，談至二更去。

十七日己卯　霒靆多陰。剃頭。

宋《胡宿文恭集》有《宋故左龍武衛大將軍李公墓誌銘》，即後主弟從謙也，其中多可補《十國春秋》之闕。云：『從浦字可大，本名從今本作『初』，《四庫》考證以爲『從』字之誤，是也。謙。』陸氏《南唐書》誤謂從鎰，改從浦；它書又皆作誧，亦不詳其字。其云『憲宗第八子建王恪之後，南唐烈祖之孫、元宗之子』。文恭爲北宋人，與從謙父子同籍常州，又與從謙子友善，而此志明言憲宗子建王之後，則《五代史》諸書謂託於太宗子吴王恪者，皆風影無據之詞。又云：『後主友愛異於它弟。開寶中，受言奉幣入貢誕節。』『後主嘗因置酒，惻然有勤望之勞，賦《青青河畔草》一篇，章末有「王孫歸不歸，翠色和春老」之句，當時士人莫不傳諷。』此它書皆未載。又云入宋後，『授右神武大將軍，領漢東郡事』，移江夏及同谷。《南唐書》等皆作知隨、復、成三州。據此則鄂州非復州也。云：卒年五十。男子七人：仲儀，左班殿直；仲昕，右班殿直；仲勖，無禄；仲某，三班借職；仲偃，登進士第，歷踐省閣，今任尚書刑部郎中、淮南轉運使；仲連，右侍禁；仲荀，郊社齋郎。三女：長嫁郎邪王祐之；次二女内寺出家爲尼，並賜紫方袍，善才號妙智大師，善聰號崇因大師。孫男九人：孝友，剡縣尉；孝嗣，試校書郎。《十國春秋》僅載仲偃一人，止云舉宋大中祥符八年進士。

又有《故朝散大夫太常少卿致仕李公墓志銘》，即仲偃也。言仲偃字晉卿，進士丙科，歷知蘄春縣、大理寺丞、殿中丞，出知越州會稽縣、尚書屯田員外郎、通判台州、都官員外郎、知真州，召拜侍御史，遷司封員外郎、淮南提刑，入爲三司度支判官，除兩浙轉運使，賜紫，除工部郎中、判三司度支句院，假太常少卿，直昭文館，充契丹國信使，還除刑部郎中、淮南轉運使。至和元年以兵部郎中知蘇州，乞病，以本官分司南京，聽家武進。後四年告老，除太常少卿致仕。嘉祐戊戌卒，年七十七。子孝嗣，秀州崇德令；孝直，試校書郎。孫元規，太廟齋郎。蓋仲偃是江南李氏之顯者，仲偃之知會稽縣及爲兩浙轉運使，孝友之爲剡縣尉，吾越府縣志皆失載。

又《故祕書王公墓表》云：本匡姓，『曾祖克模、祖建寧俱仕南唐爲偏將』。『周師圍壽春，國主令建寧齎密詔至守將劉仁瞻所，致命而還。』亦諸書所未及也。放翁《南唐書》謂從謙後不知所終，其時年代未遠，而不知其有子嘗令會稽，爲兩浙轉運，且文恭四世掌誥，放翁亦未見其集，足見考古之難。

十八日庚辰　晨小雨，上午大雨，下午稍止，晡微见日，傍晚大雨，入夜不止。是日初伏，鬱溽異常。以甜瓜祀先。以西瓜供先賢祠，雨不克往，先供玉皇廟諸神。

楊盈川《李懷州墓志銘》云：『公諱冲寂，字廣德，左衛大將軍西平王之孫，荆州大都督漢陽王之子，今上之族兄也。』案：今上謂高宗，冲寂卒於永淳元年。案《新唐書·宗室世系表》，太祖子蔡王岡子安，字元德，隋右領軍大將軍、趙郡懷公，追封西平王；子瓌，漢陽郡王；子冲寂，兗州長史。冲寂下一格注云缺。據此志則冲寂歷官太府、鴻臚二少卿，青、德、齊、徐、宣、陝六州刺史，檢校司理太常伯，營州都督，蒲州刺史，少府監，檢校將作大匠，營義陵，銀青光祿大夫，行少府監，檢校右領軍將軍，以公事左授歸州司馬，遷中大夫，行兗州都督府長史，卒贈懷州刺史，其歷官甚顯，表止載其卒官耳。下云長子某，官某；次子某，官某。是有二子，皆已歷官，亦可補史闕，惜不詳其名也。又《鄭國公墓志銘》云：公諱柔，字懷順，恭帝之孫，鄭國公行基之子，薨於永昌元年二月。亦兩《唐書》所未詳。惟代王侑卒時年止十五，行基未必恭帝所生也。

夜震雷密雨，至三更後始稍止。

邸鈔：慈禧端佑康頤昭豫莊誠皇太后懿旨：醇親王奕(□)〔譞〕奏重申愚悃，籲請勉允訓政，禮親王世鐸等奏再行瀝誠，籲懇訓政數年，錫珍等奏揆時度務，親政尚宜稍緩，貴賢奏舉行親政，關係綦重各一摺。覽奏均悉。垂簾聽政，歷指往代，皆出權宜之舉，行之不慎，流弊滋多，史册昭垂，可爲殷鑒。前因皇帝典學有成，特降懿旨，及時歸政，此深宮十餘年來殷殷盼望之苦衷，天下臣民自應共諒。數日以來，皇帝宮中定省，時時以多聆慈訓，俾存禀承，再四籲求，情詞肫摯。兹該王大臣等瀝陳時事艱難，軍國重要，醇親王摺內兼以念及宗社、仰慰先靈等詞，諄諄籲請，回環循覽，悚惕實深，何敢固持一己守經之義，致違天下衆論之公？勉允所請，於皇帝親政後，再行訓政數年。至錫珍等及貴賢摺內請飭廷臣會議等語，皇帝親政，豈如臣下條陳事涉疑似者尚須集議！况王公、大學士、六部、九卿兩次陳奏，衆議僉同，豈必待添入翰詹科道，乃爲定論耶？所奏殊屬非是。醇親王前次片奏，內有親政前期，交卸神機營印鑰等語，現既允准訓政，醇親王亦當以國事爲重，略小節而顧大局，所管事宜，仍著照常經理，俟數年後斟酌情形，再行降旨。

十九日辛巳　晨及上午陰溽黴潤，時有密雨，下午漸霽，晡晴。爲陳雲衢删節經策，即作書致之。先賢祠及靈汜分祠供瓜，唐代銅觀世音前焚巨燭供瓜，以釋典傳是日爲觀音成道日也。得江敬所書，并以上合肥相國乞貸書稿求余評點。此人窮老，屢赴計偕，余以訏堂師言頗憐之，故與往還，且小有周濟。其人實村學究，未嘗讀書，文理亦不甚通，而好爲古文，頗自尊大，常時一箋札，語多非體，亦有甚可笑者。江西人罕知學問，又僻在餘干小邑窮鄉，人或以其年老推挹之。今年下第，乃往干合肥，不得見，遂上此書。其題目云『上李少荃先生求濟書』，首云『少荃相公大人先生閣下』，其下自言窮老不得歸，欲求佽給，得以稍立田園，終年温飽。又言夷人不可主和，淮軍不可偏袒，與士夫主戰者不可有意求勝。而終之云：『如蒙惠賜，乞別敇筦庫，專人親交，俾沾實惠。』可謂進退無據，鄙而且妄矣。余終念其老，爲之點改稱謂，且告之曰：『古人上當路書，有干請者，有規切者，二事不可合爲一也。此書既有所求，復有所諍，兩失之矣。』又作片致對門清江會館同年聶濟時主事，屬其沮止勿上，且勸其早歸，安分作村塾師也。

閲《九水山房文存》二卷，文登畢恬谿亨所著也。本名以珣，改以田，嘉慶丁卯舉人，以久困春官，改今名。由大挑一等知江西崇義縣，卒官，年已八十矣。九水者，即墨勞山中地名也。文爲咸豐初聊城楊至堂所刻，秖廿二首，多考據之作。惟《説迪》一篇，爲治《尚書》者之達詁，最爲可取；餘則未甚精博，亦多意必之談。前有至堂序及包慎伯書後一首。恬谿爲東原弟子，亦在孫淵如門下，其學固不敢望東原，即較淵如亦遠遜；而至堂序言孫所纂叢書悉恬谿所改定，其《易》《書》二經疏義精當處案：此蓋謂孫氏所撰《周易續集解》《尚書今古文疏證》兩書。多本恬谿，此鄉曲阿好之私言，不足據也。

邸鈔：以太僕寺卿趙佑宸爲大理寺卿。

二十日壬午　晴，上午有風，溽潤稍減。得族弟嘯巖、穎唐、王氏妹、四弟婦六月初九日家書，皆言季弟身後顛退之狀，靈柩未殯，子又不肖，奈何，奈何！得季士周書。得心雲書，即復。俞蔭甫《茶香室叢鈔》多可資異聞，然如解《詩》『越以鬷邁』，以上章『南方之原』，原爲大夫氏，則鬷亦大夫氏，言與鬷氏之女俱往，此甚有理。而引《左傳》鬷夷氏，證古有鬷氏，不引鄭有鬷蔑，亦可謂疏矣。

邸鈔：詔：江寧布政使梁肇煌留京另候簡〈用〉，以河南按察使許振禕爲江寧布政使，以江蘇蘇松太道邵友濂爲河南按察使。直隸候補道胡燏棻補直隸天津道。萬培因丁憂。步軍統領衙門員外郎鐸洛崙授直隸大順廣道。王鴻年病故。

二十一日癸未　晴，下午微陰，晡後有風，傍晚雨，入夜止。弢夫來。作書致敦夫，詢其令嗣覆試名次。得復，言浙江一等七人，士稱在第七；第一楊家駒，理庵之子。陳雲衢來。陶秀充來。

二十二日甲申　辰初三刻三分大暑，六月中。晴陰鬱熱。沈子封來。心雲來。

邸鈔：以新授山東登萊青道龔照瑗調補江蘇蘇松太道，以直隸候補道盛宣懷補授山東登萊青道。

二十三日乙酉　晴陰不定，晡後陰，晚小雨。剃頭。出門謝吊，晤子培、子封、敦夫、定夫、楊莘伯、徐仲凡、龐絅堂、劬庵、朱蓉生、桑叔雅，晚歸。治舜臣來。夜雨，甚凉。

邸鈔：詔：貴州黎平府知府郭懷禮、興義府知府吴宗蘭均開缺送部引見。

二十四日丙戌　終日陰雨。書玉來。弢夫來，言今日引見，以軍機章京記名，凡二十二人，浙江四人皆用。是日復患咯血。夜小雨，凉甚，須綿衾，五更有甚雨。買秋花一儋，栽之西院朱藤下。

二十五日丁亥　晨密雨，午大雨淋浪，下午益甚，晡後狂霖如注，晚小止，夜復大雨數作，床床屋漏，危墻戒心。錢藩卿來，言其姬人已至都；爲作書致敦夫，轉告周介甫，約與同寓。

二十六日戊子　晨雨，上午稍止，午復大雨，下午略霽，見日，旋復雨，蒸溽黴濕，内外無容足地，夜有雷電。是日上萬壽慶賀節。水没陛楯，百官雨立，恐不能成禮也。

閲《後漢書》及袁《紀》。陳、竇之禍，范書言河南尹劉祐黜歸，卒於家，明年大誅黨人，幸不及禍。而袁《紀》於建寧二年誅黨人中，有大司空此字誤，當作農。劉祐，不知何所本也。又竇武使侍中劉瑜奏誅曹節等時，范書言長樂五官史朱瑀盜發武奏，袁《紀》作節等竊發瑜奏，節曰：『前先帝宫人嫁，武父子載取之，各且十餘人，此大罪也，身自不正，何以正人？』此數語亦范書所無。

二十七日己丑　晴暑蒸溽。評改學海堂諸生經古課卷訖。凡五十人，試『周南召南名義解』，『月令五時衣食名義説』，『東漢黨錮明東林優劣論』，『宋洛蜀黨優劣論』，『賞花釣魚賦以球檻瑞葩玉津朱魚有爲韵』，本胡武平《文恭集》賞花釣魚應制詩。春水緑波賦以春水緑波送君南浦爲韵』，『落花與芝蓋齊飛得飛字』『楊柳共春旗一色得春字』五言八韵兩首。取陳澤霖弟一，張大仕第二，張昌言第三，孟繼埔第四，李鳳池第五。内課共十一人。陳生兩論，陳生五時衣食説，皆甚佳。周生學銘、學熙來。得吕庭芷津門書。得心雲書。得花農書并詩。以果餌問錢藩卿姬人。得弢夫書，即復。藩卿來。

二十八日庚寅　晴，午微陰，是日中伏，酷暑，極鬱溽。浴。飲西瓜汁兩碗。得季士周書。弢夫來。

二十九日辛卯小盡　晨陰，小雨，上午密雨數作，下午漸霽，有西風，溽氣稍減，傍晚晴。剃頭。客次窗下補種竹五竿。有雛貓弄書籤相戲，攬碎《東都事略》一部，怒甚，悉逐去之，旋復來，毆之不復去，它日有徐鼎臣、楚金兄弟徵貓事者，此爲最雅矣。敦夫來，言諸暨拔貢樓觀昨日病卒，不能歸櫬，鄉人請余出一單求賻。余聞此君頗知經學，而未相見，越中士夫亦罕識之，恐所率無幾也。是日見紫藤復華。

秋七月壬辰朔　晴，微陰，上午頗凉，午後復鬱熱。詣先賢祠及靈汜分祠、銅觀音堂拈香行禮。詣書玉、弢夫謝吊，久談。并詣馬蔚林、殷蓴庭、楊定夷而歸。泥淖滿巷，車行艱甚。徐仲凡來。是日廠市送來新羅山人山水人物蟲鳥畫册十一葉，極有生趣，蘇子卿持節牧羊圖尤佳。書玉處閱所藏高且園指畫著色山水人物鳥獸花卉十二葉，荷花、鷺鷥尤爲生動。

初二日癸巳　晨晴，上午雨，下午復晴。叔雅來。花農來。飽定夫來，言已選長蘆濟民場大使。朱笏卿來。得弢夫書，即復。得心雲書。夜凉甚。作書致敦夫，致書玉。

初三日甲午　晴。上午詣族弟慧叔，久談歸。評點學海堂童卷訖，凡五十餘卷。即作書致季士周，并課題寄去。作書致介唐，得復。定夫固邀中和園觀劇，不得已赴之。晚偕書玉、光甫、藩卿、介甫、心雲、敦夫飲宜勝居，腹痛數作，夜二更後歸。得繆恒庵六月廿六日津門書，并惠鹿筋二對，益母膏八瓶，墨八挺，韓魏公題觀魚軒拓本兩紙。付車錢十三千。

初四日乙未　晴，微陰相間。自初一日後左足微蹇，昨歸後不適，昧爽疾動，今日疲觓悶煩，時時昏睡，蓋濕熱所致也。復栽紫薇兩樹、雁來紅十本於東西院。

閲日本《古逸叢書》中《玉燭寶典》。本十二卷，卷爲一月，今缺九月一卷。其書先引《月令》，附以蔡邕章句，其後引《逸周書》《夏小正》《易緯通卦驗》等及諸經典。而崔寔《四民月令》，蓋全書具在，其所引諸緯書可資補輯者亦多。於四月八日佛生日，羅列佛經，并證恒星不見之事；於七月七日織女渡河，亦多所考辨，謂六朝以前並無其説。其每月下往往有正説曰云云、附説曰云云，末又有終篇説，考期閏之事。其書皆極醇正，可寶貴。惜闕一月，又舛誤多不可讀，當更取它書爲悉心校之，精刻以傳，有裨民用不少也。

閱高續古似孫《史略》。共六卷，亦黎氏所刻，據日本宋槧翻雕，極精致。其自序言成書不及一月，故粗略殊甚，亦多複舛。惟舉江南謂南唐。古本《史記》一條云：《刺客傳》『劍堅故不可拔』，江南本作『劍豎』，劍堅安得不可拔？豎爲有旨。案：此説甚是。古人佩劍皆在夵古『掖』字。下脅旁，故有上士、中士、下士之長短異制，上、中、下士以身之長短言也。秦王身長則劍長，豎於夵下，故不可卒拔。左右告王負劍，謂舉劍負於背上，則易拔。近儒亦有此説。作『豎』字則情狀宛然，亦可考見古人佩劍之制矣。又載《東觀記》中《鄧禹傳序》《吴漢傳序》兩首，文甚完美，可補入《四庫》輯本，又可證《東觀記》以論爲序也。《史通》云：『班固曰贊，荀悦曰論，《東觀》曰序，謝承曰詮，陳壽曰評，王隱曰議，何法盛曰述。』

陳雲衢來。楊定旉來。殷蕚庭來。

初五日丙申　晴陰相間。上午出廣寧門，至南花泡子看荷花。朱華正盛，香溢一里，獨坐小舟，泛湖一匝，荇帶交互，芡葉初出，蜻蜓掠幔，鷗鳥隨篙，亦一時之佳賞。午入天寧寺，以是日與敦夫、書玉、介唐、餞同鄉陳雲衢、沈伯翔、朱笏卿及心雲於塔射山房，并約定夫及敦夫令嗣士稱共集。林翠蔚深，蟬聲不絶。夕陽時罷酒，闌檻之外，金碧射人。傍晚復偕諸君游南花淵，久坐湖濱，香艷尤勝。是日兩姬亦邀介唐夫人、書玉夫人飲寺之簪碧齋，酒畢，亦泛舟湖上而歸。得桑叔雅書，言武陟毛昶熙尚書之子乞借先賢祠歌樓爲其母壽。

邸鈔：以太常寺少卿鳳山爲通政司副使。右中允臧濟臣轉補左中允，前左中允鄧蓉鏡補右中允。

初六日丁酉　晴陰不定。作書致敦夫，并樓拔貢觀醻資歸櫬啓。定夫來。作書致叔雅。敦夫之子士稱增彦、肯夫之子仲立續基各以優拔貢，朝考得知縣，世講子弟英爽並起，亦佳事也。得朱蓉生書，言李學士移寓，須醵資送禮，作片告以不必。

邸鈔：右中允鄧蓉鏡授江西督糧道。本任道定祥故。

初七日戊戌　晴，下午間陰。先大夫生日，供饋肉肴、菜肴各五豆，菜羹一器，饅頭、麵絲各一盤，時果四盤，西瓜兩判，蓮子湯一巡，酒三巡，飯再巡，茗飲再巡，晡後畢事，焚楮泉鋌一箱。鮑定夫來。朱仲立來。得弢夫書，約十一日飲陶然亭。弢夫屢商飲期，辭之再三矣，今不得不應之。夜密雨，有靁電，二更後雨稍止。家人設巧筵供牛女。作書致定夫、敦夫兄弟，饋餃。

邸鈔：伊犁將軍金順卒。金順，鑲黄旗滿洲人氏，字和圃。以六月十一日行至肅州卒。詔：金順忠勇樸誠，勳勤懋著，歷在軍營帶兵勦賊，轉戰湖北、安徽等省，迭克堅城；嗣入陝勦辦回逆，戰功尤偉；洊升將軍，幫辦新疆軍務，克復各城，收回伊犁，撫循安輯，克盡厥職。上年諭令來京陛見，中途患病，當經賞假調理，方冀漸次就痊，長資倚畀。兹聞溘逝，軫惜殊深。加恩追贈太子太保銜，照將軍例賜恤；賞銀一千兩，由甘肅藩庫給發；靈柩回旗時，沿途地方官妥爲照料。該將軍有無子嗣者，著該旗查明具奏，因示篤念藎臣至意。旋賜謚忠介。以通政使奕年爲都察院左副都御史。

初八日己亥　晨及上午陰，下午間晴，鬱溽。剃頭。作書致弢夫，得復，并以舊扁竹筆筒一枚見詒。得定夫書，邀觀劇，即復辭之。爲朱筠卿團扇畫『一夜扁舟宿葦花』。張子虞來。

是日邸鈔：閻敬銘請續假一月。朝邑前疏請開缺，得旨賞一月，今已滿而不求去，復請續假，進退自由，不顧廉耻，此古今所無者也。予初謂朝邑特纖嗇好利，執拗不學耳。去年吴峋貶官，已無解於清議。嗣聞其疏請各省所進固本銀專解内務府，是以貨財爲迎合。又聞其假中特疏保舉樊恭煦，則尤繆矣。鄙夫不可與事君，聖人之言，萬世法也。近日陳彝之驟進，外間傳其開歸道任滿載苞苴，去年輦重入京，遍行賄賂。小人險詐，真不可測哉，閻、陳一流人也。

初九日庚子　子正初刻九分立秋，七月節。晨及上午晴陰相間，午陰，下午密雨數作，旋止，晡後晴，晚涼。是日末伏。得楊莘伯書，饋肺露醴魚。爲光甫畫山水團扇，并題一絶云：『五夫市前山水清，百年村樹最多情。幾時同渡娥江去，緑柳紅橋相送迎。』予先世居上虞五夫鎮，宋時曰五夫山，市有遺德廟，先少保齊卿府君皇祐時所撰碑記尚存。前日書玉言其地山水秀絶。余考唐會昌三年，有余球所撰《五夫市新橋記》，言在虞江之東南二十里，亦頗稱其勝概。又有是年所建及大中四年重建經幢，俱在市之虹橋。又有唐時遺德廟經幢，王梅谿《會稽三賦》曰松名五夫，自注以爲是地即秦皇封松處。余氏記言昔時有焦氏家在其地，因孝感上聖而錫名。眉批：余氏不言焦氏爲何時人，惟於『上聖』二字抬格書，蓋即唐代事也。張氏舊傳焦氏有子五人，皆爲大夫，又不知何據。張氏淏《雲谷雜記》曾據此證王賦之誤，則其地固名區，宜生達者矣。弢夫來。朱仲立來。心雲來。子培來。朱筱卿來辭行。朱桂卿來。

初十日辛丑　晨晴，上午晴陰相間，極鬱熱，下午多陰，傍晚雷雨，晚晴，虹見。爲光甫、筱卿團扇各書一長律贈之，即作書送去。爲治舜臣點改秋坪師行述。師之先德諱彦德。爲乾隆癸卯科舉人，官至綏遠城將軍，早卒。師其季子也，幼孤苦，稍長，以教讀糊口，娶宗室夫人齊齊哈爾城副都統、署黑龍江將軍玉英之女。師忠厚長者，一生以廉慎自持。自咸豐壬子翰林，不五年至工部侍郎，乙卯主福建鄉試，丙辰閱會試、覆試卷、朝考卷，讀殿試卷，滿人升遷之速，亦罕有如此者。以戊午監臨順天鄉試，科場獄起，爲忌者中傷，遂出爲伊犁參贊大臣，滯絶徼者十五年，始由烏魯木齊都統授欽差大臣，入爲都統。光緒初，驟柄用，然高陽專政，一無能爲也。全文恪由協揆大拜，東朝意以協揆授師，師以靈文勤資序在前，力讓之，此一事可傳。作書致楊莘伯，報以鹿筋一具。爲書玉畫趙李湖荷花團扇。趙李湖，府縣志作阜李湖，亦作阜鯉湖，皆字誤，蓋舊有趙、李兩姓居之。書玉世居湖邊，言荷花甚盛，長廣數里，葉高過人，村落皆隱花中。繆筱珊來。陸庶常壽臣來。夜四更後靁電，有密雨。

邸鈔：陝西巡撫鹿傳霖告病。許之。以陝西布政使葉伯英爲陝西巡撫，以前署貴州巡撫李用清爲陝西布政使。詔：截留江蘇河運漕米及餘米共五萬二千八百八十石，奉天粟米一萬三千二百五十餘石，振撫順天、保定、河間、天津等屬被水灾民。

十一日壬寅　晴，酷熱，上午微陰。爲書玉書扇，即致之。弢夫來。朱夷五孝廉謙來。午詣陶然亭，弢夫招飲也。敦夫、書玉、光甫、心雲、桂卿、花農先後至。時葦緑如海，有小池兩三映之，静黛碧深，西山朗然，層理可數，白雲數疊，銜吐峰嶺間，是神皋之奥區，郊畿之麗矚矣。晡後酒畢，延眺至晚而歸。得子培書。得陶秀充書。錢藩卿來。是日鬱悶，極熱，昏暮大風，夜初更靁電，有小雨。鮑定夫來。

十二日癸卯　晴，微陰，鬱溽，極熱。早起，閲唐西華法師成玄英《南華真經注疏》。共十卷，亦黎庶昌所刻《古逸叢書》之一也。據日本金澤文庫所藏宋槧翻雕，字大而精。其疏順文演繹，雖鮮所發明，而通暢不氾濫，於名物、訓詁亦頗詳盡，補郭注之略。徐仲凡來，以近所收藏蕺山劉子手書《重修紹興府學記》及楊椒山、楊大洪、高梁谿、鄒南臯、繆當時、周夢洲六公手札屬題。醉香來。沈子封來，言今日庶常館大課：『辭尚典實賦出明宣宗翰林箴。以辭尚典實浮薄是戒爲韵』，『粉署重來憶舊游宋景文翰林承旨日詩。得來字』五言八韵。心雲來。

十三日甲辰　晴陰不定，時有小雨，鬱溽，極熱。得光甫惠龍井四瓶，笋乾兩筥，作書復謝，還笋鐵一筥。下午浴。作書致季士周，并是月望課題。傍晚餘映綺開，半在高柳，下承衆緑，間以雜花紅薇、隱蕉、粉槿、出竹、雁來、薜荔、鳳仙、鴨葵之屬，競秀争妍，小圃半弓，於時極富。夜四更後密雨。

十四日乙巳　晨雨止，旋日出，埃𩞄，蒸鬱，酷暑不堪。作書致戚潤如，取三月至六月同郡外官祠捐銀四十兩。作復趙桐孫書，以桐孫前寄書相慰，有『中年以後，期功不廢絲竹，宜取法先哲，無損天和』之言，故略陳身世之悲，語頗慘至。夜二更雨作，三更後大雨達旦。付賃屋錢六兩。

邸鈔：宗人府理事官載蕚升通政司參議。

十五日丙午　晨雨，上午日出，復雨，午晴，鬱溽蒸淫，下午大雨，晡後狂霖如注，入夜不絶。先君子忌日，以佛家中元節，先以素饌十豆、素餅餌四疊、時果四盤、西瓜兩大盤供曾祖考妣、祖考妣、本生祖考妣及先考妣，袝以仲弟、叔弟，新蓮子湯一巡，酒三巡，飯再巡，晡畢事，更祀屋之故主。作復繆恒庵津門書。夜大雨達旦，有雷電。

十六日丁未　晨密雨，上午稍止，下午仍陰，晡後大雨如注，傍晚小止，晚復密雨。再祀先考妣，袝以季弟，以今日季弟百日也。寢庭之饋，骨肉具矣，悲哉。肉肴、菜肴各五豆，加茗飲，去西瓜，餘如昨。鮑定夫來。書玉夫人三十初度，送禮銀四兩及桃、麵、燭、爆、果餌、豚肩。得季士周書，送來秋季束脩等銀共二百四十一兩，即復，犒使二十千。爲沈子培團扇畫山水，作柳橋山閣。作書致心雲，饋肴饌三器，得復。夜風雨大作，頓凉。是日望。

十七日戊申　晨密雨，至上午漸疏，午稍止，有風，下午漸霽，晡後晴，晚霞甚麗。馬廄及客次旁舍墻屋皆傾。爲陳雲衢團扇畫山水，作飛泉偃松，一人臨流，據磐石，倚樹聽之。夜月甚清綺，花樹雨後碧净翠鮮，得照素蟾，光采晶發。連夕狂澍，時憂屋隊，不謂尚有今夕之賞。自題畫三絶句書子培扇。是夕家人以墻倒通衢，有戒心，相守不睡，聽鼓兒詞《説唐》書。余亦過三更始眠，凉甚，須擁綿衾。

十八日己酉　晨晴，涼甚，上午後漸暖。爲陳雲衢書扇，即題一長律贈之。是日晨患腹痛，上午牽及腰呂，益肝氣因驟涼發動耳。午困卧不食，餔後稍差。弢夫來。剃頭。

十九日庚戌　晴，午後復熱。詣子培、子封、筱珊、敦夫、定夫談。視心雲疾。答拜沈伯翔、陸雲史、陶秀充、沈呂生諸君。詣桂卿、花農，不值。傍晚歸。是日聞胡梅卿於六月中下旬感暑病卒，爲之驚歎。梅卿性極篤厚，於余尤摯，同居數年。余有胸中氣，觸事怒發，以梅卿頗自夸富，喜飾車服，屢相責善，其語往往爲同輩所不堪。而梅卿能聽受之，漸自抑損，且執贄稱弟子，嘗言師恩未有以報，去秋書來猶及之。余頗思今秋暫歸，以舊居久燬，季弟又歿，謂梅卿所居華好，聞余之歸，必喜甚，當掃室相迎。余雖不願主之，而舟車所游，山水之間，笠屐相迎，差不寂寞。不謂其遽至此也，年僅四十有九，悲哉！　夜三更後又雨，凄聲達旦。

邸鈔：左中允臧濟臣升司經局洗馬。

二十日辛亥　竟日密雨，午後尤繁苦，兼東風狂甚。寓廬處處穿漏，墻危瓦墮，時懼壓折。得花農書，即復。

閲《歷朝畫史彙傳》。共七十四卷，道光間長洲彭蘊璨朗峰著，前有吴縣石韞玉序及例言十則。其書以韵隸姓爲次，采書幾一千二百種，著録七千五百餘人，各省郡縣志亦所不遺，搜輯可謂勤至。琢堂序稱其生有畫癖，家藏名迹甚夥，所著尚有《耕硯田齋筆記》。其各傳中亦間有考證，偶附論畫語，亦頗有心得。其於元人揭傒斯下云：『《元史》不載能畫，今於琴川邵氏詒安堂得觀所繪山水長卷，皴法精嚴，氣韵沉鬱，自立崖岸，不四大家下。』是其見聞不爲不博。然筆舌蕪拙，全不知史例，於往代官制俱甚茫昧，所輯諸傳詳略失當，多不成句。其冬韵載周時封膜，以爲出《穆天子傳》。此誤始於唐張彦遠《名畫記》，而高承《事物紀原》及夏文彦《圖繪寶鑑》因之。不知《穆天子傳》本作『封膜晝于河水之陽，以爲殷人主』，注：『膜晝，人名。』又《后妃門》載舜妹嫘爲畫祖，以爲出《説文》。此誤始於沈顥《畫麈》，而張萱《疑耀》因之。不知《説文》止有『敤』字，注云：『舜女弟，名敤首。』並無作畫語，亦無『嫘』字。紀文達、孫頤谷皆已辨之。其尤繆者，尤韵載周勃，以爲今真定郡絳侯亭有石刻，勃所畫南極老人星像及四字銘十句，有曰：『鴻蒙肇判，南極儲精。乾坤同久，永保康寧。』注云：『據《凉月館叢談》。』此書不知何人所作。又引其自著《耕硯田齋筆記》。又删韵載關漢壽，據《解州志》謂有石刻畫竹，亦引所著《耕硯田齋筆記》。又陽韵載張益德，據《畫髓元詮》云『喜畫美人』，則似目不知古今。所引絳侯之銘，尤堪絶倒；且備載周、關、張本傳功業，而於關云封壽亭侯，亦爲可笑。即其於揭曼碩，以爲姓揭傒，名斯，不知揭爲江西右姓，其名傒斯，字曼碩，正取《魯頌》『奚斯所作，孔曼且碩』之語。又如宋之郭熙，字淳夫，其子思，字得之，元之高房山尚書克恭謚文簡，此皆人所盡知，而不能舉其字與謚，則它可知矣。

夜風雨徹旦。

二十一日壬子　竟日密雨如絲，傍晚尤甚。

王草堂，錢唐人，著《四書集注補》，皆辨正《集注》名物、典故之誤，而指其誤之所本，絶不似西河之攻擊。其書最佳，而《四庫》不著録。《畫史彙傳》引《温州府志》云：『王復禮，仁和人，新建伯守仁裔孫，性孝友，富著述，蘭竹得文與可法。』此可補入吾越府縣志。又引《覆瓿集》云：『王麟，字文明，山陰人，王振鵬姨甥，官千户，嘗從之遊，工畫。』案：《紹興府志·文苑傳》但云麟學畫於王振鵬，此云姨甥者，謂妻姊妹之子也。振鵬字鵬梅，永嘉人，元仁宗賜號孤雲處士。其畫尤精界畫，論者謂其上追千里，下掩十洲。嘗繪《豳風圖》，久藏吾邑任武承太守家，同治初兵亂，爲會稽監生陶羲掩得之。乙丑余假歸，陶屢干余爲轉乞浙撫奏進，余不肯爲言。辛未冬，遂身入京，由都察院進呈，意欲望美官，不得旨，復條陳時事，皆迂冗可笑，被旨詰斥，始失意歸矣。

余於壬申廠市購明人李在畫水墨山水直幅，其懸磴結屋，外爲石闌，筆意如篆籀，市兒韜之以錦，題爲宋畫，索直三十金，余諧以六金，不得。去年廠廟購國朝人李世倬畫水墨屋樹直幅，臨晁无咎本，茅堂三間，外峙高木，疏籬環之，意致蕭閑，索直十六金，諧以四金，亦不得。李畫都中屢見，亦多贋本，所見以此幅爲最，兩事常不去懷，今録二人行略於此，以當畫餅。

朱謀垔《畫史會要》云：『李在，字以政，由莆田遷雲南，宣德時與戴進同直仁智殿。山水細潤處宗郭熙，豪放處宗馬遠、夏珪，自戴進以下，一人而已。人物八面生動，四方重之。』案：所目皆不甚確。余所見者蒼深高淡，頗法雲林。張庚《畫徵録》云：『李世倬，字漢章，號穀齋，三韓人，隸漢軍籍，都統高其佩甥，官至副都御史。山水人物得指授於王翬、馬逸，而上法吴道子。案：所稱與余所見者俱不甚似。花鳥果品得舅氏指墨法，而易以筆，故各臻其妙。嘗奏事，高廟命就《皋塗精舍圖》御制詩意，稱旨褒奬，時以爲榮。亦工詩。』案：畫如梁之陸氏，唐之李氏，蜀之黄氏，宋之米氏、馬氏、趙氏，元之趙氏，明之文氏，國朝之王氏、惲氏，皆世爲名家，而明之黄鶴山樵王叔明爲趙松雪甥。

宋葛長庚，字如晦，閩清人，後至雷州繼白氏，名玉蟾，字以閱，又字象甫，案：《四庫提要》云長庚字白叟，別號白玉蟾，與此異。然白叟之字則爲此所遺。號海瓊子，又號海南，又號蠙庵及瓊山道人、武夷散人、神霄散吏。居武夷山。寧宗召至闕，封紫清真人。善畫梅竹，間自寫其容。自來字號之多，無如此者。國朝仁和金農畫梅師白玉蟾。農字□□，號冬心，又號壽門，別號稽留山民，又號昔邪居士，又號心出家盦粥飯僧，其别號之多，蓋亦師玉蟾也。國朝龔賢，又名豈賢，字半千，又字野道，號半畝，别號柴丈人，崑山人。性孤僻，山水得北苑法，亦仿梅道人。流寓金陵，爲八家之一。嘗自寫照。工詩文，行草雄奇。秀水王概，山水學龔賢。概初名改，亦名匃，字安節。王止仲自號淡如居士。倪元鎮自號幻霞生，别號荆蠻民，又曰凈名居士，又曰朱陽館主，又曰蕭閑仙卿，又曰雲林子。又嘗變姓名曰奚元朗，亦曰元映。王孟端紱自號九龍山人。王履吉寵，本姓章。自號雅宜山人。戴文進自號玉泉山人。沈石田自號白石翁。王元渚心一自號半禪野叟。文與也自號南雲山樵。金孝章自號不寐道人。王烟客又號西廬老人。王湘碧鑑又號染香庵主。王耕烟又號清暉主人。惲南田又號白雲外史，又號雲溪外史，又號東園客。王蓬心又號蓬樵老蓮，又號柳東居士。徐俟齋自號秦餘山人。張浦山自號瓜田逸史，又號白苧桑者，又號彌伽居士。

吴道子中年用筆如蓴菜條，其傅采於墨痕中，略施微染，自然超出縑素，世謂之吴裝。王陁子山水峰巒幽致，别是一家。世之言山水者稱『陁子頭，道子脚』。唐末關仝亦作同，又作童、橦。於山水深造古淡，如詩中淵明、琴中賀若。然於人物非工，每有得意者，必使安定胡翼主人物。翼字鵬雲，道釋人物、車馬樓臺，種種臻妙。嘗臨摹古今名筆，目之曰安定鵬雲記。畫家以唐爲極盛，孫位、關仝、荆浩，皆唐末人也。浩然隱太行之洪谷不出，自號洪谷子，當爲唐之遺逸，尤不得入之僞梁。唐自李思訓、昭道父子爲北宗，王維爲南宗，其合南北宗爲一手者，惟南唐之董源乎。北苑歷仕中主、後主，時官後苑副使，入宋未仕，不得爲宋人。

夜雨，至旦不絶。

二十二日癸丑　晴。以銀十六兩購《新羅山人畫册》。共十葉，山水人物各三，禽卉四，其子卿牧羊一圖最佳。是圖及山水兩幅各題五言古詩一首，詩皆奥峭，字亦高秀，其直得之非貴，甚可寶也。山人華姓，名嵒字秋岳，閩之臨汀人，家於錢唐，其印章有作唐嵒者，不知何故。張瓜田《畫徵續録》稱其善人物山水花鳥草蟲，脱去時習，力追古法，詩亦古質，與書稱三絶。卒年幾八十。前日得老友仙居王月坡書，以明年七十求作壽文。此無厭之請也，然其人老矣，今日作復書，明告之。作書致弢夫。弢夫來。

邸鈔：以通政司副使馮光勛爲太僕寺卿。

二十三日甲寅　晴，微陰，熱甚。

閲楊野鶴《長江無盡圖卷》。用筆輕蒨而工細，設色極秀，江南春麗，宛在目前。卷尾自題云：『青溪老人寫《長江無盡圖》六十卷，此爲第一卷。春日每當明窗几浄，抽豪仿右丞筆意。康熙乙酉春三月野鶴楊晉。』《畫徵録》云：『晉字子鶴，號西亭，常熟人。山水清秀，爲王翬高弟，兼工人物、花卉寫真，皆足名家，尤長畫牛。』卒年八十餘。

畫家以烟雲供養，多享大年，亦視其人胸次蕭然，澹於榮利，寄意繪事，寫其天真，無取刻畫細微，窮狀瑣屑，乃能游神巖壑，頤性景光，窮而不憂，仕而不溺。故倪雲林七十有四；張伯雨七十有二；黄子久八十有六；王元章七十有三；沈石田八十有三，其世父南齋貞吉亦八十餘；文衡山九十，其子三橋彭七十有六；文水嘉八十有三，從子五峰伯仁七十有四；陳眉公八十有二；王仲山問八十；李九疑日華七十有一；程松圓七十有九；王烟客八十有九；王圓照八十；文與也七十有二；王麓臺七十有四；王石谷八十有六；王蓬心七十餘。

唐末荆浩然山水皴鉤布置，俾後學畫者得有由徑。郎瑛《七修類稿》嘗謂夏士良之《圖繪寶鑑》宜於諸家下補言其畫法，如董源則曰山是麻皮皴之類，馬遠則曰山是大斧劈兼丁頭鼠尾之類，如是則二人之規矩已寓目前，而後之觀其畫者亦易。此不易之論也。

明唐元生《繪事微言》有云：『佛道、人物、牛馬，今不如古；山水、林木、花石，古不如今。』真名言也。佛道、人物所以今不如古者，古法渾樸，能追神肖力，又設色濃厚，副其光相，後世惟務巧密耳。又云：『作畫以氣韵爲本，讀書爲先。』國朝王蓬心以『宿雨初收、曉烟未泮』八字授潘蓮巢恭壽，以爲山水真言，此皆學者不可不知。

朱子嘗自號雲谷老人，又號滄洲病叟，又號雲臺真逸，見宋本《易學啓蒙序》。儒家理學，亦有山水風流。

揚補之祖揚子雲，其自書姓从手不从木，然揚、楊實一姓也。補之自號逃禪老人，又號清夷長者，鄭所南自號三外野人，皆有深意。補之不屈於秦會之，累徵不起；所南宋亡後，自變其名曰肖曰南，以示不忘趙氏，臨歿，自題其主曰『大宋不忠不孝鄭思肖』。此皆風晞箕潁，節媲首陽。故補之梅花寄神天外，空枝疏蕊，澹遠如無；所南畫蘭，根不土著，離披散逸，無迹可尋，豈模規寫矩者所能學步？若國初八大山人朱耷，字雪個，號个山。筆意縱放，已有傖氣矣。朱本石城王孫。甲申後爲僧，以持《八大人覺經》，故號八大山人。其畫流傳頗夥，亦多贋本。前年余於廠肆見其大幀山水一軸，蒼渾奇恣，樹長二丈，亦其傑出之作。

得心雲書，即復，并詒以故鄉勒鮝、蜀中乾菜。作書致花農，還《畫傳》。晚有風，旋雨，夜初更止，星見。

邸鈔：河南布政使孫鳳翔告病開缺。以新授浙江按察使劉瑞祺爲河南布政使，以廣東惠潮嘉道蕭韶爲浙江按察使。

二十四日乙卯　未正二刻十分處暑，七月中。晴，微陰，熱溽。萬户部本敦來。光甫來。爽秋來。

二十五日丙辰　晴。得花農書。朱益甫來辭行。得弢夫書。管惠農來。傅子蓴來。

邸鈔：命吏部尚書錫珍充崇文門正監督，都統善慶充副監督。刑部郎中德泰授廣東惠潮嘉道。

二十六日丁巳　晴。作書致子蓴。作書致書玉。是日評改學海堂諸童課卷訖。凡三十人，試『擬庾子山小園賦』，取沈耀奎第一。

二十七日戊午　晴，比日鬱熱，今日有風稍凉，而溽如故。是日市中决盜十四人，皆嵩武軍散勇也。剃頭。敦夫來。書玉來。子蓴邀夜飲廣和居，二更歸。

邸鈔：太常寺寺丞克們泰升太常寺少卿。

二十八日己未　陰，午後微見日景。台州府知府陳六笙璚來，故杭嘉湖巡道也，被劾左官二十餘年，始以郡守膺薦入都。陳雲衢、沈伯翔兩庶常來辭行。有上虞人徐堪先來求見。内子及兩姬詣傅子蓴家觀劇。付坐錢二十四千，茶點等錢六千，車錢七千。夜三更後雨。

二十九日庚申小盡　竟日密雨，傍晚稍止。是日評改學海堂諸生課卷訖。凡四十三人，試『奉席如橋衡解』『賈讓治河三策論』『鍾期聽伯牙鼓琴賦』『書戚武毅練兵實紀後』『角飛城懷古七古』，取張昌言第一，陳澤霖第二，張大仕第三，孟繼壿第四。此課題非我出者，經解無可發揮，賦題亦無謂，然張生之七古、陳生之論、孟生之書後，實爲佳作。夜初小雨，二更晴。

八月辛酉朔　晴。竟日評改問津課卷。弢夫來。同里人張雲卿來。得心雲書。

邸鈔：以太常寺卿奕杕爲通政使司通政使。

初二日壬戌　晴，微陰。評閲問津諸生課卷訖。凡百十人，試『詩云桃之夭夭』五句題文，取李鳳池第一，黄煦第二。更閲第二次課卷二十七本。作書致敦夫，以問津未閲課卷八十本屬代閲。作書致介唐，以三取童卷六十本乞代閲，得復。作書致心雲，作片致敦夫、介唐，俱約後明日觀劇、夜飲，并分柬子蓴、仲凡、周介甫、潘伯馴、錢藩卿、朱仲立及敦夫令嗣星如。里人張宗顥柬邀初四日夜飲，辭之。心雲來。繆右臣户部來。鮑星如來辭行。仲凡來。夜不寐。

邸鈔：以庫倫辦事大臣色楞額爲伊犁將軍。

初三日癸亥　晴。鮑定夫來。弢夫來。得書玉書，即復。得李若農師書，餽新荔支一瓶，作書復謝。是日疲劣，多卧。夜得爽秋書，餽鮮荔支一盤，作小啓復謝。韓庶常培森、許優貢福楨俱來辭行。夜四更後小雨。閲學海諸童經古卷。陶秀充來。

初四日甲子　晨及上午小雨時作，傍午微見日景，午後陰。沈伯翔庶常來。作書致弢夫，得復。作片致陶秀充。下午邀定夫、敦夫、子蓴、介唐、仲凡、伯循、朱仲立、鮑星如至慶和園聽四喜部。夜更邀心雲、秀充、介甫、藩卿同飲宜勝居，二更後歸。得桑叔雅書。付園主錢二十四千，客車飯錢十六千，車錢十千，酒保賞六千。余壽平來。

初五日乙丑　晨及上午陰，巳後晴。作書復叔雅。作書致季士周，并學海、問津、三取等課卷。作書致伯寅尚書，得復。陳雲衢來。陶秀充來。

閲莊葆琛《説文古籀疏證》。共六卷，伯寅所新刻也。莊氏《珍藝宧叢書》中僅刻《古文甲乙篇目例》，此本未成之稿，約存十之五六，奇零叢雜，全無首尾，伯寅屬元和管禮耕依原目理董之。其書專取鐘鼎古文以補《説文》，分甲至亥廿二部，以統諸部。其義多不可解，如甲部先以一、二、三、四、上、王、正、示諸部，是也；而示下系以衣部，是何説也？鐘鼎多贋物，又傳模多失真，讀者亦多以意説，莊氏條例中亦自言之，而據此欲正秦篆之失，追頡史之遺，大率支離繆悠，鑿空可笑。然莊氏本深通經學，思力勤邃，其引據紛綸，亦往往解頤，千慮之得，未始不有裨小學也。

是日又倦劣，多卧。邑人沈孝廉鏡蓉、孫孝廉模來辭行。

邸鈔：以副都統安德賞給副都統銜，爲庫倫掌印辦事大臣。詔：署廣東陸路提督、潮州鎮總兵鄭紹忠丁憂，仍留提督署任。從張之洞請也。以□□□□鄧安邦爲潮州鎮總兵。慈禧端佑康頤昭豫莊誠皇太后懿旨：禮親王世鐸等奏恭請加上徽號以光鉅典一摺，所請毋庸舉行。

初六日丙寅　晴，有風，凉甚，午微陰，晡稍熱。作書致弢夫，以學海堂第二次未閲童卷二十本屬代閲，得復。爲陳雲衢、吴澂夫、鮑定夫、田杏村、心雲書楹聯。午後答拜陳六笙太守璘，不值。答邑人張雲卿、桑叔雅、陳雲衢。送韓培森、許福楨、沈鏡蓉、孫模、陶秀充、吴品珩之行。送定夫行，不值。詣敦夫，小坐歸。定夫來。得胡雲楣書。書玉饋食物。得陳雲衢書、陶秀充書。殷萼庭移寓，賀以禮物。子培來夜談，至二更去。

邸鈔：詔：續修《大清會典》所有開館事宜，著大學士、九卿酌定章程，妥議具奏。

初七日丁卯　晴。鮑定夫來。定夫將以九月迎眷至津門，余與之説定，託其夫人挈舍弟女冰姑入都。錢藩卿來。周生學海來。爲定夫畫摺扇，作蘆荻漁舟。爲陶秀充畫摺扇，作山村紅樹，并爲書近詩。爲沈伯翔書團扇。於紈扇畫宋人『梅子著花霜壓岸，醉披風帽下臨平』詩意，以宋時臨平山上有塔，補一塔於花顛，尤有遠神，頗極自喜。本欲寄贈桐孫，因敦夫令嗣士稱將南歸，遂并寫近詩贈之。是日作書畫過多，夜遂罕寐。得從弟詩舫七月二十日書。殷葶庭移寓，饋食物四合。

邸鈔：詔：再撥江北漕米五萬石專振順天所屬被火灾民。從兼府尹畢道遠等請也。皇太后懿旨：令户部將此次中秋節應進宫内款項撥給銀二萬兩，以資振濟。以降調左春坊左中允樊恭煦補右春坊右中允。

初八日戊辰　晴。爲定夫書扇，又爲作書致季士周。作書致心雲。作書致敦夫、定夫。鮑士稱來辭行。作書致王氏妹，致四弟婦余，致從弟詩舫，致族弟穎唐、嘯巖，爲料理季弟、仲弟殯葬事及津涉冰姑來都也。垂白病軀，作此處分，亦可悲矣。寄鄭氏妹銀十四兩及首飾、繡帨數事，爲甥女珍姑添奩。寄張氏妹十兩，寄王氏妹十六兩，寄僧慧、冰姑各八兩，寄穎唐四兩，寄族叔允升四兩。又内子寄銀二十兩，爲外舅、外姑作石椁。又爲張姬作書致其姊金閏娘，寄以紬布及家用銀八兩。作片致定夫、敦夫，屬士稱附回里中，并以素障四致季弟家。夜作復鍾沓齋書，託沈孝廉鏡蓉附去。

邸鈔：詔：撥直隸藩庫銀十萬兩交李鴻章，督飭印委各員，迅速分勘香河、武清、通州三河，寶坻、寧河、蠡縣、高陽、安州暨天津、永平、盧龍被水各地方，設法拯救，散放急振。其北運河各處漫决口門，嚴飭派出各員趕籌堵築，以工代賑。欽奉皇太后懿旨，著户部再將此次中秋節應時宫内款項撥銀二萬兩，以資振濟。　閻敬銘奏久病不愈，懇請開缺。詔再賞假一月，毋庸開缺。

初九日己巳　晴。作書致書玉，得復。華庶常學瀾來辭行。霞芬來，予以二十金，以半酬爲季弟酒食之奠，以半爲明日小集之費。治舜臣司業治麟來求秋坪師神道碑文。兩得弢夫書。得介唐書。作書致桂卿、花農。桂卿來。夜微雲。

初十日庚午　晴，下午微陰，頗熱。作書致光甫，致弢夫，致繆筱珊，作片致書玉、介唐、敦夫、心雲，俱約今日夜飲。弢夫來。作書致族弟品芳，屬其處分家事。得筱珊書，敦夫、心雲書，俱辭飲。作書致子培、子封兄弟，約飲，得子培復。得花農書，爲陳六笙太守致饋四十金，作書却之。得心雲書，言改期十六日行，以藤杌子一對爲贈，即復謝。光甫來。周生緝之來。夜詣霞芬家，邀書玉、光甫、介唐、弢夫、子承、子培飲。自四月八日以來，未有此集，今日之飲，酬其鷄酒之奠也。人琴之撫永絶，裙屐之歡誰賡？花下拊心，尊前飲泣，人生行樂，乃至此乎？肴饌甚精，酒醲燭艷，藏鉤數匝，醉不自持矣。三更後歸。得桂卿書。付雲誕廚僕之賞三十千，客車飯二十二千。

十一日辛未　丑正二刻十三分白露，八月節。晴熱。爲肯夫之子仲立畫摺扇，作山庵黄葉圖，其山用大癡淺絳法，并爲書舊作詩三首。楊壽孫家騶來見，理庵第三子也。得族弟小帆七月十二日南康縣書。得敦夫書。桂卿來。以杏人一匣、糕餅一匣饋仲立，并以扇致之。

十二日壬申　晴。桑叔雅來。殷蕚庭來。朱仲立來，告明日行。得王子獻七月廿六日里門書。爲從姪孝玟、孝瑩畫摺扇，一爲『竹外一枝斜更好』，一爲楊柳雙株，并各爲書之。寄津門三書院課題。作書致李若農師，饋食物一品鍋及月餅，得復。比夕皆有佳月。

邸鈔：護理安徽巡撫、安徽布政使張端卿病故。以安徽按察使阿克達春爲布政使，以陝西延榆綏道張岳年爲安徽按察使。

十三日癸酉　晴，頗熱。作書并扇致孝玟、孝瑩，予以六金，資過節之用。作片託介唐轉寄致保定，得復。剃頭。得弢夫書，饋段匹、𦚨脯、蘋果、月餅，作書還段、脯。午後入城詣徐亞陶、黄仲弢、胡光甫，謝吊弟奠，俱不值。答詣岑郎中春榮、張編修嘉禄，詣翁叔平師，俱不值。晡歸。作書致心雲，饋以磨菌、杏人、蘋果脯、月餅各一匣，得復。夜得花農書，再爲陳太守致饋，不得已受之，作復屬致謝，犒使十千。

十四日甲戌　晴，有風。桂花盛開，買兩盆置之内外室，香滿堂廡。弢夫來。花農來。周生澄之來，言其尊人玉山觀察近日户部劾其去年洋藥釐金虧絀不報，昨吏部已議革職。心雲來。張子虞來。夜月甚佳。是日付天全木廠銀二十一兩四錢，米銀十七兩，司廚肴饌銀二十兩，吉慶乾果銀七兩，廣益乾果銀五兩五錢，大順紬布銀二十二兩，香油銀五兩，石炭銀五兩九錢，松竹齋紙筆銀四兩，宜勝居酒食銀四兩，便宜居熟食銀二兩五錢，餅肆銀二兩。

邸鈔：兵科掌印給事中馬相如授陝西延榆綏兵備道。

十五日乙亥　竟日秋陰，午前微見日景。敬懸三代神位圖，供酒果肴饌。桂卿來。霞芬來叩節，予以二金。下午詣邑館，送心雲行，并晤敦夫，久談至暮，答拜桂卿、花農而歸。作片致心雲，贈以燕窩一小合。夜初更月出，微雲，二更後漸清皎。

邸鈔：湖北按察使温忠翰告病開缺。

十六日丙子　晴暖。心雲來執别。得弢夫書。黄漱蘭通政來。介唐又生一女，饋以食物。作書致弢夫，以鮮茘支一盤，屬轉致霞芬。夜月皎甚。是夕望。

邸鈔：大理寺卿上書房行走趙佑宸病故，遞遺摺。十三日卒，年七十。本名有淳，字粹夫，鄞人，丙辰翰林。詔：編修李培元授貝勒載澍讀。　以山東鹽運使福潤爲湖北按察使。詔：直隸大順廣道鐸洛崙回避姊夫直隸布政使松椿，與山東督糧道誠動對調。

十七日丁丑　晴熱。先妣忌日，供饋，晡後畢事。余自辛未入都，先人像設影堂，久失瞻奉，歲時之祭，鋪席寓廬，杯棬几筵，一切苟簡，所幸季弟在家，事能盡禮，諸妹歸祭，亦得所依。今弟又亡，諸子幼弱，先靈之恫，泉下彌深，跪奠一尊，不勝悽咽。作片致錢藩卿，饋以燒鳧、蘋果。

邸鈔：以廣東肇陽羅道潘駿猷爲山東鹽運使。

十八日戊寅　晴熱，間陰。弢夫來。傍午詣陶然亭，邀陳六笙太守璚及龐絅堂、劬庵兄弟，繆筱珊、楊莘伯、花農、弢夫飲，薄暮始散，流連至晚而歸。花農邀同絅堂、劬庵、莘伯夜飲梅雲新居韵春堂，余招霞芬，酒清人倦，二更後歸。付寺坐八千，茶房四千，廚賞十二千，客車飯十五千，車錢十三千。

十九日己卯　陰，晡後溦雨。得族弟嘯巖六月廿三日書，并寄茶葉兩瓶，蝦乾一簍。子培來，久談。夜三更後有風。

邸鈔：右中允樊恭煦轉左中允，左贊善陳卿雲升右中允。

二十日庚辰　雨，晡後稍止。朱蓉生來，以劾内監李連英疏草見示。連英今所謂皮硝李也，其家本買羊皮爲生，有妹亦時入宫禁。今年二月醇邸巡視北洋，連英從之行。外傳醇邸請之東朝以自隨者，口語頗藉藉，蓉生能昌言之，可謂一鳴驚人矣。蓉生言若農師、漱蘭通政皆今日生日，時已暮，不及往矣。得徐仲凡書，饋南中菸絲兩包，即復謝。

二十一日辛巳　晴熱。竟日評改學海堂課卷。張生書林《士有臣考》最詳明，又能融會鄭注，難能可貴矣。

夜點閲《宋書·禮志》。其讀時令條内，引《魏臺雜訪》曰：『前後但見讀春、夏、秋、冬四時令，至於服黄之時獨闕，不讀令，不解其故。』案高堂隆撰《魏臺雜訪儀》三卷，隋、唐《志》皆同。而《晉書·禮志》引此事作『魏明帝景初元年，通事白曰：前後』云云，疑『景初元年通事白曰』八字是《雜訪儀》原文。

『不解其故』下亦當有令升答辭，而晉、宋《志》皆略之也。

作書致叔雅，詢以何日往山東，得復，言明日即行。以杏人餅餌各一匣、越茗兩瓶饋叔雅。庚午同年廣西王鵬運舍人爲子娶婦，送禮錢四千。

二十二日壬午　晨至下午多陰，午微見日景，晡後漸霽。作書致蓉生，得復。

二十三日癸未　雨，午後益密，傍晚止。剃頭。評改學海課卷。夜得蓉生書，即復。是日頗涼，有風，晚涼甚。

二十四日甲申　晴，晨甚涼，午後復暖。巳刻詣先賢祠，邀集同鄉秋祭靈汜分祠，到者鍾六英、傅子蓴、介唐、敦夫、書玉、介甫、婁秉衡、徐仲凡、陸蓮史等共十八人。午行禮，未設飲，晡歸。是日閱學海童卷訖。凡三十餘人，爲改兩賦、一露布、兩詩。

二十五日乙酉　晴暖。弢夫來，留共午飯後去。作片致錢藩卿，饋以米二百斤，以昨周介甫言其貧甚絶炊也。是日閱學海堂諸生課卷訖。凡四十餘人，試『士有臣考』，『禊義解』，『荀彧裴樞論』，『宋史補傳周三臣論』，『擬唐安南都護高駢收復安南露布』，『梅雨賦以滿城風絮梅子黄時爲韵』，『君子館賦以獻王好儒國多君子爲韵』，『擬翁木夫四時讀書樂詩』，『鑪烟添柳重得烟字』『宫漏出花遲得宫字』五言八韵詩，取張大仕第一，李家駒第二，李鳳池第三。庚午同年郭安仁刑部之尊人八十雙壽，送禮四千。

邸鈔：皇太后懿旨：前於四月間派醇親王奕譞巡閲北洋海口，因該親王遠涉風濤，實深眷念，皇帝亦時切廑系，於召見時諭知欲派宫監帶領御醫全順隨往，以時調護。當據該親王面稱太監李連英人極謹飭，請派隨往。迨回京時召見該親王，詢以李連英有無招摇情事。據稱該總管太監沿途小心伺應，與府中隨往太監無異，絕無絲豪干預外事。茲據御史朱一新奏遇災修省豫防宦寺流弊一摺，意以李連英隨親王前往，恐蹈唐代監軍覆轍，危詞聳聽，已屬儗不於倫，又謂近來各省水災，朝廷不無過舉，未能感召天和，一若因此一事，竟致咎徵，尤屬附會不經。我朝優禮近支親藩，宫廷太監齎送往來，係常有之事。此次該親王巡閱洋面，迥非尋常差使可比，特派太監帶同御醫隨行，尤係深宫眷注體恤之意，於公事豪無干涉。該御史既未悉内廷規制，又復砌詞牽引，語多支離，姑置勿論。惟所稱李連英隨至天津，道路嘩傳，士庶駭愕，與該親王面奏大相徑庭，是否確有實據；又稱深宫或別有不得已之苦衷，語意尤不可解。以上兩節，著朱一新明白回奏，不得稍涉含混。另片奏出治之原，莫先無逸圖治之要，莫切求言等語，自垂簾聽政以來二十餘年，惟日孜孜，未敢稍自暇逸，此天下臣民所共見。至言官條陳事件，無不虚衷采擇其是者，固必立見施行。即或摭拾浮詞，無關緊要，但使其心無他，亦可存而不論。至於託名忠讜，肆口妄言，或植黨營私，或違道干譽，若不予以懲儆，必至顛倒是非，紊亂朝政。况現在言路並無阻塞，即因陳奏失當獲咎之員，朝廷寬大爲懷，亦多宥其既往，酌量録用。總之聽言行政，悉秉大公正，不在屢下詔書，徒飾觀聽也。該御史所請明降諭旨之處，應毋庸議。

二十六日丙戌　午正三刻六分秋分，八月中。晴暖。翁叔平師來。下午詣朱蓉生，不值。詣先賢祠省牲，視滌祭器，即歸。評改問津諸生卷訖。凡百七人，題爲『鄉人長於伯兄一歲至先酌鄉人』，詩題『紅滴硯池花瀉露得紅字』，取李鳳池第一，陳澤霖第二，張大仕第三。自外課以下，敦夫所代閲。夜書祝版文。洗足。

二十七日丁亥　晴暖，有雷。晨詣先賢祠，率僕從陳設祭器。日加巳於典録堂祀先師孔子，以羊俎二及豆籩鉶羹，黍稷稻粱四簠簋，尊一。午祀先賢，以豕俎一及豆籩鉶羹，稻簠四，尊三，到者六英、子蕁、敦夫、介唐、秉衡、光甫、介甫、仲凡、章方軒等十一人。日昳飲胙，晡歸。朱蓉生來，言今日已回奏，以摺稿見示。爽秋來。沈優貢祖憲來。得弢夫書。夜以羊、豕分詒同人。

二十八日戊子　秋社日。晴暖。上午詣邑館，秋祭先儒、先賢。日昳飲胙畢，偕六英、敦夫、介唐諸君久談。晡詣桂卿、仲凡，皆不值，遂歸。岑員外春榮來。蔡松甫來。錢藩卿來。評改問津諸童卷訖。凡八十餘人，試『弟爲尸』文，取李智熙第一。周生澄之來。

邸鈔：皇太后懿旨：御史朱一新明白回奏一摺。據稱前奏不得已之苦衷一語，即係仰測深宮體恤醇親王，因令宮監隨行之意。至李連英隨往天津，道路嘩傳，士庶駭愕一節，風聞醇親王不受北洋所派座船，該太監遂乘之，沿途辦差者誤謂王舟，駭人觀聽，該太監一不詳慎，流弊遂已至斯等語。因召見醇親王奕譞面詢，據稱由通至津，李鴻章派來座船一隻，該親王乘坐，又備船一隻，係護衛等乘坐。李連英與隨行府中太監等所乘係常船數隻，其伙食船隻係李鴻章出資預備，派令隨行，並無沿途地方辦差之人，亦無誤認之事。是該御史風聞不實，確無疑義。我朝優待諫臣，廣開言路，凡前代秕政，悉就蠲除。朱一新所奏如僅止李連英一人，無論如何誣枉，斷不因宮監而加罪言官。惟該御史既料及内侍隨行係深宮體恤之意，何以又目爲朝廷過舉？且當時並不陳奏，迨事過數月，忽牽引水灾，砌詞妄瀆。於垂簾以來救灾恤民、有加無已至意全無體會，應如何補救民艱亦無建白，徒以虛誕之辭希圖聲聽。一加詰問，自知詞窮，輒以書生迂拘，强爲解免，是其才識執謬，實不足勝獻替之任。朱一新著以主事降補，其前次奏片留中，兩次摺件均著擲還。嗣後近支親藩遇有外差，内廷派令御前總管太監等隨行，絶不干預公事，外廷臣工不必妄生擬議。至諸臣陳奏事件，總應專就本事剴切敷陳，若僅取快詞鋒，不顧事理，勢必藉端立説，以遂其傾軋之私。即如從前茂林、慶林侵占官地，本有應得之罪，而余上華參摺牽入禱雨無靈；張佩綸謂朝廷慰留王文韶，是日即致地震。彼時從寬，未加責飭，以致相習成風，至今未已，殊與整飭紀綱、實事求是之意大相剌謬。此後朝廷或有闕遺，及臣工確有過失，均著就本事立時論奏。儻於事後挾私臆測，附會灾祥，除原奏不准行外，定必加以懲處，以爲妄言者戒。將此通諭中外大小臣工知之。

荀學齋日記辛集下

光緒十二年八月二十九日至光緒十三年四月初七日（1886 年 9 月 26 日—1887 年 4 月 29 日）

光緒十二年丙戌八月二十九日己丑　晴暖。評閲三取書院諸生卷。午飯後詣朱蓉生，慰其左遷。詣王弢夫，以疾不能見。詣書玉，久談，晡歸。閲江沓修《群經補義》。是日换戴暖帽。

三十日庚寅　晨及上午晴爽，午後風陰，晡後小雨，旋止，傍晚晴。評改三取諸生童卷訖。生五十四人，題爲『吾弟則愛之』四句，詩題『緑圃書榻樹藏雲得藏字』，取李廷鈐第一。童三十七人，題爲『秦人之弟』，取李耀曾第一。作書致季士周，寄去三書院課卷。作書致趙桐孫。得弢夫書，言病瘧。作片致敦夫，約其挈子績第三郎譽光來寓，得復。閲沈果堂《儀禮小疏》。錢藩卿來。夜雨。桂花第二次盛開，香滿庭户。是日剃頭。

邸鈔：以太常寺少卿徐致祥爲通政司副使。

九月辛卯朔　晨小雨，上午漸霽，午後晴暖。

閲《果堂集》。其《儀禮女子子逆降旁親服説》以爲此聖人制服之權，鄭注獨得其義。然以傳文專指嫁於大夫説，遂謂大夫爲其子、昆弟之爲士者大功，則子以將出降，而父以尊降，皆大功也，故可以嫁；士不得降旁期爲大功，雖其子可以嫁，若其父則不可以嫁子；逆降之禮，惟大夫之女子子有之，不及於士，則失經意矣。《大功》章云：『女子子嫁者、未嫁者，爲世父母、叔父母、姑姊妹。傳曰：嫁者，其嫁於大夫也。』此專解經『嫁者』二字。已嫁之女於期不降，此以大夫之尊，故降其私親之爲士者。又曰：『未嫁者，其成人而未嫁者也。』此包大夫、士而言，傳文本甚明。如沈氏所言，且士之女子子成人者，獨無出道乎？又謂其子可以嫁，然則將誰命之乎？蓋此條降服惟主女子子言，不及其父其子當逆降者。父無論大夫、士，臨嫁將事，以尊行者攝之，不必泥《禮記》『大功之末可以嫁子』之文，謂須父降然後子亦降也。其《儀禮喪服爲人後者爲本親問》，言於本親高祖無服，亦非高祖正尊之服，雖出後，亦當如爲本親曾祖服也。其《禮記問喪篇後記》言孝子自升屋之復，三日之後斂，以及既葬之虞，於親攀號而不釋，無時不望其復生，形雖不可得復生，而其氣則留，故親之魂可以復反於宗廟，則真精理名言矣。

作片致敦夫，約其明日來。王醉香來。錢藩卿來。夜閱萬充宗《學禮質疑》。多意必之談，其言周之文武廟數尤謬，適孫承重説亦泥古而不知禮意。

初二日壬辰　晴暖。作書致敦夫，并以車迎子縝之第三郎譽光，不至。作書問弢夫疾，得復。邑人徐月波慶安來，以教習得江蘇知縣，將出都，言欲以師門之重一見伯寅，求先爲道意。余辭以數年不相見，且何所求也。徐言一無干乞，惟感一日之知，今將遠行，雖曾通摯，未獲一面，終歉然耳。月波余非素識，然其人誠篤，且老矣，又嚴泉菊師之婿也，笑而許之。竟日評閱問津諸生課卷，近年心力疲於此矣。

初三日癸巳　晴暖。得江敬所八月廿一日新樂書，并所撰《景羲書院序》。作書致伯寅尚書。屢爲人作牙行，亦可謂不憚煩矣。敦夫偕陶譽光來，留共午飯。得伯寅復。下午敦夫邀至慶和園聽四喜部，俗樂擾人，倦不可耐。晚敦夫邀同介唐、書玉飲福興居，招霞芬，夜二更後歸。楊壽孫家騶來。沈子封來。

初四日甲午　晴暖。評閱問津諸生卷訖。凡八十人，試題『子曰由』至『知之爲知之』，詩題『園蔬有餘滋得園字』，取李鳳池第一，費登泰第二，陳澤霖第三。弢夫來。作書致光甫，饋以燕窩一器，蜜棗嵌核桃一合。錢藩卿來。爽秋來。是日倦甚，多卧。

邸鈔：皇太后懿旨：將本年萬壽節内務府應進銀一萬兩撥濟奉天水灾。以光禄寺卿豐烈爲太常寺卿。以上皆補初二日。

初五日乙未　晴暖。以團扇繪石梁瀑布寄楊理庵，報其贈宋元五志也。朱蓉生來。

邸鈔：上諭：劉銘傳奏記名提督方春發統帶鎮海前軍三營，各項餉營或不發足，或竟始終不發，並信用已革知縣陳海春販運烟土，聽在營各勇吸食，按月扣餉抵銷。又總兵桂占彪管帶鎮海前軍右營，亦有減發銀兩、扣發存項等情。似此剋扣軍餉、紊亂營規，實屬大干法紀，該撫僅請革職降補，殊屬輕縱。方春發、桂占彪均著先行革職，交該撫親提研訊，將應得罪名按律定擬具奏，其剋扣欠發各款，仍著查明確數，勒限嚴追，不得稍涉含混。

初六日丙申　晨晴，巳後陰，午後小雨，晡薄晴，傍晚小雨，復止。再繪團扇，并作七言長句一首書之，即作書致楊壽孫，屬歸呈其尊人。繆筱珊來。夜雨。

邸鈔：詔：廣東陽江鎮總兵黄廷彪改補高州鎮水陸總兵。陽江缺裁。廣西右江鎮總兵王孝祺調補廣東北海鎮總兵，新設。以□□□□張春發爲廣西右江鎮總兵。

初七日丁酉　晨密雨，上午稍止，午後微見日景，晡霒陰，有風，傍晚雨，晚稍止。爲沈吕生祖憲摺扇繪『行到水窮處，坐看雲起時』，且爲書香山《池上篇》。爲胡伯槃扇面書《池上篇》。沈呂生來辭行。得介唐片，即復。剃頭。作片致弢夫。作片致敦夫，屬轉交呂生扇。敦夫來。爲光甫書楹帖。光甫來辭行。晚詣霞芬家，偕敦夫、介唐、弢夫，爲光甫餞行也。并邀書玉、桂卿。是夜初更設飲，三更歸。付霞芬肴饌銀十兩，犒其僕三十千，廚十千，客車飯二十二千。

邸鈔：詔：降調浙江按察使陳寶箴、已革兩淮鹽運使洪汝奎、分省補用知府桑彬、廣西候補知府石承霖、試用知縣陸維祺均發往廣東差遣委用。從總督張之洞請也。

初八日戊戌　晴暖。

閱《茶香室叢鈔》。中引駢蕖道人《薑露庵雜記》數則，是吾邑人施山所著。昔年嘗見其山水扇面，畫法頗高，聞亦能詩，蓋游於幕府者。俞氏所引《雜記》俱頗有考據。又引施鴻保可齋《閩雜記》十餘條，可齋亦似越人而客閩者。昔年見人扇頭有傅桐自書所作古詩，傅亦越人，客於河南，工駢文。嘗見其與江山劉履芬書，言駢體源流，甚有識理。其詩亦不俗。蓋吾鄉才雋，沉滯不達者多矣。

周介甫邀午飲宜勝居，晡後歸。作書送光甫行，再貽以燕窩一器，得復。是日禫黏聽事訖。

初九日己亥　北地重九，晴暖如南中清明，花草蔚然，木葉無一脱者，自來所未見也。上午過下斜街賀黄漱蘭通政移居，便過爽秋談。午詣松筠庵，赴徐仲凡招飲，坐有書玉、介唐、敦夫、伯循，設席諫草堂，酒畢周歷山池，謁楊忠愍塑像。傍晚過南門嵩雲草堂，河南人近改爲岳忠武王祠，而仍爲宴集之地。池水尚滿，楊柳兩株，高峙石邊，垂絲拂水，烟態未已。從山坡登樓，望西山，日入已盡，平林暮藹，不能復見遠青。復循曲磴而下，繞廊一匝，小有丘壑間意。晚歸。得弢夫書。夜祀先，肉肴六豆，菜肴五豆，菜羹一，時果四盤，栗糕一盤，栗子湯一巡，酒再巡，焚楮泉四挂，收藏神位圖。作書辭鄉人張雲卿明日樂宴。爲江敬所點閱所作《新樂縣景義書院碑記》。景義者，新樂北城門名，以城北相傳有伏羲畫卦臺也。本曰書院序，余爲改作碑記。其文甚長，頗能發揮名理。而極言羲皇以來，堯、舜、禹、湯、文、武之教，至東周而熄，異端競起，曼衍至今日，而有極西天主之邪幻中於人心，推論古今中外倚伏盛衰，其來有漸，不愧經世名言。敬所能爲此文，非所量也。爲之點改數語，并節去末一段，作書致之。

邸鈔：上諭：張曜奏籌辦山東黄河估計工程經費開單繪圖呈覽一摺。所籌尚屬周妥，所有桃家口以下各處河淤或挑挖引河，或抽溝切灘，即著分别辦理。並將灶填以下堤段接連添築，以期攔水歸漕。其南北濼口兩岸民埝，應行增培另築，或加月堤，或加套埝，務當逐漸施工，俾資防禦。至北岸遥堤等工，亦應及時興辦，以臻周密。趙莊暫留口門裹築壩頭。趙莊以北横築大堤直達徒駭河，以資宣洩，而免倒灌王家圈等處。口門及自禹城轄境以至商河應辦堤工及徒駭河南岸濱州地段堤工，均著次第堵築。應用經費，除該省已籌款項外，不敷銀兩尚鉅，著户部如數指撥的款，以資工用。該省黄流頻年漫溢，小民顛沛流離，朝廷不惜數百萬帑金爲百姓禦灾捍患，奠厥攸居。張曜爲特簡疆臣，責無旁貸，務當督飭在工員弁實心經理，不得稍涉疏虞。另片奏切挖淤沙鞘，擬造平頭圓船五十隻應用，隨後逐漸增添等語，即著照所請行。

初十日庚子　晴陰相間。得茇夫書，即復。黄漱蘭通政來。得季士周書，并中秋節敬十六金。再得茇夫書。得花農書，贈菊花二十盆，即復謝，犒使四千。是日襮黏中房。

邸鈔：一等子爵、前湖南提督鮑超卒。詔：鮑超忠勇性成，不避艱險。咸豐五年間隨同曾國藩、胡林翼轉戰湖北、江西、安徽、江蘇等省，每於軍務危急之時，出奇制勝，殲除巨寇，屢克名城，積功洊擢至浙江提督。同治三年，克復江寧，賞給一等輕車都尉世職，復錫封一等子爵。乘勝帶兵，協同左宗棠援剿廣東髮逆餘匪，一律肅清。又剿辦捻逆於湖北等處，迭奏膚公。嗣因病回籍。朕御極後復簡授湖南提督，並迭次令其統師防堵。上年因傷病舉發，請假調理。茲聞溘逝，悼惜殊深。著賞加太子少保銜，照提督軍營病故例從優議恤。並賞銀三千兩治喪，由四川藩庫給發。戰功事迹宣付史館立傳，加恩予謚，並於原籍及立功省分建立專祠。其嫡長子祖齡即承襲子爵，毋庸帶領引見。子祖恩、祖祥，孫世爵，俟服闋後交吏部帶領引見。以湖南按察使崧蕃爲四川布政使。本任布政使王嵩齡，河南監生，祖籍紹興，不知其所自。近以陛見出都，行至彰德死。

十一日辛丑　酉初三刻一分寒露，九月節。晨陰，上午微晴，午後陰，傍晚晴。張朗齋次女明日適孫詒經侍郎之子，來請送妝，詒以額帨等八事，妝四事。族弟慧叔後日五十生日，來請飲酒，詒以酒兩壜，桃、麵各一合。錢藩卿來。黄仲弢來。邑人廣西知州柴照來。是日褾黏内子室、席姬室，塵坌叢雜，殊費屏營。比日肝疝氣動，今夜尤劇。

十二日壬寅　晨及上午陰，午微晴，下午晴。得張朗齋書。作片致敦夫。花農來。上虞曹官俊拔貢來。敦夫來。黄漱蘭約十四日飲松筠庵，辭之。桑叔雅之從子婦喪，送奠分六千。

邸鈔：以廣東按察使于蔭霖爲雲南布政使。本任龐際雲故。以廣東鹽運使王毓藻爲按察。以降調河南按察使豫山爲湖南按察使。

十三日癸卯　晨及午後晴，有風，下午陰，晚晴。内子、兩姬俱詣族弟家，飲壽酒，看帽兒戲。得心雲八月廿六日滬上書。得花農書。

閱張秋水《西夏紀事本末》。凡分三十六目，目爲一卷，瑣碎叢雜，敘次無法，自《宋》《遼》《金》

《元》四史、《册府元龜》外，無所采取。惟首冠以《范文正公集》中附録西夏堡寨并陜西五路、西夏地形二圖。又自爲年表、職方表，亦甚粗略。其書務欲尊宋，不出學究之見。至紀范文正與元昊書事，亦立一目曰龍圖招諭，尚成文義乎？李繼遷之死，《宋史·真宗紀》系之景德元年二月，《夏國傳》作正月二日。《遼史·聖宗紀》系之大統十一年五月，爲宋真宗咸平六年，計早一年。《續通鑑長編》系之景德元年正月，而爲之考曰：《繼遷傳》《吐蕃傳》並載於上年十一月，《稽古録》亦同，惟《本紀》《實録》載之次年二月，疑傳録因西凉事並書之。果在十一月，何以二月始聞之？故系之是年正月。畢氏《續資治通鑑》從《遼史》。今按：《遼紀》不足據也。繼遷方以咸平六年十一月陷西凉府，《稽古録》《續通鑑長編》並同。都首領潘羅支等僞降，繼遷信之不疑。潘羅支乃集六谷蕃部等合擊之，繼遷大敗，中流矢奔還靈州，必已在十二月間，至次年正月二日始以創死，宋人二月始聞之。疑《宋史·夏國傳》得其實；李文簡所引《國史》繼遷等傳及《稽古録》，據繼遷攻取西凉日書之，故系之咸平六年十一月；《本紀》《實録》據朝廷聞報日書之，故系之景德元年二月；惟《宋史·夏國傳》謂取西凉在咸平六年六月，則誤矣。若如《遼紀》，其死在上年五月，何以宋至次年二月始據邊塞入告耶。

章方軒來。方軒同邑人，名桂慶，以中書截取分發貴州同知。付車錢十六千，賞錢六千。

十四日甲辰　晴，西風頓寒，夜有霜，蕉柳始瘁。得趙桐孫津門書。得族弟品芳初二日書。作書致繆筱珊，借以《西夏紀事本末》，得復。新選山西五臺縣知縣高凌霄來。作片致章方軒。付賃屋銀六兩。

邸鈔：以湖北黄州府知府英啓爲廣東鹽運使。

十五日乙巳　晴寒。剃頭。作書并是月三書院課題致季士周。得章方軒書。得季士周書。昨夜爲弢夫撰其尊人七十壽序，作書致之，今日弢夫來謝。午後詣中和園，邀鄉人張雲卿、徐月波及仲凡、敦夫、介唐聽瑞笙湘玖曲。晚并邀花農飲宜勝居，招霞芬，夜二更後歸。月皎如晝而寒。書玉來。子培、子封來。買菊花二十盆。是日褾糊内外房室俱訖，付銀十一兩六錢又錢十千，又東洋五花紙銀二兩七錢。付園坐票錢十六千，酒保賞五千，客車飯十千，車八千，霞車四千。

邸鈔：工部製造庫郎中李方豫授湖北黄州府知府。右贊善韓文鈞轉左贊善，編修黄卓元升右贊善。

十六日丙午　晴寒。岑郎中春榮來，并送其弟春澤去年廣西鄉舉卷。其履歷言始祖仲淑宋時由浙江從征廣西，遂襲土職。其後有名密者，始分襲上林長官司。至康熙時有名恩者，承襲長官司，改土爲流，始隸籍泗城府西林縣。至其祖蒼松爲歲貢生，寔生定國。宫保而猶系以祖籍浙江紹興府餘姚縣，可謂不忘所自矣。子培來，久談。錢藩卿來，言已就河南劉布政書記，將出都，借二十金爲行資。此人貧寒無籍，孱相依附，余素不加禮，以書玉、光甫皆與之善，姑與周旋。近聞所爲披猖萬狀，又有心疾，而念其窮甚，未忍絶之也。是夕望。比夜月皎甚。

十七日丁未　晴。作致族弟嘯巖書、品芳書、鳳妹書，皆處分仲弟、季弟殯葬事，哀哉。作片致敦夫，以蜜棗核桃一合、餅餌兩匣詒子縝之子譽光。作致張朗齋書、施均甫書、陳晝卿書。

邸鈔：太常寺卿劉瑞芬爲大理寺卿。

十八日戊申　晨晴，上午微陰，午晴，下午多陰。内子生日，書玉、介唐、蕚庭、鄭主事德霖、劉生曾枚皆送禮物。弢夫、蕚庭來，書玉夫人、介唐夫人、劉仙洲夫人、鄭主事夫人皆來。上午答拜陸蓮史庶常。晤敦夫、介唐，久談。詣朱桂卿，見其四子。午後歸飯。作書致弢夫。楊定旉來。晡後弢夫邀至同樂園觀劇。晚同詣霞芬家看菊花，尚未開。夜小雨，設飲，腹飢人倦，兼感凉，小病，三更始歸，無謂甚矣。付霞芬酒果錢四十千，車錢十三千。

十九日己酉　陰雨。病甚，多卧。聞光甫於十六日卒於天津，哀哉。錢藩卿來，贈以六金。得弢夫書，即復。

二十日庚戌　竟日陰晦，傍晚微有霽色。劉曾枚生女彌月，詒以瑶環、瑜珥、桃、酒、糕、麵。作書致書玉。得桂卿書，饋羅漢香四合，碧螺春兩瓶，仙居朮一匣，鮝脯一肩，受香、茗，作書復謝。陶譽光來辭行，對之黯然，再詒以杏仁粉一斤。得書玉書。得花農書，偕弢夫補送内人生日禮四色，受麵及芋，作書復謝。病未愈，下午飲粥。

二十一日辛亥　晴。作書致岑伯豫。作片致敦夫，得復。是日評閲問津諸生卷訖。凡四十五人，試『子曰賜也女以予爲多學而識之者與』至『非也』，題文『平疇交遠風詩得風字』，取陳文炳第一。病小可，夜吃飯一器，尚覺不適。夜半風起，頓寒。

二十二日壬子　竟日霃陰，寒甚，有冰。岑伯豫來。朱蓉生來。閲沈果堂《儀禮小疏》，多精鑿之言。

二十三日癸丑　寒，雨，有霰，晡後稍霽，益寒。閲洪筠軒《禮經宫室答問》。雖大致明暢，而於《禮》學未深，多意必之談。書玉來，留共夜飯。客去後閲金氏《禮説》。誠齋學過筠軒，而好出新意，果於自用，於鄭君注説不能細心體會，輕加排斥，故所論著多異先儒，按之全經，往往不合，然其思力精鋭，固近時之矯矯也。

二十四日甲寅　晴，有風。評改學海堂諸生經解。弢夫來。比日咳嗽，夜尤劇。

二十五日乙卯　竟日寒陰。得治舜臣書，并秋師行狀，即復。作書致子培。

二十六日丙辰　戌正一刻十三分霜降，九月中。竟日霒陰，午前後微雨。剃頭。是日評改學海諸生卷訖。凡三十四人。試『屋漏解』，『東房西室解』，『賈捐之議』，『棄朱崖論』，『嵇紹王襃優劣論』，『相送柴門月色新賦以題爲韵』，『擬吴越王諸子約瓜戰張筵小啓』，『蕭后梳妝樓懷古詩』，取張大仕第一，陳澤霖第二，張昌言第三，李鳳池第四，李家駒第五。張書林《屋漏解》《東房西室解》皆能申成鄭義，極見細心。陳生兩論，張昌言詠梳妝樓七古及孟生繼塤、繼坡兄弟七律各兩首，皆一時之佳作也。夜閲《遼史拾遺》。付廚人司馬士容銀十四兩，内票錢一百二十千，爲先賢祠酒饌費。又以錢八千賻其弟士季之喪。

二十七日丁巳　竟日霒陰。評改學海諸童卷，得十一卷，尚有二十卷，作書乞弢夫代閲。子培、子封來。周介甫來。章方軒來。敦夫來。夜評閲問津諸童卷訖。凡四十人，題『曰不知』。

邸鈔：上諭：閻敬銘奏瀝陳下悃，懇恩於軍機處、户部兩項差使開去其一等語。閻敬銘向來辦事實心，任勞任怨，朝廷深資倚畀。據奏久病之後，力難兼顧，情詞懇摯，自應量加體恤。著准開軍機大臣差使，俾得專心部務，以副委任。所有年間應得賞項，俱照軍機大臣例賞給，用示優眷。以通政司副使鳳山爲光禄寺卿。

二十八日戊午　晨霒陰，上午小雨，午後止，陰溽，微温。徐仲凡之子維康來辭行。陸蓮史來辭行。以白綾二丈書聯輓胡梅卿云：『長爾十年同榜登科師事我；别今三載秋風一慟訃音來。』作書致其弟梅梁。作書致仲凡，以致胡氏書帖屬附寄，并約其喬梓明日夜飲。評改三取諸童卷。爲徐維康書摺扇，并作梅竹石三友圖贈之，文與可有此本，東坡爲之贊，見羅大經《鶴林玉露》。

二十九日己未小盡　晴暖如暮春。是日内廷已服鼲鼠裘獺褎，而暖不可著重綿，地皆蒸潤。得仲凡書。桑叔雅之兄子工部寀來。仲凡之子吉孫來。下午詣徐月波、章方軒送行。晤敦夫、介唐。夜邀二君、仲凡喬梓及傅子蓴、周介甫、陸蓮史飲宜勝居，二更歸。雨作，漸密，三更風雨凄沓，四更雨稍止，風勁，頓寒，五更復雨。夜評閲三取童卷訖。凡三十餘人，試『非與』二字題，取李耀曾第一。得彧夫書，并送學海童卷來。天津同年李士鉁編修來。付宜勝酒保賞五千，客車飯十三千，車錢七千。

十月庚申朔　風雨凄苦，晡後少止，晚復雨，寒甚。禮部吏送明年新曆。是日評改學海諸童古學卷訖。凡三十餘人，試『鄰家來往竹陰中賦以竹深留客鷄犬往來爲韵』，『白蓮花賦以月曉風清無言有恨爲韵』，『漠漠水田飛白鷺得田字』『陰陰夏木囀黄鸝得黄字』五言八韵二首，『遼后梳妝樓懷古詩』，取華承運第一，陳澤寰第二，皆有可觀。得書玉書，以楊梅燒酒一瓶、藕粉兩包見詒，且言光甫之從子及婿皆已至都，即復。夜閲《五代史合注》，大風徹旦。

初二日辛酉　晴，大風，寒甚，傍晚稍止。祖妣倪太恭人忌日，又初六日余太恭人忌日，今日并饋於堂，肉肴五豆，素肴七豆，饅頭一大盤，時果四盤，粟子湯一巡，酒三巡，飯再巡，茗飲一巡，傍晚畢事。朱子涵來，面請初八日飲其家賞菊，不得已諾之。山東臬使覺羅竹坪成允饋十六金爲别，犒使六千。得書玉書。作書致季士周，并三書院課卷。又復胡雲楣書。得敦夫書。繆筱珊來。

邸鈔：詔：惇親王等充玉牒館正總裁，尚書錫珍等充副總裁。詔：大學士額勒和布、閻敬銘、恩承，協辦大學士張之萬充會典館正總裁，尚書錫珍、翁同龢、延煦、烏拉喜崇阿、麟書、潘祖蔭充會典館副總裁。

初三日壬戌　晴，有風，甚寒。坐聽事南榮閲書。林二有來。朱桂卿來。

閲蕭山王南陔《經説》。無甚發明，且止三《禮》附《大戴禮》。三《傳》共六卷，亦未全之書。其第一條

《周禮天官太宰贊玉幣爵之事》云贊玉當爲贊王，引《小宰》『凡祭祀贊王幣爵之事、祼將之事』注云『又從太宰助王也』，明此『玉』字亦『王』之誤，而以鄭注『玉幣所以禮神』爲非。不知《小宰》亦本作贊玉。岳氏《九經三傳沿革例》云：『諸本皆作玉，惟越注疏及建大字本作王。』鄭注謂又從太宰助王者，正以經文無『王』字，故注以明之。謂太宰既贊王，而小宰又贊之，使經文本作贊王，何煩注乎？其下注祼將之事云：『贊王酌鬱鬯以（爵）〔獻〕尸謂之祼。』明太宰不贊祼將，惟小宰贊之，故特云贊王，以見不同於祀五帝從太宰助王也。岳倦翁謂《太宰》文先有贊王牲事，故下祇云贊玉幣爵，不必更出『王』字。小宰職卑，不獲贊王牲事，而與贊幣爵之事，故當云贊王。不知賈疏明云贊此三者，如岳氏之説，則太宰、贊玉、幣爵三者，少宰祇贊幣爵，不贊玉，其説亦不可通。段氏玉裁謂經之例，或言王，或省，無庸泥者，是也。王氏未能體會鄭注，殊失之疏。然其餘大率實事求是，無意必之談，於禮學尤所用心。中丞著述大半散佚，此亦可寶也。

初四日癸亥　晴，微陰。坐聽事閲書。

明萬曆間御史崑山周元暐著《涇林續記》一卷，大抵村俗傳聞瑣屑之事。惟載分宜父子弄權、納賄兩條，潘伯寅尚書謂可裨史闕。然其言嚴世蕃資性强記，世宗觀經史，有未經者，朱書片紙以問嵩與徐階等，皆不曉，嵩以詢世蕃，即曰在某書第幾卷第幾葉，其解云何，無一差者，則不可信。世蕃未嘗讀書，史稱其熟諳掌故及六部例案，蓋有之耳。又言羅龍文在分宜遇海島大盜，邀至島中，屬借嚴氏銀百萬，羅以計免。其鋪敘情事，曲折甚詳。然分宜惟有袁江，《漢志》所謂南水也，何處有長江大山容此巨盜？是於地理尚不能知。其痛詆張江陵，謂有問鼎之心，尤爲謬妄。餘所載海賈得島中鱓魚，殼中有照乘珠九顆，遂成鉅富；及酒令每句嵌『三分白』『一點紅』『顛倒挂』『喜相逢』三字：皆吴越村巷猥傳，何足記載？ 惟言章楓山尚書年八十幸一婢，生子楫，後蔭爲中書舍人。 周延儒少聘吴氏女，後貧甚，吴欲退婚。 周訴之吴安節，吴令作文，奇其才，遂呼其族人以其女爲己女，曰它日當厚嫁之。 周癸丑廷對第一，乞恩歸娶。 二事足資談助耳。

錢唐韓小亭泰華，江西巡撫文綺之子，沈西雝之婿也，以貲郎兩至巡道，皆因事罷，其罷歸皆擁鉅資，而不久散盡，至飢寒以死。 有玉雨堂，藏書甚富。 始由四川觀察罷居江寧，刻《玉雨堂叢書》，未竟，而遇癸丑粵賊之亂，版稿皆燬。 又嘗欲倣《五代史注》例以注《元史》，先爲《元文選》十集，倣顧氏《元詩選》例，而以十家爲一集，首集甫刻成，亦燼於賊炬，可惜也。 伯寅刻其《無事爲福齋隨筆》二卷，亦略有考證。

周介甫來。 朱蓉生來。 黄仲弢來。 是日以京錢二十三千買菊花十六盆，皆都中所謂細種也。 有一盆名丹砂者，錢六千，亦平生之豪舉也。 得徐花農書，即復。

邸鈔：上諭：太常寺奏大理寺卿明桂因本年夏間染患肝證，調理失宜，不能勉强唱贊，可否開去差使等語。 明桂禮節尚嫻，豈得因偶有疾病遽辭要差，致開諉卸之漸？ 所請開去贊引差使之處，著不准行。 以候補四品京堂張蔭桓爲太常寺少卿。

初五日甲子 晴陰相間。 閲《廣陽雜記》。 作書致子培。 周生學海來。 朱毓廣同年來。 子培來。是日自位置菊花，携盆出入，甚覺勞頓。 夜不快，小腹中有壘塊，五更覺痛。

初六日乙丑 晴和。 肝疝氣發，不食而歐。 作書致子培、子封。 敦夫來，言定夫家信至，舍姪女已到天津，即發車遣僕媪往迓之。 作書致書玉。 作片致桂卿，乞診。 朱昂生毓廣來。 子培、子封來。書玉來。 光甫之姪舜封秀才來。 桂卿來診，撰方。 夜服藥。 付天津車飯等銀十二兩。

邸鈔：上諭：兵部奏遵議處分一摺。護軍統領明安應得革職處分，加恩改爲降三級調用，賞給三等侍衛，在乾清門當差。明安以挑選護軍校缺，不取馬步射俱中之藍翎長護軍瑞連、護軍瑞斌，而取僅中步箭之松溥等。瑞連等上堂争論，與護軍校惠成等扭毆。稽查御史鳳英阿克敦參奏。詔令明安回奏，而明安疏稱瑞連僅中步箭，瑞斌並未中靶。詔下刑部訊問得實，明安以徇私掩飾，交兵部議處。

初七日丙寅　晨晴，上午陰，午後微晴，晡後陰。閱《廣陽雜記》。慧叔弟婦來見。病小愈，仍服桂卿方。作書致敦夫。作復吕定子書。

邸鈔：皇太后懿旨：恭親王奕訢加恩賞還親王雙俸，原品休致。大學士寶鋆加恩以大學士致仕，賞食半俸。詔：鑲黄旗蒙古都統尚宗瑞、户部左侍郎孫詒經，均加恩在紫禁城内騎馬。以鑲紅旗護軍統領岳林調補正白旗護軍統領。理藩院左侍郎崇禮補正黄旗蒙古副都統。都統尚宗瑞補十五善射大臣。都統善慶管理御鳥槍處事務。皆明安缺。

初八日丁卯　晨及上午陰，下午晴。弢夫來。下午赴朱子涵之飲，坐有若農師、吴清卿、王可莊、繆筱珊、黄仲弢，肴饌頗精，賞菊讀畫。若農師復出示舊購華嶽廟碑拓本，有孫開如跋，云是玲瓏山館物。清卿以所書古籀文《論語》及所著《字説》一册見贈。偕若農師談至夜而歸。朱昂生又來，以將往山東干張朗帥，乞致書爲道地。此甚可厭，以彼言出施均甫、王醉香之意，不得已許之。夜爲作一紙并書致弢夫，屬代作通問書兩紙。夜半後有風。

初九日戊辰　晨及午陰，寒，有風，下午微晴，稍和。得弢夫書。得陶仲彝九月廿三日吴門書，言將作令新陽。遣豐臺花圃人高榜收藏紫薇、芭蕉各三樹，木槿兩樹，夾竹桃四盆，付以錢五千。爲周生學銘、學熙各改經解二首，論、賦、擬表、七律各一首。作書致周玉山，并以致定子書屬轉寄。作書致周生學海，以寄其尊甫書屬附去，并贈以閩中所刻駢文一册。

初十日己巳　晨雨，上午稍止，下午微晴。皇太后萬壽節。作書致子培，致楊莘伯，爲送仲彝書去。作書致朱蓉生。寓齋菊花盛開。竟日閲潘力田《國史考異》。共六卷，至太宗止。所據皆明代官私紀載今僅有存者，折衷至當，考辨極細，奇書也。對好花讀異書，亦無限之福矣。蓉生來夜談。剃頭。

十一日庚午　晴和。沈子封來。作書致花農，致弢夫。姪女冰玉到京。得大妹夫書，言甥女珍姑於九月十六日嫁蘭亭俞氏。得三妹書、四弟婦書，言季弟定於十一月十三日出殯於上塘漊，哀哉。得品芳弟書、嘯巖弟書、穎唐弟書。得子獻九月十四日書。三妹寄來鯗脯、松蕈、勒鯗、蝦米、淡菜、蓮子、冰糖共三簍，醬油一罎。大妹寄來燕窩一包，鯗脯兩肩，乾菜兩簍。四弟婦寄來燕窩一匣，毛燕窩一匣。二妹寄來蓮子一簍，浄絲水菸二包，勒鯗一器。品芳寄來鯗脯兩肩，牙茶四瓶。族姪女采姑寄來醬乳一罎，桂花糖一瓶。子獻寄來淡菜、梅蜑一合。冰玉年十六矣，其生在辛未五月，余已入都矣，對之悲泣。花農來，邀同子封、弢夫、繆筱珊夜飲梅雲家，看菊花高下百餘，皆佳種也，斲玉鉤金，璀粲之中，自有清逸氣，東籬風格，故未墜耳。余招霞芬、素雲，此中消遣悲懷，固索解人不得矣。夜二更後歸。得定夫書，言余家已付二十金爲川資。

十二日辛未　戌正初刻七分立冬，十月節。晴和。作書致季士周，并是月三書院課題。作書致周玉山，屬其長郎澄之回皖之便，代購江寧新刻《太平寰宇記》、蘇州蔣氏新刻《小萬卷樓叢書》、同文書局新刻《佩文齋書畫譜》。周生緝之來。作書致敦夫。作書致花農，詒以日鑄牙茶一錡，蓮子、芥脆各一盤。作書致楊莘伯，詒以龍井茶兩小瓶，蓮子一盤，甬上海艷一合。以勒鯗、楊村糕等詒書玉。賞朱、林、崔媪往天津接冰姑各銀一兩，餘各錢二千。

十三日壬申　竟日寒陰，潋雨，入晚漸密，夜雜以霰。得花農書。得書玉書。得弢夫書。作書致若農師，約十八日飲齋中，并具柬邀黄漱蘭、吴清卿、徐亞陶、岑伯豫、朱蓉生、袁爽秋。得若農師復。得蓉生書，即復。書番布二丈爲光甫輓聯云：『間歲三遷，相期伏闕陳書，烏府不羞冠柱後；别君七日，痛絶還家上壽，白雲望斷海東頭。』書玉夫人來。復弢夫書。夜雨聲蕭霤徹旦。

十四日癸酉　晨小雨，上午稍止。上午詣先賢祠爲光甫陪吊，送銀二兩。夜飯後歸。有微月。作致三妹書，致四弟婦書，致品芳弟書。

十五日甲戌　晨及上午晴，下午陰。得舜臣司業書。弢夫來。曹拔貢官俊來。仲凡來。爲桑氏作書致書玉，以叔雅之群從欲於先賢祠爲壽演劇，北城胡隆洵給事不許，昨桑主事宲來告，故屬書玉託章黼卿給事轉言之。黼卿復書謂近日等輩專以此等事作顔面媚臺長，蓋祁左都以道學自命也。吴清卿來。夜作復心雲書，復子獻書，即封入家書中寄去。

十六日乙亥　晨雨，上午漸密，下午稍止，晚微晴。管惠農約明日夜飲，辭之。撰景秋坪師神道碑文，凡二千五百餘言，以師在西域甚久，始終兵事，敘之不得不詳也，入夜止。夜有月。

邸鈔：以光禄寺卿邵曰濂爲太常寺卿。

十七日丙子　晴和。曾祖考忌日，供饋肉肴六豆，菜肴四豆，菜羹一，饅頭一大盤，時果四盤，蓮子湯一巡，酒四巡，飯再巡，茗飲再巡。作書致朱蓉生。作書致子培。得季士周書，送來冬季脩脯銀二百七十一兩，明歲聘金十二兩，即復，犒使二金又錢六千。作書致治舜臣，贈以七律一首。子培來夜談，留飯後去。作書致弢夫。是日望，夜月甚清綺，如中春。聞季士周丁其尊人君梅編修艱。

贈舜臣司業治麟**君居喪百日後移疾去官頗傷毁悴故末韵及之**

早步花磚繼履聲，堊廬一疏獨陳情。終喪自盡孤臣志，託病遑沽後世名。久爲養親辭使節，君以尊人尚書師命兩次不考試差。猶聞造士説司成。所期和嶠稱生孝，長奉金萱百歲榮。

十八日丁丑　晴和。得舜臣書。黄漱蘭來，弢夫來，吴清卿來，若農師來，徐亞陶來，爽秋來，岑伯豫來，午後設飲，逮闇而散。夜閲沈氏《左傳補注》。多切理之言，而詆庰杜、孔太過，失著書之體。夜月皎甚，三更後風，聞落葉聲甚繁。廚人鄭升、更夫王升皆以是日受庸，廚月十千，更月八千。

十九日戊寅　晴，晨及上午風，午漸止。兩日來始見庭柯落葉如委然，柳絲猶僛僛也。得弢夫書，約明日夜飲，即復。得桐孫津門書。爲朱蓉生畫團扇，臨惠崇漁谿小景。蓉生來辭行。下午詣蓉生，不值。詣介唐、花農、醉香，答拜吴清卿，俱不值。詣書玉，談至晚而歸。蓉生再來話别。夜更爲蓉生扇頭題一詩贈之，并饋以食物數種，作書送去，得復。是日以銀二十五兩買貂鼠裘外褂一，狐白裘袍一，貂爪領一，先付十六金。

送同年朱鼎甫一新**左官歸義烏省親時繪漁村圖贈之故有末韵**

乍居西省出承明，又向鑾臺曳佩聲。自來小臣疏諷諫，本來吾道戒虚名。孝烏香發陔蘭潔，繡豸風留列柏清。穀水歸尋游釣地，朝官何啻一蓑輕。

二十日己卯　晴陰相間。治舜臣來，久談。作唁季士周書，復趙桐孫書。閲沈氏西雝《論語孔注辨僞》。皆引漢儒古義以證孔注之僞，大氐折衷鄭注，語多精覈，較《左傳補注》爲優。夜初更雨雪雜下，兼有霰，三更後止。

邸鈔：詔：伊犁新設副都統二缺，著伊犁領隊大臣長庚、科布多幫辦大臣額爾慶額補授，馳驛前往。詔：駐藏幫辦大臣尚賢留京另候簡用。以伊犁參贊大臣、内閣學士升泰賞給副都統銜，爲駐藏幫辦大臣，照例馳驛前往。　江西南昌府知府賀良楨升長蘆鹽運使。

二十一日庚午　晴，午前有風，頗寒。書季士周尊人輓聯云：『早厭承明吾谷烟霞忘老至；相遺清白海山樓閣促公歸。』君梅先生名念詒，庚戌翰林，由江陰寓居常熟。又輓障云：『玉簡朝真。』得弢夫書，即復。書玉來。剃頭。作書致舜臣，送神道碑文去。作書致士周，并藍尼氈障、輓聯。醉香來。桑主事宲來，以其族人借先賢祠演劇事，余已爲言之巡城兩給事也。得心雲九月廿六日杭州書，并惠羅漢香四合，白奇菸絲四包。傍晚詣徐仲凡談。夜赴弢夫宜勝居之飲，坐有臨海郎仁譜慶恩，丙子舉人，極誠篤，能古文，君子人也。二更歸。東圃墻壞，薜荔壓死。

二十二日辛巳　晴，風，寒甚。弢夫來。得舜臣書。終日坐客次南榮看菊花，焚香讀畫，亦極忙中消受法也。金陵女史辛璁，本秦淮妓也，嫁魏默深之子剛己，以匳資數萬委之。需次江淮，所費罄盡，辛善畫，并教剛己之女弟，兩人賣畫以給食用。辛爲弢夫作緑楊春影圖卷，城郭樓臺，界畫精絶，而筆法高秀，寫意在神，非仇十洲輩所知也。爲題五絶句。

題白門女士辛璁爲藁城繪楊柳春影圖卷五首

染出東風别恨多，蜀岡山色落修蛾。祇緣一覺樊川夢，費盡春閨十斛螺。

曲曲朱樓鏡裏懸，吹簫明月事如烟。不須重問妝臺影，得見紅簾已是仙。

丹梯扶上廣寒宫，多少花頭聽下風。輸與銀河烏鵲妒，一雙星語彩雲中。

城郭春愁子細量，含情著色寫垂楊。何因身作紅牙筆，鎮日相依翡翠床。

簾前丁字記前身，别向紅橋寫冶春。同是章臺姿絶世，可憐青眼屬何人。

夜風益甚。作書致弢夫，并圖卷還之。

邸鈔：詔：魁福賞給副都統銜，爲科布多幫辦大臣。　前山西大同府知府莊錫級授江西南昌府遺缺知府。兵部郎中舒惠授湖北荊州府知府。

二十三日壬午　晴，寒甚。得弢夫書。作書致書玉。作書致舜臣，贈以湖塘林館駢體文及祠目各一册。朱苗生來，言以後明日往濟南。晚詣蘭沔胡同，赴楊莘伯之飲，同坐爲醉香、弢夫、絅堂、劬庵，肴饌精挈，食之醉飽。主人出普洱茶飲之，此客可謂老饕矣。夜二更歸。

二十四日癸未　晴陰相間。徐户部定超來，字班侯，温州人，癸未進士。得書玉書，以查梅麓士檁皖南山水長卷屬題，前有阮文達書額。作書致章黼卿，爲桑氏二十九日先賢祠演劇事。介唐來。書玉夫人之男周晬，詒以紅頂冠、小方靴、段縐小袍、褂緜襖裁及鷄、豚、糕、麵、燭、爆等事。桑樹森工部來。是日寒甚，始用火鑪。付更夫羊裘錢廿六千，又製布裹錢十八千。

二十五日甲申　晴。饋桑鈞壽酒兩罈。治舜臣來，以百金爲神道碑潤筆，固辭，不得已受之。得徐亞陶書，以張仙《送子真誥》兩册爲贈，故相全文恪所刻者。文恪於咸豐庚申始舉一子，年六十七八矣，以爲祀張仙之譣。徐花農來，即留共夜飯。一更後花農邀飲梅雲家，三更歸。

二十六日乙酉　晴，有風。弢夫來，言初一日當南歸。岑伯豫來，言即日赴吉林穆將軍幕府。内子、兩姬、冰姑俱赴書玉夫人招飲，晚歸。得花農書。付陳宅犒使錢十二千，車錢八千。

邸鈔：詔：署貴州巡撫潘霨改爲實授。

二十七日丙戌　晴。酉初初刻九分小雪，十月中。午後入城答詣舜臣，不值，送師母禮二金，門禮四千。過護國寺，市集方盛，車馬闐不得行。護國寺即雍和宫，每旬以逢七爲市，猶外城之土地廟也。明代内城市集在刑部街，外城市集在報國寺，即慈仁寺。國初報國寺之集猶盛，今無知者矣。答詣岑氏兄弟，亦不值。出城詣温州館，與楊定旉談。詣弢夫，不值，晚歸。敦夫來。郎仁譜來。爽秋來。

二十八日丁亥　晴。得王子獻是月初八日書，并閩人伊峻齋所刻壽山印石三方，文曰『李某字炁伯』白文，曰『湖塘林館山民』朱文，曰『越縵』白文。又别刻一小黄石爲贈，文曰『己丑生』朱文，刀法殊佳。伊名□□，寧化諸生墨卿太守曾孫也，通曆算。得季士周書，言即日南歸，并及寄來訃函哀啓求爲墓志。舜臣來，久談。以描金鑾鳳臘紅楹帖書壽聯十六言，爲弢夫尊人菊人年丈壽，即作書致弢夫。傍晚詣先賢祠閲桑氏所陳壽儀，即歸。夜評閲課卷。

二十九日戊子　晨及上午陰，下午微晴，晚晴。得施均甫濟南書。得弢夫書，以洋氈復陶一領爲贈。弢夫來。晡後詣先賢祠赴桑氏壽筵，偕章黼卿、書玉、介唐、敦夫同坐觀劇，士女甚盛，樓上下三面釵光鬢影，無隙地矣。洎上燈，初則中庭四周皆粉臆也，袿薰接袂，屧拍侵絇，俎豆之區忽成香國。内子、兩姬、冰姑及對門鄭主事之室吴皆與焉。演齣亦佳，酒肴皆美，夜四鼓歸。五鼓風起。付車錢十八千。

三十日己丑　晴，風甚寒。再饋桑南坪壽酒兩罎，作書致之。作書致書玉，致敦夫，致子培，致花農，俱約今日晚飲。楊定旉來。蕚庭來。得子培復。夜詣霞芬家看菊花，佳種百盆，耐寒猶盛，晶屏畫檻，疊素堆金，銀炬映之，粲綺尤絶。初更小設酒肴，爲弢夫餞行。邀敦夫、書玉同飲，火鍋十品，烹汋彌鮮，三更後歸。付霞芬酒饌銀六兩，賞廚僕二十千，客車六千，車六千。楊莘伯來，久談。夜風稍止。

仲弟女冰玉到京泫然賦此

萬里將迎汝，窮冬到海濱。形容如我弟，涕淚遍鄰人。茹苦猶能活，無兒倍覺親。傷心門户事，不忍話前塵。

冬夜邑士大夫合樂郡祠即席有作

蕭鼓靈祠啓畫堂，朱樓三面坐中央。東山絲竹供高會，南國烟花出靚妝。燭下綺羅都欲醉，夜深珠玉自生香。誰知絶撫床琴響，也逐參軍到舞場。

十一月庚寅朔　晴。弢夫來辭行。得花農書。得敦夫書。得周玉山書，并送明年三書院聘金十二兩，以玉山暫攝長蘆運使也。再得花農書，即復。晡詣繆筱珊，賀其兄子娶婦，饋酒兩壜。詣子培、子封，問其太夫人疾，饋以燕窩一合。詣弢夫送行。答拜郎仁譜而歸。夜詣宜勝居，赴郎仁譜之飲。二更再詣霞芬家看菊花。敦夫設飲，爲弢夫餞，并邀書玉、花農，招素雲、梅雲，藏彄賭酒，四更始歸。是日剃頭。

初二日辛卯　晴，微陰。傅懋元來，乞書齋額。終日評閲課卷。『鄉黨過位復其位解』，陳生澤霖申成鄭注朝位之義，以近儒主聘禮者爲不然，其説甚辨。然鄭君注《儀禮·聘禮記》實引《論語》此文爲證，近人王亮生鎏《論語正義》引胡氏縉説，謂鄭君注《鄉黨》此節亦主《聘禮》，其説是也。

邸鈔：禮科給事中邵積誠轉吏科掌印給事中。

初三日壬辰　晨微雪，午漸密，下午晴，有風。袁爽秋送來長郎定娉喜果兩合。介唐夫人詒冰姑瑜環、銀甲、裝禪、鬢花。鄭德霖主事婦吴詒紬匹、茶葉、青豆、笋乾、灰紬及茗。作書致介唐。是日評閱問津諸生課卷訖。文題『海内之地方千里者九齊集有其一』，詩題『紫薇花影上東廊得薇字』，凡九十六人，取張大仕第一，陶喆甡第二，李鳳池第三。張、陶兩生俱通算學。

初四日癸巳　晴。得介唐書。余以年迫崦嵫，未徵暮翣，頗擬更置姬侍，而憚於選擇。前聞介唐夫人言，其鄰吴興沈氏有婢待年，惟須買一鬟易之。敦夫、書玉、弢夫力相從臾，故昨致書介唐，約日往看，而已它屬矣。聞沈氏初知余議，甚以欣然，歷夏及秋，嗣音不再，始議更嫁，亦可感也。作書致書玉，以去年所詒青田凍石兩方，託寄至上海，屬上虞徐辛穀刻之。桑南坪來謝。今日外祖忌日。

邸鈔：詔：安徽壽春鎮總兵郭寶昌准其開缺養親，仍留統卓勝全軍，以資得力。詔：已故烏魯木齊提督金運昌統帶卓勝軍，轉戰直、東、皖、豫各省及陝甘關外，所向克捷，卓著勤勞，著將生平戰蹟宣付國史館立傳，并入祀陝西金積堡臨淮卓勝軍昭忠祠。其妾王氏、馬氏、張氏於該提督病故後先後身殉，均著照例旌表。從兩江總督曾國荃請也。

初五日甲午　晴。評閱學海諸生卷，凡改孟生繼塤等論三首以示之。沈子封來，久談。夜詣書玉談。便過秋蔆家，赴子封之飲，招霞芬，二更後歸。

邸鈔：以□□□□□韓晉昌爲安徽壽春鎮總兵。詔：已故伊犁將軍金順之子文禄，俟及歲時，由該旗帶領引見。金順無子，其妻繼大弟子爲嗣。

初六日乙未　晴。是日評閱學海諸生卷訖。凡四十餘人。試『鄉黨過位復其位解』『門户以名節爲重論』『團圓節賦以天上人間月圓花好爲韵』『擬仲長統樂志論』『瓦橋關懷古七古』，取陳澤霖第一，張大仕第二，李家駒第三。陳、張兩生經解皆佳，李生兩論亦激發有筆力，賦詩則無佳者。得裕如都轉額勒精額七月二十六日成都書。得爽秋書。作書致書玉，并印章字樣，一曰『會稽李氏越縵堂鑒賞收藏金石書畫記』，一曰『道光庚戌秀才咸豐庚申明經同治庚午舉人光緒庚辰進士』，皆朱文。徐生每字須銀五錢，此計四十字，當需二十金，可謂高價矣。桑樹森來謝。夜點閱新、舊《唐書·突厥吐蕃回紇傳》。作書致玉山。

初七日丙申　晴。徐亞陶來，久談。陳六舟擢皖撫入覲，今日來話别。作復王子獻書，并爲書文字潤筆條約一紙。作致陳蓉溆書，唁其丁母憂。作復心雲書，凡千餘言，以心雲寓居吾家東頭，故多處分家事託其轉告。夜作七律一首贈陳六舟，此君亦張香濤之流，故以此爲人事耳。四更雪作。

送陳六舟中丞巡撫皖中

軍府淮南據上游，皖公山色自春秋。儒臣節制嬴千里，家學科名第一流。君與尊人方伯皆二甲一名進士。早有霜烏傳諫蹟，猶傳金馬撫蠻陬。嘗守曲靖。故人南去多開府，歸夢江湖穩釣舟。

邸鈔：上諭：前據御史謝祖源奏承德府知府嵩林卑污貪墨，劣迹多端，請飭拏辦，並熱河水患甚鉅，亟宜認真挑河築垻各摺片，當經諭令李鴻章確切查辦。兹據查明具奏，此項旱河歲修工程，著照該督所擬，嗣後每年仍以三千兩爲度，務當年定章程，涓滴歸工。其應修石垻，即由熱河都統籌款奏辦。承德府知府嵩林承修旱河，未能覈實，並縱容家丁因案索賄，聲名平常，著即行革職。熱河都統謙禧因嵩林前辦灾振，尚有微勞，輒以人才登諸薦牘，殊屬保舉不實，著交部議處。

初八日丁酉　晨大雪，至午稍止，積四寸許，午後漸晴。外祖母節孝孫太恭人忌日，同外祖合饋於堂，祔以三舅、四舅，肉肴七豆，菜肴五豆，火鍋一，菜羹一，饅頭一大盤，時果四盤，蓮子茶一巡，酒三巡，飯再巡，茗飲再巡，晡畢事，焚楮鏹四挂。發家書。印結局送來前月公費銀五十六兩。是日評改三取諸生卷訖。凡五十餘人。文題『今魯方百里者五』一節，詩題『一池月浸紫薇花得池字』。取朱駿聲第一，張雲霈第二，陳文炳第三。

邸鈔：上諭：李鴻章奏蠶池口教堂與教士定議遷移一摺。西安門内蠶池口教堂於康熙年間欽奉諭旨，准令起建，迄今百數十年，該教士等仰戴朝廷，怙冒深仁，咸知安静守法。上年修理南海等處工程，爲皇太后幾餘頤養之所，西南附近一帶地勢尚須擴充。該處教堂密邇禁苑，經李鴻章派英人敦約翰前赴羅馬商酌，並令税務司德璀琳與教士樊國樑訂約，遷移於西什庫南首地方，申畫界址，給資改造。該教士復聲明改建之堂以五丈高爲度，比較舊建之樓減低三丈有餘，鐘樓亦斷不令高出屋脊。議定後，樊國樑又赴羅馬告諸教會總統費雅德，據復文歷叙感激中朝覆幬保護之忱，有激發天真、圖報萬一等語，情詞尤爲肫懇。李鴻章現復與公使恭思當互相照會，亦據覆稱無不依照辦理。和協邦交，深知大體，實堪嘉許。即著照所請行，其改造經費，亦著分期撥給。主教達里布誠心報效，教士樊國樑、英人敦約翰遠涉重洋，不辭勞瘁。達里布著賞給二品頂帶，樊國樑賞給三品頂帶，敦約翰賞給三等第一寶星；樊國樑、敦約翰再加賞銀二千兩。税務司德璀琳、領事林椿，往來通詞，始終奮勉。德璀琳賞換二品頂帶，林椿賞給二等第三寶星。其餘出力之英商宓克等，著李鴻章查明奏請奬勵。刑部員外郎廷杰授直隸承德府知府。廷杰，滿洲人，丙子進士。

初九日戊戌　晴。上午詣揚州館，答拜陳六舟，小坐歸。得張朗齋濟南書，并寄閱舉辦河工派委員弁摺稿。得浙江瞿子九學使手書，并惠二十金。得戚潤如刑部書，送來先賢祠捐例銀一百八十二兩，即復。評改學海諸童卷。付同年公祭景秋坪師分貲錢十千。

初十日己亥　晨及上午微陰，下午晴，風甚寒，傍晚風少止。竟日評改學海童卷。晚詣宜勝居，邀管惠農、馬蔚林、郎仁譜、殷萼庭、楊定旉、徐班侯、黄仲弢飲，皆台、温兩郡人也。吃菊花魚羹，甚佳。二更後歸。付酒保賞錢五千，客車飯七千。夜半大風。

邸鈔：雲南巡撫張凱嵩卒。凱嵩，字粤卿，江夏人，道光乙巳進士。詔：張凱嵩由知縣洊擢封圻，自簡任雲南以來，於吏治軍餉諸務均能實心籌辦，克稱厥職。兹聞溘逝，悼惜殊深，著照巡撫例賜恤。以廣東巡撫譚鈞培調補雲南巡撫，即赴新任。以都察院左副都御史吴大澂爲廣東巡撫。譚培鈞甫由楚赴粤，計時尚未抵任。鈞培曾疏陳原籍廣東，故有此回授也。上諭：岑毓英奏據貴州紳士禀稱，已故前任巡撫林肇元在貴州辦理軍務，克復多城，全省肅清，由道員升至巡撫，善政難以枚舉，士民追念功德，莫不感悼，可否開復革職處分等語。林肇元前經因案褫革，深屬咎有應得，姑念肅清全黔，民心愛戴，著加恩准其開復革職處分。此係朝廷格外之恩，嗣後不得援以爲例。詔：浙江温州鎮總兵張其光准其開缺養親。以□□□□□周振邦爲温州鎮總兵。

十一日庚子　晴，大風，寒甚。岑工部春澤來。夜邀書玉、敦夫、介唐至寓齋張燈小飲，并招霞芬，以昨日廚人司馬士容饋肉肴一品鍋及素饌二十盂、餅飴四盤，因小加果菜，爲消寒之集，三更始散。是日評改學海諸童卷訖。『何承矩治塘濼種蓼花賦以雄易水塘能限戎馬爲韵』，『團圓節賦以天上人間月圓花好爲韵』，『擬仲長統樂志論』，『門掩候蟲秋得蟲字』『千家砧杵共秋聲得聲字』五言八韵二首。凡四十八人，取趙承恩第一。大風徹晝夜。是日以銀三兩八錢買西洋圓晶燈一對，又以銀一兩二錢買西洋猛火油一箱，歲暮夜寒，以助微陽之氣。付賞廚人錢四千，霞芬車飯四千，客車飯五千，洋燭錢四千。

邸鈔：上諭：卞寶第奏整頓士習，請嚴申禁令等語。本年五月間湖南沅州府芷江縣童生聚衆鬧考，毆傷知府，業經卞寶第將首從各犯分别正法懲辦。近來各直省文武童生往往糾衆滋鬧，借事罷考，希圖挾制官長，士習不端，藐法已極。恭讀雍正十二年上諭，各省生童有因與地方官争競而相率罷考者，即將罷考之人停其考試；若合邑合學俱罷考者，亦即全停考試。聖訓煌煌，自應永遠遵守。各省應試生童或尚未遍知，著各直省督撫、學政恭録通行曉諭，務使士子咸知儆懼，毋得逞忿滋事，致干重辟。如再有藉端鬧考等事，惟有執法嚴懲，决不寬貸。將此通諭知之。沅州府知府鄧天符，直隸富豐，由兵郎貲郎選授，素不齒士論，聞在沅州頗自修改。此次府試延省城知名士八人閲卷，芷江縣童生九百餘人，録取五百人。童生楊春培、龍鶴齡以被擯，糾衆鬧考，府學教授劉士先陰主之。遂率百餘人入署，毁堂室，以石擲天符，傷額，幾死去。

十二日辛丑　午正初刻六分大雪，十一月節。竟日夕大風。是日評改問津諸童卷訖。凡五十人，文題『以一』，詩題『紫薇花影上東廊』，取喬保謙第一，喬保元第二。更閲三取諸童卷。凡二十六人，文題『則魯在所損乎』，詩題『一池月浸紫薇花』，取錢國琛第一。明日季弟出殯矣，不得歸去，憑棺一慟，哀哉。室中懸昨所買燈，忽其一砰訇作聲迸裂，其殆魂來相告耶。

十三日壬寅　晴，晨風稍止，嚴寒。寄玉山書，并八月三書院課卷六束，及是月學海堂課題一紙。『天子五門諸侯三門申鄭義解』，『樂記六成四伐爲演劇之始考』，『漢順帝時人才比盛宣帝論』，『漢世祖祠舊宅置酒會宗室諸母賦以冬幸章陵會祠故宅爲韵』，『擬李忠定梅花賦以素英翦玉輕葉摇金爲韵』，『梅殘燭燼疏窗雨得窗字』『雪濕香濃小閣雲得濃字』五言八韵二首。子培來，久談。楊定旉來。付賃屋銀六兩。

十四日癸卯　晴，嚴寒，上午風，下午微陰。是日始裘。閲《李忠定公集》。夜月皎甚。邸鈔：詔：軍機大臣禮親王世鐸之繼母福晉塔他拉氏薨逝，加恩賜祭一壇，賞銀三千兩經理喪事。

十五日甲辰　晴，上午有風。剃頭。蔡俌臣來，新選山西長治縣知縣。沈子封來。晚詣宜勝居赴楊定旉之飲，坐有子培、子封、爽秋、蓴庭、仲弢、徐班侯，清談甚暢，夜二更後歸。月皎於晝，三更後有暈，微陰。閲《李忠定集》。

十六日乙巳　晴，少和。桑叔雅來。是日市中決囚十八人。是夕望。

邸鈔：詔：徐延旭、唐炯、趙沃、張城均著加恩免予句決。徐延旭、趙沃著發往新疆效力贖罪。唐炯著發往雲南，交岑毓英差遣效力贖罪。張城著發往臺灣，交劉銘傳差遣效力贖罪。趙沃得邀寬典，出於意外。唐炯、張城遂得自效深識之士，爲朝廷憂，失刑矣。刑部以唐、張解交兵部，猶從遣犯之例，而兵部以旨云效力不敢收，尤爲繆也。詔：貝勒載澍著在内廷行走。

十七日丙午　晴和。祖妣倪太恭人生日，供饋素肴六豆，肉肴四豆，火鍋一，饅頭三盤，麵一盤，時果四盤，蓮子湯一巡，酒三巡，飯再巡，茗飲再巡，晡後畢事。得張朗齋濟南書。閲周柄中《四書典故辨正》。昨夜月皎於晝，今夕忽陰，夜三更後風起。

十八日丁未　大風，晨微陰，上午後晴。張仲模來，以金華太守服闋入都者。周生學銘、學熙來辭行，言明日反天津。竟日評改問津、三取兩書院課卷。夜風不止。

邸鈔：詔：兵部左侍郎曾紀澤在總理各國事務衙門行走。詔：福建陸路提督唐定奎久病未痊，准其開缺。從曾國荃請也。以漳州鎮總兵孫開華爲福建陸路提督。以記名提督張景春爲江南蘇松鎮總兵。本任總兵署江南提督滕嗣林丁憂。詔：内閣侍讀學士李端遇署太常寺少卿。張蔭桓缺。上諭：宗人府奏重犯脱逃，請旨嚴拏一摺。所稱情實絞犯載錫於本月十五日亥時，由空室處扭斷鎖銬脱逃。載錫係情實重犯，該官司兵等並不小心防範，以致該犯臨決脱逃，尚復成何事體！且難保無松刑賄縱情弊。是日值班兵丁等著先行送交刑部嚴切訊究；管理空室處之副理事官恩景、值班筆帖式常瑞、佐領高興文一併暫行解任，聽候傳訊。並著步軍統領衙門、順天府、五城御史將載錫一體嚴拏，毋任漏網。

十九日戊申　晴，風。傅懋元來。作書致書玉、敦夫、介唐，皆屬其分閱課卷。贈書玉摺筆五枝，頂烟歙墨三丸，套色蕉箋二匣；敦夫紫兼豪筆五枝，墨一丸，朱沙印泥一合，介唐羊豪中筆五枝，兼豪摺筆五枝。得書玉復、敦夫復。以賻諸暨拔貢樓觀銀四兩交敦夫轉致。晚詣福隆堂赴繆筱珊之飲，坐有醉香、子承、子封、花農、劬庵，招霞芬，夜二更後歸。月皎如晝。張姬詣玉皇廟作焰口道場，爲其母廖周年之薦。付僧錢二十千，齋觀飯錢六千，紙燭等錢十千。

邸鈔：上諭：御史貴賢奏京卿衰病戀棧，請旨懲儆一摺。太常寺卿邵曰濂本年春間疊次請假，至八十日之多，當差已屬怠惰，現在將届恭祀圜丘，典禮綦隆，該京卿又復臨期請假，實屬性耽安逸，曠廢職守，著交部議處。上諭：御史貴賢奏宗人府空室有名無實，此次情實絞犯（再）〔載〕錫先已逍遥獄外，以致聞信遠颺，請飭嚴定監禁章程等語。所奏各節如果屬實，殊出情理之外，必應確切根究，以肅法紀。著刑部懔遵前旨，嚴行審究，務取確供，不得稍涉含混。所請嚴定監禁章程，著宗人府會同刑部妥議具奏。原奏極言其弊，甚至在外持火槍轟擊驚人，酗酒聽戲，結黨横行，莫敢誰何，且言宗人府該管王大臣竟不自請議處，直劾宗令惇王矣。

二十日己酉　晴。閱《經世文編·禮政類》。其《喪禮》於《讀禮通考》中議論精到者，多未之采，近人有補之者，未知何如也。夜忽小極，點閱唐人詩以自遣。二更又風起。

邸鈔：皇太后懿旨：睿親王魁斌等再請恭上徽號，仍著毋庸舉行。　以通政司副使徐致祥爲光禄寺卿，以鴻臚寺卿文治爲通政司副使。

二十一日庚戌　晴。昧爽舊疾大發，晨起咳嗽甚劇，肺液交流，竟日憊甚，午前不能閱書。得楊莘伯書，饋柚子三枚，閩橘、廣橘各八枚，作書復謝，報以西洋五色餅一晶瓶。

下午小愈，編寫《經世文編》八十册。魏氏此書，體例揚榷，頗爲盡善；惟前數卷論學術多采程晉芳、戴祖啓、閻循觀等愚誣之論，而於諸經儒論學問升降，辨名物得失，極有關於世道人心者，皆不之采。蓋魏氏未知漢學涂軌，以爲典物度數皆繁瑣之事，聲音訓詁非義理之原，而不知一名物之沿僞有極害於政道，一音詁之失正有詒害於人心，學術不明，遂致畔經離道者。乾嘉以來，諸儒固有掇拈細碎，病其委曲繁重，無與大恉，而即一物一事推論精深大義，微言亦往往而在，所當分别觀之也。

夜精神小佳，閲段氏《周禮漢讀考》。段氏此書義理精深，足爲鄭學津逮，惜其《儀禮漢讀考》止得一卷。胡墨莊作《儀禮古今文疏證》，雖意在補段，其考證亦甚精晰，而於鄭君之義猶多游移，蓋胡氏説經不主高密家法，觀其《毛詩後箋》可知矣。

邸鈔：詔：廣西按察使慶愛開缺來京，另候簡用。以湖北荆宜施道張聯桂爲廣西按察使。山西汾州府知府朱采升廣東雷瓊道。

二十二日辛亥　晴。閲《周禮漢讀考》。下午詣桂卿問疾。答詣張叔平。詣子培晤談。答詣張仲模，不值。詣叔雅晤談。夜詣福隆堂赴絅堂、劬庵兄弟之飲，坐有筱珊、醉香、花農、莘伯、蔡脩臣，二更後歸。得敦夫書。是夕評閲問津諸生課卷訖。凡百十三人，文題『食不語寢不言』三節，詩題『水精簾卷近秋河得秋字』，取陶喆甡第一，李鳳池第二，張大仕第三，趙士琛第四，陳澤霖第五。自二十名外皆託敦夫代閲。

邸鈔：詔：太常寺卿邵曰濂照吏部議，即行革職。前奉天驛巡道廣敏授湖北荆宜施道。前浙江金華府知府張楷授山西汾州府知府。

二十三日壬子　晴。閲《毛詩後箋》。剃頭。是日評改問津諸童課卷訖。凡五十人，文題『膠鬲舉於魚』，詩題『紅樹秋深漸近城得城字』，取李友仁第一。是課文極劣，祇取内課一名。

二十四日癸丑　晴。爲仲弟婦陳故已十三月有餘矣，令彬玉作小祥之祭，延僧九人誦經，具素饌、果醴、燭楮，自爲懺疏晚奠，送寓人錢帛等。夜延僧七人作瑜伽道場，恭奉高祖以下位及仲弟、叔弟、季弟、仲弟之前婦陳、叔弟之婦沈，皆親書神位帛封，躬自行香，凄然淚下。三更始畢，出門外奠送之，哀哉。得介唐書。付功德錢六十四千，齋襯錢十二千，寺僧饋饌錢十六千，廚治祭饌錢二十四千，寓人等錢十二千。

二十五日甲寅　晴，巳後大風。龐劬庵來，即同入宣武門，出德勝門，至華嚴寺，送景秋坪師之葬，偕莘伯、花農、劬庵、王芾卿合送祭饌一筵，奠酒柩前，唁師母及舜臣而出。小飲僧房，晡歸。作書致花農。莘伯以長女字胡雲楣之子，送喜果來。花農來。讀《尚書·無逸》《君奭》正義，僞孔傳之以祖甲爲太甲，最繆，正義反駁鄭君注，妄矣。

邸鈔：詔：新授湖北按察使福潤與山東按察使成允對調。前吉林分巡道顧肇熙選陝西鹽法分巡鳳邠道。福潤以弟爲湖北巡撫奎斌婿，成允以兄成孚任河東河道總督，皆有親嫌也。

二十六日乙卯　晴，風。祀外舅馬公、外姑馬氏姑。傅子蓴來。得陳書卿十月十六日濟南書，言署理山東運使，以是日接篆。作書致介唐。是日評改問津諸生課卷訖。凡百十一人。文題『傳説舉於版築之間』二句，詩題『紅樹秋深漸近城得城字』，取張大仕第一，陶喆甡第二，陳澤霖第三，孟繼壿第四，陳驤第五，李鳳池第六。

二十七日丙辰　卯初二刻十分冬至，十一月中。晴，午前後有風。是日上始親祀南郊。聽事祀高祖考蕪園府君、高祖妣周太君、曾祖生妣傅太孺人及曾祖以下三代考妣，祔以仲弟等，肉肴八豆，菜肴六豆，雜肉八味火鍋一，雜菜八寶火鍋一，饅頭一大盤，肉餛飩三盤，豆沙餛飩兩盤，時果八盤，紅棗銀杏湯一巡，酒再巡，飯再巡。自宋以後，士大夫皆祭四世，今制因之程子，謂冬至當祭始祖，其義甚精。然追遠之誠不能遽至，且唐宋以後，譜牒多不可信，得姓之祖荒遠難稽，若取諸近，以何爲斷，通微合漠，芒乎無徵。或合族久居，世代綿遠，歲終臘祭行之總祠，萃百十子姓之精神，冀千載鼻祖之肸蠁，庶能昭格，非曰虚文耳。慈銘自辛未入都，歲時忌日之祭祇及曾祖，自惟無似將敬難周，亦由泛掃寓廬一筵之席，莫容觴豆豚肩之薦，不敢遍承。今以季弟又亡，家無壯子，始設高祖杯棬，几前鞠捲，悲泣彌深。晡詣先賢祠行禮，供饅頭五大盤，計二百五十枚。又詣靈汜分祠銅觀音堂拈香，各供麵食。晚詣書玉小談，并晤敦夫。夜詣福隆堂赴醉香之飲，坐有筱珊、絅堂、劬庵、莘伯、子培、子封，二更後歸。是日閱三取書院諸生課卷訖。凡五十餘人，文題『孫叔敖舉於海』二句，詩題『野水蘋花客倚船得船字』，取陳文炳第一。又諸童課卷三十餘人，文題『杖者』二字，取王鴻勛第一。此次屬介唐代閱者六十餘人。

二十八日丁巳　晴。得周玉山書，并學海堂課卷，以點石齋刻《佩文齋書畫譜》兩帙爲贈。晚詣萬福居赴子承、子培之飲，坐惟醉香一人。余招霞芬、梅雲，付梅雲纏頭二金，夜三鼓歸。得花農書，饋鮝魚四片，粉乾一束，作書復謝。是日評改三取童卷訖。凡三十六人。文題『舉於市』，詩題『野水蘋花客倚船』，取劉春榮第一。

二十九日戊午小盡　有風。病齒，不快。閱《佩文齋書畫譜》。書玉來。寫單約叔雅諸君明夕小飲，并作書約姚子湘。作片致介唐，饋食物，并約明日飲，得復。是日閱問津諸童課卷訖。凡七十人，文題『菜羹瓜』，詩題『水精簾卷近秋河得秋字』，取林兆翰第一。又閱三取諸生卷訖。凡五十餘人，文題『席不正不坐』兩節，詩題『珍珠簾外梧桐月得桐字』，取周其新第一，李芬第二，陳文炳第（一）〔三〕。

此次屬書玉代閲者九十餘人。夜爲周生學銘改詩賦雜作一卷，即作書致玉山。對門張温和子茂貴選得山東觀城縣知縣，來告行，饋以食物。

十二月己未朔　晴。閲《佩文齋書畫譜》。饋書玉夫人食物。徐仲凡來。得子培書。晚詣福隆堂，邀叔雅、姚子湘、醉香、介唐、莘伯、花農、子封飲，招霞芬。諸郎分曹藏鉤，賭酒極歡，二更後散。

閲《嚴鐵橋漫稿》。共十三卷，一、二爲古今體詩；三爲議、爲書；四爲對問、爲考、爲説；五、六爲敘，共四十七首，皆其所撰輯編録之書；七爲傳、墓銘、碑；八爲書後；九至十二爲金石跋；十三爲時文。鐵橋之學博綜精到，力兼百人，文筆亦嶄然不群，而時不免措大氣，詩太粗率不入格，然亦不俗。

初二日庚申　午前微陰。午詣松筠庵赴殷蕚庭、徐班侯之飲，坐有漱蘭、仲弢喬梓、定夷、馬蔚林、管惠農、郎仁譜，清談極暢。傍晚詣仲凡，小坐而歸。傅懋元來，以其尊人行述及自敘各一册呈閲，乞爲墓志。其文字喜爲澀體，然時不免俗。凡學唐小家如樊紹述、劉蜕等者，每易犯此病，蓋求免庸孰而不能雅馴，其實庸與俗之病，亦略相等也。比日患嗽及内熱，脣齒腫痛，今日午後甚不可支，夜削橙一枚及榲桲食之，挑燈危坐，補寫數日來日記，覺精神奂發，所患若失。甚矣，人之貴自力也。榲桲出畿北諸州縣，始見《陸儼山集》，略如吾越之山裹紅，蓋皆樝之變種，都市以蜜漬而諸之，味甚薄，而能消食。

邸鈔：上諭：御史慶祥奏宗人府空室處請依照刑部提牢之例，派員專司稽查，期滿予以優奬等語，著宗人府會同刑部歸入貴賢前摺，一併妥議具奏。

初三日辛酉　晴，有風。比日温和，今日漸寒凛。是日復覺不快，雜閲詩曲以自遣。

洪稗畦《長生殿傳奇》爨演、科白，俱元曲當家，詞亦曲折盡情，首尾完密，點染不俗。國朝人樂府惟此與《桃花扇》足以並立，其風旨皆有關治亂，足與史事相裨，非小技也。《桃花扇》曲白中時寓特筆，包慎伯能知之而未盡。其序及評語皆東塘自爲之，不過借侯朝宗爲楔子，以傳奇家法必有一生一旦，非有取於朝宗也。其於史道鄰、黄虎侯雖寫其忠，而皆不滿。故於史之《解哄》《哭師》，皆極形其才短；於黄口中時及田雄，明其養賊而不知。高傑、左良玉人並不足言，而傑之死最可惜，良玉之死實非叛，兩人皆南都興亡所系，寫之極得分寸。馬、阮之惡極矣，然非降我朝而致死，夏氏《幸存録》之言非妄，故全謝山《外集》亦辨之，非開脱巨奸也。東塘傳其死亦覈，且深得稗官家法。惟言袁臨侯之從左起兵，以黄澍爲末色，以鄭妥娘爲丑色，皆未滿人意，然傳奇亦不得不然耳。《長生殿》寄託尤深，未易一二言之。

吴梅村《讀史有感八首》，其二云：『童壁臺前八駿蹄，歌殘黄竹日輪西。君王縱有長生術，忍向瑶池不並栖。』其三云：『昭陽甲帳影嬋娟，慚愧恩深未敢前。催道漢皇天上好，從容恐殺李延年。』其八云：『銅雀空施六尺床，玉魚銀海自茫茫。不如先拂西陵枕，扶下君王到便房。』皆與《長生殿傳奇》同意。至梅村《古意六首》，其一云：『争傳婺女嫁天孫，纔過銀河拭淚痕。但得大家千萬歲，此生那得恨長門。』其二云：『豆蔻梢頭二月紅，十三初入萬年宫。可憐同望西陵哭，不在分香賣履中。』其四云：『玉顔憔悴幾經秋，薄命無言祇淚流。手把定情金合子，九原相見尚低頭。』其五云：『銀海居然妒女津，南山仍錮慎夫人。君王自有他生約，此去惟應禮玉真。』又《仿唐人本事詩》，其一云：『聘就蛾眉未入宫，待年長罷主恩空。旌旗月落松楸冷，身在昭陵宿衛中。』所指皆别是一事，蓋孝陵末年有被選入宫未得幸而遭國恤者。味其詩意，似當日棟鄂貴妃即追謚爲孝端敬皇后者。梅村《清凉山贊佛》詩所謂『可憐千里草』，蓋本董姓改爲棟鄂氏，猶佟佳本佟章，佳本張也。寵冠昭陽，故天眷雖深，而貫魚未逮。《長生殿》中有《絮閣》一齣，亦其微意也。

得益吾學使十一月九日揚州舟次書，并惠饋歲銀三十兩。

夜精神小佳，閱《鐵橋漫稿》。鐵橋鋭意搜尋古人逸書，心力之精，殆無倫比，不特紀文達諸公所不及，即同時如孫伯淵、章逢之、洪筠軒亦俱遜之。其識别真僞、校勘微芒，足與顧澗薲相匹，而較顧爲大。所輯《全上古三代秦漢三國六朝文》，前年在上海一書肆陶子縝曾見之。其爲伯淵所校《北堂書鈔》流入閩中者，今爲罪人周星詒所得。

邸鈔：理藩院右侍郎、鑾儀衛鑾儀使岳林卒。以内閣學士綿宜爲理藩院右侍郎，以□□□恩全爲鑾儀衛鑾儀使。

初四日壬戌　晴，風。竟日無事，亦無客至，而病體畏寒，不耐讀書，補作詩數首，又不覺其言之悲也。

十一月十三日是季弟出殯之日以詩遥哭之

辛苦營居宅，頻年待我歸。風霜猶兩地，生死總相違。薄槥趨荒殯，孤兒泣落暉。首丘吾願畢，終與爾相依。

至日前三夜作佛事追薦先靈并及季弟泫然有作四首

梵唄虚堂颭佛燈，欲持長漏轉金繩。可憐賃廡橫經地，屢設靈床爲飯僧。

手寫旛幢列兩筵，全家都作地行仙。空明樓閣應無恙，添注真靈七百年。此吾家先世事，見《雲谷雜記》。

護經簾燭隔清霜，擊鼓吹螺做道場。六十龍鍾頭白叟，鵲鑪扶病遍行香。

流涕行香到汝前，銜哀虚位字蟬嫣。誰知風雨連床約，今夕天涯送紙錢。

邸鈔：以宗人府府丞徐樹銘爲都察院左副都御史。以太常寺少卿張蔭桓爲通政司副使。詔：兵部奏遵議熱河都統謙禧應得降二級調用處分，加恩改爲革職留任。

初五日癸亥　晴。剃頭。馬蔚林來。花農來。前日吴清卿來，未及見；今日聞其將赴粤，作書致之，并贈以詩，此亦可已而不能已者。爽秋來夜談，甚久。得清卿書。

送吴清卿副都出撫粤東

中司黑水久營邊，濊貊烏侯聽執鞭。已見銅標銘日月，不勞玉斧畫山川。君經略琿春、吉林最久，新與俄夷定界，立銅柱而回。九重龍節從天下，五嶺羊城待澤偏。要使南交知遠略，豈惟家法勵貪泉。

初六日甲子　晴。竟日不快。作書致書玉，致仲凡，致爽秋，俱改約飲期。

閱《尚書正義》。殷、周間諸王之年，《無逸》《洛誥》經有明文。《無逸》言高宗享國五十有九年，祖甲享國三十有三年，自時厥後，罔或克壽，或十年，或七八年，或五六年，或四三年。鄭注：『祖甲，武丁子帝甲也。』然則自祖甲以下廩辛、庚丁、武乙、太丁、帝乙五君之年可推矣。曰四三年，不曰三四年者，蓋七八年、五六年皆渾舉一代之詞，四三年者，一代四年，一代三年，故變文以明之，古人文字無虚設也。自王肅僞造《孔傳》，《正義》曲申僞傳，以祖甲爲太甲，於是宋以後人隨意撰造商王年代。僞爲《竹書紀年》者，作武乙三十五年，文丁十三年，帝乙五十三年。杜撰《皇極經世》《皇王大紀》等書者，作庚丁二十一年，帝乙三十七年，帝辛三十三年。《通鑑前編》從而實之，遂以爲典要矣。《洛誥》言『惟周公誕保文、武受命，惟七年』。鄭注：『文王得赤雀，武王俯取白魚，受命皆七年而崩；及周公居攝，不敢過其數也。』此必伏生、夏侯以來相承舊説，故鑿鑿言之。文王受命七年者，據《尚書大傳》『文王受命一年，斷虞芮之質；二年，伐于；三年，伐密須；四年，伐畎夷；五年，伐耆；六年，伐崇；七年而崩。』見《詩·文王序》，《正義》引作《尚書·周傳》。武王取白魚在上祭于畢之年，是年始觀兵于孟津，又二年克商，又四年而崩。是文、武受命後皆七年也。周公成文、武之德，故亦居攝七年。曰『誕保文、武受命，惟七年』，明文、武皆受命七年也，公雖攝政，未嘗有受命之瑞，經文特書此語，以明周公之心，純乎文、武之心，即純乎臣子之心也。僞《孔傳》釋爲大安文、武受命之事，則經之『受命』二字，便成空文。《正義》從而略之，不能申明鄭注。於是後人或據《史記》謂文王受命十年，或據《漢志》引《三統曆》作九年；而宋以後人遂各以意改武王年歲及周公居東月日，且争文王無受命、周公無居攝事者，益紛紛矣。至《吕刑》言穆王享國百年，享國自與《無逸》經文一例，皆主在位言之。《論衡·氣壽篇》云傳稱周穆王享國百年，並未享國之時，出百三十四十歲矣，自是今文家師説如此。僞《孔傳》云穆王即位過四十，百年大期，蓋陰主《史記》『穆王即位，春秋已五十』『立五十五年崩』之文而小變之，以見子長嘗從子國問故，故詞相合也。不知未即位時，安得云享國？周初召公年亦百二十餘歲，畢公亦百餘歲，穆王在位百年，何足爲異？《列子》以穆王爲神人，《穆天子傳》瑶池八駿等事，皆以穆王壽爲希見，故附會之，此不必疑者也。

夜爽秋復來催飲，强赴之，坐有筱珊、王芾卿、子培、仲弢，清談甚暢，二更後歸。

邸鈔：上諭：御史王賡榮、張炳琳奏蠹吏侵扣巨帑，請飭交部議訊；吴兆泰奏户書侵扣帑金，部臣委曲遷就；劉綸襄奏書吏侵吞巨款，該管堂官失察輕縱各一摺。户部銀庫書吏史恩濤著交刑部嚴行審訊，其承辦各書吏一併訊究。至劉綸襄摺内所稱孫詒經深知其事，僅將該吏送坊，並許將吞款吐出即行釋放，吴兆泰所稱張曜函致孫詒經，囑其追問該侍郎，與該部各堂籌商辦法，送坊看管，飭罰萬金，希圖了事等語，著孫詒經及户部各堂官明白回奏。此張曜所領河工之百萬金也。上諭：御史文郁奏請嚴禁疆臣奏調京員一摺。山東河工關係緊要，前據張曜面奏，准其隨時調員差遣，旋經該撫先後奏調各員，均已降旨允准，與尋常奏調不同，他省自不得援以爲例。嗣後各督撫非因辦理要務需人奏明在先，不准率行奏調，以符定制。上諭：各省實缺人員到省後，例應飭赴本任。乃近來各該督撫往往將特旨簡放及由部選補各員奏請留省或令暫署別缺，並不飭赴本任，殊屬非是。實缺人員到任後，如人地不宜，或别有劣跡，該督撫儘可隨時參奏，何得因調劑本省人員，致特旨簡放及部選之人轉不得近時自效，殊非所以尊朝命而勵人材。嗣後各直省督撫於實缺人員到省後，即行飭赴新任，不准藉詞留省，以符定例。上諭：兵部奏大員濫用勘合，請照例議處一摺。前署貴州巡撫李用清因伊妻靈柩回籍填用勘合，雖據聲明夫馬等項自備，究屬違例濫用。李用清著交部照例議處；其發勘合之臬司，著該部查取職名，一併交部照例議處。詔：江南提督李朝斌准其因病開缺。以記名提督、兩江督標中軍副將譚碧理爲江南提督。詔：本月初九日親詣大高殿祈雪，諸王、貝勒分禱時應諸宫廟。

初七日乙丑　晴。沈子封來，言明日赴保定。

閲《秋室集》。共五卷，歸安楊鳳苞傅九撰，近日陸心源所刻也。卷一有《釋雅》《釋頌》等數首，皆寥寥短篇；餘至卷三皆題跋之文，究心史事，尤熟於明季掌故，其《南疆逸史》十二跋，最有關於滄桑文獻；卷四、卷五爲與人書及傳記之作，亦多涉鼎革間事，其記莊廷鑨史案本末及記同坐獄之李令晳、茅元銘、朱佑明諸人事皆極詳，足訂《鮚埼亭外集》之漏略。其《書孔孟文事》及《錢瞻百河渭間集序》，皆記孟文於順治十八年夏首告歸安錢纘曾、潘龍基及慈谿魏畊通海事，至十二月始就獲，康熙元年二月皆受極刑於杭。瞻百，名价人，以纘曾族人與晟舍閔氏兄弟、南潯朱少師之孫皆以嘗匿纘曾牽連死，吾鄉祁弈喜先生以匿魏雪竇亦被禍，此事與南潯莊氏獄皆發難於已革歸安知縣吴之榮，而鎮浙將軍柯奎主之。史案結於康熙二年五月，柯奎亦以匿奏，免死歸旗。謝山《祁六公子墓碣銘》及《雪竇山人墓版文》所記時月事蹟，亦尚有舛誤，皆賴此訂之。

其《南疆逸史跋》第六首，據施世傑《酉戌雜記》、茅元銘《三藩總記》，以魏國公徐弘基爲死於吴江陸醇儒之變，永明王賜謚莊武，而以《明史》爲誤，則不足信。明代公侯世家無身乞休而子襲爵者，况弘基守備南京，爲勳臣之首，迨弘光之立，由其家定議，尤爲南渡宗臣，其人庸庸保位，絶未聞有與馬、阮忤之事，何至乞休？即使有之，而當大兵下江南時，其子文爵等迎降，全家北行，弘基曾爲上公，何能潔身潛引？且近在吴江，豈無人從跡？蓋寓袁世奇家謀募兵起事者，必是徐氏族人，或假弘基名以相號召，如楚人之託名項燕耳。弘基卒於甲申春，明見《綏寇紀略》《聖安本紀》諸書，必無錯誤，故莊武之謚亦是承平典禮；若以起兵死而謚出永曆，必用忠烈等字矣。沈果堂《吴江縣志》疑此非弘基事者，是也。

殷䔲庭五十初度，書描金朱箋楹聯贈之，文曰：『唯君子交以澹而久；見壽者相既和且平。』又左以酒兩罌，及燭、桃、糕、麪。徐仲凡來。夜二更後大風。是夕不快，早睡。

邸鈔：皇太后懿旨：曾國荃等奏查勘江北舊黄河情形，成孚等奏會勘乾河上游情形，張曜奏籌議分流南河故道各一摺，著軍機大臣會同户部、工部妥議具奏，醇親王著一併與議。上年延茂奏黄水宜輓歸故道，並此次游百川奏宜用分流，原議各一摺，均著發給閲看。

初八日丙寅　晴，有風，下午稍止。煮臘八粥供先人，并與鄰家鄭、劉往來饋詒。付先賢祠煮粥及香燭錢九千，玉皇廟煮粥錢四千。夜閲錢氏《溉亭學古録》。

初九日丁卯　晴。從姪孝玟自保定來就大興縣幕，以食物來省，受其茶葉、菸絲、醬菜。同邑陸葆齡學正截取安徽通判，來見。潘伯循來。得書玉書，即復。内子、兩姬皆詣蓴庭家與壽宴，夜歸。二更後大風。

閲《鮚埼亭集》。謝山兩集，余閲之最早亦最熟，而近來至不能記其目，偶一翻閲，竟有似未嘗寓目者。衰老健忘，可歎也。謝山之學平生最所服膺，其山水之情亦甚深遠，集中如《湖語》《剡源九曲辭》，嫌其字句稍冗，使略節之，亦足獨絶也。

邸鈔：以光禄寺卿徐致祥爲太常寺卿。

初十日戊辰　晴，嚴寒凜凜。郎仁譜、楊定甹、管惠農、馬蔚林邀飲安徽館，上午已來催飲，作書辭之。得書玉書，即復。蓴庭來。是日始著緟裘。夜有風。

十一日己巳　晴，有風，嚴寒。午後詣朱桂卿問疾，不值。詣蓴庭、定甹晤談。答拜同年李編修士鈐、同鄉方按察汝翼。清苑人，祖籍會稽。詣書玉談。傍晚投刺邵筱村按察而歸。夜風。方按察來辭行。

邸鈔：上諭：御史魏迺勷奏薛福辰玩視大典，請旨嚴議一摺。玉粒納倉，與壇廟大典不同，且邵曰濂獲咎，係因久曠職守。該御史參劾府尹薛福辰臨期不到，輒謂較邵曰濂情節有加，深文周内，措詞已屬失當，至請以太醫院官改用，尤屬膽大妄言，不可不予以懲儆，以杜攻訐之漸。魏迺勷著交部議處。玉粒納倉向係兼尹、府尹聯銜具題，届期躬詣太常寺交收，此次薛福辰因何臨期不到，畢道遠曾否前往，均著明白回奏。次日薛福辰回奏，云先得禮部知會，以十月二日辰刻玉粒納倉，是日黎明先詣先農壇，會同交收。

以府署稍遠，由署趨詣太常寺，已交辰末云云。

十二日庚午　晴，大風，午前後微陰。亥正三刻九分小寒，十二月節。小感風温，甚不快。吴清卿饋十二金爲别。介唐來。得書玉書，即復。夜吃粥及橘紅蘇葉湯。

邸鈔：皇太后懿旨：嗣後莊順皇貴妃忌辰並清明、中元、冬至，著宗人府照改遣例請派致祭，如遇皇帝恭謁西陵，禮成後並詣行禮。上諭：御史金壽松奏芷江童生鬧考之案知府辦理不善一摺。湖南芷江縣童生聚衆滋鬧，從嚴懲辦，前經特降諭旨，通行曉諭，正是辟以止辟之義。各省縣府試例應分别棄取，本不准濫送院試。知府鄧天符認真録取，辦理並無不合。若如該御史所稱，於童生擁衆求補時，從權暫允，未始不可息事，是畏葸敷衍，愈長刁風。近來各省鬧考之案層見迭出，正由於此。至牽引髪捻肇衅等語，尤不成語。該御史以愛護士類爲名，實則縱奸廢法，不知政體，著傳旨申飭，原摺擲還。

十三日辛未　晴，嚴寒，冰壯。得繆筱珊書，以所鈔唐王涇《大唐郊祀録》見借，并約十七日夜飲，即復。管惠農來。是日嗽甚，鼽涕氣喘，不食。

閲《大唐郊祀録》。共十卷，首有涇上書表，系銜曰『朝散郎前行河南府密縣尉太常禮院修撰』。卷一至三曰凡例，卷四至七曰祀禮，卷八曰祭禮，卷九、卷十曰饗禮。《新唐書·禮儀志》言：『貞元中，太常禮院修撰王涇考次歷代郊廟沿革之制及其工歌祝號，而圖其壇屋陟降之序，爲《郊祀録》十卷。』又《藝文志》載：『王涇《大唐郊祀録》十卷，貞元九年上。』《舊唐書·禮儀志》載永貞元年十一月禮儀使杜黄裳與禮官王涇等請遷高宗神主議，又載元和元年七月太常博士王涇上遷中宗神主議。《唐會要》卷十八載：『元和十四年二月，太常丞王涇上疏請去太廟朔望上食。』是涇此書上於德宗貞元九年以後，歷遷至太常丞，不知其終於何官也。其書歷代著録，至明《文淵閣書目》始作三册，闕。我朝《四庫》不載，而江浙藏書家傳鈔之。道光末，金山錢氏刻入《指海》第十八集，惟缺其圖耳。其曰凡例者，條舉辨神位、視牲器、卜日、齋戒、牲牢、玉帛、俎饌、罍洗、奏樂、奠獻、燎瘗、祈禱等十二目，又綴以雜例一目及祭服七目，皆先發大事之凡，而後低一格，雜引群經、諸史、漢魏諸儒傳注、六朝及隋唐諸禮官議，並《唐六典》《開元禮》等，詳其因革，兼及名物訓詁，實爲詳備。所引《三禮義宗》頗多諸經注文，亦間有與今本不同。祀禮以下多足補兩《唐志》及《唐會要》之闕。其書上於貞元時，而卷九享太廟樂章中有德宗以下九帝廟之詞，其迎神第二奏下云：『元闕，臣陳致雍補。』敬宗廟奏下云：『本詞元闕，大閩國太常博士張連撰添二首。』一首文宗廟奏。陳致雍見馬、陸兩《南唐書》，馬《潘佑傳》，陸《后妃傳》。爲南唐太常博士。吴任臣《十國春秋》有《致雍傳》，言莆田人，仕閩爲太常卿，入南唐以通《禮》及第，是樂章有閩王氏時所補者矣。此本爲汪謝城鈔本，并輯附録一卷，筱珊從汪本録副，并録長興臧眉卿、南匯張嘯山兩家校語於上方，裝寫精工，然誤字尚多，暇當取諸書再一一校之。

邸鈔：上諭：前據御史魏迺勷奏參編修林壬品行卑污，回籍未經告假等款，當經諭令麟書、徐桐確查具奏。兹據奏稱，林壬去年簡放山西考官，有賈人栗姓索取參價尾欠，在館寓争鬧，送坊管押，旋即放回，原參應是傳聞之僞，惟未經告假，於十月二十四日私行出京，請旨懲處等語。林壬著交部議處，以爲擅離職守者戒。上諭：劉銘傳奏督兵勦服中北兩路生番一摺。臺灣中路叛番經劉銘傳於本年九、十月間督率各軍開路搭橋，節節進勦，先後將各番社攻破，所蘇魯等七社均已悔罪乞降。旋進勦北路叛番，示以兵威，白阿不止等處生番二十餘社亦均歸化。劉銘傳籌辦勦撫，深合機宜，交部從優議敘；在事員弁升賞有差。以□□□□李培榮爲甘肅肅州鎮總兵。

十四日壬申　晴，微陰，有風，寒凓。作書致介唐，致書玉，致敦夫，俱爲明日公作敦夫生日事。得介唐復、敦夫復。書玉來。是日嗽喘，少食。閱黄文式《三儆居集》。子培來。夜再得介唐書，即復。

邸鈔：以順天府尹薛福辰爲宗人府府丞。以内閣侍讀學士福楙爲鴻臚寺卿。御史貴賢升吏科給事中。

十五日癸酉　晴，嚴寒益凓。作書致子培，致花農。比日疲𤻲，雜閱群書以自遣。夜子培來，敦夫來，介唐來，書玉來，仲凡來，小張燈燭，設飲柳絲花影船廬，招霞芬、梅雲，圍鑪佐酒，三更始散。是夕月皎於晝，而寒益甚，宿疾稍差。

邸鈔：詔：已故通政使周家楣兩任順天府尹，善政頗多，辦理灾振，尤能多方籌措，(不)〔實〕惠及民。所有生平政績，准其宣付史館立傳。從兼尹畢道遠請也。以安徽鳳潁六泗道高萬鵬爲順天府府尹，未到任以前薛福辰署理。前鴻臚寺卿壽昌補太常寺少卿。

十六日甲戌　微晴，有風，沍寒。是日嗽復劇，體重滯，畏寒，不快。室中始用爐。付李奇峰曹州書，并惠饋歲十二金。邵筱村按察使來辭行。有鄉人張楨非湖州翰林也。來謁。夜半後雪作。得花農書，言十九日仍邀同人爲予壽，復書力辭之。

十七日乙亥　密雪竟日，入夜未止。午赴若農師之招，敬觀慈禧太后墨繪菊花萱草直幅，氣韵超絶，秀出天成，净色雲光，照映霄表，蓋古今莫能二也。晡後設宴，肴饌珍異，有熊蹯、鹿膾、蠔羹、鰒軒、燕窩；又有哈式蟆羹，出盛京石泉之蛙也，絜白如豕膏。其橙酪一味最佳。逮夜始散。坐有漱蘭通政、伯希祭酒、可莊修撰、張研秋編修、芾卿、爽秋、子培。更偕芾卿、爽秋、子培赴筱珊消寒第二集，佳鯖絜膳，左以鮮果蜜諸風味，香甘轉勝，萬錢一箸矣。二更後飯畢，雪止，月晴。是日望，清光如洗。立庭院，清談久之，三更歸。衢巷洞明，内外如晝。詣室東小圃，裴回闌檻，不啻冰壺中人矣。是夕不寒，嗽喘稍止，山水清思，復滿於懷。介唐夫人生日，内子、張姬往飲酒送禮。

邸鈔：上諭：御史瑞霖奏請於城内添設練勇局一摺。稽查緝捕，本係步兵統領衙門專責，若如所奏，竊盜肆行，尚復成何事體？著步軍統領等督飭交備，認真緝捕，不准稍有懈弛。所請添設練勇，事涉紛更，著毋庸議。　編修王廉授安徽鳳潁六泗道。

十八日丙子　竟日霒陰，時有溦雪。病甚，嗽喘。閲《海國圖志》。得花農書，言擬於二十一日設飲梅花下爲壽，即復辭。介唐來。得子培書，即復，以《鐵橋漫稿》還之。

邸鈔：詔：明年二月初十日祭社稷壇，十二日祭文昌廟，十三日祭關帝廟，皆親詣行禮。　以記名提督張捷書爲湖南岳州鎮總兵。本任劉得病故。

十九日丁丑　凝陰，溦雪。先本生祖父藴山府君生日，供饋，姪孝玟來與祭。王醉香於今日卯刻病卒，其家來報，爲之驚痛出涕。醉香歸安人，庚午、庚辰兩次同年也，和厚篤實，於余極摯。以翰林改官刑部，鬱鬱不樂，竟以貧死，年五十有二，哀哉。是日病甚，至不能舉腕，兩日夕來吐淡幾斗許，積悴之身，老病至此，既痛逝者，行自念也。作書致花農。

二十日戊寅　積陰，冰雪，傍晚稍霽。方按察汝翼送來先賢祠捐款銀一百兩，團拜費二十兩。敦夫來。子培來。爽秋來。花農來。夜邀筱珊、芾卿、子培、花農、仲弢小集寓齋，作消寒第三飲。爽秋以病目先去。二更後散。三更後風起。是日封印。自昨至今晚，嗽無稍歇，舉體重膇，自慮不支。夜飲蓮子湯，覺小瘥，就枕後淡喘稍止，小能安睡，蓋又可過今年矣。

兩日不能作字，點閱《海國圖志》。魏氏此書體大思精，真奇書也。其采楊光先《不得已》中《辟邪論》上下篇，又自爲論，以抉天主教之妄。往嘗以爲此等愚悖無理之言，不攻自破，彼醜夷之黠者，尚不肯自主於行教，何足費吾唇舌？由今思之，人理之泯棼，將不知所終極，彼狡焉思逞者，日以財物餌吾民，引而致之彀中，有欲出而不得者，其禍并非洪水猛獸所能喻也。當魏氏此書初出時，使朝廷先加意此事，密諭地方大吏飭郡縣官，日討國人而申儆之，毋使其陷溺，事猶可爲耳。今西洋羅馬之教王已擁虚器，德國又扼之甚力，英、俄諸國袖手旁觀，惟法夷擁護之，而其愚弄中國，則仍并智一心，可歎也。

傅懋元來。

邸鈔：以詹事府詹事寶昌、太常寺卿豐烈俱爲内閣學士，兼禮部侍郎銜。以大理寺少卿馮爾昌爲光禄寺卿。詔：署陝西布政使、前署貴州巡撫李用清，部議應得降二級調用處分，加恩改爲降三級留任。御史魏迺勷照部議降三級調用。編修林壬照部議降二級調用。上諭：前據御史升任給事中何崇光奏廣東順德縣土豪占築圍埧、壅塞水道各節，當經諭令張之洞等徹底查辦。兹據該督確切查明，奏稱粤省沙田尚爲豪紳利藪，順德縣屬圈築圍基，本有三處，内浮墟一圍，係何崇光之父何泰英創辦之大南沙圍，踵而行之，並無阻水串賄放槍拒逐情事，闔縣衆論僉謂何泰英争利構訟，屬令其子妄奏，何崇光之弟姪種種恃符謬妄控告有案等語。此案既據張之洞查明，舉人黄玉書稟請圈築圍基，知縣蕭丙堃批准，均係沿案辦理，尚無不合，即著毋庸置議。言官條陳本省事件，但係秉公論奏，朝廷因其見聞較確，無不立予查辦，豈容掩匿己私，飾詞妄瀆？何崇光之父兄弟姪在籍倚勢横行，欺官藐法，何崇光不得諉爲不知，乃於伊家先築圍基及與大南沙南圍構衅之事，隱匿不言，及以土豪强築，請飭嚴辦，並申禁嗣後私築圍埧爲詞，冀遂其專利營私之計，居心實屬險詐。給事中何崇光著交部嚴加議處。編修黄玉堂於伊弟黄玉書訟案未結之際，隨衆列名呈控，亦有不合，著交部察議。其何泰英、何祖榮等被控各案，仍著張之洞認真究辦，毋稍含混，以懲澆俗而肅官方。

二十一日己卯　晴，風，嚴寒。是日風厲濕收，病體頓輕，精神稍振，可以作字，補寫數日來日記。閲《大唐郊祀録》。作書致楊莘伯，付公祭景秋師分資十千六百。遣人至户部門口買年糕。夜分後飲黄柏湯，嗽復作。

邸鈔：詔：已故伊犁將軍鑫順准於立功省分建立專祠，並將生平戰績宣付國史館立傳，以彰忠藎。蓋從穆圖善、恭鏜請也。

二十二日庚辰　晴，風，寒凓。咳嗽復劇。竟日閲《海國圖志》。得子培書，即復。

二十三日辛巳　晴。得周玉山書，并明年春季三書院脩金，即復，犒使二金，力六千。得子培書，以金山顧尚之秀才所著書見借。下午吊醉香，唁其子念祖，繐帷蕭瑟，冷飯荒羹，設奠於前，慘然而出。詣花農，不值。詣敦夫，談至晚歸。夜祭竈。得翁叔平師書，惠饋歲十六金，作書復謝，犒使八千。是日剃頭。蔡松甫來，以國學新拓石鼓本見詒。

邸鈔：命翰林侍讀學士梁耀樞爲山東學政。陸潤庠丁父憂。前兩淮鹽運使德壽補浙江鹽運使。本授熊昭鏡，未至任死。

二十四日壬午　晴陰相間。得胡雲楣書，并饋歲十六金。終日料檢饋送親友年物。遣僕詣廊房胡同買山水紗燈四盞，價三金，雜色燈數事，銀一兩七錢八分。夜赴仲弢消寒第四集，坐有爽秋、芾卿、花農、筱珊、子培，二更後歸。是日痔發甚劇。

閲《武陵山人遺書》。金山顧觀光尚之著，光緒癸未獨山莫祥芝所刻，前有張嘯山所作别傳。所著述甚多，兹刻共十二種。其學精於曆算，李壬叔極推之，所刻七種皆算學也。又精醫學，所輯《神農本草經》，較問經堂輯本條理尤密。

二十五日癸未　陰，嚴寒冰凓。是日書春聯，大門云：『時人謂是我宅；父老何自爲郎。』門柱云『丁期添賦；亥有疑年。』聽事云：『藏書粗足五千卷；開歲便稱六十翁。』中堂云：『縱談萬古舌長在；約食一家心太平。』内室云：『杏花倚日桃和露；楊柳生稊竹有孫。』作書致花農，力辭諸君爲余作生日也，陳五不可之説，皆出至情。而花農復書言廚傳已定，同人醵約，其意甚堅，不能復辭矣。洗足。夜四更祀歲神及門、行、户、井、中霤之神，牲醴果資，皆自檢視。五更事畢，放爆鞭二千，星月朗然，上下醉飽。

二十六日甲申　晴。邵筱村按察饋十二金爲别。得書玉書，饋禮物十二事，受其八，作書復謝，犒使八千。伯寅尚書饋紫蟹、銀魚、年糕、蠔柱。徐仲凡來。作書致花農，得復。張仲模太守來。作書致子培。敦夫、書玉、介唐、仲凡、子培合饋肴饌酒燭，爲余暖壽。夜設宴於越縵堂，子承亦來。余招霞芬、梅雲，談飲極歡，藏鉤數匝，燈燭再繼，三更始散。諸君并以别饌兩筵饋家人。

二十七日乙酉　申初三刻九分大寒，十二月中。晴和。余生日，叩拜先人。書玉夫人饋蓮子羹。敦夫來，馬蔚林來，郎仁譜來，殷蕚庭來，繆筱珊來，黄仲弢來，子培來，徐亞陶來，花農來，王芾卿來，桂卿來，爽秋來，筱珊來，仲弢來。子承、亞陶、花農、芾卿、桂卿、爽秋合饋内外肴饌兩席，及桃、麵、樺、燭，上金書云：『見壽者相，爲當世師。』介唐、蔚林、蕚庭、仁譜及鄭主事德霖、劉生曾枚皆饋糕、桃、燭、麵。晡後設飲，招霞芬、梅雲左觥，藏鉤十餘巡，二更後始散。内人等别觴介唐夫人、仙洲夫人、書玉夫人、鄭主事夫人於室，以鼓樂詞五人樂之，燃燈數十枝，三更始罷。是日寶佩蘅太傅八十生辰，賜壽御書扁曰『珂里承榮』，太傅合樂以榮之，真大戊子與小戊子矣。付賞徐廚二十千，僕八千，內廚僕十二千，客車飯二十七千，鼓樂賞三十千，霞、梅車飯十二千。霞芬左酒銀十六兩，梅雲銀四兩六錢。

邸鈔：上諭：吏部奏遵旨嚴議處分，請革職提問等語，給事中何崇光著照部議即行革職，如有應行質訊之處，著張之洞照例提問。編修黃玉堂著照部議罰俸九月，不准抵銷。

二十八日丙戌　晴，下午微陰。得張朗齋中丞書，饋歲四十金，犒使十千。楊莘伯來。花農明日生日，作書賀之，詒以酒、燭、桃、麵、紫蟹、銀魚，得復。比日倦甚，咳嗽益劇，復咯血。

二十九日丁亥　晴。以福橘、年糕、雙鷄，角黍饋伯寅尚書，以醩鷄、醩肉、羹、凍肉、燒鳧、角黍饋敦夫。午後出門答謝蔚林、仁譜、蓴庭、桂卿、仲弢、爽秋、芾卿、莘伯、花農、敦夫、筱珊、子承、子培、仲凡、介唐。詣翁叔平師、麟芝菴師、林房師賀年，麟送年禮二金，林送年禮四金，傍晚歸。桂卿來。諸暨駱博士騰衢來。再得張朗齋書。孝玟姪來寓度歲。

三十日戊子　晴。料檢各鋪店年帳，天金木廠銀六十兩，司廚銀二十七兩，米鋪銀三十兩，石炭錢二百八十千，吉慶乾果錢二百八十千，廣厚乾果錢一百五十三千，宜勝居酒食錢一百四十三千，燈油銀七兩六錢五分，松竹齋紙錢七十六千二百，便宜坊熟食錢六十七千，聚福齋糕餅錢六十七千，福隆堂酒食錢五十千，京兆南貨銀一兩又錢九千，餘零星不及廿千者不計。花農來。霞芬來。夜復祀竈。祭曾祖考妣、祖考妣、本生祖考妣、先考妣，祔以仲弟及其兩婦。遍燃燈燭，偕家人於聽事，以圓案飲分歲酒。內子壓歲銀十兩又錢八十千，席姬銀八兩又拜壽銀二兩，陳夫人四兩，冰玉姑四兩，孝玟姪四兩，家人僕媪等共八十千。

光緒十三年（一八八七）

光緒十有三年太歲在强圉大淵獻月在終陬元日己丑　微陰，晡時薄晴。余年五十九歲。早起拜竈神，叩先像，吃湯圓，放爆鞭，書吉勝。午詣先賢祠行禮，靈汜分祠及銅觀音殿拈香。賀李若農師、徐壽衡師年，順道謁客二十餘家。晡歸飯。翁叔平師來。戚友來賀者三十四家。先像前供湯圓、茗飲。

初二日庚寅　澹晴，寒甚。先像前供饅頭、茗飲。是日來賀者二十二家。夜坐，戲作長調二闋。

金縷曲 朱霞小妹締姻梅下，戲用吾家合肥相國韵柬花農。

種玉原無異，看盈盈、銀河相對，文鴛交濟。十載名花雙榜首，管領春風人意。更不用、紅梔私誓。生小雲翹金屋攢，恁櫻桃、輸與瓊漿味。霞嶠近，緑梅殢。誰從朱鳥窗間覷，恰相當、鶯巢燕客，粉昆瑶輩。引鳳清溪桐一瓣，好配山礬吾弟。笑還勝、紫宫兄妹。舞罷玳筵花十八，喜珍珠、量得嬌柔婿。簫鼓裏，碧衣會。

前調 花農同年新約一姝，却扇初朝，細詢姓里，迺其舊桃葉之妹，再用前韵調之。

牽得紅絲異，恁巫山、彩雲散後，銀潢仍濟。珠爈馱來嬌宛轉，似識燒槽絃意。更何用、玉蕭雙誓。比似香階歌劃韈，却提鞋、不辨愁滋味。燕玉小，楚雲殢。當年花下雙成覷，未端相、豆梢年月，桃根行輩。誰道留仙裙剩得，偏媵銀環宜弟。較花貌、青城姊妹。還憶緗衾回西日，把小喬、已屬金龜婿。新舊恨，玉山會。

初三日辛卯　晴和。叩先像，供燭、年糕及酒。以銀一兩三錢買紅梅四盆，碧桃一盆。作書致子培，得復。以詞致花農，得復，并持所著詞一册屬閲。得雲門去年十一月廿一日富平書，言以七月中由咸寧調任，并寄銀二十兩。許仙坪寄炭敬二十四金。作書致書玉。介唐來。是日來賀者十七家。

初四日壬辰　晴和。叩先像，供紗帽餡子宋明人所謂稍麥。及茗飲。書玉來。花農來。桑叔雅來。爲書玉題查梅壑皖淮秋色圖卷絶句七首，即作書還之。是日來賀者二十四家。作書致子培，得復。

題查梅壑士標**山水長卷四首**圖作於康熙癸亥九月。自題云：『自皖南赴揚，圖其一帶景物。』道光癸卯阮文達署其首曰『皖南秋山』。

銅陵北去是瓜洲，多少青山帶遠鷗。誰識船窗含墨意，江天摇落不勝秋。

慘澹平橋接遠烟，風帆時見估人船。不須收拾寒山盡，小著青黄更可憐。

盛世康熙見太平，一家文物重西京。羈人自有江潭感，蕭瑟長天寫遠征。

千里仍如坐外看，范寬畫意出荆關。儀徵太傅參玄語，盡判詩情與皖山。文達題語比之宋人范仲立，遠看不離坐外，然其蒼疏荒老，實參雲林、石田法。

初五日癸巳　竟日澂雪，晡後漸密，入夜益甚。徐仲凡來。是日來賀者十二家。遣孝玟姪代余答賀年八十餘家。霞芬來。得書玉書，即復。剃頭。夜祀先，肉肴四，菜肴四，火鍋一，紅棗白果湯一巡，酒飯各一行而已。

閲陸左丞《爾雅新義》。嘉慶戊辰蕭山陸氏芝榮所刻三間草堂本，亦出於宋茗香所校，與近年粤雅堂本同。首有王穀人宗炎序，甚佳。左丞此書所據經文自勝，其注頗文句簡古，有西漢人家法。然穿鑿私臆，好行小慧，實經學家之魔道，陳直齋謂其不出荆公《字説》玩物喪志等之戲笑者，良不誣也。王序議論最正，孫頤谷亦止取其經文，可正俗誤。宋氏、陸氏力回護之，蓋好古之盛心，固宜如是。張月霄《愛日精廬藏書志》舉其精確者二十二條，最爲有識。嚴久能跋極詆其荒鄙，謂陳直齋所譏未足蔽辜，則不免過當。今即舉其第一條論之，其解『俶』『落』二字云：『俶，於人爲叔，於天爲始；落，於花爲落，於實爲始。』落之解義雖偏，尚自新雋；俶則無理矣。其解『舒鳧鶩』云：『視鳧雖舒，音木，則其質木故也，吾越以人之癡鈍者曰呆木。』此方言之俗音，豈可以解經？然亦可見吾鄉此語已古矣。其解『麐麜』『短脰』云：『猪淫穢，亦短。今處女腰脛纖細，既嫁而粗矣，既字而粗矣。若所謂褭驂亦以此，所謂小領亦以此。小領攝矣，褭驂戒體猶在。』數語體人物極妙，然與麐麜何涉？

夜雪，至四更稍止，積四寸許。

初六日甲午　竟日陰寒，晡微有日景。閱《愛日精廬藏書志》。是日來賀者十家。夜半風起。子培來。

初七日乙未　晴，風。先像前供燭、麵及酒。閱《愛日精廬藏書志》。遣孝玟姪代賀年三十餘家。是日來賀者八家。夜赴芾卿消寒第五集。惟花農不到，偕爽秋、筱珊、子培、仲弢，談甚暢，三更始歸。風益勁寒。是日坐間談新授吾浙運使德壽爲劉良佐之裔，神機營副都統景瑞爲耿精忠之裔，廣州副都統尚昌懋爲尚可喜之裔，而庚辰翰林薩廉爲穆相國之子，進士溥崍爲故相奕經之孫，丙戌翰林瑞洵爲故相琦善之孫，天道報施，不可測也。瑞洵，崇厚之婿也，初官户部主事，值崇厚得罪，士夫群相詬詈。瑞洵窘甚，歸詬其妻。其妻怒曰：『它人可駡吾父。若亦爾，獨不爲汝祖地耶？汝祖不以香港獻於夷，今日何至是？』瑞洵不能答，毆之而出。人傳以爲笑。至世人以琦善爲田雄後人，似未可信。考田雄始封二等侯，康熙中加『負義』二字，或作『不義』。旋改『順義』。琦善始襲封奉義侯，不知其爵所始，或以『奉義』『順義』致傳訛耳。

初八日丙申　晴，有風。閲《鑑止水齋集》。其《武經總要跋》據所載東西拐子馬隊爲北宋西北面行營之制，選精騎爲大隊之左右翼，所以禦契丹弓騎之奔突，金人襲用其名，猶云騎兵之精者耳。《宋史》乃謂金人聯鎖馬足，一馬仆，二馬不能行，真三家村中語。俞理初《癸巳存稿》以《宋史》言拐子馬近兒戲，不可信，尚未見此書也。作書致郭子鈞，得復。是日來賀者四家。夜閲《思適齋集》。

初九日丁酉　晴，稍和。午入署銷假，晤閻朝邑及常熟師。即出城，閲廠市，游人甚多，車閼不能行。入火神廟，一巡攤廊而歸。慧叔弟來。是日來賀者六家。作書致子培，得復。内子、兩姬皆詣廠甸觀市。書玉來。閲《思適齋集》。付本司銷假費八千，廣東司八千，賞茶房兩千，車錢七千，内子等車錢十九千。

初十日戊戌　晴。作書致敦夫。得心雲臘八日書、品芳弟十一月二十八日書、嘯巖弟十一月十四日書、季弟婦十二月朔日書。子培來。敦夫來。晡後偕子培閲廠市，至火神廟，廟攤已收矣。至翰文齋閲書，以四金買得《苕谿漁隱叢話》一部，梁章鉅《論語旁證》一部，夜歸。浙江運使德壽來。是日來賀者七家。

十一日己亥　晴。先妣生日，供饋於聽事，菜肴六豆，肉肴四豆，饅頭兩盤，紗帽餡子兩盤，火鍋一，麵一盤，時果四盤，酒三巡，飯及茗飲各再巡，祔以三弟，晡後畢事。是日饋事皆姪孝玟左之。書玉明日生日，饋以酒、燭、桃、麵、鷄、豚，作書致之，得復。夜素食。

十二日庚子　巳正初刻十一分立春，正月節。晴。叩先像，供春餅、肉膾、笋膾、酒及春茗。遣孝玟禱關帝廟求籤詩。前門神廟籤靈異，余嘗三求之，皆明示禍福，無一爽者。此次詩云：『汝是人中最吉人，誤爲誤作損精神。堅牢一念酬神願，寶貴榮華萃汝身。』其恉謂凡事且忍，不宜躁進，切莫自欺，可免後悔。可謂深中余隱，誦之悚然。蓋余雖不事干求，澹於榮利，而不屑溷於俗吏，即是躁進；且處奇窮之境，而懷高世之心，非仕非隱，進退無據，即是自欺也。作書致敦夫，致子培。午詣安徽館赴馬蔚林之飲，坐客皆不相識，即辭歸家飯。子培來，下午同詣廠閱市。至火神廟，見有明人丁南羽雲鵬雪山洗象直幅，索直二十金。復至翰文齋，買《東坡全集》《朱子大全集》，予以八金不成。有元刻《千金要方》九十三卷，索直三十金。傍晚歸。朱桂卿夫人挈其愛女來。家人演禺戲，都中所謂大圖侯戲也。夜復張燈續演，聒擾不堪，聊以點綴宜春小景。是日來賀者七家。

邸鈔：詔：河南開封府知府李廷簫與江蘇江寧府知府孫雲錦對調。詔：江南狼山鎮總兵楊岐珍調補浙江定海鎮總兵。以□□□□□曹德慶爲（定海）〔狼山〕鎮總兵。

十三日辛丑　晴。姪孝玟回大興署，予以羊裘一領。書玉夫人來，内子偕之同游廠甸歸，夜飯後去。夜叩先像，供扁豆湯。小試燈火。初更赴子培消寒第六集。諸君皆至，深論古今，有微言，惟次室之憂不能自已耳。三更後歸。付車錢五千，燈錢五千，陳宅兒郎糕餅錢十千。

十四日壬寅　晴。内子、張姬答賀諸家内眷。余都中往還，不過同鄉、同年中十餘人，新年投刺者亦不過百餘家，内人相問者五六家而已。午後詣廠閱市，以五金買蜜蠟朝珠一串，平生服章祇此而已。余初以明日入賀親政，擬買朝衣冠，而一領一裳兩袖須銀十八兩，其敝已甚，不復得諧，故買此解謿耳。初服未期，飾巾垂及，持此瑣瑣，欲安歸乎。晡後歸。席姬、冰玉同游廠市。夜叩先像，供茗飲，點春燈。是日剃頭。付車錢十八千，《南雷文約》錢八千，正續《疑年録》三千。

邸鈔：皇太后懿旨：户部奏請於濱臨江海各省應解京餉内酌易制錢，解存天津備用，開單呈覽一摺。上年六月間諭令醇親王奕譞會同軍機大臣、户部、工部將錢法妥爲籌議，以期漸復舊制。旋據奏請，以三年爲期，徐圖規復，先令直隸、江蘇各督撫添購機器，製造制錢，並飭例應鼓鑄制錢，各省一體趕緊開鑪鑄造，當經照所請行。此係特旨交辦之事，宜如何切實舉行，户部爲錢法總匯，自應督催各省認真籌辦。乃時閱半年，忽稱機器製造工本過鉅，京局開鑪恐滋市井疑慮，而以飭令湖北等省稽解制錢運津備用爲請。該部並未向醇親王等籌議，輒信外省督撫卸責之詞，互相推諉，爲此敷衍搪塞之計。規復制錢，仍准搭用當十大錢，前奏聲敘甚明，何至一經開鑪，闤闠囂然？措詞尤屬失當。近來籌畫度支，如開采銅鐵等礦，本爲天地自然之利，各該督撫往往以事多窒礙一奏塞責。中外泄沓成風，於用時制宜、變通盡利之至計，並不盡心籌畫，惟思藉端嘗試豫爲異日諉卸地步，此等積習，深堪痛恨。總之舊制必宜規復，錢法亟應整頓。前經迭次訓諭，乃該堂官不能仰體朝廷裕國便民之意，飾詞延宕，實屬大負委任。户部堂官著交部嚴加議處，原摺擲還，仍著將開鑪鼓鑄各事宜迅速另外籌議具奏，限於一年内一體辦理就緒，毋再遲延干咎。懍之。十三日東朝召見朝邑，詞色甚厲，蓋醇邸怠工也。皇太后懿旨：醇親王之子載洵加恩賞給不入八分輔國公。

十五日癸卯　晴。是日上親政日。加巳御太和殿受賀，中外百官皆加一級。得子培書，即復。余初與子培、爽秋、芾卿諸君約同入賀，而四人皆無朝服，子培、芾卿并無蟒袍，不得行禮，遂皆罷。遠惟宋人陳無己之敝緼赴郊，壇齋不肯，借趙挺之衣；近緬惲子居所記，王户部育瑜之元旦無朝服，不敢入賀，詣大清門外九叩首。前賢誠節，良用自愧。午入城，至嘎嘎胡同問舜臣疾，送景師母年敬二金，門茶四千。西闊市口答拜同年竇昌。閣學堂子胡同答拜同年烏里雅蘇臺參贊大臣祥麟之子、户部桂鵬。化石橋答拜同年駐藏幫辦大臣尚賢閣學及黄慎之修撰。復經東城，答拜數家。出正陽門，詣先賢祠行禮，供饅頭二百五十枚，粉團子二百枚。又詣靈汜分祠、銅觀音堂行禮，各供饅頭、粉團。晚歸。是日答滿洲友人四家，往還迂回幾二十里，順道觀西城大街燈，惟蘭華至蘭英餑餑鋪五家而已。

聞工部燈甚佳，不及往觀。徐花農夫人來。夜祀先，肉肴四豆，菜肴四豆，火鍋一，湯圓子一巡，酒再巡。遍點燈燭，放花爆，偕家人戲擲采籌。桑叔雅饋粉團子一合。付車錢十二千。

十六日甲辰　晴。閱《論語旁證》。其書采取不多，然頗能引用宋儒諸書，平心求是，發明朱注之説。此與黄氏《論語後案》，皆家塾必讀之書也。姬人詣慧叔家賀年；拜劉仙洲夫人生日，送禮酒、燭、桃、麪；詣桂卿夫人家飲，夜歸。敦夫來。朱苗生自山東來，得朱昂生書。夜加酉望，月食至六七分。叩先像，供湯圓、清茗。夜飯後至大栅闌觀燈，晶毬四照，歌吹相間，洋市諸鋪花紅玉白，光采可觀。二更驅車回，令家人輩觀之。是日來賀者七家。送桂卿愛女帨佩四事。付車錢十六千。是日市中以昨見諭旨將行制錢，今日小錢屏遏不行，細民覓食不得，號泣滿路，餅師菜傭相率閉門，至有求死者，以昨日市易所得皆常用錢也。錢法之敝已極，驟然欲革之，徒苦小民，益致紛擾耳。

十七日乙巳　晴，大風。得趙桐孫十一日津門書，并張公束去冬江右書，寄來繆馨吾新刻《萬善花室文集》一部。閱《通鑑》晉孝武帝紀、安帝紀。夜先像前供茗飲。

十八日丙午　晴。祀先，肉肴六豆，素肴六豆，栗子湯一巡，酒三巡，飯再巡，晡畢事，焚楮錢五挂，收神位圖。得敦夫書，并其兄定夫書，即復。以先賢祠供撤饅頭、粉團分詒叔雅、書玉、介唐、伯循四家，又以蜜供各一坐詒介唐、書玉。書玉、敦夫、介唐來，留之夜飯，偕擲采選格五巡，余得兩賀，三更後散。月皎甚。

十九日丁未　晴。花農之子周晬，賀以糕餅、雙鷄、玉麪；其夫人來請内子等作湯餅會，兩姬及冰玉往赴之。午後敦夫邀同書玉、介唐、介甫、仲凡詣慶樂園聽勝春部，去冬新出演者也。夜同飲福興居，招霞芬、梅雲，付霞芬賀歲銀二兩，二更後歸。

二十日戊申　晴，巳後風。得花農書，即復。寫單約知好二十二人、内眷十一人以廿四日寓齋飲春酒。閲《通鑑》晉安帝、恭帝紀。《晉書》頗病蕪雜，而孝武以後，三秦、五燕、五凉迭起迭衰，紛拏交錯，尤苦雜糅；《通鑑》敘之井井，不漏不煩，實非後人所能及。胡身之注，地理秩然，亦爲有功。是日尚有來賀新年者，不答可也。付賃屋銀六兩。付花爆錢六十千，雙燈八角二盆，單燈八角六盆，礮打襄陽城二坐，太平花十筒，頭等太平花一筒，白泥百花十筒，平花鬧月各一把。近年市中新出盆花、盆果燈爆頗極華美，每盆須銀三兩。烟景合子今年價貴，亦須三金，故皆不買之。此亦它日記《東京夢華録》者所當知也。

二十一日己酉　晴，稍和。閲《論語旁證》。得書玉書。是日開印。夜點改學海堂課卷。

二十二日庚戌　晴和。剃頭。閲惠氏《禮説》。花農夫人來。課僕澆花竹。夜詣花農萬福居之飲，爲消寒第七集。爽秋、子培、芾卿、仲弢皆至，三更後歸。

二十三日辛亥　晴。得爽秋書。傅子蓴夫人來。劉生曾枚之婦周來。閲《鮚埼亭集外編》。其《釋奧》一篇殊爲紕繆，謂古有奥神，故《禮器》云『燔柴於奥』，鄭注『奥當爲爨』者，非。不知《五經異義》引《大戴記·禮器》本作竈，見《御覽·禮儀部》。故鄭又云『或作竈』也。

邸鈔：皇太后懿旨：吏部奏遵議户部堂官處分一摺。敬銘、福錕、翁同龢、嵩申、孫詒經、景善、孫家鼐應得革職處分，均加恩改爲革職留任。吏部照溺職例議革職。十二月十六日，懿旨開復。以户部右侍郎景善調補吏部右侍郎。以吏部右侍郎熙敬調補户部右侍郎，兼管錢法堂事務。以兵部左侍郎曾紀澤調補户部右侍郎，兼管錢法堂事務。兵部右侍郎廖壽恒轉左侍郎。以户部右侍郎孫家鼐調補兵部右侍郎。國子監司業印啓升内閣侍讀學士。御史張元普升户科給事中。

二十四日壬子　晴。午答拜客數家。入城詣署接見，而堂官無一至者。晡出城，復答客數家，歸。芾卿、介甫、仲凡、敦夫、筱珊、絅堂、劬庵、介唐、書玉、子承、子培、蕚庭、班侯、仁譜、定夷、仲弢、花農、桂卿來，夜點燈設飲，三更始罷。內子、姬人亦觴介唐、桂卿、花農三夫人及對門鄭主事婦吳於內。是日費饌三筵，酒一甕，燭八斤。付廚賞錢二十千，客車飯錢廿七千。是日肴饌銀共十六兩九錢零。二月廿三日付銀十六兩。

正月二十四日寓齋張燈集知好十九人夜飲用東坡二月三日點燈會客詩韵

入座東風漸暖天，小窗花影試春妍。待看明月生燈幌，尚有殘梅落酒船。鄉里半爲同榜友，星霜各數別家年。帝京自有閑官樂，十日遲人作上元。

二十五日癸丑　晴。庚辰同年團拜於嵩雲草堂，余不往，以分資銀一兩二錢致仲弢。閱《鮚埼亭集外編》。此書終身閱之，探索不盡，然其經學自不逮史學也。

邸鈔：詔：署兩湖總督裕禄改爲實授。

二十六日甲寅　晴。

邸鈔：上諭：前因御史王賡榮等奏參户部銀庫書吏史恩濤侵扣巨帑等情，當交刑部嚴訊，並諭令孫詒經明白回奏。嗣經刑部傳訊，該書吏等恃無賊證，堅不吐實，復飭山東巡撫張曜訊取該委員等確供交部核辦。兹據刑部奏稱，該書吏等索詐一事，訊無實據，照被參各節酌量完結等語。已革書吏史恩濤，此案雖無需索使費確據，惟以一書吏屢被言官參奏，平日車馬衣服，奢侈逾度，其爲遇事招摇，聲名狼籍，已可概見，必應嚴行懲辦，以儆將來。史恩濤著照部議，杖一百，徒三年。户部左侍郎孫詒經將史恩濤斥革交坊，意在嚴懲蠹吏，惟未曾查出實據，輒誘令繳銀，辦理殊屬失當，著交部議處。以□□□□□聯恩爲三姓副都統。

二十七日乙卯　卯正初刻十三分雨水，正月中。晴。上午詣安徽館赴郎仁譜、管惠農之飲，坐有漱蘭、桂卿諸君。晡散後詣廠市翰文齋閱書，以銀九兩買得《初學記》，明萬曆時陳大科刻本。晡後詣書玉家小坐，傍晚歸。傅懋元來。書玉夫人病咯血，送燕窩一合去。

邸鈔：詔：户部倉場侍郎撥給大小米各一萬二千石，並經費銀二千兩，由順天府領交五城，分設平糶各局，以濟順、直被水饑民來京求食者。從都察院請也。以通政司副使文治爲詹事府詹事。以光禄寺卿鳳山爲太常寺卿。以奉天府丞楊頤爲大理寺少卿。

二十八日丙辰　晴。比日春氣漸暄，客次蠟梅、紅梅俱華，暖日滿窗，香溢一室。召圬人砌東房四室床前地甓。晚赴宜勝居周介甫之飲，坐皆同鄉。夜二更後歸，家人方聽彈詞。讀香山《池上篇》以解穢。

二十九日丁巳　晴。評改學海諸生課卷訖。凡三十四人。試『奧竈解』，『今魯方百里者五考』，『裴行儉論』，『蘇王及王楊盧駱優劣論』，『擬劉夢得秋聲賦』，『擬王弘九日與陶彭澤送酒啓』，『星河天一雁砧杵夜千家得天字砧字』排律二首，取陳澤霖第一，張大仕第二，李家駒第三，李鳳池、陳鴻壽第五，陳生鴻壽與趙生士琛皆能以算法和較數考『魯之方百里者五』，陳生更爲開方、長方兩圖以明之，極有心思。餘亦皆據顧震滄、朱石君兩家説實考魯之里數，可嘉也。論無甚佳者，然皆能知裴説之謬。

邸鈔：以太僕寺少卿延茂爲奉天府府丞兼學政。

三十日戊午　晴。坐聽事閱卷。作書致桂卿，爲内子求診。姪孝玟來，令其入城答拜顧觀察肇熙、同鄉謝御史祖源、同年宗室祭酒盛昱、馮學使光遹、蔣編修艮。倪豹臣中丞來，以粤撫病痊入都者。桂卿來。作書致敦夫、書玉，俱乞分閱課卷。夜陰。有書賈持鈔本《開元占經》及錢氏《佛頂首楞嚴經蒙鈔》來，王述庵藏書也，予以二十四金不成。近日購書之難，懸索高價，日月以長，較之同治中幾十百倍蓰矣。《開元占經》湖南有新刻本，不過直銀一兩餘。

二月己未朔　晨及上午薄晴，午後多陰，甚寒。復緟裘。

閱《王龍谿先生集》。先生於良知之學實有心得，其天泉證道語謂意之動亦無善無惡，與陽明宗旨顯殊，流入於禪，不特爲朱學者詬病，即王門亦深疑之，然其意不過主静而已。其與唐荆川問答語字字針砭意氣之失，可謂名言。與王遵巖問答語亦有精理。蓋龍谿天分極高，故其悟入處極透徹，其與人言，層層鞭辟，真能開發神智。吾曹志氣浮散，能時時讀之，所得非鮮。讀書如醫病，惟求藥之對證耳。是日寒陰多感，精神小極，静玩此編，殊有會心。

傍晚不能讀書，取佳紙寫白香山蘇州重玄寺法華院金字經碑序，盡一紙而止。孫過庭言書有五合五乖，五合首曰神怡務閑，五乖終曰情怠手闌。余今日有乖無合，宜其拙也。

初二日庚申　晨及午澹晴，下午陰。閱《初學記》。江西按察使張君岳年來，鄞人也。夜雪，比明積二三寸。

初三日辛酉　竟日陰濕。評改學海堂課卷。作片致敦夫、書玉，本約二君明日聽湘玖歌，阻雪淖不能往也。夜二更後大風。

邸鈔：上諭：陝西固原提督雷正綰前在奉天營口防所修建營盤，借用奉省練餉銀一萬二千七百餘兩，現據慶裕奏稱雷正綰已如數備齊，咨請兑收。該提督統軍久戍，頗著勤勞，此項銀兩著加恩賞給該軍，以示體恤。候選道鍾瑞選授河南分守糧鹽道。御史王賡榮選授廣西潯州府知府。

初四日壬戌　晴，風甚寒。評改學海堂諸生課卷訖。凡四十二人。試『天子四廟五廟七廟考』，『冬祀行祀井辨』，『左傳義長公穀論』，『兩宋辨亡論』，『三冬文史足用賦以冬者歲之餘可讀書爲韻』，『梅竹石爲三益友賦以題爲韻』，文與可畫，東坡作贊，見羅大經《鶴林玉露》。『擬白香山種竹記』，『楓落寒塘露酒旗得楓字』『小池寒欲結冰花得池字』五言八韻，取陳澤霖第一，陶喆甡第二，李鳳池第三，張大仕第四，費登泰第五。陳生考、辨中知申鄭義而未能通貫，爲删改證明之。陶生《兩宋辨亡論》分上、中、下三篇，思筆俱佳。付廠肆翰文齋銀一百五十兩，以九十二兩買殿版《三通》、《通典》、《通考》。殿本皆不佳，以余家舊有此物，已燬於賊火，故買補之，然較昔所藏已遠遜矣。比日患腹疾，今日感風寒甚，下午遂暴下，夜腹痛甚，大瀉數次。

邸鈔：上諭：本日召見奉恩鎮國公桂豐，於朕詢問之語，全無奏對，任意妄言，支離可詫，且進退之際，失儀甚多，著交宗人府議處。

初五日癸亥　晴寒。病甚，作書致書玉、桂卿乞診。是日曾祖妣忌日，供饋，不能跪拜，自洗杯斝而已。姪孝玟來，命之代祭。自晨至午，大寫數次，午後歐吐，畏寒，蒙被而卧。晡後書玉來診。服藥。夜桂卿來診。鄉人新選江西奉新縣令屠福謙來請見，辭之。夜三更後稍能瞑。

初六日甲子　晴。上午甥起，自力坐聽事，仍閱卷。作書致子培，以學海堂諸童十月中課卷未閱竟者乞分閱，贈以《南雷文約》。服桂卿藥。得書玉問疾書，即復。仲弢來視疾，久談去。夜始飲薄粥一器。閱《通典》『禮服』諸門。是日止瀉一次，尚患中懣頭痛。

邸鈔：翰林院侍講許景澄轉侍讀，左春坊左中允樊恭煦升侍講。洗馬臧濟臣丁憂，故中允得之。

初七日乙丑　陰，寒甚，下午薄晴。竟日閲卷。得子培書。作片致爽秋，辭後日天寧寺之飲。花農來。書玉來，敦夫來，夜留二君小飲客次，余不能飯，清談而已。二更客去，覺甚困，奏厠後飲粥一器。是日無異隆冬，仍襲緟羊裘。

初八日丙寅　竟日霡陰，午後微雨。楊定甹來。桂卿來。蕚庭來。竟日閲卷。夜取顧尚之觀光遺書中《吴越春秋校勘記略》校《漢魏叢書》本一過。夜三更後雪，至曉積二寸餘。書玉夫人饋蓮子冰糖玫瑰餅。

邸鈔：詔：吏部奏遵議處分一摺。户部左侍郎孫詒經應得罰俸一年處分，著不准抵銷。詔：孫詒經毋庸在毓慶宫行走。

初九日丁卯　晨及上午陰，傍午晴，下午多陰。評閲問津諸生課卷訖。凡一百五人，文題以『王季爲父』四句，詩題『風簾殘燭隔霜清得清字』，取陳澤霖第一，張大仕第二，龔秉珍第三，王奉璋第四，高桂馨第五。内課二十卷中，多爲改潤，頗有可觀。又定諸童課卷訖。凡五十五人，文題『子述之』兩句，取沈耀奎第一。其中四十五卷敦夫所代閲。又定三取諸生課卷訖。凡四十八人，文題『周公成文武之德』至『以天子之禮』，詩題『梅開燭燼疏窗雨得開字』，取李廷鈖第一。其三十五卷書玉所代閲。夜評閲學海諸童課卷訖。凡八十八人。試『儗劉夢得秋聲賦』，『菊花天氣近新霜賦以題爲韵』，『儗王江州九日與陶彭澤送酒啓』，『星河天一雁』等排律兩首，取周興銘第一，華承運第二，趙承恩第三，陳澤寰第四，蓋多非出於己者。内課十卷中亦多加改削。余於此事，可謂盡心矣。雖甚不通者，亦隨手鉤末之間，易以一二字，不計其爲鏤冰雕朽也。此次有四十餘卷託書玉、敦夫兩太史分閲。庚午同年安徽徐家銘爲子娶婦，送賀錢四千。

初十日戊辰　晨密雪，巳後益大，傍午積二三寸，午後稍止。署中知會各衙門遵旨保舉堪以出使外洋人員，注以不願。自去年秋御史謝祖源疏請飭各部院薦舉使洋人材，有旨令各堂官留心延攬，今年正月忽奉嚴諭督促覆奏，於是各衙門皆出單遍詢所屬，問以願否矣。翰林中願去者李學士及編修孔祥榮、薩廉也。是日評閱三取諸童卷訖。凡二十七人，文題『追王太王』，詩題『梅開燭爐疏窗雨』，取李耀祖第一。得周玉山書。夜作復玉山書、復桐孫書、復張玉珊南昌書、復族弟小帆書、復朱亮生觀察采書。張、朱兩書，皆託桐孫轉寄。小帆在南康縣，屬玉珊轉致。

邸鈔：詔：宗人府奏遵議處分一摺。奉恩鎮國公桂豐著照所議罰俸六個月，不准抵銷，並開去值班差使。詔：雙全賞給副都統銜，作爲察哈爾領隊大臣。崇勳已革左副都御史。賞給三等侍衛，作爲索倫領隊大臣。

十一日己巳　晨及上午陰，傍午微晴，午後晴。剃頭。作書致子培。作復雲門富平書、復張朗齋中丞濟南書、復李奇峰曹州書、復施均甫書，爲醉香求張中丞賻也。是日温和，夜月甚清綺。得子培復。作片致介唐，爲寄奇峰信，得復。

十二日庚午　寅正二刻八分驚蟄，二月節。晴和，始有春暄之美，而潮濕特甚，下午間以微陰。坐客次南窗閱《通典》。徐班侯來。作書致子培，得復。是日評定學海諸童卷訖。凡三十七人，即十月間所試『天子四廟五廟七廟考』等作也。凡三十七人，經解、史論、詩賦雜出。取趙承恩第一，其五言八韵詩頗工；王鵬第二，其《兩宋辨亡論》甚可取；孫益泰第三，其《三冬文史足用賦》亦佳：然皆非自作者也。取内課八人。此次有二十餘人託子培代閱，亦甚細心。寄李奇峰磨菌、杏仁一匣。對門鄭夫人生日，饋以糕、桃、燭、麵。夜微月出，旋陰。閱《苕谿漁隱叢話》。

邸鈔：上諭：劉秉璋奏請調狼山總兵楊岐珍赴川差委等語。楊岐珍前經該督奏調留浙，現經留辦臺防，四川並無軍務，所請著不准行。實缺提鎮體制較崇，各有整飭戎行、鎮撫地方之責，乃近來狃於積習，各督撫往往奏調差委，視同部曲，而該提鎮亦遂甘聽指麾，僅顧私恩，罔知大體，既失朝廷專閫之意，又開夤緣依附之門，此風斷不可長。嗣後各督撫於實缺提鎮，概不准率行奏調。將此通諭知之。

十三日辛未　竟日寒陰，傍晚雨。閲《初學記》，以《類聚》《御覽》略校之。夜初更霰，旋密雪，夜半積寸許。

邸鈔：上諭：崑岡等奏丁憂工部左侍郎烏拉布之繼祖母岳諾特氏，幼明大義，于歸後因夫病封臂和藥，願以身代，夫歿無嗣，繼該侍郎爲後，躬親督課，備極劬勞，苦節五十年，現在身故，援案懇請旌表等語，岳諾特氏著准其旌表。疏稱岳諾特氏爲已故山西豐鎮廳同知富豐阿之繼室。富豐阿早卒，其元配生一子松安，先殤，烏拉布方彌月，以爲松安嗣。

十四日壬申　晴寒。以《初學記》及《藝文類聚》互校。作書致花農，問梅花消息，得復。夜月皎甚。讀《漢書·郊祀志》及《史記·封禪書》。是日復覺胸中不快，遂斷飲牛乳。付賃屋銀六兩。王旭莊（仁東）婦劉開吊，送奠分四千。

十五日癸酉　晴。徐亞陶來。子培來。讀《漢書·郊祀志》。夜月皎於晝。得僧慧正月廿五日家書。是日始徹鑪火。

邸鈔：上諭：向來引見漢軍人員，應口奏清語履歷，乃本日兵部引見之千總徐元璞、范一倫履歷竟奏漢語，殊屬非是。漢軍世隸旗籍，國語理宜熟諳，嗣後引見人員，務當遵照向例，以奏清語履歷，毋得再有違誤，致干重處。詔：本日引見之附生沈瑶慶，著以主事用。

十六日甲戌　晴。内子等俱詣玉泉山下禱媪神，此亦漢時神君下巫之比。聞其神氏曰王，有一七十餘老人傳語，醫疾尤奇驗，實一老狐憑之。近日宗室王公信之者衆，爲立祠宇。家人以多病必欲往禱，禁之不可，亦姑聽之。竟日坐聽事閲《通典》。

夫之諸祖父母報説

《儀禮・喪服》「緦麻三月」章：「夫之諸祖父母，報。」鄭君注：「諸祖父母者，夫之所爲小功從祖、祖父母、外祖父母或曰曾祖父母，曾祖於曾孫之婦無服，而云報乎？曾祖父母正服小功，妻從服緦。」賈疏云：「鄭云曾祖父母正服小功，妻服緦者，此鄭既破或解，更爲或人本作成人，今以意改。而言。若今本不爲曾祖齊衰三月，而依差降服小功，其妻降一等，得有緦服。今既齊衰三月，明爲曾孫妻無服。」

慈銘案：此鄭君正《喪服》之名，辨正尊、旁尊從服之義，明妻於夫之曾祖父母有服而不報，夫之外祖父母有服而報，所以補經之不備也。其誼甚精，而賈疏不能闡發之。諸祖者，上不得包曾祖，下不得晐諸父，而可以統外祖，所謂别嫌明微也。鄭於「齊衰三月」章曾祖父母下注云：「正言小功者服之數盡於五，則高祖宜緦麻，曾祖宜小功也。據祖期則曾祖宜大功，高祖宜小功也。曾祖、高祖皆有小功之差，則曾孫、玄孫爲之服同也。重其衰麻，尊尊也；減其日月，恩輕也。」是謂曾祖以服數之差宜小功、大功，而今齊衰三月者，尊其名而殺其月。所以不大功者，至親以期斷，父母之三年，本加隆期而再期也，父期則祖本宜大功，亦以恩近而加期，同之於至親也。曾祖之恩輕，不得由小功而加至大功也。然其正服本小功，則妻從服，降一等，宜緦矣。曾祖之尊，曾孫婦之恩輕，故不爲曾孫婦報也。夫之外祖父母者，姑之父母也，於夫爲外親之最尊者。外親服本緦麻，加隆而至小功，故妻從服降一等而緦，亦以恩姑而服之也。而外祖父母爲之報，皆所謂仁之至、義之盡也。此鄭注之精義，而宋人敖繼公、近人程瑶田猶不能達，謂注文第二之曾祖父母當爲從祖父母。夫從祖父母者，父行也，即諸父諸母而可謂之諸祖父母乎？夫之從祖、祖父母尚有緦之報，則從祖父母親近者，自有相報之服，不待更言矣。而近儒如段懋堂氏，猶謂注文第二『曾祖父母』當作『外祖父母』，阮芸臺氏猶謂當據《通典》補『從祖父母』四字於注文『從祖、祖父母』下。案：今内板《通典》卷九十二凶十四引鄭此注，並無阮氏所云等文。甚矣，鄭注之不易讀也！

又思《喪服》經特著『齊衰三月』章於『大功九月』之上，其明曾祖之尊服至矣。爲傳者又重明之曰：『小功者，兄弟之服也。不敢以兄弟之服服至尊也。』作記者又引傳曰：『何如則可謂之兄弟？傳曰：小功以下爲兄弟。』古聖賢於正尊之服、兄弟之名，可謂丁寧之至矣。而唐之太宗，賢君也，魏徵等，皆名臣也，猶加曾祖服爲五月，而至今因之。至兄弟之異於昆弟，《喪服》經傳尤彰彰著明。唐以前禮服諸儒，人人知之。而近儒如閻百詩、任幼植等皆不能知。宋之敖繼公乃謂大功亦兄弟服，是不知大功有同財之義者也。至曾祖齊衰三月之服，包乎高祖以及百世逮見之祖，自鄭氏發之，晉袁氏準，宋沈氏括，國朝顧氏炎武、盛氏世佐、褚氏寅亮、戴氏震、張氏履，推闡之甚明，而程瑶田猶謂高祖玄孫無服，《喪服》經所不言者，不制服也。嗚呼！是何悖古蔑倫，無忌憚之至此也。故嘗謂《喪服足徵記》一書，實周、孔之罪人，不止爲鄭學之蠹賊也。

夜月微陰，是日望。校《郊祀志》。

邸鈔：右中允陳卿雲升翰林院侍講。

十七日乙亥　晨陰，上午雨，午雨止，下午晴，頗寒。校《郊祀志》及《封禪書》訖，寫出三條。

太一皋山山君用牛

案：《史記·封禪書》作「太一澤山君地長用牛」，褚少孫補《孝武紀》作「太一皋山山君地長用牛」，《索隱》謂「澤山，本紀作嶧山。嶧山君地長，謂祭地於嶧山，同用少牢」。慈銘案：「皋澤」「澤」古書多相亂，此蓋本作睪山君，謂睪山之神也。與下武夷君同，太一者，即上所祠之太一，言太一與睪山君皆用牛也。此《志》及《史·孝武紀》「君」字皆誤重，下卷同。其下文云「祠太一於忌太一壇旁」者，王氏鳴盛謂《史·孝武紀》《封禪書》「祠」下皆無「太一」二字，此《志》誤衍者，是也。蓋自黃帝、冥羊、馬行，及皋山君、武夷君皆祠於亳人謬忌所奏立之太一壇旁，以此是春日解祠，或用羊，或用馬，或用牛，或用乾魚，所祭各異。而太一亦有春日解祠之祭，與忌所奏「祠太一之方，春秋各祭七日」者異，故並令祠官領之，兩皆祠於忌太一壇旁也。《史記》之「地長」疑當時嶧山君之別稱，以嶧山君爲地長，故班氏以繁文去之。《史記正義》謂「皋山、山君、地長，三並神名」者，非也。武帝時太一之祀凡四：一謬忌所奏立於長安城東南郊者，所謂忌太一壇也；一此春解祠之太一，用牛者也；一神君所下之太一，祠於甘泉北宮之壽宮者也；一祠官寬舒等所立之太一祠壇，在雲陽甘泉宮之南，所謂太畤三年一郊見者也。以祀之時、禮皆別，故各爲祭。惟壽宮神君之祠，蓋不久廢，餘至成帝時始以匡衡、張譚議罷之也。其三一之祠亦有太一，然《志》言「令太祝領祠之於忌太一壇上」，蓋即在一地。惟三年一用太牢，與天一、地一並祠，則其禮亦別。是太一且有五祠矣，蓋漢以祀太一當祀天，而皆用方士之説，故雜出不經。《文獻通考·郊祀門》載，漢太一之祀不能分晰，故附辨之。至《淫祀門》引此《志》亦作「太一皋山君用牛」，不重出

『君』字。

作二十五絃及空侯瑟自此起

案：《史記・封禪書》『瑟』上有『琴』字，是也。《風俗通義》曰：武帝命樂人侯調依琴作坎侯。王氏念孫謂《漢志》此文本作坎侯，注引蘇林曰以空侯釋坎侯。《宋書・樂志》曰：空侯初名坎侯，漢武帝令樂人侯暉依琴作坎侯。《通典》卷一百四十四樂四云：箜篌，舊説一依琴制，今按其形似瑟而小絃，用撥彈之。是漢武本以空侯當琴，與二十五弦之瑟同時作之，以爲報塞。即『賽』字。《史記》作『賽』。『賽』字《説文》所無，俗字也。古祇作『塞』，班書不用俗字。破滅南越祠太一后土之樂。故云琴瑟自此起，言郊祀自此始有琴瑟也。

諸所興如薄忌太一及三一、冥羊、馬行、赤星、五床寬舒之祠宮，以歲時致禮。凡六祠，皆大祝領之

案：此皆武帝所興者，馬行以上俱見上文。赤星者，《史記索隱》謂即上所立靈星祠也。五床寬舒，《史・孝武紀》《封禪書》皆作五寬舒。《索隱》於《孝武紀》謂『并上薄忌太一至赤星數之爲五，固謬於《封禪書》謂指寬舒所立之后土五壇，不知下文明言汾陰兵士三年親祠非太祝所領也。至五床山祠，宣帝時始立，下文亦明言之。此五床疑當作五帝。五帝寬舒之祠者，即上令寬舒所具之五帝壇也。云五帝寬舒之祠者，以別於雍之五帝畤，猶云薄忌太一，以別於雲陽之太一也。至『宫』字，《史記》作『官』，屬下『以歲時致禮』爲句，此作『宫』誤。官以歲時致禮者，言天子不親祭也。薄（一太忌）〔忌太一〕一也，三一二也，冥羊三也，馬行四也，赤星五也，五帝壇六也，所謂六祠也。

作書致書玉，饋食物。又作片致敦夫，俱約後日聽勝春部。介唐來。得書玉書。夜風，三更後稍止。

邸鈔：上諭：隆懃奏因病請開要差一摺。肅親王隆懃著加恩准開一切差使，仍留鑲藍旗漢軍都統，以示體恤。

十八日丙子　晴，稍和。竟日閲《通典》，且揭書籤。作片致介唐，致桂卿，致子培，致郭子鈞，俱約明日飲宜勝居。夜家人供觀音香積筵。

邸鈔：命（□□）〔克勤〕郡王晉祺補授鑲黃旗領侍衛内大臣兼總理行營大臣事務，科爾沁親王伯彦訥謨祜管理滿洲火器營事務，都統善慶補授閲兵大臣。皆隆懃缺。上諭：德馨奏籲懇陛見一摺。德馨著來京陛見。江西巡撫著李嘉樂暫行護理。上諭：惠銘奏拏獲逞凶人犯，請交部審訊一摺。本月十七日有人肩挑什物，在東華門外欲行混入，直班官兵等向前攔阻，該犯竟敢持刀將護軍希林泰砍傷，拏獲後詰以姓名，堅不供吐，實屬凶狡已極，著交刑部嚴行審訊。

十九日丁丑　晴暖，晡後陰。比日客次中臘梅猶盛，紅梅競放，香滿一室。坐南窗閲《通典》。下午詣慶樂園，偕書玉、敦夫聽紫雲曲，晚邀二君及介唐、郭子鈞飲宜勝居。得桂卿書，言近患歐逆之證。子培以赴香山驗繖，不至。付戲園坐錢八千，客車飯七千五百，酒保賞四千，車錢七千。

二十日戊寅　晴，風。祖考及張節孝忌日，供饋於聽事，肉肴七豆，素肴九豆，饅頭兩盤，時果八盤，蓮子湯一巡，酒三巡，飯再巡。外姑馬孺人廿三日忌日，并祔之。晡後事畢，焚楮繦。得同年烏里雅蘇臺參贊祥麟書。閲《通志·校讎略》《圖譜略》。

二十一日己卯　晴寒。是日揭《通考》書籤訖。余喜爲此事，凡大部書皆自書之，亦以讀目録也。

周生學熙、學銘來。作書致仲弢，索還先賢祠祝文稿，得復。作片致蕚庭，贈以閩刻駢文及繆刻《萬善花室文集》《齊雲山人文集》。

邸鈔：以大理寺少卿郭勒敏布爲光禄寺卿。

二十二日庚辰　晨及上午陰，有風，午後微見日景，下午風益甚。得介唐書，并送來去年敦夫生日酒肴錢三十千，又仲凡三十千，即復。作書致書玉，并家人買吕宋票本銀四兩二錢。下午詣同樂軒聽勝春部，赴介唐之約也。晚飲福興居，霞芬、素芬來佐觴。夜大風横甚，墻屋震撼，二更後歸，風稍息，復作。是日寒甚，無異隆冬。花農來。朱子涵來。夜閲《通志·年譜》，自周至隋其詮次亦頗有法，凡偏霸如十六國之類，亦一一分格譜之。此循《史記·十二公年表》之例，最爲明晰。而各國大事仍書於晉之一格，則嫌累贅矣。

二十三日辛巳　晴，風甚寒。坐客次南窗，閲《通考》序例二十四篇。敘述簡絜，能得其大，洵佳作也。惜其於《禮》學不能通鄭注，故所言頗鹵莽。其《郊祀》《宗廟》《王禮》三門中便有凌雜之病，蓋言《禮》不知由鄭學以引申觸類，必多隔閡處。杜氏《通典》雖采鄭注，猶嫌其出入游移，不能折衷以歸一是。馬氏乃以兼存鄭、王，訾謷《通典》，則尤誤矣。

晡後假寐賓榻上，一炊黍時醒。閲花農所示長短句小册，爲跋其尾。甫竟，而花農書來索還是册，且以俞蔭甫《小蓬萊謠》二百首見示。小蓬萊者，蔭甫曲園中閣名；謠皆絶句，擬游仙詩也。即作復，以詞册還之。作片致郎仁譜，屬檢弢夫携去祝文稿，得復。

邸鈔：詔：唐炯賞給巡撫銜，督辦雲南礦務，准其專摺奏事。所有各省應解銅本銀兩，均解交唐炯應用。詔：惇親王調補鑲黄旗領侍衛内大臣。克勤郡王晉祺調補正黄旗領侍衛内大臣。大學士額勒和布補授內大臣。詔：三月初七日啓鑾後，派惇親王、大學士恩承、閻敬銘協辦，大學士、尚書福錕留京辦事。

二十四日壬午　晴，稍暖。坐客次南窗校《通考·經籍志·子部》。得朱亮生汾州正月中書，并惠炭金十二兩。得花農書。作復亮生書，致桐孫書，致玉山書，并二月兩書院齋課題，俱託桐孫轉致。得子培書。夜忽患肝氣，甚痛。是日剃頭。蔡枚盦爲孫娶婦，送賀錢四千。

邸鈔：皇太后懿旨：禮親王世鐸奏請開去軍機大臣要差，以符定制一摺。覽奏具見悃忱，皇帝甫經親政，前允王大臣等所請，訓政數年，正期左右諸臣盡心匡濟。該親王自入直以來，夙夜在公，深資倚任，尤當體念時艱，力圖報稱。所請開去要差，著俟數年後全復舊制，再降諭旨。以河南按察使邵友濂爲新設福建臺灣布政使，即赴新任，毋庸來京請訓。陜甘總督譚鍾麟奏目疾未痊，懇請開缺。詔再賞假一月調理。

二十五日癸未　晴暖。早起更撰祝文，書祝版。上午詣先賢祠春祭，至者鍾六英、桑叔雅、吴建侯善城、敦夫、介唐、書玉、仲凡、傅子蕁、（樓）〔婁〕秉衡、朱懋政、莫堅卿峻、俞培元、王鵬運、勞凱臣啓捷、周介甫、朱沅甯、駱雲衢、馬錫祺、族弟慧叔，共二十二人，下午散歸。分贊禮者四人胙肉各三斤；六英主祭，歸以猪頭；叔雅、書玉、介唐各歸胙三斤。賞館人胙三斤、羊頭、羊肺、豕肺，賞邑館長班胙三斤。子蕁嫌肉少，反胙，別買猪肉四斤遺之。又補送婁秉衡新買肉三斤。是日肴饌兩席，直銀七兩六錢，酒八斤，鍘羹籩果等錢十千，香燭六千，猪銀六兩，羊銀三兩四錢，賞館人四千，邑館長班送祭器等錢八千，畿輔先哲祠長班送祭器錢四千，賞廚人錢十四千，車錢七千，姪孝玟助祭錢八千，茶水錢五千。得族弟鼎銘去年十二月杪江西書。晡後答拜吴炳和觀察、故浙閩督吴勤惠公子。倪文蔚中丞、屠福謙縣令，會稽人。傍晚歸。夜大風。

邸鈔：以貴州布政使曾紀鳳調補雲南布政使。先授雲南布政使于蔭霖，未至任丁憂。以貴州按察使李元度爲布政使。以山西冀寧道馬丕瑶爲貴州按察使。以兩淮鹽運使賈致恩爲河南按察使。國子監司業丁立幹升司經局洗馬。

二十六日甲申　晴，風甚寒。竟日以《郡齋讀書志》《直齋書録解題》校《通考·經籍志》。子培來，久談。

邸鈔：甘肅寧夏道福裕升兩淮鹽運使。

二十七日乙酉　卯初三刻十分春分，二月中。晴，尚寒。坐客次南窗，閲黄尊古鼎山水畫册八幅。末幅題字云『雍正乙巳寫於漢上』。畫法大癡，雄深蒼秀，間有模惠崇、倪迂者。又閲韓冶人鑄潑墨樹石十幅，意趣荒率，似八大山人。末幅題字云『松蘿七十八叟』，有『瓦礫』兩字印。與黄畫合爲一册。本劉寬夫侍御物，今歸子培之戚某氏。去年冬來乞予審定，且求題跋，今日爲書其端，且於畫中擇三幅各系一絶句，還之，作書致子培。山桃將花，丁香亦漸吐萼，傍晚巡行樹下，自取長竿，又折枯枝去之，夜臂痛不能作字，亦可謂兒劇矣。

題黄尊古鼎山水畫册二首

山坳一角圖山寺，上界松林下界泉。絶似柯巖東普照，緑蘿懸磴蔭游船。

平生未見此山奇，不是黄山定武夷。安得醉眠林寺側，飽看峰勢逐雲移。

題韓冶人鑄山水

絶倒松蘿八十翁，故將淡赭點迷濛。可知鳥迹蟲書意，盡在山林夕照中。

邸鈔：詔：錫珍現在穿孝，吏部尚書著崑岡兼署，所管户部三庫事務著松溎署理。詔：延煦再賞假一月，禮部尚書著紹祺兼署，所管户部三庫事務著敬信署理。户部郎中世杰授甘肅寧夏兵備道。

二十八日丙戌　晴，傍晚有風。得子培書。浙江按察使蕭杞山廉使韶來。上午詣邑館春祭先賢，介唐直年。午飲胙畢，答拜蕭杞山，詣子培、花農、莘伯、仲弢、蓴庭、定專、班侯，俱不值。詣桂卿，小談歸。作書致子培，得復。作書致桂卿。得陳蓉曙明州書。邑人王培庚來。夜有風。

邸鈔：翰林院侍讀學士良貴奏請因病開缺。許之。

二十九日丁亥　晴。竟日巡行花樹，芟枯整秀，撫玩自娱，頗廢誦讀。莘伯來。花農來。外院内屏壞，更易之，付錢廿一千。竟夕不瞑。

三十日戊子　晴。作書致合肥太傅，饋以肴饌一筵。午詣書玉，并邀敦夫，談至晚歸。夜遣席姬去，事我十年矣，傷哉。無德畜此癡獠，閉户自撾，悔之何及。

邸鈔：禮部尚書宗室延煦卒。延煦，字樹南，咸豐丙辰進士。詔：延煦練達勤慎，學問優長，由翰林洊擢卿貳，外任都統，旋補左都御史，擢授尚書，宣力有年，克稱厥職。前因患病，迭次賞假，方期調理就痊，長資倚畀。兹聞溘逝，軫惜殊深。加恩賞給陀羅經被，派貝勒載瀅帶領侍衛十員，即日往奠，照尚書例賜恤，賞銀五百兩經理喪事。伊孫容濬賞給主事，分部學習行走。禮部旋請謚，詔毋庸予謚。以都察院左都御史宗室奎潤爲禮部尚書。以盛京刑部侍郎宗室松森爲左都御史。以禮部右侍郎英煦調盛京刑部侍郎。以内閣學士續昌爲禮部右侍郎，仍兼署刑部右侍郎。前都統榮禄補鑲藍旗漢軍都統。詔：編修詹嗣賢、林紹年、張嘉禄等十四人俱記名以御史用。二十四日試保和殿者二十二人，張鼎華第一，林紹年第十四，皆記名。庚辰記名者五人：安維峻、吴樹棻、馮應榮、褚成博、謝雋杭。

三月己丑朔　晴，晡風。是日驟暖，櫬桃華。得合肥相國復書。得花農書。得書玉書，薦僕人王升。子培來。作書致仲凡。復花農書。敦夫來。介唐來。書玉來。得仲凡復書，爲花農欲作梅雲娶婦喜筵，屬余轉邀仲凡也。是日擇侍姬，來見者五人。

邸鈔：詔：大學士恩承充國史館副總裁。尚書奎潤充會典館副總裁。皆延煦所遺。詔：大理寺卿劉瑞芬未到任以前，著光禄寺卿馮爾吕署理。

初二日庚寅　晴。書玉夫人來。得爽秋書，言王松谿同年於今年人日逝世。松谿杭人之最謹篤者，以江西縣令請老歸數年矣。其生與余同歲。作書致仲凡。夜閲《魏書·釋老志》。

邸鈔：吏部郎中陳維周授湖北安襄鄖荆兵備道。本任道盛植型（鄞人）故。

初三日辛卯　晴，晡大風。介唐生日，饋糕、桃、燭、麵。合肥相國來。邑人張拜廷嘉言來，以縣令入都謁選者。得品芳弟二月望日書。剃頭。是日始去綿緊身，易以袷。作書致書玉。

邸鈔：以光禄寺少卿錢應溥爲太僕寺少卿。鴻臚寺少卿陳錦奏病難速痊，懇請開缺。許之。

初四日壬辰　晴，下午有微風，頗寒。作書致合肥相國，則已行矣。得花農書。爲花農作書致絅堂兄弟，得復。得書玉書，言遣席姬事，其詞甚摯，即復。介唐夫人來。

邸鈔：詔：金州副都統文格與三姓副都統聯恩互調。

初五日癸巳　晴。作書致花農，辭明日之飲，兩得復書，言此席專爲余設，以必往爲期。張拜庭饋兔脯兩肩，醩魚兩瓿，洋餅兩匣，茶葉瓶，反兔肩、茶葉，犒使四千。得書玉書，即復。作書致翁叔平師，略言近狀頗敗，復有去官之意，得復，言明日即上道，不及一一。作書致徐亞陶，得復。以致合肥書交其邸吏。閲凌譽劍《蠡勺編》。桂卿來。

初六日甲午　晴。絳桃、迎春俱花，芍藥萌。得張朗齋尚書仲春廿六日紀莊工次手書。得陳晝卿二月望日濟南書，言尚署運使事，并以所著《山東九廟孟廟祀位考》四册見詒。晝卿嘗監修孔林、孟林也。書僅一卷，考證甚略。汪鳴鑾序。丁鎰來。沈守誠來。二君皆未知其官字，丁蓋山東餉員，沈蓋湖州人也。俱不見。介唐來。伯循來。仲凡來。下午答拜張拜庭，不值。答詣葛同鄉寶華、李同年士鉁。詣敦夫，不值。答詣邑人王培庚，則已行矣。詣書玉談。夜赴花農韵春之飲。梅雲及霞芬之妹出拜。燈圓錦粲，花醉香濃，坐客惟子承、仲凡。余招霞芬、素雲，贈梅雲賀錢六金，賞其僕三十千，付素雲左酒錢四十千。三更後歸，困極寒甚。

邸鈔：左贊善韓文鈞升左中允。以鴻臚寺卿福楙爲通政司副使。

初七日乙未　竟日寒陰，晡前微雨。上啓鑾謁西陵。午後入署接見堂官，又無一至者。晡時出城，欲視陳雲舫鴻臚疾，聞初三日朝請開缺，夕已卒矣。雲舫名錦，湖北羅田人，癸亥庶常，年長於余二歲，謹厚長者也，亦能詩。晡後詣仲凡、伯循晤談。詣同司施子謙典章而歸。得爽秋見詒絶句三首，以樂天春日放楊枝爲比，亦善謔矣。得子培書，薦從僕王升。夜歐吐，肝氣發，不能食。夜雨，有風，甚寒，五更有微雪。

初八日丙申　晨微霰，復雨，午漸霽，下午嫩晴。醉香開吊，送奠銀十二兩，病不能往吊，中懷慘然。得桐孫是月四日津門書。得花農書，邀看其寓庭桃杏，辭以疾。作書致子培。亞陶來。子培來。再得花農書，言夕陽中桃花益明，固邀一往。晚命車赴之，携燭一觀，小有籬落間意。花農第二女年十一矣，新學琴，命其出彈一曲。夜偕其同寓倪、單兩君子及子培小飲，二更後歸。有風，甚寒，微月在樹。作片致郭子鈞。得敦夫書。

初九日丁酉　晴，下午有風。子鈞來。沈子封自津門來。敦夫來。得書玉書，見詒圓今作丸。藥方。大熟地八兩、高粱燒浸透，蒸曬七次，忌鐵器。金當歸五兩、高粱燒浸透。釵石斛六兩、高粱燒浸製。川芎三兩、高粱燒浸透炒。厚杜仲三兩、姜汁炒，去絲。雲茯苓三兩、人乳拌蒸。金櫻子二兩、高粱燒浸透，去皮子。淫羊藿二兩、羊油炒，去邊梗。甘草二兩，高粱燒浸炒。右各藥研末，加入生白蜜，搗二千杵，爲圓如桐子大，每晨服三錢黄酒下，見《松崖遵生書》。仲凡約十二日觀劇，辭以疾。有書賈以明嘉靖司禮監刻本《文獻通考》來售，索價四十金，《牧齋詩文集》索價三十金。

初十日戊戌　晴暖。得仲凡書，約十二日飲福興居，即復。楊定旉來。蕭杞山廉訪送來越祠團拜費六十金，犒使十千。豐臺鳳營花傭李二來，補栽鸞枝小樹三，賞以錢五千。夜閲《通鑑·陳宣帝紀》。答爽秋見詒絶句三首：

自誤平生上叟辭，室中魑魅當先施。一朝東緼青唇去，强擬昌黎放柳枝。

却笑南陽梁父歌，欲憑承女輓陽戈。誰知五十三年了，黑色黄頭奈爾何。

禪榻鬖髿尚有情，詩人老去望鶯鶯。驅鴉打鴨尋常事，却費袁宏月下聲。

十一日己亥　晨及上午微陰，嫩晴，午晴，晡後陰，薄暮大風，晦霾，旋霽。比日聽事前迎春一樹作花如旌幬，黄體四照，綺粲金明。《劉公是集》有《迎春花》兩絶句云：『穠李繁桃刮眼明，東風先入九重城。黄花翠蔓無人顧，浪得迎春世上名。』『沉沉華省鏁紅塵，忽地花枝覺歲新。爲問名園最深處，不知迎得幾多春。』詩雖未工，然古今詠此花者絶少。吾越無此樹，江浙間亦未有見者。嘗聞湘楚中人亦云無此花。蓋北地之良也。春花自菜花外無黄色者。薔薇有黄者，木香亦有之，皆開於夏初。牡丹、芍藥黄者極難得。惟此花金色細朵，先花後葉，獨秉土德之秀，當爲賦詩以張之。作書致仲弢，約同游畿輔祠，得復。豐臺李傭來，栽海棠一樹，賞錢十六千。今年花樹多入南北海禁苑中，故價增倍。得書玉書，以兔一雙見詒，作復還之。翰文書賈送來蒙叟《初學集》共三十册，計一百一十卷，直銀二十五兩。晡詣仲弢，子培及王旭莊亦至，同過畿輔先哲祠，小坐緑勝庵。晚仲弢邀同子培及繆筱珊、王芾卿飲宜勝居，夜二更歸。付車錢五千，王升受庸八千。

十二日庚子　巳正一刻五分清明，三月節。晴，下午有風，晡後陰，傍晚密雨，旋止。祀曾祖考妣、祖考妣、本生祖考妣、先考妣，祔以諸弟，肉肴六豆，菜肴六豆，燒豑一俎，饅頭兩大盤，時果四盤，栗子湯一巡，酒三巡，飯再巡。姪孝玟來助祭，晡後畢事，焚楮銀千鋌。祀屋之故主。付翰文《初學集》銀廿三兩五錢二分。夜詣仲凡福興居之飲，坐客七人，敦夫、介唐諸君也。二更後歸，月皎而凉。閲《初學集》中志狀碑銘。蒙叟時以黨魁自命，故所作多激烈之語。

十三日辛丑　晴，下午有風。杏花盛開，李試華，丁香將坼。

閲《初學集》中《太祖實録辨證》兩卷，奇作也。於李善長獄事尤詳，備載洪武二十三年善長及家屬等供招，及太祖昭示奸黨録手詔等，謂善長以與胡惟庸姻親瞻顧，首鼠兩端，文吏奸深，負恩懷詐，故底於罪，而供招之不足信，獄辭之傅會可疑，皆列著之。又謂善長實下獄受誅，國史謂太祖召見撫慰歸家自經者，非。其子駙馬都尉祺已前一年卒，幸不及禍；史謂謫居江浦，於二十六年卒者，誤。其辨李文忠之卒，據王弇州《史乘考誤》引李景隆襲爵誥文，證文忠之非令終。其辨常昇之襲封，據《逆臣録》言昇爲藍玉之甥，與玉通謀，玉誅後又於三山聚兵謀逆，是昇於洪武二十六年伏法無疑，諸家紀載謂昇於靖難兵至時，與魏國公分道力戰者，失實。皆深裨於史事。至於龍鳳丙申七月記張士德之擒，載臨海陳敬初基詩云：『一望虞山一悵然，楚公曾此將樓船。間關百戰捐軀地，慷慨孤忠罵寇年。』

楚公即士德元所贈者；寇指明太祖也。時蒙叟爲明臣，而於陳詩語略無避忌，蓋明代文字之網最寬，如陳之《夷白集》等聽其流布，無所禁耳。

朱苗生來。張拜庭饋越中醬油一筒，杭州生切菸絲四包，犒使二千。下午倦，卧一時許。傍晚循行花圃，玩紅杏久之。夜月如晝。

十四日壬寅　晨及上午嫩晴，薄陰，午後晴暖，晡風起黄霾，傍晚稍霽，風益甚。作書致書玉，招同敦夫來看庭花，不至。作書致桂卿，託物色禾中處子。作復陳晝卿濟南書。作片約子培明日夜飲。寫單約張拜庭及介唐、仲凡、敦夫、書玉、伯循明日聽勝春及夜飲。閲《初學集》中詩及雜文。夜大風，月皎，二更後風止，月色彌佳。是日剃頭。

十五日癸卯　晴晏，氣澄，下午有風。鸞枝試華，紫丁香開。近日家事紛紜，昨有小僮竊銀杯，任其羽化，而僕媪尚交訌不止，今日遣一僮、一僕婢去。得介唐書，饋杭州白奇菸絲四包，從此碧筒不空矣。作書致介唐，言今日不樂觀劇，請代作主人。爽秋來。晚詣宜勝居，邀書玉、敦夫、介唐、伯循、子培、子封、張拜庭夜飲，二更歸。付慶和園樓坐錢十六千，茶一千，宜勝酒保賞五千，客車僕飯十一千。得花農書，屬題一書籤曰『留雲集』，即復。是日望。

十六日甲辰　晴，下午微陰。繆右臣來。陸漁笙來，自甘肅學政假滿入都者，言甘肅布政使署園亭最盛，今大半荒圮，惟牡丹數十本高出屋上如故也。晡時倚闌看東墻杏花，紅肥雪艷，大皆如杯，足稱奇賞。傍晚詣子培談。夜赴伯循之招，偕書玉、敦夫、介唐、介甫、仲凡、張拜庭同飲庭中，欒枝一樹作花如錦，紅照四窗，二更後歸。得周玉山書，并二月齋課卷一箱。是日買織金蟒袍一領，銀十四兩，此生未知得幾著也。又正月間買綿襦一領，銀七兩。今日先付銀八兩二錢五分。得王月坡正月杪仙居書。是日上旋蹕。

十七日乙巳　晨陰，上午後晴，晡後復陰。閲《宋史》。作復玉山書，寄去三月兩書院齋課題、學海堂經古課題。作致桐孫書，告近日家變。是日復相視七八姝，有楊柳青村一鬟，年十五，姿亦中下，頗慧，了解人意。作書致子培，得復。得花農書，即復。夜小雨，旋止，二更後風大作。

閲《通典》。卷六十八引雷次宗曰：姪名因姑獨制，故字從女；甥名由舅而發，故字亦從男。姪字有女，明不及伯叔；甥字有男，見不及從母。引馮懷曰：鄭君《禮注》言世稱姑之子爲外兄弟，舅之子爲内兄弟。據《左氏傳》聲伯謂同母異父之弟爲外弟，然則異姓之親通謂之外，不必謂吾外者、吾謂之内也，鄭君亦舉俗言以喻俗人耳。此等皆六朝諸儒辨名之精義。卷六十九引晉咸和五年散騎侍郎賀嶠妻于氏上表論胤嗣事，列六不解、十疑，博引古今，其言甚辯。如引《禮記》『與爲人後者，自謂大宗，無後，族人既已選支子爲之嗣矣，餘本誤作今。人之中或復重爲之後。後人者不二之也，自非徇爵，則是貪財，其舉不主於仁義，故尤之也』。案此足申明鄭注『與猶奇也』之義。『後人者不二之也』，即鄭注所謂『後人者一人而已』也。所疏證較《正義》爲詳。又引漢代秦嘉早亡，其妻徐淑乞子而養之，淑亡後，子還所生。朝廷通儒移其鄉邑，録淑所養子還繼秦氏之祀。又引吴朝周逸博達古今，逸本左氏之子，爲周氏所養，周氏又自有子。時人不達者，亦譏逸，逸敷陳古今，故卒不復本姓。此二事皆未見記載。又引鄙諺有之曰：『黄鷄生卵，烏鷄伏之，但知爲烏鷄之子，不知爲黄鷄之兒。』東晉賀氏皆會稽人，二語蓋越諺也。其後載尚書張闓駁議云：故司空賀循取從子紘爲子，循後有晚生子，遣紘歸本。此事《晉書·賀循傳》亦不載。《循傳》止云有子隰耳。

邸鈔：前署塔爾巴哈臺參贊大臣明春卒。詔旨褒惜，照副都統例賜恤，靈柩回旗時，沿途地方官妥爲照料。詔：本月二十七日換戴涼帽。

十八日丙午　晴，竟日大風。

全謝山七校《水經注》本向在寧波抱經樓盧氏，今聞尚存。龔定盦《元史注》在其子孝拱處，《學海談龍》在吴清卿處。張碩洲《魏延昌地形志》稿本在祁左都世長家。孫淵如《左傳集解》稿本在吴勤惠公棠子浙江候補道某家。嚴鐵橋《全上古三代秦漢魏晉六朝文》輯本爲巴陵方功惠購去。《續金石萃編》嚴氏手寫本爲朱修伯子江蘇候補道朱澂購去。徐星伯《唐科名記考》稿本亦在修伯家，繆筱珊所得寫定本缺首二葉，近年屢托人向朱澂借鈔，不肯也。邵二雲《南宋事略稿本》舊藏余邑人沈霞西復粲家，其子昉昔年需次江寧，上之湘鄉相國。湘鄉以發書局，將刻矣，而湘鄉去，時提調書局洪琴西汝奎，湖北人。遂秘之不肯去。今洪已死於粤中矣，所刻《開元禮》亦未印行。

嘉興沈丹卿拱樞卒，其從子守誠來訃，丹卿嘗爲吾邑訓導，余故交也，送禮四千。夜子培、子封邀飲便宜坊，坐有花農，同食吴製紙糊清蒸鴨，招梅雲、霞芬，二更後歸。

十九日丁未　晴。施子謙典章來。繆筱珊來。馮祖蔭來，杭人文介公之孫子因學澧之子也，新分刑部主事。得子培書、花農書。庸媪李、閽者王成、更夫王有、童僕夏狌兒皆於是日受庸，王有、狌兒皆舊庸也。閲畢氏《續通鑑》。比日欒枝、丁香、李花俱盛開，終日倚闌及循行花下爲多。付賃屋六金。

邸鈔：太僕寺卿馮光勛奏病難速痊，懇請開缺。許之。

二十日戊申　晨及午晴，下午陰，晡後大風霾。新栽棠棣試花，梨花亦開。點閲《三國志》。徐仲凡來。傍晚風止，明霞在天，坐欒枝花下，墻外迎春映之，錦粲金迷，光艷不可言説。閲俞蔭甫《茶香室叢鈔》《續鈔》。作片致繆筱珊，得復。夜又風。

邸鈔：上諭：張之洞等奏前廣西提督馮子材督剿瓊州黎匪，攻克中東兩路老巢，安撫西路良黎，生擒稔惡匪首，辦理尚合機宜，加恩賞給白玉扳指、白玉柄小刀、大小荷包，以示嘉奬。現在該提督進兵崖州，仍著分別良莠，剿撫兼施，俾竟全功，以安邊徼。該處瘴癘甚重，軍士遠征，深堪軫念，欽奉皇太后懿旨，發去御製平安丹十匣，賞給該軍將士。户部郎中張其濬授甘肅安肅兵備道。本任道葉毓桐告病。左春坊右贊善黄卓元升右中允。

二十一日己酉　晨晴，上午後晴陰相間，有風，晡後多陰。白丁香盛開。得花農書，即復。點閲《三國・吴志》。是日左邊復墮一壯牙，此後無幾存矣。傍晚洗足。付王成工食錢十千。司廚饋黄花魚。

二十二日庚戌　晴，午後有風，甚暖。作致三妹書，致季弟婦書，復品芳弟書，致吴澂甫書，以澂夫去年秋冬間曾至會稽山爲余下先壟，今年二月間復抵郡城主品芳家爲余相地，品芳亦謀之甚力，意甚可感，故作書致謝，且再堅託之也。作書致書玉。閲俞蔭甫《詁經精舍自課文》及《湖樓筆談》。同司曾主事丙熙丁母憂，送奠分四千。主事隨鐵香勘越南界，未還也。庭院柳下補栽黄薔薇兩株。敦夫來，書玉來，同坐花下啜茗，夜留小飲，二更散去。

二十三日辛亥　竟日春陰。海棠、柰俱華。子培來談竟日。得書玉書，以明日簡司業引見，來借藍夾袍，即復。作書致花農，爲欲買山東孔氏家婢，其主人翰林祥霖與花農有連也，得復。剃頭。中堂東房角墻連梠下隊，修治之。夜風微寒。閲《通志》儒林以下諸傳。

二十四日壬子　晴，午後小有風。海棠盛開，欒枝已老，唐棣、李、梨俱落。比日以榆錢和餳作餈，以椿芽和菽乳左飯，極有風味。是日始揭《通志》書籤訖。作復王益吾、瞿子九兩學使書，致心雲書，聞心雲已從益吾祭酒校試衢州矣。作書賀介唐升司業。閱《通志》藝術諸傳。晚霞映綺，坐閱闌檻，看水傭澆花。夜介唐來。二更時又風。

二十五日癸丑　竟日輕陰，午前微見日景。詣湖廣館吊陳雲舫鴻臚，奠儀票錢十二千。近日銀一兩易票錢十千。詣子培、子封談。詣筱珊、右臣，晤筱珊。詣介唐賀，不值，午歸。朱苗生來。得書玉書。子封來，久談。得族姪恩圭二月中廣州書，并荔枝、丸藥。内子等往賀介唐夫人，又詣書玉夫人，晚歸。付司廚肴饌銀十五兩。

邸鈔：編修吴講升國子監司業。吏部文選司員外郎陳其璋升文選司郎中。掌京畿道御史趙時熙選廣西平樂府知府。詔：雲南普洱鎮總兵鄧榮升、四川川北鎮總兵覃修綱互調。

二十六日甲寅　澹晴，薄陰，頗寒，晡後陰。丁香尚盛，内庭一樹白者開最後，今日輕陰，照之如雪。閱孔顨軒《禮學卮言》。杭人倪儒粟茹來。蓴庭來。爽秋來。

二十七日乙卯　卯初三刻十三分穀雨，三月中。晴，下午微陰，有風，甚寒。蔡松圃來，言國子監擬刻十行本《十三經》，三《禮》借之王廉生，尚有《孝經》《爾雅》等未全，將付吴中手民景寫刻之，翁常熟意也。周生學熙、學銘來。學熙言近治《詩經》，學銘言近治《儀禮》，可嘉也。介唐來，言昨日召見，甚蒙温旨。傍晚詣温州館赴班侯、蓴庭之飲，海棠、丁香數樹作花正穠，坐有漱蘭侍郎喬梓及郎仁譜、楊定旉諸君，夜二更歸。

邸鈔：編修馮文蔚升左贊善。

二十八日丙辰　晴，有風，甚寒。得書玉書。得弢夫黄巖書。廣西按察使張丹叔聯桂來，揚州人曉蓮刑部之弟也。作書致花農，約初二日極樂寺看海棠；又作書致子培，致仲弢。作書致書玉。花農來。書玉來。是日食榆錢糕，甚佳。夜得子培書。得仲弢書，并借來明刻小字本《文獻通考》一册。

二十九日丁巳小盡　晴，風，寒甚，午後稍和。鈔補《文獻通考·樂類》《四庫提要·算法類》各一葉。得周玉山書并三月課卷，言已於二十七日卸署運司，將赴旅順總理北洋沿海水陸營務矣。徐亞陶來。作書致書玉，饋黄花魚九尾，得復。作書致花農，言初二日醵飲，可公請漱蘭、亞陶兩公。得陳保昌兵部書，以陳老蓮《西園雅集圖卷》，述其尊人雲舫鴻臚病篤時遺命，乞余題詞，并書米南宫記於後。作書致仲弢，還所借書。夜得子封書，即復。

邸鈔：李鴻章奏甄劾衰劣各員，直隸順德府知府李贊元辦事尚勤，年力就衰，以原品休致。候補知府宋寶華品行猥鄙，候補通判徐以修聲名頗劣，均以府經歷縣丞歸部選用。滄州知州趙秉恒、懷安縣知縣李蓉鏡、井陘縣知縣葉祖芾、元城縣知縣宋人龍均勒令休致。昌黎縣知縣張炳怠惰任性，即行革職。赤城縣知縣許憬以教職歸部選用。望都縣知縣閻鏡清撤回，另行酌補。從之。

夏四月戊午朔　晴，午後頗暖，有風。晨起剃頭，盥洗畢，詣先賢祠拈香行禮，又詣靈氾分祠、銅觀音堂行香。詣介唐、郭子鈞，皆不值。答詣朱苗生，詣叔雅賀其子選户部貴州司郎中，詣書玉，俱晤談。詣賀管惠農選四川鄰水縣知縣。歸家午飯。介唐來。仲弢來。王念祖來，醉香之子也。得花農書，言改初三日飲極樂寺。下午詣慈仁寺，墻宇半存，殿廡將圮，寺門題榜側懸欲落，寺僧坐釘關打鐘，募修之。其中荒凉已甚，花樹僅有存者，香臺前偃，蓋松枝柯半芟，惟丁香數株，摇曳風中耳。回車詣白紙坊，游崇效寺，桃、李、梨、杏諸花盡落，丁香、海棠尚花，碧柰一株，爛漫已過，鸞枝半樹，嫣紅就零，楸花未開，牡丹已含苞矣。獨坐藏經閣下久之，啜茗兩杯，復出《青松紅杏卷》，題數語，付寺僧錢四千而歸。倪豹岑中丞來。介唐來，以袍褂緞裁兩匹見詒，固辭之。作書致書玉，饋以榆錢糕一合，得復。得桐孫二十八日津門書。管惠農來。作書致花農，以海棠花事已過，可罷極樂之飲，得復。再得花農書，言改飲江亭，即復。

丁亥春盡日游慈仁崇效兩寺絶句四首

三年不到慈仁寺，春盡來游一悵然。花樹半枯經院閉，打鐘僧乞佛燈錢。

重閲城南白紙坊，連畦菜麥間青黄。鳥聲穿樹知人到，又帶斜陽上佛堂。

碧柰開殘白似綿，緋桃落盡海棠蔫。丁香猶剩半株雪，我與諸花皆老年。

領取浮生半日閑，暫來經閣倚闌干。語僧緩款東風住，爲約金尊餞牡丹。

初二日己未　晴暖。

閲《宋史·樂志》。古衹有燕樂而已。唐始置教坊，有立、坐二部伎，已近今之演劇。至宋乃有隊舞、雜劇之名。隊舞之制，分小兒、女弟子兩隊，其名各十，每易一舞名，衣冠妝束器具皆别。有曰婆羅門隊、異域朝天隊、佳人翦牡丹隊、采蓮隊、菩薩戲香花隊、彩雲仙隊，已同今之戲劇排場，而尚未扮演古事。至元人乃取古人古事演之，而又即宋時教坊所奏曲調演爲詞曲，其曲名源流，井然可考也。然《宋史·孔道輔傳》言契丹優人以文宣王爲戲。又《通考·樂二十》載唐昭宗光化中孫德昭之徒刃劉季述，帝反正，命樂工作樊噲排闥戲以樂焉，是皆爨演古人之權輿矣。《唐會要》卷五十三作鹽州雄毅軍使孫德昭等殺劉季述，帝反正，製讚成功曲以褒之，仍作樊噲排君難戲以樂焉。

《宋史·宦者·楊戩傳》附李彦，而目不載彦名，其實彦傳文倍多於戩也。末有云：『當時謂朱勔結怨於東南，李彦結怨於西北。』然彦置括田局於汝州，所暴斂者惟在京東西諸州縣，此傳西北字雖對朱勔東南言之，而於宋之輿地大勢不合，亦《史》之駁文。又《史》於任守忠、童貫、梁師成、楊戩、李彦及董宋臣等一卷，皆不言何地人，亦太疏。

徐仲凡來。桑叔雅來。得書玉書。作書致花農。介唐夫人來。作復豉夫書。

邸鈔：上諭：本年三月二十三日朕初次詣先農壇，舉行耕耤禮，土膏滋潤，天氣清和，樂部、順天府派出執事各員，豫備甚爲整齊。惇親王、侍郎師曾、署府尹薛福辰、府丞何桂芳俱加恩賞給一級。帶領樂上官員外郎廣英等，及借用官、御前隨行官、播種官、看耕牛官、看綵亭官、看備用耕牛官、豫備耒耜供用官、慶成宫豫備中和樂供用官、豫備丹陛樂供用官、豫備導引樂供用官，俱賞加紀録一次。署吏一百七十五名，耆老十九名，農夫六十名，俱賞給一兩重銀錁一個。工部右侍郎徐用儀奏病難懇准開缺。詔再賞假兩月調理，毋庸開缺。次日以内閣學士周德潤署理。

初三日庚申　晨及上午輕陰，午薄晴，下午多陰，有風，晡後微霾，傍晚少霽。紫藤花開，柳絮飛。得花農書。午詣陶然亭，偕亞陶、花農、芾卿、子封，各携饌醵飲。花農於亭外補栽柳數株，已漸成蔭矣。憑檻閑眺，頗有遠致。亭下窪處，積水數畝，蘆碕間之，有江南洲渚之觀。是日與介唐通譜結兄弟之好。介唐少於余七歲，必欲師事，余固辭不得，乃請以兄禮見施。今午先書蘭牒一通，往詣不值，夜初過我，仍以帛二端見詒。二丈爲一端，二端爲一匹，亦謂之兩。

初四日辛酉　晴暖，午後有風，晡微霾。午詣介唐，不值。答詣倪中丞、管惠農。入城詣署，晤新掌印郎中鍾英。丁丑進士。至北池子答拜張丹叔按察。詣陸漁笙晤談。答詣馮祖蔭兵部。詣亞陶晤談。出城詣仲凡，賀其子入學，不值。傍晚歸家，食榆錢糕。作片致管惠農，辭明日之飲。晚赴書玉之飲，坐有章黼卿、敦夫、介唐、仲凡、周介甫，夜三更後始散。

邸鈔：前任綏遠城將軍福興卒。詔：福興於咸豐、同治年間從事戎行，轉戰廣東、廣西、湖南等省，迭著戰功，歷任都統、將軍，克勤厥職。前因患病開缺，玆聞溘逝，軫惜殊深。加恩照將軍例賜恤。伊孫筆帖式鐵寶賞給主事，分部行走。詔：左庶子徐會灃授溥倫讀。編修蔣艮授溥侗讀。編修高賡恩爲四川學政。

初五日壬戌　晴，下午微霾。介唐來。得王子獻三月廿五日里中書。閱孔巽軒《禮學卮言》。介唐來夜談，爲擬明日國子監課南學經古題。

初六日癸亥　晴，上午陰，有小雨，旋止，午後微見日景，下午風，陰，頗涼。得賀幼甫運使良楨書，并關聘十二兩，即復。印結局送來三月分公費銀二十五兩。閱《習齋集》。是日倦矾，多卧。夜初小雨，旋止，一更後有風。

邸鈔：皇太后懿旨：近日京城銀價易錢易票，任意低昂，而物價不減，兵民受累。據户部奏稱，由於民間竊議制錢一出，大錢將廢，各鋪所開錢票恐將來虧折，紛紛收回，遂致錢票、現錢價直懸除等語。規復制錢，仍准搭用當十大錢，本年正月諭旨甚明，何至民間仍未曉諭？總由奸商從中把持，牟利惑民，狡獪情形，實堪痛恨。現今户部擬定章程，將來通行制錢之時，每當十大錢准許折抵制錢二文，官民購買物件及各行商賈均照此出入，不得稍有參差。其捐項稅務，亦照此折抵數目，搭成交收。庶大錢、制錢相輔而行，不致偏廢。所籌各節均係爲便民起見，即著照所議辦理。該鋪商應各安生業，無虞虧折。所有銀價易錢、易票俱當按照市值統歸一律，不得任意長落，致累閭閻。經此次宣諭後，儻再有奸商播弄取巧，紊亂錢法，一經查出，即著該地方官按律懲辦，決不寬貸。將此通諭知之。以太僕寺少卿榮惠爲大理寺少卿。以□□□□任祖文爲湖南永州鎮總兵。户部郎中延煜授四川鹽茶道。

初七日甲子　晴，尚寒。點閲《初學記》。庚辰同年查刑部毓琛病故，今日開吊，送奠銀二兩。查山東人，頗爲考據之學。介唐來。《初學記》載陳子良《七夕看新婦隔巷停車》詩，李百藥《戲贈潘徐城門迎兩新婦》詩，隋盧思道《夜聞鄰妓》詩，梁劉孝綽、陳周弘正皆有《詠歌人偏得日照》詩。此等題盛唐以後無聞焉矣。

邸鈔：山西太原府知府沈晉祥升冀寧道。前□□□府知府吴鴻恩授太原遺缺知府。

荀學齋日記壬集上

光緒十三年四月初八日至九月二十九日(1887年4月30日—1887年11月14日)

光緒十三年丁亥夏四月八日乙丑　晴暖,微風,柳絮亂飛。點改學海堂諸生課卷。移置内齋西室書籍、東房衣箱。家人采西院藤花,作糕食之。得吴澂夫孝廉二月下旬諸暨書,言爲余卜先壠,得一山,在琶山、鳳皇山之間,山下有王梅谿祠,左爲狀元橋,爲北海橋王氏産業,可以族葬。案:其地亦名釣湖,余家有舊業。先本生曾祖父墓在狀元橋側,其地山水秀絶,童時所常至焉。如能得之,葬先祖考妣、本生祖考妣於其地,更遷先考妣項里之墓,而自爲生壙以祔之,萬歲千秋,青山無恙,魂魄之悦,從可知矣。澂夫青鞋布韈,不忘息壤,深可感也。以是日爲浴佛日,晡後命車出南横街,由東西柳湖過聖安寺,入崇效寺,獨坐經閣下久之。牡丹半開,薔薇亦花。傍晚始歸,復坐藤花下啜茗。是日得詩三首。

浴佛日夕陽時入崇效寺坐經壇下作

初夏多清風,日夕生遠思。巾車就南陌,循畦入古寺。麥青漸覆隴,蔬藿互相倚。緑陰欣已成,時有暗香至。樹隙雙扉開,野曠一樓峙。高楸蔭經幢,稚花媚瑶砌。偶因人事閑,來此證初地。坐覺松吹凉,石壇墮空翠。斜陽故留人,知我入林意。

自城南寺歸坐紫藤花下作

暫得人外賞，冥色催遥岑。歸路喜不遠，有宅枕街陰。入門燈未上，三徑若已深。雖云賃廡居，辛苦成山林。紫藤覆西屋，垂花若朱綅。偶然設横几，坐待歸巢禽。花香在近遠，好風能嗣音。簾端新月上，所惜無瑶琴。

吴澂夫孝廉書來言二月間至郡爲余卜葬地石泉山鳳皇山之間山下有王梅谿祠此地平生所常游也山水秀絶欣然成詠

西鳧山水窟，其美兼田疇。朱華與亭山，左右相縈糾。琵琶玉帶泉，四出分湖流。遠近村落映，高下谿港周。最愛石泉庵，曲抱崇岡修。兒時每登眺，層翠空中浮。靚鬟頫明鏡，墮髻呈圓漚。平橋截複澗，迴嶼通輕舟。磴接稻塍秀，浦藏漁舍幽。繚青復紆白，麗矚逾瀛洲。烟雲倏萬變，曠極不可收。下有梅谿祠，清風企前猷。陽和識題柱，金庭卜眠牛。更有子劉子，手自栽松楸。地有狀元橋，爲明張文恭所造。前爲朱鶴山，有朱文懿先隴墓。左爲小亭山，蕺山劉子葬親處。別此三十載，寤夢常句留。吴君習桑郭，澂夫深於輿地之學，又善青鳥術。芒鞋爲我求。書來喜欲舞，得此遂首丘。亟當挂冠去，傾裝營菟裘。族葬三世畢，我亦行歸休。外題李氏闕，中起丙舍樓。楓柳及桃李，種之務令稠。魂魄長繞膝，樂哉及千秋。白雲幸無負，聊補平生游。寄語鄉里子，勿爲升斗謀。

邸鈔：上諭：昨日翰林院引見滿洲日講起居注官各員，奏對履歷，清語生疏者甚多，並有舉止輕率者，實屬不成事體。嗣後各衙門帶領引見人員，務當倍加敬慎，滿洲各員口奏清語，尤應於平日加意學習。如再錯誤失儀，定必予以懲處。懍之。編修秦澍春升右贊善。

初九日丙寅　晴，午後風。翁尚書以刺來，詢近狀。作書復之，并告以此後不赴署接見。是日評閱學海諸生卷訖。『天子五門諸侯三門申鄭義解』，『樂記六成四代爲演劇之始考』，『漢順帝時人材比盛武宣論』，『漢世祖祠章陵故宅會宗室諸母賦以冬幸章陵會祠故宅爲韵』，『儗李忠定公梅花賦以素英翦玉輕蕊摇金爲韵』，『梅殘燭燼疏窗雨得窗字』『雪冱香濃小閣雲得濃字』五言八韵二首。取張大仕第一，李鳳池第二，蔡彬第三，顧恩榮第四。得弢夫書。從姪孝玟來，居之西院紫藤軒下。

邸鈔：詔：十二日親詣大高殿祈雨，時應諸宫廟遣諸王、貝勒分禱。以翰林院侍講學士霍穆歡轉補侍讀學士，以左春坊左庶子錫鈞爲侍講學士。詔：四川永寧道沈守廉、重慶府知府恒齡、福建建寧府知府蔣斯岱均開缺送部引見。

初十日丁卯　晴，下午有風。得爽秋書。評閱學海堂諸童課卷。得治舜臣司業書，即復。得長蘆運使賀幼甫書，并三月分學海堂課卷。以《説文段注》付翰文齋綫裝。

邸鈔：詔：前福建陸路提督唐定奎照提督軍營病故例從優議恤，加恩予謚，原籍及立功省分建立專祠，並將戰功事迹宣付國史館立傳。從李鴻章、曾國荃請也。　刑部郎中王遵文授四川重慶府知府。

十一日戊辰　晨及上午晴陰靉靆，下午陰，晡有小雨。評改學海諸童卷訖。凡二十八人，取趙承恩第一，陸金聲第二，王鵬第三。此次論賦鮮佳者，特改趙生一論一賦以示生徒。作書致書玉，致敦夫，得復。子培來。花農來，同坐藤花下久談。是日選閱兩鬢漸成言矣，花農言曲阜孔編修祥霖亦肯以婢見贈。剃頭。

十二日己巳　竟日霒陰，晡後有風。作書致賀幼甫，寄去學海堂課卷并四月三書院齋課題。作書致花農，言孔氏婢事，得復。作書致介唐。敦夫來。書玉來。得介唐書。夜密雨達旦。

十三日庚午　竟日密雨，午後益甚，晚稍止。早忽病作，腹大瀉如傾瓶水者數十次，兼歐吐發熱。終日困卧，服茯苓皮、陳皮、麥冬、苦參、甘草湯各一錢。得子培書，言崇效寺醵飲事。口占作答，令孝玟書之。介唐來。夜晴，有月，卧閲《初學記·職官部》。

十四日辛未　寅正二刻八分立夏，四月節。晴，上午南風，頗苦潮熱，午後風轉西，晡後陰，傍晚雷，有小雨，即止，晚霽。病小愈，仍服昨湯。得賀幼甫書，送來夏季脩脯等銀三百十八兩，即復，犒使銀二兩、錢二千。得子培書，即復。作書致介唐，得復。得敦夫書。介唐來。子培來。

《嘉泰會稽志》載：城西光相寺，後漢太守沈勳公宅。東晉義熙二年，宅有瑞光，遂捨爲寺。安帝賜光相額。《萬曆志》謂相傳此即西寺，又謂沈勳，桓帝延熹中會稽太守。按《北堂書鈔·設官部》引《會稽先賢傳》『沈勳拜尚書令，名冠百僚』。

是日用釋氏結夏法遍稱一家人，余得六十五斤。

十五日壬申　竟日霠陰，午前微有日景。作書致楊定尃，約十七日醵飲崇效。作書致漱蘭通政，致爽秋，俱約十八日醵飲崇效，并寫浴佛日崇效寺詩與爽秋。作致族弟品芳書，爲買鈞塢山事。又作書與僧慧，并寫前日西嵒山詩；致品芳，爲將來營葬之法。是夕望，有月。補栽芍藥四窠，付直十二千。

十六日癸酉　晴，有風。得子培書，即復。作片致敦夫，得復。俱爲明後日飲崇效圖主客。得爽秋書，言長安襬襶中神全者，獨先生耳。余雖不敢當，然其言殊有味。禮部詹鴻儀員外爲子娶婦，送賀銀五錢。署吏送來春夏季俸銀四十五兩。是日始復飯。閲盧氏《群書拾補》。其於《風俗通》最用心，所輯逸文至六十五番，再能搜輯宋人類書更補綴之，尤當可觀。

邸鈔：兵科掌印給事中胡隆洵升光禄寺少卿。

十七日甲戌　晴，下午有風，晡後微陰。敦夫來，上午同詣崇效寺。牡丹已謝，楸花盛開，疊錦簇霞，高映霄際。登藏經閣，憑闌觀之，艷照人天，如五錦繖。是日與敦夫、介唐、書玉醵飲，邀漁笙、仲凡、定夷，并爲管惠農餞行，觴於静觀堂。夕陽時酒罷，復巡行佛殿外院。牡丹猩色者一二叢，駘艷尤絶。裴回樹下，至晚而歸。朱苗生來。得李奇峰書。得介唐書。夜得花農書，即復。一更後雨，至夜分稍止。是日聞御史孝感屠仁守於初四日上言六事，曰戒游觀、罷土木、抑宦寺、節財用、開言路、杜倖門，其詞甚直，而留中不下。十四日復上言九事，詞尤激切，仍不報。又近日有詔開鐵路，先由天津造至開平。徐致祥太常已兩疏争之，其一疏亦於十四日上，皆留中。然屠君此舉，不愧朝陽鳴鳳矣。近有御史閩人陳琇瑩疏請令自後鄉、會試第三場專考算學、洋務，謂今詔各部院保舉游歷外洋人員而應者寥寥，自以士大夫平日不肯講求之故，宜亟重洋學以變風俗。而曾紀澤侍郎著《中國初醒論》，謂自孔門教興，冥冥如在睡夢中，今日始稍覺悟，知西學之足貴。嗚呼，彼何人哉！

邸鈔：以詹事府詹事文治爲内閣學士，兼禮部侍郎銜。

十八日乙亥　晴陰相間，傍晚雷震驟雨。作片致子培。作書致書玉。午後復詣崇效寺，偕爽秋、芾卿、子培、子封醵觴黄漱蘭通政喬梓及徐亞陶、繆筱珊、柚岑兄弟也。連飲繼日，便無餘味，清談亦減。晚歸，及門而雨。得亞陶書，屬繪撫石圖。付兩日寺坐錢二十四千，茶竈錢十二千，廚賞錢二十四千，竈磚錢七千，客車飯錢二十四千，車錢十二千。

邸鈔：命大學士恩承、刑部右侍郎薛允升馳驛往廣西查辦事件，隨帶司員一併馳驛。

十九日丙子　晴。剃頭。得治舜臣書，問疾及近狀，且自言病甚。舜臣孝友真摯，今之君子人也，其意可感。即復。得王氏妹三月廿八日書，言彦僑第二子僧喜已締姻高氏。夜半後小雨。

邸鈔：詔：廣州滿洲副都統尚昌懋調補正紅旗漢軍副都統。皇太后懿旨：尚昌懋交總理海軍事務衙門王大臣差遣委用。

二十日丁丑　晨陰，上午微晴，傍午後晴。買妾王氏，蘆溝橋人，年二十歲，戊辰二月十六日辰時生，銀一百八十兩。無父母兄弟，有其姊采育劉氏及中人張子修、媒媪夏氏、尹氏所立文券。巳刻入門，敬懸三世神位圖，率之叩拜，獻糕餌，并見諸親。繆筱珊來。子培來。管惠農來。郎仁譜來。得陶仲彝是月十八日津門書。

二十一日戊寅　晴，暖甚。得施均甫三月二十一利津工次書，并籌辦疏濬海口牘稿。得書玉書。下午詣子培、子封兄弟，久談。詣介唐，不值。詣書玉，久談。傍晚歸。是日閱國子監南學課卷。四川拔貢岳森、江蘇優貢戴姜福所作《虞庠在國之西郊及四郊考》皆駁金壇之説，與余意合。岳作極詳辯，有細心。

邸鈔：以户部郎中徐承煜爲鴻臚寺少卿。光禄寺卿郭勒敏布以目疾奏請開缺。許之。

二十二日己卯　晴，晡後陰霾熱悶。閲問津諸生課卷。徐仲凡來。介唐來。書玉來。敦夫來。夜風，王姬侍。

邸鈔：通政司副使張蔭桓爲太僕寺卿。

二十三日庚辰　晨及上午薄晴，下午多陰，竟日有風。陸漁笙來。徐亞陶來。爲陳雲舫書米海嶽《西園雅集圖記》於陳老蓮所模圖卷上。董文敏言龍眠此圖有二本，一在元豐中作於王晉卿之第，一元祐間作於趙德麟家。文敏又嘗收得團扇本，有海嶽小楷，書極工。此卷晉卿後立一女鬟，與《記》中所云家姬合，則元豐中所作者也。此圖宋以後臨本頗多，而未聞章侯有此作，其人物衣冠亦非陳法，且款題不云模龍眠而云臨子久，亦未見黄氏曾模是圖；然絹色黯淡，畫境静細，固名作也。雲舫於去秋自系一跋，深致寶愛，且言昔年數與余及敖金甫、鄧獻之、鄧鐵香、許仙坪、洪右臣等宴集天寧、龍樹、陶然諸名刹，跌蕩詩酒，風流照映，惜無人圖之，即以此圖爲我輩寫照也可；又言余書得晉人法，欲乞余補寫米《記》，以爲它日故事。其言甚有深致。今雲舫已歸道山，追理囊襟，凄然欲絶，因題一詩於《記》後，以還其子兵部主事孝昌。

陳雲舫鴻臚殁後其子孝昌述君遺言以所藏陳章侯西園雅集圖卷屬書米元章所撰記且志昔年宴集之樂爲後日故事書訖愴然系之以詩

同病相憐不繫舟，遽聞楚些紼人謳。黄壚已隔平生夢，蕭寺猶追昔日游。數轉階官終五品，幸傳詩句足千秋。遺言爲寫南宫記，腹痛珍縑付虎頭。

二十四日辛巳　上午晴，下午多陰，有風，晡後小雨，即止。評閱問津諸生課卷訖。凡一百十二人，文題『子曰知之者不如好知者』兩章，詩題『蓬山二月看花開得開字』。取李鳳池第一，劉葆善第二，陳庚第三，陳澤霖第四。命姪孝玟邀其同幕邑人秦玉泉等及恩圭粤東寄信人邑子趙某飲宜勝居。桂卿來。是日聞家人歌絮閣一齣，紛擾不可聞。晚詣書玉、敦夫談。敦夫邀飲福興居。夜宿書玉家。

邸鈔：右庶子岳琪轉左庶子，侍講鳳鳴升右庶子。前浙江衢州府知府劉國光以同知用。上諭：御史方汝紹奏溝渠要工承修未久，已形淤塞，請飭賠修一摺，著原派承修大臣查明覆奏。

二十五日壬午　晴。侵晨偕敦夫歸家小食，上午同出廣寧門，詣天寧寺，坐塔射山房茗話，介唐亦來，以伯循今日觴仲凡於此也。午前遍游諸院，久憩簪壁齋，賞白芍藥。午後設飲，晡散。入城詣桂卿、花農，俱不值。詣子培、子封兄弟，談至夜，偕姪孝玟歸。昨曲未終，三更始入内寢。星星白髮，困此盤茶，禪榻茶烟，望如天上矣。付車錢九千。書玉夫人來，介唐夫人來，俱聽後堂絲竹也。朱苗生來，不值；夜復以書來，乞撰其尊人壽文。

二十六日癸未　竟日霒陰，頗寒。爲子培書團扇，即作書致之，得復。作書致書玉。朱子涵書來索書扇。介唐夫人來。是日得詩六首。閱近人仁和許善長《談麈》，真短書也。

夏初釀飲陶然亭看花農去年所種柳二首

已過尋春興轉賒，相携蠻榼就僧家。閑庭小著徐熙筆，一樹丁香落墨花。

酒後憑欄話夕陽，野亭猶怯晚風凉。蘆碕大有江南思，爲補垂楊學水鄉。

四月望後偕同人携酒崇效寺賞牡丹已落看楸花而回二首

爲賞名花載酒來，鞓紅零落一裴回。獨留五樹優曇相，高擁諸天七寶臺。

去年卧佛寺名。賞娑羅，玉潔香清勝曼陀。今見此花瓔絡似，老年空色近禪多。

次日再集崇效寺賞楸花

上國聯飛蓋，名藍續綺筵。繁花分佛相，高閣表鑪烟。喬梓香瓊美，謂漱蘭通政、仲弢編修。塤篪溉洽賢。謂繆筱珊編修、柚岑户部，沈子培刑部、子封庶常兄弟。誰成五楸詠，卉木補平泉。

日午入天寧寺看山院望西山

寂寂禪房日影遲，緑陰檐檻罥蛛絲。西山似亦嫌人老，不與窗前一掃眉。

二十七日甲申　晴，下午風。餘姚邵子長太常以初八日卒，今日開吊，書番布一聯輓之云：『覽揆邸鈔：以内閣侍讀學士志顔爲鴻臚寺卿。

恰齊辰長我五年推早達，閉門有同癖與君一面了前緣。』子長本名維城，故漕運總督文靖公燦之子，其生日與余同，今年六十四也。并賻以票錢十千。爲亞陶繪《補石圖》，并題一絶句云：『我生己丑君丁丑，兩世同年間十年。令子廣東連平州牧多鈐，庚午優貢。君與余庚辰同年。呼作石兄兼石丈，淡交老比石交堅。』即作書致之，又還公祝合肥相國夫人壽幛錢十五千。子培來。仲凡來。伯循來。楊定夷來。敦夫來。殷蓴庭來。是日復有開閣之議，紛紜竟日，至夜分而罷。黄松泉來。

二十八日乙酉　晨及午晴，暖甚，下午陰，晡驟雷雨，旋霽。得亞陶書，并和余前日琴字韵五古一首，即復。仲凡柬約三十日飲，以家祭辭之。下午詣慶樂園，聽湘玖曲，作片邀敦夫同觀。晡後曲終，復詣敦夫齋頭小坐，傍晚歸。是日剃頭。

二十九日丙戌　酉正初刻二分小滿，四月中。晴熱，有風。得品芳是月十七日書，言澂夫所相地在釣湖之鷄籠山，因山有戴氏墓，亦稱戴家山，後歸新建伯家，又名王豪山。今王氏子孫已無知者，惟有一坏人，年六十餘，自名文成後人，肯（買）〔賣〕此山，惟須以田二畝易山一畝，而無字號糧户可考。陽明世澤蓋久盡矣，可歎也。又得季弟婦十六日書、嘯巖弟初八日書，言科試列一等第四名。爲姪恩圭書楹帖二，爲孝玟書楹帖一；又書八尺描金紅蠟箋三聯，一寄品芳壽其五十初度，一寄潁唐賀其爲子娶婦，一贈仲凡壽其五十并賀兩郎入泮。子封來。潘伯循夫人來。買西洋檠燈三。

三十日丁亥　晴。本生祖考蘊山府君忌日，供饋肉肴六，菜肴四，時果四盤，饅頭一盤，酒三巡，飯再巡，蓮子湯一巡，茗飲再巡，晡後畢事。復恩圭書。得花農書，邀明日看其齋中紅藥。

閏月戊子朔　晴。周介甫來。作書致花農。花農來。午詣陶然亭，赴張拜庭之飲，坐有敦夫、介唐、子蕁、仲凡、伯循。是日坐間介唐談歙縣水南鄉之勝，言歙人喜飾居宅，宅多臨谿，必有樓閣。水南鄉在城南十餘里，其谿水獨平廣，魚皆出於此。故家大姓比屋而居約五六里，臨水朱闌，宛轉相通。隔岸皆好山，巖壑奇秀，五色映發。其地爲自歙往休寧之路。聞之神往，安得携家居之！傍晚散歸。返照在山，平野彌緑，遠寺紅墻，一抹如畫，似吾鄉偏門外望湖南馬太祠也。得花農書，再約明日賞芍藥。

初二日己丑　晴。孝玟赴滿城縣幕，贈以銀七兩，青羅半匹。作書致花農，得復。作片致陸漁笙，得復。作片致敦夫、介唐，俱得復。以彘脯、鮝魚、鹽鴨卵、花卵糕詒書玉第四郎。作書致伯寅尚書，并寫前日西鼌山詩與之，得復。廣西蘇員外玉霖來，告余以補缺事，恐余在天津也，其意甚可感。內子、張姬詣介唐夫人、書玉夫人、伯循夫人。冰玉病似瘧，實風温也，爲撰方藥，用半夏、貝母、黄芩、澤瀉，香豉湯主之。付兩日車錢十四千。

初三日庚寅　陰，下午小雨。竟日評閲國子監南學課卷。再爲冰玉處方，用黄芩、澤瀉、丹皮、香豉、歸身、白芍。夜有小雨，王姬侍。

初四日辛卯　晴。評閲課卷。下午詣三慶園，偕敦夫、介唐，邀仲凡、張拜庭、介夫、書玉聽三慶部。晚飲萬福居。夜分歸，倦甚。族姪嘉瑞三次來見，以北河巡檢丁其父文安縣典史灝憂，持扶柩到籍文書，乞爲寄南代遞。遣僕收崇效寺兩日醵資。付司廚銀十五兩又錢十九千。付車錢十千，梅雲車飯二千。

邸鈔：詔：翰林院修撰曹鴻勛、王仁堪，編修高釗中，均在上書房行走。內閣侍讀文彬授雲南曲靖府知府。御史鄭嵩齡升兵科給事中。李經羲選授四川永寧道。安徽合肥人，故甘凉道鶴章之子，優貢生。

景春選福建建寧府知府。

初五日壬辰　晴，晡微陰。竟日評改三月望問津諸生課卷，凡一百四人。文題『上不怨天下不尤人故君子居易以俟命』，詩題『九門寒食多游騎得游字』。取趙士琛第一，蔡彬第二。同仁堂取熟地丸來，付銀五兩二錢。閲通津草堂本《論衡》。曝書亭藏書也，古雅可愛，然誤字亦不少。其卷一《累害篇》『垤成丘山，污爲江河』下，元刊本尚有一葉，見張月霄《愛日精廬藏書志》據元刊明修本，蔣生沐《東湖叢記》卷六據元刻本補録其文。此本亦脱去。以『河』『毫』二字並書。善本祇有『河』字，下接『髮』字，復挖改加『毫』字，不知元作『毛髮』，非『毫髮』也。

初六日癸巳　晴，下午多陰，鬱悶殊甚。竟日評改二月望三取諸生課卷訖。凡五十六人，文題『其爲人也至好古敏以求之者也』，詩題『紫蝶黄蜂俱有情得情字』。取劉鳳翰第一，李煒第二，陳文炳第四。朱苗生來催壽文。張拜庭來乞書楹帖。

邸鈔：以太僕寺卿愛廉爲太常寺卿。編修壽耆升翰林院侍講。

初七日甲午　晨及午陰，下午雷雨，旋止，晡後復雨，晚霽，頓凉。竟日評閲問津諸童二月望課卷。凡八十人，文題『中人以下』，詩題『蓬山二月看花開』。取劉葆彝第一，陸金礪第二，其文皆佳。夜有月。校《論衡》一卷。子培來。

閲沈帶湖《頤綵堂文集》。其《錢武肅射潮考》及記長興徐文貞階墓、後唐東陽令張忠愍公一家殉節事，頗足資掌故。張名潮，字均彰，汴人，由後唐進士宰東陽。今金華之東陽縣。晉開運二年死括蒼魔寇之難，幼子天宥獲免，遂居縣之託塘，邑人於縣治築臺爲廟以祀。至宋紹興間，毗陵吴炯令是邑，遇寇警，禱於廟，得破賊，遂請於朝，贈太常卿，謚忠愍。其事史傳、郡縣志皆不載，惟據吴炯所作《吴寧臺記》。今其廟尚存，禱者甚著靈異。又言其系出唐東平公藝，後遷於汴。其父燦官禮部尚書。天宥後登宋雍熙進士，官天章閣學士，移居玉山。而東陽子姓亦甚盛，明季少傅、大學士忠敏公國維，國朝鴻博武承、贊善烈，皆其後人，則譜牒之言不可盡信。宋人文集中不知尚有可考否。

夜王姬侍。

初八日乙未　晨陰，已雨，傍午微晴，旋陰，下午多陰。竟日評閱三取諸童二月望課卷。凡四十人，文題『以吾爲隱乎』。取錢國琛第一。爽秋來，以參貝陳皮一合爲贈。夜校《論衡》一卷，絕無異同。

初九日丙申　晴。剃頭。再粗較通津草堂本及晉陵劉光復本《論衡》一遍。作書致子培，還《論衡》。作片致周鏡芙吏部，取先賢祠外官捐款。以楹帖裝池訖，送與仲凡，有復書謝。得賀幼甫運使書，并四月學海堂課卷。管惠農來辭行。得爽秋書，即復。竟日評閱三取諸生三月望課卷訖，凡五十三人。文題『宜爾室家樂爾妻帑子曰父母其順矣乎』，詩題『三月春陰正養花得陰字』。取劉檼壽第一，鍾靖第二，陳文炳第三。傍晚薄酒微中，倚闌看樹，忽聞獠婢獅吼，拄杖落手，爲之茫然。家道參商，一至於此，閨門慚德，深愧古人。是日補栽薛荔五本，付直六千。

邸鈔：詔：已故前湖南提督周世寬、前署湖南提督王永章，生平戰功事蹟均宣付國史館立傳，周世寬並交部照軍營立功後病故例議恤。從湖南巡撫卞寶第請也。

初十日丁酉　晴。得子培書，以明刻本《神僧傳》見贈，即復，還之。徐亞陶來。午後送管惠農行，不值。入城詣署接見，堂官又無一至者，與同官略談而出。詣敦夫，不值，遂歸。晡後答詣蘇員外，不值。答謝殷蕚庭、周介甫前日枉賀，俱晤談。晚歸。評閱問津諸童三月望課卷。印結局送來前月公費銀二十五兩六錢。是晚看園中新笋，其二已高欲出墻，撫之欣然。

十一日戊戌　晨陰，上午有小雨，即止，午後晴，晡後微陰。評閲問津童卷訖，凡六十七人。文題『小人行險以徼幸』。取林兆翰第一。鄉人陸通判葆齡來見，言已改山東。徐班侯來。傍晚復看新竹。比日杶花亂落，黄滿圃中，棗花初開，頗有香味。夜評閲三取諸童三月望課卷訖，凡四十人。文題『子曰父母其順已乎』。取曹廷揚第一。是日買朝珠，中嵌珠、背雲用新翠玉，記念珠用新珊瑚，付銀五兩六錢又錢九千。夜一更時雷雨，二更後漸密。

十二日己亥　晨及上午微晴多陰，午雷雨，辟歷數震，下午陰，傍晚微見日景。得周鏡芙書，取祠捐摺子，即復。作書致賀幼甫，并兩月課卷及是月三書院望課題。閲《論語集注旁證》。介唐來。得朱苗生書，又催文字，可厭。鏡芙送來外官祠捐銀七十八兩，即復。夜又雷電。

十三日庚子　晨及上午晴陰埃䨪，午後陰悶。評閲國子監南學課卷。仲凡來辭行。買夏秋間洋花數種，付錢八千。殷蕚庭姬人來。閲夏嗛父《五服釋例》。共二十卷，首以尊服例，終以變禮例。凌次仲《禮經釋例》於《喪服》止附《封建尊尊服制考》一篇，嗛父之兄心伯著《喪服尊尊述》，更得此書，禮服大明矣。

邸鈔：以太常寺少卿壽昌爲通政司副使。

十四日辛丑　晨雨，上午晴陰相間，頗苦鬱溽，下午霒陰，晚雷，又雨，夜初雨甚，有風，旋止。作致三妹書，寄銀十兩；又寄僧慧六兩；寄張藕甥六兩；寄僧慧鵝黄緞羊皮馬褂一領，春紗衫一領；寄三妹青緞印花套袖一雙；寄僧壽新婦杏黄緞繡花宫袖一雙，淡青印花湖縐套袖一雙；又通草新式鬢花十封，分詒諸姪甥新婦。作書致仲凡，託附去。下午書八言粉紅清硾描金箋兩聯，一寄楚材弟，一寄族叔允升。又書七言鵝黄灑金箋一聯，寄族弟嘯巖。作致品芳書，并還春中請吴澂夫覓地舟車等銀十兩。又致季弟婦書、與僧慧書，俱附入品芳函中，又以嘉瑞報丁憂到籍文書及費銀六兩，託品芳爲之料理。得徐班侯書，即復。夜詣仲凡送行，以家書等託寄，犒其使四千。圃中添栽梧桐兩樹。

邸鈔：皇太后懿旨：皇帝大婚典禮崇隆，允宜先期豫備一切應辦事宜。著派總管内務府大臣遵照會典，敬謹辦理，不准稍涉浮冒，所有支發款項著醇親王奕(□)〔譞〕隨時稽察。至各衙門應行備辦事宜，並著先期具奏。

十五日壬寅　巳初二刻三分芒種，五月節。晨小雨，巳後陰，午後微晴旋陰，竟日鬱濕不快。閲俞蔭甫《俞樓雜纂》中諸種，其雋悟誠不可及。夜王姬侍。五更雷電，大雨達旦。是夕望。

邸鈔：以内閣侍讀學士廷禧爲太僕寺少卿。

十六日癸卯　晨雨稍止，上午陰晦，復雨，午後密雨，傍晚漸霽。竟日評閲國子監課卷。作書致朱苗生，詢其尊人字號行略。花農來。夜有小雨。是日凉甚，須重綿。

十七日甲辰　晴。得苗生書。讀《禮記注疏》。苗生來。書玉來。夜感凉不快，竟夕昏睡。

十八日乙巳　晴。身熱咽痛，自撰方藥服之，用蘇葉、防風、射干、荆芥、澤瀉、通草、連翹、清木香。爲朱苗生撰其尊人竹卿訓導鳳毛六十雙壽序，一時許成，即作書致苗生，得復。諸房室换冷布窗。園丁送來去年所收芭蕉兩株，紫薇五株，以一蕉一紫薇栽之越中先賢祠。子蓴來。子培來，談至晚去。夜不食，早睡，昏卧達旦。

十九日丙午　晴。評閲國子監南學課卷訖。凡五十九人。題爲『虞庠在國之西郊或作四郊考』『古珠用玉説』『左雄限年試才論』『皇上耕耤禮成賦以親耕帝耤躬稼大田爲韵』『楊柳共春旗一色賦以題爲韵』『昌黎祠新模石鼓文歌用昌黎石鼓歌韵』『擬范石湖晚春田園絶句十二首』。取一等十七名，岳森、四川，拔貢。戴姜福、江蘇，優貢。程棫林、貴州，舉人。温仲和、廣東，優貢。許文勳、浙江，舉人。郭育才、山東，拔貢。汪國鈞、饒登逵、湖北，舉人。萬祖恕、湖南，拔貢。高偉騫經解論賦皆有可觀，其餘七人亦多可取，惟詩無佳者。又二等李運祺等二十一名，三等張紹愷陝西，舉人。等二十一名。作書致介唐，并課卷，得復。庚辰同年浙江知縣顧儒芳，京旗漢軍人，去年病歿於杭州，同年中爲鳩資贍其家，余賻以一金，歲以爲率。洗足。剃頭。

二十日丁未　晨及午晴陰埃，下午尤熱悶，晡後陰霾，晚雷，小雨，夜一更後復雨。胡伯榮來見，以援海防例捐知縣入都赴選。爾來此例一開，年少富人攘臂恐後，聞是月縣令已三十餘人矣。介唐來。得賀幼甫書，并望課卷。是日復不快，夜嗽甚。

二十一日戊申　晨有溦雨，上午微晴，旋陰，下午又有溦雨。午詣廣和居，赴子蕁之飲，下午歸。是日身復發熱，鼽涕不食。王姬病，温熱甚劇，爲診脉，處方用香薷、石膏、葛根、木通、山查、霍香、清蒿子、赤芍、通草、黄芩、澤瀉、竹葉。自服蘇葉、蘇子、防風、杏仁、澤瀉、連翹、清木香湯。作片致蘇器之玉霖，辭後日之飲。付賃屋六金。

二十二日己酉　晴。病甚，脅呂俱掣痛，以嗽劇也。作書致書玉，請診。王姬病小瘳，用昨方，去香薷，加括蔞六錢。書玉來診，言肝氣未動，仍傷風也。傍晚服藥，更不快。

邸鈔：以通政司副使福楙爲詹事府詹事。詔：河南河北道裕昆開缺送部引見。

二十三日庚戌　晴，甚熱。蔡松甫來。胡伯榮饋龍井茗四瓶，笋纖兩匣，犒使四千。是日病小愈，而又爲獠婢輩辭色所忤，怒不可止，肝气上冲，徹夜不能瞑。閲錢竹汀《養新録》。此書亦鑽研靡盡，然較之《日知録》自有大官庖與賣餅家之殊。至精絶處，則紅綾異味，轉非天廚所及也。其音韻之學尤精，出顧氏《五書》之上。

邸鈔：前甘肅蘭州道曹秉哲授河南河北兵備道。

二十四日辛亥　晴，乾熇殊苦。辨色起，坐圃中，聽棗花香，課僕洗桐，得少佳趣。午飯後卧閲《素問》，未及數番，睡去，忽遺，吾疾殆不可爲矣。夜寫《説文部目》訖。平生僅兩寫之耳，相隔已十餘年，而篆法轉疏，幾不能成字，老將至而耄及之也。

邸鈔：是日皇太后召見洪鈞、李文田，聞奏對甚久，以洋務也。先是，合肥保舉堪使外國者四人洪、李及崔國因、李興鋭。洪浮薄不學，以内閣學士告病歸，旋丁憂，服闋，躁進，遂以詭遇干合肥。李學士平日毀合肥不直一錢，而忽有此舉，不可解也。近日通商衙門分日考試，户部等共送七十餘人，第一日試『邊防海防論』『各海口緊要形勝論』，第二日試『鐵路應開不應開論』『明代以來中外交涉論』。六部所舉游歷人員，聞取者廿八人，兵部傅懋元第一，大氐非窮涂無聊即行險徼幸者耳。

夜復不快，不飯，飲燕窩湯。

二十五日壬子　晴，午後有風，微陰，熱甚。四月間製珠毛皮小貂袖銀紅江紬袍一領，平生衣服無此都麗也，以袖質甚佳，有承平密緻之風，團花繡毬，儼然宫體，愛而購之，直二十金。昨胡伯榮適饋此數，辭之不得，今日舉以付衣賈滕姓，亦可謂喪志矣。午後入署，接見堂官，朝邑、常熟兩公，及嵩申侍郎。晡時出城，詣書玉，久談，傍晚歸。易客次坐墊，買夏布回文錦藉八枚，付錢二十三千。夜咯血，不能食。

二十六日癸丑　晴，熇熱頗甚，寒暑表至八十五分，已入大暑限矣，晡後漸陰，傍晚風，復開霽，稍覺清爽。早起，剃頭。病甚多卧，閲《南史》梁諸臣傳。寫單約胡伯榮等明日聽勝春部曲。介唐來。得花農書，送所繪内子等扇來，即復。

二十七日甲寅　晴，熱熇甚，下午微陰，尤鬱。疲飢無憀，不能讀書，重理畫具，調丹粉以自遣。爲内子紈扇補朱竹，冰玉紈扇補紅蘭、絳桃，自於舊紗扇上補椿花、竹笋。賦家人蕉扇。名王姬曰蘭娣，字之曰纕男。蓴庭來。爽秋來。得子培書、桂卿書，俱以疾辭今夕飲。是日勝春以别有宴集，市樓停演。晚詣萬福居，邀子蕁、敦夫、介唐、書玉、花農、伯榮夜飲，肴饌頗精，招霞芬、梅雲，三更始散。是夕熱溽甚，不能堪，四更小雨，天明始睡。付客車飯錢十五千，酒保賞四千，車六千，雲、霞車飯各四千。作書致徐班侯。餘杭吴景祺禮部之子成室，賀錢四千。

二十八日乙卯　竟日多陰，鬱熱如昨，傍晚微晴，夜稍凉。病甚，竟日乾咳，吐淡數升，困劣昏煩，不能起坐，頗似丙寅冬間病狀。蓋近以鬱怒久傷，气血兩竭，形凋神瘵，虚癆已成。家道之乖，事遂至此，不能身教，負愧先人。飲藕汁、杏酪、燕窩以自救。得徐班侯复。作書致爽秋、致桂卿。得爽秋复，并贈化州橘紅兩餅。再得班侯書，俱以部中補缺事也，即復。余以近日病甚，不欲引見，又不欲以五月到官，故擬暫請病假。班侯在廣東司行走，户部題補等事向歸廣東司，故以託之。里人張雲卿來。

二十九日丙辰小盡　晴，熱甚。病不愈，復咯血。作書致書玉。班侯來。以銀四兩買白地人物套料甆菸壺一枚，甚可愛玩。套料始於乾隆中内造供御，咸豐中文宗絶愛之，宫中上用非此不進，價驟增數倍，其紅緑山水花卉者至十倍其直，然刻畫精絶，又雜白玉、翡翠、珊瑚諸寶物摶埦燒成，光采外蔜，文理内潤，實遠勝真者。此亦如南唐官窑、宣德銅器，爲考古者所不廢也。

邸鈔：上諭：内外臣工章疏聲叙各省地名及臣下銜名均應全寫，乾隆、嘉慶、道光年間迭次欽奉諭旨訓飭，不准率行減省。乃近來奏疏往往任意減寫，如科布多僅稱爲科，塔爾巴哈臺僅稱爲塔，吉林、黑龍江、熱河僅稱爲吉、江、熱之類，不勝枚舉，至烏魯木齊、烏里雅蘇臺均稱爲烏，更屬漫無區别。又如司道但稱某司某道，府縣但稱某守某令，殊失君前臣名之義。本朝年號尤應敬謹，全書如乾、嘉、道、咸字樣。私家著述偶有省文，豈可登諸奏牘？嗣後内外各衙門陳奏字件，於年號、地名、人名等項，務當全行書寫，不准減文，致乖體制。將此通諭知之。兵科給事中章耀廷轉兵科掌印給事中。詔：浙江温州府知府惠陞開缺送部引見。

五月丁巳朔　晨及上午薄陰，午前晴，晡後陰。竟日有風，而鬱熱如故。夜時有小雨。病不悆，午後咳歐。閲《通考·經籍志》。

長慶三年十月，白香山撰《蘇州重玄寺法華院石壁金字經叙》，言《蓮華經》《維摩詰經》《金剛經》《陀羅尼經》《阿彌陀經》《普賢法行經》《法蜜經》《波羅密多心經》，是八種經具十二部，合一十一萬六千八百五十七字，三乘之要旨、萬佛之秘藏盡矣。洪文敏《隨筆》稱之，以爲深通佛典。余謂香山本習净土，所記特禪學宗旨耳。佛書最初者《四十二章經》，陳直齋謂其後千經萬論，一《大藏》教乘，要不出於此。晁文元謂明法身之體者莫辯於《楞嚴》，明法身之用者莫辯於《華嚴》。其孫子止謂《圓覺》自誠而明，《楞嚴》自明而誠。真西山謂佛氏之有《遺教經》，猶儒家之有《論語》，而《金剛》《楞嚴》《圓覺》等經則《易》《中庸》之比。東坡謂《楞伽阿跋多羅寶經》，先佛所説微妙第一真實了義，故謂之佛語心品，如醫之有《難經》，品品皆理，字字皆法。諸家之推揚備矣。惟朱子之言，最能抉諸經之要。其論

《四十二章經》也，曰：『所言甚鄙俚』，『却自平實』。『後來日添月益，皆是中華文士相助撰集，如晉宋間自立講師，孰爲釋伽、孰爲阿難、孰爲迦葉，各自問難，筆之於書，轉相欺誑，大抵皆是剿竊老、列，意思變換，以文其說。』其論《金剛經》也，曰：『大意只在須菩提問「云何住？云何降伏其心」兩句上。彼所謂降伏者，非謂欲遏伏此心，謂盡降收世間衆生之心，入他無餘涅槃中滅度，都教爾無心了方是，只是一個「無」字。自此以後，只管纏去，只是這兩句。』其論《楞嚴經》也，曰：『佛書中惟此經最巧』，『只是强立一個意義，只管疊將去，數節之後，全無意味』。其『前後只是説咒，中間皆是增入，蓋中國好佛者覺其陋而加之耳』。其論《華嚴經》也，曰：『佛書中説六根、六塵、六識、四大、十二緣生之類，皆極精巧，故前輩學佛者必謂此孔子所不及。』『他底四大，即吾儒所謂魂魄。』『佛説本言盡去世間萬事，其後黠者出，却言實際理地，不染一塵，萬事門中，不舍一法。』其論《心經》也，曰：『既説空，又説色』，『他蓋欲於色見空耳，大抵只要鶻突人』。所言皆洞若觀火，蓋非深入其中不能得其奥窔。世儒詆朱子嘗學佛，不知非抉其藏府所託之隱，徒以虚辭闢佛，不能關其口而奪之氣也。

然要而論之，諸經中如《金剛》《楞嚴》《心經》《圓覺》《維摩》《涅槃》《華嚴》《法華》八種，實亦有精言名理，非晉人清談所及者，在彼教中卓然可以自立，讀者掃其糟粕，去其重複，亦足爲身心之助。嘗譬之儒家，《心經》《金剛經》《四十二章經》《楞嚴經》，佛之四書也。《心經》直提心印，以空爲本，猶《大學》歸重誠意，以慎獨爲本。《心經》唐貞觀中始譯出，而釋氏以爲撮《般若經》六百卷之要，猶《大學》漢儒所傳，而宋儒以爲括六經之綱。《金剛經》分三十三章，歸本於一『覺』字，猶《中庸》分三十三章，歸本於一『誠』字。《金剛經》除一切煩惱，以有爲法，視同夢幻泡影露電，極之佛非佛、法非法，衆生我相非我相，猶《中庸》戒懼於所不睹不聞，而極之上天之載無聲無臭。《四十二章經》所言醇實，佛家之布帛菽粟，猶《論語》也。《楞嚴經》辯才無礙，有意爲文，猶《孟子》也。《圓覺》等，其猶五經乎？《華嚴》卷軸多而文富贍浩博，其佛家之《禮記》乎？近人喬鶴儕河帥著《蘿藦亭札記》，言佛書《大般若經》《金剛經》《維摩詰經》《楞伽經》《圓覺經》《楞嚴經》號禪家六籍，猶儒之六經，其説不知所本。所謂《大般若經》者，即《心經》所自出，唐開元中所譯者也。佛氏謂《華嚴大經》，龍宮有三本，龍樹菩薩入龍宮誦下本十萬偈四十八品，流傳天竺，晉沙門支法領得下本三萬六千偈至中土，猶《禮》有《經禮》三百、《曲禮》三千，而祇傳四十九篇也。

沈子敦來。

邸鈔：河南巡撫邊寶泉奏假期届滿，病仍未痊，懇請開缺。許之。

初二日戊午　丑正二刻二分夏至，五月中。晨陰有雷，旋霽，上午陰晴相間，有飛雨，午前晴，晡陰，旋有急雨，傍晚復晴。祀曾祖考妣、祖考妣、本生祖考妣、先考妣，祔以諸弟，燒鷄雙、燒髡一，肉肴五豆，菜肴五豆，瓠絲餅兩豆，菜羹一器，饅頭一大盤，麵一盤，龍眼湯一巡，酒三巡，飯再巡，茗飲一巡，晡畢事，焚楮銀一箱。饋屋之故主。司廚饋肴饌一品鍋及素饌八事，即奉以繼先人之奠。晡後作柬邀書玉、敦夫、介唐諸君夜飯，諸君皆它出，遂罷。仲弢來，以宣城梅瞿山清畫《愴園圖卷》屬題。畫用乾墨，而竹樹池臺，界畫精絶，玉山一塔及園中一石尤奇，後有瞿山及耦長庚題愴園五律各四首。作書致李若農學士，饋肴饌一品鍋及椒卷、饅頭。張拜庭來。介唐來。作片致書玉。付司廚饋食銀及前帳零星銀四兩，賞錢三千。

邸鈔：以前廣東巡撫倪文蔚爲河南巡撫。

初三日己未　晴陰相間，時有小雨，熱甚。始衣絺。介唐來。花農來。得亞陶書，以所擬《輪車鐵路開辦利弊論》見示，雖老生之常談，而極言其害將致外夷麇至而亂華，莠民乘間而爲變，其論自正。又鈔選數次所考者名單，共二十八人，繆右臣取第二。介唐夫人來。夜爲内子書團扇，即用香山《重玄寺金字經敍》；又爲冰玉書團扇，用裴逸民《女史箴》及庾慎之《團扇銘》。六十老翁，尚能燈下於密點碎金絹上作細書，亦自憙也。作書致敦夫。敦夫來。剃頭。得李學士書。署吏送來養廉十金，即以付翠羅之直。

邸鈔：詔：前内閣學士洪鈞充出使德、法等國大臣。代許景澄。直隸候補道李興鋭充出使東洋大臣。代徐承祖。

初四日庚申　晴，熱甚，寒暑表至八十六分。書玉夫人來拜張姬生日，饋食物八事并蓮子十二鍾，犒使八千，還其酒。劉仙洲夫人、對門鄭主事夫人、介唐夫人、殷蕚庭姬人皆送生日桃、麵等物。桂卿來，以碧嬴春茗一錡爲贈。介唐、蕚庭、桂卿、花農、鄭主事家皆往還饋節物。爲王姬處方，用括蔞、遠志、澤瀉、丹皮、歸身、白芍、黄芩、細辛等藥，瀉火滋陰。爲僕王成處方治瘧，用葱豉湯爲主，加貝母、黄芩、澤瀉等藥。送書玉夫人節銀二兩，犒其僕婦六千。

初五日辛酉　晴間微陰。上午入城，詣徐冢宰師、翁大司農師、麟大司寇師賀節，各送節敬二金，門禮三千。便道至錫鑞胡衕閻朝邑家投一刺，過東華門、大清門，經西城答拜徐亞陶，出宣武門答賀桂卿、花農、介唐三太史，午後歸。是節付米鋪銀三十兩，天全木廠銀二十兩，隆興厚紬布銀二十兩，吉慶昌乾果銀十六兩，廣慎厚乾果銀十四兩，石炭銀十四兩，麵食銀六兩四錢，香油銀六兩，宜勝居酒食銀七兩，便宜坊四兩五錢，萬福居五兩二錢，翠花銀五兩三錢，甜水銀三兩五錢，翰文齋書坊銀一兩七錢，松竹齋紙銀八兩又錢十千。衣賈滕姓銀十一兩五錢，近日買藍實地紗一領，計直五金。周生學熙來，饋節敬二十金及《太平寰宇記》一部。付内子節銀十兩又錢四十千，冰玉四兩，王姬四兩又錢八千；霞芬八兩，賞其僕十千。付家人叩節等錢九十八千。王成十二千，王升八千，升兒及更夫、廚子等各六千，傭媪三人各八千，各長班十六千，各牙媪十千。夜始换凉席。

邸鈔：以大理寺少卿榮惠爲光禄寺卿。

初六日壬戌　晨及上午晴，熇熱甚，寒暑表至九十分，午後大風雲合，有急雨旋止，下午陰悶異常，晡後時有小雨，晚霽。介唐來。得亞陶書，即復。閳中勃谿，彼此相懟，臧獲争競，又送坊官治之。變幻紛紜，起滅無已。晚晴，稍爽。獨坐圃中，倚闌看庸僕澆花竹，而被治之家又老小奔訴。少陵詩云：『鷄蟲得失無了時，注目寒江倚山閣。』此事亦何可得哉！得賀幼甫書，并節敬十六金。郎仁譜來。

初七日癸亥　晴，熱熇甚，下午尤陰悶，夜雷電大風，一更大雨，震，三更後雨稍止。得書玉書，饋醴鰣魚一盤，即復謝。

初八日甲子　薄晴多陰，時有溦雨，夜凉，有雨。得徐班侯書，即復。作書致書玉，得復。近日患脾濕，疲劣不可言狀。爲王姬處方，用遠志、括蔞、炒白芍、澤瀉、炒麥牙、因陳白、歸身、淡豆豉、通草、粉丹皮、白扁豆、象貝母、枳殼、烏梅湯。倪豹臣中丞來。

初九日乙丑　竟日凉陰，間見晴景。冰玉生日，予以錢十千買果餌，并爲唱鼓子詞。亞陶來。子培來。繆恒庵自津門來。余壽平來。此日病甚，客多不見，有經旬日而不知者，以久不閲門簿也。

初十日丙寅　微晴多陰。病甚，似身熱而忽覺凉厥，虚癆之證也。作書致書玉乞診。作書致班侯，得復。署吏告十二日引見，并堂官奏稿送閲。考語曰學優品正、勤幹有爲。作書致介唐，并送去公餞仲凡銀三兩。作片致敦夫。書玉來，爲診脉定方，言陽明火、肺火、肝火俱熾甚，其象甚危。夜不食，昏卧服藥。是日剃頭。

十一日丁卯　晴。服藥。力疾閲學海堂課卷。得僧慧家書。作書并是月望課題致賀幼甫。介唐來。黄漱蘭通政來。洗足。夜月甚佳。得子培書，即復。介唐假對包佩巾，且許明日相送。

十二日戊辰　晴，復熱。五更起，盥漱畢，介唐來。食粥罷，同入城詣東華門，下車至景運門刑部朝房久憩，蕚庭亦來送。辰刻赴乾清門排班，巳初引見養心殿，口奏履歷云：『李慈銘，浙江進士，年五十三歲，户部候補郎中。』是日吏部三十七人、户部十三人，余獨爲一班。午刻旨下，補授户部江南司郎中。即歸。子培來。賞朝房各蘇拉茶錢六千，報事人十一千，付玉皇廟僧募修二金。

十三日己巳　晨及上午晴，午後陰晴相間，晡後陰。傅子蕚來。蕚庭來。敦夫來。仲弢來。是日牙齒浮腫兼患腹疾，仍服藥。閲桂未谷《札樸》，吾宗柯谿居士宏信所刻也。版在蘇州，久燬，柯谿小李山房藏書亦早散盡矣。未谷此書瑣碎過甚，頗稱其名，然古義確然，終爲有本之學。近日都中有翻刻本。

邸鈔：御史方汝紹補工科給事中。詔：湖廣總督裕禄加恩在紫禁城内騎馬。

十四日庚午　晨晴，上午晴陰埃霿，午後多陰，晡有密雨，鬱熱彌甚。得汾州守張仲模書。沈子封來，言明日南行。周介甫來。晚詣宜勝居，邀子承、子培、子封、班侯、蕚庭、敦夫、介唐、桂卿夜飲，二更後散。飛雨乍零，薄雲散采，月出涼生，歸坐庭柳下久之。付客車飯錢十三千，酒保賞五千，車錢四千。鄉人王子清廷訓來。桂卿來。郭子鈞來。玉皇廟僧饋素饌八事，酬以錢九千。

邸鈔：以内閣侍讀學士林維源爲太常寺少卿。

十五日辛未　晨及上午薄晴多陰，午晴，下午晴陰靉靆。爽秋來。楊定旉來。徐班侯來。爲洪雲軒題《釣隱圖》三絶句。雲軒慈谿舉人，年老多病，其求余題是圖已三年矣，屬敦夫、書玉轉請者蓋數十次，兩君始爲言之。過竊謏聞，深自慚愧。是夕望，月甚佳。

爲慈谿洪雲軒舍人九章**題釣隱圖三首**

慈湖清映闞峰孤，風物猶傳太傅居。正是春深山笋脆，柳花吹雪上銀魚。

花墅湖東景最饒，落紅香裏長魚苗。春潮忽報漁舠集，一夜溪通鮑約橋。

我亦烟波舊釣徒，强將墨綬换薇壺。幾時同乞閑身去，鼓枻從君入畫圖。

邸鈔：詔：雲南提督黄武賢年力就衰，著以原品休致。該提督從前出師打仗，迭著戰功，加恩賞食全俸。詔：雲南迤東道崇縉、普洱府知府魏錫經均開缺送部引見。

十六日壬申　晴，熱甚。繆恒庵來，言其弟堅叔鞏以舉人報捐知府，謁選入都，暴病歿於旅邸，故請急來奔喪，將以明日携柩至津門。作書致書玉。金元直同年星桂來。仁譜來。作書致恒庵，饋以素饌一筵，得復。桂卿來，爲診脉撰方。

閲羅濬《寶慶四明志》。此書體例簡括，敘次亦雅。其卷第十敘宋進士，自端拱二年陳堯叟榜至治平二年彭汝礪榜，下皆注賦詩論題，足備科名掌故，爲它志所未有。熙寧三年葉祖洽牓下注云：『是年始有御試策。』以時荆公當國，更科舉法，奏罷詩賦也。其沿襲舊説，亦時有訛誤。如卷十三《鄞縣志》云：『崜亭，齊僕射張稷曾生子於此，乃名崜。』此本《太平寰宇記》。案《南史·張稷傳》，稷初爲剡令，至嵊亭生子，因名嵊，字四山。是崜爲嵊之誤；稷爲剡令，亦於鄞無涉。嵊爲梁忠臣，《梁書》《南史》皆有傳，其名不應有誤。又云陳國冢一名雁栖墓，國爲日南太守，死有雙雁隨柩而歸，栖墓上三年，然後去。亦本《寰宇記》。案：《嘉泰會稽志》作虞國冢，引孔曄《記》虞國爲日南太守、雙雁隨車事。

孔曄蓋即孔靈符，宋文帝元嘉時人，《宋書》《南史》皆有傳，嘗著《會稽記》，《後漢書・鄭弘傳》注及《文選注》《藝文類聚》《太平御覽》諸書皆引之，是陳乃虞之誤也。卷十六《慈谿縣志》云：『驃騎山，《會稽典録》云漢世祖時張意爲驃騎將軍，其子齊芳歷中書郎，嘗隱於此。』案：中書郎，魏、吴始有之，東漢止有尚書郎，無中書郎；且東漢人少二名，齊芳之名不似當時人也。又云城門山，宋城門校尉、會稽從事陳詠葬此。案：城門校尉惟東漢有之，魏晉以後不置此官。漢及六朝州有從事，會稽是郡，郡無從事。且列校領兵，爲雄重之職，從事不過掾史之屬，兩官亦尊卑不侔。此等率沿舊誤，不能考正，自來地志圖經往往如是。

夜月出清皎，頗有涼風。付司廚銀，已見上。付串朝珠兩挂錢九千。

十七日癸酉　晴，下午微陰。戌正初刻十分小暑，六月節。黄漱蘭通政來。繆右臣來。服桂卿方藥。介唐夫人來。書玉來。閲《文選旁證》。是日剃頭。

十八日甲戌　晴，下午微陰，熱甚，寒暑表至八十六分。兩湖裕壽山制府裕禄來。潘伯循來。介唐來。作書致傅子蓴，言先賢祠不得借居眷屬，宜永相禁制。作書致郭子鈞。得朱苗生書，饋爊脯兩肩，蓮子兩簍，茶葉一小筥，碑帖兩紙，受茶葉及爊一肩，作書復謝，犒使三千。得書玉書，惠沙藥紅靈丹兩刀圭。再得苗生書，送爊脯、蓮子來，仍反之。稍改昨方服之。閲《文選旁證》。

邸鈔：以詹事府少詹事承翰爲太僕寺卿。以前廣西提督馮子材爲雲南提督。户部郎中明保穆圖善子。授雲南迤東道。

十九日乙亥　晴，酷暑，晡後微陰。上午答詣子培、繆右臣、張拜庭、胡伯榮、周介甫、黄通政仲弢喬梓、金元直、殷蕚庭、徐班侯、袁爽秋。午歸，熱甚。始飲西瓜汁。以銀二兩買碧螺杯一對。再得苗生書，饋堯脯一肩，受之，復謝。閲《文選旁證》。

邸鈔：皇太后懿旨：醇親王奕譞第七子命名載濤。

二十日丙子　晨陰，上午微晴，傍午晴，酷熱，寒暑表至九十分，晡後陰，有驟風，晚溦雨。清晨出門答詣介唐、定甹、仁譜、倪豹岑、余壽平、沈子敦、敦夫、張雲卿、王子清，晤子敦、敦夫，午前歸。閲《文選旁證》。晚詣惠豐堂，赴胡伯榮之飲，夜一更後歸。付松竹齋銀已見上，付賃屋銀六兩，車錢十千。

二十一日丁丑　晴，酷熱，下午微陰。比日庭樹有小鳥似雀，褐色青斑，長尾，其聲似鶯而促，以夜鳴。前日有鼓板盲翁來，聞之，言此名葦蚻，亦曰葦𨋬子，食葦中蟲，每歲葦長至丈許即來。余案：此即《爾雅》所謂『鳭鷯，剖葦』也。鳭俗字，《説文》作『刀鷯』。郝氏《爾雅義疏》、桂氏《説文義證》皆詳於北方物産，云多得之目驗，而俱未言及之。邑人孟慶增縣丞來，不見。張拜庭來。

邸鈔：詔：二十四日親詣大高殿祈雨，命惇親等分禱時應諸宫廟。

二十二日戊寅　晴，酷暑。下午得舜臣司業治麟訃，以二十日卒。哀哉！舜臣孝友，今人所僅見，又虚心好學，廉靖不競。官司業五年不遷，以尊公在政府，不考試，差在國子監當官，有守。遭憂以後，哀毁骨立，至今不内酒肉，竟以悴死，年甫四十，無子，可謂天道難言矣！作書致子培，致花農，致仲弢，俱以舜臣之殁，約明晨同往視之。得子培復，言其太夫人有小疾，須侍藥餌。得仲弢復，言今日已往吊。得花農復，言近日酷暑，入城路遠，恐余羸病，非所能堪，勸緩數日，俟雨後行。得賀幼甫書，并是月望課卷，即復，及學海堂經古課題。余壽平來。

二十三日己卯　晴，酷熱，晡後微陰，晚陰。評閲學海堂諸生卷訖。凡四十餘人。『儀禮昆弟兄弟解』，『粉米考』，『兩漢酷吏論』，『春江花月夜賦以江中玉樹月裏瓊枝爲韵』，『擬陳伯之復丘希範書』，『儗秦中士女上蹋青鞋履啓』，『雜花生樹得花字』『群鶯亂飛得飛字』五言八韵二首。取内課八名：陳澤霖、張大仕、汪錫濤、孟繼塤、楊希曾、李楫、李家駒、陳文炳。汪生一解一論甚佳，不知何人所作，賦及書亦可取而不純，爲改之。又外課第二顧恩榮一啓甚密麗。李鳳池在外課第三，爲改其經解數百言，以示讀書之法。作書致子培，問其母夫人疾，復言已愈。作書致花農。

二十四日庚辰　初伏。晴，酷暑，傍晚微陰，有風。以西瓜、香瓜及冰供先人，徹俎後以頒諸家人。王子清來。花農來。閲學海堂四月課卷，爲李楫改一賦。是日剃頭。

二十五日辛巳　晴，酷暑。傅懋元來。聞懋元此次試自明以後中外交涉論，引證甚博，且推原化學、重學、汽學之法實本於墨子，此近人鄒叔績等嘗言之。國家考試至有出洋游歷一途，而應之者不乏考據之才，亦近日風尚使然也。閲《陳書・文苑傳》及熊曇朗等傳。上虞人田其年工部之母八十壽，送禮錢六千。

二十六日壬午　酷熱烈晴，寒暑表至九十五分。此以余齋中所懸言之。樹陰四合，窗檻疏明，且置冰其旁，非可準之它處也。竟日流汗。評閲課卷，時取西瓜汁置冰飲之。子培來。夜二更宣武街火。

二十七日癸未　晴，酷暑益熾，十年來無此苦熱矣。上午答詣子蓴、桂卿、伯循，即歸。是日評閲學海堂四月諸生課卷訖。凡五十人。『虞庠在國之西郊或作四郊解』，『左雄限年試士論』，『宋元祐回河利害論』，『張京兆走馬章臺街賦以時罷朝會走馬章臺爲韵』，『擬楊僕乞徙函谷關疏』，『芳草有情皆礙馬得情字』『好雲無處不遮樓得樓字』五言八韵二首。取内課六名：李楫、虞際唐、張大仕、汪錫濤、李家駒、李鳳池。楫兩論一疏皆甚佳，際唐一解兩論亦簡當有作意，錫濤兩論俱筆力老成，不知誰所爲也。陳澤霖經解不主段説，頗與余意合，而引證未博，餘藝皆不佳，抑之外課第六。得花農書，約以六月四日公奠舜臣，即復。作書致書玉，饋以西瓜一儋，得復。孟益甫慶僧饋於朮、堯脯、茶葉、笋乾，受笋乾及茗。再作書致花農，屬改初三日。夜熱甚，中暍，不食，早睡。四更後起，露坐庭下納涼。近日太白晝見，其光甚大，今日以有雲不見。

二十八日甲申　晨密雨，有雷，上午風，旋晴，下午密雨。感涼及濕熱，胸鬲積悶不食，自撰方藥服之。夜雨聲凄苦如秋，頓涼。

二十九日乙酉　晨陰有雨，上午後晴陰霎霴，傍晚陰，夜初雷電暴風發屋，驟雨，即止。孟益甫來見，饋十金，却之。周生學銘、學熙來。作書致書玉，以其夫人患咯血，饋之燕窩一匣及新藕四斤。作書致桂卿。得花農書，約初五日公奠舜臣，即復。得書玉復。是日病不愈，午强飯，益不快。晡令人於項背挼撋之，紫黑縷見，覺胸中气少舒。此非醫書所有而用之甚效，吾越謂之摺痧。倪儒粟饋筆及堯脯，受筆五枝。

邸鈔：詔：以得雨故，六月朔日親詣大高殿拈香報謝。宗人府理事官壽蔭升内閣侍讀學士。直隸大順廣道誠勳調補奉天奉錦山海道，兼按察使銜。

三十日丙戌　陰晴餖飣，時有霏雨，黴濕蒸鬱。病小愈。閲學海諸童課卷。桂卿來診處方，謂脉細弱，雖有暑濕而气虚，宜用桑葉、藿香、木瓜、廣皮，如余方而以沙參、當歸、生黄芪補益之。然余向不宜黄芪，暑候尤不敢服也。張姬病齒，爲處方，用玉女煎加減。王姬病瘧，爲處方，參用柴胡湯、青皮湯加減。近年寓廬藥烟不絶矣。昨夜疾風自南而北，聞樹吹折甚多，有拔起者。書玉來。夜有小雨。

六月丁亥朔　晴陰霎霴，下午雲合，有雨，即止。聞内城西北大雨。評閲問津諸生課卷。作片致傅子蓴，饋以酒兩壜，燈燭四斤，鞭爆一千，賀其第四郎娶婦。介唐來。

邸鈔：編修羅錦文授直隸大順廣兵備道。

初二日戊子　晴，微陰，溽暑。子蓴來。得孝玟姪滿城書。晡浴。作書致介唐，以三取課卷託代閲，并饋西瓜八枚，得復。得子蓴書，爲其第四郎乞書團扇。

初三日己丑　未初二刻六分大暑，六月中。晨及上午多陰，午後晴陰不定，鬱暑蒸溽。作書致徐班侯，付廣東司書吏郎姓辦理補缺文書銀四兩，得復。剃頭。作書致敦夫，託代閲問津課卷，得復。作片致張雲卿，約飲期。倪豹岑中丞來話别。張拜庭來，約初六日十剎海慶和園賞荷花。得張雲卿書，贈白銅水菸筒一枝，乞書團扇、摺扇，犒使二千。是日評閲三月望學海諸童課卷訖。凡五十四人。取内課四名：華承運、王樹昌、陳澤寰、莊德榮。諸童實無能作經古者，四卷中賦、論、書、啓頗有可觀，皆不知何人所爲，其餘妄鈔經解惡札，荒謬甚不可耐。雖多用大筆濃墨抹勒之，然卷卷爲之改潤虚字，且指其謬處，亦可謂盡心矣。夜初更有雨，旋止，四更有雨聲。

邸鈔：户部郎中福榮選補浙江温州府知府。

初四日庚寅　中伏。晨及上午晴，傍午後晴陰相間，晡大風雨，有雷，傍晚日出時有零雨。上午入署，到江南司任。即出城答拜倪豹岑、詣敦夫，俱不值。詣書玉，小坐，午歸。爲傅氏子書扇。王子敬饋𣇈脯、茶葉及山水畫扇、縐段衣料，受扇及𣇈、茗，犒使三千。作書致倪豹岑，得復。得花農書，即復。作書致子培，得復。皆爲明日吊舜臣事也。再得花農書，言雨后泥濘，勸余不可遠出，其意可感。然舜臣孝友誠篤，於余甚厚，病危既不往視，聞訃又不往吊，幽獨之中不特有負逝者，此心耿耿，何以自安？即作復書，約以同往。夜雲合有電，三更後雨。付江南司書吏賞錢八千，茶房四千，皂隸等五人共六千，賞陜西司茶房四千，車錢五千。

邸鈔：以鴻臚寺卿志顔爲通政司副使。

初五日辛卯　竟日輕陰，午前晡後微見日。再作書致豹岑，爲族姪恩圭近屢有書哀乞道地也。花農來，辰刻同詣子蕘家賀喜，晤爽秋及傅懋元。巳初入城，午至新街口秋坪師家，偕亞陶、花農、子培、芾卿同祭舜臣也。子培、芾卿不到。余别送奠銀四兩。未刻庚辰合榜同年公祭，到者僅二人，一聶楫臣，一滿人。復推余主祭。朱門零落，世態炎凉，可歎也。然余今日兩奠舜臣，亦足少表予心，無恨逝者矣。龐絅堂、劬庵兄弟，楊莘伯，劉雅彬四人亦自爲一奠。劬庵、莘伯、花農皆仍與公祭，共得六人，勉强成禮而已。下午絅堂邀飲慶和堂，沿十刹海而往。荷花盛開，紅碧無際，登樓望，隔岸人物屋宇俱在畫中。都中看荷花以此樓爲第一處，堤岸周回，樓閣四映，景山瓊島對峙東西，烟水園林兩擅其勝。若積水潭、釣魚臺，麗矚已減；可園亭檻雖勝，無可遠眺；金鼇玉蝀橋無坐地；秦家花園、南花泡子則野趣多矣。偕諸君憑闌久坐，始下樓飲，晡時畢，復出至堤邊柳下，裴回久之，晡後歸。付車錢十一千，賞祭筵鼓吹人四千。

初六日壬辰　晨陰，上午後晴，酷暑如焚。午復入城至十刹海慶和堂，以張拜庭、胡伯榮期飲於此也。赤景方中，車行如坐熾甕，歷十餘里赴諸少年之約，六十老人亦太多事矣。至則坐客甚多，已團坐而食。平生簡絶交游，尚有此惡劇酬應，可笑也。幸地居勝絶，花事方濃，比鄰一樓，晶窗華敞，釵光鬢影，滿倚朱闌，尤覺池沼增妍，人花兩艷。聞此宅近歸都統榮禄，月以六十金賃之，安得俸過十萬，移家其間耶！偕敦夫、介唐、介夫延佇堤間，夕陽漸斂，湖風稍起，始驅車歸，薄暮出城。付車錢十一千。

邸鈔：以通政司參議陳希齡爲内閣侍讀學士。以馬盛治爲廣西柳慶鎮總兵。此新設。

初七日癸巳　竟日陰濕，時有小雨。評閲學海堂諸童課卷。得族姪嘉瑞文安書。得書玉書，即復。作書致敦夫。得王逸梧學使五月二十八日江陰書。晡過花農談。徐亞陶來，久談。劉仙洲夫人來告乏絶，饋以六金，當再爲謀之。霞芬來。得族弟從善、族姪恩圭粤中書。夜雨數作。

初八日甲午　終日密雨屢作，時時見日，酷暑蒸淫。麟郎中麟光來，漢軍人，故紹興知府徐鐵孫先生榮之孫也。其人長者，官户部已十餘年，其弟徐受廉去年授庶吉士。評閲學海諸童卷。得花農書。傍晚甚雨不止，以與人期飲，不能不出。此後當益簡無謂之交游，絶非分之酬應矣。晚雨稍歇，詣霞芬家，邀書玉、敦夫、王子廞、張雲卿、張拜庭飲，并招梅雲，肴饌甚精。三更後始歸。付霞芬銀十兩，賞其僕三十千，客車飯二十五千，車錢六千。

初九日乙未　晨微陰，上午晴，有風自南而西，傍晚陰，晚又雨。剃頭。午詣陶然亭。是日沈子敦及書玉、敦夫本約余飲南花泡子，泛舟賞荷，以昨日甚雨蒸淫，夜中猶酷熱，謂今日必有雨，且恐積水在野，潦及車帷，乃改飲於此。坐有介唐、介夫、桂卿、方勉甫。緑葦如海，翻風卷濤，西山黛舒，宿雲半吐，亦佳觀也。傍晚始散。爲内子撰方治瘧，爲張姬撰方治齒痛。

初十日丙申　晨日出，旋雨，上午密雨，午後稍止，下午晴陰不定。是日評閲學海堂諸童課卷訖。凡三十六人。取内課一名陳澤寰，外課五名。作書致賀幼甫，并三、四兩月學海堂課卷及是月望課題。倪豹岑饋二十金爲别。閲《宋史·河渠志》。

邸鈔：上諭：翁同龢等奏請將已故儒臣列入國史《孝友傳》一摺。已故國子監司業治麟至性過人，學行粹美。伊父景廉病篤時，該員竭力侍奉，積成羸疾，丁憂後哀痛過深，遂致沉痾不起，實屬天性純篤，孝行可風。著准其列入國史《孝友傳》，以示旌獎。

十一日丁酉　晴，微陰，溽暑，晡後陰，尤鬱悶，傍晚小雨，微雷，晚晴，風月頗有涼意。張拜庭饋南來魚翅七片。閱《宋史·河渠志》。作書致伯寅尚書，致漱蘭侍郎，俱爲拜庭乞書楹帖。得伯寅復。介唐來。傍晚校讀《漢書·循吏傳》。夜王姬侍。

十二日戊戌　晨及上午薄陰微晴，傍午烈景復熾。閱《論語旁證》。得賀幼甫書并五月學海堂課卷，此次與課者獨少。潘尚書送所書楹帖來。作片致介唐，爲明日兩家眷屬相約十刹海觀荷也，得復。夜月甚佳，一更後有雷，二更雨。

十三日己亥　晨微陰，旋晴，午後陰，下午大風雷，晡大雨，有辟歷，傍晚漸霽。濃緑中看夕陽，艷甚。内子、兩姬偕介唐夫人及詹黼庭儀部夫人詣十刹海飲慶和堂，觀荷花。余獨守舍，竟日評改問津諸生課卷。雨中時時聞檐果墮地，以詩紀之。得王子獻書，并去年臘月四日所寄書，及閩香四十束，江珧柱一器。得周生學銘、學熙書，言得皖中信，其兄病甚，明日即出都偕歸省視。周氏兄弟友愛恂恂，其兄澄之尤謹篤，近日所難得，甚爲憂之。夜初有月，旋陰，夜半後密雨達旦，涼甚。付車錢三十三千，酒保等賞七千，瓜果等錢十千。

十四日庚子　末伏。晨至上午密雨滂沱，傍午漸止，下午晴。王姬病暑危甚，爲之處方，并作書致書玉、桂卿商方藥。得書玉復、桂卿復，桂卿詒辟温丹一丸。是日評閱閏四月望問津諸生課卷訖。凡九十六人。文題『哀公問社於宰我』至『殷人以柏』，詩題『鄰家鞭笋過墻來得墻字』。取内課李鳳池、陳澤霖、張大仕、華世奎、李宸熙等二十名。得敦夫書，并前託代閱四月望問津生童課卷，即復謝。

此次諸生凡百人。文題『孟子曰博學而詳説之將以反説約也』，詩題『緑樹鶯啼清晝長得長字』。余先已閲過二十餘卷，今日重閲，定内課張大仕、陳澤霖、張濬川、孟繼坡、劉寶棠等二十名。李鳳池在十一前已爲改後二，比今日更爲張生大仕改一起講。又諸童課卷七十本，皆敦夫閲定，題爲『右逢其原』，取唐肇奎第一。子培來。王姬病益甚，請詹儀部姬人來爲之針刺。夜作書，以車迓書玉來診，兼召醫巫。是夕月甚佳，竟夕皇擾，四更始寢，此亦非意之遭矣。付修製水烟筒輪郭錢十五千。四更後月食既，一時許始復。聞近以金星晝見，東朝甚憂之，前數日召見侍講王文錦，偶詢及之，文錦言主兵。比三日連召對，不知因事納誨，諫止海軍三海等役，僅舉習聞天文之淺者以塞明問，可惜也。

十五日辛丑　晴，溽暑復熾。龐絅堂來。昨敦夫書中附徐仲凡致伯循書一紙，言余家項里先墓有殺气。葬書余不深信，然其理非盡誣也。先考妣葬時匆匆集事，取諸沈氏成壙，不及致詳，又愛其巖壑清靈，近有翠峰寺，地尤深秀，可借營丙舍，故便買之。既葬以後，始知其崖勢層累，四周皆叢冢，不能廣爲兆域，意欲遷葬，故久輟石功。今僅二十年，兩弟繼夭，子姓不殖，深悔昔日誠信缺然。如西皋之地得成，當決計改葬也。作書致伯循，還仲凡書，并詢其近日已革侍衛金鳳岐誣枉兵部司官事。竟日評改三取諸生卷。王姬病不愈，服書玉方藥。夜月甚佳。

十六日壬寅　晨陰旋晴，上午有雷，小雨，午後晴。節孝張太恭(日)〔人〕生日，供素饌及瓜果酒茗、緑豆湯、扁豆糕、冰雪梅糕。叔弟楙亦以是日生，并祔其夫婦。晡後畢事，焚楮錁。得伯循書，備言金鳳岐凶横之狀，即復。作書致桂卿，乞爲王姬診。是日評閲閏五月三取諸生課卷訖。凡五十人。文題『或曰管仲儉乎曰管氏有三歸』，詩題『鄰樹分陰緑過墻』。取徐思衡、韓蔭樾、劉鳳翰、陳文炳等内課六名。桂卿來。漱蘭侍郎來。得郭子鈞書。印結局送來閏四月、五月公費銀一百八十兩。閲問津諸童課卷。是日酷暑，寒暑表至八十九分。晨起剃頭。

十七日癸卯　晴，酷暑不可當，寒暑表至九十一分，聞它處至九十九分。得介唐書，并前託代閲三取課卷，即復謝。徐班侯來。介唐夫人來。評閲問津諸童卷。近日溽暑不可居處，今日下午浴，汗仍不止。得書玉書。夜苦熱，坐月下，至四更後始就寢，至曉猶單絺加扇。聞近有熒惑守心，又有彗星見東北方。

十八日甲辰　晨晴，有微風，稍解溽暑，巳後靉靆，復鬱熱異常，下午陰，晡大風，晡後密雨入夜。楊莘伯來。黄仲弢來，致其尊人之意，約廿五日飲慶和堂。作書致書玉。霞芬來，言將添畜弟子，予以二十金。是日評閲閏四月望問津諸童課卷訖。凡七十餘人。文題『以柏周人』，詩題『鄰家鞭笋過墻來』。絶無佳卷。取内課五名，第一趙承恩。更閲四月望三取生童課卷。生員文題『孟子曰言無實不祥』一章，諸童文題『原泉混混不舍晝』，詩題『十里行穿緑樹齊得穿字』。生五十六人，取内課林向滋、陳文炳、于文彬等十名；童四十人，取内課穆敬熙等七名。内課皆略加點竄。是日服藥。夜雨達旦，瀧瀧有聲。畿俌已苦水矣，淫霖不絶，奈何。

十九日乙巳　卯初三刻十二分立秋，七月節。晨至午密雨數作，下午稍止，微見日景，鬱溽蒸淫，傍晚復雨。是日評改閏四月望三取諸童課卷訖。凡三十六人。文題『然則管仲知禮乎』。取内課李耀曾等七名。得敦夫書，言患利下，辭夜飲。蘇器之以持觀音齋，郭子鈞以有事，皆辭飲。作片邀桂卿飲，得復，亦以持齋辭。晚邀書玉、介唐、周介夫、沈子敦、張拜庭、胡伯榮、孟益甫飲，并招霞芬，張燈行炙，鬱熱不堪。夜初更大雨，檐霤聲喧，不聞人語，二更後雨止。三更始散。四更復大雨。服藥。

付廚人賞十四千，客車飯十六千，書玉車五千，霞芬車飯四千。

二十日丙午　晨密雨淋浪，上午稍止，午後微見日景，旋復陰，有風，晡又密雨，頃許稍止，晚有輕雷，微雨。是日涼，須袷衣。崇效寺僧饋新摘碧柰兩合，酬以二金。作書致敦夫，饋柰十枚。是日倦劣，時時偃卧。作書致賀幼甫，并是月學海堂課題，寄去課卷兩篋。夜密雨屢作。

二十一日丁未　晨雨，上午稍止，下午晴，復鬱熱。閱《唐文粹》。爲里人書團扇一、摺扇一。《文選》體目分析，昔人以爲病。《文粹》踵之，於各體中多區門類，尤近繁猥。然古人因事類文，備人取則，蓋有所自。至《宋文鑑》出，而古法頓改。此亦不可不知者也。寶臣此選，雖本之《文苑英華》，而別擇精嚴，中晚唐後樸野詭促之作汰除略盡。近日校讀其記二卷，苦無暇得畢讀耳。付賃屋六金，天津寄卷箱錢十千。夜有微雨。

邸鈔：上諭：張曜奏直隸開州大辛莊黄河漫溢，淹及山東地方，並現在籌放振款情形各摺片。比歲以來，山東地方頻遭水患，現復因上游漫溢，灌入東境，致濮州、范縣、壽張、陽穀、東阿、平陰、禹城等處均被水災。覽奏殊深惻憫。著加恩將山東本年新漕五萬石，同隨漕輕齎銀兩一併截留，交該督撫覈實散放。此次開州漫水，尚未據李鴻章奏報。著該督嚴飭地方文武，將堤工加緊培護，實力防守，毋得再有疏虞，並將現辦情形迅速覈奏。上諭：楊昌濬奏開缺知府稟訐接署人員並抗不交印一摺。據稱福建建寧府知府蔣斯岱於奉旨開缺之後，具稟侈陳政績，並稱夙累未清，請緩至端午節後再行委署，又稟訐委署該缺之梁玉瑜有挽託司事秦姓，許給謝儀，求代府篆等語。特旨開缺送部引見人員，既經藩司委員接署，應即懍遵交卸，何得任意抗延，挾私具稟？似此冒昧糊塗，殊出情理之外。蔣斯岱著先行革職，交楊昌濬督飭兩司將所控情節親提研訊，據實參奏，以肅官方。

二十二日戊申　晨及上午微雨間作，傍午漸霽，下午晴，復苦溽暑。雨中圃側補種秋花數種。謝悜齋之子户部主事祖應服闋來見。京官子弟不令其歸應童子試，而爲之捐監生、捐京官，此大患也。余嘗力勸悜齋而不聽，後悔之無及。然今日此子得迎其母入都，則亦藉一官之力耳。

二十三日己酉　晨陰，上午晴，復鬱熱，下午陰，晡後密雨，傍晚漸霽。剃頭。王子清來。亦作子敬，亦作子廞，以其本字犯家諱也。郎仁譜來，言馬蔚林以五月十九日病歿臨海故里，年甫五十一，上有老親，年皆八十餘，可哀也。蔚林名彦森，丁丑進士，沉篤好學，嘗以其鄉先輩宋确山《台州叢書》僅刻甲、乙二集，欲續輯之，搜訪甚勤。洪筠軒氏《傳經堂遺書》版已久失，印本亦罕見，閲市借人，手自鈔録，將次第刊布，限於資力，僅刻《禮經宫室答問》一卷。性狷介，官禮部，與同官議論多不合，意嘗憤憤。今春乞假歸，謀援例改官知縣，而遽至於止。其與余交甚疏，而極致傾挹，言必自稱姪、稱晚生，相見時尊禮之如師。聞余病，必趨來視，語皆切至，盡見肝鬲。其歸也，余未及知，而晦息之間，渺若山河，當爲作墓志以傳之。謝祖應饋段匹、於朮、江珧柱、鯗脯、茶葉及天津人陳本山水畫扇，受扇及茶。補種紅蓼兩本於圃中。點閲《唐文粹》堂樓亭閣記一卷。夜寫出近日所作詩四首，皆閑適寄興而已。曰『雨中獨坐齋中』，曰『雨後看夕陽』，曰『立秋次日早起』，曰『詠圃中新竹』。付擴誼、同義兩園中元楮鏹錢六千，付前日公祭治舜臣分子銀一兩。

二十四日庚戌　末伏。自來曆書夏至後第三庚入伏，初伏十日，中伏二十日，末伏十日。蓋其傳自唐以來，宋人説部中嘗謂其無理。近年曆書忽改中伏亦十日，不知所由。今年曆書又復其舊。晴，有風自西，稍滌溽暑。點閲《唐文粹》。作片問敦夫疾，致王子廞。得敦夫復。介唐來。買黑雲絇淡黃段履一雙，付銀一兩二錢。曬書。夜評點周稚圭中丞《金粱夢月詞》及《懷夢詞》。

邸鈔：以太僕寺少卿廷禧爲大理寺少卿。以翰林院侍讀學士裕德爲詹事府少詹事。

二十五日辛亥　晨小雨，上午陰，傍午間晴，下午晴陰相間，傍晚晴。是日復酷暑，至夜猶熱。上午入宣武門，進西安門，經福華門，土木方始，畚挶載道，紅墻黄瓦，漸已改觀。過金鼇玉蝀橋，荷花正盛，紅艷欲滴。繞景山，出地安門，至慶和堂赴漱蘭通政喬梓之約。十刹海花事已過，惟翠蓋亭亭，掩映兩堤楊柳，詠白石『荷葉似雲香不斷』之句，彌覺流連無盡耳。坐有爽秋、子培、筱珊、芾卿。酒畢，散步堤邊久之。夕陽時回車，仍至金鼇玉蝀橋，裴回闌檻，花香襲人，太液風來，凉生衣袂。登團城，由掖洞門升承光殿，前有石亭，中置元代玉甕，楹柱間俱勒詩。殿内設寶坐，前列熏爐四，皆小而方；又長鐵如燭形者二，鏤製工絶；旁列熏籠二，灰積如雪；左列鼎一，傳是商鼎，蓋上馬腦鈕，爲博山銜月形。殿左暖閣，御榻在焉。殿外左有古栝一，傳是金源時物，北人呼白皮松，其實松葉柏身，《爾雅》所謂樅也。又偃蓋松一，皆蟠屈數畝。殿後爲敬躋堂、古籟堂。堂之左有小山臨池，山上爲朵雲亭，亭内外皆有高宗御製詩額。堂之右爲餘清齋，齋後石山臨玉蝀橋，磴道周回，上有亭，已廢，亭畔松栝數株，交柯蔭翠。山下老柳行列，下映池水，深碧見底，隔岸亦多高柳。倚石望之，其境幽絶。有采蓮六槳船一，容與其際。殿北睥睨環之，下爲堆雲積翠橋，過橋即瓊島矣。碧雲催瞑，付守者錢八千而出。又以錢四千買蓮花五把，藕兩挺，新出液池者也。登車出西安門即熟睡，出宣武門始覺，歸已暮矣。夜尚熱甚。付車錢十一千。

二十六日壬子　晴，下午微陰，酷熱稍減，晚復鬱熱。上萬壽節。竟日閲納蘭詞。下午睡熟，久之始醒，若厭寐者。王子廞來。夜二更後密雨達旦，析歷有聲。

二十七日癸丑　晨及上午晴雨間作，下午陰，晡後晴，鬱悶溽暑。蜀人王式曾主事來。得賀幼甫書，送來秋季束脩二百四十一兩，即復，犒使者銀二兩，錢八千。竟日檢閲昔年日記。晡後浴，今年三浴矣。孟益甫來，請飲陶然亭之期。得王子獻書，約明日夜飲。印結局送來是月公費銀十九兩。

二十八日甲寅　竟日霒隸多陰，鬱溽煩暑。上生日。早起，剃頭。得爽秋書，以所著《邊防海防形勢論》《土藥加征税釐議》送閲。論於邊徼形制言之甚詳，援證古今亦爲博洽。議是駁近日洋總税務司赫德設立土藥關重征百十一兩之説，尤深中利病，狡夷詭計，肺府畢見。其謂小民之種罌粟者，以近年水旱不時，追呼復迫，終歲勤動，不得一飽，而吸菸者衆，罌粟不擇磽确而生，不待雨露而長，遂冒不韙而私種之，以補一歲之凶荒。惟傭工甚昂，收成不易，亦未至棄五穀不植，大妨民食。且播種之人，非即吸食之人，不過區區補苴，以完上下、忙租賦，於公家初無所損，此皆中國兵火孑遺、力作馴順之民。赫德之心，不過欲重困之，使其利盡歸洋藥，助洋商之焰而疲敝中國之民，使之吸盡膏血、民不聊生而國隨之，所謂路人皆知者也。其言尤爲痛切。得趙桐孫是月十八日書，言於四月攝守順德。内子、張姬俱過飲詹儀部夫人家。王子獻來，傍晚同詣熙春堂飲。子獻及張拜庭、張雲卿爲主人，余招霞芬、梅雲。夜四更歸，甚熱，不快，竟夕不瞑。

二十九日乙卯小盡　竟日陰曀鬱熱。得王廉生書，以明刻《文苑英華》及蜀中蕭氏新刻《建炎以來繫年要録》爲贈，乞撰其元配黄宜人志銘。此已有成議五六年矣，同居京師而音問闊絶，今日始尋息壤，思之罔然。即作復書，犒使六千。孟益甫來，約七月二日飲陶然亭。閲《建炎以來繫年要録》。此刻據上海郁氏海山仙館鈔本及南皮張氏傳鈔《四庫》本，校刊粗率，脱誤重貤，至有顛倒復出者。如卷一百六第二葉缺脱，而複刻卷二十一第四十二葉以當之。恨不得佳本校之也。傍晚不快，不食而卧。

丁亥六月四日户部江南司上事訖感賦

䍦襶何來策蹇忙，都廳上事暫登床。并無公案三條判，聊具袍靴一劇場。大隱豈真希曼倩，廢材誰復惜馮唐。自憐六十龍鍾叟，虚領頭司户部郎。江南爲户部第一司。

六月十三日雨中獨坐齋中遣興

支頤藤枕倚方床，難得輕雷忽送凉。雨裏時聞檐果落，風前遍覺砌花香。心閑過午温經卷，身病終年集驗方。何異蒲團老居士，篆烟一縷裊虚堂。

雨後看夕陽

微雲卷盡碧天長，梧竹參差作晚凉。風動樹頭餘滴墜，緑陰缺處見斜陽。

立秋次日早起凉甚

苦熱亦云久，昨來凉序更。伏秋分一夕，風雨滿重城。境至悲年老，時移望病輕。所欣今夜讀，燈火似平生。

圃中竹笋入秋尚怒出以詩詠之并索子培和

北人種竹如種玉，自少嘗讀樊榭詩。近來笋價日漸賤，捆束入市常經時。我生嗜笋百倍肉，盤餐藉此供朝飢。十年庭下屢栽植，地偪土薄常苦萎。昔歲偶闢一弓地，叢篠數竿帶雨移。青錯峙北墻側，猶恐磽瘠難潛滋。今年四月循圃視，忽見三五抽新枝。亭亭出墻已丈許，裹籜早有參天思。鄰街瘦沈睹之笑，謂此已足魁京師。白雲亭前一畝竹，今年擢穎稱絶奇。相公判事對欣賞，傾署奔走相詫嘻。以視此竹應俯首，琅玕卓立青雲姿。壯壯丈夫乃復爾，弟畜稚子何能爲。得毋主人直節似，所種一气相繫持。不然寸壤豈至此，我聞斯語聊自咍。生如黄楊輒厄閏，造物不被春風私。暮年種樹竊自歎，常恐不及成陰遲。此竹偶然得地力，日日擁護如佳兒。歷夏涉秋飽膏雨，驚雷迸走龍蛇隨。生機勃發不可止，氣壓凡卉無等夷。作詩紀之告來者，物性南北無分歧。庶比香山養竹記，君子有德宜愛斯。

翠樓吟 丁亥六月六日酷暑中游十刹海，飲酒家池亭，鄰有榮氏樓，窗檻靚深，人影如畫，賦此紀之。

炎景停空，翠波湔暑，明湖一曲圓抱。環堤都是樹，帶夾岸朱門多少。藕花開了，占三面朱闌，與花回繞。青帘裊，綺筵尊底，萬紅齊笑。　更愛，墻外東鄰，隱高樓天半，文窗窈窕。緑楊搖曳處，恰掩映釵橫了鳥。靚妝雙照。儘羅扇兜香，遮風都好。花光杪，茜紗衫子，夕陽紅到。

秋七月丙辰朔　晨及上午陰。是日加巳日食，雲陰不見。午初雨，下午漸密，入夜霡霂，頓涼，須祫衣。敦夫來。竟日閱《文苑英華》，自丙辰夏購此書略一翻閱，今三十餘年矣。夜雨聲瀧瀧不絶。

初二日丁巳　晨陰，巳後晴。上午詣龐絅堂、劬庵兄弟暢談。詣楊定旉談。詣介唐，不值。午過陶然亭，主客已集，日昳設飲。晡後酒罷，夕陽在山，野緑如畫。傍晚歸。得對門張子和茂貴到觀城令任書。竟夕閱《文苑英華》。其後數百卷有許青士太常朱筆校字，亦甚寥寥。其書脱誤甚多，且有缺葉，有陳卧子印記及墨筆圈乙處，潦草不出明人鹵莽之習。

初三日戊午　晨陰，上午溦雨，午後密雨，至晚漸霽，有霞。竟日閱《建炎以來繫年要録》。夜補作二詞。付助錢藩卿銀五兩。此人於五月自河南潛回京師，其所眷已不知所往，遂流落都中。今約同人率資送之歸越。

臺城路 丁亥觀蓮節過金鼇玉蝀橋看荷花

苑墻斜抱離宮樹，樓臺多少雲裏。太液平分，飛虹高跨，雨岸芰荷無際。丹霄尺咫，正萬柄搖紅，十洲含綺。鳳輦時來，五銖衣帶御香細。　當年聽徹宮漏，便蓬瀛魚鳥，也識延企。小殿芙蓉，夾城松栝，盡戴翠華佳氣。垂楊凝峙，恰上映山亭，下臨烟水。倚遍闌干，暮雲瓊島起。

初四日己未　晴，微陰，晡後陰，晚雲合有雷，風起，漸霽。作書致書玉，并前所寫詩三葉。書玉夫人饋果蟹餅餌。張拜庭、王子廞來辭行。介唐來。爲孟生書團扇一、摺扇一，爲拜庭書團扇一，爲倪儒粟書摺扇一，爲朱子涵書摺扇一。紛冗之中，以此手爲諸少年役，又未必知愛惜，而人事不能絕也。臨《東方先生畫像贊》，又節録香山《廬山草堂記》，皆楷書而以敗豪筆作之。

初五日庚申　晴，烈景復熾。戌正一刻十四分處暑，七月中。作書并寫秋竹詩致子培。作書致花農。作書并寫一詩致爽秋。張雲卿來辭行。周鏡芙吏部送來閏四月、五月先賢祠外官捐銀六十二兩，即復，犒使二千。剃頭。

邸鈔：上諭：李鴻章奏永定河堤工漫口，分別勘辦，並自請議處一摺。本年入伏以後，永定河水勢盛漲，險工迭出。六月二十二日，南七工西小堤四號被水漫溢，刷寬口門四十餘丈，該管各員疏於防範，實屬咎無可辭。東安縣主簿曹鵬著革職留工效力，署三角淀通判唐應騶、永定河道塔奇魁均著革職留任。李鴻章著交部議處。上諭：李鴻章奏潮白河漫口情形，據實參辦等語。本年入夏以來，因雨水過多，河水增漲，邊外諸山之水同時大發。六月十九日，通州平家疃新宮以下之北寺莊東小堤並老堤刷塌百數十丈，奪溜東趨。通永道許鈐身疏於防範，咎無可辭，著摘去頂帶。仍著李鴻章督令該道將浸口設法盤築裹頭，並飭派出之員實力興辦，以通運道。上諭：李鴻章奏永定河道塔奇魁人尚樸實，惟河工情形生疏，辦事遲鈍，不勝河道之任，著開缺送部引見。前廣東肇羅道方濬師補授永定河道。

初六日辛酉　晨及上午陰，傍午小雨，下午漸密。得子培書。得花農書，并以紗扇畫十刹海觀河小景見贈，即復。得爽秋書。爲人書楹聯。下午詣台州館吊馬蔚林，送奠銀二兩。答詣謝祖蔭，送王子廞行，傍晚歸。介唐來。夜設先考妣神龕，恭書神位，供素饌、素麵及酒茗。以明日爲先大夫八十冥壽日也。拜跪悽愴，賦志慟詩一首。玉皇廟僧饋素饌。夜密雨，聲徹旦。

先大夫生日賦詩志慟

虛從孤露數星霜，饋食淒然在此堂。地下一抔危齧水，先人葬項里山，近日里中徐仲凡太守書來，言其地恐有水，方擬改卜西𡺶山。人間五度隔稱觴。先大夫卒於道光乙巳，年三十有八，至今年歲在丁亥，計八十矣。江浙間謂之冥壽，其事蓋起於宋。楹書盡入橫流劫，田里都爲異姓莊。三世三人今日在，謂從子孝穀及從孫友蘭。天涯南北各相望。

邸鈔：寧古塔副都統容山以病乞開缺。許之。

初七日壬戌　晨密雨稍止，巳後晴，復熱。先考八十冥壽。晨起視供具，延玉皇廟僧九人誦經追福。撰疏文，敬書高祖以下諸親瑜伽道場神位及寓庫封條。書玉饋燭及楮繦。書玉夫人饋蓮子湯。介唐饋燭及桃、麵、楮、寶、冰糖、蓮子。敦夫饋燭及酒兩罇。子培饋燭及果席，受燭反席。花農饋燭及桃、麵、雙鷄卵、糕。定甹饋燭及鞭爆。爽秋饋燭三斤，酒五斤。詹黼廷饋燭及桃、麵、爆鞭。蕚庭饋糕、桃、燭、麵。張拜庭饋燭五斤及香十束。胡伯棨、孟益甫皆饋燭及果席，皆反其席。倪儒粟饋糕、桃、燭、麵。鄭德霖饋燭、楮。桂卿附花農饋禮中。定甹來。子培來。書玉來。伯棨來。益甫來。拜庭來。介唐來。敦夫來。蕚庭來。花農來。儒粟來。爽秋來。書玉夫人來。介唐夫人來。黼庭夫人及其姬人、愛女來。蕚庭姬人來。鄭夫人來。傍晚送聖，敦夫、介唐皆承相送，族弟代余誦疏禮佛。

夜以素饌款書玉、介唐、敦夫、花農、蓴庭、儒粟、伯榮、益甫及諸夫人。請僧九人，作瑜伽焰口道場，設高祖以下宗親神位，供素饌，親自行香。三更畢事，復出道東躬送神牌，哀泣之甚，天明始寢。得郎仁譜書。付玉皇廟僧銀八兩，付司廚銀六兩，付陳宅食物銀四兩二錢，付各家送禮犒使錢三十千，付寓箱寓人等錢二十千，付廚人賞錢十八千，付本家僕媼賞錢十三千，付族弟果餌銀二兩。三更復雨。

先考八十冥壽追福疏文

整理者按：此文底稿僅存標題。

邸鈔：以□□□□□富爾丹爲寧古塔副都統。以光禄寺少卿胡隆洵爲通政司參議。

初八日癸亥　晨雨，已稍止，傍午後晴。再爲張拜庭書團扇，以求之不已且面用古藏經紙可愛也。倪儒粟饋所畫團扇，作秋柳寒鴉，甚有遠意。介唐邀至慶樂園聽小榮春部，晡後始往。夜同敦夫、書玉、介夫諸君飲萬福居，招霞芬、梅雲，三更歸。

初九日甲子　竟日陰。爲人畫黄葉山景團扇，又爲儒粟書團扇。松竹齋購古錦雜佩五事，凡三匣，頗精雅可愛，每匣銀四兩五錢，將分贈敦夫、介唐。

邸鈔：上諭：楊昌濬奏遵議澎湖、海壇鎮協互調事宜一摺。新設福建澎湖鎮總兵著吴宏洛補授；其海壇協副將著吴奇勳暫行署理，遇有内地水師總兵缺出，候旨簡放。去年十一月，吴奇勳之子、蔭生、福建試用通判吴保泰居海壇鎮總兵署中，時奇勳以入都陛見，甫回省署。總兵蔡國喜以初九日生日，先一夕宴客，保泰與同鄉試用府經歷張如瀾飲俱醉，保泰欲再行手勢令，如瀾辭以醉，保泰遽持火槍擊如瀾死。楊昌濬疏請革保泰職嚴訊。前日覆奏至，保泰依故殺律，擬斬監候，秋後處決；記名提督蔡國喜留飲肇衅，請交部議處；奇勳以未回任請免議。翰林院侍講學士會章奏請因病開缺。許之。

初十日乙丑　晨及上午微陰，午後晴，甚熱。上午出，答謝前日來奠諸君。順道答詣潄蘭通政、仲弢編修，晤談，午歸。飯畢復出，答謝介唐、敦夫、書玉，俱久談，至晚歸。内子、張姬亦出答謝諸夫人。朱桂卿得一女孫，饋以蓐房食物四事。付車錢十六千。

邸鈔：上諭：邊寶泉奏秋審絞犯誤行處斬，請將監刑員弁交部議處一摺。據稱上年臨漳縣處決秋審情實絞犯張羊仔一名，經該縣知縣徐本立會同汛弁王廷揚監刑，誤將該犯處斬，徐本立事后復砌詞推諉等語。處決重犯，該員等漫不經心，竟致誤絞爲斬，荒謬糊塗，實出情理之外，僅予議處，殊屬輕縱。臨漳縣知縣徐本立著即行革職，該汛千總王廷揚著即徹任，交倪文蔚提集人證，嚴訊確情，按律定議。此案係上年十一月間之事，該撫至今始行具奏，實屬遲延。邊寶泉交部議處。

十一日丙寅　竟日密雨，下午益甚，積水滿街，晚風自西，驟凉，雨止。是日疲茶，多卧。閲《建炎以來繫年要録》。

十二日丁卯　竟日霒陰，微見日，有風，甚凉。尚倦，多卧。閲《建炎以來繫年要録》。得郎仁譜書，即復。夜凉甚，須厚綿衾。

十三日戊辰　晴陰相間，上午有風甚横，晚霞甚麗。作書致介唐，致敦夫，各詒錦佩五事。作書致書玉。得介唐復、敦夫復、書玉復。徐班侯來。孟益甫來。張拜庭來。

閲《建炎以來繫年要録》。李氏蜀人，或謂其書頗薄東南士大夫而右蜀士，《四庫提要》已舉其言張德遠富平、符離之敗，未嘗稍恕，以爲之辨。今觀其於李忠定之誅宋齊愈，雖引吕中《大事記》之言，以爲太過，然引張栻私記謂忠定誣陷齊愈，則引當日齊愈按款一一爲之辨析；又虞允文亦蜀人，其采石之功，當時盛相夸飾，而備引《揮麈録》諸書，言其事非實：則皆一代之公言也。惟於岳忠武郾城之捷言之甚略，并不及朱仙鎮一字，於韓、張諸人亦屢言其短，於趙忠簡亦甚有微辭。蓋當日是非尚無定論，而朱仙鎮之戰亦多本之《金陀粹編》等書，不無增飾；蘄王當日亦頗恣横。忠簡當高宗自海道還都吾越之時，金人北歸，諸將緣路邀擊，蘄王扼之北固，屢告捷音，吕忠穆力贊親征，進幸浙西，號召諸路。時烏珠師老憚暑，軍中虜獲不可勝計，人人意足，急於遄歸。高宗能一出師爲之聲援，正是極可乘之機會。而元鎮力沮其議，謂金人回師襲我，必不能支，且傾吕而奪之位，此其所失甚大，不得謂無罪也。至載岳自郾城奉詔班師，其下皆請還，岳亦以爲不可留，且恐金人邀其後，始傳令回軍。軍士應時皆南嚮，旗靡轍亂。岳望之，口呿而不能合，良久曰：『豈非天乎！』似未免言之太過。其中小注引朱勝非《秀水閑居録》甚多，痛詆德遠、元鎮，幾無完膚，則當日朝局恩怨之詞，自不足憑，故李氏多加駁語。大抵每事博稽衆采，詳覈月日，平心折衷，於高宗一朝之事，繩貫珠聯，較之《三朝北盟會編》，尤覺條理精密矣。

玉皇廟僧送秋海棠兩盆。付花使四千，中元道場香資四千，關廟尼醫錢十千。廟在米市胡同，吾鄉杜尺莊徵君兄弟計偕嘗居之，今爲尼庵。 作書致賀幼甫并課題。得幼甫書。

邸鈔：上諭：御史劉綸襄奏江南鄉試兩省合闈，請添副考官一摺，著禮部議奏。 前甘肅寧夏府知府繼良授浙江杭州府遺缺知府。

十四日己巳 晴，下午微陰，甚熱。明日先君子忌日，以中元節，宜祀三代伊蒲之饌，今日先饋食先考妣特㲋一燖，鷄雙，肉肴五，素肴五，菜羹一，時果四盤，饅頭一大盤，杏仁湯一巡，酒三巡，飯再巡，茗飲再巡，晡後畢事。作致江寧許仙坪布政書，敘述平生及近日中外知好，頗以儷語行之，屬張拜庭持去。作書致族弟品芳，并《秋季搢紳録》一部，亦交拜庭附去。作書致爽秋，饋以燒㲋及蟹，得復。

剃頭。

邸鈔：上諭：譚鈞培奏已革鹽提舉虧款一摺。已革雲南黑鹽井提舉蕭培基，前因積欠鹽課等項銀兩，經岑毓英奏參勒追，迄今尚欠銀九萬餘兩之多，實屬玩延。蕭培基著即監追，並查明任所、寓所資財寄頓，一面咨行原籍，將家産一律查封備抵。該管鹽道鍾念祖在任八年，於所屬虧欠鉅款並不據實揭參，難保無扶同徇隱情弊，非尋常督徵不力可比。該員前經請咨引見，現回原籍。鍾念祖著暫行革職，並飭浙江巡撫飭令即回雲南清理前項積款，毋任遷延。鍾念祖，會稽人，不知其所自，蓋軍功雜流也。

十五日庚午　晴，甚熱，傍晚雲合有雷，密雨。懸曾祖以下三代神位圖，供素饌，并附祭仲弟、叔弟，晡畢事，焚楮鏹七挂。詣先賢祠行禮，供糖餈饅頭五大盤。又詣靈氾分祠及銅觀音堂拈香。晡後順涂詣朱苗生，不值。詣桑叔雅，久談，晚歸。夜雨數作。是日望。

十六日辛未　晴熱。書玉夫人三十日生日，饋以糕、桃、燭、麵、鞭爆、豚肉、蘋果、花糕等八事并銀二兩。子培太夫人生日，午後往拜，并送糕、桃、燭、麵。詣花農，不值，晡歸。得亞陶書，屬書花農所畫紗扇，即復。是日爲阿張所忤，怒甚，竟日不食。閲《建炎以來繫年要録》。

十七日壬申　晴，下午微陰。爲亞陶書扇，即送致之，得復。介唐來。閲《繫年要録》。

十八日癸酉　晴熱。閲《繫年要録》。其中及吾越事及先莊簡公事，爲《宋史》及府縣志所未載，或載而未詳者，條寫出之。

建炎三年冬十月壬辰　上至越州，入居州廨百司分寓。

十有一月丁未　以上至越州，德音釋諸路徒以下囚。

己巳　上發越州，先是丁卯以聞金人將自采石渡江，下詔移蹕浙西，爲迎敵之計。次錢清堰。夜得杜充奏，時充以宰相知建康府，金人至，棄郡奔真州。我師敗績。庚午，上遽回鑾，晚次越州城下，從官對於河次亭上。侍御史趙鼎言：『衆寡不敵，勢難與戰，宜姑避之。』宰相呂頤浩乃聚議航海，遂決策移四明。頤浩奏令從官以下各從便而去，上曰：『士大夫當知義理，豈可不扈從？若如此，則朕所至乃同寇盜耳。』於是郎官以下，或留越，或徑歸者多矣。案：越州城下當是西郭迎恩門，亭上當即永樂橋亭也。余家有池通運河，故老相傳曰避皇漊，疑即高宗次泊之地。

辛未　晚，上詣都堂撫諭將士，移御舟過都泗堰，不克，上命斧碎之。

癸酉　晚，上發越州，雨始作，自是連雨泥淖。

十有二月戊子　留尚書户部侍郎李迨於越州，俾調軍食。時駐明州，次日己丑幸定海縣，御樓船。定海，今鎮海縣也。

丙申　浙東制置使張俊自越州引兵至明州。

戊戌　金人陷越州。初，兩浙宣撫副使郭仲荀在越州，聞敵陷臨安，遂乘海舟潛遁。知越州、兩浙東路安撫使李鄴遣兵邀擊於浙江，三捷。既而衆寡不敵，鄴乃用主管機宜文字宣教郎袁潭計，遣人齎書投拜。敵引兵入城，以琶八今作巴哩巴。爲守。以下敘親事官唐琦袖石擊琶八事，已詳《宋史》及府縣志，不複出。史志敘李鄴降金事甚略，故載之。初，鄴之降也，提點刑獄公事王詡遁居城外，寮吏皆迎拜，朝散郎、新通判温州曾悳監三江寨，獨拒敵不屈。敵驅詡至城内，執悳，並其家殺之。悳死事，事已詳《宋史》及府縣志，惟不言其監三江寨。《宋史》謂其需次越州。初，上在越州，遣選鋒將梁斌、張進以所部屯諸暨縣。及是金使人招之，二人皆欲投拜，其下不從，乃與腹心數十人入城降敵。於是屬邑不降者，惟嵊縣宋宗年而已。李鄴之未降也，上奏言金分兵自諸暨趨嵊縣，徑入明州。

己亥　奏至，乃議移舟之温、台以避之。　庚子，上發昌國縣。今定海廳。　先是金分兵犯餘姚，知縣事李穎士募鄉兵數千，列旗幟以捍敵，把隘官陳彦助之。　敵既不知其地勢，又不測兵之多寡，爲之彷徨不敢進者一晝夜，繇是上得以登舟。李穎士事，府縣志已載之，惟不及陳彦事。又志稱穎士事本《建炎以來朝野雜記》，蓋誤。李微之於《要録》外更著《建炎以來朝野雜記》四十卷，余舊有之，似無此事。然《要録》所載，大氐本於王明清《揮麈三録》。

建炎四年春正月戊午是月甲辰朔。　金人再犯餘姚縣。金人自十二月癸卯及是月乙巳兩敗於明州，乃還屯餘姚，請濟師於完顔宗弼，以宗弼駐臨安，未嘗渡江也。

二月丁亥　浙東防遏使傅崧卿在婺州，聞敵去，遣前軍統制、添差通判衢州侯延慶以所部入越州。金人凡兩犯明州，以正月己未破明州，丙寅破定海縣，以舟師絶洋犯昌國縣。是月丙子自明州引兵還臨安，丙戌完顔宗弼自臨安退兵，其去越已數日。　敵之去越也，以兩浙提點刑獄公事王翿權州事，翿招義兵入城防守。　土豪仁和縣茶漕巡檢胡仁參以其衆入城，因與安撫司主管機宜文字宣教郎袁潭謀，執翿殺之。　于是崧卿就除直龍圖閣，知越州。

夏四月丙子　上次餘姚縣。以三月辛酉發温州，是月甲戌至明州。　海舟大，不能進，詔易小舟，仍許百官從便先發。

癸未　上次越州，駐蹕州治。

丙申　通議大夫、守尚書右僕射、同中書門下平章事兼御營使吕頤浩罷爲鎮南軍節度使，開府儀同三司，充醴泉觀使。　於是范宗尹攝行相事，遂留會稽，無復進居上流之意矣。

五月丁未　詔越州投拜官已放罷人，令吏部並與合入差遣。　先是有詔貸浙東官吏降賊之罪，正月丙辰。而知越州傅崧卿復奏罷之。三月庚申。左司諫黎確論其本出脅從，又言國家失信可惜，故有是命。

壬戌　詔行在職事官及鼇務官子弟並赴國子監別試。直龍圖閣、知宣州李光以守禦之勞，升右文殿修撰。

乙丑　朝奉郎盧伸監行在都進奏院。自軍興，此官久廢，至是始除之。録此及上國子監一條者，以見其時吾越所設官司之略。

六月戊寅　傅崧卿移知婺州。直祕閣添差兩浙轉運副使陳思錫知越州。

秋七月癸卯　斬神武前軍統領官胡仁參於越州市；宣教郎袁潭除名，韶州編管：坐與李鄴同謀投拜，又擅殺王翿故也。尋詔以翿死事，贈朝請大夫，官其家三人。既而言者以爲翿嘗降敵，比敵兵之去，遂以印付翿，不當褒贈。范宗尹主之。卒贈翿一官，録其子云。

庚辰　隆祐皇太后至自虔州。資政殿學士、權知三省樞密院事盧益，寧遠軍節度使、醴泉觀使孟忠厚，神武副軍都統制辛企宗扈從，上出行宮門外奉迎。后喜飲酒，上以越酒不可飲，令別醖，后寧持錢往酤，未嘗直取也。

庚寅　詔廢越州場務。自分榷貨務場於臨安，四月乙未。而商人不復至行在，故廢之。量留監官一員，打套出賣乳香而已。

九月甲辰　右文殿修撰李光充徽猷閣待制，知臨安府。

冬十月己卯　以久雨，放行在越州公私僦錢十日。自是雨雪亦如之。

十有一月庚戌　詔常程事並權住。自金人破楚州，游騎至江上，朝廷震恐，乃議放散百司，仍結絶三省樞密院文字。士民多奔竄者。

壬子　日南至。詔放散行在百司，除侍從、臺諫官外，吏、户、祠部、大理寺審刑、官告、御馬院、禁衛所、閤門、〔馬〕〔駝〕坊、御廚、皇城通進司、左内藏庫、省倉、權貨務並量留官吏，餘令從便寄居，候春暖赴行在。

癸亥　初，議者以爲越州三江口係通接海道之所，遂命神武右軍遣卒三千戍之。至是守臣陳汝錫言三江口乃平敞河地，中有民居，恐戍兵無以存泊，兼去城止十八里，請俟有警然後遣兵。從之。尋命以小海舟十艘，付軍中爲斥堠。

十有二月甲申　知越州陳汝錫以職事修舉，升直顯謨閣。

是歲，行在大軍月費見錢五十餘萬緡，銀帛芻粟在外，而諸路養兵之費不與焉。

紹興元年春正月己亥朔　上在越州。平旦，率百官遥拜二帝於行宫北門外。自是朔望皆如之。

辛丑　徽猷閣待制、知臨安府李光移知洪州。光以事與浙西安撫大使劉光世有違言，光世請避光。上曰：『朝廷方賴光世爲上流屏翰。然光數論事，意亦可佳。』乃徙光江西。案：李氏元注云：季陵《白雲集》載知洪州制及孫覿代知臨安制，恐誤。李氏蓋以季陵已於去年八月罷户部侍郎奉祠，疑兩制皆陵所草耳。然制載本集，不容有誤，或羼入他人所作也。《宋史》言除知洪州，固辭，乃提舉臨安府洞霄宫。

二月庚午　改行宫禁衛所爲行在皇城司。

夏四月庚辰　隆祐皇太后崩於行宫之西殿，年五十九。

甲申　同知樞密院事李回爲攢宫總護使。刑部尚書胡直孺爲橋道頓遞使。調三衙神武輜重越州卒千二百人穿復土。故事，園陵當置五使，議者以遺誥云權宜擇地攢殯，故第命大臣一員總護。汪藻撰《曾紆墓志》、王明清《揮麈後録》皆云紆時以江東漕兼攝二浙應辦，時朝論欲稱山陵，紆言宜以殯宫爲名，遂用之。不知草遺誥時，紆已與議否也。（原注。）

五月辛酉　翰林學士汪藻言本院出入，經由隆祐殿攢宫門，工役不便，乞權就本家供職。從之。案：此可考見當日即府署建置殿院之略。

六月丁卯　夜，寢殿後屋壞，宫人被壓者數人，吴才人驚悸得疾。翌日，上以諭輔臣，始令略葺州治。案：吴才人即憲聖慈烈吴后也。

壬申　宰相范宗尹率百官奉上昭慈獻烈皇后謚册於太廟。其文，參知政事秦檜所撰也。時太廟神主寓温州，乃即大善寺大殿上設祖宗寓室行禮。

丁丑　詔越州申嚴門禁。時有潰兵數百，直入行在，泊於禹蹟寺，闔城震駭。乃命諸門增甲士守視，命官親書職位出入。

己卯　昭慈獻烈皇后靈駕發引，上遣奠於行宫外門。百僚服初喪之服，詣五雲門外奉辭。

壬午　權攢昭慈獻烈皇后於會稽縣之上皇村，神圍方百步，下宫深一丈五寸。此下明器云云，皆詳《宋史》。

改寶山證慈禪院爲泰寧寺，專奉香火，賜田十頃。

八月乙丑朔　詔奉安天章閣祖宗神御於法濟院。以乘輿播越，神御猶在舟中故也。案：《嘉泰志》：院在府東南四里。

庚午　徽猷閣待制、提舉臨安府洞霄宫李光知饒州。時饒、信寇盜甫平，光方里居也。案：《宋史》及《嘉泰》《寶慶》兩志本傳皆失書知饒州，兩志并不及移知洪州事，蓋皆以未抵任，故略之。

九月丙申　新知饒州李光移婺州。

斬進義校尉李世臣於越州市。世臣與其兄敦仁、世雄並爲盜，攻犯江西、福建等路，（敦仁，虔州進士，以去年十月叛。）

四月間爲吕頤浩遣將所禽。敦仁乃降於朱勝非，旋復叛，次年三月始平。

辛亥　合祭天地於明堂，太祖、太宗並配。赦天下，諸州守臣更不帶節制管内軍馬，越州曾得解舉人並免將來文解一次，唐李氏、後唐李氏、後漢劉氏、後周柴氏、郭氏子孫並各與一班行名目。是日，以常御殿增筑地步爲明堂，上設天地祖宗四位，其位版朱漆青字，長二尺有五寸，博尺有一寸厚，亦如之。用丑時一刻行事，上親書明堂及飛白門榜。禮畢，就常御殿外宣赦書，以行宫門前地峻狹故也。

辛酉　新知婺州李光試吏部侍郎。

癸亥　以明堂禮畢，命同知樞密院事富直柔恭謝越州天慶觀。

冬十月壬申　詔行在置宗正一司，以武翼大夫、越州兵馬鈐轄趙仲蒸權行主管。

丙戌　晚，行在越州火，燔民居甚衆。

戊子　斬有蔭人崔紹祖於越州市。以僞造上皇手詔，自稱大元帥故也。

己丑　升越州爲紹興府，以守臣陳汝錫有請也。

斬修職郎李雱於都市。雱爲李成軍正，成敗，爲太湖令所獲以獻。案：都市即越州市，以時爲行在，故稱都。

十有一月丙申　吏部侍郎李光兼權侍讀。案：侍讀，當時所謂經筵兼侍讀，即知經筵也。

戊戌　詔以會稽漕運不繼，移蹕臨安。

乙巳　磔武義大夫、閤門宣贊舍人張琪於越州市。琪以建炎四年八月聚衆屯舒城爲盗，遂自襄安鎮渡江，犯建康、太平、池州、安吉、宣州、徽州、饒州，至是被擒。

乙卯　紹興府奏百姓路榮失火罪狀。上曰：『此灾不細，恐是天戒，不專爲榮罪，止杖遣足矣。』

丁巳　日南至。命資政殿大學士、提舉萬壽觀兼侍讀王綯祀昊天上帝於告成觀，初復舊禮也。

己未　命吏部侍郎兼權侍讀李光往臨安府，節制本府内外見屯諸軍，兼權户部侍郎，總領臨安府應干錢糧，卸納綱運，及修繕移蹕事務。

十有二月丁卯　吏部侍郎李光請復東南諸郡湖田。詔户、工部取會奏聞。初，明、越州鑑湖、白馬、竹溪、廣德等十三湖，自唐長慶中創立，案：鏡湖起於漢，《水經注》謂之長湖，非起於唐長慶。湖水高於田，田又高於海，旱澇則遞相輸放，其利甚博。自宣、政間，樓异守明，王仲嶷守越，皆内交權臣，專事應奉，於是悉廢二郡陂湖以爲田，其租米悉屬御前，民失水利，而官失省税，不可勝計。光奏請復之，既而上虞縣令趙不摇以爲便，遂廢餘姚、上虞二縣湖田，而他未及也。案：莊簡此請，它書皆未見。

辛未　夜，行在紹興府火。

乙亥　詔立賞錢千緡，有妄言火灾者，許人告捕從軍法。時都人訛言太史局奏是月望復有火灾，故禁之。

戊寅　以彗出會稽，許臣民實封言事。元注云：按此手詔甚詳，而日曆不載，蓋失之也。慈銘案：《高宗紀》故不書。

丙戌　詔大理寺且留紹興府，俟勘斷見禁公事盡絶，赴行在。

壬辰　詔以冬寒，命有司振給行在紹興府居民不能自存者。其後移臨安，亦如此例。

紹興二年春正月癸巳朔　上在紹興。是日從官以下先發，以將還浙西也。

戊戌　祕閣修撰、知紹興府陳汝錫責授汝州團練副使，漳州安置。先是，手詔因軍期所須索之物，令州縣以印榜實數科理，毋得多取於民。汝錫受詔，不行知屬邑。侍御史沈與求劾之，下臺獄。

法寺當汝錫私罪，該恩原免。右僕射秦檜惡汝錫，特有是命。

資政殿學士、提舉臨安府洞霄宫張守知紹興府。

壬寅　上御舟發紹興。神武右軍都統制張俊、中軍統制巨師古以其軍從，留右軍統制官劉寶收後。以吏部侍郎李彌大權知紹興府，節制内外軍馬。時百司先渡江，扈衛者獨執政與給事中、直學士院胡交修，中書舍人程俱，侍御史沈與求而已。晚，執政登御舟奏事，上至錢清堰，乘馬而行。

甲辰　上次蕭山縣，顧見帷幕華焕，問輔臣：『得毋擾民乎？』輔臣奏：『聞之縣令劉皡民，盡出庫金。』上曰：『斂不及民爲善。』

丙午　上至臨安。

二月丁卯　尚書吏部侍郎李光試吏部尚書。

案：以上撮舉高宗駐越時事有關州里者，擬依《咸淳臨安志》例，名曰《南宋行在録》，别爲《紹興府志》中之一門。其涉先莊簡公事當别出之，以近謀刻公集，故備寫諸條，將并《宋史》本傳及《嘉泰志》《寶慶續志》兩傳爲集後附録。自此以下皆衹録公事迹。

甲戌　吏部尚書李光爲淮西招撫使，神武前軍統制王𤫉副之。吕頤浩欲討韓世清，乃託言路進等諸盜未平，命𤫉將前軍往捕，而以樞密院准備將徐文所部爲光親兵，仍命世清及江東統制官張俊、案：此當日所謂小張俊也。崔邦弼、王進、王冠、李貴等軍，權聽光句抽使喚。事干軍政，待報不及者，許便宜行訖以聞。

癸未　淮西招撫使李光發行在。户部尚書李彌大兼權侍讀。

三月壬辰朔　淮西招撫使李光執江東安撫大使司都統制韓世清於宣州。初，光與副使王𤫉將忠鋭神武軍合萬餘，以辛卯晦抵城下，時日已暮，隔溪而營。世清將迎謁，其濠寨將曰：『不可。李尚書往淮西，而下寨甚嚴，非過軍也，必有謀耳。』世清曰：『我何罪！』遂將親兵千餘人來謁。是夜，光與瓔共議。翌日，世清率諸將來賀月旦。守臣具食，瓔先以甲士守其從者。光謂世清曰：『得旨揀軍往淮西，可批報諸軍，令素隊出城。』世清欲上馬，馬已持去。光命持黄榜入城，統領官楊明、吉榮聞之，諭其徒擐甲毋出。世清不得已，批報諸軍，衆乃聽命，擇其壯者五千餘人隸神武軍，餘許自便。光又得世清所用舟九百艘，帛七千匹，遂執世清以歸。其中軍統領官趙琦先以精鋭二千討賊於建昌，亦命琦赴行在。案：李氏自注引熊克《小歷》云：世清在江東，彈壓有勞，民間惟恐其去，畫像祀之。時吕頤浩方招安張琪，而世清襲擊琪，破之。頤浩以世清壞其事，故不樂。後徽人翟汝揭在言路，嘗欲爲世清辯白而未果。按《日曆》，吕頤浩未相時，上屢以諭范宗尹，則當時言世清可疑者，不特頤浩也。慈銘案：《宋史》及兩《志》俱言世清擅據倉庫，調發不行，莊簡請先事除之。及行，於上前面禀成算，宰相以不預聞，怒之，故未至行在即除江東安撫大使。是簡莊此舉出高宗之意，時宰相頤浩與秦檜也。未幾，頤浩與朱勝非當國，簡莊遂落職奉祠也矣。

戊戌　資政殿學士、江東安撫大使葉夢得提舉臨安府洞霄宫。吏部尚書李光充端明殿學士、江東安撫大使，知建康府，兼壽春府、滁、濠、廬州、無爲軍宣撫使，仍命以親兵千人之任。光奏直祕閣宗穎爲參議官，迪功郎胡珵主管機宜文字，從之。

癸丑　詔揀樞密院水軍統制官張崇精鋭三千五百人隸李光，即建康屯駐。崇，李允文部曲也，有衆僅五(萬)〔千〕。

夏四月乙酉　夜，太平州軍士陸德作亂，囚守臣左朝奉大夫張鐔，殺當塗縣令鍾大猷，閉城自守。江東安撫大使李光聞變，遣統制官耿進，右奉議郎、通判建康府錢需率兵水陸捕之。

閏四月辛卯朔　遣内侍衛茂實往紹興府津，送所留宫人赴行在。此條當入《南宋行在録》。詔知太平州張錞令安撫大使司追攝取勘，陸德等特與放罪。既而聞德不服，乃命知池州王進舍兵進討，又詔李光親往視師，未行而城破。

丁酉　左朝奉郎、提舉江州太平觀孫覿除名，象州羈管。先是，李光爲吏部侍郎，上疏論覿知臨安府盗用助軍錢四萬餘緡，下其章付大理，落覿龍圖閣待制。至是獄成，坐直千八百緡。有司言覿自盗，當死。詔貸死，免决刺，所過發卒護送。連坐流徙者又三十餘人。

戊戌　賜紹興府行宫復作府治。上謂時方艱難，宜惜財用，若别建府第，益煩費矣。案：行宫作府治，已見《嘉泰志》，惟不載高宗語。此條當入《南宋行在録》。

己亥　詔移紹興府榷貨務都茶場於臨安。此條當入《行在録》。

辛丑　詔武德大夫、忠州刺史、閤門宣贊舍人韓世清特處斬。

庚戌　復太平州。先是江東安撫大使司統制官張俊、耿進攻城，未能下。知池州王進以所部赴之，陸德等受招。王進先入，耿進自西門、張俊自南門入。俊執德以獻，伏誅。其後二人交訟其功。詔李光究實。光上進案：此謂王進。等及軍士五千八百餘人功狀於朝。

五月庚午　賜江東安撫大使司折帛錢十萬緡，爲修行宫之費。時李光言建康自一都會，望朝廷略示經略之意，故有是命。

六月己亥　江東安撫大使李光乞行宫比臨安增創後殿，仍修蓋三省、樞密院、百司及營房等。許之。其後上手詔光，第令具體而微，毋困民力。輔臣進呈，上曰：『但令如州治足矣。』案：莊簡意在去臨安，進駐建康，爲圖規復中原之計，高宗實不欲行，故止令略修而已。

甲辰　江東安撫大使李光言近緣朝廷除呂頤浩都督八路諸軍，僞地震恐，遂聲言八月金人分道入寇，此固不可不慮。望專任大臣密加措畫，凡諸處探報，乞送頤浩與臣覈實聞奏。今王彥先盜據壽春，滋長不便，請使頤浩至建康首議過淮。若頤浩病勢未減，臣當遴選五六千人，召募敢死之士，身自請行。若止遣兵將，萬一失利，遂使敵人得以窺伺，愈無忌憚。詔光申督府措置，不須躬親前去。案：呂頤浩以五月間總師次常州，其前軍將榮州團練使趙延壽所部忠鋭軍叛於吕城鎮，於是頤浩稱疾不進，故莊簡上此疏。其後頤浩旋自鎮江入見，赴都堂治事，遂深仇莊簡，與朱勝非比而去之，而高宗之不悅公亦始於此矣。

九月甲子　直徽猷閣郭偉爲淮西招撫使。初，江東大帥李光聞僞齊王彥先於壽春鳩兵聚糧，奏言廬州王亨、濠州寇宏、六安謝通兵力單寡，恐透漏過淮，則大江之外，盡入賊境。乞兵五六千人，并乞近上文臣一員往廬州屯駐。未及行，光又言本司參議官宗穎乃宗澤之子，以其父故爲諸將所愛，又其人亦慨然有忠憤之氣，望假以制置或招撫使副之名。詔光別選文臣一員充招撫使。案：不用宗穎者，以宗忠簡守東京日力請還汴，爲高宗所不悅也。

乙丑　初命沿江岸置烽火臺以爲斥堠，自當塗之褐山東、采石、慈湖、繁昌、三山，至建康之馬家渡、大城堙，池州之鵲頭山，凡八所，旦舉烟、暮舉火各一以爲信，有警即望之。用李光請也。

丙戌　端明殿學士、江東安撫大使兼知建康府李光落職，提舉台州崇道觀。以言者論之也。先是，光嘗遺呂頤浩書，稱李綱凜凜有大節，四裔畏服。頤浩以白上，上曰：『如此等人，非司馬光、富弼，誰能當之！』頤浩因言光與其儕類結成黨與，牢不可破。上以爲然。案：高宗深惡李忠定，嘗屢言在靖康時結黨之罪甚大，與蔡京並論。頤浩亦力沮忠定，是月方與高宗言忠定朋黨，與蔡京一體，胡安國亦新以薦忠定被詰責，特以名重不敢殺之耳。時雖起爲湖南安撫使，而去其大字，且止領一路。頤浩方議罷之，而莊簡書言如此，故爲君相所深怒矣。撰高宗之惡忠定者，實以靖康時力主守京師之議，恐其當國，必不肯退避東南。而黄潛善首勸南走，又素與忠定忤，故雖天下切齒其誤國，而高宗始終念之。張德遠、朱勝非皆仇忠定，遂見信用。張尤痛劾之，深當帝心，故委任獨專，恩禮獨厚，屢稱其忠，雖喪陝西而眷不替。及秦檜得政，張亦罪廢，而不遠謫。甚矣，高宗之愚而愎也！其始在越，敵甫渡淮而即遁至明州。其後方自海道還，聞金人破楚州，而又放行在百官，爲再遁計。其於金，則始請稱藩；至奉正朔，與金帥諸書，哀鳴苦求，無所不至；迨後和議成，終出於稱臣納幣。其於劉豫，則稱以大齊，至以金幣致其子麟而不見納，雖本國文疏，亦稱爲劉大總管，且厚恤其用事之臣如張孝純、李鄴等，家屬皆授以厚禄美官。其於夏，則目爲兄弟之國，不敢頒曆。皆不恤卑辱以博其歡。自來中興之君，蒙面喪心，無如高宗者矣。

案：以上諸條皆《宋史》及兩《志》所未詳或竟不載者，故録之，餘不悉出。

十九日甲戌　晴微陰，頗熱。伯循來。得張公束閏月十一日豫章書，并新刻所著《説文佚字考》一册。

邸鈔：上諭：前據御史蔣鎮嵩奏參湖南巡撫卞寶第昏惰貪污，任用劣員各款，當派大學士恩承、侍郎薛允升馳往查辦。復據御史屠仁守奏卞寶第傲惰乖戾、委任私人，翰林院侍講學士龍湛霖奏湖南地方官諱匿盜劫重案，署理提督李勝貪劣營私各摺片，先後諭令恩承等一併查奏。兹據奏稱：卞寶第被參貪劣等款，均無其事。淮商岸費係從前奏准之款，此次由該商公稟，自願解交，以作緝私之用，該撫並無徇私入己情事，亦未提用善後局公項。近年該省各屬盜案三十三起，未破者僅三起。本年三月間武陵縣匪徒滋事，該縣李宗蓮當即請兵剿辦，先後拏獲首要各犯正法，並未延緩消弭。署提督李勝查無貪婪廢弛各情。卞寶第、李勝即著毋庸置議。道員但湘良管理釐務，較前多收，總兵龔繼昌並未虚伍冒餉，亦毋庸置議。桃源縣知縣朱益濬因村民與書差滋鬧，輒以風聞匪黨滋事等詞張皇具禀；前署道州知州錢紹文屢被參劾，不孚衆望：均交部分别議處。道員莊賡良、道州知州段長佑等參款雖無實據，惟指摘紛乘，俱遭浮議。莊賡良著徹去差使，使與段長佑等均交卞寶第隨時查看，毋稍瞻徇。湖北鄖陽鎮總兵龔繼昌以實缺人員管理本籍營務，易滋口實，著即飭回本任；其所帶防營，該撫另行派員接統。該省既有岸費，足資辦公，所有此次續捐之款即行裁革。近來各省遣勇，大半皆無業之徒，加以會匪莠民句結煽誘，全在地方文武認真防範，消患未萌。卞寶第身任疆圻，責無旁貸，務當督飭所屬力行保甲，並會同該署提督，酌派防營實力巡緝，用副委任。武陵縣等處在逃匪犯並著嚴飭緝拏，以絶根株。上諭：曾國荃奏籲請陛見一摺。曾國荃著來京陛見，兩江總督兼辦通商事務大臣著裕禄署理。湯聘珍補授雲南鹽法道。

二十日乙亥　晴陰埃餲，復熱。陸漁笙來。爽秋來。余壽平來。是日買南監本《遼史》《金史》各一部，及《明史稿》，共直銀二十三兩；又買朝衣朝裳一副，十四兩。織金紗蟒袍一領，■兩。羅衫一領，五兩。共銀三十二兩。作書致介唐，得復。

二十一日丙子　辰正二刻二分白露，八月節。晨陰，上午霡陰，傍午後晴陰相間。朱苗生來。殷蕚庭來。書玉夫人來寧。同鄉貢比部成綬嫁女，送禮錢四千。爲孟生書楹聯。閲《遼史》，中多順治、康熙間修補之葉。夜二更雷電大雨，三更後晴。

邸鈔：詔：新設雲南臨安開廣道著□□□□湯壽銘補授。

二十二日丁丑　晨晴陰不定，上午後晴，下午微陰。孟生來辭行，屬以還里時催品芳營西亳墓田事。敦夫來。介唐夫人來。洪右臣爲次子娶婦，送賀錢六千。閲《金史》。作書致子培，借殿本《金史》，得復。

邸鈔：以內閣侍讀學士良培爲鴻臚寺卿。

二十三日戊寅　晴熱。作書致傅節子閩中。節子近攝知建寧府也，屬其代購閩人文集數種及陳樸齋《齊魯韓三家詩遺説考》十五卷，以祠目十册遺之，且爲孟生道地。庚辰同年知會翁曾源修撰卒於家，付公奠禮錢四千；作書致花農，商别具一奠。作片致爽秋，以初定廿六日公餞繆右臣游歷俄國，傅懋元游歷美國，右臣以是日戒行辭，屬爽秋更約子培、芾卿，得復。霞芬來。爲孟生摺扇畫桐廬江山水一角，頗足自怡，夜翦燈補足之。董思白謂燭下畫山水，别有意致，余今日用青緑，亦欲以試老來目力也。

二十四日己卯　晨霒陰，上午雨，下午稍止。作復何竟山閩中書，又致孫子宜書，皆屬孟生附去。閲《金史》。得花農書，即復。孟生來，告明日行。傍晚詣霞芬家，赴漁笙之飲，坐有敦夫、書玉、介唐、介甫、爽秋。食單頗精，談會彌劇。余招梅雲。夜四更歸。

二十五日庚辰　竟日陰雨。周介甫來。得賀幼甫書，并望課卷。竟日閲《金史》。其文辭鄙僿而支蔓，雖多本之元遺山野史亭稿本，而纂修時又有歐陽原功諸人，乃絶不見史裁佳處，至多不成句讀。蓋當日紀載皆俚俗之詞，無能爲之潤色也。

邸鈔：命大學士額勒和布充崇文門正監督，都統巴克坦布充副監督。

二十六日辛巳　晴，晨及上午西風甚勁，頗寒，午後漸暖。上午詣敦夫小坐，即至萬福居偕爽秋同邀蔡松甫、繆筱珊、傅懋元、王芾卿、介唐、子培飲，傍晚始散。是日繆右臣不至，懋元頗欣欣有得色，可謂人各有志矣。芾卿已傳充軍機章京，以廣西人謝元麒郎中病歿也。元麒字子石，頗能畫山水，與光甫同直軍機，甚相善，由候補内閣侍讀以刑部郎中升用，丙戌成進士，卒不補缺而死。新放日本使臣李興鋭以病不能行，今日復以黎庶昌出使日本。付客車飯十三千，酒保賞五千，車錢七千。

二十七日壬午　多陰少晴。作書致繆筱珊，借得鈔本先莊簡公《讀易詳説》兩册，共十卷。書已久佚，《四庫》從《永樂大典》輯萅而成者。作書致周介甫，爲介甫欲賃居對門張氏宅也。得王廉生書，以漢長宜子孫鏡及新模法梧門詩龕本毛西河、朱竹垞兩先生小像見詒，即復謝，犒使六千。天津門下士羅生清源及其子應淮修牘請安，并寄來一苞，内蝦脯、魚鯗、甜醬、菽乳共四事。余初頗怒，欲却還之，既閲院籍，生年老矣，或以貧甚而求潤膏火，或以感知而修敬，饋物一見擲還，恐滋愧赧，且物微甚而半朽腐，姑受之。夜閲陳樸齋《毛詩鄭箋改字説》。是晚有西風，頗凉，始用棉衾。印結局送來是月公費銀十八兩。

二十八日癸未　晴暖。作復趙桐孫順德書，致周玉山書，致賀幼甫書，并是月學海堂課題。得子培書。閲《金史》。金熙宗以天會十三年正月即位，九月追尊其父宗峻爲景宣皇帝，廟號徽宗；而宋徽宗於是年四月以昏德公卒於五國城，時爲高宗紹興五年，歲在乙卯，至七年丁巳始聞喪，遥上廟號亦曰徽宗。可謂巧合矣。

邸鈔：以内閣學士沈秉成爲廣西巡撫，未到任以前，仍以布政使李秉衡護理。

二十九日甲申小盡　晨晴，上午晴陰相間，下午多陰。竟日閲《金史》。史之繁釀，錢竹汀氏已言之，然所載冗複處尚有不盡者，今日略增注數條於《廿二史考異》眉端，兹不復出。郭子鈞來。洪右臣來謝。介唐來。付崇效寺地藏齋錢四千，保安寺齋襯錢八千。得繆筱珊書，并其從弟右臣所繪秦淮小景團扇，言右臣以初二日行，即復。

八月乙酉　晨及上午陰，有風甚凉，下午晴。閲《金史·后妃傳》及《忠義》《文藝》《孝友》諸傳。頗有法，敘贊亦皆簡絜。《文藝傳》大氐本遺山也，其它傳亦間有佳者。子培來，久談。作書致花農，爲公送翁修撰曾源素障也，得復。子培、茀卿、花農及余四人。剃頭。

邸鈔：以工部右侍郎徐用儀兼署刑部左侍郎。以記名提督孫金彪爲陝西漢中鎮總兵。詔：二十四日换戴暖帽。

初二日丙戌　晴。黄漱蘭來。前湖北糧道素麟爲舜臣來謝吊，秋坪師之從子也。得亞陶書，爲明日奠翁修撰事，即復。得子培書，即復。作書致花農，爲亞陶令弟奠分事。叔雅來。介唐來。晡後視桂卿疾。詣楊莘伯，不值。詣花農談，夜歸。閲《金史》。夜飯後不快，久坐，適家人祀竈，用盲翁鼓詞，亦戲聽之，當兩部鼓吹也。付滕衣估銀十九兩四錢。

初三日丁亥　晨陰，有微雨，上午陰，下午晴陰相間，夜小雨，有雷。得吴澂夫二月廿三日上海書，言滬中將石印《經策總録》，分前後二編，曰《經學輯要》，曰《策學備纂》，鈔寄略例，乞余爲序。得陳晝卿七月廿一日山左書，言朗齋中丞已以第三女許示子縝之子。子培來。下午詣長椿寺吊翁仲淵，晤叔平師。出詣黄仲弢，久坐，王廉生、王可莊亦來談，至日落而歸。竟日不食，亦不覺飢。夜閲《金史》，至三更後始寢。世宗之賢，三代後所僅見，而所任用皆庸庸保位，有君無臣，此史臣所以致慨也。《酈瓊傳》言宋、金用兵之異，真當時實録。

初四日戊子　竟日多陰，晚密雨數作，有雷。閲《金史》。下午於毛、朱兩先生小像過録翁覃谿詩跋及所寫鄭芷畦原跋。是圖本芷畦所繪，乾隆中羅兩峰模之，嘉慶初法梧門又屬朱野雲鶴年模之詩龕，而覃谿爲之跋。今所傳皆詩龕本也。惟《西河詩話》云：『康熙四十年三月，予與朱竹垞諸子過湖上，作三日游。』而芷畦跋言在壬午三月，與竹垞先生同寓昭慶經房，西河先生來邀與竹垞同游。壬午是四十一年，覃谿謂當從芷畦。余按《曝書亭集》卷二十西湖諸紀游之作，亦題重光大荒落上巳後；又卷六十八《靈隱寺題名》末云：『康熙辛巳三月，同游七人，期而不至者毛大可。』兩公自記詩文，皆不容有誤也。夜介唐來。付翰文齋《遼》《金史》《明史》等直二十一金。

邸鈔：以内閣侍讀學士奎焕爲太僕寺少卿。翰林院侍講學士錫鈞轉侍讀學士，以左春坊左庶子岳琪爲侍講學士。

初五日己丑　晴，上午有風，下午微陰。得徐仲凡七月廿二日里中書，言西梟朱鶴山勢峻削，不可營葬地。作書致仲弢，并題畫卷還之。得子培書，借《宋史》，即復。傅懋元來辭行。周介甫來。下午詣廣惠寺唁徐亞陶弟子梅之喪，送奠禮票錢十二千。晤子培、芾卿、仲弢、濮梓泉，傍晚歸。夜半腹痛疾作，五更益甚。

初六日庚寅　晴陰相間。病甚，肝厥歐逆，請書玉來診。夜厥逆危甚，書玉復來診。

邸鈔：荆州右翼副都統英秀卒。詔予褒恤。以德禄爲荆州右翼副都統。

初七日辛卯　酉初二刻十分秋分，八月中。晴，有風。病甚。書玉來。敦夫來。汪幹庭吏部來診。夜服藥，仍歐逆。

初八日壬辰　以後晴雨俱不能記，是日似陰寒有風聲。書玉來診。介唐來。天津郡守汪子常來，不能見，聞以醇邸疾甚，奉召來醫者也。

邸鈔：鴻臚寺少卿徐承煜升光禄寺少卿。

初九日癸巳　病甚，書玉來診。自病起以來，醫藥雜投，咽以下皆不相關，腰腹楚痛不能轉側，不知昏曉，不内溢米，惟口乾苦甚，屢飲龍井茗，香甘如玉液，間以枇杷露、藕汁而已。心神所注，在天台華頂間，飲澗泉，食松花，非特雲門、若耶，猶厭塵滓，即國清、天姥，猶覺近人。所期一旦脱然聳身丹崖翠嶠間，侶猿鶴，食佳果，畢吾世焉。敦夫來。

初十日甲午　病甚，思食果，削水白梨一枚及蒲桃食之。介唐來。署吏送來秋冬季奉銀八十兩。

十一日乙未　晴。病甚，書玉來診。上午强扶起坐床上，看《新羅山人畫册》自遣。得品芳弟七月廿八日家書。得花農、子培問疾書，皆不知何日來者也。夜大溲下。是日口乾苦如昔而不喜飲茗，以鮮藿香、玟瑰花於小壺中瀹水飲之。

十二日丙申　病甚，似將下利。昨雖宿屎下，而肝气如故，胸腹絞痛，常作鹿盧聲。介唐來。蕚庭來。子培來。是日忽思鹹食，夜以蝦乾瀹菜湯飲之，甚有滋味。

十三日丁酉　晴。病甚，閱方書自遣。傅懋元來。懋元以將出洋，乞余書扇，已諾之，病中思此，亦是一未了事。司廚饋肴饌一僉，余能復食此乎！慧叔弟饋果餌，問疾。介唐來。

十四日戊戌　晴。病甚。書玉來診，用亭歷湯，前已服之矣，今日復用三錢，余以其苦寒，屬去之，不可。過於攻伐，未審思也。敦夫來。介唐來。是日下午已頗思食，略用鴨肉、魚翅瀹粳麵食之少許，亦能容内。夜初服藥後腹遂痛甚，夜分利下，狼藉床蓐矣。

邸鈔：前雲貴總督劉長佑卒。詔：劉長佑持躬端謹，辦事老成，由拔貢生效力戎行，迭著戰功，洊擢監司，旋膺疆寄，歷任兩廣、直隸、雲貴總督，於地方事宜盡心籌辦，克稱厥職。兹聞溘逝，軫惜殊深。著照總督例賜恤。該故員有無子嗣，著卞寶第查明具奏，候旨施恩。

十五日己亥　晴。病利，晝夜數十下，皆白如膏，不凝而流，腹痛劇，危甚。遍謁召諸醫未至。桂卿來診，用人參、猺桂、杏仁、甘草、黄蓮、烏梅、白芍、回香，以寫心湯加減。夜月甚佳，不得一見也。是節不及處分鋪帳，止付松竹齋銀十五兩，滕估衣銀十五兩，宜勝居、萬福居酒食銀五兩，内人節銀十兩，冰姑六兩五錢，王姬五兩。

十六日庚子　陰，有風。利晝夜仍數十下，危甚。桂卿復來診。得陶少篔廣州書，誤記予今年六十，饋銀八兩，午時茶十匣。夜雨。五更時夢已坐輿入冥中行，後聞家人哭聲，胸中坦然若無事也。

十七日辛丑　微晴多陰。先妣忌日，飭家人灑掃供饋。利小減，尚二十餘下。歸安凌初平通判來診。桂卿來診。徐亞陶來。服初平方，用人參、麥冬、懷山藥、大生地、甘草、白芍、百合、阿膠、烏梅、訶子肉。

十八日壬寅　晴。病甚，利小止，尚十餘次。連舍人文冲來診，用老山參、麥冬、山萸肉、生黄芪各三錢，五味子一錢五分，烏梅一枚，紅棗十枚。子培來。敦夫來。介唐來。卧閱《通鑑》自遣。

邸鈔：左庶子鳳鳴升翰林院侍講學士。

十九日癸卯　泄利漸止，胸腹尚鼓張。桂卿來診。伯循來。徐班侯來。子培來。書玉來。仲弢來。介唐來。是日對客稍能語言，气息尚甚微也。凌通判、連舍人言所下全是臟府脂液，並不是利。凌君言亭歷殺人，無異麻黄，一汗即死，繆仲醇《本草疏》嘗痛言之。醫家向以治腸癰，不過用八分，極多至一錢，古方治傷寒大熱，必與大棗並用。然余粗習藥性，見《神農本草》言其辛寒破結气，亦不料其害至此也。比日聞合肥與美國大商米建威議開華美銀行於天津，擬借洋債，息銀四釐，立約十餘條。米建威以開礦致富至萬萬，爲奸駔之尤，所至竭澤，諸國夷商皆畏之。近日漱蘭通政、伯希祭酒皆上書劾合肥，已有廷寄止之矣。得季士周常熟書，告其母夫人三月之訃，言將以十月合葬，具行述來催墓志。

邸鈔：上諭：曾國荃奏統兵大員積勞病故，臚陳戰績，請旨優恤一摺。頭品頂帶記名布政使劉連捷秉心忠摯，謀勇兼優，於咸豐、同治年間轉戰湖北、江西、安徽、江蘇等處，身經千數百戰，收復大小城隘百餘處，同治三年克復江寧省城，厥功尤偉。嗣於光緒四年經曾國荃派往包頭一帶駐防，六年移軍山海關屯守，十年派赴沿江等處扼紮，歷著勳勞，深資倚任。兹聞溘逝，軫惜殊深。著照布政使軍營立功後在營病故例從優議恤，加恩予謚，原籍及立功省分建立專祠，由地方官春秋致祭，並將戰功事蹟宣付國史館立傳，以彰忠藎。

二十日甲辰　晴。更衣數次，仍有白利。桂卿來診，言是气利，用參及防風、炒生西芪、陳米、炒麥冬、土炒白芍、東壁土、炒懷山藥。近日自淩初平用藥，皆加拌炒之法，用心甚密。是日始粥飯，朝夕一溢米。

二十一日乙巳　晴。閱惠氏《後漢書補注》。書玉來。

二十二日丙午　晴和，上午有風。夜子初二刻五分寒露，九月節。作書致子培。作片致萬薇生，爲季氏墓志事。介唐來。可莊修撰來。仲弢來。爽秋來。慧叔弟來。桂卿來診。聞敦夫得家書，遭騎省之慘。付司廚銀八兩又錢八千，付賃屋六金。

邸鈔：上諭：成孚奏南岸鄭州下汛，十堡河水漫溢，請將文武員弁懲處，並自請懲治一摺。本年八月間，上中兩廳河工猝生鉅險，河自滎澤塓圈灣下卸，鄭州下汛十堡迤下無工之處堤身走漏，水勢抬高數尺，由堤頂浸過，刷寬口門三四十丈。在工員弁疏於防範，實屬咎無可辭，該河督請一併革職，尚屬過輕。上南廳同知余濆、上南營守備王忻、鄭州州判余嘉蘭等均著革職，枷號河干，以示懲儆。署開歸陳許道李正榮著摘去頂戴，交部議處。成孚督辦河防，是其專責，乃未能先事豫防，亦難辭咎，著摘去頂戴，革職留任，仍督率在工員弁趕集料物，設法搶辦，務期迅速藏功，並先行盤築裹頭，以免再行坍卸。至該處漫口，據稱附近居民先經遷移高阜，尚未損傷人口，業經集捐撫恤。其較遠村莊及漫水經行被淹之處，著即會同倪文蔚查明具奏，一面將灾黎迅飭振撫，毋任流離失所。至南北兩岸正河工程並中河三、四堡等工，仍多險要，並著嚴飭該道、廳等妥慎修防，毋稍疏懈，是爲至要。聞此次决口，實至三百餘丈，民死者亡算，黄水直灌至高郵邵伯湖、清江浦，甚形危險。已有旨令曾國荃暫緩陛見，往視河工矣。余潢，大興監生，山陰人，世爲胥吏，蚩鄙委瑣，官河南二十餘年，久任斯缺，歷署繁要，揮金結交，聲勢灼甚，終底於敗。以洪鈞補内閣學士，兼禮部侍郎銜。

二十三日丁未　晴。早孱起，出至書室檢書。鈔補《金史·文藝傳》一葉，又補寫《輿服志》脱字。作書致書玉。作書致敦夫，慰其喪耦。漱蘭通政來。蓴庭來。補寫日記一葉。此次大病幾死，今日頭足尚苦眩戰，作字手不能運指，且危坐腹甚痛，而不得竟廢觚翰。宋人詩云『微軀病轉尊』，信哉。

二十四日戊申　比日晴和。利止，腹尚痛，肝气猶痼結，孱食無味。梳頭。補寫日記。得敦夫書。伯循來。子培來。書玉來，爲託人轉購吉林參一兩，直二十金，又一匣，每兩四十金。余前日託連舍人代購一匣，每兩五十金，枝莖甚細，亦非佳物；又一匣，每兩十二金，余留其二枝重五錢，煎飲之，全是糖味。蓋近來吉林人采鮮參，皆以針刺孔，用冰糖浸之，數曬數浸，故參皆無用。今日取二十金一兩者先煎一枝，亦仍如蜜汁也。桂卿來診，言脉尚滯甚無力，肝絡受傷之甚，方用參及茯神、百合心、陳米、炒麥冬、鹽水炒甘枸杞及杜仲、土炒白芍，又青皮烏梅、小回香，皆過炒。夜分小雨。蘇員外玉霖爲子娶婦，送賀錢四千。

邸鈔：通政司參議載蕚升内閣侍讀學士。

二十五日己酉　晴，微陰，稍凉。作書致賀幼甫，并是月學海堂經古課題。作書致書玉，并參直銀四兩四錢。計用兩枝，重二錢二分。得桂卿書，亦託人轉購參來，其直貴者每兩八金，次六金，次三兩五錢。即作復，留六金者一兩，三金有半者一兩。介唐來。比日皆以豕胃及海參下饌，今日命庖人烹一鼇食之，欲以滋味養陰左藥物也。

二十六日庚戌　晴。浙紹鄉祠擇於今日祀神，不能躬與，託介唐爲料檢，到者十五人。作書致爽秋，還所作論、議各一首，得復。傅懋元再以書來催書扇，言今日即行，且來過兩次，不得已力疾爲畫『疏柳一旗江上酒，亂山孤棹道中詩』詩意，俾持之海外，觸目見吴興風景，如在故鄉也。得張子中中秋後一日揚州書，并見寄詩一首。得徐亞陶書問疾，即復。得楊莘伯書，惠雙燒鷄及頻果。是日見邸鈔，竹樓弟選遂安縣訓導。印結局送來是月公費銀三十二兩。

二十七日辛亥　晴。作書致花農，致莘伯。得倪儒粟書，以所繪秦淮小景摺扇爲贈，即復謝。王廉生來。作書致桂卿，還參直銀九兩五錢。得桂卿復。得詩舫弟七月七日書。余今春擬爲仲弟立嗣，欲買田十畝并弟所有六畝餘，繼詩舫第二子阿葭以奉弟祀，曾作書商之。詩舫今日來書，言季弟在日屢告家人，以望樓公所授産付其長子僧壽，以己所居積者付其次子僧喜，爲仲弟嗣。去年病篤，告諸兄姊此指弟言。謂不幸將死，所積無幾，以舊有者均分兩子，仍以僧喜繼仲弟。且涕泣曰：『我以受之所繼者歸本生，它人或有煩言；然我自過房後，艱苦勤儉，月日有積，今雖分其半，較之受産而耗費盡者自有間矣，人言亦不足恤。』其意有所指也。又遺言必與仲弟合葬。烏虖！弟之孝友如此，而平生未嘗以告我，蓋以余亦無子，恐傷我心也。今日弟殁已逾歲，始聞此言，卧病餘生，雁行永斷，思之痛絶，淚落盈襟。是日以昨夕忽患遺泄，痛楚特甚，腹中气逆轉苦眩瞀，瀹參飲之。付昨日鄉祠散胙肴饌三席銀八兩又錢八千，長班買牲果錢二十五千五百，又番燭、鞭爆、楮竇、麵供、茶水及雜用錢二十三千，酒錢八千八百。

二十八日壬子　晨微陰，上午晴，下午間陰。力疾至書室檢書。作復徐仲凡書，復品芳弟書，寄去。作書致書玉。朱苗生來。桂卿來診。是日去紗窗，糊以紙，去簾上風門。是日補付節帳，協泰鋪米銀二十四兩，同興公石炭銀九兩，廣慎厚乾果銀七兩五錢，吾慶昌乾果銀五兩，隆興厚紬布銀十五兩，聚福齋糕麵銀三兩六錢，同茂香油銀六兩二錢，德盛樓首飾銀十四兩五錢，甜水錢三十二千，便宜坊熟食錢二十四千，龍雲齋印祠目銀二兩六錢。

二十九日癸丑　晴。作復吴澂夫滬上書，略與言輯《經學要録》宜去、宜刻者約數十種。作復陶少篔廣州書，并予族姪恩圭書附入，託秦君廣綬附去。作復王子獻書，以子獻新選孝豐訓導，處吴興僻縣，其地荒陋，勸其不如舍去，仍主稽山。徐亞陶來。介唐來。得書玉書。是日藥中用川楝子，苦甚。石湖詩云：『化兒幻我知何用，祇與人間試藥方。』可歎也。聞盛伯希諸君今日往游盤山，我亦何時能理笻屐耶？爲之神往。

邸鈔：上諭：河南鄭州漫口，黄流奪溜南趨，沿河居民遭此水厄，困苦顛連，不知如何景象？深宫廑念，刻不去懷。欽奉皇太后懿旨：此次决口，爲害甚鉅，成孚奏到後，軫念吾民被灾之慘，忘寢減膳，昕夕不安，惘惻之懷，豈能言喻。著於宫中節省内帑項下發去銀十萬兩，交倪文蔚查明黄流經過被灾各地方，不分畛域，核實散給。該撫當仰體聖慈宵旰焦勞，遴派妥幹委員分途確查，迅速散放，庶灾區早沾一日之惠，朝廷早紓一日之憂，仍將辦理放振情形迅即馳奏。上諭：李秉衡奏因病懇請開缺一摺。護理廣西巡撫、布政使李秉衡著准其開缺，俟沈秉成到任後再行交卸。

三十日甲寅　晨及上午晴，下午多陰，晡後大雷雨。爲倪儒粟跋梁山舟行書《心經》卷。其自記云在乾隆辛亥時年六十有九，居葛林園爲僧本成書者，有奚鐵生、許周生、嚴修能諸君跋，前有阮文達題『烟雲自在』四大字。夜作復益吾學使書，言刻《續經解》略例。二更微雨作，三更後密雨，四更益甚。

邸鈔：以貴州按察使馬丕瑶爲廣西布政使。以漕標中軍副將田恩來爲山東兖州鎮總兵。上諭：近來各部院值日堂官及内廷當差各員，每遇召見，屢有遲誤不到者，殊屬不成事體。嗣後務當共矢慎勤，力戒玩泄，毋得再有曠誤，致干咎戾。吉林將軍希元奏請以新設伊通州之磨盤山巡檢改升爲磨盤山州同，作爲要缺，三年俸滿，以應升之缺升用，養廉銀四百兩，俸銀六十兩。揀派外委一員，募練步勇五十名額，設馬兵十六名，由該州同管帶。修築土城一座，城外挑挖城河一道，以資控制圍荒，保衛民生。飭部於曾任實缺正途出身州同内揀發二員來吉，酌量咨補。詔下部議。

九月乙卯朔　晨及午霒陰，下午密雨，有雷。方勉甫來。胡伯棨來。介唐來。勉甫約重九日飲粤東新館。得書玉書，即復。閲王祭酒擬刻《皇清經解續編》目録，爲之考訂。擬去五種，增四十七種，皆已刻已見之書，家法謹嚴，必當讀者。得王子獻八月十九日里中書及沈曉湖書。

邸鈔：以浙江督糧道廖壽豐爲貴州按察使。户部郎中王景賢授廣東高廉兵備道。刑部郎中世春授浙江督糧道。本任高廉道益齡病故。

初二日丙辰　晴，有風自西，下午忽雨，晡復晴。寫昔年題徐星伯《科名記考》五古致逸梧，以逸梧祭酒已刻此書，有信來索余此詩也。録昨致逸梧書於《越縵箋牘》。余致人書多有可傳，而無人録副，十不存一。此書頗及目録之學，恐所寄或致浮沉，故力疾寫出之，且稍加訂補。閲陳簡莊《經籍跋文》，朱述之《開有益齋讀書志》。子培來。鐵香來，夜談甚久。鐵香以前月之杪由粤還京，東朝召見，頗有温諭。今日言鎮南關外及太平府風景慘荒，殆非人境，萬山壁立，雲霧晦冥，經年不見日月，往往數百里無鷄犬聲。偶逢居人，雖懷中小兒亦無人色。有食魚蝦及生冷物者，輒病至死。其隨行司員工部關員外朝宗，開平人，以食一柑遂死，此則唐、宋謫宦者所未知矣。聞鄭州南決之河由江蘇東臺縣入海，邵伯埭諸堤盡決，已成巨浸，揚州城外水深二尺矣。此誠數百年未有之奇災也。前日翁、潘兩尚書遞連銜封奏，不知所言何如耳。夜二更後大風達旦，頓寒。

初三日丁巳　晴，有風，頗寒。得介唐書，即復。招年家子婁儷生至寓齋鈔書，以今日始。得花農書，饋笋乾、蓮子，作書復謝，還蓮子。諸暨駱博士騰衢爲其母夫人七十稱觴於增壽寺，余與博士之父越樵員外故交也，送禮錢六千，令内子往拜，更送糕、桃、燭、麵。殷蕚庭喪婦楊來赴，詒以藍尼輓障一軸，令張姬往唁其姬人。

邸鈔：禮部尚書畢道遠奏病未痊癒，仍懇開缺。詔准其開缺，以吏部右侍郎李鴻藻爲禮部尚書。詔：署湖南提督周盛波改實授。上諭：步軍統領衙門、巡視北城御史等各奏拏獲匪犯一摺。狗頭金五等十二犯。平日糾聚爲匪，聞拏復敢拒捕，實屬藐法已極，均著交刑部嚴行審訊，盡法懲治，以儆凶頑。在逃各犯仍著按名嚴拏，務獲究辦。該犯等均在興平倉内拏獲，監督文明、張碩士均先行交部察議。聞此等皆倉匪也，盤踞倉中百餘人，皆持火槍，官兵以六百人圍之，相持十餘日，始獲十餘人，兵弁多有傷者。　翰林院侍讀長萃升左庶子。

初四日戊午　晴。外舅馬公八十冥壽，供饋於廳事。郭子鈞來。是日肝气不舒，轉覺困憊，藥物久斷，無憀之甚，作《軒翠舫記》以自遣。

軒翠舫記

余以甲戌孟秋，由鐵門移居保安寺街，故閩浙總督季文敏之舊宅也。有屋二十餘楹，久廢不治，屋多穿漏，院宇荒茀，地窪陷以鍾水，墻土赭以蔓荆，狐鬽所宫，相戒勿入。

余課童僕，召匠役，以鉏以臿，以圬以旒，攲者立之，坳者平之，甓其中唐，周以廊廡。闢壤度隙，徙鐵門所植海棠二，丁香三，梧桐一，垂柳一，朱藤一，扶疏而栽之。土瘠以磽，惟丁香及藤得活。於是每歲中春，遍購佳樹，益補種之。而塙壤惡疏，月日繼萎。迺澆以清泉，易以肥土，僮力弗輟，歲事益勤，自是十年。東偏屋圮，斥以爲圃。圃西室二間，通之爲一，陝長如舫，三面啓窗，波黎洞明，一面爲户，隔以疏簾，藏書滿中，微風四來，牙籤響答。附室爲廊，外飾碧檻，朱闌護之。圃中有竹數十竿，有海棠、梨、柰、桃、李、紅杏、棗、紫荆各一，梧桐、常棣各二。被薜荔於東墻，環勺藥以短楏。名其廊曰花影廊，名其圃曰小東圃。室之北有欒枝二，榹桃二，紫、白丁香各一。其西間以朱扉，别爲小院，朱藤一架，覆無隙地，花時錦粲，朱霞滿天，緑陰交加，不知伏日。墻側有槐一，别有紫藤一本，附之而起，交花接葉，相競益高。名其室曰碧交館。其旁小軒，曰聽花榭。室之南有垂柳二，種之三次乃活，今皆合抱，高出屋山者丈餘。柳南有文杏一，迎春一，又丁香三，即所移者也。余以此室既具舫形，樹陰周合而缺其一面，取軒縣之義，名之曰軒翠舫，亦以出於僦居，有牽船就岸意焉。每至春分以後，上巳以前，新緑漸生，雜花互發，巡檐繞樹，把卷行吟，首夏清和，碧陰始滿，苔箭萌而解蘀，澤柳旄而下垂，往往粉染吟箋，絲縈研儿，花雨霑幌，絮雪撲簾，儗清供於山家，窮幽居之勝事。迨至薰風入津，長日如年，新蟬乍來，晴鵲時臬，萬卷横席，一榻當窗，午倦欲瞑，夢清乍醒，蒼翠匝於枕畔，映蔓比於壺中，茶香正濃，北風微動，輒灑然自喜，莞爾忘言，以爲箕潁不足誇，羲皇匪在遠也。或快雨初過，夕陽欲出，高柳弄色，餘映在霄，每誦鄭君『柳爲諸色所聚』之言，又歎尚書之雅詁，艷奪騷人，經師之賦形，思通畫苑。故雖幽憂多疾，窮老無歸，而羈禽託一枝之安，勞魚得歸涔之水，性命所寄，在此室矣。况此街也，順治時，則成青壇相國居之；康熙時，則王漁洋尚書及邵青門、陸冰修皆寓焉；乾隆時，則梁侍郎敦書居之，嘗移保安寺之奇礓石於其宅。而翁覃谿閣學之詩境軒，即在余對門，今已分爲二：一屬歙縣曹氏，比年張温和尚書家賃居之；一爲清江館矣。而阮亭宅有老樹，余門首有老杬，大十餘圍，亦百餘年物，或即王、邵諸君所婆娑觴詠者也？

烏虖！余生五十九年，自幼至壯，三十年皆在里巷，自是流轉南北，不常厥居。今居此者，十有四年矣。雖慚庾信之小園，同夢得之陋室，以平泉緑野視之，不過比於鷄栖，等之螘垤。然而朝晴夕雨，雁後鶯初，景物所需，取供已足。夫林類之樂，終身以無子孫；叔孫所居，一日必葺墻屋。是則種花培樹，視同子弟；穿池結屋，何問主賓。課一畝之生機，驗四時之和气。守柱下之拙，學金門之隱。雖竊吹於郎署，幸寬假於長官，無朝謁之勞，免吏事之責。優游園圃，俯仰琴書。所以備記室廬，并疏花木，冀風流不沬，來者可徵。竭經濟於蝸廬，占獨樂於鼠壤。俾知解嘲揚子，亦有草亭；避世袁閎，非無土室。桓公種柳，待慨想於仲文；關播餘篁，見護持於白傅。不致伐櫻桃於林甫，種白楊於惠開。斯魂魄之長怡，何傳舍之足慮乎！

邸鈔：以刑部右侍郎許庚身調補吏部右侍郎，仍署理兵部尚書。以内閣學士周德潤爲刑部右侍郎。以工部尚書潘祖蔭兼管順天府尹事務。畢道遠缺。

夜半後雨，四更益密。

初五日己未　晨陰旋晴，午後有風。作書致書玉。霞芬來。敦夫來。花農來。是日補撰外妹薛宜人權厝志。己巳秋家居時以應張存齋之請，僅得十行，以雨花箋寫之，本欲亟成以報存齋也，會有客至，次日遂以事輟，而紙亡其一，僅得百二十七字，存齋屢索，竟無以應，至今忽忽將廿年矣，負諸不償，常歉於懷。今日病中，竟以兩時許補成之，凡一千四百餘字，而存齋之歿已十餘年，感念存亡，不勝惆悵。其文過於哀艷，墮少年綺語。是日褾糊聽事、東室暨卧室窗檻及廚房，付直二十四千，賞酒錢二千。買菊花十六盆，付錢七千。

初六日庚申　晴。再買菊花四十五種，付錢十五千。輯補舊文。子蕁來。桂卿來診。周生學熙來。

初七日辛酉　晴。再買菊花十五盆，付錢五千。撰《九哀賦序》，紀壬午十二月至今年三月四年中交游徂謝者也，自朱肯夫詹事至陳雲舫鴻臚，共得九人。介唐來。楊莘伯來。夜半後大風橫甚，徹旦震撼。

邸鈔：上諭：河南鄭州決口，業經欽奉懿旨，特發内帑銀十萬兩，並准倪文蔚所請截留銀三十萬兩，俾資振撫。惟念此次黄水横流，灾區甚廣，著將光緒十四年分江北及江蘇應行河運京倉米石並水脚運費等項一併全數截留，即著曾國荃、盧士杰、崧駿、陳彝、倪文蔚遴派妥幹委員，查明河南等省被灾處所，分投運解，覈實散放。以留闈記名提督劉元勳爲浙江處州鎮總兵。本任劉松亭病故。

初八日壬戌　丑正一刻二分霜降，九月中。晴，風甚寒。上午補輯舊作，書《三朝要典》，後冠以駢文二十餘行，下午撰《九哀賦》成。兩文皆甚長，至二千餘字，均有關系，非苟作者。書玉來。徐班侯來。夜略飲酒，以肉炒緪麵下之，頗佳，以比日不喜喫飯也。買八人方車一，付銀一兩六錢。

初九日癸亥　晴。以重陽節，敬懸三代神位圖，薦新肉肴四豆，菜肴六豆，重陽花糕一大盤，笋菜包子一大盤，栗糕一盤，蘆菔絲餅一盤，肉餛飩一盤，時果四盤，酒再巡，茗飲一巡，飯再巡。是日始克親饋食。易客次所懸書畫。是日風，日甚佳，病不能出，方勉夫邀飲粤東新館，徐花農邀飲陶然亭，皆辭之。然晴日滿窗，菊花盛放，擁書一卷，啜茗對之，亦可謂不負重陽矣。司廚饋花糕、包子。作書致書玉，饋以果及糕餅，得復。夜閲《日本見在書目》。首題藤原朝臣佐世奉敕撰。所載書迄於中唐，蓋其時人也。

邸鈔：詔：李鴻藻充武英殿總裁。□□□□□□支昭辰授甘肅鞏昌府知府。

初十日甲子　晴和。坐客次南窗剃頭，已四十餘日矣。鐵香饋安邊桂皮兩枚，波斯豆蔻一匣，陽春蟠龍砂仁一匣，寧州騎火茶一箱。反茶，犒使三千。新授浙江糧道世觀察世春來。作片致介唐，乞代閲三取課卷。

邸鈔：兵科掌印給事中章耀廷轉鴻臚寺少卿。

十一日乙丑　晴。比日菊花盛開，多坐客次南窗閲書。得介唐書。改閲問津諸生童課卷。作書致書玉，以問津童卷乞代閲。得倪儒粟書，以所繪《放翁魯墟故居圖》《錢唐江上仕女圖》横絹兩幅爲贈。即復謝，因與妻生論畫理久之。是日以披閲課卷七十餘本，覺過勞不快。

邸鈔：上諭：成孚、倪文蔚奏會勘堵築事宜一摺。據稱鄭州下汛十堡漫口，督飭工員竭力堵築，已將東西兩壩裹頭護埽三十餘段鑲辦完竣，現在盤築壩基購料興工，惟需款甚急，請飭籌撥等語。著先由部庫提撥銀二百萬兩克日解往，未到以前，准其由司庫提款應用，仍著户部陸續籌撥的款，源源接濟。成孚疏防於前，厥咎甚重，儻不知愧奮，糜帑無功，定即重治其罪，決不姑容。倪文蔚身任地方，亦屬責無旁貸，前因甫經到任，從寬免其議處，該撫當激發天良，同心協力，速蕆要工，慎勿諉卸干咎。懔之。詔：前山西布政使紹誠、降調浙江按察使陳寶箴、前山東按察使潘駿文均發往河南，隨同成孚、倪文蔚辦理河工事宜，即著迅速赴工，毋稍遲誤。

十二日丙寅　晴，微風。評改問津諸生課卷訖。凡九十五人。文題『天下有道則禮樂征伐自天子出』，詩題『魚戲新荷動得荷字』。取李鳳池第一，羅清源第二，張大仕第三。閱陳簡莊《經籍跋文》。仲弢來。是日復感寒身熱，不食早卧，仍服桂卿方藥。

十三日丁卯　晴陰相間。感寒不快，不能作字，攲卧閱《佩文齋書畫譜》以自遣。夜半後雨。

十四日戊辰　晨及上午陰，傍午微晴，下午晴。敦夫爲其夫人陳誦經龍泉寺，送以藍尼金字輓障一軸，文曰：『輓鹿長思。』内子、張姬往赴寺齋。郭子鈞柬訂十八日飲，作書辭以疾。作致賀幼甫書并課題。汪鴻基兵部來，言教場四巷一宅爲嘉興汪雲壑修撰后人接住，月仍四金。是日手録甲戌日記中《晉書》論兩則。

十五日己巳　晴，稍和。仲弟婦陳兩周忌日，爲設素饌麵果，并以特凫、羊羹饋仲弟。得花農書，告又得一子，以洗兒采卵見詒。王芾卿來。比日感寒苦嗽，腹中掣痛，夜不能寐，牽引疝气。

十六日庚午　晴。批改學海堂諸生課卷。饋花農夫人蓐房食物四事，得復。作書致桂卿，饋以酒兩壜，凫脯一肩，得復。作書致書玉，饋以笋乾兩苞，凫脯一肩，得復。作書致楊莘伯，饋以燒凫一隻，梨、柰各十枚，得復。夜得介唐書并代閱三取課卷。是日以苦嗽傷胃不能食，夜飲酒兩杯，小覺舒餘，四更舊疾復動。是日望，比夕有佳月。

十七日辛未　晴，頗温和。點定三取書院生童課卷訖。生五十人。文題『天下有道則政不在大夫』兩節，詩題『鳥散餘花落得花字』。取汪毓棠第一，徐思衡第二，陳文炳第四，皆稍加改削。童三十三人，文題『陪臣執國命三世』，取王鴻勛第一。竟日評改學海堂課卷。倪孺粟來。爽秋來。敦夫來。

夜微陰。

十八日壬申　晨及上午陰，午前微見日景，下午間晴。内子生日，敦夫、介唐、書玉、詹黼庭、婁秉衡、駱小圃、鄭雨卿各饋酒、燭、糕、麵等物。介唐來。小圃來。介唐夫人、書玉夫人、駱越樵夫人、小圃母夫人。余與越樵，舊友也。越樵名文蔚，諸暨人，壬子進士，殁已二十餘年矣。黼庭次女俱來，留飲，至夜一更後始散。桂卿來。殷蕚庭饋禮物。是日評點學海諸生課卷訖。凡三十二人，『詩鄭箋改字考』，『昏禮不賀説』，『漢魏吴三諸葛兄弟優劣論』，『櫻笋廚賦以紫禁朱櫻天廚翠笋爲韵』，『擬何子季答昭明太子招隱書』，『擬郭景純游仙五古』，『佛閏生日五言八韵得生字』。取内課十名：張大仕、孟繼坡、董恩祥、王奉璋、劉作滂、李鳳池、李家駒。夜始食菊花魚羹。

邸鈔：國子監司業文增升内閣侍讀學士。皆蒙古缺。翰林院侍講長麟轉侍讀，編修薩廉庚辰。升侍講。

十九日癸酉　晴。昨書玉送來代閲問津諸童卷，今日早起點定之。凡六十八人。文題『自諸侯出蓋十世』。取趙承恩第一。竟日評改學海諸童經古課卷。凡二十六人，至夜初更訖，取徐寶湘第一。

二十日甲戌　晴，晡後微陰，温和。作書致賀幼甫，并寄去閏四月學海課卷，五月問津、三取課卷。得敦夫書。作書致潘伯循，皆爲子獻欲留稽山書院一席也。是日下午稍閑，循玩菊花，補作文字二首，録其一於此。

昆明湖望萬壽寺山賦有序

柔桃餘月，偕同里徐子仲凡、陶子文冲、江陰繆子炎之游西山。先一日薄暮，經昆明湖，望御苑中萬壽山，瓌麗殊狀，不可殫述，略舉放佛，賦以寫之。

翳高梁之經絡，實津通乎玉泉。匯千頃之黛蓄，規一鏡而璇圓。帶以長橋，極望籊籊。柱斜波折，岸斷虹連。危闌控月，窅洞納烟。金堤四周，隱隱若懸。縹碧見底，荇藻在天。游鯈萬隊，舂鱗媚淵。浮萍忽開，下見樓閣。仰視離宫，五雲崒嵂。複道丹迴，層城綺錯。太崋蹠開，蓬萊股落。危榭空擎，平臺峭拓。亭挾峰飛，館緣岫縮。緟檐藻攢，修廊翠絡。松桂插篸，薜蘿縈幕。極麗廔之瓌觀，窮般倕之巧作。山皆臨水，屋不藏山。湖光下上，千髻萬鬟。暈金浮玉，靈气往還。染青濕嶂，散采鋪川。浄練織錦，黛螺點巖。紛灑藍而潑絳，亦花交而綺聯。時則皓魄未升，夕岎將冱，朱霞若銜，碧雲欲組。嵌椮縒於夕陽，卷罘罳於飛雨。陋懸圃與方壺，粲千門兮萬户。誠欲界之仙都，疑玉真之靈府。金光合離，紫翠吞吐。彼夫跨倒景於石梁，媚中流於孤嶼，奚足以模範神京，繪絺禁籞？仰聖哲之經營，邁靈臺兮萬古。

二十一日乙亥　晴和。自寫駢文。作書致書玉，致介唐。點閲學海諸生課卷。敦夫來，書玉來，子培來，介唐來，暢談至夜，留小飲，吃湯麵，二更始散。

二十二日丙子　晨陰，上午溦雨，午後小雨，有風，下午微晴。批改學海堂諸生課卷。郭子鈞來。夜半後密雨有聲。付賃屋六金。

二十三日丁丑　丑初三刻十二分立冬，十月節。晨陰，上午微晴，午後晴。竟日大風，驟寒。作書致吏部陳雲裳郎中，取先賢祠外官捐款銀五十二兩。作書致書玉，以米粟屬轉託章黼卿代領，得復。披閲學海諸生課卷。婁儷笙來，爲鈔駢文，寒甚，早去。夜風，寒甚，始易厚綿衾。水冰已堅。

二十四日戊寅　晴，寒甚，下午有風。批改學海諸生課卷。儷生爲寫積年駢文三十七首，去其

《書沈清玉先生文集殘本後》五首，共三十二首，已得紙七十二番，即以寄王益吾學使刻之。作書致子培，以子培欲以所藏明刻《神僧傳》與崇效寺僧易明槧《諸司職掌》，今日僧來，故與之作調人，得復。作書致花農，詢倪儒粟行期，得復。是日始著木棉袍、綿絝。夜有風。

邸鈔：上諭：河南鄭州黄河決口，前經諭令薛允升就近馳赴工次，確查具奏，著添派李鴻藻即行馳驛前往該省，會同薛允升將現辦大工一切情形詳細查明，迅速覆奏，隨帶司員一併馳驛。以詹事府詹事李端棻爲内閣學士，兼禮部侍郎銜。

二十五日己卯　晴，寒甚。客次始用火鑪。評閲五月分學海諸生課卷訖。『媵姪娣左右貴賤説』，『綱目並書聶政荆軻爲盜論』，『鍾馗嫁妹賦以終南進士有妹相從爲韻』，『釵符賦一朵桃符上玉釵爲韵』，『端午大沽口觀海軍競渡詞』，『艾人蒜人五言八韵各一首得人字』。取内課七名：顧恩榮、李家駒、劉作滮、張大仕、費登泰、李鳳池。顧生《鍾馗嫁妹賦》及《艾人蒜人詩》典贍清新，極一時之能，不知誰所爲也。批改六月問津諸生卷。楊莘伯來。徐花農來。夜封題前月所作致益吾祭酒書并自編《駢文目例》寄去。作致浙江瞿子玖學使書，爲王子獻以孝豐學官極清苦，欲仍留稽山講席，乞學使爲之地也。作書致敦夫。夜仍有風，嚴寒。鍾榮齋饋醬蚶一器，甚佳。

邸鈔：上諭：頭品頂帶前雲南布政使宋延春早年登第，由庶吉士授職部曹，外擢知府，洊升藩司，護理雲貴總督，退老林泉。現在年逾八秩，鄉舉重逢，洵屬藝林盛事。加恩賞給太子少保銜，准其重赴鹿鳴筵宴，以惠耆年。從護理江西巡撫布政使李嘉樂請也。上諭：卞寶第奏湖南試用道蕭允文委辦承造剥船，與錢商歐陽藻夥同誑騙，具領運費銀兩並未發交船廠，且有鑽營差缺、造言生事等情，實屬貪鄙謬妄。蕭允文著即行革職，勒令將所領運費銀五千兩如數繳清。並著卞寶第飭查剥船工料，如有偷減情弊，再行從嚴參辦。

二十六日庚辰　晴，有風，嚴寒。評改問津諸生課卷五十本，以所餘及童卷作片致敦夫託代閱。評改三取諸生課卷二十本，以所餘及童卷託介唐代閱。周介甫來。楊定夷來。介唐來，以國子監南學經古卷八十本屬代閱。是日評改六月學海堂諸生經古卷訖。『包茅縮酒解』，『唐憲宗用裴度征淮西而效穆宗用之征成德不效論』，『書神農本草後』，『静聽宫漏隔宫花賦以漏聲遥在百花中爲韵』，『歐陽文忠公生日集同人設祭詩』，『雨裏時聞檐果落得時字』『風前偏覺砌花香得花字』五言八韵二首。取内課六名：李檝、張大仕、李鳳池、陳澤霖、陳文炳、李家駒。李檝一論一賦及書後皆簡絜雅鍊，卓然當家，經解及詩亦老成。據所作歐陽文忠生日詩，自言是杭人，曾識邵蕙西，不知是何人也。

邸鈔：□□□□□良弼授詹事府右庶子。

二十七日辛巳　晴。坐客次南窗剃頭。殷蓴庭來。程雨亭饋紫豪筆八枝，兗脯兩肩，龍井茗四瓶，犒使六千。是日評改五月分學海諸童經古卷訖，取内課二名：毛學銘、徐寶湘。印結局送來是月公費銀二十金。

邸鈔：詔：前太僕寺卿馮光勛現已病痊，著仍在軍機章京上行走。以江蘇撫標中軍參將閔殿魁爲甘肅凉州鎮總兵。本任蔣東才在河南統領精鋭營防河病故，詔照軍營立功後積勞病故例從優議恤。

閩浙總督兼管福建巡撫楊昌濬、臺灣巡撫劉銘傳奏籌議臺灣郡縣事。彰化橋孜圖地方，山環水複，中開平原，當全臺適中之地。照前撫臣岑毓英議，就該處建立省城，分彰化東北之境，設首府曰臺灣府，附郭縣曰臺灣縣，將原有之臺灣府、縣改爲臺南府、安平縣。嘉義之東、彰化之南，自濁水溪始、石圭溪止，截長補短，方長約百餘里，擬添設一縣，曰雲林縣。新竹苗栗街一帶，扼内山之衝，東連大湖，沿山新墾荒地甚多，擬分新竹西南各境，添設一縣，曰苗栗縣。合原有之彰化及埔里社通判，共一廳四縣，均隸臺灣府。其鹿港同知一缺應即裁撤。淡水之北，東控三貂嶺，番社岐出，距縣太遠。基隆爲臺北第一門户，通商建埠，交涉紛繁，現值開采煤礦、修造鐵路，商民麕集。擬分淡水東北四堡之地歸基隆管轄，將原設通判改爲撫民理番同知。此前路添改之大略也。後山形勢，北以蘇澳爲總隘，南以卑南爲要區，控扼中權。厥惟水尾，其地與擬設之雲林縣東西相直，現開路一百九十餘里，實爲臺東鎖鑰。擬添設直隸州知州一員，曰臺東直隸州，左界宜蘭，右界恒春，計長五百餘里，寬三四十里、十餘里不等，統歸該州管轄，仍隸於臺灣兵備道。其卑南廳舊治，擬請改設直隸州同一員。水尾迤南，改爲花蓮港廳，墾熟田約數千畝，其外海口水深數丈，稽查商舶，彈壓民番，擬請添設直隸州判一員，常川駐紮，均隸臺東直隸州。此後路添改之大略也。詔該部議奏。

兩江總督曾國荃等奏：此次黄河漫口，全溜入淮江北。淮南數十州縣地處下游，一旦湍流驟至，悉注於洪澤一湖，既非黄河之故道，又無歸海之正途，其患何堪設想。洪澤湖爲淮水尾閭，淮、揚兩府又洪澤湖之下游。洪湖出路，本有二處，一由東清壩而達清江，一由禮字河而趨高、寶諸湖。今者大患特至，不能不於湖之上游多籌出路二條，分支宣洩。據徐州道段喆稱，桃源縣有成子河一道，南接洪湖，北至舊黄河，又北爲空地，又北爲中運河，若就成子河大加挑挖，通於舊黄河，再於空地接挑河身，使之直達中運河，兩岸各築一堤，即可引所漫之水由揚莊舊黄河至雲梯關入海，此洪澤湖上面新闢一去路也。臣等即派段喆辦理，一面勘估，一面興工。又據署淮揚海道劉鍾靈稱，清河縣境有碎石河一道，西接湖濱之張福口，引河東達舊黄河，同治七年前漕臣張之萬曾經挑濬以分湖水，若將碎石河大加挑挖，亦可引所漫之水出揚莊舊黄河至雲梯關入海，此洪湖下面新闢一去路也。臣等即派劉鍾靈、徐文達辦理，一面勘估，一面興工。一俟兩河挑有頭緒，即須堵閉順清河，使湖水不致闌入運口，以順其東出揚莊之勢。臣等非不知舊黄河底高於湖面，挑挖甚難，工費甚鉅，中運河來源太多，修守吃重，衹以求減黄淮合流之盛漲，以保裏下河數千萬之民生，不得不竭盡人謀，力圖興辦。至於臨湖堤及裏運河、東清等堤，已飭趕緊修築。其高、寶一帶情形尤重，東西兩堤亦經札飭，加意增培修守。舊工費已甚鉅，而别籌分洩，用款更多，衹以事機至迫，淮南北千餘里民間之性命室家所關太大，不敢拘泥成規，往返周折。臣等一面會奏，一面於江蘇司局各庫提撥銀二十萬兩，江寧司局各庫提撥銀十五萬兩，以應修堤挖河之用。硃批：覽奏均悉。所籌尚屬周妥，即著督飭各員認真辦理，以衛民生。

河南巡撫倪文蔚奏：查明黄河經過各屬地方，由鄭州東北兩鄉流入中牟縣市壬莊出境，被水者一百一二十村莊，中牟縣城被水圍繞，漫水所及三百餘村莊。由中牟入祥符縣境，大溜趨向朱仙鎮之鬧店等處，入尉氏縣，圍繞縣城由正北折向正東，直趨扶溝縣境，計長一百餘里，城垣四面皆水。漫水及於鄢陵縣之郜村等處，共淹浸四十餘村莊。其通許之吴台、邸閣等處亦有漫水，深至七八尺不等。而太康縣境，水由崔橋至長營，挾河出槽，直趨東南，入於鹿邑境。其西華縣惟沙河以南三十餘村莊不受水害。淮寧縣境水由柳林集會賈魯河、大沙河之水，散漫靡常，致淹一千五百數十村莊。南流入於項城縣，由李村等處趨沈丘縣紙店，遂從槐店出境，至歸德府之鹿邑縣，由西南鄉流入洺河，東流入於安徽太和縣境。臣詳加察核，以中牟、尉氏、扶溝、西華、淮寧、祥符、鄭州七州縣爲最重，太康、項城、沈丘、鄢陵、通許次之，商水、杞縣、鹿邑又次之。豫省地方平衍寬廣，是以水行不速。昨接漕臣盧士杰電信：八月二十八日清江一帶尚未聞有黄水；有人自正陽關來，云二十五日淮河水長二尺，即係黄流。用采所聞，上紓宸廑。硃批：覽奏被灾情形，深堪憫惻，現經發帑截漕專資振撫，惟在該撫殫竭血誠，認真辦理，俾殘黎得沾實惠，稍紓宵旰之憂，當無俟諄諄告誡矣。

二十八日壬午　晴。評改六月分學海諸童經古卷訖，取内課二名：華承運、王鵬。得賀幼甫書，并八月學海課卷，是月問津、三取課卷。是日復不快，夜不食，早卧。鍾榮齋饋醴菽乳兩小瓶，風味尤佳。

邸鈔：詔：李鴻藻現在出差，以左都御史祁世長署理禮部尚書。

二十九日癸未小盡　晴，風。得桑叔雅書，爲滇人高蔚光借先賢祠演戲，復書不許。得敦夫書，送來所閱問津生童卷，即復書謝。

閲《諸司職掌》。凡三册，所載止六部、都察院、通政司、大理寺、五軍都督府。其諸司皆尚稱部，然户、刑兩部已分十二子部，皆以浙江爲首，吏部文選司已曰選部，是洪武二十九年以前之書也。時主事尚爲首領官，不稱部屬，户、刑兩部首領又各有照磨、檢校各一員，訖於明世，而主事自永樂以後與郎中、員外郎并爲屬官矣。明初，吏部文選司、户部頭司、禮部儀制司、兵部武運司、刑部頭司、工部營繕司皆曰總部，猶沿隋唐以來六部頭司稱吏部、户部、禮部、兵部、刑部、工部之制。洪武二十二年改六總部，曰選部、民部、儀部、司馬部、憲部、營部。次年户、刑所屬四部各改爲浙江等省十二部。二十九年，凡各子部皆改爲清吏司，如今制矣。

詔：以前河南巡撫李鶴年署理河東河道總督，會同倪文蔚籌辦大工事宜，即行赴任，毋庸請訓。成乎獲咎甚重，現值堵築加緊之際，未便令其置身事外，著留工效力，以觀後效。

荀學齋日記壬集下

光緒十三年十月初一日至光緒十四年四月三十日（1887年11月15日—1888年6月9日）

光緒十三年丁亥冬十月甲申朔　晴，傍午後有風。卧病數月，久不詣先賢祠謁朔望。今日擬劈出，而畏風寒，且不能具衣冠拜跪之禮，僅送香燭，遥申瞻企而已。作書致書玉，贈其館客鈔先莊簡集一卷，潤筆一金。爽秋見贈七律一章，名雋可味，詩云：『净名示疾轉充然，乍起寧資服散緣。知見香存消蕙歎，句文身在異蕉堅。人間鸞翮留中散，池上楊枝伴樂天。更約窮探翠微勝，試携竹杖已輕便。』即作復，言平生山水之懷，耿耿未了者三事：一金陵，一浙西，一富春江。如能活過明年，當亟謀之。得介唐書，送來南學生杜澈《毛詩鄭箋同異辨》『王風』至『齊風』一卷，即作復，取回三取課卷自閱之。

初二日乙酉　晴，午後風。祖妣倪太恭人忌日，又初六日祖妣余太恭人忌日，今日合饋於堂，肉肴三豆，素肴七豆，魚一，鷄一，凫一，火鍋一，饅頭一大盤，時果四盤，龍眼湯一巡，酒三巡，飯再巡，茗飲再巡，晡後畢事。蔡松甫來。前夕閲定六月分問津諸生課卷訖。凡九十五人。文題『子路曰衛君待子而爲政兩節』，詩題『緑垂風折笋得垂字』。取内課張大仕、孟繼均、孟繼坡、陳驤、李鳳池等二十名。童七十二人，文題『子將奚先子曰必也』，唐肇奎第一。童卷皆敦夫所定。今日評改三取諸生課卷訖。凡五十人，文題『對曰有政至吾其與聞之』。取内課八名，林向滋第一。夜有風。

邸鈔：詔：河南洛陽縣知縣王道隆革職發往軍臺贖罪。孟津縣知縣陳理裕、河南府知府承恩、候補知府馮光元、署洛陽知縣康乃猷均交部分別議處。前河南巡撫邊寶泉交部察議。以王道隆非法考斃民人李延勇，捏報病故一案，據御史張廷燎奏參，由恩承、薛允升查訊覆奏定議也。旋部議承恩以照原詳率行擬結革職；馮光元以被委覆查，照詳會稟，降三級調用。光元，陽湖人，新捐海防先知府也。陳理裕以被委覆驗，扶同詳報；康乃猷以明知漕糧浮收，不肯舉發，含糊結報：皆降調。詔：新鄭縣知縣鄒金生於蒲秋生被殺一案蠹役詐贓豪無覺察，并任令要犯潛逃，釀成重案，實屬謬妄糊塗，玩視命案，著即行革職。亦據御史張廷燎奏參，由恩承等查訊定議也。此案蒲套妮先控蒲秋生入其母房行竊，後蒲秋生之姊李蒲氏控蒲魁妮誘殺其弟，以無屍身殘證不理。其妹蒲愛妮復京控。其後蒲遂兵供稱是蒲套妮恨蒲秋生奸其母蒲朱氏，因賄屬蒲魁妮是夜誘蒲秋生至馬陵岡■殺之，旋棄其屍。而蒲套妮已遠颺，魁妮因不承，乃擬將魁妮監禁，俟套妮獲日再結。

初三日丙戌　晴，稍和。濮紫泉來。徐班侯來。繆筱珊來。作致賀幼甫書，并九月學海堂經古課題。菊花將敗，自料檢之。閲《遼史拾遺》。其書於金、元人集采掇不多，《御定全金詩》中當有可補綴者。近人韓小雲泰華嘗輯《全遼文》，未見其稿，蓋不過於地志及近出碑幢中攟拾奇零而已。嚴鐵橋等所輯《全金文》，世亦未見也。夜得介唐書，送來所閲三取童卷，即復。

邸鈔：署廣西巡撫李秉衡奏請以補用道蔡希邠署理新設太平歸順兵備道。去年督撫等會議，以太平府全境，及南寧府之上思州，又升鎮安府之歸順州爲直隸州，改小鎮安通判爲鎮邊縣，屬於歸順州，而上思州屬於太平府，俱隸太平歸順道。下部議行，定爲衝繁難三字邊要兼邊瘴題調缺，准其由外揀調升補；並設道庫大使一員，經管關税瑣務。

初四日丁亥　晴。發五月、六月學海卷，六月問津、三取卷至天津。

閲《明史·職官志》。明自定設翰林院詹事府後，其始設翰林院學士掌院事，正統以後以尚書、侍郎兼之，侍讀、侍講學士及詹事從無專官，大率以禮部尚書、吏部侍郎兼翰林院學士，以禮部侍郎兼詹事及侍讀、侍講學士。中葉以後，專以尚書兼學士，禮部及五部之以翰林出身者充之，故禮部尚書、侍郎專用翰林，而侍郎有不理部務、專掌詹事府者，亦有添注者。故少詹事得推閣臣，以居詹事府之首也。掌院事者多以禮部尚書，他部雖兼學士，而不掌院事，惟與講筵。故崇禎末倪文貞爲户部尚書，以掌計非長，專知講筵；而吴履中以給事中擢户部侍郎，掌部事。文貞本兼翰林學士，至是不理部務而視學士預講筵，其官則仍户部尚書也。《明志》翰林院下所敘尚未甚明晰，七卿表中書吴履中名已爲非是，然尚存文貞名，未大失也。近來稗史中竟書文貞官爲翰林學士，則大誤矣。蓋由學者未明官制，而有明一代無實授詹事及翰林侍讀、侍講兩學士，亦世所罕知也。

明槧《神僧傳》首有序一葉，前題『御製神僧傳序』，末題『永樂十五年正月初六日』。《四庫提要》未見此序，以其第九卷終於元帝師膽巴，故疑元仁宗時人所爲也。其第四卷載釋道琳，會稽山陰人，吴國張緒禮事之，梁天監十八年卒。第五卷首載釋普明，本名法京，俗姓朱氏，會稽人，以陳太建十四年入天台山，從智者受法後，增創國清精舍，中像設備諸神異。又第九卷載釋全清，越人也，得密藏禁呪之法，在唐末時。三人皆《嘉泰會稽志》中所未載，後來郡縣志皆無之。至唐釋澄觀，雖見於志，而其姓夏侯氏亦惟見於此書。其書雖成祖偶然鈔撮而成，且惟載著迹靈異者，其高行古德如教宗之天台智者，律師之終南道宣，亦皆見遺，然頗便於尋覽。案頭無《開元釋教録》、宋贊寧《高僧傳》、惠洪《僧寶傳》及《五燈會元》《佛祖通載》《釋氏稽古略》諸書，不能悉考吾越名僧，補志乘所遺，聊記三事於此。

初五日戊子　晴，稍和。圬人修竈。竟日坐客次閲書。

閲毛西河《昏禮辨正》《辨定祭禮通俗譜》《喪禮吾説篇》《曾子問講録》諸書。雖蔑棄先儒，不特掊擊注疏，痛詆朱子，至謂《禮記》由秦人掇拾，多不足信，《士禮》亦戰國以後俗儒所爲，怪誕不經，其恣悍已甚；然博辨不窮，不可謂非辨才絶出也。其力辨今世子死孫稱承重之非，墓祭之近古，紙錢即明器，今市中所貨千張，皆作刀布形，最爲近古；上香即古之焫蕭，樂之有喇叭灑捺，即漢、晉之銅角，樂部之所謂横吹，《周禮》之六同，鄭注謂以銅爲管曰同，尤近於古。《士喪禮》有楔齒綴足几之非，殯在西墻下之非，大夫殯去車、以棺著地、士殯掘地埋棺之非，吊喪有哭無拜禮、主拜賓、賓不答，皆足以匡古今之失。所定祭禮亦實在可行。其言昏禮須廟見後始配合，三年喪宜三十六月，雖於古無徵，多爲通儒所駁，然亦言之成理，持之有故也。《四庫》祇收《辨定祭禮通俗譜》，餘皆附存目；尤深斥其《喪禮吾説篇》，謂『顛舛乖謬，莫過於是』。然其謂喪服有齊衰，無斬衰，及父在不當爲母期年，父母不當爲長子三年等，誠爲鉅謬。其言喪禮立重，諸儒所説近於非理，因謂重即銘旌，所以識别死者，即所以依神，故重有主道，重之爲言幢也，童童然也，則頗有名理。若如舊説舊圖，誠不知所取義也。付麟芝莽師嗣子娶婦同年公送禮物銀一兩，又庚辰同年余檢討熙春病故幫分銀一兩，李進士文焕病故幛分一千。

邸鈔：上諭：本日御史王會英陳奏事件摺内『東陵』字未經抬寫，非尋常疏忽可比，著交部嚴加議處。部議革職留任。詔：前任四川永寧道沈守廉以道員選用。近年道員被劾送部，仍以原官用者，方鼎録、江人鏡、顧肇熙及守廉共四人，蓋皆有奥援也。湖北巡撫奎斌奏七月十四日夜五更漢口鎮火，延燒對河，漢陽城外兩岸停泊船隻焚燬甚多，商民、船户、水手燒斃及落水溺死者不少，漢鎮督銷淮鹽局緝私總巡委員、江蘇候補同知高映奎，江西補用知縣李振清均被燒落水身死。詔：高映奎、李振清均交部從優議恤。被灾户口著即查明，妥爲撫恤。安徽巡撫陳彝奏鳳潁六泗紳士、刑部員外郎孫加懌等二百十八人臚陳，已革鳳潁六泗道任蘭生惠政在民，援嘉慶十二年安徽懷遠等四縣紳民爲參革知縣沙琛繳銀贖罪，撫臣初彭齡奏，蒙恩旨特予寬免例，爲該革道捐銀八千兩。該革道前以捐助山東冬賑棉衣一萬件，奉旨開復布政使原銜。可否俯准捐復道員，送部引見。詔：任蘭生准其捐復，發往安徽交陳彝差遣委用。中言任蘭生嘗擒斬倡亂逆首宿州之曠同、太和之軒轅冠卿等，可入希姓録。

初六日己丑　晴，稍和。得書玉書，以令弟資泉抵京，饋蓮子一合，蜜棗一合，𦞦脯一肩，玫瑰露、枇杷露各一瓶，藕粉兩包，大柚兩枚，青豆一盤，紅果一盤，作書復謝，還蓮、棗、𦞦肩。坐客次閲《西河經説》。婁儷生來，復屬其明日至寓齋續鈔舊詩。書玉再送蓮、棗等來，受其蓮。

邸鈔：山西巡撫剛毅奏參潞安府同知銀沆年力衰邁，請勒令休致；汾西縣知縣門縉榮行止荒謬，請即行革職。從之。銀沆，廣西馬平拔貢。門縉榮，漢軍人。二人亦可入希姓録。

初七日庚寅　晴和。閲西河《春秋毛氏傳》。花農柬訂初九日飲湖南新館，作書辭之。作書致倪孺粟，以糕餅兩匣送其行。介唐來。爲周生學銘、學熙各改制藝二首，試律二首，即作書致之。夜復患腹痛。

初八日辛卯　亥正三刻十三分小雪，十月中。晴，微陰，甚和。周生學銘來。得賀幼甫書，送來冬季束脩等銀二百七十一兩，又明歲聘金十二兩，即復，賞來使銀二兩。下午出門答客二十家。詣書玉，談至晚歸。倪孺粟來辭行。

邸鈔：詔：鑲藍旗蒙古都統榮禄仍在紫禁城内騎馬，正白旗漢軍都統長順、鑲黄旗滿洲副都統文秀均加恩在紫禁城内騎馬。

初九日壬辰　晴，下午有風。

閲蔣生沐《東湖叢鈔》。所記雖頗病淩雜，而佚書秘槧，有裨學問爲多，較之《愛日精廬藏書志》、《拜經樓藏書題跋記》，蓋在吴前張後，伯仲之間。其中頗載宋本序跋及今本之脱失者。惜其引施北研國祁《禮耕堂叢説》，言曾於吴門借得至正浙刻元本，卷三十三《禮志六・原廟》下一葉、卷七十六《宗磐傳》下一葉皆不缺，施氏《叢説》中蓋未及載所缺文，遂無從補耳。

作書致子培，還其《神僧傳》及《諸司職掌》，以崇效寺僧肯以四金易之也。以小兒帽兩頂及果餌饋書玉夫人。夜有風。

初十日癸巳　晴，有風。慈禧皇太后萬壽節。是日擬入賀，以夕患腹痛，今晨尤劇，不得往。撰季士周尊人君梅太史墓志銘，得十餘行，以腹中不快止。麟芝庵師太夫人以昨日卒來訃。太夫人爲鐵梅庵尚書鐵保之女，年八十四。作書致花農，致子培，致桂卿，俱約明日往唁芝庵師。得子培復。

十一日甲午　晴。是日揭櫫《西河合集》及寫書蹢俗稱書頭。訖，共一百册。得吴澂夫九月二十日滬上書，并寄長洲蔣氏所刻《鐵華館叢書》六册，上海新印日本影北宋本《千金要方》十册。《鐵花館叢書》爲宋本《文子》徐靈府注、宋本《列子》張湛注校、宋本《新序》《佩觿》《群經音辨》《李氏字鑒》共六種，刊校精絶。又得陳蓉曙九月六日書并《經解續編》擬目。得花農書。桂卿來，子培來，下午同入城唁芝庵師。晡後出城，詣敦夫、介唐，俱不值，傍晚歸。王子裳來，以西洋山水畫幅兩紙見詒，一爲落照圖，一爲月下圖，頗深蔚可觀，其寫夕陽尤妙，林木屋宇皆半含斜景，川原遠近，餘映滿天，此實晉宋至唐古法如是。

十二日乙未　晴。閲《千金要方》。得桂卿書，饋鴜脯一肩，茶葉兩瓶，羅漢篆香兩合，笋乾兩莒，受香及笋乾之半，作書復謝。天津委員汪錫智來，送昔年所購《宋史》缺卷三册，且索直。夜閲儷笙所鈔詩集，卷壬爲己巳至辛未三年中所作，獨少辛未入都道中，至無一詩，固由貧悴無聊、心緒惡劣，然不應竟絶吟詠。偶檢它册，有《喜季弟至杭》及《滬上與季弟别》五絶兩首，因追憶道塗所歷，補詩一十八首，皆是律絶近體，寫入卷中，行迹宛然。

十三日丙申　晴，微陰。剃頭。比日時覺忽忽不快，蓋肝气又動也。作書致介唐，以擬寄諸弟妹銀託其轉覓便郵，得復。夜撰季君梅墓志序成。其配蘇夫人嘗刲臂療舅文敏公疾，以孝行旌，今將合葬，士周書來請合撰一志，又欲並著之題額。此古人有行之者，故如其所請，爲之文字，遂稍長。

十四日丁酉　晴，竟日大風，甚寒。始用火鑪。撰銘辭訖。竟日閲李蕪齋《炳燭編》。鄧鐵香來夜談，至三更去。

邸鈔：上諭：閻敬銘奏病仍未痊，懇請開缺。著賞假兩月，毋庸開缺。上諭：麟書現在穿孝，以理藩院尚書紹祺兼署刑部尚書。

十五日戊戌　晴。作片致敦夫，得復。又作片致介唐，皆爲寄銀事。下午詣桂卿，晤談。詣伯循、蓴庭、班侯、爽秋、可莊、仲弢、子裳、定旉、仁譜，皆不值。詣族弟慧叔，談至晚歸。得桂卿書，惠玫瑰露一器。夜寫季氏志銘訖，并篆蓋。是夕月甚佳。付賃屋六金，《搢紳録》錢五千。

邸鈔：兵部郎中堃岫升通政司參議。

十六日己亥　晴。作致季士周書并墓志，作片致萬薇生託轉寄。作書致桂卿，報以桂花糖一器。作書致三妹，致詩舫、楚材兩弟，致僧慧，寄大妹、二妹銀各八兩，三妹十兩，僧慧八兩，詩舫、楚材各六兩，資福、隱修兩庵各二兩。張姬寄其姊銀六兩。介唐來，以家書託轉交酒估張文湘附去。作書致賀幼甫，并齋課題。作書致從子孝玟於滿城。是夕望，二更月有霧气，北有雲气微黑如刻畫，有月光一道橫抹之，極似董北苑平遠山，歷久不散。服藥。

邸鈔：欽差大臣、辦理東三省練兵事宜、福州將軍穆圖善卒。詔：穆圖善老成練達，秉性忠誠，咸豐、同治年間出師直隸、安徽、江南、湖北、陜西、甘肅等省，歷著勳勤，洊升將軍。前年特授欽差大臣，練兵東三省，馳驅周歷，況瘁不辭，規畫精詳，漸臻成效，方冀克享遐齡，長資倚畀。遽聞溘逝，軫惜殊深。著照將軍軍營病故例賜恤，加恩予謚，前得雲騎尉世職改爲騎都尉，賞銀一千兩治喪，靈柩回旗時沿途地方官妥爲照料，伊孫那福俟百日孝滿後由該旗帶領引見，伊子恩保、承保均俟及歲時帶領引見。以正紅旗漢軍都統善慶爲福州將軍。理藩院郎中耀恒授雲南迤東道。本任道明保丁憂。前江西南康府知府曹秉濬授九江府知府。本任王應孚病故。

十七日庚子　晴，有風。曾祖考忌日，供饋肉肴五豆，菜肴五豆，攢合火鍋一，菜羹一，饅頭一盤，時果四盤，蓮子湯一巡，酒三巡，飯及茗飲皆再巡。得花農書，以其尊人《薈蕞花館詩集》三册爲贈。夜作復花農書，又致介唐書。是夕頗患肝气作痛。

邸鈔：詔：大學士額勒和布補閱兵大臣，協辦大學士、户部尚書福錕補正紅旗漢軍都統。皆善慶缺。

十八日辛丑　晴和。程雨亭來。王子裳來。張子虞來。得爽秋書。得介唐書，即復。寫簡約書玉、介唐諸君明日慶和園聽四喜部，約勉夫諸君明晚飲宜勝居，約雨亭、敦夫諸君後明日午飲宜勝居。作書致子裳，亦約明日觀劇。夜料檢舊篋，得庚午秋題家藏趙希遠伯驌《仙山樓閣圖》長卷七古殘作一紙。此圖在余家數世矣，砑色絹，長三丈餘，完好不渝，樓閣百餘，人物數十，丹峰碧嶂，鉤勒極精，楠木匣藏之，上刻八分九字曰『趙伯驌仙山樓閣圖』，旁注『神品』兩小字，圖尾有『臣伯驌恭進』五小字，今圖已失去。

邸鈔：以雲南按察使史念祖爲貴州布政使。

十九日壬寅　晴，晨風，上午漸止。早起補成舊詩，寫入辛未年中。得花農書，約今晚飲玉梅館，即復辭之。午後詣慶和園，介唐、子裳已先至，演《斬馬謖》一齣，頗可觀。傍晚詣宜勝居，惟勉夫以直班不至。夜一更後酒畢。花農再以書催飲，乘月赴之，子培、筱珊皆在，余招霞芬、素雲，肴饌甚精，三鼓後歸。是夕初更時有大風，旋止。付梅雲左酒銀四兩，蘭花繡帕一方，客車僕等飯錢十二千，酒保賞五千，戲園坐錢十六千，車錢十千。

邸鈔：皇太后懿旨：詹事福楙奏懿親有疾，請就邸問視一摺。前因醇親王奕譞於本年夏間偶抱微疴，時遣内監傳旨詢問。嗣於八、九月間因該親王病尚未痊，擬即就邸看視，誠恐該親王扶疾送迎，未能静攝，轉非體恤之意，是以未即前往。現在日久，廑系彌殷，已於本月十六日傳諭二十五日親往視疾，皇帝隨同前往。該詹事此奏，顯係有所探聞，意存迎合，未免沽名取巧，難逃深宫洞鑒也。用是特諭在廷諸臣知之。皇太后懿旨：福州將軍善慶仍幫辦海軍事務，並管理神機營事務。上諭：慶裕奏拏獲臨決潛逃要犯一摺。宗室絞犯載錫潛逃奉天，經宗室營委學長富明與已革宗人府副理事官恩景所差家人訪知稟報，慶裕派兵於十月初二日將該犯拏獲。著即委員迅速解京，交宗人府奏明辦理。恩景准其開復原官，富明以應升之缺升用。以雲南迤南道鄧華熙爲雲南按察使。前黑龍江將軍特普欽卒。詔：特普欽於咸豐年間帶兵剿賊，洊升將軍，克稱厥職。嗣因病准其開缺調理。兹聞溘逝，軫惜殊深。加恩照將軍例賜恤。

二十日癸卯　晴。得張子虞書，饋杭州白菊花兩小筥，龍井茗四瓶，洞庭朱橘一苞，温州文旦四枚。作書致龐劬盦，致仲弢，俱爲公祭麟太夫人也。午詣宜勝居爲程雨亭餞行，并邀敦夫、子蓴、伯循小飲，晡散。內子等坐余車詣盧溝橋神祠，久待至晚，步行歸，寓不過半里而罷頓已甚，衰老如此，可歎之深。得龐絅堂書、仲弢書。夜詣廣和居赴勉夫之約，敦夫、書玉、爽秋、花農諸君已早至。有庚午同年吴慎生舍人爲吴歌，演四書文，如鼓詞、道情之比，亦詼諧可聽。勉夫出家中所製肴饌數種，甚佳。二更歸。昨聞許竹篔丁內艱時尚在柏林候代也。付車錢十三千七百，客車飯錢六千，酒保賞四千。吕仙祠製扁額一，曰『肘後千金』，以葛、孫兩仙爲比也。付錢十四千，付主祠者四千。

二十一日甲辰　晴和。竟日閲《佩文齋書畫譜》，如此短晷，玩物喪志，亦可惜也。得益吾祭酒是月十三日松江試院書，言《續經解》中如洪北江《左傳詁》、宋确山《周禮故書疏證》《儀禮故書疏證》、邵位西《禮經通論》、戴子高《論語注》俱已刻，今以余言去戴《注》矣，桂氏《説文》亦以余言緩刻。得爽秋書，并昨日宴集七律一首，其末韵云：『待買嵩陽吹篴婢，應傾北海作碑資。』以余酒邊戲語，欲買雛鬟二人，教以吹簫度曲，故用宋人劉伯壽隱嵩山，有妾萱草、芳草二人吹笛事。即作復書，且擬和之。

邸鈔：上諭：前因御史金壽松奏參織造奉曾等貪劣各款，當經諭令裕禄確查具奏。兹據查明覆奏，除查無確據各節毋庸置議外，蘇州織造奉曾輒因細故，派家丁至司庫銘佑寓所查問滋事，舉動任性，豪無約束，並用革員蔣瑛辦理案牘，任用非人，致多物議，著交部議處。江蘇淮安府知府恩誠府試出題關防不嚴，實難辭咎，著交部議處。常熟縣知縣李福沂舉動驕奢，遇事任性，審斷粗率，不洽輿情，著即行革職。前任昭文縣知縣黄燦於世職張雲梅違例更名，濫充縣書漫無覺察，著交部議處。常熟縣薛周氏一案，罪名出入懸殊，著崧駿督同臬司詳加覆訊，務得確情，以成信讞。王胡氏一案應由江蘇臬司調集原卷查覈，如有枉斷情弊，再行從嚴參辦。奉曾，兵部侍郎師曾之弟。李福沂，故河南巡撫慶翱之子。山東監生原疏臚列奉曾、恩誠、福沂三人貪污酷暴事迹甚備，聞皆實也。部議奉曾降調，以師曾子文琳代爲蘇州織造。

二十二日乙巳　晴和。閱茹三樵先生《周易二閭記》。其中有支離涉不經者，爲之删節，且改撰序文，將寄王祭酒刻之也。作書致敦夫。夜閱茹氏《周易小義》。凡二卷，亦條舉《易》辭，博證群籍，與《二閭記》相出入，而説龍、説鹿引及醫家言，非也。

二十三日丙午　酉初三刻十一分大雪，十月節。晨大霧，上午溦雨，有雪，午後微見日景，下午黄霾，傍晚風。剃頭。得敦夫書，并送來定夫書，惠銀十二兩，作書復謝，犒使四千。一雄鷄畜之十年矣，今日死，埋之。傍晚答拜張子虞，不值。詣鐵香，久談，至夜歸。初更詣福隆堂，赴絅堂、劬庵之約，坐有子培、花農、莘伯，招霞芬、梅雲，三更歸。大風徹旦，横甚。

邸鈔：以少詹事陳學棻爲詹事。

二十四日丁未　晴和如春。閱茹氏《周易象考》，凡一卷。博考諸家之象而證之於經，爲之折衷，然頗講飛伏。得沈子培書，送崇效寺易書銀四兩來，即付寺僧。

二十五日戊申　晴，傍午後有風。花農來，因留共午飯。飯畢劬庵來，遂同入城詣麟芝庵師家，偕子培、桂卿、仲弢公祭楝鄂太夫人，其從子豫親王本格亦在喪次焉。遇王廉生，暢談至晡後歸。晚赴花農、梅雲家之飲，偕子培、筱珊暢談，至夜三更歸。大風徹曉。

邸鈔：御史蔣鎮嵩湖南舉人。選河南河南府知府。

二十六日己酉　晴，有風，寒甚。閱茹氏《周易小義》，爲略芟其支離蔓引之辭。作復陳蓉曙書，略與商《經解續編》中當去之書及宜移置次第。作復吴澂夫書。夜作復鮑定夫書，并還所惠銀。

二十七日庚戌　午前晴，午後陰寒。作片致敦夫，并寄定夫函件，得復，仍送來前銀。作書致花農，辭今夕之飲，餽以酒十斤，麵桃百枚，麵緶十斤，黄糕一盤，小兒環珥等十事，賀其第二郎湯餅筵，得復。得徐亞陶書，約後日午飲，即復辭。吴佩葱户部來。書玉來。介唐來。張姬及冰姑往花農家赴湯餅會，夜歸。

二十八日辛亥　晨及上午陰，傍午後晴。寫單約筱珊、絅堂、劬盦、莘伯、子鈞、子虞、花農、仲弢後明日飲福隆堂。書玉夫人、資泉夫人及書玉第三、第四女來。得僧慧十四日里中書，言八、九月間亦大病幾死。得姪孝玟十八日太原書，言已由保定入晉。又得族姪文炳書。文炳字子威，樾薌兄之子也，佐山西藩司幕數年矣。得介唐書。作書致筱珊，得復。作書致桂卿，致子培。夜大風，二更後尤横甚。

二十九日壬子　晴，風，嚴寒。作書致介唐，得復。具柬約新授浙江糧道世君初三日飲。先賢祠以諸郡例有一集，此爲越中闔郡設也。印結局送來是月公費銀八兩五錢。校場三巷賃宅人汪姓來告今日移居，遣人守視之。汪爲秀水雲壑修撰之元孫。其父由拔貢爲直隸知縣，卒官後流蕩不振，時客游於外。今年八月間其母與諸孫來，賃居此宅，近十日中連喪四孫，故急徙去。都中近日無疾癘，何以致此？亦可駭矣。閱南學諸生課卷。夜大風。比日料檢書籍，移設數次，稍覺疲乏，夕嗽更甚，早起時尤劇，淡涎滿地，此孫思邈《千金方》十咳病中所謂脾咳、肺咳兼風咳也。

三十日癸丑　晴，嚴寒。得品芳弟十七日里中書，言穎唐之子藹生於八月之末染疫歿於蘇州，其母以是月四日痛子而亡，又族弟蓮舫之婦章亦於九月中去世。寒門凋喪，累唏何窮！兩弟婦皆名門女，里居相見，無異家人，每遇吉凶，亦均憂喜。自辛未再入都後至今十有七年，宗黨舊人十無一二存矣。藹生年僅逾冠，新娶婦，尤可傷也。今年南中大疫，自七月至九月，浙東西至皖淮殆遍，寧波尤甚，至罷市十餘日，吾郡城厢間死者亦千餘人，餘姚、上虞死者尤衆。天心仁愛，何以至斯！得子培書。周介甫來。夜詣福隆堂，諸君已早至，即設飲，二更歸。付客九人車飯錢二十千，酒保賞六千。世觀察來辭飲。

邸鈔：刑科給事中鄭訓承轉兵科掌印給事中。

十一月甲寅朔　晴，寒气少差。桂卿來，爲診脉撰方。周生學銘來。閲鄉先輩餘姚邵瑶圃先生《劉炫規過持平》。其書頗謹慎有家法，而取材太少，識見亦未閎通，今日爲補正數條，不能遍也。書共六卷，其自序謂七十四歲以後所作，成於嘉慶乙亥之冬。

初二日乙卯　晴和。余壽平來辭行，言明日赴汴。得王子廞十月十五日金陵書。下午拜筱珊尊人壽，晤子培。晡後詣邑館小坐。晚詣敦夫談，夜歸。點改邵氏《劉炫規過持平》畢。

邸鈔：詔：以前黑龍江將軍定安爲欽差大臣，會同東三省將軍辦理練兵事宜，各城副都統以下均歸節制。

初三日丙辰　晴和如春。全州人雷吏部祖迪來，議賃校場三巷宅。敦夫來。閲夏嗛父《五服釋例》，爲補正一二條。夜作復品芳弟書；又致穎唐書，唁其喪妻及子，賻以六金。内子、張姬答詣書玉、資泉夫人。送書玉兩女首飾數事，資泉女覿儀二金。

《儀禮·喪服》經斬章『爲人後者』，疏引雷氏云：此文當云『爲人後者爲所後之父』。闕此五字者，以其所後之父或早卒，今所後其人不定，或後祖父，或後曾高祖，故闕之，見所後不定故也。又傳曰：『爲所後者之祖父母、妻，妻之父母、昆弟，昆弟之子、若子。』注云：『若子者，爲所爲後之親，如親子。』疏云：爲所後者之祖父母，則死者祖父母當已曾祖父母，齊衰三月也。妻謂死者之妻，即後人之母也。

夏氏燮《釋例》云：爲人後者，爲其所後之祖，即父卒爲祖後者服斬之例也。傳言若子，但言所後之祖父母，不及所後之父母，蓋以此爲人後者，因所後之父已卒，來爲祖後，故經但言爲人後者以統之。雷氏所云猶是經之第二義。蓋凡經言爲父後者，皆父卒之稱；若父在，不得直云爲後也。故言所後之祖父母，而不及父母者，非逸也。慈銘案：雷氏之意，謂經文特闕此五字，以見所後之不定本，非謂逸也。蓋經文『爲人後者』四字，關乎天子諸侯，雖以兄繼弟、以從父繼從子、（如唐宣宗之繼武宗，金衛紹王之繼章宗。）以從祖繼從孫，（如晉簡文帝之繼哀帝。）皆爲人後之義，皆服斬也。聖人之經，立意深遠，雷氏謂見所後之不定，亦所包甚廣，不特士之繼宗子者爲祖後、爲曾祖高祖後，當服斬也。至傳文『爲所後者之祖』當讀句，『父母』讀句。爲所後者之祖，即曾祖，關乎高祖以上也；爲所後者之父母，即祖父母也。疏連讀『祖父母』爲句者，非。夏氏誤遺傳文『所後者』之『者』字，遂誤認爲『所後之祖父母』矣。

夏氏又云：其不及所後（案：『後』下當增一『者』字。）之曾祖父母，何也？蓋曾祖父母齊衰三月，服之盡者，而此所後（案：『後』下亦當有『者』字。）之曾祖父母于爲人後者，爲高祖父母，故經不見高祖父母之服也。鄭謂高、曾同服，今不據。慈銘案：鄭君謂高祖亦齊衰三月，此必漢儒相傳孔門之微言確不可易者。曾者，重也；曾，（俗作『層』。）累也。故入廟之稱，雖於始祖，亦曰曾孫。《詩》稱成王爲曾孫，《書》稱武王爲曾孫，（見《墨子・兼愛》篇中云：昔者武王將事泰山，隧傳曰：泰山有道，曾孫周王。所謂傳者，蓋《周書》中語也。東晉僞《尚書・武成》篇襲之。）《左傳》蒯聵自稱曾孫，皆非對曾祖之辭。曾孫以下之稱同，可知曾祖以上之服同也。蓋人多有及見高祖者，既不可無服，則齊衰三月以下，將何服乎？故即高祖以上推之，凡及見者，皆齊衰三月，則爲人後者，如受之曾祖，當服重若子，即推之高祖以上，亦皆然也。夏氏用王肅之說，謂高祖無服者不可通，至云父卒始有爲後之稱，援爲長子三年。傳文『將所傳重』下一『將』字，可知未傳重者不稱爲後。足補先儒所未及。

是日上再奉皇太后諭醇王府視疾。夜一更後有風。

初四日丁巳　竟日霒陰。外祖父仁甫倪公忌日，初八日又爲外祖母孫恭人忌日，今日并饋食，肉肴七豆、菜肴五豆，祔祀三舅、四舅，加火鍋一，時果四盤，饅頭一盤，春餅一盤，蓮子湯一巡，酒四巡，飯再巡，茗飲再巡，晡後畢事，焚楮泉四挂。作致僧慧書，封入品芳函内，即作片託敦夫轉寄。夜詣福隆堂赴莘伯之飲，子裳、桂卿、絅堂、劬庵、筱珊、仲弢、子虞、子培俱已至，二更後歸。得繆恒庵朔日津門書。

初五日戊午　晨陰，午晴。閲王弇州《讀書後》。日本人所刻，止四卷，無吴江許恭所輯《四部稿》及《續稿》中《書後》文之四卷，是仍士騏所刻附集也。其文亦有刪節，前有陳繼儒序，仍是八卷本之序。夜閲《顧亭林文集》。舊太倉送來糙米七石八斗，每石得百三十斤，賞車脚錢四千。是日剃頭。

初六日己未　晴。閲《唐摭言》。王定保雖世家而識趣甚卑，故所載多委瑣，亦有謬誤，且筆舌冗漫，所分門目多可笑，每門下綴以論，亦每近不辭。然唐人《登科記》等盡佚，僅存此書，故爲考科名者所不可少，《太平廣記》中幾於十收八九，則宋初已重其書矣。雅雨堂刻本亦有誤字。閲《弇山堂别集》中《皇明盛事述》《異典述》《奇事述》。共二十卷，大抵紀官爵科名，雖亦間近瑣碎，而多繫於朝章國故，言明事者所必考也。

初七日庚申　晴，晨有風，旋止，午後大風，微陰，傍晚風益横，嚴寒。周玉山觀察來。花農來。夜以明日冬至，祀故寓公。始衣裘。夜作致雲門書。雲門攝知富平，聞近日已回任長安矣。書中略言秦中形勝及都門近狀，并爲敦夫媒其姊作繼室。

初八日辛酉　午初二刻一分冬至，十一月中。晴，有風，嚴寒。祀高祖考妣、曾祖生妣、曾祖考妣、祖考妣、節孝張太太、本生祖考妣、先考妣，肉肴六豆，菜肴六豆，火鍋一，蓮藕羹一，餛飩四盤，饅頭一盤，紅棗銀杏湯一巡，酒三巡，飯再巡，逮闔畢事，焚楮泉六挂。再作致雲門書兩紙，言近日朋舊聚散之概，即以片交蔚泰厚匯銀局寄去。比日頗苦腹痛，以交至日肝气復作也。

邸鈔：上諭：御史金壽松奏請飭唐仁廉赴廣東提督本任暨請飭查内務府柴炭庫各等語。提鎮大員留帶他省勇營，事所常有。唐仁廉簡授提督後仍留通永鎮署任，如果現在防營無須該提督管帶，李鴻章定行具奏，或廣東本任緊要必須唐仁廉赴任，張之洞亦必據實上陳，何待言官迭次陳請？前經御史殷李堯、慶祥先后請飭該提督赴任，均存而不論，今金壽松復有此奏，殊不可解。至所稱内務府柴炭庫各節，事屬瑣屑，該御史並無稽查内務府之責，何以知之詳盡如此？所奏均毋庸議。御史風聞言事，儻不知體要，或别有請託，斷難倖逃洞鑒。嗣後有言事之責者，務當秉公持正，不得摭拾細故，挾私妄陳。將此通諭知之。聞此是提督曹克忠謀代唐仁廉統防營，故賄御史言之也。外間傳言以六百金屬殷李堯輾轉爲之。樞臣有知其事者，故有此諭。近日臺官掃地至此，可歎也。

初九日壬戌　晴。閲弇洲《史乘考誤》。作復族姪子威文炳書、復孝玟姪書，均告以族中名諱，不得相犯。下午答詣周玉山，不值。詣台州館，晤子裳、仁譜。詣温州館，晤蓴庭、班侯，晚歸。子裳處觀西洋各國君后等照相，真螭魅畢見也。其公主、太子妃皆裸胸袒臂，凡宴會禮拜皆以此示敬，是禽獸所不爲矣。作書致書玉，以邵瑶圃《規過持平》屬資泉録副。夜赴子培福隆堂之飲，桂卿、劬庵、定夷、仲弢、子裳、莘伯、花農皆至。二更時歸，有風。

初十日癸亥　晴，有風。晨患腹痛暴下。

閲《史乘考誤》。弇洲極不滿於李西涯、王晉溪，然於王濟之書楊邃庵所撰西涯墓志後深詆西涯，謂志文皆非實，則爲之據《武宗實録》辨其非盡誣，且謂濟之與西涯素有郤，故言之過也。於晉溪雖詆爲逆瑾黨，亦頗稱其能識王文成，助之成功。皆足爲是非之公。至謂《武宗實録》中力詆文成，言其實通宸濠，且庇劉養正，由於爲總裁者始則楊新都，後則費鉛山，皆素恨文成，而一手總其事者爲董文簡。董公最名忮毒，於鄉里如王鑑之輩巧詆不遺餘力，既又内忌文成之功，而外欲以媚楊、費，作此誣史，將誰欺乎！後文成復爵贈謚，而董受不根之謗，至徹聖聰，未必非鬼責也。慈銘案：《萬曆紹興志》張文恭於王明仲尚書傳下附注云：《武宗實録》謂鑑之厚於瑾，故致仕歸，猶得渥典；又以其繼子一和犯罪爲鑑之病。此皆不然。若厚於瑾，必不歸；其子不肖，雖堯、舜不免，又何病鑑之耶？蓋秉筆者似有所忮，要非公論也。所謂秉筆者，即指董中峰。中峰之力沮陽明，沈景倩《萬曆野獲編》亦言之。然以文成之功烈而猶遭忌厄，中峰不足言，楊文忠、費文憲亦安得爲賢者耶？

作書致介唐，饋以朱橘、蒸䰞，得復。夜閲《弇山堂别集》中《謚法考》。

十一日甲子　晴，午前微陰，有風。作復族姪嘉瑞固安書，略告以先世名諱、房族分派，并詒以會試卷一本，俾略知履歷世系，以此子生長於北，未嘗至南，其人頗循謹可語也。又作書致族弟慧叔，屬其轉寄，亦略告以先世名字排行，蓋慧叔亦多未知也。介唐來。作書致桂卿，以内子病气喘乞診。寫催産方致鄭雨卿夫人。夜一更後風。閲《千金要方》，中頗多名論。

邸鈔：内閣侍讀彭鑾授廣西南寧府知府。

十二日乙丑　晴，午前後微陰。閲《弇山堂别集》。桂卿來爲内子診，并爲余診，各撰方。婁儷笙來，呈所鈔《周易二閭記》一册。夜作致張朗齋中丞山左書。

邸鈔：署廣西巡撫李秉衡奏請以廣西補用道蔡希邠江西新建人，增貢生。補授太平歸順兵備道，以補用知府陳如金會稽人，附生。補授鎮安府知府。

十三日丙寅　晨陰，上午後晴，下午有風。徐班侯來。張子虞來。作致施均甫歷下書。下午詣方勉夫、周介夫，晤介夫。詣書玉，談至晚歸。夜作致陳晝卿濟南書。月皎如晝。夜嗽甚劇。

十四日丁卯　晴，嚴寒。作書致敦夫。書玉夫人來視内子疾。夜一更後大風徹旦。作書致賀幼甫。是日剃頭。服藥。

邸鈔：江蘇布政使易佩紳告病，佩紳字笏軒，湖南龍陽舉人。以陝西按察使黄彭年貴筑人，乙巳翰林。爲江蘇布政使。

十五日戊辰　晴，竟日風。閲《明史》。介唐夫人來視内子疾。夜月皎甚，有風，寒甚。夜閲日本刻唐説齋翻刻熙寧國學本《荀子》，以校盧抱經刻本《勸學》《修身》兩篇，與盧氏所引影鈔大字宋本皆合，其餘絶無佳處。

邸鈔：詔：以入冬尚未得雪，於十九日親詣大高殿祈禱，分遣惇親王等禱時應諸宫廟。以陝西督糧道曾鉌滿洲人。爲陝西按察使。

十六日己巳　晴，有風，嚴寒益洌。作書致桂卿，乞爲内子診。劉仙洲夫人來。蓴庭來。桂卿來。閲《明史》。夜評改國子監南學課卷。是夕望，月皎於晝。始於室中置火罏。

邸鈔：禮部郎中錫光授陝西督糧道。

十七日庚午　晴。祖妣倪太恭人生日，供饋肉肴三豆，菜肴七豆，火鍋一，饅頭一盤，麵一盤，時果四盤，栗子湯一巡，酒三巡，飯及茗飲再巡，晡後畢事。介唐夫人來視内子疾。作書復姪孝瑩保定，并寄以同人箋札數十通。夜閲《明史》。洗足。

十八日辛未　晴，寒威稍減。批改南學卷。下午詣繆筱珊，不值。詣鐵香，久談。詣漱蘭通政，談至夜歸。敦夫來。方勉甫來。桂卿來爲内子診。殷蕚庭姬人來視内子疾。夜月皎甚，二更有風。閲《朱子語類》。

邸鈔：雲南候補知府全楙績授雲南臨安府知府。楙績，山陰人，不知其所始。近年山、會兩縣京官甚不振，而監生雜流之任外官者多以能吏名，如淮揚海河務道王嘉敏、雲南鹽法道鍾念祖、福建臺灣府程起鶚、山西太原府俞廉三、廣西鎮安府陳如金、貴州都匀府樊葆書及楙績皆是也。

十九日壬申　晴，稍和。庚辰同年宋户部淑信爲子娶婦，送賀錢四千。作書致桂卿。介唐來。得心雲十月十五日里中書，言秦秋伊於九月中卒。故園舊友，衰謝殆盡，可太息也。秋伊年少於余三四歲，其子尚幼。娱園花樹之盛，琴尊之雅，望如隔世矣，悲哉。得桂卿書，饋頻果、糖飴，即復謝，犒使三千。夜校《荀子·成相篇》，附注十餘條。是日上再詣醇王府視疾。

二十日癸酉　晴，稍和。早起復患咯血。閲張臯文《周易鄭荀義》。黄仲弢來。子培來。夜得介唐書，以昨屬其寫出日記中經説將寄益吾祭酒刻之，今日未暇檢出，介唐誠實人，來見催取。即作復謝，先以詩集初編第十卷乞其寫完。三更後風。付賃屋六金。

二十一日甲戌　晴，竟日風。周玉山來。閲惠氏《易漢學》及丁小雅所補張臯文《周易鄭注輯録》。夜頗不快，卧閲《朱子語類·禮類》。

二十二日乙亥　晴，稍和。閲《朱子語類》。其論禮樂及衣冠雜制度，皆考據精詳，學者不可不讀也。下午詣桂卿談。詣爽秋，不值。答詣雷惠航、周玉山。詣敦夫、介唐，皆不值，晚歸。作書致介唐、敦夫，約明日來談。

二十三日丙子　寅正一刻十四分小寒，十二月節。晴和。剃頭。作書致書玉，約過談。敦夫、介唐來，書玉來，暢談至夜，偕飲便宜坊，招梅雲。二更後歸，頗醉，四更後患腹痛。

二十四日丁丑　晴。竟日腹痛，多卧。比日雜閲三禮，多所考訂，頗覺疲殆。今日復小感寒，精神遂不可支，夜力疾寫出四、五條，皆有關於大典大義者，非摭拾細碎比也。

二十五日戊寅　上午陰，下午晴。爽秋來。張子虞來。殷萼庭來。夜忽發寒熱，不食，早卧。

二十六日己卯　晴。

閲宋人蒲積中所輯《古今歲時雜詠》鈔本，曹秋嶽藏書也。每卷有曹溶印及溶一字印，皆朱文。書共四十六卷，裝釘爲二十册，而訛舛者甚多，且有空白，全不校勘，非佳本也。積中字致和，眉山人，其本末無可考。前有自序，言宋宣獻公所集《歲時雜詠》，前世以詩雄者俱在選中，然本朝如歐陽、蘇、黄與夫荆公、聖俞、文潛、無己之流，逢時感慨，發爲辭章，端不在古人下，因擇今世之詩以附之，名曰『古今歲時雜詠』。末題紹興丁卯仲冬。其書自卷一至卷四十二，起元日，訖除夜，皆依節序編之；卷四十三至四十六，更以正月至十二月非關節序及有月無日之詩編次，蓋皆依宋之原第。宋書止二十卷，此所取宋人詩過倍。每類皆先曰古詩，即宋所編自漢至唐也；次曰今詩，則蒲所續宋詩。於宋人如歐、宋、司馬等，或稱公，或稱謚，或稱爵，又有韓資政縝、吕相公公著等皆稱官，蘇、黄、梅、陳等皆稱字，而劉筠、楊億、晏殊皆稱名，又有豹林先生、東溪先生等稱，頗無義例，不如宋選之概題姓名也。其中如『本朝』字皆提行，『敬』字等皆缺筆，蓋據宋本鈔出。惜太草草，不足觀。書賈索價甚高，至四十六金，今日以二十金諧定，然尚不直，明當退還之。

二十七日庚辰　晴。王芾卿來。是日感寒鼽涕，又患嗽甚劇，服蘇子、杏人、前胡、橘紅、霜桑葉湯。夜風。

二十八日辛巳　晴寒，有風。身熱頭痛，不食。作書致桂卿乞診。得介唐書，爲寫甲戌年詩訖，作書復謝，犒使二千。計自甲辰至甲戌共存詩八百五十首，蓋自癸丑以前十不存一矣。作柬約周玉山初二日飲，得復辭。介唐來。夜桂卿來診。

邸鈔：詔：十二月初三日再親詣大高殿祈雪，仍命諸王、貝勒分禱時應諸宫廟。

二十九日壬午小盡　晴。印結局送來是月公費銀五十兩，皆鄭工新例也。訓導、巡檢兩項報捐者最多，浙江皆至數十人。此次例捐六成，較海防捐減二成而班在其上，然亦共收得八十餘萬金耳。民窮財盡，此可見矣。服桂卿方藥，用鹽水炒薄橘、紅蘁炒山梔皮、白芷炭、枯丁茶、粉丹皮、北沙參、生甘草、炙桑白、蘁竹茹、蘇梗、杏人，此方辛凉而輕清，用以宣泄肺火，甚見奇效。余昨夕頗昏殆，今日上午至不能飲粥，服此後下午遂能小飯。作致李若農師書，致鄧鐵香書，俱約臘八日飲。得若農師復。子裳邀飲福隆堂，夜雱出赴之。介唐、莘伯、子虞、爽秋、子培俱已至，招霞芬、梅雲、素雲，二更後歸。咳嗽頗稍止，閲問津課卷，至四更始寢。

十二月癸未朔　晴，嚴寒。周玉山來。竟日評改問津課卷。得徐亞陶書。仍服桂卿方。

初二日甲申　晴。得王子獻前月三日里中書，言將赴孝豐學任。得朱蓉生十月望日廣州書，將赴端溪講席。朱苗生來。郭子鈞來。作書致方勉夫。作書致徐班侯，得復。仍服昨方。閲南學諸生論賦卷，多加删潤。

初三日乙酉　雪竟日至夜。黎明起，盥漱畢，方勉夫來，同入城詣户部就京察。先坐江南司，晤同年胡鼎臣員外廷幹，司中主稿也，久談出。坐陝西司，晤子鈞、謝春谷、施子謙，共飯於西廳。午後始過堂。出城拜桑叔雅六十壽，饋以銀二兩，酒兩罌。其家有軟舞劇筵，因留飲，辭之歸。介唐來。得楊莘伯書，饋自製梨膏一器，五香雉肉一盤，犒使二千。作片致介唐，分饋雉肉。夜雪稍止。

初四日丙戌　晴。竟日雜閲問津、三取生童課卷。咳嗽復劇，畏寒。漱蘭通政來。

初五日丁亥　竟日陰，午有微雪。得張子虞書，約飲期，即復。竟日評改兩書院生童課卷。

邸鈔：詔：禮部尚書李鴻藻督辦河南鄭州大工事宜，會同李鶴年、倪文蔚迅籌堵合，毋得延緩。翰林院侍講陳卿雲上高人，辛未。授江蘇揚州府知府。本任宜霖丁憂。

初六日戊子　微陰，午前後薄晴。剃頭。閲問津七月望課卷訖。凡八十八人。文題『公孫丑曰高子曰至固哉高叟之爲詩也』，詩題『一年容易又秋風得年字』。取内課陳澤霖、張大仕、趙士琛、蔡彬、李鳳池、孟繼坡、孟繼均、王奉璋、張彭壽、羅清源等二十名。是日患嗽甚，仍服桂卿方。夜閲問津諸童卷。

初七日己丑　晴，午微陰。繆筱珊來。桂卿來。殷蕚庭來。下午詣敦夫談，傍晚偕詣書玉。夜敦夫邀飲萬福居，招霞芬，二更後歸。閲《四庫》集部提要。作書致桂卿，致亞陶。

初八日庚寅　晴。亥正二刻十四分大寒，十二月中。同司胡鼎臣來。作書致李學士，得復。得王子裳書，言今日買桃葉，乞券式，即復。午後若農師、鄧鐵香、徐亞陶、方勉夫、袁爽秋來，晡時設飲於軒翠舫，至夜初更散。得子培書。再得子裳書。介唐來。蕚庭明日生日，饋禮物四色。煮臘八粥供先人及先賢祠、銅觀音堂。付廚人賞十三千，客車飯十四千。

初九日辛卯　晴。閲三取七月望生童課卷訖。生文題『故説詩者至是爲得之』，童文題『如以辭而已』，詩題『曉來枕簟覺新秋得秋字』。生五十六人，取陳文炳第一。童二十八人，取辛元烒第一。此次四十餘卷託介唐代閲。晡後答詣胡鼎臣，不值。答詣朱少蓮同年，晤談。詣桂卿，不值。晚詣福隆堂赴子虞之飲，坐有莘伯、花農、子裳、仲弢、爽秋、介唐，夜二更後歸，月尚皎然。閲桂未谷《繆篆分韵》。共五卷，無補編，以銀一兩得之。又以銀二兩五錢購《樊榭山房詩詞集》，原刻本，無文集。五更後雪，至曙止。

初十日壬辰　晴。日晨出，有木冰，庭前垂柳兩株枝條如玉，槐杏上皆瑶琳樛結，而樹身地上無有微糝，此所謂樹稼也。評改問津七月望課童卷訖。文題『固矣夫高叟之爲詩也』。凡六十七人，文皆甚劣，取林兆翰第一。服桂卿藥方，用肉蓯蓉。夜赴仲弢福隆堂之飲，莘伯、子裳、桂卿、子培、子虞俱已至，二更後歸。

十一日癸巳　晴。掃舍宇。評改學海堂諸生課卷。得皖撫陳六舟中丞書，饋炭銀二十四兩，犒使六千。周玉山饋炭銀三十兩，犒使八千。夜初更有風，二更雪大作。

邸鈔：上諭：吏部奏遵議河工出力人員從優准獎並豫防流弊一摺。前因河南鄭州河工關係甚鉅，出力員弁准其從優保獎，破格施恩。兹據該部奏稱，比照山東河工章程，准其於工竣後將異常勤奮及其次出力者分别奏保，其調委各員若非奏咨有案，不准濫行保獎。所擬尚屬詳慎，著依議行。至河工奏奬之案，往往告成時列保多員，遇有失事僅止參劾一二，賞重罰輕，何以示儆？著李鴻藻、李鶴年、倪文蔚查照該部所議各節核實辦理，俾在工人員知立法至爲嚴密，奬敘非可倖邀，庶幾大工速蕆，帑不虚糜。其山東各工，並著張曜一體准照辦理。以翰林院侍讀學士梁耀樞爲詹事府少詹事。

十二日甲午　雪至上午積五寸許，午後晴。桑叔雅來謝。桂卿來爲内子撰方。評改問津諸生卷。閲惲子居《大雲山房集》。其潮州韓文公廟碑、廣州光孝寺碑皆稱奇作，而議論皆有過當處。

十三日乙未　晴，嚴寒甚冽。作書致介唐，致花農，致莘伯，致子培，皆約十五日夜飲霞芬家。

閲王復齋厚之《鐘鼎款識》。葉東卿志詵翻刻阮儀徵本也，自董武鐘至楚公鐘共五十九器。原册三十葉，皆精拓本，其中十五種標以青箋，爲畢少董良史詒秦伯陽者，末書『良史拜呈』，餘亦多伯陽所收。其楚公鐘、師旦鼎、虢姜鼎皆一德格天閣中物。又有虢姜敦，末書云『此一款識得之於禮部郎官朱敦儒所藏者』，查查浦以爲似出伯陽筆。其它數十種有『順之私印』『復齋珍玩』兩印，每器有題款及釋文，阮文達以爲皆出復齋筆。然謂此册本伯陽所集，後歸王順伯者，其語始於朱竹垞之跋；又云後轉入趙子昂家，子昂鈐以『大雅』二字印，兼書薛尚功考證於曾侯鐘後；又云曹倦圃謂册首『鐘鼎款識』四篆字亦松雪所書。錢竹汀跋謂與所見松雪篆書《大道歌》石刻相類，又謂册後方城范氏鐘以下兩葉恐是松雪增入，故楚公雷鐘複出。慈銘案：第十葉周楚公鐘款識後有紹熙四年東州榮芑跋，言紹興十四、五年間，茂世先兄自成都運判除倉部外郎，總領淮東軍餉，邵澤民見屬云：我有雷鐘，藏之久矣，兩得秦會之書見取，度不可留，爲我達之會之，償以三千緡云云。次新此跋不知爲何人作。而虢姜鼎後有大字考證廿二行，於『殷』字缺末筆，末云：『惛曾大中皇恐百拜上呈。』『惛』字與『曾大中』三字並書。『惛』不知何字，亦不知何人。據《宋史·文苑·朱敦儒傳》言，敦儒晚爲秦氏所輓，先用其子爲删定官，敦儒亦復仕爲鴻臚少卿。老牛舐犢，致晚節不終。而不言其子之名。然據此兩事，足證此册固宋人所藏，亦或可信爲秦伯陽物。又有『厚之』等印，則自爲復齋所得。阮文達又謂范氏鐘以下兩葉有『公輔』兩字朱文印凡三，當是石公弼之印。公弼乃北宋越州新昌人，字國佐，初名公輔，見《宋史》本傳。此二葉所題『方城范氏古鐘銘』及『政和三年武昌太平湖所進古鐘』共二十字，皆公輔之筆，乃北宋拓本，復齋得之續於册後者。慈銘案：此兩葉中間有『義叟』一印、『石氏家寳』即『寳』字。一印，則或是石國佐之舊藏，而兩葉中獨無『厚之』『復齋』等印，又首葉董武鐘亦無『厚之』等印而皆有『大雅』印，疑首尾皆松雪增入。阮氏必謂題款釋文皆復齋手書，而後兩葉題識字出一手，故以爲復齋所續者，然首葉并無題識也。此册明時歸項墨林，印識皆遍；國初歸曹秋嶽；後歸朱竹垞，竹垞以贈馬寒中；乾隆末歸吴門陸氏松下清齋；嘉慶初爲文達所得，七年秋摹勒於版，印記題識鉤刻甚精；道光癸卯春，册毁於火，版片亦燼；道光二十八年冬，葉氏志詵重摹於粵東撫署，時冬卿年已七十，就養於其子崑臣相國也。

得姪孝玟、族姪文炳是月初四山西藩署書。是日評改九月學海課卷訖。『殷自契至湯八遷湯至盤庚五遷考』，『唐宋諸儒闢佛淺深論』，『明以來稗官小説之害論』，『伏生女授鼂錯尚書賦以老難正言嬌女傳誦爲韵』，『滿村争唱蔡中郎賦以題爲韵』，『擬蘇子美答韓持國書』，『擬柳惲擣衣詩』。生員取陳澤霖、董恩祥、張大仕、李鳳池、顧恩榮内課五名。付衣估滕文藻銀二十四兩，以買狐白馬褂一領，銀十一兩，又爲張姬買狐白馬褂一，銀十九兩。

十四日丙申　晴，午後多陰，嚴寒冽甚。徐班侯來，饋鹽母一苞。閲岳倦翁《寳真齋法書贊》。此書深有裨於《宋史》。其《跋高宗御札》極言秦氏之無君，《跋宗忠簡劄子家書》極辦當日之事勢，《跋宇文肅愍兩漢册》力白肅愍之以忠死，皆考宋事者不可不讀。卷二十四載先莊簡《三字帖》。

邸鈔：詔：安徽在籍紳士、五品銜前任直隸棗强知縣方宗誠賞給五品卿銜。以學政侍郎貴恒奏稱其正學純行，矜式鄉閭也。宗誠，桐城人，東樹之孫，以監生久游督撫幕得官，有巧宦之目，又不學，而自名宋學，妄攻漢儒，得此優典，可異。　大學士閻敬銘奏病仍未痊，懇請開缺。詔再賞假三月，毋庸開缺。

十五日丁酉　晴。作書致桂卿，致班侯，致仲弢，俱約飲期。作書致敦夫，以敦夫今日生日，約其早赴赤城之飲，得復。敦夫來。晚詣霞芬家，子培、莘伯已至，桂卿、書玉、資泉、介唐、敦夫次第來，花農後至，燈月頗艷，酒肴亦佳。夜三鼓後歸，月皎於晝。付霞芬肴饌銀十六兩，賞其僕銀四兩又錢十千，客車飯錢二十八千，梅雲車飯四千，車六千。

邸鈔：上諭：前據御史牟蔭喬、劉綸襄奏山東榮城縣境内輪船失事，知縣信任劣紳擾害地方各一摺，復據都察院奏編修謝雋杭等呈控惡紳串通知縣，揑詞請兵，傴斃多命等情，先后諭令張曜確查覆奏。兹據奏稱：保大輪船失事時，沿海村民乘危撈搶，該縣知縣李文炳前往勘驗，飭武舉于廷喆幫同彈壓。村民抗拒，將于廷喆毆傷並傷斃鄉勇，傴令李文炳出具印結息事。經道員盛宣懷、提督孫金彪帶勇查辦，該村民仍不交犯繳贓，相持兩日，始飭該縣帶同勇役進大西莊等三村搜贓，將滋事首從人犯帶回研訊，分别取保解省審辦。並無開礮轟擊、騷擾斃命等情事。此案提督孫金彪、道員盛宣懷被參縱勇擾命各節，既經查明並無其事，承審各員亦無妄拏拷問等情，即著毋庸置議。榮城縣知縣李文炳直隸舉人。於村民聚衆時未能詳晰開導，輒行給予息事印結，實屬庸懦無能，著即行革職。武舉于廷喆雖無率衆害民情事，惟平日聲名甚劣，著即行斥革，以示懲儆。

十六日戊戌　晴，有風。得仲弢書。是日評改八月學海課卷訖。『閟宫祀姜嫄説』，『漢世祖自後元帝論』，『朱子嘗讀佛經論』，『竹皮冠賦以名曰長冠俗稱鵲尾爲韵』，『擬少陵秋興八首』，『花露生瓶水得生字』『松風落架書得風字』五言八韵一首。取生員内課張大仕、陳澤霖等八名。張生經説引《三國志・魏・甄后傳》注證姜嫄爲高辛次妃，非元妃，故周立姜嫄廟而不立帝嚳廟，以妾母不得配帝也，其義甚確。陳生兩論亦佳，爲改潤以暢其説。李鳳池第五，其賦雖不純粹而甚有气勢。是日又閲定九月問津望課生童卷。文題：生員『人有鷄犬放』至『求其放心而已矣』，童生『人有鷄犬放』；詩題『山翠漸疏谿上柳得疏字』。生八十六人，取李鳳池、蔡彬、劉葆善、張大仕、孟繼坡、陳驤等内課二十名；童六十人，取楊以寬等内課十五名。敦夫爲代閲百餘卷，其生員内課以外皆敦夫所定也。是日微陰，夜月仍皎，有風。

邸鈔：刑部郎中景文授湖南長沙府遺缺知府。御史丁振鐸交軍機處記名以道府用。前户部郎中邵承灝准其捐復原官，照例用。邵承灝即邵承瀚新改名，蓋其人素不齒士論，其去官又以奸婬私罪，故避彈劾也。湖南糧儲道傅慶貽病故，長沙府知府吕世田升糧道。

十七日己亥　晴。得趙桐孫順德書，并饋炭銀十六兩。得花農書，約廿七日爲余倣壽筵，即復書固辭。評改九月學海諸童課卷。是日加卯望，月食。介唐夫人生日，内子、張姬往賀，送食物四色及寓人戲。

邸鈔：上諭：惇親王等奏恭修玉牒告成，請將在館出力人員從優獎敍一摺。提調官内閣侍讀學士壽蔭以三品京堂遇缺提奏；纂修官宗人府理事官奎郁以四五品京堂補用，並賞加四品銜；祥霖以四品京堂補用，俟補缺後開列在前；禮部郎中桂斌以五品京堂補用；餘升賞有差。玉牒例以十年一修，今年三月開館，十一月止，不過續增百餘人，而承辦各員及謄録供事優奬至數百人，中書以知府歸候補班前補用並加鹽運使銜者六七人，蓋躐躋八級，並有供事候選布經歷而保至俟選缺後免補同知，以知府歸候補班，即補賞加運使銜者，可謂濫矣。

十八日庚子　晴。坐南榮剃頭。閲秀野草堂《元詩選》，連癸集，索賈至二十金，還之。額裕如運使額勒精額來，自成都服闋入都者。楊莘伯來。花農來。敦夫來。評改八月學海堂童卷訖。取内課華承運一名，不知何人所作，《漢世祖自後元帝論》《朱子嘗讀佛經論》，皆識議甚卓，筆亦警爽，生卷中無此作也。《擬秋興》八首，按古切今，高華沉實，足稱傑構，蓋出江浙名士，必非北人所能。又外課董恩嘉等五名，附課十名。夜具牲麵酒果祀歲神及門、行、户、井、中霤之神，四更畢事，放爆鞭，五更後始寢。

邸鈔：詔：撥安徽漕折銀五萬兩、蕪湖關常税銀五萬兩，備安徽濱淮被水各州縣來年春賑，以河南鄭工决口黄流入淮也。

十九日辛丑　晴。先本生王父生日，供饋。敦夫來。書玉來。得汪柳門閣學廣州書，并饋炭銀廿兩。晚邀漱蘭通政、仲弢喬梓、蓴庭、班侯、子裳、定㫒夜飲廳中，三更始散。是日以二十金買得沈景倩《萬曆野獲編》、岳倦翁《寶真齋法書贊》、《厲樊榭詩詞集》、《筠清館金文》、復齋《鐘鼎款識》、《唐摭言》，先付十金。付客車飯錢十千，廚賞九千。

邸鈔：翰林院侍講潘衍桐轉補侍讀，司經局洗馬丁立幹轉侍講。

二十日壬寅　晴。是日封印。作書致桂卿，爲書玉夫人乞診。作書致莘伯，辭生日之飲。得瞿子玖學使杭州書。評改九月學海堂童卷訖，取内課華承運等三名。華生九月卷中兩論固佳，然首論譏貶光武，次論微刺朱子及言伊川門人多流禪悟，語皆過峻。此次第一論唐宋諸儒闢佛淺深，雖大恉軒唐輕宋，語亦有本，而文筆嶄絶，從子家出，末幅及近日天主教之害，蓄意深遠，筆尤悠漾不盡，直足稱名作，此等古文，南中英髦亦未嘗見也。第二論明以來稗官小説之害，謂自明祖以時文取士，士人才力無所發舒，故小説日多而所習不過講章八比，耳目甚陋，辭气日鄙，故所作小説里俗荒謬，不似唐以前人能華藻粉飾，而婦女市井皆能讀之，故所害滋甚。其言極有名理，文亦痛快而簡盡。爲之增潤數百字，卓然足以傳矣。《伏生女授鼂錯尚書賦》亦能戛戛生新，蹊徑迥别，此不知何人所作，當訪求之。夜更閲九月三取諸生望課卷。張姬視書玉夫人疾。

二十一日癸卯　晴，上午微陰，下午有風。是日評改九月望三取生童課卷訖。生四十人，文題『拱把之桐梓至弗思甚也』。童三十人，文題『拱把之桐梓』兩句，詩題『霜紅欲上寺前楓得前字』。生取内課林向滋、王潤芳等十名，童取内課宋文樞等五名。桂卿來爲内子診。以錢十三千買臘梅花兩盆。夜作書致賀幼甫，寄去課卷四箱。

邸鈔：岑毓英奏討平順寧府邊境黑猓夷，擒獲首逆張登發等，於大箐山攻破逆營百餘坐，招出漢夷萬餘人，地方一律肅清。得旨辦理甚爲妥速。岑毓英前得降二級留任處分，加恩開復，在事出力文武及陣亡受傷官弁，准其奏請獎恤。其猓黑地方應如何添設文武員弁，扼要管轄，著該督撫酌度情形，妥議具奏。鴻臚寺卿鄧承修奏假期已滿，病仍未痊，懇請開缺。得旨賞假一月，毋庸開缺。刑部郎中王汝礪授安徽安慶府遺缺知府。

二十二日甲辰　晴。

閲《寶真齋法書贊》。此書在目録家可稱奇絶，不特遺聞佚事足裨史乘，其於宋世賢奸，並蓄兼收，議論平允，不没纖豪之善。倦翁作吏，頗乏賢聲，然據此書觀之，其宅心固和厚也。所系贊多各成體格，富健俊爽，斐然可觀。錢衎石《刻楮集》中有題此書絶句五十首，皆取其事之有關係者以當詩史。蓋倦翁詩曰《玉楮集》，余嘗見其鈔本，詩格峭瘦而澤以典雅，衎石詩頗相似，其集名『刻楮』，或有取於此爾。

得胡雲楣書，惠炭銀十六兩，并以新刻王南陔先生《説文段注訂補》首一卷見示，且屬爲之序。王氏於《説文》用力甚久，所訂補甚詳，其糾駁段氏語亦有過峻處，而較之鈕匪石、徐謝山則和平多矣。鈕、徐之學何敢望段氏，即王氏亦相去尚遠，然如此卷中正段氏『中』字、『藕』字之注，其説甚辯，釋『中，和也』之義，尤名理鑿然。

二十三日乙巳　申正初刻立春，明年正月節。晴，下午間陰，晡後陰。作七律一首，題爲『戊子立春試筆』，云：『又報東風入舊年，閑門人事亦欣然。鷄豚小備春前臘，竹樹新回雪裏妍。彈指已躋人六十，思鄉長隔路三千。六十不言年，三千不言里，人所盡知也，唐宋名家詩多如此，白香山詩尤屢見。恰逢送竈迎青帝，坐聽鄰家放爆鞭。都人皆以廿三日祀竈，越俗亦然。是日晡立春。』書玉饋年物六合，受野鴨、銀魚、年糕，即作書并詩致之。夜祀竈，以鞭爆、竹馬送之。閲沈景倩《萬曆野獲編》。

二十四日丙午　晴，有風。得趙桐孫同年順德書，惠炭銀十六兩，并詒所作六十自壽詩。得陶仲彝同年江寧書，惠炭銀三十兩。二君皆暫攝郡縣而輟廉相餉，可感也。崇效寺僧送唐花牡丹兩盆，紅碧桃兩盆，海棠、迎春各一盆，還其牡丹，報以六金，賞儋人錢四千。夜詣莘伯家，以今夕莘伯偕子培、桂卿、芾卿爲余作生日也。邀書玉、敦夫、介唐、花農、子裳作陪，燭粲燈妍，陳設華整，肴饌皆出内治，精奪五鯖，點心兩食盤香美尤劇。叨此非分，深慚過情。暢談至三更始歸。

二十五日丁未　晴，稍和。作書致莘伯，謝昨日之飲，犒其使十二千。是日書春聯，大門云：『自覺閉門多歲月；祇慚報國託文章。』客次云：『漫云拄腹五千卷；已是平頭六十人。』中堂云：『聖代即今多雨露；逸妻相共老烟霞。』集唐人句。先賢祠云：『典刑耆舊山川秀；京國科名杏桂花。』得爽秋書，并壽余生日詩云：『六十爲郎未厭遲，銅駝陌上墊巾宜。歸然風節和應寡，妙得天機知者誰。鑑曲笠笻追賀老，鐵厓樂府冠元詩。由來越國山川逸，偕取才名重聖時。』『猩紅花照鵝黄酒，破臘年前已得春。晚覺方瞳健勝昔，坐忘帶孔瘦移旬。讀穿飢朔三冬史，生後髯坡九日身。腰脚明年問何似，南郊鳴玉侍祠臣。』二詩字字新警，愧不敢當耳。徐班侯來，殷尃庭來，楊定旉來，子裳來，郎仁譜來，以今日五君携具來爲余作生日也，子陪、爽秋來作陪。肴饌不佳，而諸君俱盛服見過，彌增光寵。金忠甫來。夜陰。

邸鈔：兵部左侍郎耀年卒。詔：耀年由司員洊升卿貳，管理神機營事務，補授總管内務府大臣，勤慎從公，克稱厥職。兹聞溘逝，軫〈惜〉殊深。加恩賞加太子少保銜，照侍郎例賜恤，伊子祥蔭加恩以主事用。以兵部右侍郎師曾轉補左侍郎，以理藩院右侍郎綿宜爲兵部右侍郎，以内閣學士慶福爲理藩院右侍郎。輔國公溥廉奏病難速痊，懇請開去差使，並請停俸。許之。禮科掌印給事中葉蔭昉選湖北鹽法分守武昌道。本任道江人鏡調漢黄德道。

二十六日戊申　晨有微雪，終日微晴多陰。得楊莘伯書。得賀幼甫書，送來明年春季修脯等銀，即復，犒使銀二兩，錢八千。爲寶森書坊書春聯兩副。介唐來，書玉來，敦夫來。今日三君來爲余作生日，先饋麵食一筵。夜設肴饌於廳，并陳燈燭，莘伯、子培、花農、桂卿來作陪，至三更後始散，有風。印結局送來是月分公費銀四十兩。潘伯寅尚書饋年禮，雙鷄、年糕、碧柰、冰梨。得張生大仕書，饋江珧柱、蝦米一大苞，其意甚誠，辭之不得。作書致婁儷笙，詒以棗紅緞一匹，紫兼豪五枝，及酒、肉、桃、麵，儷笙亦明日生日也。作書致敦夫，饋以醴鷄、醴肉、凍肉、年糕。得介唐書，即復。

邸鈔：命尚書錫珍、潘祖蔭俱充經筵講官。以副都統崇光補授總管内務府大臣。

二十七日己酉　晴和，無風。余生日，早起張燭叩先人。漱蘭通政來。敦夫來。介唐來。書玉來。絅堂來。劬盦來。筱珊來。仲弢來。花農來。子培來。婁儷笙來。胡伯榮來。劉生曾枚來。

子蕁來。莘伯來。勉夫來。徐亞陶丈來。桂卿來。子虞來。爽秋來。慧叔弟來。漱丈饋燕菜一席，酒一罎，燭二斤，麵一合，并以書道意，受酒、麵，作書復謝，犒使四千。介唐夫人來。仙洲夫人來。鄭雨卿夫人來。蕁庭姬人來。仙洲姬人來。介唐饋桃、麵等四事，并送禺人戲一晝夜。書玉饋桃、麵等六事及蓮子。絅堂兄弟饋燭及酒兩罎，反燭。筱珊饋燭及酒一罎，作書皆反之。花農、亞翁、勉夫、爽秋、桂卿、子虞等合饋糕，桃四事。莘伯饋糕、桃四事。劉生饋燭、麵等四事。慧叔饋酒、燭四事及兗脯，反兗脯。伯榮、儷笙饋桃十斤，麵十斤，酒兩罎，反酒。駱小圃、詹黼庭皆饋桃、麵四事，皆反之。鄭雨卿饋桃、麵四事。蕁庭饋桃、麵。花農燭上金書云：『詩客壽客，經師人師。』花農、勉夫、亞陶、仲弢、桂卿、爽秋、子虞合治具携廚來爲壽，晡時設飲，至夜一更後散。姬人等觴諸夫人於後堂，三更始散。得朗齋尚書濟南書，并惠銀五十兩。

二十八日庚戌　晴，上午微陰，午後陰。作書致張子翼郎中，犒其使十二千。再得朗齋濟南書。書柬約敦夫、介唐、書玉、花農、桂卿、莘伯、子培夜飲。得子培書、花農書，俱辭飲。作書致書玉。桂卿來辭飲。得許仙坪布政金陵書，并饋炭銀三十兩。再作書邀子培飲，得復。夜介唐來，敦夫來，莘伯來，書玉來，子培來，初更設飲，招霞芬、梅雲左觥，各予以四金，三更始散。有風，寒甚。

二十九日辛亥　晴，風，嚴寒甚冽。得施均甫濟南書。得賀幼甫書。上午出謝客，見仙洲夫人，饋以四金。詣王芾卿略談，又詣數家，晡歸。小食復出，晤介唐，晚歸。介唐來。得翁叔平師書，饋歲十二金，作書復謝，犒使四千。詣房師林贊虞編修賀歲，送年敬八金，門茶四千。詣李若農師辭歲，送門茶四千。夜風稍止。

三十日壬子　晴，寒冽如前。上午出謝客數家。入城詣徐蔭軒冢宰師賀歲，送年敬二金，門茶四千。詣叔平師、麟芝莽師辭歲，各送門茶。詣徐亞翁謝爲壽。晡出城歸寓飯。傅子蓴詒蠟梅花兩盆，作書復謝，犒使四千。晡後詣先賢祠拈香行禮，又詣靈氾分祠及銅觀音堂拈香。詣書玉謝爲壽，不值，歸。桂卿來。花農來。周生紳之、緝之饋年禮八合，受其四，犒使四千。夜祀竈，祀先，祀故寓公。得仲弢書，爲盛伯羲同年乞題畫。是晚微覺中寒，祭先禮畢已及二更，遂罷屠蘇之飲，擁衾而卧。生年六十，歲事闌珊未有如今日者，可歎也。是節付天全木廠銀二十兩，付司馬廚人銀十五兩四錢又銀八兩，付協泰米鋪銀十六兩，付同興煤鋪銀十四兩，付廣慎厚乾果鋪銀十六兩，付修文齋書鋪銀九兩二錢，付滕衣賈銀八兩四錢，付同成香油局銀九兩一錢，付隆興厚紬鋪銀二十四兩，付吉慶乾果銀八兩，付便宜坊熟食銀六兩八錢，付京兆榮記南物銀四兩六錢，付聚福齋糕餅銀四兩四錢，付福隆堂酒食錢六十二千，付宜勝居酒食銀五兩五錢，付松竹齋紙鋪錢四十三千四百，付賣珠劉婦人銀十八兩，賣翠花李婦人銀十兩，付悦生紬莊銀五兩，慶和堂酒食銀二兩。

光緒十四年（一八八八）

光緒十有四年太歲在著雍困敦春正月建畢陬癸丑朔　晴。余年六十歲。早叩先像及竈神，供湯圓子。介唐來。敦夫來。子培來。爲伯羲祭酒題程易疇墨蘭，其幅中元題絕句云：『天生玉骨與冰胎，寫入芳蘭狎雪開。誰道嚴冬十二月，只宜絳筆點寒梅。』下題爲：『葒谷老先生笑正。』伯希以爲蓋賀孔葒谷得男者，欲取吉語懸之閨中，發歲朝宜男之兆。因如其意，和原韵作一絕，即以稿致介唐，爲徵蘭佳識焉。是日來賀者二十六家。先賢祠以小疾遣人代拈香，供饅頭二百五十枚。

初二日甲寅　晴，有風。叩先像，供紗帽餡子及茗飲。作書致仲弢。作書致桂卿，爲內子乞診。是日來賀者二十七家。

初三日乙卯　晨雪，上午微晴，仍有微雪，下午陰。叩先像，供肉餡、筍餡饅頭及茗飲。介唐來。桂卿來。族弟慧叔來。是日來賀者二十五家。

初四日丙辰　雪，至午稍止，日出，旋復雪，下午霃陰。叩先像，供炒年糕及酒。是日來賀者十四家。服藥。

閲《萬曆野獲編》。入年來小病謝客，專以此編遣日，間取《明史》證之，蓋言明事者莫此爲詳也。沈氏所著，有《飛凫語略》一卷，入《四庫·子部·雜説類》存目，又《敝帚軒賸語》四卷，入《四庫·子部·小説家類》存目，而此編獨未見及。考《朱竹垞集》有此書跋，言已鈔輯略備，康熙庚辰桐鄉錢枋爲分四十八門，都爲三十卷，以活字版印行，欽定《日下舊聞考》中采取數百十條，不知開《四庫》館時何以遺之？其實《敝帚軒賸語》即從此編中録其神怪諧瑣諸條，《飛凫語略》又從《賸語》中刺取論法帖紙墨及器玩數事爲之，蓋沈氏是編多直記朝政闕失，故當時深諱不出，而僅以談諧瑣語出應世人之求，别題書名而已。《飛凫語略》衹十八條，即此編卷二十六之『玩具』一門，而《四庫提要》譏《賸語》中載嚴世蕃冤報林潤事，以爲獎亂，即在此編卷二十八『果報門』中，則《四庫》館臣實未見此書也。近日通行皆道光初錢唐姚祖恩廣東刻本，姚序稱沈氏所著《清權堂集》中有天啓宫詞，而兹編於熹宗朝客、魏亂政概未之及，殆危行言孫之旨。案沈氏自序雖題『萬曆三十四年丙午』，而卷十三『褐蓋』一條載巡城御史穆天顔於棋磐街笞許顯純事，末云顯純後爲魏璫鷹犬，即『五彪』之一，士大夫受其屠戮最爲慘酷，則已及天啓之末。其它及萬曆末年事者甚多，亦時有前後緟複，彼此矛盾者，是隨時紀録未及訂定之故。卷十七『奇兵不可再』一條、『梅客生司馬』一條，語有違悖，則編輯者之疏忽也。《補遺》四卷，自序題『萬曆四十七年己未』。

初五日丁巳　晴，有風，下午稍和。是日來賀者二十家。晡出門答賀鄰近坊市數十家。詣介唐，答叩其先像，夜歸。祀先，肉肴、菜肴六豆，火鍋一，紅棗扁豆湯一巡，酒、飯各一巡。鐵香來夜談，極言其同鄉沈、區、李三吏部之貪穢。近日言路噤寂，諸曹狼戾，市道公行，不以爲羞。即如去年通州鄭俞氏之獄，吾鄉胥棍周之辰以貲吏爲順天府通判，署東路同知，（遍）〔偏〕袒胥差，酷刑斃命，而東安知縣楊□□之子某艷鄭俞氏之色，誣債謀篡，俞氏叩閽，奉皇太后懿旨下刑部訊，郎中王汝礪入周重賄，僅坐遣戍。户部書吏史恩濤之獄，以四御史同劾，而恩濤與滇中一翰林爲兒女姻，其兩御史皆滇人丙子同年，實受滇人屬并得史重賄，故直劾孫侍郎，并牽連東撫，以陰爲史地，迨刑部定案，又入史重賄。史本吾越人，惟恐遞解回籍則都中狡窟不能守，因冒籍涿州，故爲重比坐徒，因定地發京外安置，遂得消揺畿輔，往來津、潞間，坐擁膏腴。此皆可裂眦者也。霞芬來，予以銀二兩，賞其僕十千。

初六日戊午　晴和。坐南榮剃頭。得品芳弟、嘯巖弟、王氏妹、四弟婦十一月中書，品芳寄來仙居朮一匣，三妹寄來燕窩四兩。得宗文宿皖中書，言奉檄勘灾壽州。文宿爲滁樓師之子，其言誠實。作書致書玉問疾。是日來賀者十五家。

初七日己未　上午薄晴，大風，午後風少止，霒陰。叩先像，供餅餌及茗飲。内子病甚，作書致桂卿乞診。潘伯循來。是日來賀者十家。傍晚桂卿來診，并爲王姬診，撰方。喜入新年，藥鑪滿室，呻吟答和，等之燕語鶯啼矣。

初八日庚申　午正初刻二分雨水，正月中。晴，微風。曉卧中疾動。得書玉書，亦言病甚新起。閲《明史稿》。下午出答客四十餘家。詣魏染胡衕慧叔弟家，叩其先像。慧叔不在，其婦高出拜。詣書玉家，談至月出而歸。是日來賀者七家。

初九日辛酉　雪，至午漸密，入夜積寸許。皇上親祀祈穀壇，臣慈銘陪祀。作書致書玉，以紅蚨票六千爲其諸郎買果餌，又以見錢八千賞其僕媼，得復。得徐仲凡去臘三日書，言已爲覓得蘭渚橋外殷家塢之錢家山，可營宅兆四五壙，索價洋銀一百五十圓。叩先像，供春卷、酥糕。鐵香來。是日來賀者五家。閲《明史稿》。夜雪，至四更後稍止。

初十日壬戌　晨陰，上午薄晴，下午晴。作書致敦夫，爲書玉生日醵飲，得復。閲《明史稿》。夜得介唐書，亦爲醵飲事，即復。

十一日癸亥　晨雪，至晚稍止，積三寸許，甚寒。先妣生日，供饋菜肴七豆，肉肴三豆，菜羹一，糖餡、肉餡饅頭兩盤，炒麵兩盤，紅棗扁豆湯一巡，酒三巡，飯及茗飲再巡。先像前供酒及炒麵。作書致書玉，饋以禮物八合，并約明日飲。得復，以病辭。作書致敦夫，致介唐，以書玉既辭，遂罷明日醵筵也，俱得復。夜閲《筠清館金文》，參以《積古齋款識》及《復齋款識》，俱爲揭槧用印章，朱墨爛然以左撫玩，亦静中消遣法也。

十二日甲子　晴。作書致書玉，饋以肴饌一席。得章方軒貴陽書，言入撫署襄辦文案，且言任秋田由安平調署貴筑。得張拜庭書，言已到靖江任。敦夫來。下午詣書玉拜其五十生日，偕敦夫、介唐小飲，談至傍晚，答拜客數家而歸。是日來賀者四家。夜有月微朧，四更後雪復作。

十三日乙丑　竟日大雪，至夜積六七寸許。先像前换果餌、團合、牙盤，供茗飲。亞陶、勉夫、花農柬約十七日觀譯署燈劇，作書辭之。閲《明史稿》。夜雪，至二更稍止。叩先像，供紅棗銀杏湯。

十四日丙寅　晴。竟日閲《明史稿》。剃頭。懸春燈。是日下午寒甚，積雪不銷。夜叩先像，供茗飲。是日來賀者四家。張姬答賀諸宅眷。

十五日丁卯　晴。上午出答客數十家，午歸飯。子培來。蕭山人何澄齋孝廉文瀾來，言去年學海堂六月課李煒卷乃其丙子同年杭人蔣子鶴廷韍所作，八月、九月華承運卷乃伊與蔣共作者。其言果信，則兩君年少，而古文筆力識見，俱已卓犖可喜，從此日進，所造未可量也。介唐來。晡又出答客數家。詣邑館，與敦夫久談。詣先賢祠拈香行禮，又詣靈汜分祠及觀音堂行禮，各供元宵圓子，先賢祠二百枚，餘五十枚。晚歸。仙洲夫人生日，送酒、燭等四事。夜祀先，小張燈燭，肉肴、菜肴各五豆，酒再巡，浮圓子一巡，飯一巡。家人出觀燈，即歸。付車錢十八千。

十六日戊辰　晴。上午詣下斜街拜王可莊母夫人六十之壽，送禮酒十斤，燭二斤，午歸飯。書玉來。爽秋來。蔡松甫來。下午出答客八九家，便道詣廠市，濘潦載道，檣僋漸收。至修文齋書坊，買得焦里堂《孟子正義》，直四金；湖海樓本周方叔《卮林》，直一兩四錢；掃葉山房本華氏《中藏經》、劉涓子《鬼遺方》，直二金。於九隆花爆店買得茶樓燈劇一坐，銀四兩五錢；鐵樹花一盆，銀二兩；大八角燈爆三盤大花筒八枚，銀二兩五錢。茶樓燈劇者亦名樂春花火，用竹木編成，屋宇高大各五尺餘，爲屋兩層，周以闌檻，上結果棚，朱實纍纍，垂數十枚，中藏烟火，四圍籬落、秋花、蔓藤，枝莖中皆含小爆，中爲劇場人物，人物中皆藏爆仗。此今年新出者，都門惟此一家，製成一對，其一前日入醇邸矣。聞初買須十金，今日以燈節過減半直。鐵樹花者亦去年新出，翦采絨爲花，以紙布爲幹，燒墼作盆，高五六尺，花中各藏烟火，放之火花四散，流熛蕊采，滿照庭院，最後乃於莖幹中花爆亂發，凡六七起，皆作燈月形，直薄霄漢，此亦它日録《夢華》者所當采也。傍晚歸。夜叩先像，供元宵、粉團及茗飲，小放烟火。

十七日己巳　晴。作書致敦夫，致介唐，致子培，皆約今夕看花爆。劉仙洲夫人、傅子蓴夫人、鄭雨卿夫人來，詹儀部家兩女郎來，介唐夫人來，子培來，留共小飲。夜先像前張燈供茗飲，放花爆，諸宅眷皆來觀，三更始散。閲華氏《中藏經》。是日來拜者邵給事積誠、江工部槐庭、柏編修錦林三人。邸鈔：工部節慎庫郎中志彭授廣西桂林府遺缺知府。廣西鹽法道周鶴病故，桂林府知府秦焕升鹽法道。

十八日庚午　薄晴多陰。祀先，肉肴五豆，菜肴五豆，羹一，酒再巡，飯及茗飲各一巡，晡後畢事，焚楮繦五挂，收藏三代神位圖。慧叔家饋蜜供一坐及糕果，報以蜜供兩坐，牙盤一合，皆祭餘也。陳資泉生女，饋以蓐房食物四事。夜雪，積寸許。

十九日辛未　竟日寒陰，午後微見日景。

閲周方叔《卮林》。其書雜辨群籍引用之誤，聞見博洽，立論多有據依。方叔，明末人，而文章爾雅，絶無當日纖詭之習，尤難能也。每條以兩字標目，皆系以作書人之姓如格鮑、嫇張、洗梅、商艾等，謂正鮑彪之《國策注》，譏張表臣之《珊瑚鉤詩話》，『嫇』字出《字林》，《廣韵》未收。《集韵》《類篇》始有之，注云女字。惟《後漢書·馮衍傳》『嫇子反於彭城兮』，注引吕忱：音仕眷反，勉也。《東觀記》作『譏』，遂謂嫇亦譏刺之意，實無它據也。洗剔梅鼎祚之《書記洞詮》及《詩乘》《古樂苑》諸書，商略艾南英之《墨卷評語》，名目頗近佻仄。又如徐青藤之《路史》，鍾、譚之《詩歸》，及南英之評。此類鄙瑣短書，何足置喙，而一一彈駁，則天壤間書如入海算沙，豈能窮究？然大致詳確，在明代説部中爲最有根柢，較之《筆精》《談薈》《蟫雋》《疑耀》諸書，相去遠矣。蕭山陳氏校刻頗精，間采附近儒駁正之語，亦爲明晰。

家人召演禺人采戲，喧聒至夜半，甚可厭。方勉夫來。

二十日壬申　晴，有風。鍾六英太僕來。整比書籍，略風曬之。下午方映南窗讀《通典》，有比鄰小子來訴其家事，遂聒瀆至暮。徐花農夫人來。夜復閲《卮林》。得吴碩卿廣州書，并饋炭十六金。

二十一日癸酉　上午微晴多陰，有風，下午間晴。胡梅良來。張子虞來。介唐來。桂卿來。同年寶閣學寶昌來。讀《通典》。

邸鈔：鴻臚寺卿鄧承脩奏病仍未愈，懇請開缺。許之。詔：文碩來京另候諭旨。長庚賞給副都統銜，爲駐藏辦事大臣，迅速馳驛前往，毋庸來京請訓。此以英夷欲赴藏行教，請中國給護照以往，藏人鑒印度之禍，恨英人甚，至此發兵屯境上拒之，英人要挾中國諭藏人撤兵。廷計屢以責文碩，文碩亦不能得之藏人也，覆奏言其狀，且謂英人必并藏，并藏則蜀危，此事必不可許。廷議遂罷其任矣，旋部議革職，從之。理藩院郎中宜麟授湖南鹽法長寶道。本任道普津丁憂。刑科給事中吳壽齡授貴州貴陽府遺缺知府。貴州貴東道吳自發病故，貴陽府知府員鳳林升貴東道。工部郎中倫五常授雲南昭通府知府。本任昭通府高梧，巡撫譚鈞培劾其雙目失明，勒令休致。

二十二日甲戌　晴。竟日雜閱目録諸書。有人持舊拓《聖教序》求售，言是北宋搨，索銀六百兩。紙墨甚舊，字畫清瘦而渾融，頗覺精神焕發。其波磔俱尚有篆隸遺意，『勞師』『師』字全是漢隸結體，與它字迥殊。作書致介唐，介唐喜學此帖，招其同觀。夜介唐來。《述聖記》中『排空寶蓋，接翔雲而共飛；莊野春林，與天花而合彩』，『莊』即『妝』字，『妝』隸變作『莊』，六朝後遂訛作『粧』。《萬年宮銘》『葉冷帷秋莊濃□黯』，『莊』亦即『妝』字，皆隸之省變也。蓋高宗文喜用此字，今人釋莊野爲莊野，非也。張姬答詣劉、傅、朱、殷、徐五家宅眷。

邸鈔：詔：阿克東阿、慶麟、豫隨均加恩賞給委散秩大臣。

二十三日乙亥　巳正一刻十三分驚蟄，二月節。晴。剃頭。上午出門答拜客數家。詣鐵香、爽秋，俱久談，至晚歸。是日春暄，花樹間皆欣欣動色。夜閱《新唐書·宗室宰相世系表》。聞雲門有書來，且致其母夫人赴狀，由蔚泰厚匯兑局商康姓送致，以余不在家，仍持去。

邸鈔：上諭：三載考績，爲國家激揚大典。兹當京察届期，禮親王世鐸，大學士額勒和布，協辦大學士、刑部尚書張之萬，署兵部尚書、吏部右侍郎許庚身，工部左侍郎孫毓汶，翊贊樞廷，勤勞懋著，公忠共矢，悉協機宜，均著交該衙門議敘。大學士、直隸總督李鴻章宣力畿疆，經猷遠大，兩江總督曾國荃勛勤卓著，歷久不渝，均交部從優議敘。陝甘總督譚鍾麟、兩廣總督張之洞、雲貴總督岑毓英、甘肅新疆巡撫劉錦棠、福建臺灣巡撫劉銘傳盡心民事，綏輯嚴疆，殫竭藎忱，不辭勞瘁。譚鍾麟、張之洞、岑毓英均交部議敘，劉錦棠開復降一級處分，劉銘傳開復降二級留任處分。餘著照舊供職。詔：孫毓汶加恩賞戴花翎。上諭：户部奏特參擅動軍餉之署將軍，請交部議處一摺。署伊犂將軍錫綸前因那借商銀補發兵餉，屢經户部駁查，尚未覆准，乃輒將該處新餉歸還商款，實屬任意擅專。錫綸著交部議處。上諭：謙德奏奉差官員改道出關，請旨飭查一摺。翰林院侍讀學士錫鈞奉旨前往科爾沁致祭，自應照例由喜峰口臺站行走，輒取道山海關，擅改舊章，殊屬任性。錫鈞著交部嚴加議處。以□□□□富勒銘爲伊犂副都統，照例馳驛前往。直隸總督李鴻章、兩江總督曾国荃、兩廣總督張之洞合疏爲已故革遣兩淮鹽運使洪汝奎歷敘政績，請列入循吏傳，且懇恩開復原官。奉硃批：洪汝奎獲咎較重，且係未經開復人員，所請均毋庸議。

二十四日丙子　晴。早坐南窗，映日再觀舊拓《聖教序》。得子培書，以鄉人章碩卿新刻施北研《金史詳校》爲贈，作書復謝。王芾卿來。花農來。

閲施氏國祁《金史詳校》。共十卷，前有自作小引及例言三則，以南監本爲主，而校以北監本、官本及元至正四年甲申江浙祖刻本。凡竭二十餘年之力，刊訛補脱，極爲詳密。間亦是正原文，凡緟複錯出者，俱改正之。於宋交聘表，用全謝山之説，取《北盟會編》《繫年要録》等書數十種爲之注，其事目至盈二卷，尤粲然可觀。惟文筆鬱轖，偶附議論，如謂宋相秦檜是宗弼所植，而秘不肯言；酈瓊等傳載瓊告宗弼以秦檜老儒云云，皆宗弼故以欺人。案此是當日宋人惡檜者甚之之辭，未必有其事。後人徒以紹興和議誓約中有不易宰相語，遂以爲實，不知當日宋人全以臣禮事金，自居屬國，故不得擅易輔相，非金必以檜爲反間，恐宋易人梗和議也。

末附《史論五答》一卷，乃北研答楊拙園論《金史》書五首，其辨粘罕無下獄被誅事，而謂粘罕之釋兵入朝，由韓企先密議調維，善全君臣之際，則不免臆決。其謂宇文虚中雖其始不忘宋，而後已委心事金，其死由於恃才取禍，不得爲死節。案施德操《北窗炙輠録》等謂虚中謀結死士劫金主帳，挾淵聖南歸，其事固未可信，要其惓惓故國，屢以蠟丸言金虚實，且固請宋毋遣其家屬北來，岳倦翁《寶真齋法書贊》諸書言之甚詳，後爲秦檜所洩，至百口并命，故宋人立祠贈謚，恤典甚渥，安得一概抹殺之乎？北研尚有《金源劄記》及詩文集，俱未得見。有《金源紀事絶句》百首，自注甚詳，此書亦屢引之，其於金源一朝之事可謂盡心焉矣。此本稿歸汪謝城，謝城爲之校寫，其每卷後有記云汪曰楨校寫于越城開元寺，時謝城方爲吾邑學官，權榷酤於此寺也。

晚有風，頗寒。

邸鈔：詔：已故署塔爾巴哈臺參贊大臣明春久任邊防，勛勤卓著，其在哈密辦事大臣任內練兵屯田，尤多政績，著將平生戰績宣付國史館立傳，並於哈密地方建立專祠。從新疆巡撫劉錦棠請也。吏科掌印給事中邵積誠授貴州貴西兵備道。本任道李肇錫告病。直隸易州直隸州知州鄒振岳升宣化府知府。本任知府章洪鈞病故。曾國荃等奏請以江蘇題補道徐文達補淮揚海河務兵備道。本任道會稽人王嘉敏告病。

二十五日丁丑　微晴多陰。得殷萼庭書，言今早南歸葬婦，三月間還京。余欲送之，聞已行矣。

竟日閱《金史詳校》。作書致方勉夫，約後明日同赴吏部京察過堂。子培來。

是日邸鈔：雲南巡撫譚鈞培奏臨安府及所屬之石屏、建水等州縣，於十二月初二、初三日地大震十餘次。石屏城垣、衙署、民房傾圮者十之八九，民死傷四千餘人；建水民房傾圮者三四百間，死傷者四五百人。前日邸鈔：閩浙總督楊昌濬奏福建、廈門火藥局灾，參將易鏡海及兵丁十九人轟斃無蹤。震圮附近衙署民房及傷斃人口甚多，皆奇灾也。

二十六日戊寅　晴，風。閱《新唐書·世系表》。得勉夫書，言明日以譯署直班，不赴吏部。余本可注假不往，今日已無及矣。六十之年纔得真除，陪諸少年赴銓曹觀光察典，亦不得以牽率辭也。作書致傅子蓴，約明早同往，得復。夜閱《朱子語類》老、釋兩門。

邸鈔：詔：此次京察引見三品以下京堂均照舊供職。

二十七日己卯　晴和。早起，小食後子蓴來，偕詣吏部。車馬填闕，門前結綵爲額，甬道樹席爲防，直至大堂，亦懸采額。到者已千餘人，而堂官猶未盡至，偕同官姜滌泉球等五人圍坐棚下啜茶閑話，至三時許始點名過堂。是日吏部會同都察院堂官二人、吏科給事中二人、河南道御史二人，猶沿明制也。今日過堂者惟一等人員，其二、三等點至兵部止，刑部以下俟明日，合計蓋二千人，而筆帖式至千餘人，國朝京官之衆蓋曠絕古今者矣。翰林自侍讀至檢討，詹事自洗馬至贊善，科道給事、御史皆不親至，惟吏傳呼某衙門若干人員聽點而已。聞每一次京察，凡造册及酒食棚采之費至三千金，皆出吏胥；造册十三分，皆厚二三尺，每一員履歷半葉，須一月前募集百餘人寫之，所費千餘金，其實一無所用也。國家虛文浮費大率如是。下午詣同年伯希祭酒，坐其園中一小室久談。出詣額裕如運使，答拜徐亞陶，出城已日將入矣。赴爽秋、芾卿、子培三同年松筠庵之招，飲未半，繼以燭，夜歸。楊定甹來。徐石甫郎中麟光來。石甫廣東駐防漢軍人，故紹興知府鐵孫先生之孫，本名徐受麐，今以麟光爲名，年五十餘，誠篤有家法。

二十八日庚辰　晴和。書玉夫人挈其第三女、兩郎來，留至夜飯後去，詒以銀四兩，又三小姐銀一兩，二郎錢四千，食物一苞。秀文齋書賈送來《津逮祕書》一部，索銀一百兩，程榮刻《漢魏叢書》索銀三十兩。《津逮》尚缺數册，《叢書》間有塗抹，惟槧印尚佳。

閲王仲言明清《揮麈前録》。四卷。後有自記，言是乾道丙戌冬奉親居會稽時所作；又有自跋，謂乾道之初，竊叢祠之禄，偏奉山陰，親朋相過，偶及昔聞，間有可記，隨而筆之，曰《揮麈録》。其曰偏奉者，時其父雪谿銍已没，止奉母也。末題『淳熙乙巳』，系銜曰『朝請大夫、主管台州崇道觀』。蓋去成《前録》時已二十年。仲言時已老矣，不知終於何官。其跋前標目云『王知府自跋』，不知何人所題也。是録皆朝章國故，最爲可觀。卷四『王延德敘使高昌行程』一條上有厲太鴻墨筆附注數十字。

二十九日辛巳　晴，下午微陰，和煦。閲《揮麈後録》。岑伯豫户部來，言以去冬由吉林軍營沿檄入都，領餉銀百萬兩於海軍衙門，今事已畢，不復往矣。極言吉林練軍立法之非，徒耗國帑耳。下午詣繆筱珊唁其丁母憂，晤其尊人仲英觀察，年七十八矣，尚健甚，此其三娶也。慰之而出，詣子培，久談。晤東陽吴佩葱比部品珩。晚詣下斜街，赴王可莊之飲。院宇華邃，新製紗燈長各數尺，白質，以淡墨涂之，别翦篆字或花鳥帖其上，内映以碧紙，中爲三層，然西洋五色小燭三枚，頗雅麗可愛。肴饌亦精。同坐爲子裳、子培、定甹、爽秋、仲弢、芾卿、馮探花煦及其弟旭莊，暢談至夜三鼓始散。

三十日壬午　薄晴多陰，有風。

閲《揮麈後録》。共十一卷，末有自跋，言紹熙甲寅書於武林官舍。所載紹興以前士夫軼事爲多，亦間及典制，如卷五紀后妃、太子、諸王、公主、宗室、宰相、執政、文臣、武臣、外戚、内臣謚，續宋宣獻《春明退朝録》而作。宋止於熙寧三年，此止於孝宗朝，多足補《宋史》之闕。

得雲門去年蠟杪書及其母夫人訃狀，又附五月間富平所寄書并近詞九闋，惠銀二十兩。兩書情辭激楚，言遭慘後止餘宦橐二千餘金，擬暫寄孥秦中，過百日後須橐筆依人矣。其《鶯啼序》詞寄余及追悼子縝，極爲哀惋，誦之令人低回不能自勝。爽秋來。

邸鈔：慈禧端佑康頤昭豫莊誠皇太后懿旨：順天府奏近日因月餉搭放制錢當十大錢，地面未能照常行使一摺。前因規復制錢，仍准搭用當十大錢，並照户部擬定章程通行制錢之時，每當十大錢准抵制錢二文，是大錢本與制錢相輔而行，並不廢棄，迭次諭旨甚爲明晰。乃據奏稱近來市面惶惑，專挑極重當十大錢，稍輕者即不行使，至小民持錢不能購食等語。似此情形，皆由奸商有意把持，貽害閭閻，殊堪痛恨。著步軍統領衙門、順天府、五城再行一體出示曉諭，凡官鑄當十大錢每文重至二錢以上者，均飭令一律行用，不准稍有挑剔。如再有不肖商民藉端抑勒，倡爲廢棄大錢之説，並任意增長物價者，立即嚴拏照例懲辦，毋稍寬貸。

二月癸未朔　晴，微陰，頗寒。

閲《揮麈三録》。其言趙叔近被王淵差張俊冤殺一條，吕頤浩、趙鼎相排一條，曾紆上宣仁后辨謗録一條，皆足存是非之公。至言招降孔彦舟爲張浚族子某，而浚信讒不納，然云途遇族兄，從而攫金不得，因譖之浚。所云族兄者，似指南軒，恐不可信。又記先莊簡公在海外嘗寓書秦檜，求内徙事。檜之恨先莊簡甚矣，莊簡之居瓊、儋，坦然自安，絶無介意，遺集尚在，並無此書，且豈不知秦之深仇，而尚肯效祈哀之請，尤恐無此理。况云莊簡以書寄會稽，其子弟不敢以人入都，就令齎書之隸自投相府。夫子弟畏禍尚如此，豈莊簡轉有不知？然則王趯之獄，自係檜疑趯爲莊簡門人，恐莊簡私至全州就趯耳。其記吴處厚與蔡確構隙之由，頗不直處厚。記南渡采石拒亮之捷，全由王權所部兵士及統制官時俊、盛新之功，虞允文適至，遂與王琪報捷於朝。此二事可存備異説。又言曹筠以曾留秦檜一飯，遂由黄巖主簿召爲敕局删定官，驟遷至四川制置使；陳汝錫知紹興府，當搶攘之後，安輯經理，美效甚著，以秦檜素懷睚眦，坐罪貶竄；吴棫娶孟忠厚之妹，以爲忠厚撰移帥浙東謝上表語含譏刺，爲秦檜所怒，罷任廢斥；汪澈以求再任衡州教授，爲秦檜所疑，改沅州，適万俟卨以忤檜居沅，與汪投分甚歡，及卨大拜，力薦之，七年間遂登政府：皆《宋史》所未及詳。其據中書舍人李正民《乘桴記》載建炎己酉七月至庚戌正月，高宗自金陵避敵至温州，皆逐日繫事，李心傳《繫年要録》全采之。至載秦檜於靖康丙午上金人請立趙氏兩狀，據其孫塤之門客所録，則仲言尚未聞何統等之説也。

夜詣宜勝居，赴周介甫之飲，二更後歸。

邸鈔：上諭：朕自沖齡入承大統，仰蒙慈禧端佑康頤昭豫莊誠皇太后垂簾聽政，憂勤宵旰，十有餘年，中外奠安，群黎被福，而萬幾餘暇，不克稍資頤養。因念西苑密邇宫庭，聖祖仁皇帝曾經駐蹕，殿宇尚多完整，稍加修葺，可以養性怡神，萬壽山大報恩延壽寺爲高宗純皇帝侍奉孝聖憲皇后三次祝嘏之所，敬踵前規，式徵翔洽，其清漪園舊名謹擬改爲頤和園，殿宇一切亦量加葺治，以備慈輿臨幸。現在西苑工程將次告竣，謹擇於四月初十日恭奉皇太后鑾輿駐蹕。其一切直班守衛事宜，均照王大臣等前奏章程敬謹辦理。

初二日甲申　晴，稍和。楊定旉來，商一稱壽文字。午後詣桂卿，問其太夫人之耗，以前日家有電音至，甚惡也。桂卿尚疑未信，慰藉之而出。入城答客數家。至錫蘭胡衕訪王廉生，久坐，廉生移居後尚未造之也。室宇華奐，客次後有山石，具窈窕之致，磴洞甚設，上有喬木，碧廊四周。數年前爲尚書廣敏達公廣壽宅，廉生以萬金得之，尚書嗣子仍居東鄰。又東則故大學士官文恭公宅，昔年亦歸廣尚書，今爲禮部續侍郎續昌宅矣。傍晚出崇文門，晚詣福隆堂，邀方勉夫、郎仁譜、傅子尃、敦夫、介唐、介夫、胡梅梁、伯榮、婁儷笙飲，夜一更後歸。付客車飯錢十六千，車錢十千，酒保賞七千。

初三日乙酉　晴。

閲《揮麈餘話》二卷。此與《三録》三卷皆仲言晚歲所作，慶元間同《後録》併刻於昭武者，所記大率高宗以前事。其據游九言定夫之孫。謂靖康中秦檜所上金人議狀，乃監察御史馬伸之文，而强秦列名者；又備載王俊所首岳侯罪狀，李氏《繫年要録》亦據此全録之。

其第一條『帝王自有真』云：永昌陵卜吉，命司天監苗昌裔往相地，謂董役内侍王繼恩云：太祖之後當再有天下。繼恩默識之。太宗大漸，繼恩乃與參知政事李昌齡、樞密趙鎔、知制誥胡旦、布衣潘閬謀立太祖之孫惟吉，適洩其機，吕正惠時爲上宰，鎖繼恩而迎真宗即帝位，繼恩等尋悉誅竄。熙寧中，昌齡之孫逢登進士第，以能賦擅名一時。逢素聞其家語，與方士李士寧、醫官劉育熒惑宗室世居，共謀不軌，旋皆敗死。靖康末趙子崧守陳州，子崧先在邸中剽竊此説，至是天下大亂，二聖北狩，與門人傅亮等歃血爲盟，以倖非常。傳檄有云：『藝祖造邦，千齡而符景運；皇天佑宋，六葉而生眇躬。』繼知高宗已濟大河，皇懼歸命，遣其妻弟陳良翰奉表勸進。後與大將辛道宗争功，道宗得其文繳進之，詔置獄究治。高宗不欲暴其事，以它罪竄子崧於嶺外。

案：王繼恩事，《宋史》及《東都事略》《續通鑑長編》皆言謀立楚王元佐，《湘山野録》《夢溪筆談》誤以爲謀立秦王廷美，蓋牽引盧多遜事併合之，獨未有以爲謀立燕懿王子惟吉者。此所記恐不足信。或以元佐字惟吉，因而致誤。世居事，《宋史》《東都事略》皆甚略，《長編》載之稍詳，邵伯温《聞見録》所述尤略，皆不言逢爲昌齡之孫，亦未言欲奉世居以反。惟《涑水紀聞》謂李士寧以爲太祖肇造，宋室子孫當享其祚，會仁宗有賜英宗母仙游郡君挽歌，微有傳後之意，士寧竊其中間四句，易其首尾四句，密言世居當受天命以贈之。《續通鑑》謂士寧以此詩贈世居之母康，本於《宋史·刑法志》。此所記可裨史闕。子崧事《繫年要録》亦采此書。《宋史·宗室傳》亦載苗昌裔事，而極言子崧之功，但云檄文頗涉不遜而已。此事於宋最有關系，故備著之。苗昌裔蓋苗訓一家，《宋史·方伎傳》載訓子孫，亦無昌裔名。諸書止言李逢爲餘姚縣主簿。《宋史·李昌齡傳》亦不載逢事。如《三録》言王宲子彦融官至節使，直内閣，彦融二子萬金、萬樞皆官正部，諸孫登進士第者相繼，而《宋史·王韶傳》亦不一及，其疏往往如此。

介唐來，屬代擬國子監上舍加課經古題，夜作書致之。

邸鈔：上諭：衛榮光奏甄别不職各員一摺。浙江試用知府王恩咸遇事顢頇，嗜好甚深；東防同知孫憙居心奸險，辦事虚浮；西防同知孫晉梓辦公不力，利欲熏心；試用同知王綜糊塗昏懦，惟利是圖；試用同知莊濟泰工於謀利，品行卑污；慈谿縣知縣趙煦巧於鑽營，罔知大體；永康縣知縣趙德漳信任家丁，玩視民命；前署東陽縣事候補知縣羅焱才庸識陋，公事糊塗；候補知縣陳同恩行爲卑鄙，妄事營求；候補知縣佘純榮性情狡詐，言語荒誕；樂清縣縣丞海瀛才具昏庸，聲名甚劣；東陽縣縣丞傅勃性情浮躁，不檢細行；太平縣典史沈振海心懷頗側，操守平常；東陽縣典史王懷清人欠純正，職守亦疏；永嘉縣教諭石綸藻人欠安静，士論不孚；太平縣教諭陸錫蕃年老多欲，事理不明；候補鹽經歷祝元龍膽大妄爲，不知檢束：均著即行革職。淳安縣知縣李詩嗜好孔多，不能振作；台州府經歷趙祖賢兩耳重聽，辦事竭蹶；台州府教授陳雲瑞氣體衰弱，步履維艱；浦江縣訓導李廷銓存心猥鄙，難資表率：均著勒令休致。縉雲縣知縣陳泰階性近拘迂，懶於聽斷，惟係進士出身，文理尚優，著以教職歸部銓選，以肅官方。

初四日丙戌　上午晴，微陰，下午多陰，晡後風霾。作書致定甹。作書問桂卿家耗，則已丁憂矣。閱康駢《劇談録》。唐人小説，藻采斐然，而語意多近儇浮，事每失實。此録雖多涉神怪瑣事，然如紀鄭畋之忠義及含元殿、曲江諸條，猶有裨於史事。晡往唁桂卿，哀瘁之甚，爲之黯慘。夜大風。

邸鈔：詔：福建按察使裴蔭森開缺，以三品京堂候補，督辦船政事宜。以福建興泉永道奎俊爲福建按察使。

初五日丁亥　晴，微陰，有風。曾祖妣忌日，供饋，晡後畢事。馮夢華探花來，名煦，鎮江人。子培來。徐班侯來。閱徐敦立度《却掃編》。夜大風徹旦。

初六日戊子　晴，大風，甚寒，冰堅如冬中。竟日閱《却掃編》及《揮麈録》，間取《宋史》《東都事略》及《續通鑑長編》等考之。是日春社日而風甚洌，夜小飲酒，取治聾故事。

初七日己丑　晴。剃頭。閱《夢谿筆談》。王廉生來，久談。岑伯豫郎中春榮饋關東參一匣，鹿角膠八兩，《盛京通志》一部，錦州紅漆皮合一枚，犒使十千。是日《津逮祕書》諧價八十金，先付五十一金。

初八日庚寅　午初二刻十四分春分，二月中。晨風，至上午稍止，午前澹晴，下午晴。閱唐張愛賓彦遠《歷代名畫記》、宋郭若虚《圖畫見聞志》、鄧公壽椿《畫繼》。三人皆故家文獻所系，儲藏既富，聞見尤博，故所述不特深契六法，妙具微言，而傳授源流，亦多有資於掌故。張氏門閥尤盛，敘致高簡，時可考唐代故事。郭氏自序稱大父司徒公貴仕而喜廉退，與丁晉公、馬正惠蓄書畫均，故畫府稱富；先君少列珍藏罔墜。陳直齋《書録解題》謂郭氏在國初無顯人，但有郭承祐，司徒公未知何人。《四庫提要》謂今考《宋史》，并無郭承祐。慈銘案：宋真、仁之世，誠無郭姓爲三公、宰相者。然真宗章穆郭皇后，史稱太原人，宣徽南院使守文第二女，守文妻梁氏封萊國太夫人，子崇仁官莊宅使、康州刺史，姪承慶、承壽皆顯官；又仁宗郭皇后，史稱其先應州金城人，平盧軍節度使崇之孫：是不得謂郭氏無顯者。考宋制，后父多贈三公，若虚或出二后家，史略之耳。鄧公壽爲政和中樞密鄧文簡洵武之孫，其所記畫人，續張、郭而作，訖於乾道三年。得此三書，畫家源流大略具矣。

張姬往唁桂卿夫人，即歸。傍晚詣書玉，并晤敦夫。晚詣福隆堂，邀絅堂、劬庵、芾卿、莘伯、子裳、子培、子虞、花農夜飲，二更歸。付客車飯錢十八千，車錢八千，酒保賞六千。

邸鈔：詔：翰林院侍讀學士錫鈞照吏部議降四級調用，不准抵銷。詔：浙江候補道吴世榮授福建興泉永遺缺道。

初九日辛卯　晴和。

閲陳善《捫虱新語》十五卷。此書《四庫提要》極詆之，謂顛倒是非，豪無忌憚，必紹述餘黨之子孫不得志而作；又謂葉夢得《避暑録話》雖陰抑元祐而曲解紹聖，至深斥蘇洵《辨奸論》，然終怵於公論，隱約其文，不似陳善黨邪醜正，一概肆其狂詆。見《避暑録話》提要。今平情閲之，其中雖頗言元祐之務反荆公所爲，及言荆公晚年删定《字説》，貫串百家，語簡意深，今晚生小子亦隨例譏評，厭讀其書，非獨不喜新法也。又舉山谷《和張文潛》詩曰：『荆公六藝學，妙處端不朽。諸生用其短，頗復鑿户牖。譬如學捧心，初不悟己醜。』謂元祐諸公惟此一人議論稍自近厚，似爲紹述餘黨。然其他言荆公《新經》

穿鑿，其《書經新義》意在規諷二蘇，至《大誥篇》則幾乎罵；又言其《新經》《字說》多用佛語；又言荆公經術、東坡議論、程氏性理，三者各立門户，末流皆不免有弊：是亦持平之論。至謂熙寧間王荆公用事，一時字多以甫，押字多以圈。案荆公押名，石字作匾圈如歹字，見宋人説部。時語云：『表德皆連甫，花書盡帶圈。』則直指其短矣。

善爲福建人，而於紹述之吕、章諸人，皆不一及，惟兩言蔡京，皆稱蔡相，亦以紀它事及之，不一涉其行事。其於子由，雖言其作神宗御集序，比之曹操，然此語當日程子門人攻蘇者屢見章疏。至謂老蘇之《辨奸論》、子瞻元祐初撰贈王司空制，皆修怨之詞；又謂新法免役一事不可改，至今賴之：其言皆是非之公。老蘇《辨奸論》不特立言太過，文亦不高，且老蘇卒時治平二年。荆公尚未大用，何由知其後必誤國？故昔賢以此論爲僞作，或子由兄弟欲示其父先見之明，託辭爲之，即真出老蘇，亦是一時快其筆舌，以報荆公斥爲策士之怨，固不足爲定論。其餘推美永叔、東坡、山谷之詩文字畫，連篇累紙，惟謂歐陽公信經廢傳，其疑《繫辭》《左傳》皆太泥，則正中歐陽之失。至其書區分門類，誠爲瑣屑，識議亦近卑陋。又過尊佛經，尤涉偏譎。

然如謂古人多假借用字，《論語》中如『孝弟也者，其爲仁之本與』『觀過，斯知仁矣』『井有仁焉』之『仁』，皆當作『人』。又謂《論語》自有章句而説者亂之，如『祭如在』兩句、『唐棣之華』四句、『色斯舉矣』兩句、『微子去之』三句，皆是古語，孔子因而爲説，故弟子併記之，而下加『子曰』二字；又如德行顔淵一節，當連下『子曰：回也非助我者也』『子曰：孝哉閔子騫』爲一章，蓋德行四科，是當時孔門中有此科目，弟子記之，遂因而記孔子所言顔、閔於其後，以見顔、閔所以爲四科之首；『柴也愚』四句，亦是當時有此品論，其下『子曰：回也其庶乎』兩節，當連此爲一章。又言《孟子》莊暴章『惟鼓樂』之『樂』爲

『禮樂』之『樂』，其它『樂』字皆當音洛，爲『悦樂』之『樂』。其語皆有名理，足裨經説。又謂堯讓天下於許由，及堯、舜讓天下於子州支伯、善卷、石户之農，及堯之師曰許由，由之師曰齧缺，缺之師曰王倪，倪之師曰被衣，此等皆《莊子》寓言，其人名字與子虛、亡是、烏有無異，而後世誤信之，亦爲有識。《提要》又詆其謂江西馬師在孔子上。案此語在第十卷『儒釋迭爲盛衰』條，乃述王荆公轉述張文定方平之語。陳氏謂此等今不必論，然自馬大師後釋門不聞有人，近世歐陽文忠公、司馬温公、范蜀公皆不喜佛，然其聰明照了，德行成就豈在馬大師下？惜荆公不聞此語，是亦不以其言爲然。

徐班侯來，借得所校《後漢書》去。爽秋來。

邸鈔：左春坊左中允韓文鈞升翰林院侍講。兵部員外郎恩壽授四川成都府遺缺知府。恩壽，鑲白旗滿洲人，甲戌進士。

初十日壬辰　薄晴多陰。閲惠洪《冷齋夜話》十卷。皆瑣屑不足道之事，其論詩亦甚凡近。此等所謂底下之書。晡後答拜一二客，唁桂卿，詣鐵香談。夜赴莘伯之飲，坐有絅堂、劬庵、子虞、仲弢及朱侍讀同年琛、檀編修璣，三鼓後歸。介唐來。楊定夷來。

邸鈔：御史丁振鐸授甘肅鞏昌府知府。

十一日癸巳　上午晴，下午多陰。閲姚令威寬《西谿叢語》三卷，龔養正頤正《芥隱筆記》一卷。兩書皆主考證，所辨皆有據依，亦頗通小學，在南宋並時，可與《學林》《野客叢書》《能改齋漫録》等並傳。王子裳來。徐亞陶來。是日頗暖，始去裘著綿。課僕澆花竹，解去草裹，掃竹下壅糞，栽牡丹。作書致介唐，得復。

十二日甲午　晴，晡後有風。閲岳倦翁《桯史》。桯，床前小几也，此因李衛公書名而用之，取几案問私史之義，不過與筆記箧衍等類耳。作書致敦夫，爲陸漁笙尊人輓障事，得復。得子培書，爲筱珊太夫人輓障事，得復。晡詣越中先賢祠，量度祠庭種花地，便道過書玉談，傍晚歸。家人召演寓人戲集，吴、詹兩宅眷來觀，喧聒至夜。夜頗寒，三更後有雪。

十三日乙未　晨陰，上午微晴，下午晴有風，甚寒。感寒不快，閲《桯史》。此書雖間及諧戲怪瑣之事，然大率記朝政得失及南渡士夫佚事爲多，惟筆頗冗漫，不似所著《愧郯録》之簡潔。其記韓平原八字爲壬申辛亥己巳丙寅，日者謂至丁卯年壬子月必得奇禍，而竟驗，亦足以資異聞。介唐來。何澄齋來。夜月甚皎。

十四日丙申　晴。得從弟詩舫是月朔日書，由里人孫定恒齋來。得何鏡珊正月中福州書，并所刻拙著駢文十册，又新增書三首，不知傳鈔於何人也。昨從晉僧取雲門所寄銀來，今日爲分致敦夫、書玉及劉仙洲夫人，作片致敦夫，得復。

以乾隆間無錫華氏翻刻馮己蒼校趙寒山所鈔宋本《玉臺新詠》，勘明萬曆間張嗣修所刻小字本。兩本雖同出永嘉陳玉父宋刻本，而各有改逘，華本又頗據萬曆間楊刻本，而馮氏所校亦有臆改，華氏多去其校語，惟存圈點而已。兩刻幸皆附注宋本作某、新本作某，尚可考其大略。其校勘則張刻誤字較少耳。

閲宋韓无咎元吉《南澗甲乙稿》。无咎爲魏郡公維之元孫，尹和靖之門人，朱子之友，吕東萊之婦翁，仲止淲之父。其詩文雅健，具有北宋典型，南渡以後可與晦翁、攻媿並稱，而《宋史》既不爲立傳，其集亦久無傳者，名姓翳如，可歎也。其中銘志頗多，殊病繁蕪。

身熱大嗽，晚尤不快。夜月甚佳。

十五日丁酉　竟日微晴多陰，頗暖。上午置酒聽事，邀額裕如運使、盛伯希祭酒、王可莊修撰、旭莊舍人兄弟、岑伯豫、楊定甹、爽秋、仲弢飲，日昳畢集，傍晚散。得歸安陸澄齋觀察心源書，并所著《皕宋齋藏書志》一部。是日身熱病甚而彊對客，亦不疲也。夜微雲朧月，時有佳采。

閲《南澗甲乙稿》。共二十二卷，《四庫》館輯本也。其答朱元晦兩書，一有云：貸金荷不外。某窮悴，止江東有少俸，連遣二女子，且置得數畝飯米，去歲了兩處葬事，今年又從人假借矣。他時稍有餘，尚當相助。亦已轉語趙德莊矣，渠爲地主，必能周旋也。一有云：嶽祠須自請，朝廷意雖未可知，亦不應便以嶽祠除下爾。至謂無用于世，非復士大夫流，不知元晦平日所學何事！願深考聖賢用心處，不應如此忿激，恐取怒于人也。與世推移，蓋自有道，要不失己，但人于道不熟，便覺處之費力耳。此兩書一在朱子葬母後廬墓時，一在朱子辭召命而願復畀祠禄時。无咎既不應所求，而爲之籌畫，具見古人交情真摯，言無矯飾。其辭薦乞祠，又直言相規，侃侃不避，尤見无咎學識有本，爲朱子所嚴事。而借貸往復，亦聖賢所不廢也。付客車飯錢十八千，庖人賞十二千。

十六日戊戌　晴陰靉隸。榹桃華。閲《南澗甲乙稿》。《四庫》館所輯諸書及官本《宋史》，凡宋人文字斥金爲『虜』者，皆改爲『敵』字，此今日諭旨及官文書於法夷構兵事皆稱爲敵之讖也。敦夫來。是日望，夜月有暈。

邸鈔：詔：此次京察，一等宗人府理事官宗室祥霖本係補用四品京堂，仍以四品京堂補用；户部員外郎宗室松安仍以五品京堂補用；户科掌印給事中宗室文綱以四五品京堂補用；内閣侍讀隆文、馮鏡仁，廣東東莞人，庚午舉人。翰林院侍講韓文鈞，奉天義州人，辛未。左春坊左贊善貴鐸，舉人。翰林院編修王祖光、大興，辛未。吴樹梅、山東歷城人，丙子。李培元、河南祥符人，戊辰。倪恩齡、雲南昆明人，丙子。江樹昀，安徽旌德人，丁丑。翻書房刑部員外郎恩立，吏部郎中吕鍾三，河南光州人，庚申。員外郎蔭保，户部郎中文海、惠昌、吴樹霖，湖北武昌人，壬戌。楊廷傳，福建侯官人，戊辰。員外郎鍾英，丁丑。劉齊潯，福建侯官人，辛未。施典章，四川瀘州人，丙子。禮部郎中玉恒、康敕，甘肅安定人，壬戌。員外郎恒壽，兵部郎中誠瑞、福善、黨吉新，河南桐柏人，辛酉拔貢。刑部郎中鳳林、阿克敦、燕起烈，湖南桃源人，拔貢。孫欽晃，河南滎陽人，戊辰。周景曾，浙江海寧人，丙子。員外郎希賢、餘慶、盧秉政，四川巴縣人，乙丑。吴引孫，江蘇儀徵，舉人。工部郎中徵厚、啓紹、景星、中衡、松壽、夏玉瑚，河南羅山人，戊辰。員外郎畢棠，直隸深澤人，庚申。理藩院郎中存振，員外郎慶秀、齊普森，掌京畿道御史瑞霖，掌河南道御史謝祖源，直隸豐寧人，丙子。掌福建道御史黄煦，江西南豐人，乙丑。太僕寺左司員外郎常清，步軍統領衙門員外郎成安，户部坐糧廳吏部郎中善承，均交軍機處記名以道府用。西寧辦事大臣李慎奏請因病開缺。慎字勤伯，漢軍人，癸丑進士。許之。賞□□□□□薩凌阿副都統銜，爲西寧辦事大臣。

十七日己亥　晨陰，上午薄晴，下午陰曀，有風，甚寒。剃頭。上午赴邑館春祭先賢，禮畢詣觀音院吊繆筱珊太夫人，詣南横街唁陳雲裳吏部丁外艱，午後歸。得何孝廉文瀾書。子裳饋鱧魚，作書復謝。作書致子培，商王旭莊續娶公送喜幛。得桂卿書，惠海鹽羅漢香兩合，作書復謝。花農來。部吏送來春夏季俸銀八十兩。

邸鈔：以詹事府詹事福楙庚辰。爲内閣學士，兼禮部侍郎銜。

十八日庚子　大風，澮晴，仍寒。作書致敦夫，屬儷笙代買杏花，得復。作書致書玉，致子培，各贈以駢文一册，得復。子培來夜談。作復心雲書、復品芳書。

十九日辛丑　晴，甚寒，有冰，午後又風。

閲邵子文伯温《聞見録》及其子公濟博《聞見後録》。子文所記頗近翔實，而於荆公父子有過甚之詞，然亦謂荆公本賢者，可與司馬温公並稱，爲雱及吕惠卿等所誤。其書蓋隨時筆記，故語多複沓。至言雇役、差役各有病，秦晉之民利差役，吴蜀之民利雇役，温公、荆公皆早貴，未歷州縣，故狃於一偏；章子厚雖賢否不同，而性聰明，深知吏事，故於温公改役法時，言往日行免役法以行之太驟，故多弊，今日改法，宜詳酌而緩行之，庶幾無弊，而温公不聽，此則萬世之公言也。公濟詞務簡潔，而頗近枯澀。其詆荆公尤峻，於程、蘇亦頗致不滿，所極推者温公及張安道、陳了翁、吕獻可數人。論文重韓、柳而於歐陽有微辭，論詩重子美及韓，具有特見。其全載温公《疑孟》、李泰伯《常語》、了翁《尊堯集序》及雷簡夫太簡薦老蘇三書，皆它書所未及。其論古人，如謂王濬在益州作大艦長百二十步之不可信，唐太宗誅建成、元吉之未可非，李淳風言女子姓武之讖近怪，皆有卓識。邵公濟録伊川與謝金堂書，謂學《易》只看王弼、胡先生、王介甫三家文字；韓无咎録尹和靖書，謂學者但看伊川《易説》，不必看語録：皆宋學之名言。

《聞見後録》云：紹興己未春，金人初許歸徽宗梓宫，宰臣上陵名永固，有王銍者言犯後魏文明、後周文宣二后陵名，下祕書省參考，如銍言再議，改永祐。然前漢平帝、後漢殤帝、十國劉龑同曰康陵，本朝順祖亦曰康陵；後魏孝明帝、後周宣帝、唐中宗同曰定陵，本朝僖祖亦曰定陵；前漢惠帝、唐懿宗王后同曰安陵，本朝宣祖亦曰安陵；唐太宗曰昭陵，本朝仁宗曰永昭陵；後魏宣武后曰永泰陵，唐玄宗曰泰陵，本朝哲宗亦曰永泰陵：蓋本朝陵名犯前代陵名者不一，祖宗以來不避也。予時爲校書郎，爲祕監言之，具白丞相，不報。慈銘案：陵名前后相襲，不勝僂指，即昭陵之名，後周明帝已先用之，故曹魏皆加陽字，晉皆加平字，劉宋皆加初字，元魏自孝文以後皆加永字，俱恐其複也，而趙宋亦加永字，適與元魏相犯。公濟謂不能盡避，誠是。然徽宗梓宫北還，而陵名二字適與前之北朝二后相犯，故王性之議改而朝廷從之，不得以爲非。後魏文明后馮氏，文成帝后，後周文宣后叱奴氏，武帝母皆别葬，故别立陵名。《津逮祕書》本甚錯誤。

《聞見後録》云：汾晉間祈雨，裸袒叫呼，奮臂爲反覆手狀，又以水灑行道之人，殆可笑。按《董仲舒傳》注，有閉陽縱陰、以水灑人之説，蓋其自也。慈銘案：《漢書·董仲舒傳》：仲舒治國求雨，閉諸陽，縱諸陰，其止雨反是。小顏注謂：若閉南門、禁舉火及開北門、水灑人之類是也。今《春秋繁露·求雨止雨》篇所載開陰閉陽法，但云令民闔邑里南門，置水其外，開邑里北門，無禁舉火、水灑人之語。《北史·魏孝静帝紀》：天平二年夏五月大旱，勒城門、殿門及省府寺署坊門，以水今刻本脱此二字。澆人，不簡王公，無限日，得雨乃止。是并晉舊俗，至南宋猶然，其法本之董子《繁露》，而唐初人所見猶有此語，今本《繁露》訛闕多矣。

作書唁陸漁笙丁外艱。先賢祠、唐觀音堂香燭桃果等錢□□千，王姬及冰玉往拜。

邸鈔：禮部員外郎、前浙江湖州府知府錫光仍授湖州府知府。本任知府丁鶴年故。

二十日壬寅　晴，有風，尚寒。先祖考忌日，又張節孝忌日，上午供饋肉肴、菜肴各六豆，菜羹一，饅頭兩大盤，時果六盤，蓮子湯一巡，酒三巡，飯再巡，茗飲再巡，晡後畢事。楊莘伯來。請汪幹庭吏部來爲内子診，送馬錢十千。送王旭莊續娶紅尼喜幛一軸，與爽秋、子培、芾卿合。陳編修懋侯爲其弟前武昌府知府建侯開吊，送奠分四千。夜一更後又風。付紅尼幛銀一兩九錢四分，金字錢四千，付白綾二聯共五丈二尺銀二兩五錢六分。

邸鈔：以翰林院侍講學士龍湛霖轉侍讀學士，左春坊左庶子徐會灃升侍講學士。

二十一日癸卯　晴和。兩日俱閲邵氏前、後《聞見録》。下午詣可莊家賀喜，晤黄漱翁，即歸。比日中庭山桃盛開，夕映在檐，撫之一粲。閲《聞見後録》訖，閲僧道温文瑩《湘山野録》。所記皆宋初及仁宗以前事，雖多關國故，非盡小説，而多傳聞失實，不足取信。其《續録》中記太祖燭影斧聲事，本涉語怪，以彰道士之神異，全出無稽，不足辨也。

邸鈔：上諭：前據劉銘傳奏署恒春營游擊劉全稟控臺灣鎮總兵吴光亮調考軍政有索賄等情，當將吴光亮徹任交劉銘傳查辦。兹據查明覆奏，吴光亮雖無向劉全索賄免考軍政情事，惟以專閫大員，輒向屬員函借銀兩，究屬不知檢束。吴光亮著交部議處。劉全因帶病過考，未能得力，經吴光亮稟撤調郡，即挾嫌妄控，此風斷不可長，著革職永不敘用，以示懲儆。

二十二日甲辰　晴暖。書玉第二郎十歲，饋以糕、餅、桃、麵四合，禺人采戲一臺，張姬及冰玉往赴湯餅。蔡枚庵編修爲其嫂作生日來請酒，送禮錢四千。先賢祠栽紅杏二株，高各一丈餘，付銀二兩。敦夫來。傍晚詣子培談。晚赴書玉之飲，坐有章黼卿、方勉夫、敦夫、介唐、介夫諸君，夜二更後歸。付車錢九千，禺人戲錢十二千，陳氏嬰孩果餌錢八千，僕賞十千。

邸鈔：吏部考功司員外郎金保泰錢塘，辛未。升文選司郎中，驗封司主事王敒山西，庚辰。升考功司員外郎，葉慶增慈谿，丙子。補主事。

二十三日乙巳　申正初刻九分清明，三月節。晨及上午微晴，下午大風，晴。早起，敬懸三代神位圖，祀曾祖考妣、祖考妣、本生祖考妣、先考妣，祔以仲弟，晡後畢事，焚楮泉。中庭緋桃、迎春俱盛開，午前輕陰，照之明艷殆絶，午後風起，頗有零落。以東圃中碧柰、玉李各一樹移植先賢祠之庭左，付種花人酒錢六千。有蜀人余户部彬改選湖北公安縣令來拜，此君本同邑人，自言其尊人就蜀幕，遂入籍，庚午舉人，丁丑進士。陳吏部其璋尊人開吊，送奠分六千。閲何薳《春渚紀聞》。薳爲博士去非之子，故是書極推東坡，載其逸事甚多，其餘大率談諧瑣事及神怪果報，乃説部之下者，然亦足資談助。晚風頗寒。

二十四日丙午　晴，下午有風，復寒。剃頭。得爽秋書。前日得亞陶書，爲其門人杭州陳堉圻秀才歸柩事求賻，今日復書賻以二金，得復。作片致敦夫，得復。鐵香來。介唐來。昨移植圃中海棠一樹，以與東窗對，今日增砌花圍一曲。付賃屋六金。

邸鈔：右春坊右中允黄卓元貴州人，甲戌。升司經局洗馬。

二十五日丁未　晴暖。上午詣龍泉寺，桂卿爲其太夫人受吊，送奠銀二十兩。晤子培、莘伯、亞陶、花農、絅堂、劬庵諸君，久談，過午歸。作書致繆筱珊，還去臘代購《金文最》直三金。爽秋來。作書致介唐。作復許仙屏布政書、復仲彝江寧書。致賀幼甫書，并二月開課題。

邸鈔：上諭：譚鍾麟奏病勢增劇，懇恩開缺一摺。譚鍾麟向來辦事認真，深資倚任，前因目疾，屢經寬予假期，並賞藥餌，以期速愈。兹據縷陳病勢日劇，萬難任事，情詞迫切，未便拂其所請，著准其開缺，安心調理，一俟就愈，即行來京陛見。以閩浙總督楊昌濬調補陝甘總督，以湖南巡撫卞寶第爲閩浙總督，以前降調户部左侍郎王文韶爲湖南巡撫。

二十六日戊申　日色青曀，晡後黄霾，傍晚大風卷地，入夜稍止，復寒。閲張正夫端義《貴耳集》。共三卷。其書筆舌冗俗，罕可觀采。每卷爲一集，卷首各有小引，頗自夸詡，而文尤拙。其所引據之謬，《四庫提要》已備列之，惟第一條紀曾覿奉思陵旨進祐陵林檎鸜鵒畫扇詩『玉輦宸游事已空』一絶，《桯史》以爲康與之所題者，誤。案《桯史》所載與之給中貴事，不近情理，此所言近實。其餘紀朝廷時事，亦頗有佚聞。下午詣先賢祠，以明日春祭，今日省牲，便道答拜兩客而歸。夜改撰祠祭祝版文。洗足。介唐來。

二十七日己酉　晴和。早起恭書祝版訖，詣先賢祠，已後到者十八人：鍾六英、章黼卿、謝星海、祖源，豐潤人，祖籍餘姚，丙子翰林，今官掌河南道御史。婁秉衡、傅子蓴、駱小圃、莫堅卿、朱少萊、周介夫、敦夫、介唐、書玉、伯循、陳心齋應禧等。午設祭，日昳飲胙，晡散歸。初獻、亞獻鍾太僕、章鴻臚，及贊禮者子蓴、秉衡、介夫等四人各豚四斤，羊二斤，介唐、叔雅、書玉各豚四斤。付羊豕銀八兩五錢，肴饌、案盛果品等銀十二兩，酒錢十千，帛紙錢三千六百，水錢二千四百，燒紙錢、爐錢十三千七百，庖人賞十二千，長班賞三千，餼備先哲祠長班送祭器錢四千，豚蹄一，邑館長班送祭器錢六千，羊肉三斤。紹興同鄉北城吏目胡元鏞故，送奠分四千。庚辰同年聶濟時丁父憂，送奠分四千。

二十八日庚戌　上午薄晴，下午陰，晡雨，傍晚霽。杏始華，紫丁香漸坼，迎春盛開，柳絲舒翠。王子裳、郎仁譜柬約午飲福隆堂，辭之。

《貴耳集》有云：唐天寶後，曲遍繁聲，皆曰入破，破者，破碎之義，明皇幸蜀。宋宣、政間周美成、柳耆卿輩出，自製樂章，有曰側犯、尾犯、花犯、玲瓏四犯，犯者，侵犯之義，二帝北狩。曲中之讖，深可畏。案：曲之有破，至宋猶然。柳耆卿仕仁宗朝，非宣、政間人。然詞曲以犯名，至宣和始盛行，實由片玉擅場所致，此語非無理也。正夫於時事多舛，如紀王岐公元夜應制詩，用鳳輦鼇山事，謂在宣和時；禹玉爲翰林學士在仁宗朝，卒於神宗元豐八年，安得至宣和？又紀趙良嗣作破遼上京詩，誤作趙嗣良，謂爲裕陵眷遇。案裕陵爲神宗陵名，良嗣以徽宗政和元年來降，安得見神宗？此裕陵或是祐陵傳寫之誤。又云：天寶間楊貴妃寵盛，安禄山、史思明之亂作，遂有楊安史之謠，嘉定間楊太后、史丞相、安樞密亦有楊安史之謠，時異事異，姓偶同耳。案：宋人小説中有言史彌遠通於楊后者，蓋由此等説啓之。然是條在第三集，其序題淳祐丙午，是理宗在位之二十一年，去嘉定僅二十餘年，而敢爲此説，亦可謂無忌矣。又有云：太后謚聖字者，垂簾，典故用四字謚：慈聖光獻曹后，宣仁聖烈高后，欽聖獻肅向后，昭慈聖憲孟后，憲聖慈烈吴后，恭聖仁烈楊后。獨章獻明肅劉后保右仁宗十二年之政，諸賢在朝，天下太和，謚不及聖字，或者議有玉泉、長蘆之讖起于側微耳。此事無人拈出。又有云：當時李師師家有二邦彦，一周美成，一李士美，皆爲道君狎客，士美因而爲宰相。君臣遇合于倡優下賤之家，國之安危治亂可想而知矣。周事人所盡知，而未有言及李者。其第三集序有云：紹興間，泰發與會之失歡，諸子多萃前朝所聞，猶未成編，或者以作私史告，稔成書禍。文字之害人如此！可知吾家當日所爲，本足與眉州、井研二李鼎足而立，乃宵人構禍，致興大獄，書焚家破，而並時私家著録如王仲言父子等皆以畏禍被燬，是不特賊檜之罪通天，即陸升之肉亦豈足食哉！

二十九日辛亥小盡　晨及上午薄晴，有微風，下午晴和。沈子培、楊莘伯皆今日生日，各饋以桃、麵、燭、酒。下午詣子培，晤談。詣莘伯，不值。詣花農小坐。其中庭新栽紅杏一樹，作花正穠，復行其西偏小圃中，裴回籬落。子培亦來，遂同詣白紙坊，過東西柳湖，游崇效寺。斜陽滿林，緑野方秀。入寺夕梵初起，庭院静深，紅杏兩株，駘艷盛放，小桃雙樹，玉雪試花，鸞枝嫣然，滿吐紅萼，偕兩君坐花下啜茗久之。付主僧玉修送唐花銀六兩。出閲《青松紅杏卷》，續題數字。暝色漸近，鐘磬已歇，遂反。子培邀同爽秋、仲弢及花農飲廣和居，夜二更歸。莘伯來謝。付車錢八千，寺傭二千。

邸鈔：翰林院侍講學士岳琪轉補侍讀學士，左春坊左庶子長萃升侍講學士。掌京畿道御史翟伯恒升刑科給事中。是日上親耕耤田。

上巳前二日偕子培花農兩同年晚游崇效寺

芳韶迫禊辰，餘晏就林曲。乍出城市囂，始知田圃緑。寺徑夙所習，風鈴似來告。梵唄與鳥聲，悠揚自相續。高杏紅在檐，緗桃碧藏屋。衹此尋丈地，便覺大千足。吾心非不閑，寄適取盈目。夕陽亦眷人，流光出深竹。二三聯素心，同證初地福。

三月壬子朔　晴。作書致楊莘伯，饋醋魚一筥。自十日前作致品芳書處分家事，至今未訖，蓋近日病濕苦嗽，精神流漂，每一握管輒覺中眘而止。昨日覼縷數紙又輟筆，起出門，今日始寫完之。屬其經營買山爲先塋地，又謀津遣姪僧喜、姪孫午馥來京。其實余之在世，已如風燭，日思歸骨首丘，而尚爲此計，所謂窮涂顛倒、進退失據也。又作致嘯巖弟書，并爲評改去年試藝。又作致王氏妹書，并致心雲書附去。夜作復徐仲凡書。正月中得仲凡書，言爲覓得蘭渚橋外小山名殷家隖者，可營葬地，惟僅可容四五穴，且價至二百金，故日久未作報書，意欲俟品芳所購栖鳧山地成再定去留。今栖鳧未有後信，迺託仲凡先購之，它日幸得首丘，千秋萬歲魂魄常在禊亭矣。

初二日癸丑　晴，微陰。閲《齊東野語》。子培來。夜取《宋史》，參考諸説部數事，皆以説部爲長。陝西鹽法道顧肇熙丁母憂，庚長同年薛典籍（浚）丁母憂，陳編修與冏喪婦，各送奠分四千。

初三日甲寅　晨薄晴，上午陰，午微雨，下午漸密，傍晚少止，復雨。紫丁香華，鸞枝、梨俱試花，杏花漸落，山桃已盡，柳有緑蕚。介唐生日，送禺人采戲一晝夜，錢十八千，又糕、桃等四事，張姬及冰姑往賀。婁秉衡明日六十生日，饋以桃糕十斤，麵十斤，酒十斤，燭二斤。是日嗽甚，下午疲茶不可支，身熱多卧。閲陸剛甫《皕宋齋藏書志》。所列秘本甚多，令人有望洋之歎。夜小雨，達旦漸密。

邸鈔：禮科給事中馮應壽轉吏科掌印給事中。

初四日乙卯　晨至上午密雨，午後稍止，晚有霞。疲劣多卧，閱《皕宋齋藏書志》。介唐來。張子虞來。新授黔臬、前浙江糧道廖壽豐來。此君屢督運入都，未嘗見過，今日思來，不答可也。

初五日丙辰　晴。梨花、鸞枝、紫丁香俱盛開。得楊莘伯謝饋魚書。爲介唐撰國子監諸生策問一道，問自漢及明科目流變，又經文題二、經解題二，即作書致介唐。是日剃頭。

邸鈔：以詹事府少詹事裕德爲詹事。

初六日丁巳　晴，有風。閱《皕宋齋藏書志》。詹黼庭生日，饋糕、麪等四事，張姬往賀。作致賀幼甫書，并學海堂開課經古題。作書致書玉。得介唐書。傍晚坐軒翠舫下看鸞枝，坐東圃看梨花，夕陽中霞光四映，艷絶人天，時苦匆匆看不足也。課僕去桃虱。

初七日戊午　晴，大風，頗寒。繁花多落。得書玉書。畏風小極，不敢出庭院，卧閱王氏《農書》諸圖，怳如身在江南田圃也。作書致介唐，致子培，俱約夕陽時來看花。作書致書玉、介夫，以今日辛酉、辛未兩科在財神館團拜，介夫邀觀夜劇，故託兩君於近臺留一坐地，以便老眼。子培來，介唐來，花下啜茗，忍寒小坐。年老春深，留連光景，夕陽新月，尤難爲懷。晚偕介唐詣才盛館觀同春班夜演，與書玉、資泉、勉夫、定夷諸君同坐，久不聽樂矣。近有理藩院吏越人韓某之子韓六及兵部書吏魏四、陳某等習唱爲優，名清票子弟，魏、陳皆旦脚，以蕩艷名一時，堂會公宴，非此不歡，南皮協揆酷喜雜齣，尤奇賞之。韓六之父侵蝕蒙古王公以下俸賜銀亡算，又多方索賄，承襲一台吉費至數千金，各藩部銜之切骨，屢訟之刑部、理藩院及奉天、吉林兩將軍衙門，皆不得直。六有兩兄，皆入貲爲刑部郎中，六亦需次順天府通判，而纏頭獻技，略不爲耻。南皮長刑部，因欲以提牢廳處之，提牢本主事差使，百餘年來皆用科甲人，聞諸曹頗嘩然，而堂官皆右韓，尚相持未决也。余未曾寓目，今夕見之，亦中人常技耳。都中士夫流品溷淆，風俗卑污掃地至此，而當國鉅公、巍科先達以此爲經濟，亦歇後浪子之罪人矣。是夕演張繡反宛城一齣，頗可觀。三更後歸，尚未晚食也，小飲至鷄三號始就寢。

初八日己未　晴，微風，尚寒。閲《農書》。元人重農務，故其時天下安樂，士大夫優游田里，率以詩酒自娱，較之南宋之重斂、明初之酷法相去倍蓰。而明人外視之，甚至作《續綱目》者於元末群盗之起，學《綱目》之於秦、隋，皆書爲起兵，可謂妄矣。司廚烹黄花魚一盤，作書以饋書玉。下午倦甚，久卧，起已夕陽在樹矣。至花下嘯詠久之，待月出而入。付秀文堂製文榆書夾版二十一副錢三十三千六百文。

邸鈔：寧夏將軍、世襲一等侯維慶卒。詔旨褒惜，照將軍例賜恤；賞銀二千兩，由甘肅藩庫給發；靈柩回旗時沿途地方官妥爲照料，准其入城治喪。該將軍子孫幾人，該旗查明具奏，候旨施恩。以廣州副都統鍾泰爲寧夏將軍。

初九日庚申　晴暖。得桂卿書，告將行，即復。作書致敦夫。閲顧氏《亭林文集》及《昌平山水記》。竟日多在花下坐，每誦東坡『惆悵東闌一株雪，人生看得幾清明』，輒覺搔首黯然。流連不足，目瞑足倦，出入裴回，白髮光陰，亦可憐矣。夕陽將入，時時移几花陰，轉側觀之。夜子初三刻一分穀雨，三月中。

邸鈔：以内閣侍讀學士李瑞遇爲鴻臚寺卿。

初十日辛酉　晴暖，微陰。撰書雲門之妣徐夫人素綾輓聯一副，又爲敦夫代撰書一副。撰書桂卿之妣高太恭人番布輓聯一副。敦夫來，偕坐梨花樹側東闌看夕陽。得桂卿書謝輓聯。作唁雲門書。夜月頗佳，時時巡行花下，聞丁香花香。

邸鈔：内閣侍讀隆文授湖南衡永郴桂兵備道。

十一日壬戌　晴陰相間。内子病甚，請汪幹庭診，不至。以寄雲門書件交匯銀局及陝西提塘，俱以件大不肯寄，迺交政大信局，付錢六千。有湖南人李楨來拜，不見。紅碧桃華，白丁香盛開，是日輕陰，時倚闌賞之，心緒甚惡，兼以小極，藉此自遣。翰文齋書賈來，購得武英殿本《農書》、《南澗甲乙稿》、《柯山集》、《涑水紀聞》、錫山華綺刻《玉臺新詠》、《亭林十種》、舊刻配東洋刻《杜解補正》，諧價二十五金。婁儷笙來謝，與之小坐花下啜茗。夜陰，微月，四更後有風。

十二日癸亥　竟日春陰，午微見日。作書致桂卿。子培來。得介唐書。下午由南下窪出右安門，游花之寺，赴方勉夫之約。敦夫、書玉、爽秋、花農、戚潤如俱已至。海棠開未及半，碧桃、紫荆方盛華。傍晚歸，微風，頗寒。是日輕陰。過米市巷時見馮太僕家丁香一樹，作花如雪，倚墻欲笑，其南鄰潘尚書家高柳兩株，垂條蔭路。出南窪時經一田家，籬落修整，有鸞枝兩樹，大幾盈畝，深紅滿花，粲艷尤絶，非春陰薄罨，無此殊觀也。何澄齋來。夜陰，似有雨點。閲《齊東野語》，三更始寢。五更後雨。付翰文齋書直銀二十兩四錢。付車錢五千五百。

邸鈔：盛京户部侍郎啓秀乙丑，翰林。告病開缺回旗。以兵部右侍郎綿宜調補盛京户部侍郎，以理藩院左侍郎崇禮調補兵部右侍郎，以内閣學士恩棠爲理藩院左侍郎。

十三日甲子　晨密雨，上午後稍止，下午霑陰，雷。麟芝庵師六十，上賜壽。前月二十七日兵部烏尚書烏勒喜崇阿，是月五日禮部奎尚書奎潤皆六十，皆無此典。去年吏部錫尚書錫珍四十、兩廣張總督之洞五十張以丁酉生，去年已五十一，其壬子中解元時年十六。皆賜壽，然四十加恩，尤僅見也。送祝敬二金，公祝分銀八錢。花農來。宋景定公田事，《齊東野語》所記最詳，今日以《宋史·食貨志》《宋元通鑑》互校一過。作書致桂卿，詒以磨菌一匣，杏人一匣，滿洲餑餑一匣，四川冬菜一包，得復。晚漸霽，頗寒，夜晴，有月。點閱畢氏《續通鑑·理宗紀》一卷。

邸鈔：杭州將軍古尼音布奏病勢日增，籲懇開缺。許之。以正藍旗蒙古都統、前廣州將軍長善爲杭州將軍。

十四日乙丑　晴暖蒸潤。弢夫來，言以昨晚至京。徐楠士光禄承煜來，爲其尊人太宰蔭軒師乞七十壽文。晡時倚闌看碧桃花，傍晚坐廊下聞丁香香。詹夫人饋榆錢糕。介唐夫人來視内子疾。夜詣桂卿話别，桂卿爲診脉，言有弦象，與平日不同。初更乘月歸。作書致胡雲楣，言刻王南陔《説文段注訂》事，并爲桂卿託周玉山乞輪船免税單。剃頭。

邸鈔：大學士閻敬銘奏病久未痊，籲懇開缺。詔再賞假兩月。理藩院尚書紹祺補正藍旗蒙古都統。

十五日丙寅　黎明小雨，晨後微陰，有風，上午晴陰相間，下午晴。得桂卿書并藥方。爽秋來。巳刻詣桂卿送行，偕子培、弢夫、花農同看登車，午歸飯。胡伯榮來。下午詣介唐，不值。詣弢夫、子裳、仁譜，皆晤。子裳令其兩姬出拜，一去冬所納燕鬟，一新自申江至者。詣爽秋，坐其庭花下久談，爽秋出示其近作詩文，適芾卿亦來，遂至晚歸。介唐來。夜校《周易二閭記》《周易小義》鈔本，將以寄益吾學使。

十六日丁卯　晴。得爽秋書，言昨談之樂，并贈化州橘紅六餅，即復，還所饋藥。得弢夫書，贈台嶠萬年藤杖兩枝，鐵箄梅花題識茶碗一枚，琱刻人物黄竹眼鏡韜一枚，章門淡菜一匣，仙居朮一匣，燕窩一匣，龜膠四兩，緞一匹。藤杖夭矯而堅韌，便於扶老；茶碗刻識極精；竹韜尤可愛，其磨琢之工，朱松鄰、濮仲謙不足多也。作書復謝，犒使八千，還燕窩、龜膠及段。鄉人章焕文來。作書致婁儷生，屬補鈔《周易二間記》序。下午微陰，本擬至下斜街訪友人，同過畿輔先哲祠看花，忽忽不果。夜陰無月，是夕望，二更後雨，四更後愔愔有聲。洗足。

十七日戊辰　晨雨，至上午稍止，竟日霒陰。以榆錢糕詒書玉，得復，言其夫人今早舉一男，不育。作致益吾學使江陰書，寄去茹氏敦和《周易二間記》三卷、《周易小義》二卷，宋半塘鑒《尚書考辨》四卷，邵氏瑛《左傳劉氏規杜持平》六卷，雷氏鐏《古經服緯》三卷，夏嗛父燮《五服釋例》二十卷，雷氏學淇《介庵經説》十卷、《補遺》二卷，胡文甫紹勳《四書拾遺》五卷，王汾原煦《小爾雅疏》六卷、《説文五翼》八卷，共十種二十八册，託福興信局郵遞，付錢六千。

閲葉石林《避暑録話》二卷。《四庫提要》謂其『本爲蔡京之門客，不免以門户之故，多陰抑元祐而曲解紹聖』。案其稱京必曰蔡魯公，自其依附之實據。惟《提要》謂論詩賦一條爲王安石罷詩賦解，葉源一條爲蔡京禁讀史解，王姬一條爲蔡京改公主曰帝姬解。案其論詩賦云：政和間大臣有不能爲詩者，因建言詩爲元祐學術，不可行。李彦章爲御史，承望風旨，遂上章論陶淵明、李、杜而下，皆貶之，因詆黄魯直、張文潛、晁无咎、秦少游等，請爲科禁。時何丞相伯通適領修敕令，因爲科云：『諸士庶傳習詩賦者杖一百。』或問刑名將何所施，伯通無以對。其論葉源云：源自言熙寧初以上舍優等赴省試，策問交趾事，茫然莫知，或告以見《馬援傳》，遂誤作馬愿，乃被黜。方新學初行，何嘗禁人讀史，而學者自爾。崇寧立三舍法，雖崇經術，亦未嘗廢史。而學校爲之師長者，本非所學，幸規時好，以唱其徒，故凡言史皆力詆之。其論王姬云：周之諸女言姬，猶宋言子、齊言姜也。自漢以來不復辨，類以爲婦人之名，《史記》言『高祖居山東，好美姬』，《漢書·外戚傳》云『所幸姬戚夫人』之類，固已失矣。注

《漢書》者見其言薄姬、虞姬、戚姬、唐姬等皆妾而非后，則又以爲衆妾之稱，近世言妾者遂以爲姬。事之流傳失實每如是。今謂宗女爲姬，亦因《詩》言王姬而誤。凡此皆直言其失，無所回護。

至謂深斥蘇洵《辨奸論》，尤其顯然。考老蘇此論，本自可疑，昔人多辨之，且其立言太過。荆公之學行，自有本末，其才當日亦無能及之者，無論老蘇卒時荆公未有所施行，即真出老蘇，亦豈足爲定論哉？老蘇文學萬不敢望荆公，即論心術，其好言兵，亦足以禍國，而縱横權譎，殆有荆公所不爲者。石林謂韓魏公、富鄭公皆不喜之，魏公且以咎歐公，其言未必無據也。

石林頗不滿《新唐書》，是録屢及之，其辨《張九齡傳》與李林甫争牛仙客實封時方秋，上賜以白羽扇，九齡惶恐獻賦事，謂本於鄭處誨《明皇實録》。據《曲江集賦序》云，開元二十四年盛夏，奉敕大將軍高力士賜宰相白羽扇，九齡與焉，則非秋時。且通言宰相，則林甫亦與，非獨爲曲江設也。其辨《劉昌傳》守寧陵、斬孤甥張俊事，本於《杜牧集》。考《李希烈傳》，希烈圍寧陵時，守將高彦昭，昌乃其副。賊坎城欲登，昌蓋欲引去，從劉元佐請兵，出不意以擣賊。彦昭誓于衆以死守，士皆感泣請留，昌大慚。則全寧陵者，彦昭也。牧好造作語言，不復審虚實。希烈圍寧陵四十日，而謂之三月，以劉元佐救兵至敗希烈，而云韓晉公以强弩三千，希烈解圍，皆非。是二事尤有裨於史學。

其記歐文忠作范文正神道碑累年未成，范丞相兄弟數趣之，文忠以書報曰：『此文極難作，敵兵尚强，須字字與之對壘。』蓋是時吕申公客尚衆也。嘗于范氏家見此帖，其後碑載爲西帥時與申公釋憾事，曰：『二公歡然，相約平賊。』丞相得之，曰：『無是，吾翁未嘗與申公平也。』請文忠易之。文忠怫然曰：『此吾所目擊，公等少年，何從知之？』丞相即自刊去二十餘字，乃入石。既以碑獻文忠，文忠却之曰：『非吾文也。』案：范忠宣刊易歐文事，它書多載之，而不如此之詳。又云：碑載章獻太后朝正事，謂仁宗欲率百官拜殿下，因公争而止。蘇明允修因革禮，見此禮實施行，公亦自知其誤。則銘志書事固不容無誤，前輩所以不輕許人也。此尤足見史家輕取野史及各家志狀之非。

其記科目云：唐制取士用進士、明經二科。本朝初惟用進士，其罷明經不知始於何時。仁宗嘉祐三年始復明經科，限以間歲取士。王簽書巖叟首應明經，鄉貢及南省殿試皆第一，謂之明經三元，復科以來一人而已。又云：唐初以明經、進士二科取士，初不甚相遠，皆帖經文而試時務策，但明經帖文通而後口問大義，進士所主在策，道數加于明經，以帖經副之爾。永隆後進士始先試雜文二篇，初無定名，《唐書》自不記詩賦所起，意其自永隆始也。又云：國初廷試進士，多不過二十人，少或六七人。太宗欲廣致天下之士，太平興國二年遂有一百九人。又云：國初州郡貢士猶未限數目，太宗始有意廣收文士，於是爲守者率以多士爲貴。淳化二年試禮部，遂幾二萬人。時錢樞密若水知舉，廷試取三百五十三人，孫何爲第一，而丁晉公、王冀公、張鄧公三宰相在其間。案：丁晉公謂，王冀公欽若，謚文穆；張鄧公士遜，謚文懿。又云：自建隆至太平興國二年更十五榜，案：建隆元年至太平興國二年丁丑凡十八年，而十五榜，蓋五代、宋初皆沿唐制，歲一放榜。《宋史·選舉志》言太平興國三年冬，諸州舉人並集，會將親征北漢，罷之。自是間一年或二年乃貢舉。《文獻通考》載開寶七年及九年，亦以事罷舉者二科，不知緣何事也。所得宰相畢文簡公一人而已。案：畢士安，乾德四年進士。是年得呂文穆公爲舉首，案：呂文穆公蒙正，封許公。與張僕射齊賢宰相二人。案：張齊賢謚文定。《宋史》本傳言太宗欲置齊賢高第，有司偶失掄魁，上不悦，一榜盡與京官。《選舉志》言是科甲乙等進士及九經皆授將作監丞、大理評事、通判諸州。司馬温公《涑水紀聞》謂是榜張齊賢中選適在數十人後，及注官，乃詔盡與超除。《文獻通考》謂是年定進士優劣爲三等，並賜及第。畢氏《續通鑑考異》謂齊賢蓋在二等，故凡二等盡與超除。後人不考，皆云爲張齊賢一榜盡賜及第，非也。齊賢雖在數十人後，固已及第矣。慈銘案：畢説是也。蓋是時三等皆賜及第。至八年始分三甲，仍皆賜及第，惟遺才再試及特奏名者乃賜出身。至真宗景德四年始定爲五甲，亦曰五等，第一、第二甲曰及第，第三甲曰出身，四甲、五甲曰同出身也。又葉氏《石林燕語》謂是年吕文穆爲狀頭，李參政至第二人，張僕射、王參政化基等數人皆在其間，是更有兩執政矣。自是取人益廣，得士益多，百餘年間得六人者一榜，楊寘榜案：仁宗康定二年辛巳。王岐公、案：王珪，謚文恭。韓康公、案：韓絳，謚獻肅。王荆公、案：王安石，謚文。蘇子容、案：蘇頌，謚正簡，封魏公，《宋史》皆不載，但云封趙郡公。吕晦叔、案：吕公著，謚正獻，封申公。韓師朴；案：韓忠彦，謚文定，封儀公。得四人者一榜，蘇參政易簡榜案：太平興國五年庚辰。易簡謚文憲，見《揮麈録》。李文靖、案：李沆，謚文靖，原本誤作文正。向文簡、案：向敏中，封公，追贈燕王。寇萊公、案：寇準，謚忠愍。王魏公；案：王旦，謚文正。得三人者三榜，王沂公榜案：真宗咸平五年壬寅。沂公、案：王曾，爲三元，謚文正。王文惠、案：王隨，初謚章惠，改文惠。章郇公，案：章得象，初謚文憲，改文簡。劉煇榜案：仁宗嘉祐四年己亥。劉莘老、案：劉摯，爲省元，一甲第二人，謚忠肅。章子厚、案：章惇，封申公。蔡持正。案：蔡確，謚忠懷。案『王沂公榜』上當脱『孫何榜丁晉公、王冀公、張鄧公』十二字。改科後焦蹈榜案：神宗元豐八年乙丑，時哲宗已即位，在諒闇中，援神宗初故事，不廷試臨軒。以後迄宋世皆如此，凡諒闇皆不親策，以省元爲狀元。曰改科者，謂自熙寧二年從王安石議，更貢舉法，罷進士試詩賦及明經諸科，以經義論策試進士。分四場，初大經義十道，次兼經義十道，次論一首，次策三道。以明經元解人數及諸科解名十分之三增進士額也。徐擇之、案：徐處仁。白蒙亨、案：白時中，封崇國公。鄭達夫、案：鄭居中，謚文正，封崇公，改宿國公，進燕公。畢漸榜案：哲宗紹聖元年甲戌。杜欽美、案：杜充。唐欽叟、案：唐恪。吕元直。案：吕頤浩，謚忠穆，封成公。而王岐公等三人皆第一甲而連名，尤爲盛事。劉莘老、章子厚二人亦連名。此等皆足裨史事。

其記官制云：本朝官稱初無所依據，但一時造端者自爲，後遂因之不改。觀文、資政殿皆有大學士，觀文稱大觀文，而資政稱大資，此何理耶？宣和間蔡居安除宣和殿大學士，遂稱大宣。是時方重道術，騶唱聲于路，聽者訛爲大仙，人以爲笑，乃改爲大學。龍圖閣學士，舊謂之老龍，但稱龍閣。宣和以前，直學士、直閣同爲稱，未之有別也。末年陳亨伯進直學士，佞之者惡其下同直閣，遂稱龍學，于是例以爲稱。而顯謨閣直學士、徽猷閣直學士欲效之，而難於稱謨學、猷學，乃易爲閣學大學士。閣學士皆有三，何以別耶？又云：唐以金紫、銀青光禄大夫皆爲階官，此沿襲漢制金印紫綬、銀印青綬之稱也。漢丞相、太尉皆金印紫綬，御史大夫銀印青綬，此三府官之極崇者。夏侯勝云『經術苟明，取青紫如拾地芥』，蓋謂此也。顏師古誤以青紫爲卿大夫之服，漢卿大夫蓋未服青紫，此但據師古當時所見爾。古者官必佩印，有印則有綬，魏晉後既無佩印之法。唐爲此名，固已非矣，而品又在光禄大夫之下。漢光禄大夫秩比二千石，本以掌宮門爲職，初非所貴重，何以是爲升降乎？元豐官制，諸儒考核古今甚詳，亦循而弗悟，故遂爲階官之冠。二事亦無人言及，其它有益考據者尚多。

石林此録本爲消夏而作，故中多言消遣之法及訓子孫之語，格言名論，往往而有。其帥建康被論，而先莊簡公繼其任，頗嚴劾之。毛子晉跋謂此録作於紹興五年，蓋據其中有云建炎己酉春，虜犯維揚，夜從大駕渡江，至今且六七年也。時由資政殿學士退居湖州卞山，自言山居已七年，又言明年六十歲，今春治西塢隙地，築堂其間，名之曰知非，蓋已有終老之意。至紹興八年五月復拜江東安撫制置大使，知建康府。《宋史·文苑》本傳謂紹興初起爲江東安撫大使兼知建康府，八年除江東安撫制置大使兼知建康府行宮留守。考《本紀》石林以紹興元年九月代汪伯彦帥江東，二年三月罷，而代以先莊簡，則紹興五年不得云山居已七年，蓋當在七八年間也。其録中絶無一語及莊簡，蓋所論皆公家事，本無可怨，亦見其宅心和厚，得於山水者深。觀其中一條云：士大夫作小説，雜記所聞見，本以爲游戲，而或者暴人之短，私爲喜怒，此何理哉？歐陽公《歸田録》自言不記人之過惡，君子之用心當如此也。又云：李德裕是唐中世第一等人物，其才遠過裴晉公，錯綜萬務，應變開闔，可與姚崇並立，而不至爲崇之權譎任數，至其卒不能免禍，而唐亦不競者，特恩怨太深，善惡太明之累也。其宗恉可知矣。因《提要》深詆是書，特備論之。

邸鈔：上諭：閻敬銘奏懇恩收回賞假成命，仍准開缺一摺。閻敬銘甫逾七旬，精力素好，雖有肝气舊疾，並非重證，惟當體念時艱，勉酬恩遇，豈容遽萌退志？所請著毋庸議。前雲南臨安府知府松林補授雲南糧儲道。

十八日己巳　晴，微陰。得吴澂夫是月九日滬上書，以彼中仕商合刻《經策通纂》將成，以五十金乞爲駢言，又以四十金屬轉乞潘伯寅尚書序。得賀幼甫運使書，并是月齋課卷。芍藥含苞，竟日考史之暇，多循行花下，流連光景。石林記韓持國語云：『汝少年安知此？吾老矣，未知復有幾春，若待可與飲者而後從，吾之樂無幾，而春亦不吾待也。』石林時年五十九，已謂其言有味，况吾今年六十耶！是日以銀二兩七錢遣僕至内城買緞靴一雙。余最惡此物，三十年爲京官，用此不過六七易，近年著之尤稀，未知吾生再能幾易耳！得有田百畝，屋十間，小園二畝，水邊林下，終年青鞋布韈，吾事足矣。

十九日庚午　晨陰，上午微晴，小雨，下午雨間作。朱藤華。下午詣才盛館庚午同年團拜，演四喜部兼韓、魏清票子弟，偕子裳、弢夫、絅堂、劬庵、可莊、紫泉諸君同觀。至夜演富貴神仙燈劇，取《聊齋志異》所載西湖主事，亦韓氏子弟所爲，其砌抹樓閣燈采之費蓋數千金，專以娱達官貴人者，頗極華綺之觀。夜雨漸密，至三更後始散，熱甚。爽秋來，不值，再以書來。

邸鈔：前左春坊左中允崔國因補原官。

二十日辛未　晨密雨，至午漸止，下午微晴。爽秋來，爲餞鐵香也，定於廿八日崇效寺賞牡丹。餘姚韓庶常培森來。昨天明始寢，今日起甚遲，竟晝倦甚，多卧，閲書。天津門生羅清源寄食物四種，受其蟹黃及菽乳乾各一小苞。

邸鈔：右庶子良弼轉左庶子，翰林院侍讀志鋭升右庶子。御史張廷燎升禮科給事中。

二十一日壬申　晴陰相間。閱《宋史·選舉志》。子培來。弢夫來。

夜以《文獻通考·選舉志》校《宋史·選舉志》。唐、宋每科總目，賴有《通考》此志，班班可考。狀元、省元姓名，亦幸附此以傳。明代及國朝實録每科皆書賜某某等若干人及第、出身、同出身有差，意宋代實録亦如此。《續通鑑》有記有不記，其例非也。至三元之稱，向謂起於唐之張又新，然唐時進士僅有解試及禮部省試，第一者即爲狀元。雖武后載初元年時尚睿宗居位，武后稱制。策問貢人於洛城殿，案：諸書皆作『城』，疑當作『成』。《通典》雖謂殿前試人自此始，然《通考》謂此如後世之省試，時試士尚屬考功員外郎。武后自詭文墨，故於殿陛間下行員外郎之事，非省試之外再有殿試。案：馬氏之説是也。故曰貢人者，謂天下所貢之人，非已試禮部也。其後訖唐世惟賢良方正及宏詞諸科試於殿廷，故曰制科，若進士未有試殿中者。雖以長慶元年因人言禮部侍郎錢徽取士不公，敕中書舍人王起、主客郎中白居易重試，亦未云在殿廷，且雖覆落狀元鄭朗等十三人，止取温業等三人，而未聞温業稱狀元。惟武翊黃稱三頭者，謂解頭、狀頭，又中宏詞敕頭，故曰三頭。而《摭言》亦曰張又新時號張三頭，注云進士狀頭、宏詞敕頭、京兆解頭，蓋唐人登第後須再中宏詞、賢良及拔萃諸科，方得官也。唐人雖有狀頭、狀元等稱，然《宋登科記總目》所載自開寶六年以前進士第一人皆曰榜首，至八年以後則曰狀元矣。蓋竟以爲官稱，觀宋庠、吕誨事可見。雖朝廷亦稱之矣。《通考》謂開寶初年李昉知舉，下第者訴牓不公，太祖於講武殿命題重試，御試自此始。昉等所取十一人，重試共取二十六人，然於昉等所取十一人内祇黜武濟川一人，餘十人則高下一依元次，而續取十六人不過附名十人之後。至八年覆試禮部，所取士於講武殿内出試題，得進士三十六人，以王嗣宗爲首，而禮部所定第一人王式居第四，於是始有省試、殿試之分，省元、狀元之別。是殿試有狀元起於王嗣宗，而此後如太宗端拱元年不廷試，則止有省元程宿。至神宗以後，遇諸帝諒闇中皆不廷試，謂之不臨軒，則即以省元爲狀元，迄於宋世。而高宗紹興八年、孝宗隆興元年非在諒闇，皆不親策，亦以省元爲狀元，是非每科必有狀元也。王厚齋《小學紺珠》載三元衹宋之孫何、王曾、楊寘、馮京四人，蓋考之審矣。

二十二日癸酉　晴。閱《文獻通考·選舉志》。作書致汪幹庭爲内子請診。何孝廉文瀾來。付賃屋六金。作書復羅生清源，還其筍片、蝦米，報以仙居朮一匣。

邸鈔：奏事處傳四月初十日皇太后、皇上駐蹕南海，是日均穿蟒袍補褂，其應遞如意之王大臣各遞如意二柄，於前一日交奏事處。詔：福建臺灣鎮總兵吴光亮照兵部議降三級，以萬國本爲臺灣鎮總兵。

二十三日甲戌　晴，上午微風。作致鐵香書，約廿八日飲崇效寺。作書致爽秋。得天津門生張大仕書，言今年書院甄別在備取中，不得肄業，乞爲言之運使，許其附課。徐班侯來。作書致弢夫。弢夫來。作書復張煦林大仕，詒以仙居朮一匣。作致賀幼甫書，并三月兩書院齋課題。閱《宋史》列傳。夜大風。

二十四日乙亥　上午薄晴，下午多陰。藤花盛開柳花飛。郭子鈞來。介唐來。爽秋來夜談。夜一更後雨。是日剃頭。

二十五日丙子　巳正一刻十一分立夏，四月節。晴暖。是日用結夏法稱之，得七十六斤，比去年重十一斤，不可解也。得浙江世糧儲世春書，送來紹郡團拜費五十金，犒使十千。弢夫來。作書致書玉，并饋其夫人蓐房食物。作書致徐壽蘅副都，爲吴澂夫送序文潤筆去，得復，并以其鄉人李佐周楨所著雜文一册、《説文逸字辨證》二册求閲。書玉來。晚小雨，旋止，夜晴。始作楷書三百餘字，以考差將近，爲家人及同人所迫，不得不一入試也。六十老翁尚作此惡劇，亦可哀矣。

邸鈔：詔：江西布政使李嘉樂、署陝西布政使李用清均來京另候簡用。詔：河南開歸陳許道鞠捷昌、廣東肇陽羅道孔憲穀、湖北荆宜施道廣敏、廣東雷州府知府成治均開缺送部引見。掌河南道御史謝祖源選河南彰德府知府。

二十六日丁丑　晴暖，晡後陰。遣人詣崇效寺取《青松紅杏圖卷》，取其尾幅裂者割去三尺，許爲續七尺，付松竹齋裝褾之。作書致伯寅尚書，爲吴澂夫送去序文潤筆四十金，得復。再得伯寅書，言不收金，而乞元大字本《文苑英華》及元本《玉海》無補者。此願太奢，如有此二書，吾何不自求之？即復。作書致弢夫，屬其約子裳來閲《青松紅杏卷》。比日藤花極盛，香滿一庭，日設几席，坐其下修鼻功德，時時口占詩語紀之。

鸞枝花開日約介唐司業子培比部來坐花下并看屋角紫丁香

春事吾廬好，行吟愧自娱。特將暫時賞，持與故人俱。燕坐無絃曲，貧家著色圖。墻頭花四照，能待夕陽無。

月下看梨花作二首

點檢東園樹，吾猶及幾春。夜深花上月，携杖一逡巡。

最憶城西寺，春風負四年。極樂寺佛殿前梨花一樹最佳。此花吾手植，相對倍相憐。

朱藤花下作

落盡緋桃又海棠，紫藤來與殿春光。閑門人事何嘗絶，林雀山蜂日日忙。

題窗下桃花

手種桃花閲幾秋，開窗相見倍風流。主人鎮日無官事，赢得紅妝伴白頭。

期弢夫子裳看藤花書玉適來欣然延坐

春盡花猶發，薰風作意吹。茶香偶然暇，來共夕陽時。

夜内子病危甚，二更漸平。竟夕不寐，閲劉貢父《中山詩話》、吕居仁《紫薇詩話》、葉少藴《石林詩話》、周益公《二老堂詩話》，所論俱有直凑單微處，間載故事亦可觀。

二十七日戊寅　晨陰，上午晴陰相間，午後晴，晡後陰，頗暖，傍晚小雨，旋止。内子病少間，請連聰叔舍人來診，用附子洗心湯及黑錫散。作書致爽秋，并近詩三絶句。敦夫來。

坐藤花下，閲宋人周少隱紫芝《竹坡詩〈話〉》。其見聞頗陋，而論詩亦時有悟處。如言白樂天《長恨歌》云『玉容寂寞淚闌干，梨花一枝春帶雨』，人皆喜其工，不知其氣韵之近俗。東坡送人小詞云：『故將别語調佳人，要看梨花枝上雨。』雖用樂天語，而别有一種，非點鐵成黄金手不能爲此。又言東坡和僧守詮詩：『但聞烟外鐘，不見烟中寺。幽人行未已，草露濕芒屨。惟應山頭月，夜夜照來去。』未嘗不喜其清絶過人遠甚。及得詮詩云：『落日寒蟬鳴，獨歸林下寺。松扉竟未掩，片月隨行屨。時聞犬吠聲，更入青蘿去。』乃知其幽深清遠，自有一種林下風流，東坡雖欲回三峽倒流之瀾與谿壑争流，終不近也。又言『銀燭秋光冷畫屏』一詩，杜牧之、王建集中皆有之，當是建詩。蓋二子之詩，其流婉大略相似，而牧多險側，案：當云峭雋。建多工麗，案：當云流麗。此詩蓋清而平者。所論皆能辨别氣格，深有所契。惟謂東萊蔡伯世作《杜少陵集正異》甚有功，亦時有可疑者。如『峽雲籠樹小，湖月落船明』，以『落』爲『蕩』，且云非久在江湖間者不知此字之爲工；以余觀之，不若『落』字爲佳。又『春色浮天外，天河宿殿陰』，以『宿』爲『没』字，『没』字不若『宿』字之意味深遠。案：『蕩』字之妙，與『落』字相去天淵，謂非身習江湖不知，尤是妙語。蓋此船是行船，『蕩』字如見天水晃漾，取景不盡；『落』字庸甚，且對不過『籠』字。『没』與『宿』字亦工拙相懸。『天河没殿陰』者，形其坐久，而殿之高亦見。『宿』字襲孫逖語，亦與『浮』字不對。

《石林詩話》謂詩下雙字極難，唐人記『水田飛白鷺，夏木囀黄鸝』爲李嘉祐詩，王摩詰竊取之，非也。此兩句好處正在『漠漠』『陰陰』四字，此乃摩詰爲嘉祐點化，以自見其妙。《竹坡詩話》亦言之，皆得詩家三昧。王漁洋最重神韻，獨以爲不然，何耶？二句去此四字，便成獃語，精神景狀全在疊字中也。

再作致爽秋書。作書致仲弢，約詣小屯村馮園看牡丹。晚坐藤花下，得爽秋書。夜小雨。

二十八日己卯　晨輕陰，巳後晴陰相間，晡後陰。上午詣崇效寺，爽秋及漱蘭、亞陶兩丈已至，子培、芾卿、弢夫及若農師、鐵香相繼來。午後設飲，飲畢請若師、鐵香題卷，各助裝褾資四金。是日牡丹盛開，西院前深紫一叢尤爲艷絶。傍晚始散，付寺僧香資二金。付廚人賞十二千，客車飯八千，寺茶房賞四千，車錢九千。答拜邑人章煥文、鮑誠塽，詣方勉夫視其目疾，俱不晤，晚歸。印結局送來是月公費銀二十六兩。聞勉夫授荆州道，爽秋升員外郎。

二十九日庚辰　晴。是日早起，坐藤花下閲山谷題跋。午後倦甚，多卧。介唐來。傍晚坐藤花下看夕陽，是日花香極盛。得書玉書，饋炰鼈、燖鴿各一器，以佐晚飧，其味絶佳。閲唐李肇《國史補》。其言王維有詩名，然好取人文章佳句：『行到水窮處，坐看雲起時』，李華集中詩也；『漠漠水田飛白鷺，陰陰夏木囀黄鸝』，李嘉祐詩也。是未嘗云添『漠漠』『陰陰』四字。

邸鈔：以翰林院侍讀學士霍穆歡爲詹事府少詹事。右春坊右庶子張英麟轉左春坊左庶子，翰林院侍讀朱琛升右庶子。以浙江按察使蕭韶爲江西布政使。以直隸按察使陶模爲陝西布政使。以直隸津海關道周馥爲直隸按察使。以廣東督糧道王之春爲浙江按察使。吏部員外郎蔭保授河南開歸陳許道。户部郎中方恭釗授湖北荆宜施道。

三十日辛巳　晨晴，上午微陰，午後大風，多陰，晡後西風，復晴。得賀幼甫書，并夏季脩脯及涼棚等銀二百九十六兩，即復，犒使二金又錢四千。得天津及門胡芝孫孝廉濬書，乞仍附課書院中，并以素楮求書齋額，其意甚可嘉，當一應之。下午風横甚，有發屋之憂。漱蘭通政約初五日集飲小屯村馮園賞牡丹。

謝同年王弢夫惠天台萬年藤杖

吾生木强無所倚，四海有恃惟友朋。齊年王子出台嶠，與我相依如弟兄。去年緦服省覲返，走使打門持數莖。云是山中老藤幹，包絡巖洞封榛荆。批雲搜澗逐蝯鼬，始得一二翹其英。色黯久爲雪霜蝕，勢糾或與蛟螭争。我選其一稍磨刮，古苔歷歷寒星明。前身本爲此山衲，智者道場依國清。夢中猶能識鐘鼓，時坐澗石聞松聲。此藤與我久相習，日洗瓶鉢滋其榮。一朝萬里落我手，面目髣髴如平生。摩挲尤比嬌女劇，扶持自較健僕贏。杜陵桃竹差可擬，東坡黄木誰能名。老蒼相映鬚髮古，消摇頓覺腰脚輕。從此入山便有具，石梁瀑布如來迎。獨惜爾藤好皮骨，附麗不免喬木縈。尚遭斬伐加琢削，未能長保烟霞情。何若蒼松起澗底，千仞鬱怒無敢攖。幸藉王子屬之我，它年終返山中行。寒山拾得有夙約，水邊布算猶未成。軍持巾拂打包了，隨我躡屩游赤城。洞口桃花莫過問，化爲龍兮隨霞昇。

夏四月壬午朔　晴，晨及午風，下午稍止。剃頭。鐵香來辭行，爲之黯然。然朝士得如鐵香之歸者，有幾人哉？知難知止，潔身而退，年甫强仕，歸奉老親，朝廷眷留，天下想望風采。如余者汩没冗郎，頭童齒豁，了然一身，鷄栖不歸，真非人類矣。下午詣先賢祠拈香行禮。詣書玉，久談。傍晚詣介唐賀遷中允，又賀方勉夫擢兵備而歸。

邸鈔：國子監司業吴講轉右春坊右中允。

初二日癸未　風，晴，歊熱，微陰。評閲學海堂諸生經古卷。得徐亞陶書，約浴佛日陶然亭作放生會，食伊蒲饌，即復。弢夫來。介唐來。付秀文堂書直紋銀四十兩。

邸鈔：上諭：閻敬銘奏疆臣劾去大員，私圖自便一摺。據稱江西布政使李嘉樂、署陝西布政使李用清爲近時藩司之最，現經諭令來京另候簡用，或係德馨、葉伯英年終密考淆亂黑白，顛倒是非等語。各省司道府等官能否稱職，向由該督撫於年終出具密考，以備酌量黜陟。其有治績平常或人地不宜者，藩臬大員特飭來京候簡，原冀掩其未著之愆，更策將來之效，正朝廷取材宥過之深心。即如此次李嘉樂經曾國荃奏稱再加寬宏正大，化其褊急，方爲有用之才；德馨奏稱性情喜刻，辦事偏執，難膺重任。李用清經譚鍾麟奏稱性情堅僻，用人行政固執己見，與同寅未能和衷，以致官民交讟，上下情睽，於此地不甚相宜；葉伯英奏稱性情褊急，遇事諸多操切，必須隨時訓迪，方免貽誤各等語。是該藩司等考語，督撫所奏大略相同。封疆大吏係朝廷特簡，凡用人行政必須授以事權，方資治理。至考察屬吏耳目，最近若督撫密考不謀而合，自出公論，豈能僅憑閻敬銘一人之見？一似經其保薦不進，不止他人遂不得更置一詞者，此風何可長耶？况用舍大權操之自上，一切舉措亦不盡以督撫之言爲憑，閻敬銘曾在軍機處當差，豈不知悉？何此奏私心揣測，竟專指爲德馨、葉伯英二人之密考？尤屬非是，原摺著擲還。　翰林院侍講韓文鈞授廣東督糧道。吏科給事中貴賢轉禮科掌印給事中。刑科掌印給事中李鴻逵升内閣侍讀學士。

初三日甲申　晴熱，有風。撰鐵香太夫人李七十壽聯，以描金紅蠟箋書之云：『帝有直臣曰由母教，天錫難老以爲國慶。』徐楠士光禄來。得弢夫書，贈台州紗六丈，作復辭之。署中送來春季俸米票，賞錢四千。再得弢夫書，仍送紗來，受之，作小啓復謝，犒使四千。以五十三金買一青驘馬爲駕車之用。平生未嘗置此物，今老矣，季孫有賜，宣聖因以道行；子方在官，魏侯愍其徒步。雖乏點金之術，聊免僦驢之煩。有僕便得成三，數尾始知爲五。仕途垂盡，櫪驥初鳴，亦可悲矣。夜爲徐蔭軒師撰七十壽序。

初四日乙酉　晨及午晴，下午埃䭫，歊熱。書壽序屏幅四紙，下午訖，即致書送楠士。周介夫來。得陳晝卿三月廿二日濟南書，懃懃以余著書未刻爲憂，勸速料理之，其言甚真切可感。黄漱翁再走柬，速明日馮園之飲。余比日頗疲於文字，不復能鼓游興，作書致弢夫、子培，擬共辭此集，得二君復，皆言可强一行，攬郊外風景。仲弢來。

初五日丙戌　晴，下午微陰，甚熱。子培來，日加辰同出西便門，過白雲觀，偕駐車道旁茶肆啜茗小憩。土銼整潔，上有老槐覆之，新緑蔭人，水泉清美，亦得山澤間意。旋上車，行十餘里，抵小屯村馮氏莊園，前廣州府知府汴人馮子立端本所建也。子立被鐵香劾罷後，年未五十，遂居京師，其弟一亭營此地，以藝花樹。廣二十餘畝，外爲土垣，遍植榆、槐環之，門徑曲折全似山家。中有草亭覆井，施桔槔，日以一騾旋之行水灌園。芍藥連畦，望之無際。牡丹兩畊相望，亦各畝許，作花尚盛，有大徑七八寸者，諸色皆具，惜黄者已落耳。緋桃十餘樹，禯艷如笑，薔薇、月季花大如碗，南中嘉木如枇杷、月桂亦俱有之。屋僅十餘楹，東偏有樓，可揖西山。中爲屋三間，主人居之。後即花窨，爲飲客地。几格書架，皆雅潔不俗。爽秋、弢夫、旭莊、仲弢俱早至，漱翁、芾卿後來，流連至晡後始散。余本欲止宿，一賞曉風夕露，仲弢、旭莊亦願留，以恐杯盤擾主人，乃歸。迂道入天寧寺，偕弢夫、子培坐塔榭山房飲茶，看塔下晚色，曛暮抵家。得心雲三月十九日里中書，言僧喜姪將覓伴入京。

邸鈔：詔：西安將軍吉和准其開缺。詔：前大理寺卿沈源深現已服闋，著仍在軍機章京上行走。

初六日丁亥　晴，午後大風，晡後陰。季弟兩周年忌日，爲之供饋。人琴已遠，傷痛如新。得介唐書，即復。傍晚詣鐵香送行。是日熱甚，手不離扇，寒暑表已至八十三分，入小暑限。下午風狂甚，入晚不止，熱小減。得桂卿三月廿五日滬上書，言海道平安。

初七日戊子　晨微陰，竟日澹晴，有風，頓涼。得品芳弟三月廿三日書及五弟書、三妹書。得吴澂夫是月朔日滬上書。子蕁來。弢夫來。楊定旉來。浙士爲故學政、侍郎張文貞家率資爲養，助以二金。

邸鈔：以鑲黄旗蒙古都統、内大臣尚宗瑞爲西安將軍。以詹事府詹事裕德爲内閣學士，兼禮部侍郎銜。鎮國公奕謨補授内大臣。

初八日己丑　晴，有風，甚凉。佛生日，上香燭於唐銅觀音堂。剃頭。作復吴澂夫書。復天津門生胡芰孫孝廉書。得賀幼甫書，并三月兩書院課卷。作書致子培。子虞來，久談。

邸鈔：以鑾儀衛鑾儀使、鑲紅旗滿洲副都統德福爲鑲黃旗蒙古都統。貝勒載漪補十五善射大臣。

初九日庚寅　晴，下午輕陰，頗凉。介唐來。

閲《列朝詩集小傳》，康熙中錢湘靈陸燦所輯也。前有湘靈自序，力辨吴修齡殳《正錢》之誤，皆有據依。其書一如原次，分乾集、甲前集、甲集、乙集、丙集、丁集上中下、閏集。蒙叟此集之選，成於順治四年自祕書院學士罷歸之後，既自慚墮節，又憤不得修史，故借此以自託。其編次皆有寓意，而列明諸帝王后妃於乾集，列元季遺老於甲前集，自嘉靖至明末皆列丁集，分上中下以見明運中否，方有興者，其文亦純爲本朝臣子之辭，一似身未降志者，其不遜如此。列李贄於三大奇人中，在諸僧之後，推闡備至；又極推憨山、紫柏兩僧爲彼教中龍虎。其論詩力表程孟暘，用遺山《中州集》溪南詩老例，謚之曰松圓詩老，贊歎投地，若不容口，過情之論，殆近侜張。然其大恉揚處士而抑顯官，薄近彦而尊先輩，於孤寒沉悶之士，崇奬盡力，是則存心頗厚，宜爲一時雅俗所歸也。

下午入城至東江米巷拜徐蔭軒師七十壽，送禮二金，師及楠士光禄固留飲。傍晚答詣金忠甫，不值，即歸。周生學熙、學銘兄弟來。

邸鈔：副都統芬車補鑾儀衛鑾儀使。内務府郎中德隆升武備院卿。衍聖公孔令貽入都陛見。

初十日辛卯　夜子初三刻五分小滿，四月中。竟日輕陰微晴，甚凉，晡後陰。是日上奉皇太后駐蹕南海，以鼓樂導從。作致品芳弟書、復五弟書。作致津門張生大仕書。以致澂夫書託杭賈汪姓寄滬，并退回潘尚書潤筆等銀五十兩。下午詣周介夫，賀其中書補缺。詣邑館，晤敦夫，并晤介唐。詣仲弢、爽秋，皆晤談，晚歸。夜月頗佳。是日新駕所買羸，賞騶人四千，馬豆二千。

十一日壬辰　晴和。蕚庭由温州還都，饋茶葉、乾魚、鯗脯，作書還其脯。子培來。亞陶來。爽秋來，久談。得可莊書。是日修廄訖，賞圬工、木工酒錢八千。付車夫路四庸直十二千，以是月四日始受庸。夜月甚皎。閲《癸辛雜志》。

十二日癸巳　晴，晡後陰。弢夫來。蓴庭來。湖南李佐周來。作書致書玉，餽櫻桃、鰣魚。

十三日甲午　晴。仲弢來，以自製墨合一枚爲贈。作書致爽秋，并近日所作小楷吴叔庠與朱元思論富陽、桐廬山水書一紙。晡後詣子蓴、蓴庭、班侯、弢夫、定甹、仁譜，答拜李佐周，晚歸。得介唐書，即復。夜月頗佳，雜閲説部書。是日芍藥放一花，猩紅欲滴，昔年所種，今年發七叢而祇一花，倍深愛賞。付賃屋六金，車襜、帷帳、褥枕等銀五兩八錢。剃頭。

十四日乙未　晴，下午微陰，極熱。作片致敦夫、書玉、介唐，俱約過寓午飯後同入城。得書玉書。得敦夫、介唐復。料檢入試筐、桌、筆、墨之具。得爽秋書，餽餅餌，并寫示近詩五章，即復。得益吾祭酒是月五日江陰書。得邑人胡幼良祖蔭是月二日里中書，并寄其族祖稚威先生《春秋夏正》及制藝《餘映録》《家淑集》兩種，胡君所新刻者，求爲《家淑集》作序。得姪僧慧三月二十日書，言瘦生之子於二月初以瘵殁。此子固不肖，瘦生曾逐去之，然瘦生自其曾祖後四世單傳，今幸有兩孫，而其家貧甚，此子復夭折，感誼相關，爲之傷感。介唐來，敦夫來，晡後同入城，偕介夫、書玉同宿内閣滿票籤處。夜偕諸君小飲，就卧，月色如畫，爲蚤蝨所擾，不能熟寐。付寓直及飯錢三十千。

十五日丙申　晴。昧爽起，偕諸君入試。保和殿同試者二百五十四人。御命題：『吾道一以貫之』，『實發實秀實堅實好』，『賦得緑畦春溜引連筒得畦字』五言八韵。下午微陰，有風，甚熱。筆枯墨燥，作字甚艱，晡後繳卷。晚出城，正陽門外修石道，不能行車，由城根至宣武門外迂道歸。子培來。是夕望，夜陰無月。

邸鈔：翰林院侍講學士鳳鳴轉侍讀學士，左庶子良弼升侍講學士。

十六日丁酉　晴，午後微陰，熱甚，晡雲合，有雷，大風，晡後清霽，稍涼。爽秋來。得書玉書，并前日同宿中書省律詩一首，即復。弢夫來。胡伯榮來。陳資泉來。子培來。蔡松甫來。

十七日戊戌　晨及午晴，午後雷雨，旋止，下午晴陰相間。王可莊來。介唐來。郎仁譜來。付馬芻自初三日至二十日銀三兩九錢二分四釐。

十八日己亥　晴，甚熱。作致賀幼甫書，并是月望課題。作復品芳弟書，託爲仲弟婦買石槨。劉舍人家立來，字建伯，鎮江人。蘇器之來。徐班侯來。謝星海來。星海其先餘姚人，今籍豐潤，由掌河南道御史選彰德知府。子裳來。晡後詣介夫，不值。詣敦夫談。詣介唐，不值，晚歸。得從弟小帆是月三日南昌書，并寄夏葛衫裁五領。歸安陸存齋寄所刻《全唐文拾遺》七十二卷。

十九日庚子　晴熱。得子裳書，借婦人羅襦兩領，即復，假以縑衣。

閱《中州集》。卷三党懷英《和道彦至》詩云：『山光凝黛水浮空，地僻偏宜叔夜慵。尚喜年登更冬暖，敢論人厄與天窮。君方有志三重浪，我已無心萬里風。擬葺小園師老圃，緑畦春溜引連筒。』《佩文韵府》於『畦』字下引『擬葺小園』二句，出懷英名，故廷中皆知之。

下午詣台州館，晤弢夫、子裳、定甹、仁圃，適敦夫亦來。定甹今日納姬，令其出拜，子裳復見其兩姬。偕敦夫同詣書玉。夜敦夫邀飲福興居，招霞芬、梅雲，二更後歸。蕚庭來。介夫來。韓子喬來。作復王益吾學使江陰書。

二十日辛丑　晴。作致陶心雲書，心雲時在益吾學使署也。子蕁來。剃頭。作書致爽秋，借隨車之贏，并近詩二首，得復。作書致介唐，假從僕，以明日赴西苑引見也。朱苗生來。點閲學海堂課卷。夜三鼓時起，四鼓入正陽門，進東安門，由北池子緣景山過大高殿，至西苑門外下車，待漏於六項公所之吏部直房。

邸鈔：詔：二十三日親詣大高殿祈雨，分命貝勒載瀅等禱時應諸宫廟。　山東布政使崇保告病開缺，以廣東按察使王毓藻爲山東布政使。

二十一日壬寅　晴。辰刻入西苑門，緣南海度橋進東角門，引見於勤政殿。殿庭有槐樹二，不設涼棚，院宇皆新修，樸而不華，門徑頗窄，角門之外爲軍機大臣直廬。巳初退朝，緣液池裴回柳陰中，圓荷出水，時有船榜，大似江南風景。出苑門登車，至東華門外甜水井答拜韓子喬庶常。午初出城，詣章黼卿，小坐而歸。作書致書玉。鄧秀才懷錦來，鐵香之從弟也。楊定旉來。仲弢來。夜雨。

邸鈔：以新授浙江按察使王之春調補廣東按察使，以貴州按察使廖壽豐調補浙江按察使，以廣西左江道葉永元爲貴州按察使。

二十二日癸卯　晨及上午涼陰小雨，午後漸晴。子培來。書玉來。敦夫來。慧叔弟來。花農來。

邸鈔：詔：以得雨，二十三日親詣大高殿報謝。

二十三日甲辰　晴陰埃𩅤。伯循來。周介夫來。作書約莘伯、花農、子培、子裳、弢夫、敦夫、書玉、介唐明夕飲霞芬家。班侯簡約明日午飲，辭之。

二十四日乙巳　晴，間陰，甚熱。潄蘭通政來。方勉甫觀察來。張主事標雲偕鄧秀才懷錦來。同邑秋郡丞壽南來。是日聞考差卷爲福珍庭相國取置第一，都下人人傳説矣。晡後詣介唐，不值。晚詣霞芬家，邀諸君小飲，介唐書來，以疾忽作不能至。肴饌猝辦，頗極精潔，并招梅雲，飲至夜分始散。付肴饌銀十兩，賞其僕銀二兩。

邸鈔：以□□□□博棟阿爲墨爾根城副都統。刑部員外郎恩立授廣西左江兵備道。前四川保寧府知府賀爾昌授陝西西安府遺缺知府。本任西安府李楹升鳳邠鹽法道，同州府文啓調西安，賀爾昌補同州。

二十五日丙午　晴，甚熱。是日評改去冬學海堂諸生課卷訖。『公羊三科九旨得失考』，『古人稱公説』，『古人自稱臣説』，『宋太祖都汴論』，『書明史潘季馴傳後』，『遼道宗吟李狀元黄菊賦賦以碎翦金英作佳句爲韵』，『紅蓼花前水驛秋賦以題爲韵』。唐李郢《夜泊松江驛》詩。凡三十三人，取内課張大仕、楊鳳藻、孟繼坡、李鳳池、陳澤霖等八名。得弢夫書，送所閲課卷來，即復。

邸鈔：以詹事府少詹事霍穆歡爲詹事，右庶子志鋭轉左庶子，司經局洗馬溥良升右庶子。翰林院侍講壽耆轉侍讀，編修准良升侍講。京畿道御史黄煦升吏科給事中。前刑部郎中、候選道多齡故大學士英桂子。選廣東肇陽羅道。前廣東韶州府知府奇克慎選湖南寶慶知府。前浙江湖州府知府鄧馨選廣東雷州府知府。

二十六日丁未　申初一刻七分芒種，五月節。晴，熱甚。是日評點學海堂諸童課卷訖。凡二十三人，取内課四名：王鵬、徐寶湘陳文炳作、王文清李家駒作、沈耀奎。内子病復篤，自今月初气喘稍止而脾泄如故，前日以失足傷額，精神益萎。作書請汪幹庭、連聰叔診視，皆辭不至，甚爲憂之。夜閲問津諸生卷。

邸鈔：户部郎中文海授貴州安順府知府。

二十七日戊申　晴，酷熱。是日評閲去年八月望問津、三取兩書院諸生童課卷俱訖。問津生九十八人，文題『周公謂魯公曰』兩章，取内課趙士琛、陳驤、張大仕、李鳳池、廖金鏡、胡溶等二十名。童七十二人，文題『無求備於一人』，『周有八士』，取内課陳善等十名。三取生五十餘人，文題『周公謂魯公曰』一章，取内課陳文炳等十名；童三十五人。此以去秋病中不能料檢，家人置卷箱於閣，遂致忘却，今年三月始檢得之。問津生卷自閲其半，三取生卷僅閲三分之一，餘皆託弢夫代閲，童卷悉弢夫閲之，可愧也。夜内子病危甚，家人兩夕皆坐守，四更爲梳洗易衣，五更督童僕汛掃内外，徹堂中器具，爲帷堂之需。得羅生清源書，并饋鳧茈及橘。

二十八日己酉　晴，酷熱，寒暑表至九十一分。昧爽内子少安，語言如平時，晨能安睡，余急出門答拜數客，日加巳歸，已不能言矣。午刻屬纊，遣人走告諸戚友，介唐、敦夫、弢夫、書玉及介唐夫人、書玉夫人皆來視，申刻溘然遽逝，哀哉！内子生於道光甲申九月十八日午時，今年六十有五，歸我家者四十七年，貧賤凶喪，備嘗艱苦，及癸未始來京師，甫逾五年，遽至於此，命也。自去秋九月即患下血；十月稍愈，旋苦气逆；十一月復小愈；冬至後復病，而飲食如故；十二月中旬復小瘥能起；十七日出拜介唐夫人生日，至夜始歸，行動語笑如常矣；以後連夕冒嚴寒，五更起就外院誦經室膜拜禮佛，長跪轉《金剛經》，遂病驟劇，自是喘不能卧，繼以泄瀉，展轉床厠間，飲食日減，馴以不起，悲哉！婁秉衡來。胡枚良來，伯榮來，子蕁來，子培來。酉刻遷尸於堂，設喪帷，晚爲始死之奠，延僧九人誦經，鄞人黄叟元琳繪遺像。

邸鈔：福州將軍善慶卒。詔：善慶老成幹練，忠勇性成，咸豐、同治年間帶病勦賊直隸、河南、安徽、江南、湖北、山東等省，所向克捷，卓著勳勞，殲斃逆首任柱等，厥功尤偉。歷任杭州副都統，杭州、寧夏、江寧將軍，旋補正紅旗漢軍都統，並令管理神機營，幫辦海軍事務，均能實心任事，克稱厥職。上年簡授福州將軍，到任以來整頓操防，不辭勞瘁。方冀克享遐齡，長資倚任。遽聞溘逝，軫惜殊深。

善慶著照將軍軍營病故例賜恤，加恩予謚；賞銀一千兩，由福建藩庫給發；靈柩回旗時沿途地方官妥爲照料，准其入城治喪；其生平戰功事蹟宣付國史館立傳，並於立功省分建立專祠；伊子四等侍衛依立佈賞給二等侍衛，巴克坦佈、多倫佈均俟及歲時由該旗帶領引見，用示篤念藎臣至意。　以吉林將軍希元調補福州將軍，以正白旗漢軍都統長順爲吉林將軍，以前黑龍江將軍定安爲正白旗漢軍都統，署黑龍江將軍恭鏜改實授。

二十九日庚戌　晴，酷熱，暑表至九十三分。　敦夫、介唐、伯循、秉衡、介夫、蓴庭、子蓴、班侯、弢夫、仲弢、花農、書玉、枚良、伯榮、儷笙俱來襄斂事。　從鄉人鍾榮齋買龍游木版，即日成棺，付銀六十兩；召木廠樹棚，付銀十四兩。　酉刻大斂，相助附身衣衾者，族父妾王節母及介唐夫人也；助入棺及周身之物者，鍾榮齋及族弟葆樞王節母之子。也。　斂畢，叩謝諸賓友，行爵一周而罷。　發電報至家。

三十日辛亥　晴，酷熱。　本生王父蘊山府君忌日，供饋。　爽秋、芾卿、子培、仲弢、弢夫、子裳、章黼卿、濮紫泉、張子虞、郎仁譜、王可莊、劉樾仲嘉蔭俱來吊，送燭楮。　劉世講曾枚來。　慧叔來。　夜延玉皇廟僧九人誦經，二更焚送僕、馬、車、轎於衢，慧叔、葆樞同行，禮畢而去。

邸鈔：皇太后懿旨：山東巡撫張曜幫辦海軍事務。